Maurizio Pancaldi
Mario Trombino
Maurizio Villani

Philosophica

Da Bergson al dibattito filosofico contemporaneo

3B

marietti scuola

SISTEMA QUALITÀ CERTIFICATO
CISQ CERT
UNI EN ISO 9001:2000

internet: www.mariettiscuola.it
e-mail: redazione@mariettiscuola.it

Sono di Elena Maggio: il sottocapitolo *Il movimento fenomenologico*; i paragrafi *Lo strutturalismo psicoanalitico di Jacques Lacan* e *Lo strutturalismo marxista di Louis Althusser*; i Temi *Il pensiero della differenza* e *Bioetica*; i Percorsi per immagini *La guerra nel Novecento, uno scandalo morale* e *La realtà conosciuta e l'altro*.
Sono di Carla Maria Fabiani: il sottocapitolo *L'eredità di Marx ed Engels* e il Percorso per immagini *Non un solo tempo*.
Il Tema *Intelligenza artificiale* è opera di Alberto Massari.

Le fotografie di questo volume sono state fornite da: Foto De Agostini Editore Picture Library, Foto Scala Firenze, Lessing/Contrasto, Nasa.

In copertina: sullo sfondo, Kasimir Malevich, *Black square, blu triangle*, Stedelijk Museum, Amsterdam. Lessing/Contrasto. In primo piano: Giorgio De Chirico, *Le maschere*, 1973, olio su tela, particolare, Casa Museo Giorgio De Chirico, Roma. Foto De Agostini Editore Picture Library.

Stampa: La Tipografica Varese SpA – Varese

Edizione:	II	III	IV	V	VI
Anno:	2008	2009	2010	2011	2012

Presentazione

Il progetto didattico di PHILOSOPHICA si basa sulla convinzione che il processo di insegnamento-apprendimento della filosofia debba avere al centro le operazioni sul **testo filosofico**, ma debba anche prevedere strumenti che consentano da un lato di contestualizzare gli **autori**, i **movimenti** e i **problemi** offrendo agli studenti dei quadri di sintesi efficaci e orientanti, dall'altro servano per integrare le conoscenze generali, permettendo di sviluppare percorsi di approfondimento.

Il corso è articolato in tre volumi, a loro volta suddivisi in due tomi:

1A	*Dalle origini ad Aristotele*
1B	*Dall'Ellenismo alla Scolastica*
2A	*Dall'Umanesimo alle filosofie del Seicento*
2B	*Dalle grandi utopie a Kant*
3A	*Dall'Idealismo a Nietzsche*
3B	*Da Bergson al dibattito filosofico contemporaneo*

Gli elementi portanti del progetto sono:

■ un'**essenziale storia della filosofia**, caratterizzata da una forte attenzione al fatto che gli studenti possano concretamente seguirne i singoli passaggi;
■ un'**ampia raccolta di testi**, organizzati per capitolo, a cui è connessa una notevole quantità di esercizi;
■ per ogni sezione, **carte e linee del tempo per la contestualizzazione storico-geografica** e **percorsi a tema con aperture interdisciplinari** (letteratura, arte, scienze);
■ in chiusura di ciascun tomo alcuni **percorsi di filosofia per immagini**, a colori, consentono di utilizzare un nuovo registro, quello visivo, per il lavoro sulla storia della filosofia e delle idee;
■ il sito **www.philosophicaonline.it**, un vero e proprio "libro nella rete", costruito in modo coerente al corso, con testi antologici, sintesi delle opere filosofiche più importanti, percorsi a tema, dizionario delle parole chiave della filosofia.

L'impianto del progetto è unitario. L'idea è che lo studente possa seguire lo sviluppo storico della filosofia sul manuale, per grandi linee, lavorando sui testi anche attraverso il sistematico ricorso al laboratorio filosofico, e utilizzando l'estensione online come strumento di consultazione e di ampliamento del testo cartaceo o per un approccio diverso, per parole chiave, allo studio di autori e movimenti.

La struttura del corso

Il Manuale

Ciascun tomo è articolato in **Sezioni**. Ogni Sezione si apre con un **quadro storico-geografico** su doppie pagine per visualizzare la localizzazione, nel tempo e nello spazio, della storia del pensiero.

La **parte manualistica** presenta una struttura storico-problematica: la successione delle Sezioni rispecchia lo sviluppo storico della filosofia, secondo la scansione tradizionale, e ha come primo obiettivo quello di ricostruire i quadri storici di riferimento della filosofia occidentale.

Per fissare i concetti

All'interno di questi quadri, gli **autori classici** della filosofia sono presentati con capitoli specificamente rivolti all'approfondimento del loro pensiero. Alla fine di ciascun capitolo vi sono una serie di domande di comprensione e di sintesi che costituiscono una sorta di ripasso guidato, anche con l'ausilio di **Mappe concettuali**.

In luogo dell'elencazione di pensatori ritenuti minori, che nella pratica didattica difficilmente sono oggetto di studio sistematico, sono messi a tema **i problemi centrali del dibattito filosofico delle diverse età della storia della filosofia**; in tal modo si evidenzia il carattere problematico della conoscenza filosofica e il permanere di esso come dato costante della storia del pensiero, fino alla contemporaneità.

Il testo base dei capitoli è completato da contestuali finestre sulla **terminologia filosofica** e da titolini laterali che aiutano a fissare i concetti. Inoltre, nel testo della parte manualistica sono inseriti brevi o brevissimi passi d'autore, che spesso rinviano al brano contenuto nella parte antologica e quindi agli esercizi corrispondenti.

L'Antologia

Ciascun capitolo del manuale è completato dall'**Antologia**.
I testi filosofici selezionati per la parte antologica sono stati scelti, sulla base delle ipotesi interpretative presenti nella parte manualistica, seguendo alcuni criteri:

- la leggibilità del testo, con particolare attenzione all'età degli allievi;

- la rilevanza storico-problematica, secondo un rapporto dinamico con la tradizione antica e con il dibattito contemporaneo;

- la compiutezza argomentativa, garantita da brani di una certa lunghezza che consentano di misurarsi con la struttura complessa del discorso filosofico;

■ la varietà dei testi, per mostrare come nel corso della sua storia la comunicazione filosofica si sia espressa con una grande diversificazione di stili, di generi, di modalità di pensiero (poema, dialogo, trattato, saggio, lettera, aforisma ecc.).

I testi sono accompagnati da un ampio corredo di strumenti didattici: presentazione, guida alla lettura, note, esercizi di analisi e collegamento.

Ogni capitolo dell'**Antologia** è seguito dalla rubrica **Hanno detto...** dove sono proposti brevi brani di critica filosofica, accompagnati da alcune domande che aiutano la comprensione e invitano alla discussione e alla riflessione. A chiusura del capitolo, la rubrica **Approfondimenti e confronti interdisciplinari** è un vero e proprio laboratorio di approfondimento ed elaborazione personale con riferimenti e proposte di intersezioni con altre discipline. È in particolare in quest'area che si rimanda al sito **www.philosophicaonline.it**.

La Questione e la Tesi per guidare la lettura

Rimando al sito

Laboratorio filosofico

I Percorsi

Ciascuna Sezione si chiude con uno o più **Percorsi di approfondimento** che affrontano alcuni dei temi più importanti della filosofia (la coscienza di sé e il rapporto con l'altro, la filosofia e l'ebraismo ecc.) o tematismi interdisciplinari (la filosofia e la riflessione politica ecc.). Anche i percorsi tematici sono accompagnati da un **Laboratorio Filosofico** che propone spunti esercitativi.

Ogni tomo si conclude con una sezione a colori di **Percorsi di filosofia per immagini** dedicati a una molteplicità di temi legati alla disciplina filosofica.

Indice

II La ricerca filosofica contemporanea

Lo sfondo storico della filosofia contemporanea 266

Teologia, neoscolastica e personalismo

Percorsi

Temi
della ricerca filosofica contemporanea 404

I Le tradizioni filosofiche novecentesche

1. I regimi totalitari

Nel 1929 gli Stati Uniti vennero travolti da una crisi economico-finanziaria mai vista prima, i cui disastrosi effetti si registrarono anche in Europa. Soprattutto la Germania accusò il crollo degli Usa che, negli anni addietro, le avevano concesso ingenti prestiti. Nel 1932, durante la crisi economica, il Partito nazista, capeggiato da Hitler, ebbe un forte successo elettorale, determinato dallo scontento della piccola e media borghesia verso la repubblica di Weimar. Nel 1933 Hitler salì al potere per restarvi fino al 1945.

I regimi totalitari negli anni Trenta furono una caratteristica comune in tutta Europa: il fascismo di Mussolini in Italia; il regime filofascista di Salazar in Portogallo; la dittatura franchista in Spagna; lo stalinismo in Urss; i regimi nelle neonate repubbliche di Lettonia, Estonia e Lituania; le monarchie con poteri dittatoriali in Grecia, Albania, Jugoslavia e Romania. Tutti questi regimi erano accomunati dall'intento di giungere a un controllo completo dei cittadini attraverso varie forme di indottrinamento ideologico. Nonostante le profonde somiglianze, ciò che distinse il regime nazista in Germania fu l'estremo antisemitismo e l'esplicita ideologia razzista che portarono all'Olocausto e alla Seconda guerra mondiale.

Sulle cause scatenanti del totalitarismo hanno indagato diversi filosofi: secondo la filosofa ebrea tedesca Hannah Arendt (1906-1975) i momenti decisivi del processo storico che ha condotto alle dittature europee e alla Seconda guerra mondiale si possono riassumere nell'antisemitismo, nell'imperialismo e nel plebiscitarismo. Max Horheimer e Theodor W. Adorno, fondatori della Scuola di Francoforte, analizzarono il fenomeno dell'antisemitismo e della persecuzione di tutti i gruppi non integrati nella società di massa. Il filosofo austriaco Karl Popper attribuì l'origine dei regimi totalitari alle ideologie storiciste che conducono a utopie politiche.

○ **1927** Viene pubblicato *Essere e tempo* di Martin Heidegger.

○ **1929** Crollo di Wall Street.

○ **1932** Elezioni in Germania che si concludono con il successo del Partito nazista.

○ **1933** Adolf Hitler cancelliere.

○ **1933** M. Heidegger, rettore dell'Università di Friburgo, aderisce al Partito nazionalsocialista.

○ **1934** In Germania scioglimento dei partiti ed eccidi della Gestapo e delle SS.

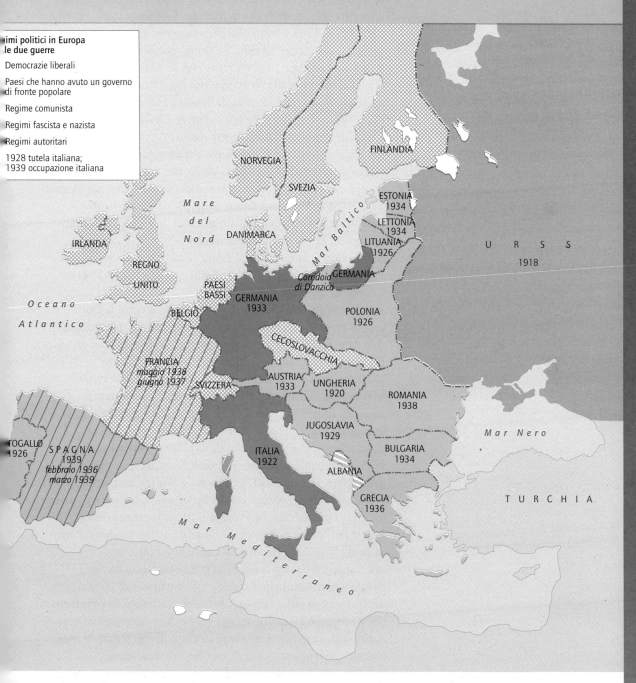

imi politici in Europa
le due guerre

Democrazie liberali

Paesi che hanno avuto un governo
di fronte popolare

Regime comunista

Regimi fascista e nazista

Regimi autoritari

1928 tutela italiana;
1939 occupazione italiana

O 1936 Asse
Roma-Berlino.

O 1938 Annessione
dell'Austria alla
Germania; introduzione
leggi razziali in Italia.

O 1939 Patto d'acciaio
Italia-Germania; patto
Molotov-Ribbentropp
fra Urss e Germania.

O 1944 Il filosofo
italiano Giovanni Gentile,
che aveva aderito
attivamente al fascismo,
viene ucciso dai partigiani.

O 1946 Esce *Il problema
della colpa* di Karl Jaspers
sulle responsabilità del
popolo tedesco nei confronti
di nazismo e guerra.

2. I filosofi e la Seconda guerra mondiale

La responsabilità dello scoppio della Seconda guerra mondiale ricade a tutti gli effetti sulla Germania nazista. Tuttavia, le democrazie europee si mostrarono estremamente deboli e inefficaci in quanto a prevenzione. La guerra durò a lungo: dal 1939 al 1945 e coinvolse direttamente o indirettamente tutte le nazioni del mondo. La prima nazione a cadere sotto il dominio tedesco fu la Polonia. Nel 1940 toccò alla Danimarca e alla Norvegia, poi la Germania passò all'attacco contro la Francia, il Belgio e l'Olanda. Il 14 giugno del 1940 i tedeschi entrarono a Parigi. La Germania si concentrò allora sull'Inghilterra, con l'intenzione di attaccarla dai cieli, dove però i caccia inglesi riuscirono ad averla vinta. L'attacco tedesco si spostò in Africa, nei domini inglesi, dove l'Italia – entrata in guerra a fianco della Germania nel giugno 1940 – già combatteva da un anno. Dopo l'occupazione dell'Etiopia la guerra si spostò in Libia. Nel 1941, sul fronte balcanico, fu occupata la Jugoslavia.

Si mobilitò a questo punto l'America di Roosevelt fornendo agli inglesi ingente materiale bellico. Il 22 giugno 1941 i tedeschi invasero l'Urss.

Il 7 dicembre 1941 l'aviazione giapponese colpì la flotta americana a Pearl Harbor provocando l'entrata in guerra dell'America. Tra il 1941 e il 1942, la Germania trasformò l'Europa in una fonte di merci costringendo i vinti al lavoro forzato. Nei campi di Auschwitz, Buchenwald, Mauthausen, Dachau furono deportati e sterminati circa sei milioni di ebrei, oltre a un elevato numero di zingari, omosessuali, oppositori politici e portatori di handicap. Molti intellettuali di origine ebraica persero la vita in quegli anni, tra cui Edith Stein, allieva prediletta di Husserl, che morì ad Auschwitz e Walter Benjamin, che si suicidò al confine con la Spagna per il timore di essere arrestato dai nazisti. In Francia il filosofo esistenzialista Jean-Paul Sartre e il fenomenologo Maurice Merleau-Ponty, in Italia l'idealista Benedetto Croce si schierarono apertamente contro il nazismo e il fascismo. Alla fine della guerra Karl Jaspers tenne all'Università di Heidelberg alcune lezioni sulla responsabilità dei tedeschi nei confronti del nazismo e Hans Jonas, nel saggio *Il concetto di Dio dopo Auschwitz*, sostenne che, dopo i campi di sterminio, si può pensare solo all'esistenza di un Dio misericordioso, ma non onnipotente.

○ 1939 Invasione tedesca della Polonia.	**○ 1940** (9 aprile) Occupazione tedesca della Danimarca e della Norvegia.	**○ 1940** (14 giugno) Occupazione tedesca di Parigi.	**○ 1941** (22 giugno) Invasione tedesca dell'Unione Sovietica.	**○ 1942** (19 novembre) Riscossa sovietica a Stalingrado.

La Seconda guerra mondiale
in Europa dal 1939 al 1942

■ Paesi alleati della Germania o occupati

■ Paesi conquistati dalla Germania

□ Paesi non impegnati nel conflitto

○ Punti d'arresto delle offensive
tedesche e italiane

–·–· Fronte nel dicembre 1941

—— Fronte nel settembre 1942

★ Campi di concentramento

● Campi di sterminio

1943 (25 luglio) Caduta del fascismo in Italia.

1944 (6 giugno) Sbarco in Normandia degli alleati.

1944 (agosto) Avanzata sovietica alle porte di Varsavia.

1945 (febbraio) Conferenza di Yalta.

1945 (aprile) Suicidio di Hitler e fine della guerra.

3. L'esodo dei filosofi negli Stati Uniti dopo l'avvento del nazi-fascismo

L'avvento del nazismo in Germania e poi in Europa provocò una vera e propria rottura dell'ambiente filosofico mitteleuropeo. Ebbe tuttavia effetti benefici sulla filosofia americana. Due sono gli esempi più celebri.

Il primo è rappresentato dalle vicende della cosiddetta "filosofia analitica". Negli anni dell'ascesa del nazismo, infatti, non solo grandi scienziati come Albert Einstein o Sigmund Freud, ma un gran numero di logici e filosofi furono costretti a emigrare negli Stati Uniti o a restare fuori dell'Europa continentale. Per esempio, dopo l'uccisione nel 1936 di Moritz Schlick, uno dei fondatori del Circolo di Vienna, il gruppo dei neopositivisti si sciolse e Kurt Gödel, Rudolf Carnap, Otto Neurath emigrarono negli Stati Uniti, mentre il filosofo Ludwig Wittgenstein rinunciò alla cittadinanza austriaca a favore di quella inglese.

Questi filosofi, attenti allo studio del linguaggio, per lo più ebbero una profonda influenza sull'ambiente statunitense, mantenendo i contatti soprattutto con la filosofia anglosassone. La cultura filosofica americana assimilò così i temi principali della filosofia analitica europea, dando luogo a un rovesciamento: le idee fondamentali della filosofia analitica europea divennero caratteristiche "tipiche" della cultura americana e la filosofia europea, detta "continentale", venne a identificarsi soprattutto con lo storicismo, la fenomenologia e l'esistenzialismo.

Il secondo esempio è costituito dalle vicende della Scuola di Francoforte. Fondata da Max Horkheimer nel 1931, essa raccoglieva un folto gruppo di intellettuali che, legati all'Istituto per la ricerca sociale di Francoforte, ritenevano di poter reinterpretare il marxismo alla luce dei forti cambiamenti sociali apportati nell'Occidente dall'avanzamento delle democrazie di massa. Nel 1935 la scuola si trasferisce in America. Questo trasferimento provocherà cambiamenti anche nelle linee della ricerca stessa, che avrà come esito più noto la scrittura a quattro mani di Theodor W. Adorno e di Max Horkheimer de *La dialettica dell'illuminismo* (1947).

1922 Premio Nobel per la fisica ad Albert Einstein.

1933 Einstein lascia Berlino e si trasferisce negli Stati Uniti presso l'*Institute for Advanced Study* di Princeton (New Jersey).

1935 Rudolf Carnap si trasferisce negli Stati Uniti.

1938 Hans Reichenbach si trasferisce in California dove insegnerà fino alla morte.

Confini nazionali nel 1939
Massima estensione del potere dell'Asse
Direzione degli intellettuali

1940 Kurt Gödel si trasferisce negli Stati Uniti presso l'*Institute for Advanced Study* di Princeton.

1940 Hannah Arendt si trasferisce negli Stati Uniti.

1930-1947 Ludwig Wittgenstein insegna all'Università di Cambridge.

1947 Viene pubblicata l'*Eclisse della ragione* di Max Horkheimer.

4. La guerra fredda

Alla fine della Seconda guerra mondiale venne a delinearsi un nuovo ordine internazionale che segnò la fine del primato europeo a favore del bipolarismo tra le due nazioni vincitrici: Usa e Urss. Il loro antagonismo si manifestò immediatamente: da una parte come tentativo espansionista dell'Unione Sovietica e dall'altra come rafforzamento degli armamenti atomici da parte degli Usa, con un rapido deteriorarsi delle relazioni fino alla cosiddetta "guerra fredda". Emblematica, a questo proposito, la vicenda della città di Berlino, letteralmente tagliata in due dal muro innalzato dai sovietici nel 1961 e abbattuto nel 1989, con il crollo dei regimi comunisti.

Con il patto Atlantico del 1949, Europa e Stati Uniti consolidarono i loro rapporti di collaborazione politica, mentre i Paesi liberati dall'Armata rossa andarono a formare una cintura di Paesi comunisti alleati all'Urss. La loro alleanza fu sancita nel 1955 con il patto di Varsavia.

I due blocchi, secondo un'espressione divenuta celebre del primo ministro inglese Winston Churchill, erano divisi da una "cortina di ferro" che attraversava il continente. La guerra fredda ebbe una serie di effetti negativi soprattutto nelle politiche interne nazionali: gli Stati Uniti perseguivano penalmente tutti i "sospetti" comunisti o simpatizzanti tali, mentre in Unione Sovietica vennero processati tutti coloro che erano accusati di collusione con gli americani e con l'ideologia capitalista. Il clima di tensione causato dalla guerra fredda rischiò di degenerare nella terza guerra mondiale quando le truppe della Corea del Nord comunista attaccarono la Corea del Sud filoamericana. Gli Usa intervennero prontamente ed evitarono l'annessione del Sud al Nord, appoggiato dalla Cina. In quegli anni molti pensatori presero posizioni politicamente impegnate: Sartre partecipò nel 1952 al Congresso mondiale della pace di Vienna, nel 1953 si pronunciò contro la guerra francese in Indocina e contro la repressione sovietica a Budapest nel 1956-1957. Fu tra i sostenitori nel 1966-1967 del Tribunale Russell, promosso dal filosofo inglese Bertrand Russell, per giudicare i crimini di guerra.

○ 1945 (25 aprile-26 giugno) Nasce l'Onu, l'Organizzazione delle Nazioni Unite.

○ 1947 (12 marzo) Negli Usa il presidente proclama la "Dottrina Truman", indirizzata a sostenere, in qualunque parte del mondo, i governi e i movimenti politici anticomunisti.

○ 1948 Nasce l'Oece (Organizzazione per la Collaborazione Economica Europea).

○ 1949 L'Urss realizza la bomba atomica.

○ 1950-53 Conflitto coreano.

○ 1951 Nasce la Ceca (Comunità Europea del Carbone e dell'Acciaio).

"cortina di ferro" in Europa

La "cortina di ferro"

Città divise in 4 zone di occupazione

Zone controllate dagli alleati

Zone controllate dai sovietici
(in Austria l'occupazione termina
nel 1955; in Germania Est nel 1989)

Territori annessi dall'Urss
fra il 1939 e il 1947

Stati divenuti comunisti
fra il 1945 e il 1948

NORVEGIA
SVEZIA
FINLANDIA
CARELIA

Mare del Nord

Mar Baltico

ESTONIA

URSS

LETTONIA

LITUANIA

BIELORUSSIA

PAESI BASSI
Berlino
Varsavia

BELGIO
RDT
1949
POLONIA
1947-48

LUSS.
UCRAINA

R.F.T.
1949
Praga
CECOSLOVACCHIA
1948

FRANCIA
Vienna
Budapest
MOLDAVIA

SVIZZERA
AUSTRIA
UNGHERIA
1947-48
ROMANIA
1947-48

Belgrado
Bucarest

JUGOSLAVIA
1945

SPAGNA
ITALIA
BULGARIA
1946
Mar Nero

Sofia

ALBANIA
1945

Mar Mediterraneo
GRECIA
TURCHIA

1952 Gli americani appoggiano il golpe di Batista a Cuba.

1952 Muore a Napoli il filosofo Benedetto Croce.

1953 Gli Stati Uniti realizzano la bomba H.

1956 Rivoluzione ungherese e Ottobre polacco.

1957 Nascono il Mec e l'Euratom (Mercato Comune Europeo e Comunità Europea dell'energia Atomica).

1959 Rivoluzione castrista a Cuba.

I problemi delle filosofie del Novecento

1. Che cos'è la filosofia

▶▶

All'inizio del XX secolo la questione dell'identità della filosofia si pone in maniera nuova in rapporto ad alcuni fatti. Proviamo a elencare con ordine almeno i due più importanti e a studiare come essi abbiano avuto un'influenza nel dirigere la ricerca dei filosofi sui fondamenti della loro disciplina. Ci riferiamo all'enorme sviluppo delle scienze della natura e alla nascita delle scienze dell'uomo.

1.1 L'identità della filosofia di fronte alle scienze della natura

La ricerca scientifica nel campo delle cosiddette scienze della natura, già agli inizi del Novecento, aveva raggiunto livelli così alti di complessità e di specializzazione che il sapere specifico di ciascuna disciplina non poteva che essere dominato da specialisti; nonostante gli spunti critici che le filosofie postpositiviste avevano avanzato nella seconda metà dell'Ottocento, accolti dagli scienziati più attenti ai fondamenti filosofici delle loro discipline (per esempio Einstein), la filosofia non poteva fornire alla scienza molto più che una riflessione esterna o metodologica, a meno di non contrapporsi a essa direttamente o di non scegliere una via parallela e indipendente. Abbiamo quindi:

■ una **riflessione di tipo metodologico** sul sapere umano, in linea con la tradizionale ricerca sui fondamenti della conoscenza umana, ma orientata all'analisi della validità del sapere scientifico; ne nasce un approfondimento notevole di quella disciplina che chiamiamo **epistemologia**, cioè lo studio dell'*epistéme*, termine greco che indica la "scienza", il "sapere ben fondato" di aristotelica memoria. Poiché il Positivismo si era occupato a fondo di questioni metodologiche, è in ambienti a esso vicini che questo tipo di indagine si sviluppa, seppur non sempre in accordo con esso. Tra Austria e Inghilterra nasce, per esempio, il movimento neopositivista, inserito nel contesto di un dibattito internazionale profondamente segnato da importanti prese di distanza dalla tradizione positivista, in relazione anche alle riflessioni elaborate da Ludwig Wittgenstein (1889-1951) e da Karl R. Popper (1902-1994);

■ una riflessione sui **metodi della filosofia** nella sua piena indipendenza dalla scienza, ma non in opposizione a essa: le questioni metodologiche divengono dunque centrali non in rapporto alla scienza, ma per la filosofia stessa, come già era accaduto nel Seicento, quando il "problema del metodo" era stato a fondamento della rivoluzione filosofica e scientifica operata dai filosofi razionalisti.

In Francia si pone su questa linea Henri Bergson (1859-1941) che all'inizio del nuovo secolo, tenendo conto del Positivismo, ma anche delle severe critiche mossegli dai movimenti antipositivisti, mette a punto una metodologia di ricerca filosofica che si basa su una dettagliata **analisi dell'intuizione** come facoltà capace di andare oltre i, e indipendentemente dai, risultati della scienza; in Germania questo genere di ricerca, molto legata a Cartesio e alla ripresa di temi classici della filosofia, è condotta da Edmund Husserl (1859-1938), il padre di una corrente filosofica che è giunta sino ai nostri giorni, la **fenomenologia**, che come vedremo ha a suo fondamento non una teoria, ma un metodo (il «*metodo fenomenologico*», appunto); negli Stati Uniti questo genere di problemi è posto da una nutrita pattuglia di ricercatori che si muovono in un contesto culturale e sociale orientato sì dalla tradizione europea, ma che si distanzia in molti punti da essa: dal loro lavoro teorico nasce una corrente filosofica anch'essa caratterizzata da principi metodologici, che si è affermata con il nome generico di **pragmatismo**, termine che sottolinea il legame tra l'azione umana e la conoscenza;

■ una riflessione sui metodi della filosofia condotta anch'essa in piena indipendenza dalla scienza, e in radicale opposizione a essa: si pongono su questa via alcuni importanti filosofi italiani, come Benedetto Croce (1866-1952) e Giovanni Gentile (1875-1944), che conducono un attacco molto duro contro il sapere scientifico in nome della superiorità del sapere filosofico, ascritta alla sua capacità di indicare l'approccio corretto alla verità: poiché la scuola italiana riprende i temi, i principi e soprattutto i metodi dell'Idealismo classico tedesco (scuole dello stesso genere stavano nascendo negli stessi anni anche in altre nazioni europee, per esempio in Inghilterra) va sotto il nome di **neoidealismo**.

1.2 L'identità della filosofia di fronte alle scienze dell'uomo

Nella seconda metà dell'Ottocento, nel clima del Positivismo e delle ricerche metodologiche proprie delle singole discipline, era accaduto che dal seno stesso della tradizione filosofica andassero prendendo forma alcune specifiche discipline, con un proprio statuto metodologico, il cui oggetto di studio era l'uomo. Solo per citare alcuni esempi:

■ era nata la **sociologia**, disciplina in realtà molto più antica, ma definita solo in quel periodo nella sua identità rispetto alle altre scienze dell'uomo, nel suo specifico oggetto e caratterizzata da metodi propri;

■ anche la **psicologia**, antichissima disciplina filosofica, aveva cominciato sul finire dell'Ottocento a darsi un proprio statuto indipendente, sia nella forma della psicologia sperimentale, sviluppatasi in ambiente positivista, sia in forme legate alla ricerca in psichiatria (all'inizio del nuovo secolo Sigmund Freud, con la sua psicoanalisi, aprirà in questo campo una via di ricerca fondata su metodi e principi del tutto originali, destinata ad avere un grande sviluppo nel corso del secolo).

Altre discipline, come l'economia, la storia, l'antropologia e così via, andavano assumendo una fisionomia sempre più autonoma e specifica, sicché all'inizio del secolo la distinzione tra scienze della natura e scienze dell'uomo (si utilizzava anche l'espressione scienze dello spirito) era ormai netta e chiara. La filosofia si collocava

La specificità della filosofia rispetto alle scienze dell'uomo esternamente rispetto a entrambe, anche se storicamente esse si erano sviluppate dalla sua matrice: era ancora possibile isolare, nell'ambito delle scienze dell'uomo, una possibile identità della filosofia? In quanto interessata alla "comprensione dell'uomo", la filosofia stava forse diventando una disciplina a fianco delle altre?

Era difficile sostenerlo, perché ciascuna delle discipline sull'uomo mirava a un approccio specifico e settoriale, mentre la filosofia no: essa mirava alla comprensione globale e integrale dell'uomo, così come faceva per ogni suo ambito di ricerca.

La specificità della filosofia rispetto alle singole scienze consisteva proprio nel fatto che essa rifiutava un approccio parziale e puntava a comprendere i nessi tra tutti i possibili approcci. Che cosa doveva quindi essere la filosofia quando studiava l'uomo? Il confronto con le scienze della natura aveva imposto una ridefinizione dei metodi di ricerca e una diversa definizione della propria identità; nel caso dell'uomo si trattava soltanto di una questione metodologica o era il campo problematico a essere del tutto diverso?

La filosofia non aveva la possibilità di accogliere i metodi della scienza, e non lo fece; se lo avesse fatto, avrebbe semplicemente fatto scienza della natura. Stava piuttosto accadendo l'inverso: non pochi scienziati stavano riflettendo sui fondamenti filosofici della loro disciplina (i fisici teorici dell'epoca, come Einstein, erano dunque filosofi?).

Nel caso delle scienze dell'uomo, però, era possibile integrare i metodi di ciascuna singola scienza con la filosofia, perché l'oggetto di studio era molto ristretto ed era il medesimo: l'uomo. La filosofia subì quindi facilmente l'influenza delle cosiddette "scienze umane". La psicoanalisi, per esempio, entrò nella riflessione filosofica in modo massiccio e diretto: almeno una scuola filosofica, la Scuola di Francoforte, considerò l'opera di Sigmund Freud e dei suoi successori come parte del proprio percorso di ricerca; anche varie correnti dell'esistenzialismo (un insieme di filosofie che, soprattutto in Germania e in Francia, ebbero grande sviluppo tra le due guerre e nel secondo dopoguerra) e della già citata fenomenologia utilizzarono importanti apporti di alcune scienze dell'uomo, in particolare la psicologia sperimentale, dando a loro volta contributi notevoli a queste discipline (il metodo fenomenologico, per esempio, si dimostrò fecondo per la ricerca psicologica).

1.3 Filosofia e marxismo

Molte filosofie dell'Ottocento offrirono spunti di riflessione e proposero nodi problematici alle correnti di ricerca del primo Novecento: abbiamo citato più volte l'Idealismo e il Positivismo. Lo studio analitico delle singole correnti di pensiero mostrerà più dettagliatamente che il campo problematico in cui si muove la filosofia del nuovo secolo è profondamente influenzato dalle correnti del secolo precedente.

Una delle filosofie nate nell'Ottocento ebbe non soltanto influenza, ma si sviluppò come corrente specifica nel XX secolo, in diretto rapporto con il suo fondatore, assai più di quanto non sia accaduto per le altre correnti: è la filosofia di Marx, che stava assumendo un'importanza politica dirompente in seguito all'espansione delle lotte operaie in tutto il mondo, in competizione con altre teorie politiche della "sinistra". Quando un partito di ispirazione marxista riuscì a imporsi sugli altri nel corso della Rivoluzione russa, la questione marxista divenne centrale e caratterizzò larga parte del secolo. Poiché si trattava di una teoria politica costruita sul fondamento di principi filosofici, non era assolutamente possibile che i filosofi non se ne occupassero.

Il carattere scientifico del marxismo

Ma che cos'era il marxismo? Doveva essere iscritto tra le scienze della natura o tra quelle dell'uomo? Che mirasse all'identificazione di sé come pensiero scientifico era indubbio, perché questa era stata la precisa convinzione di Marx, che aveva contrapposto il proprio **socialismo scientifico** a quello utopistico caratteristico di altre correnti del pensiero sociale dell'Ottocento. Marx mirava all'identificazione delle leggi del dinamismo della storia e a questo scopo aveva utilizzato una serie di principi metodologici e di concetti operativi in parte del tutto originali, in parte desunti dagli economisti classici, in parte dall'Idealismo (capovolto in "materialismo").

Il marxismo non puntava a essere una scienza della natura, ma semmai a utilizzare gli esiti delle scienze della natura (anche se in Unione Sovietica vi fu chi interpretò il marxismo come teoria e metodologia a monte delle scienze, utile quindi per orientarle). Il marxismo non puntava però neppure a essere semplicemente una scienza dell'uomo, perché mirava alla comprensione delle leggi generali su cui riposa la storia dell'uomo. Il marxismo "scientifico" era quindi una filosofia, e costringeva i filosofi a porre la questione del fondamento scientifico della conoscenza filosofica in quanto tale; poneva il problema della filosofia come scienza rigorosa: non una scienza a fianco delle altre (disciplina tra discipline), ma una scienza generale, chiave di lettura della complessità dei fenomeni studiati.

Il marxismo come chiave di lettura della realtà

Il marxismo novecentesco si poneva quindi un obiettivo simile a quello delle scuole che abbiamo richiamato all'inizio del nostro discorso (il bergsonismo, la fenomenologia, il pragmatismo): costruire una filosofia come scienza rigorosa, nella sua piena indipendenza dalla scienza della natura. Al contrario delle altre correnti, però, non poggiava soltanto su esigenze metodologiche (gli esiti della ricerca avrebbero potuto essere i più diversi, una volta applicato il metodo), ma su una teoria generale.

Bergsonismo, fenomenologia, pragmatismo, e diverse altre scuole miravano a indicare un metodo, e a svolgere delle ricerche da cui sarebbero scaturite delle teorie, ciascuna delle quali era considerata concettualmente meno importante del metodo e soprattutto soggetta a continue revisioni (così come accade nella scienza); il marxismo mirava, invece, a fornire una teoria come chiave d'interpretazione della realtà. Data l'importanza teorica della proposta, e il complesso delle questioni politiche che nel corso del Novecento erano a essa collegate, non sorprende che il marxismo sia stata una delle matrici più importanti del pensiero dell'epoca; ma in due modi diversi:

■ come componente problematica e metodologica di molte filosofie, anche lontane dai suoi assunti teorici e soprattutto dai suoi esiti politici (per esempio, il marxismo è stato oggetto di riflessione molto approfondita da parte dell'idealista e liberale Benedetto Croce);

■ come matrice teorica da cui muovere, in modo diretto (per esempio, per Antonio Gramsci e per molti altri teorici marxisti) o in connessione con altre correnti (per esempio, per la Scuola di Francoforte, che utilizzava anche altri apporti, come la psicoanalisi, l'idealismo hegeliano, la sociologia e altro).

Un nuovo campo problematico del tutto tradizionale

Il titolo di questo paragrafo può apparire sorprendente e contraddittorio perché il fatto che qualcosa sia nuovo è in contraddizione con il fatto che sia tradizionale: ma nel 1927 negli ambienti filosofici tedeschi di scuola fenomenologica avvenne proprio questo. Un problema filosofico venne posto non in maniera nuova, ma del tutto tradizionale, eppure il solo fatto di averlo posto, di averne ricordato la radicalità e di averne dedotte le conseguenze fece sì che l'eco fosse amplissima.

Il problema è l'antico **problema dell'essere**, e il filosofo che lo pose era uno degli allievi di Husserl, il fondatore della scuola fenomenologica; quest'uomo si chiamava Martin Heidegger (1889-1976) e nei decenni successivi sarebbe diventato uno dei più letti, amati e contestati filosofi del secolo, oggetto di severe critiche e di appassionate difese.

Va chiarito che dopo avere posto il più tradizionale dei problemi filosofici e averne ricordato l'importanza per l'essere umano, Heidegger ha proposto una metodologia di ricerca, **l'analitica esistenziale**, su base fenomenologica, molto originale e dagli esiti radicali.

A parte una nutrita schiera di singoli pensatori che si sono richiamati a questo o a quel punto della filosofia di Heidegger, alla sua ricerca si sono richiamate in modo diretto e generale due scuole: come spesso è accaduto nella storia della filosofia, le due scuole hanno sviluppato alcuni aspetti del pensiero del maestro ed è molto dubbio che il maestro si riconoscerebbe in esse (dalla prima ha avuto il tempo e il modo di prendere personalmente le distanze).

L'esistenzialismo
e l'ermeneutica

La prima scuola è l'**esistenzialismo**, che ha anche altre matrici, come il pensiero di Kierkegaard e le ricerche condotte dai teologici, soprattutto protestanti, influenzati dalla filosofia tedesca dell'Ottocento, anche in risposta agli assunti del materialismo e di Nietzsche.

La seconda scuola è l'**ermeneutica**, che si è sviluppata però nel secondo Novecento ed è quindi al di fuori del campo problematico studiato in questa sezione (in Heidegger ci sono importanti osservazioni su questo tema, ma non uno sviluppo compiuto del campo problematico).

Vedremo nei singoli capitoli dedicati a queste filosofie quali sono gli assunti da cui muovono e gli esiti cui pervengono. In questa sede, in cui importa sottolineare il campo dei problemi in cui una filosofia si muove, va ricordato che il complesso della filosofia di Heidegger e delle diverse scuole che a lui si rifanno è legato alla questione del senso dell'essere. Non trattandosi di un problema nuovo non varrebbe la pena soffermarvisi, ma è opportuno farlo non solo a scopo di richiamo e di memorizzazione, ma anche perché non vi è dubbio su un fatto: il Novecento ha posto gli uomini in una condizione nuova rispetto alle epoche precedenti.

La radicalità
della domanda sul senso
nel XX secolo

La possibilità dell'uomo di dominare la natura attraverso le tecnologie è diventata molto più alta, e quindi la possibilità per l'uomo di intervenire sul suo stesso essere. Molte questioni prima soltanto di principio sono divenute concrete: si provi a rispondere alla domanda su chi è l'uomo e qual è la sua natura in epoca di biotecnologie, quando uno dei caratteri dell'uomo può essere geneticamente trasformato. Heidegger è vissuto prima di queste possibilità tecniche, ma ha scritto dopo la Guerra mondiale e ha vissuto l'età della bomba atomica. Ha toccato con mano che cosa può fare la tecnica dispiegata, nel bene e nel male.

Armi atomiche e senso della vita

L'antico problema del senso dell'essere – facilmente comprensibile sulla base della semplice constatazione che non ci è immediatamente noto né il senso delle cose né quello della nostra vita – acquista una dimensione diversa quando è possibile modificare sia le cose sia la vita. Ora, non solo noi non sappiamo quale sia il senso del fatto che le cose ci sono e noi stessi ci siamo, ma non sappiamo neppure se un senso c'è; né perché noi siamo spinti (forse unici nell'universo) a porre un problema di senso – più esattamente, non è del tutto corretto dire che questo problema è posto da noi: sarebbe meglio dire che ci si pone, che lo si voglia o meno.

Né sappiamo con esattezza che cosa significa "esistere" o "non esistere". I temi della vita e della morte non sono certo nuovi. Ma acquistano una dimensione diversa se letti nella chiave della modernità. Va ricordato che le questioni del senso erano state poste – forse sarebbe meglio dire ricordate, essendo in realtà fin troppo ben note – sia da molti filosofi dell'Ottocento (in termini diversi da una lunghissima serie che va dagli idealisti a Kierkegaard, a Schopenhauer, a Nietzsche e così via), sia da molti scrittori, per esempio Dostoevskji, la cui opera influenzò moltissimo la cultura del primo Novecento.

Heidegger nel porre il problema si muoveva quindi su un terreno culturale predisposto all'ascolto. Trovò in effetti molta attenzione su temi di questa natura: qual è il senso dell'essere? Che cosa significa esattamente esistere? Porre queste domande al tavolo di lavoro di uno studente o di uno studioso è un conto; porle a Verdun o sulla Somme mentre decine di migliaia di uomini muoiono combattendo è un altro; e Heidegger scrive le sue prime opere negli anni della massima crisi della Germania di Weimar. Gli esistenzialisti tedeschi e francesi scrivono tra Weimar, la Seconda guerra mondiale e l'era atomica. Si faccia memoria di questo studiando il percorso di ricerca proposto dai filosofi in risposta alle domande che ripetiamo: qual è il senso dell'essere? Che cosa significa esattamente esistere?

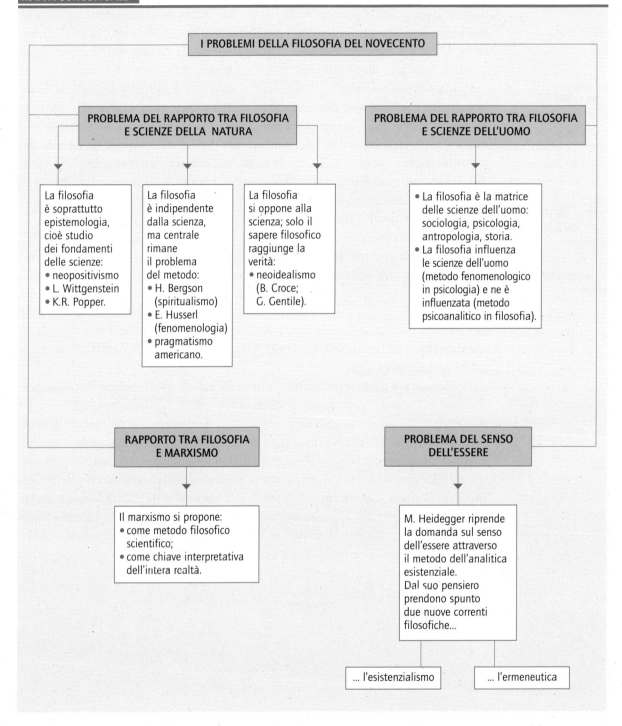

1. Che cos'è una legge scientifica?

Prima di avviarti allo studio dei prossimi capitoli, ferma la tua attenzione sulle discipline scientifiche che sono oggetto di studio quest'anno.

■ **Rispondi alle seguenti domande, anche con l'aiuto dei tuoi professori:**
– che cosa distingue la conoscenza scientifica da altre forme di conoscenza (per esempio dalle conoscenze di tipo storico, o letterario)?
– che cos'è una legge scientifica?
– sai identificare problemi filosofici generali nelle materie scientifiche studiate?

2. Marxismo

Poiché nei prossimi capitoli dovrai affrontare lo studio del marxismo novecentesco, è opportuno prepararsi richiamando alla memoria le informazioni sul tema che hai acquisito attraverso lo studio della storia.

■ **Rispondi con brevi testi alle seguenti domande:**
– quanti e quali marxismi al potere conosci nel XX secolo?
– quali sono i tratti caratterizzanti il dibattito sul marxismo tra i teorici e i politici della sinistra europea e mondiale?

3. Il problema del senso dell'essere

È opportuno svolgere una breve serie di lavori preliminari al tema del senso dell'essere, affrontato da molti dei filosofi che studierai nei prossimi capitoli. Ti aiuteranno a entrare in argomento in modo corretto.

■ Il primo lavoro riguarda la nozione di *senso*, e ti proponiamo un approccio al tema che passa attraverso la letteratura o il cinema: hai già studiato opere letterarie nella letteratura italiana o straniera che lo affrontano? Conosci in letteratura il tema dell'assurdo? È importante che tu sappia distinguere il significato di una cosa dal suo senso: proponi un caso, richiamando un'opera letteraria o un film, in cui il significato di una certa cosa, o di un gesto, sia chiaramente identificabile e non ambiguo, mentre il senso sia difficilmente identificabile, o ambiguo o, letteralmente, assente.

■ Il secondo lavoro riguarda il problema dell'*essere* e il significato di questa parola. Ti chiediamo di richiamare la questione ricordando il filosofo greco Parmenide e la sua tesi: «*l'essere è, il non essere non è*». Di che cosa sta parlando Parmenide? Continua la tua analisi riprendendo le concezioni dell'essere di Platone e di Aristotele.

■ Il terzo lavoro riguarda la nozione di *nulla.* Richiama la questione nei termini in cui l'avevano posta i filosofi greci e rispondi alle seguenti domande:
– il nulla è pensabile?
– se sì, che cosa pensiamo quando pensiamo il nulla?
– se no, di che cosa stiamo parlando, che cosa si dice di ciò che non è pensabile?
Nelle tue risposte, richiama se vuoi specifiche posizioni filosofiche che hai studiato.

Henri Bergson e lo spiritualismo francese

1.

Lo spiritualismo francese

La centralità della coscienza

Nel corso dell'Ottocento, soprattutto in Francia, si è sviluppata una corrente di pensiero che ha posto al centro dell'indagine il tema della **coscienza** come fonte di ogni verità: gli autori che, a vario titolo, sono appartenuti a questa corrente si sono riallacciati a una tradizione che, a partire da Agostino, è giunta al suo punto di sviluppo più maturo nell'Età moderna con Cartesio e Malebranche. Questa corrente filosofica si è caratterizzata come riflessione dell'uomo sulla propria interiorità, nella convinzione non solo che nella coscienza si risolva integralmente la parte spirituale della vita dell'uomo, ma anche che ogni giudizio sul mondo esterno trovi in essa il suo fondamento.

La critica delle filosofie materialiste

Lo spiritualismo francese, sviluppatosi in rapporto polemico con le correnti della filosofia materialista e sensista, ha assunto un'intonazione religiosa. Mentre nella prima metà del XIX secolo la critica si dirige contro la filosofia illuminista (rappresentata da pensatori come Condillac, d'Holbach o La Mettrie), nella seconda metà del secolo la polemica si indirizza contro lo scientismo positivistico. Ciò spiega la presenza di temi peculiari per ciascun periodo: se nel primo si insiste maggiormente sull'originalità della **coscienza**, che intende l'io come principio attivo che illumina la realtà invece di esserne passivamente condizionato, nel secondo periodo si tende piuttosto a mettere in evidenza e criticare i presupposti metafisici latenti nella scienza, al fine di cogliere l'esperienza nel suo reale spessore qualitativo, che si rivela nell'interiorità della coscienza. In entrambi i momenti, il proposito dello spiritualismo è quello di riscoprire la dimensione spirituale dell'uomo come via per giungere all'Assoluto, alla trascendenza di Dio: ciò perché si considera l'apertura religiosa come la condizione insostituibile per la realizzazione della libertà e dell'essenza umana.

Queste tematiche, profondamente radicate nella cultura francese, confluiranno infine nel pensiero di Henri Bergson, che di esse offrirà una vigorosa sintesi e insieme un originale sviluppo.

Le origini storiche dello spiritualismo

Lo spiritualismo trova le sue origini nell'Età della **Restaurazione**: non meraviglia dunque che le sue tematiche abbiano dei risvolti politici e che si trovino affiancate o intrecciate a quelle del cosiddetto tradizionalismo. In questo periodo, infatti, viene condotta da più parti un'aspra polemica contro gli ideali della Rivoluzione francese e la sua matrice ideologica fondamentale (il razionalismo illuministico) in nome di un ritorno ai valori della **tradizione**:

■ sia in campo politico, dove si esaltano i rapporti di fedeltà, la sacralità del potere, le gerarchie sociali, la subordinazione del trono all'altare ecc.;

■ sia in campo culturale, dove da un lato si svalutano le capacità dell'intelletto umano per esaltare la **fede** e dall'altro si mette in guardia contro il progresso che altera il rapporto organico dell'uomo con il suo passato.

Parallelamente viene ripresa la riflessione sull'interiorità, in chiave spiritualistico-agostiniana, per far emergere quei contenuti della coscienza che ne rivelerebbero l'intimo legame con Dio e il mondo.

1.1 François-Pierre Maine de Biran

L'autore che ha dato avvio a un originale ripensamento del concetto di coscienza è stato François-Pierre Maine de Biran (1766-1824). Osservando e analizzando se stesso e registrando i risultati di quest'introspezione in un grande *Diario intimo*, il filosofo ha influenzato tutta la ricerca successiva. Ispirato dall'ideale stoico di vita improntato alla libertà e alla padronanza di sé (tramandato da Epitteto e Marco Aurelio), ma consapevole come Pascal della miseria umana, Maine de Biran cerca di raggiungere la libertà interiore attraverso una *«fisica sperimentale dell'anima»*.

Il carattere attivo della coscienza

Riflettendo sul *«senso intimo»* (la dimensione interiore), a partire dalla **sensazione**, egli vi scorge la presenza di un fattore originario: la sensazione non è (come sosteneva Condillac) solo passività, dal momento che, per essere avvertita, ha bisogno di movimenti psichici che la precedano, perché si abbia il *«sentire di sentire»*. Nell'esperienza quotidiana non ci si rende conto di questo complesso di movimenti perché essi sono coperti dall'abitudine che li sottrae alla coscienza.

Per Biran dunque, nella misura in cui non vi può essere conoscenza (neppure sensibile) senza **coscienza**, quest'ultima si presenta come il fondamento del sapere a tutti i livelli. Quando Biran cerca di individuare la radice dell'attività di coscienza, la scopre non nel pensiero (come voleva Cartesio) ma nella **volontà**, che risulta il principio originario dell'io. Il soggetto riconosce l'atto di volontà come un **fatto primitivo**, derivando questa certezza dall'immediatezza con cui lo sperimenta.

La materia come limite e stimolo per la coscienza

Ogni volizione si esprime infatti come uno sforzo nei confronti di qualcosa che oppone resistenza e in ciò noi sentiamo sia l'energia del nostro essere spirituale, sia l'ostacolo che esso trova fuori di sé, per esempio nel nostro organismo: ciò significa che, come aveva già sostenuto Fichte, solo la resistenza di qualcosa di materiale

---

LA VITA *di François-Pierre Maine de Biran*

François-Pierre Maine de Biran (1766-1824) fu soprattutto un uomo politico (di tendenza conservatrice) e un funzionario pubblico (membro del consiglio dei Cinquecento, deputato, consigliere di Stato), sia durante la Repubblica che con la Restaurazione. Coltivò la filosofia in modo appartato e nel raccoglimento privato. Tra le sue opere *Influenza dell'abitudine sulla facoltà di pensare* (1802, l'unica da lui pubblicata),

La scomposizione del pensiero (1805), *L'appercezione immediata* (1807), *Sui rapporti tra il fisico e il morale dell'uomo* (1811), *Fondamenti della morale e della religione* (1818), *Nuovi saggi di antropologia o della scienza dell'uomo interiore* (1824) e il *Diario intimo* composto nel corso dell'intera vita e pubblicato postumo da Victor Cousin, come tutti gli altri suoi scritti.

può produrre nell'io la coscienza di sé come forza spirituale, come agente libero che opera su un impedimento che, essendo altro da lui, lo limita. Di conseguenza, come più tardi affermerà Bergson, la materia (l'ostacolo, il limite) non può essere scissa dall'attività dell'io, non è un fattore oggettivo e autonomo che condiziona dall'esterno, ma è il limite interno della sua libertà. Secondo Biran l'esperienza interna, mostrandoci l'**io** come **energia** e **attività**, ci consente di qualificarlo in senso ontologico e di identificarlo con il principio di causa: e visto che esso è la fonte da cui scaturiscono tutte le volizioni e le azioni, è **causalità libera** dei propri atti.

La libertà dell'io come principio di conoscenza e di azione morale

È a partire da questa attività che l'uomo elabora quei concetti (forza, causa, unità, identità, sostanza ecc.) che vengono applicati alla realtà esterna e che sono quindi le condizioni per la conoscenza delle cose, non come forme a priori, ma come punti di vista psichici, della nostra esperienza interiore.

In questa dimensione si possono rintracciare anche importanti stimoli per la nostra vita morale, dal momento che l'azione dell'io sugli ostacoli esterni promuove la fiducia nella possibilità di raggiungere la padronanza di se stessi di fronte agli eventi (anche quelli negativi), di sottrarre la vita interiore ai moti ondivaghi determinati dalle funzioni organiche, stabilendo dei solidi punti di riferimento e corroborando la nostra energia interiore nella lotta contro di essi.

Il ricorso alla trascendenza divina

Quest'obiettivo, tuttavia, induce Biran a spostare l'asse della sua meditazione dal piano umano a quello della trascendenza: se infatti la vita come energia spirituale si pone al di sopra di quella meramente organica o animale, al di sopra di essa bisogna riconoscere la vita dello spirito alla luce della quale la prima riceve adeguata giustificazione. Senza l'esistenza di un Dio trascendente che comunica questa vita superiore dall'alto, rendendo la nostra coscienza il luogo privilegiato della sua rivelazione, non si spiegherebbe il nostro anelito alla libertà, alla perfetta realizzazione del nostro essere attraverso la liberazione da ogni schiavitù e materialità. Quale prova migliore di questa presenza se non la voce della coscienza che è quasi un'eco, un'espressione diretta della parola di Dio? La filosofia di Biran approda a un esito religioso, anzi mistico: sprofondando in se stesso l'io si unisce a Dio, entra in comunione con lui fino a un totale assorbimento e trova la certezza di sé.

1.2 Victor Cousin

Di particolare rilievo per la definizione di una filosofia della coscienza è la figura di **Victor Cousin**: egli perseguì intenzionalmente una posizione eclettica nella convinzione (in parte derivata da Hegel) che ogni sistema filosofico storicamente manifestatosi contenga un certo numero di verità che, una volta selezionate, devono esse-

---

LA VITA *di Victor Cousin*

Victor Cousin (1792-1867) fu studioso e professore a Parigi, intellettuale di respiro europeo (ebbe rapporti con Hegel, Schelling, Jacobi), ma anche uomo politico dopo la Restaurazione e sotto il regime orleanista (consigliere di Stato, pari di Francia, ministro della pubblica istruzione, membro dell'Accademia francese). Tra le sue opere: *Frammenti filosofici* (1826), *Corso di storia della filosofia* (1828), *Corso di storia della filosofia morale* (1841-1846), *Studi su Pascal* (1842), *Filosofia di Kant* (1842), *Del vero, del bene e del bello* (1953).

re organicamente fuse in una sintesi definitiva. Nell'ottica di Cousin il pensiero umano si sarebbe sviluppato secondo quattro stadi:

- il sensismo (che esprime la dipendenza dello spirito umano dal mondo esterno);
- l'idealismo (che ne rivela lo sforzo di emancipazione e di elevazione alla razionalità);
- lo scetticismo (in cui si manifesta il sostanziale scacco di questo progetto);
- il misticismo (in cui il dubbio è superato mediante il sentimento).

Lo **spiritualismo**, dal canto suo, integra in sé tutti i valori della tradizione e può quindi presentarsi come il coronamento di tutta la ricerca filosofica, come la «*vera dottrina*».

Il metodo introspettivo dello spiritualismo

Esso impiega il metodo dell'**osservazione introspettiva** per giungere in modo mediato a quelle credenze (la realtà dell'io, della natura e di Dio) che il senso comune ammette in modo spontaneo e immediato: la coscienza è infatti la sede di quei principi immutabili che sono la condizione per la determinazione della verità. La psicologia risulta dunque essere il fondamento dell'ontologia, dal momento che noi possiamo accettare per vero solo ciò che ci viene attestato dalla coscienza, la cui credibilità e trasparenza ci è garantita (in senso cartesiano) da Dio. In Dio noi possiamo rinvenire il fondamento del Vero, del Bello, del Buono cioè dei tre principi supremi del nostro giudizio.

1.3 Émile Boutroux

Il confronto costruttivo con la scienza

Lo sviluppo del Positivismo nel corso dell'Ottocento mise in un primo tempo in ombra lo spiritualismo, che sembrava eccessivamente incline al sentimentalismo e all'intimismo, per esaltare una scienza strutturata secondo un modello rigidamente deterministico, nel cui orizzonte naturalistico (biologico e fisiologico) far rientrare anche tutti i fenomeni psicologici. Tuttavia l'evoluzione delle scienze stesse, dove già nella seconda metà del XIX secolo si evidenzia la crisi del determinismo fisico, e l'estremismo riduttivo di certe conclusioni (i positivisti finivano per negare l'autonomia e il valore della filosofia, così come di ogni altra manifestazione spirituale, religiosa o estetica) indussero i filosofi e gli uomini di scienza a tentare di riannodare i legami, peraltro mai del tutto recisi, con la tradizione spiritualista. La riflessione di questo periodo, preoccupata soprattutto di salvare la libertà dell'uomo, persegue tale fine attraverso un confronto serrato con la scienza (che la prima generazione dello spiritualismo aveva trascurato), i cui metodi e i cui risultati sono sottoposti a un attento esame al fine di valutarne con precisione la portata e lo spessore conoscitivo.

Si tratta, in altri termini, di stabilire se la pretesa assolutezza della scienza sia giustificata, oppure se vi siano nei suoi procedimenti dei presupposti ammessi dogmaticamente e non esplicitati, da rimuovere in modo critico. Il bersaglio polemico

---

LA VITA *di Émile Boutroux*

Émile Boutroux (1845-1921) insegnò a Montpellier, Nancy, e infine alla Sorbona. Fu accademico di Francia. Scrisse *La contingenza delle leggi di natura* (1874), *L'idea di legge naturale* (1895), *Studi di storia della filosofia* (1897), *Pascal* (1900), *Scienza e religione* (1908), *William James* (1911).

era dunque l'intellettualismo che, come stile di pensiero, costringe in un orizzonte angusto l'indagine teorica, non cogliendo l'originalità e la fecondità conoscitiva di altre facoltà (la volontà e l'intuizione soprattutto) che si presentano invece come la radice più profonda della nostra vita interiore, come la sorgente creativa dei valori e dell'attività spirituale.

La critica all'assolutezza delle leggi scientifiche

Di questo nuovo orientamento **Émile Boutroux** è stato certamente uno dei maggiori sostenitori: egli ha inteso togliere alle leggi scientifiche ogni valore di obiettività assoluta, in modo da lasciare un margine consistente alla libertà e alla contingenza. Se nella natura regnasse il più rigido determinismo, vi sarebbe quella necessità assoluta (espressa dal principio d'identità: A = A) per cui si potrebbe affermare solo l'identico dell'identico. Boutroux si propone quindi di verificare se in natura si verifichi il ripetersi dell'identico: dall'esame delle varie forme d'esperienza risulta non solo che nell'ambito di ciascuna di esse non vi è corrispondenza tra i fenomeni e le leggi che dovrebbero regolarli, ma anche che non si può stabilire un rapporto di identità analitica dall'antecedente al conseguente nel passaggio da una forma all'altra. Ciò significa, da un lato, che la scienza per individuare le leggi che regolano le relazioni tra i fenomeni studiati è costretta ad astrarre da un certo numero di essi e, dall'altro, che nessun ordine di fatti o di leggi scientifiche risponde a nessun tipo di necessità, neppure a quella imposta dall'esperienza o derivante da una sintesi a priori in senso kantiano.

La contingenza dell'esistenza

Se esaminiamo in modo più dettagliato la questione ci accorgiamo che l'**esistenza dell'universo** non può essere dimostrata come necessaria: infatti tale non è il passaggio dalla potenza (o dall'essere possibile) all'atto (alla realtà effettiva), dal momento che l'atto costituisce un salto qualitativo assolutamente non deducibile dalla potenza. Se l'esistenza non è necessaria, dobbiamo concludere che è del tutto **contingente**. In modo analogo si può dimostrare che il principio di causalità non è riducibile al principio d'identità: nella misura in cui l'effetto contiene una quantità di elementi più ricca ed eterogenea di quella presente nella causa, esso è contingente rispetto a questa.

Secondo Boutroux l'esperienza ci presenta rapporti causali, ma non è poi in grado di dimostrarli dal momento che ci sottopone successioni regolari e non può fornire la prova della derivazione dell'effetto dalla causa: questi sono dunque termini qualitativamente del tutto dissimili, la cui eterogeneità non può essere smentita da misurazioni che sono inevitabilmente effettuate con un certo grado di approssimazione.

La complessità e la libertà nella natura

In definitiva, secondo Boutroux, in natura non si può sostenere la fissità di alcunché, e si può addirittura supporre che le leggi subiscano una qualche mutazione. L'universo è infatti costituito da diversi modi d'essere (logico, matematico, fisico, biologico e psichico) posti in scala ascendente per complessità: ebbene, se pure è vero che nessuno di essi è indipendente da quello che lo precede, non si può tuttavia affermare un rapporto di dipendenza così stretta da far sì che il conseguente sia deducibile dall'antecedente; si deve piuttosto riconoscere che ognuno sia come sovrapposto all'altro in un crescendo di varietà e particolarità. Vi è sempre un elemento di **spontaneità**, di variazione qualitativa, in base al quale la forma nuova che emerge in un ordine non è riducibile alla mera somma degli elementi presenti in quello inferiore.

Boutroux esamina questa tesi nei vari livelli della realtà e, fissando l'attenzione sull'ordine fisico, rileva l'impossibilità di una riduzione delle proprietà fisiche e chimiche dei corpi alle leggi matematiche o meccaniche: l'eterogeneità qualitativa non può, infatti, derivare dall'omogeneità del movimento. Essa dunque è nuova, indeducibile, indeterminabile a priori e perciò ancora una volta contingente. Ciò che si è detto per il **mondo fisico** vale a maggior ragione per quello **biologico**, per sua essenza caratterizzato dalla mutevolezza e dallo sviluppo; al di sopra di esso c'è la sfera della **coscienza** e della **spiritualità** i cui caratteri sono la creatività e il continuo rinnovamento, ovviamente incompatibili con un sistema di leggi costanti e necessarie. Come potrebbe il vivente derivare da un complesso di leggi fisico-chimiche che sono fisse? Come potrebbe l'umano essere spiegato con una semplice derivazione da un sistema di rapporti costanti e necessari? In generale, come potrebbero i gradi superiori di realtà essere ridotti a quelli inferiori? Se ciò avviene è per un'esigenza tipica dell'intelligenza che ha bisogno, per operare, del permanente e dell'identico, dell'unità e della fissità: perciò Boutroux individua un contrasto fra l'intelligenza e la realtà, che è in continua trasformazione qualitativa.

È dunque l'intelligenza che si esprime attraverso convenzioni matematiche, nei cui schemi e sistemi simbolici cerca di tradurre le differenze qualitative, di rendere quantitativamente omogeneo ciò che è nuovo e irriducibilmente eterogeneo. Storicamente, è stato Cartesio a ridurre l'essenza delle cose a rapporti matematici, pensando – erroneamente – che la convenzionalità dei suoi principi e dei suoi metodi fosse incondizionata: bisogna, invece, rendersi conto che tale adozione è stata fatta per opportunità di semplificazione dei fenomeni e che si è trattato di un compromesso tra la ragione e l'esperienza. Non ci si deve perciò illudere che la realtà, con la sua complessità, si presti a cedere a quest'intervento dell'intelletto, che *«gli oggetti delle diverse scienze si lascino interamente penetrare dalle matematiche»*.

Le **leggi deterministiche** che la scienza presume di aver trovato sono dunque semplici **generalizzazioni** e **astrazioni** che, nella misura in cui intendono cogliere rapporti necessari tra i fenomeni, possono valere per i livelli di realtà più elementari, ma che risultano indeterminate man mano che si sale nella piramide gerarchica del reale, sui cui piani il numero degli elementi particolari (e perciò contingenti) aumenta progressivamente: ciò significa che le stesse leggi di natura sono contingenti, e perciò non idonee a spiegare in modo esaustivo sfere di realtà più specifiche, segnatamente quelle del **conoscere** e dell'**agire umano** (arte, diritto, morale, religione ecc.) che gettano le loro radici nell'interiorità della coscienza.

Con queste conclusioni Boutroux non ha inteso screditare i risultati della scienza, ma semplicemente circoscriverli entro limiti ben precisi, in modo da lasciare spazio ad ambiti di realtà irriducibili entro i suoi schemi simbolici. L'**ordine morale**, in particolare, appare come la regione suprema della realtà: qui infatti l'uomo coglie, nello sforzo che compie, un potere – quello dello spirito – che è superiore all'intelletto; avverte una necessità da realizzare che non è esteriore e non gli sfugge come quella della natura. E se nel mondo naturale la varietà e la mobilità sono indici di contingenza, dentro di noi tali elementi sono indici di libertà, cioè di un'energia che ci spinge verso mete di perfezione estetica ed etica, verso un rinnovamento e uno sviluppo continui del nostro essere, che trova il suo fine ultimo in Dio quale *«sorgente della vita dell'anima»* e coronamento di *«tutte le attività dello spirito»*.

1.4 Maurice Blondel

L'antintellettualismo, la riduzione del sapere ad attività pratica guidata dalla volontà, l'apertura religiosa della filosofia, l'individuazione dell'interiorità come fonte di verità sono tra i temi della cultura spiritualistica francese che stanno alla base del pensiero di **Maurice Blondel**, esponente di spicco della **filosofia dell'azione**, una corrente che considera il momento pratico dell'esperienza come il nucleo caratterizzante della vita della coscienza, il piano in cui si esplica la libertà dell'uomo.

L'incompletezza dell'uomo e l'apertura al divino

L'intera meditazione di Blondel è improntata a un forte senso religioso, al punto da diventare quasi esclusivamente apologia del cattolicesimo: nella sua prospettiva la filosofia si trova di fronte alla rivelazione cristiana come a un dato di ordine soprannaturale che va accettato come presupposto imprescindibile.

La via da lui indicata per accedere alla trascendenza, specialmente nella *Lettera sulle esigenze del pensiero contemporaneo in materia di apologetica* del 1896, è definita *«metodo dell'immanenza»* e consiste nel cercare nel finito i segni dell'infinito e dell'assoluto, in ogni forma di realtà o espressione della vita le tracce di Dio impresse come condizioni del loro essere e della loro intelligibilità. Poiché Dio è presente nella coscienza umana, Egli è il fattore propulsivo del suo dinamismo, implicito in ogni suo atto: quando l'uomo dunque investiga se stesso, non può constatare che una deficienza, un'assenza, che da un lato lo rende inquieto (quella di Blondel è dunque una *«metafisica dell'inquietudine»*) e dall'altro svela una presenza nascosta, lo spinge ad aprirsi a qualcosa che lo oltrepassa e che egli avverte come una pienezza che appaga e rassicura.

L'azione come oggetto privilegiato della filosofia

Blondel ha applicato il metodo dell'immanenza, almeno nella sua prima opera del 1893, soprattutto all'**azione** e ciò perché essa *«più che un fatto, è una necessità»*, in quanto vera **essenza dell'uomo** ed espressione della sua libertà, *«sintesi dell'essere, del conoscere»*; Blondel si mostra ostile a ogni forma di intellettualismo negando che la realtà si esaurisca nel pensiero. È dall'azione dunque che deve partire la ricerca filosofica: essa evidenzia, con il fine a cui è diretta, l'essenzialità della volontà e la sua funzione, che non ci rende staticamente ancorati alle esperienze passate, ma stimola il pensiero a operare ulteriormente, concependo mete sempre più lontane. Blondel mette in luce lo scarto esistente tra pensiero e azione, tra la **volontà volente** (cioè la sua proiezione verso il futuro, ciò che aspira a realizzare) e la **volontà voluta** (cioè gli esiti a cui è approdata in passato): noi avvertiamo infatti l'inadeguatezza di questa rispetto a quella, siamo insoddisfatti delle mete raggiunte nel nostro sviluppo, siamo indotti a colmare lo iato tra noi e noi stessi.

LA VITA di Maurice Blondel

Maurice Blondel (1861-1949) fu professore all'Università di Aix-en-Provence dal 1895 alla morte. Dopo la condanna del modernismo da parte di Pio X, che coinvolse anche il suo pensiero (espresso ne *L'azione* del 1893), rimase in silenzio per trent'anni pubblicando in seguito una serie di opere in cui difese l'ortodossia delle proprie posizioni, riformulate però secondo criteri più conformi all'insegnamento tradizionale della Chiesa. Tra le sue opere ricordiamo: *Principi elementari di una logica della vita morale* (1903), *Storia e dogma* (1904), *Il problema della filosofia cattolica* (1932), *Il pensiero* (1934), *L'essere e gli esseri* (1935), *La filosofia e lo spirito cristiano* (1944-1946), oltre a un rifacimento dell'opera giovanile steso nel 1936-1937.

**Il senso dell'esistenza
è l'autotrascendimento**

Ciò significa che l'azione, nella misura in cui esclude ogni passività, ha come elemento costitutivo una dimensione etica, in quanto ci chiama in ogni momento a una scelta decisiva rivelandoci, in questo impegno incessante, il senso della nostra esistenza. L'azione ci proietta al di là di noi stessi, ci coinvolge in una dialettica aperta tra il presente e il futuro, di perenne e necessario trascendimento del voluto rispetto al volente. In questo senso Blondel presenta l'azione come radice dell'essere stesso, in quanto da essa derivano tutti gli aspetti della realtà, da quello naturale, il corpo, a quello sociale, le istituzioni, la patria, l'umanità.

**Dio come fondamento
ultimo dell'azione**

Finché questa dialettica resta sul piano della finitezza, non potrà acquietarsi in un termine definitivo e l'uomo resterà inappagato in quanto mai in pieno possesso di se stesso, per quanto produca e raggiunga: l'uomo ha infatti un costitutivo **bisogno d'essere** e l'azione, al contrario, ne indica una radicale insufficienza ontologica. Questa constatazione consente al metodo dell'immanenza di inferire l'esistenza di Dio: solo in Lui, infatti, l'azione trova un fondamento adeguato in cui è possibile il «*voler volere*», cioè il perfetto accordo tra la volontà e il suo compimento.

L'uomo dunque, mentre persegue i propri fini, trova nell'azione i motivi per trascendere se stesso e pervenire al piano dell'infinito e del soprannaturale: in Dio l'azione riceve il suo senso (perciò, secondo Blondel, il credente deve impegnarsi nell'attività sociale ed esercitare la sua fede nel mondo) e l'essere dell'uomo trova la sua radice metafisica. L'uomo ha sete di Dio, ne esige l'esistenza e la presenza: il metodo dell'immanenza ha mostrato a livello teorico come tale bisogno sia giustificato dalla stessa natura finita dell'uomo.

Queste posizioni teoriche, esposte nell'opera giovanile *L'azione*, verranno giudicate troppo vicine al <u>modernismo</u> e provocheranno una serie di polemiche e di accuse alle quali Blondel, peraltro fervente cattolico, cercherà di rispondere dando al suo pensiero, nel corso degli anni Trenta, una versione più conforme all'ortodossia e ai dettami dell'autorità ecclesiastica.

Nel saggio *Il pensiero*, del 1934, l'azione non è più l'unica, immanente, realtà concreta dell'uomo, ma ad essa sono affiancati l'essere e il pensiero; si individuano così tre aspetti distinti e autonomi della realtà (essere, pensiero, azione) e si dimostra che per ciascuno di essi i limiti della dimensione naturale rimandano necessariamente a un completamento nella dimensione soprannaturale e divina.

Modernismo

Movimento di pensiero sviluppatosi tra la fine dell'Ottocento e gli inizi del Novecento che si proponeva di rinnovare la dottrina cristiana in modo da conciliarla con la cultura moderna. Esso avanzava, tra l'altro, l'esigenza di analizzare la Bibbia con gli strumenti scientifici del metodo storico-filologico, di rivedere in senso più critico la storia della Chiesa, di sostituire al tomismo gli apparati concettuali della filosofia moderna, di utilizzare il metodo blondeliano dell'immanenza come il più adeguato a rispondere alle esigenze interiori dell'uomo d'oggi. Nelle sue espressioni più radicali (quelle cioè che esplicitamente contestarono e si vollero distaccare dal magistero ecclesiastico) sostenne la valenza irrazionale della fede, la diretta rivelazione di Dio nella coscienza, la distinzione tra il «Gesù storico» e il «Cristo della fede», la natura temporale della Chiesa e la relatività culturale dei dogmi. Il modernismo fu condannato come eretico da papa Pio X nel 1907 con l'enciclica *Pascendi*.

2.

Henri Bergson, una ricerca nel campo della metafisica

La ricerca filosofica di Henri Bergson (1859-1941) si pone l'obiettivo di elaborare strumenti appropriati alla conoscenza metafisica. La scienza del XIX e del XX secolo ha saputo elaborare strumenti d'indagine che possono essere utilizzati da diversi studiosi, appartenenti alla stessa o a diverse generazioni; i risultati scientifici sono controllabili a distanza di tempo e, soprattutto, è sempre possibile aggiungere conoscenza a conoscenza, imparare dagli errori propri e altrui. La **scienza** ha cioè realizzato l'ideale di un **sapere controllabile** e soprattutto **estendibile**. In metafisica non è accaduto nulla di simile. La conoscenza metafisica non procede per accrescimento, né sono mai stati elaborati metodi universalmente accettati. Obiettivo di Bergson è avviare la **metafisica** su una strada nuova: non si tratta di elaborare un sistema filosofico *ex novo*, ma di trovare il modo di ottenere ciò che egli chiama la **previsione** in filosofia.

Questo risultato si può ottenere se si procede con indagini mirate, il cui oggetto e il cui scopo siano ben identificati: indagini parziali, i cui risultati possano essere sommati a quelli di altre indagini.

La preoccupazione fondamentale di Bergson è quindi quella di elaborare un metodo in grado di garantire la precisione in filosofia, un **metodo** che possa essere fatto proprio da generazioni di studiosi, così come avviene per la ricerca scientifica.

2.1 La coscienza come oggetto della ricerca metafisica

Il primo oggetto dello studio del filosofo non può che essere la **coscienza**, perché è la sede di ogni nostra conoscenza. Il problema che si presenta alla filosofia consiste nel fatto che l'uomo è, per così dire, chiuso nella sua coscienza poiché ogni informazione viene filtrata da essa. Bergson parte dall'assunto che non è possibile alcu-

---

LA VITA *di Henri Bergson*

Henri Bergson (Parigi 1859-Parigi 1941), dopo la laurea in matematica ottenne, nel 1889, il dottorato in filosofia con due dissertazioni *Quid Aristoteles de loco senserit* e il *Saggio sui dati immediati della coscienza*. Fu docente di filosofia nei licei fino al 1897, quando divenne professore prima all'École Normale e poi al Collège de France con grande successo di pubblico. In quegli anni scrisse *Materia e memoria* (1896), *Il riso* (1901), *L'evoluzione creatrice* (1907). Accademico di Francia nel 1914, fu insignito del premio Nobel per la letteratura nel 1928. Negli anni della Prima guerra mondiale Bergson svolse attività ufficiali tra le quali una missione diplomatica presso il presidente Wilson per l'entrata in guerra degli Stati Uniti. Dopo la guerra fu presidente della commissione per la cooperazione culturale presso la Società delle Nazioni. All'ultima produzione appartengono *L'energia spirituale* (1919), *Durata e simultaneità* (1922), *Le due fonti della morale e della religione* (1932), *Il pensiero e il movente* (1934). Negli ultimi anni di vita Bergson, che era di origine ebraica, si era avvicinato al cattolicesimo ma, di fronte alle persecuzioni naziste e all'antisemitismo francese, rinunciò a convertirsi preferendo «*restare tra quelli che domani saranno perseguitati*».

na forma di conoscenza della realtà in sé, se non si sono preventivamente chiariti la natura e il ruolo della coscienza, perché in essa, e non altrove, il soggetto conosce.

Le lettere e la parola

La prima difficoltà incontrata dal filosofo consiste nel definire che cosa debba intendersi per coscienza, quali confini e quale identità si debbano attribuire a questo oggetto di studio. Bergson opera quindi in un campo tradizionale per la filosofia della conoscenza e muove dai risultati della filosofia del suo tempo, il Positivismo, opponendosi però nettamente alla tesi generale secondo cui la coscienza può essere ridotta a un insieme di **dati osservabili** nella loro identità e definibili quantitativamente. I singoli fenomeni psichici, se studiati isolatamente, non permettono di comprendere ciò che davvero accade nella coscienza. Per esempio, se ascoltiamo un brano musicale, non è possibile intendere l'insieme dei fenomeni psichici che esso suscita isolando i singoli suoni percepiti e ricomponendoli poi in unità. La musica che la coscienza percepisce, e lascia risuonare in se stessa attraverso mille vibrazioni emotive, è nel suo complesso qualcosa di assai diverso dalla somma dei singoli suoni, qualcosa di qualitativamente diverso, così come l'unità di una parola è diversa dalla semplice unione di alcune lettere dell'alfabeto. Non c'è solo una **differenza di grado** (il tutto come somma delle parti), ma una differenza qualitativa e quindi, nella terminologia bergsoniana, una **differenza di natura**.

La coscienza è un continuo

Va quindi del tutto abbandonata la maniera di procedere positivista. La coscienza va studiata per quel che è: mai statica, mai del tutto uguale a se stessa – eppure sempre mia –, essa è caratterizzata da un continuo **flusso** che, se studiato nelle sue componenti, mostra realtà estremamente composite (informazioni, emozioni, attese, ricordi ecc.) la cui somma non è affatto identica al flusso, ma qualitativamente differente: la coscienza è qualcosa di profondamente unitario e, allo stesso tempo, mobile nella sua più intima natura. Nessuno stato di coscienza può essere ottenuto giustapponendo singole esperienze, perché la coscienza è un movimento **continuo** e non la somma di movimenti **discreti**.

2.2 Coscienza e durata

Dal momento che ogni sapere trova il suo centro nella coscienza, Bergson ritiene che non si possa pervenire alla definizione di un metodo di conoscenza metafisica se non sulla base delle caratteristiche proprie della coscienza. Per studiarla, è necessario mettere a punto un appropriato metodo di osservazione, poiché non è possibile intendere la coscienza come somma di elementi eterogenei: la sua più profonda caratteristica è data dal **movimento nel tempo**, cioè dal fatto che la coscienza dura (tempo come **durata**). Bergson porta avanti questa linea di ricerca sin dall'opera giovanile *Saggio sui dati immediati della coscienza* (1889).

I corpi e la coscienza

Si mettano a confronto un **corpo in movimento** e un **atto della coscienza**: il corpo si muove nello spazio in un certo tempo, e tanto lo spazio che il tempo sono parametri oggettivi e quantificabili; se osserviamo un atto della nostra coscienza (nell'esempio prima descritto: l'atto con cui percepiamo un brano musicale e lo ascoltiamo risuonare nel complesso della nostra vita interiore) ci troviamo dinnanzi a una realtà completamente differente. È ancora possibile quantificare il tempo di questo atto, mentre è del tutto assente la dimensione dello spazio, se non come immagine (cioè come oggetto astratto del pensiero). Nell'ascolto del brano musicale i diversi momenti del tempo si sono, per così dire, fusi insieme sino a formare un'inscindibile unità, una durata che ha assunto una particolare e irripetibile colorazione psichica, collegandosi per mille vie con il complesso mondo della vita interiore della coscienza.

L'esperienza interiore

Il tempo del corpo, esteriore alla coscienza, è suddivisibile in istanti ed è concettualmente ricomponibile in modo, per esempio, che la velocità del corpo possa essere calcolata attraverso un rapporto matematico tra l'unità di tempo e lo spazio percorso. Tutto questo può essere ripetuto in laboratorio, alle medesime condizioni, un numero indeterminato di volte, ottenendo risultati identici. Se invece ascoltiamo la stessa musica una seconda volta, non rivivremo la stessa esperienza interiore: il secondo atto di ascolto del brano musicale si sommerà al primo, producendo una nuova esperienza interiore qualitativamente differente e irriducibile ai dati quantitativi, in cui pure ciascun atto della coscienza è scomponibile.

LA COSCIENZA

[La vita interiore] *è, se si vuole, lo svolgersi di un rotolo, perché non c'è essere vivente che non si senta arrivare, a poco a poco, al termine della parte che deve recitare; e vivere consiste nell'invecchiare. Ma è anche, altrettanto, un arrotolarsi continuo come quello di un filo su un gomitolo, perché il nostro passato ci segue e s'ingrossa senza sosta del presente che raccoglie sul suo cammino: coscienza significa memoria.*

▶ H. Bergson, *Introduzione alla metafisica*   ▶ Antologia, brano 1

2.3 Le nozioni di tempo, spazio, durata

Il **flusso della coscienza** non ha le caratteristiche della realtà esteriore, composta da elementi eterogenei. Al contrario la coscienza è qualcosa di omogeneo, un complesso di fenomeni che si compongono in unità. Un'unità, tuttavia, che varia continuamente, perché il carattere primo della coscienza è di non essere mai del tutto identica a se stessa, ma di durare: la coscienza ha un suo tempo, un suo ritmo ora lento ora veloce, non è mai ferma alla maniera di un oggetto. La durata è il suo tratto più caratteristico.

Tempo interiore e tempo esteriore

Dovremo dunque distinguere il **tempo esteriore** da quello **interiore**. Le cose ci si mostrano in un tempo esteriore che ha alcune delle caratteristiche dello **spazio**: è un flusso che può essere sezionato in istanti e calcolato nel suo movimento, così come lo spazio può essere diviso in unità di misura e calcolato. Due tempi possono essere confrontati tra loro, come due porzioni dello spazio, di cui posso dire che una è più grande dell'altra: così posso dire che un'ora è un tempo più lungo di un minuto, e che il minuto è la sua sessantesima parte.

Il **tempo interiore**, la **durata**, ha caratteristiche differenti che rendono la coscienza una realtà ben identificata e definibile con precisione rispetto al mondo esterno delle cose, ma utilizzando strumenti del tutto diversi. Un'**esperienza** non può mai essere vissuta due volte in modo identico, perché la coscienza si struttura in rapporto a tutto il proprio passato, che viene conservato sotto forma di memoria. Essa è un continuo fluire in cui ciascun elemento, ciascun dato, non può essere isolato alla maniera di una cosa perché si prolunga verso altri elementi formando con essi un'unità qualitativamente inscindibile: posso astrattamente isolare una nota musicale dal brano ascoltato, ma la mia coscienza è strutturata in modo che in ogni istante la nota venga percepita in un profondo legame con la nota precedente e nell'attesa della successiva. Nell'ascolto, infatti, la coscienza si prolunga, cioè tiene presenti dentro di sé le note già ascoltate e si dispone all'ascolto delle note successive.

2.4 Le forme della memoria

La coscienza è il mondo della durata

Bergson ritiene di poter definire con precisione l'oggetto del suo studio in quanto la **coscienza** può essere ben identificata come il **mondo della durata**. Nel durare della coscienza, la distinzione interna al tempo che operiamo in modo così netto tra passato, presente e futuro non può essere mantenuta negli stessi termini. Bergson riprende su questo punto temi presenti in Agostino, che aveva osservato l'impossibilità di definire il tempo: il passato non c'è più – argomentava –, il futuro non c'è ancora e il presente non può essere fermato, non ha una durata identificabile, e non è dunque una porzione minima di tempo.

La coscienza non può essere definita rispetto al presente perché la caratteristica propria del presente è di passare. La realtà della coscienza svanirebbe se provassimo a studiarla in questo modo, perché il passato e il futuro non ci sono e il presente svanisce a ogni istante. La nostra esperienza della coscienza è però qualcosa di affatto diverso. Dovremo dire che la coscienza dura, cioè che essa è quella realtà nella quale il passato, la cui esistenza è soltanto virtuale, tende a divenire attuale. La chiave per comprendere questo difficile passaggio della teoria bergsoniana è nella memoria, studiata nel saggio *Materia e memoria* (1896).

Bergson nota che la nostra percezione del presente sarebbe del tutto diversa senza la memoria. Riprendiamo l'esempio dell'ascolto del brano musicale. Esso ha una durata, c'è un certo flusso della coscienza che lo coglie nella sua unità, ma a ogni istante la nota precedente, ormai passata, è presente solo nella mia memoria, interagisce con la nota presente e crea l'attesa della nota futura. Allo stesso modo, se ascolto le parole di un'altra persona, posso comprendere la frase che mi rivolge perché a ogni istante memorizzo le parole dette e le tengo attuali nel mio presente.

Dal passato al presente

La memoria che stiamo esaminando non è quindi qualcosa di ormai morto, ma è parte del presente, interagisce con esso. Bergson osserva che la porzione di informazioni nuove che assumiamo a ogni istante è relativamente piccola rispetto all'enorme massa di informazioni passate che vengono richiamate alla mente, attualizzate allo scopo di fornirci gli strumenti necessari per comprendere ciò che accade. Nella coscienza, dunque, il passato attraverso la memoria si prolunga nel presente, si attualizza, diviene esso stesso presente.

L'inconscio e il virtuale

Tuttavia, da dove provengono i ricordi? Se essi vengono attualizzati a ogni istante, ciò significa che in un certo modo essi sono conservati nella coscienza. E inoltre: attraverso quale processo alcuni ricordi vengono attualizzati e altri rimangono inoperanti? Come è possibile richiamare qualche cosa alla mente? Come avviene il meccanismo di selezione dei ricordi, per cui io posso identificare – tra tutti i dati accumulati nella memoria – proprio quelli che mi interessano? Dallo studio della memo-

Memoria-ricordo

Il ricordo è un'esperienza (nozione, conoscenza, atto vissuto ecc.) che viene astratta dal flusso della vita e conservata nella memoria isolata, rimanendo legata per molteplici vie a molti altri ricordi. Il ricordo appartiene come tale alla vita dello spirito ed è attivo perché è parte della vita spirituale dell'uomo: conservato nella memoria, per lo più in una zona non cosciente e dunque in modo virtuale (che cos'è un ricordo quando non ce ne ricordiamo?), preme per ritornare al presente nel fluire della vita, per attualizzarsi. Così si spiega il continuo flusso di ricordi che la nostra memoria riporta in vita anche senza l'intervento cosciente della nostra volontà e del nostro pensiero.

Memoria-abitudine

È una forma della memoria del tutto diversa dalla memoria-ricordo: saper recitare a memoria una poesia è cosa del tutto diversa dal ricordare ciascuna volta che la si è letta e i singoli atti che l'hanno impressa nella memoria; anzi, si può sapere recitare a memoria una poesia senza aver più presente quando, dove e perché la si è imparata. Bergson sottolinea che questo tipo di memoria è utile alla vita, essendo un prolungamento della durata vitale nei meccanismi del corpo volti all'azione. Più che un sapere è un saper fare, e attiene agli automatismi del corpo al confine con la coscienza.

ria Bergson conclude che nella coscienza è presente una sfera **inconscia**, continuamente crescente con il passare del tempo, in cui i ricordi si accumulano **in forma virtuale**. La nozione di **virtualità**, assai complessa nel pensiero bergsoniano, deve essere introdotta perché non è possibile immaginare che i ricordi siano cose conservate in una sorta di archivio. Nella coscienza non si danno cose, ma esperienze vissute, flussi della durata. I ricordi appartengono al flusso della nostra coscienza, sono reali, ma non interagiscono con il presente. Sono dunque virtuali (cioè reali, ma in una dimensione diversa dal presente) in contrapposizione ai dati del presente che consideriamo attuali (▶ Antologia, brano 2, *Le due forme della memoria: la memoria-abitudine e le immagini-ricordo*).

La coscienza ha una struttura dinamica

La natura dei ricordi virtuali è assai interessante dal punto di vista metafisico, perché se si riesce a comprendere meglio il meccanismo per cui da virtuali essi divengono attuali si può comprendere più approfonditamente l'essere della durata. È nel durare della coscienza, infatti, che i ricordi si attualizzano.

La tesi di Bergson, elaborata attraverso analisi complesse, è la seguente: la struttura della coscienza è essenzialmente **dinamica**, e la durata non è una cosa o un insieme di cose, ma un insieme di forze, un'energia vitale, creatrice, che protendendosi in avanti determina il movimento della coscienza nel tempo.

La selezione dei ricordi

Il passato, conservato nella memoria, preme incessantemente sul presente per divenire attuale, e lo sforzo della coscienza è quello di fermare questo flusso lasciando passare solo quanto è utile alla vita. Sono le esigenze pratiche, infatti, a determinare la selezione dei ricordi (e quindi il loro passaggio da virtuali ad attuali): solo ciò che interagendo con il presente permette la soluzione di un problema viene lasciato passare. Il resto è respinto. Bergson sostiene che i ricordi, proprio perché non appartengono al mondo della realtà attuale, ma sono virtuali, hanno una forma di esistenza non compatibile con la materia, che è sempre e solo attuale. Essi appartengono al regno dello spirito e ci aprono la via alla comprensione della più profonda realtà metafisica. La realtà profonda della nostra coscienza interagisce con la materia, in un continuo scambio, ma non è in se stessa materia. La materia, infatti, è composta da elementi eterogenei ed esteriori gli uni agli altri e non forma un'intima unità. La durata invece è composta di elementi che sfumano l'uno nell'altro. La materia è il regno dell'inorganico, di ciò che non ha in sé vita, se vita è il flusso creativo della coscienza. Lo spirito dell'uomo è autenticamente vivente, è cioè creatore del flusso che determina il caleidoscopio della coscienza.

Tuttavia la ricerca filosofica di Bergson non sfocia in una sorta di dualismo tra spirito e materia. Egli nega che alla materia si possano attribuire caratteristiche del tutto autonome dallo spirito. Afferma quindi l'esistenza dello spirito e, allo stesso tempo, della materia, ma non le concepisce alla maniera cartesiana come sostanze differenti. La materia, infatti, appare alla nostra coscienza come **immagine**, cioè come l'aspetto oggettivo ed esteriore della soggettività dello spirito. Il mondo esiste dunque nella sua oggettività, ma è realtà priva di vita, di autentico movimento. È lo spirito che imprime sulla materia la forza creatrice della vita.

2.5 Le forme del conoscere

L'intelligenza risolve
problemi pratici

Per intendere il punto di vista metafisico di Bergson, bisogna mettere a fuoco quale facoltà umana rende possibile questo tipo di sapere. Bergson sostiene infatti che, in passato, la metafisica non ha saputo compiere passi risolutivi nella comprensione dell'intima essenza della realtà perché i filosofi hanno usato un errato strumento di indagine: l'**intelligenza**. Dell'intelligenza Bergson ha una visione assai vicina a quella del pragmatismo americano, in quanto la concepisce sì come strumento di conoscenza, ma volto a fini pratici. L'intelligenza, infatti, permette all'uomo di conoscere la realtà esterna, ma il suo obiettivo non è affatto la conoscenza stessa: è piuttosto la soluzione dei problemi pratici che la vita impone. La superiorità dell'uomo sulle altre specie viventi dipende proprio da questo, che l'uomo possiede con l'intelligenza uno strumento estremamente flessibile ed efficace per risolvere **problemi pratici**.

I concetti

L'intelligenza, però, è sempre rivolta al mondo esterno, un mondo che essa intende – semplificando la realtà e astraendo da essa – come fatto di cose e di eventi nel tempo e nello spazio, realtà identificabili in modo pieno le une rispetto alle altre, calcolabili matematicamente, scomponibili e ricomponibili. Lo strumento più importante dell'intelligenza nel suo lavoro di comprensione del mondo, al fine di risolvere i problemi dell'uomo, sono i **concetti**. Essi, in quanto contenuti astratti e universali della mente, offrono il vantaggio di un'estrema flessibilità: pochi concetti, strutturati in una costellazione che definisce i loro rapporti, permettono di comprendere (e quindi riuscire a dominare nella pratica) un numero enorme di cose e di eventi, perché ciascun concetto raccoglie nella sua astrazione gli elementi comuni a moltissime realtà individuali. Tuttavia, l'intelligenza è uno strumento valido per comprendere la vera essenza delle cose, così come essa ci viene rivelata dall'analisi filosofica della coscienza? Il mondo è davvero fatto di cose e di eventi?

L'intelligenza non coglie
l'essenza della realtà

La risposta di Bergson è che l'intelligenza non è uno strumento valido; essa, infatti, non è per nulla interessata ad andare oltre l'apparire del mondo per comprende-

Pragmatismo

Studieremo il pragmatismo americano nel capitolo *Pragmatismo e realismo* (▶ pp. 157-197). Qui basti anticipare che si tratta di una scuola filosofica molto diffusa all'inizio del Novecento, sia in America sia in Europa, che prende le mosse da una definizione originale della nozione di verità. È vero ciò che, nell'azione, ha un impatto con la realtà, produce conseguenze, effetti comprensibili e dominabili; come afferma Charles S. Peirce: «*il significato razionale di una parola o di un'altra espressione consiste esclusivamente nella sua portata concepibile sulla condotta della vita*».

Non bisogna pensare a una contrapposizione tra intelligenza e intuizione, come se una portasse alla superficie delle cose e l'altra alla profondità, ripetendo così lo schema apparenza/realtà. Non è così che le due facoltà vengono presentate da Bergson. Si tratta di facoltà che hanno finalità diverse: la ricerca scientifica che mira alla tecnica non può non usare l'intelligenza (che separa e calcola); la ricerca scientifica che mira a una conoscenza metafisica (per Bergson la metafisica è oggetto di ricerca scientifica) non può non usare l'intuizione. Quest'ultima intende la prima, e non viceversa; ma non è il caso di istituire gerarchie, perché non si ottengono risultati pratici e tecnologici con essa.

re che cosa si celi dietro lo spazio e il tempo. Non le serve a nulla farlo. La vita non ha esigenze teoretiche pure: l'uomo vive in un mondo esteriore fatto di cose esteriori. A che cosa potrebbe servirgli per la vita pratica sapere che cosa sta dietro l'esteriorità? La filosofia però pone il problema metafisico perché la realtà propria dell'uomo, la sua più intima essenza, non è dispersa nell'esteriorità della vita pratica, ma è raccolta nell'interiorità della vita della coscienza. La più profonda realtà dell'uomo è la coscienza, là dove risiedono il suo io e la sua più intima sfera di vita: il flusso della durata interiore, realtà che ciascuno condivide solo con se stesso.

I concetti non colgono le proprietà della coscienza

Nella coscienza non vi sono cose ed eventi staccati gli uni dagli altri, ma solo il fluire degli stati di coscienza che, per insensibili spostamenti, trapassano gli uni negli altri, creando un universo estremamente mobile, non composto da elementi individualizzati, ma da un unico fluire continuo. Per la comprensione di questa realtà i concetti – cioè gli strumenti propri dell'intelligenza – sono assai poco efficaci. Nella coscienza non c'è una molteplicità di elementi separati che possano essere raccolti in unità attraverso un processo di astrazione. Ogni esperienza vissuta, ogni stato della coscienza, è un *unicum*. Se tentiamo di raccogliere tutte le **esperienze vissute** simili (due eguali, lo sappiamo, non possono esistere) per formare un concetto, di esse andrà smarrito ciò che più importa: quella particolare emozione che fa di esse qualcosa di vissuto e non qualcosa di semplicemente pensato.

L'intuizione è la facoltà teoretica per eccellenza

La vita della coscienza non conosce alcun universale. Il fluire della coscienza non si ripete mai eguale. Possiede l'uomo una facoltà capace di dargli una precisa e rigorosa conoscenza di quanto accade nella sua coscienza? Ciascuno di noi sa bene che esiste, perché sa che cosa accade nella sua coscienza. Non è necessario costruire concetti per saperlo, non bisogna ricorrere ad alcun ragionamento. Non serve affatto l'intelligenza. Bisogna solo compiere un atto di intuizione, cioè di osservazione di sé, e con immediatezza il mondo interiore si rivelerà. Per la conoscenza metafisica – e cioè per la comprensione della durata, ossia della realtà che sta al di là dello spazio e del tempo – l'intuizione è la facoltà da usare. Essa permette la **precisione** in filosofia, perché ci fa conoscere la realtà autentica della vita che fluisce. L'intuizione è dunque la facoltà teoretica per eccellenza (▶ Antologia, brano 3, *Due vie di conoscenza: intelligenza e intuizione*).

Scienza e metafisica non sono in contrasto

Nelle tesi bergsoniane su intelligenza e intuizione non c'è alcuna svalutazione dell'intelligenza e della conoscenza scientifica, c'è solo una distinzione di campo. L'intuizione non permette all'uomo di risolvere i problemi pratici della vita, l'intelligenza non gli fa conoscere la vera realtà della durata. Scienza e metafisica sono i risultati di due attività dello spirito umano del tutto differenti: l'una è **conoscenza pratica**, l'altra **teoretica**. L'errore consiste nel richiedere alla conoscenza intuitiva, cioè alla metafisica, lo stesso tipo di previsione che permette la conoscenza scientifica: questa è solo un'illusione. La precisione scientifica si fonda infatti sull'osservazione rigorosa dei dati, ciascuno dei quali è individualizzato e inserito in una complessa rete di calcoli di tipo quantitativo. La metafisica non potrà mai offrire questo tipo di osservazioni perché il suo oggetto non è quantitativamente definibile né isolabile. È realtà continua, vivente.

Durata e intuizione

Che cosa sia la durata possiamo saperlo solo attraverso un'esperienza interiore, un'intuizione. Non si tratta di un sapere che possa essere comunicato attraverso astrazioni, cioè attraverso concetti. Occorre compiere effettivamente delle esperienze vissute. Esse ci parlano di un mondo interiore del tutto diverso da quello esteriore, il mondo delle forze viventi, creatrici, contrapposte alla materia inerte.

L'intuizione ci permette dunque di conoscere immediatamente (senza, cioè, la mediazione di alcun concetto) la nostra coscienza, ma ci permette anche di conoscere il mondo esterno (nel quale, lo ricordiamo, vivono per noi le altre coscienze)? Possiamo avere intuitivamente una conoscenza altrettanto immediata di realtà che non sono parte della nostra coscienza?

Si deve porre attenzione al fatto che conosciamo in quanto abbiamo una coscienza. Nessuna realtà, quindi, è tanto estranea alla nostra coscienza individuale da non poter essere conosciuta (se lo è, semplicemente non la conosciamo affatto). Ciascuno di noi conosce nella propria coscienza, e qui è certamente possibile un atto d'intuizione.

L'essere di ogni cosa è ciò che sta per divenire

Intuendo in me l'**oggetto** che osservo dall'esterno, devo compiere lo sforzo di non usare concetti astratti, ma di sentire in me la sua presenza, percependo di lui non il suo statico esserci, ma il suo farsi. Nulla, infatti, semplicemente c'è, se non per l'intelligenza che, disinteressata alla conoscenza teorica dei flussi che generano l'oggetto, lo studia isolatamente, per poterlo calcolare e paragonare agli altri. Non solamente ogni stato della coscienza, ma anche ciascun oggetto di conoscenza – cosa o evento – è un *unicum*. Non c'è fiore che tornerà nuovamente a sbocciare, non c'è evento che si ripeterà identico. Non ci sono cose fatte nel mondo, se guardiamo il mondo con gli occhi dell'intuizione: ci sono solo cose che si fanno (e si disfano): «*Ogni realtà è una tendenza, se si conviene di chiamar tendenza un mutamento di direzione allo stato nascente*». L'essere di ogni cosa e di ogni evento è – poiché nulla è, ma tutto dura – ciò che sta per divenire. L'intuizione non coglie le cose e gli eventi in quanto sono, ma in quanto si fanno. Essa opera per **simpatia**, cioè coglie dell'oggetto che conosce l'affinità con la coscienza, che è durata. Percepisce in sé il fluire del mondo. L'opposizione tra coscienza e realtà esterna – e quindi tra coscienza e mondo, tra spirito e materia – è il prodotto delle esigenze pratiche della vita. L'intuizione ci dà un'immagine metafisica completamente diversa della realtà. Essa ci permette di definire in un unico quadro metafisico la coscienza e la materia, perché entrambe sono durata. Lo sono, però, sotto aspetti differenti, che Bergson studia a partire dai primi anni del nuovo secolo.

2.6 Lo slancio vitale: una teoria non positivista dell'evoluzione

In un celebre saggio del 1907, dal titolo *L'evoluzione creatrice*, Bergson espone la propria interpretazione metafisica del reale. Studia coscienza e materia in un unico quadro d'insieme, perché un unico principio deve spiegare la **realtà dello spirito** (contro il materialismo) e la **realtà della materia** (contro l'Idealismo e lo spiritualismo):

la realtà è concepita come «*energia vitale che dura*», cioè che, semplicemente, vive, e non è quindi mai eguale a se stessa, ma continuamente si fa. Per definire questo concetto Bergson usa l'espressione **slancio vitale**, forza creatrice che anima tutte le realtà che l'uomo può conoscere.

Critica del Positivismo

Il Positivismo − in particolare quello di Spencer − ha spiegato tutta la realtà attraverso il concetto di **evoluzione**. Quest'idea è assai feconda, per Bergson, ma viziata da un errore, consistente nel fatto che ci si è serviti di un concetto per comprendere la realtà, smarrendo così l'autentico senso metafisico dell'evoluzione, concepita in termini astratti, come semplice schema teorico e interpretativo della realtà: di essa si è smarrita la cosa più importante, e cioè il fatto che l'evoluzione appartiene all'essere stesso della realtà, ed è quindi oggetto di una conoscenza possibile solo se la intuiamo in noi e nelle cose nella loro specifica individualità. Ogni schema dell'evoluzione, infatti, non coglie l'elemento più importante, cioè che la realtà è vita, e la vita, in quanto tale, non ha schemi: ciò che è vivente si differenzia per questo aspetto da ciò che è meccanico, per il fatto che non si ripete mai eguale, che non può essere spiegato attraverso schemi fissi. La vita è creatrice, non c'è ragione che il futuro ripeta il passato. Anzi, la vita è creazione *ex novo* del futuro. Il presente è il futuro che si fa, è la direzione − imprevedibile − che sta prendendo la vita. È **slancio vitale**, energia vivente, e la sua evoluzione è **creatrice**.

Spirito e materia sono vie diverse dello slancio vitale

Nel saggio *L'evoluzione creatrice* Bergson segue l'evoluzione della vita sulla Terra, interpretandola alla luce dell'intuizione metafisica della durata. Lo slancio vitale ha prodotto i viventi, la vita ha variato continuamente le sue forme. La direzione dell'evoluzione si è dapprima scissa nelle serie parallele delle piante e degli animali. Le piante hanno avuto un'evoluzione più lenta, perché lo slancio vitale tende in esse ad arrestarsi nella ripetizione, piuttosto che a procedere alla creazione. Nell'animale, invece, essa si è sviluppata più liberamente, progredendo nella coscienza, dapprima nelle forme inferiori, poi nell'uomo. L'intelligenza dell'uomo è quindi un prodotto dell'evoluzione creatrice, non ha una radice diversa dall'intuizione. Entrambe sono risposte che lo slancio vitale trova alla necessità della coscienza di conoscere. Entrambe vanno viste come un'evoluzione dell'istinto, che negli animali inferiori − e nell'uomo stesso − guida gli esseri viventi alla vita e alla riproduzione della vita. Lo spirito quindi, rispetto alla materia, non è altro che una diversa via percorsa dallo slancio vitale. La stessa vita si esprime nella materia e nelle forme via via crescenti − in termini di coscienza − dell'**istinto**, dell'**intelligenza**, dell'**intuizione**.

REALTÀ

Ogni realtà, dunque, è una tendenza, se si conviene di chiamare tendenza un mutamento di direzione allo stato nascente.

→ H. BERGSON, *Introduzione alla metafisica*

Perché esistono la materia e la morte?

All'interno di questa concezione evoluzionista, che cos'è la materia? Perché lo slancio vitale che sentiamo presente nella nostra coscienza e nelle forze nascoste della natura, nella riproduzione ciclica dei viventi sembra inaridirsi di fronte alla materia? Perché c'è la materia inanimata? Perché c'è la **morte**, che riporta il vivente alla materia inanimata?

L'uomo è attore se è creativo

Secondo Bergson non è corretto dire che lo slancio vitale si inaridisce di fronte alla materia. La materia stessa, infatti, non è altro che l'inaridirsi dello slancio vitale.

Esso è forza creatrice, è vero, ma procede per slanci, in modo discontinuo. La materia è il momento in cui lo slancio si affievolisce, la creatività si tramuta in ripetizione. La **materia**, infatti, è **ripetizione meccanica, abitudine**. È il ripiegarsi dello slancio su se stesso. Nuova vita sorge sempre, nuova vita vivifica la materia ormai stanca. La vita supera la morte nell'alterno gioco delle forze, poi si piega alla morte, cioè al proprio stesso rifluire, poi torna ancora a superare la morte. L'individuo, con la sua coscienza, è manifestazione di questo slancio vitale, attore del dramma dell'esistenza che in sé prolunga la vita e cede alla morte, mentre altra vita sorge. Di questa vita, però, l'uomo è davvero attore, non marionetta nelle mani del destino. Non c'è destino segnato, se l'evoluzione è creatrice. Egli può dare una direzione oppure un'altra al cammino del frammento dello slancio vitale che è in lui. Egli può andare verso la **libertà creativa** o ripiegare nel chiuso dell'abitudine.

2.7 Morale e religione nella società degli uomini

La vita politica e sociale non può essere intesa separatamente dallo slancio vitale: la realtà è una, e le sue manifestazioni vanno sempre ricondotte alla comune radice metafisica. Tuttavia, se la libertà umana è manifestazione immediata dello slancio vitale, come mai non si è ancora giunti a una società autenticamente libera? È quest'ultimo il tema di un'opera tarda di Bergson, che studia la vita morale, sociale e religiosa dell'uomo: *Le due fonti della morale e della religione* (1932). Nell'evoluzione dell'uomo, un posto determinante spetta alla **società**. Essa ha permesso il passaggio da uno stato primitivo a uno sempre più civilizzato. Anche gli animali (api, formiche ecc.) danno vita a organizzazioni sociali assai complesse, ma le società umane hanno la caratteristica di fondarsi sulla libera volontà e la loro struttura non è quindi predeterminata dall'istinto. Bergson ripercorre a grandi linee la storia dell'evoluzione sociale e osserva come le società del mondo antico siano caratterizzate dall'essere **chiuse**, cioè fortemente oppressive della libertà dell'individuo. Le società moderne si sono progressivamente evolute in società aperte: in esse, cioè, la persona vede rispettate la propria dignità e la propria libertà.

Indicare la via all'umanità

A fianco di questo passaggio, si sono sviluppati però molteplici aspetti negativi: terribili conflitti (Bergson scrive dopo la Prima guerra mondiale), lotte sociali esasperate, fino a un autentico ritorno alla barbarie, in alcuni momenti della storia recente. Le tecnologie di cui l'uomo dispone nel mondo moderno rendono assai più pericolosi questi ritorni a stadi inferiori dell'evoluzione umana. Allo stesso tempo, però, offrono strumenti per una progressiva crescita della civiltà. L'umanità è dunque a un bivio e l'evoluzione richiede una crescita, che implica delle scelte. È l'uo-

Società aperta

La nozione di società aperta ha avuto grande fortuna nel Novecento ed è stata alla base di studi molto approfonditi soprattutto in ambienti anglosassoni (la riprende K.R. Popper, ▶ p. 342). Essa identifica la natura dell'uomo non in un sistema chiuso e definito di valori (questo è bene, questo è male; questo è il senso della vita, questo è invece disperdere la vita), ma in un farsi non prevedibile e non dominabile. Bergson usa il termine creatività in modo non metaforico, per indicare il carattere primario della vita, dal momento che essa si evolve creativamente – evoluzione creatrice – ponendo in essere una novità autentica nel passaggio dal virtuale al reale. La società aperta non è altro che il prolungamento di questa nozione (biologica, fisica e metafisica), che implica un'energia inconscia che si esprime anche nella società, in piena continuità tra natura e cultura.

mo a doverle compiere, perché la storia dell'evoluzione ha messo nelle sue mani la libertà creativa e la forza del pensiero, che progetta l'avvenire (e ha oggi strumenti efficaci per realizzarlo, nel bene e nel male). Si tratta dunque di compiere una scelta definitiva per la creazione di un'armonica società aperta. Occorre un nuovo slancio creativo, una nuova esplosione di vitalità. Piuttosto che chiudersi in se stesso, nel mondo ristretto degli interessi personali, l'uomo deve acquisire consapevolezza di sé e costruire una società che realizzi la liberazione di tutti: la liberazione dal bisogno materiale, ma anche dal pericolo delle guerre, dei conflitti sociali ecc. La **cultura** e la **filosofia** hanno un compito notevole in questo progetto, perché possono indicare la via all'umanità.

Religione e amore universale

In questo cammino – che Bergson presenta come un vero e proprio salto evolutivo – l'uomo può ispirarsi all'**amore** per abbandonare gli egoismi e le chiusure. E nell'amore universale, vera chiave di volta per la costruzione di un futuro di libertà, un posto particolare spetta alla **religione**. Agli albori della storia dell'uomo, quando sono nate le prime società (le società chiuse), la religione ha indicato i valori su cui costruire la vita collettiva, ha fornito con i miti un'interpretazione del mondo, ha educato l'uomo a frenare l'individualismo. Perché le moderne società aperte possano essere compiutamente realizzate è oggi necessario che la religione svolga nuovamente un ruolo di guida e di sprone. La religione non deve, però, essere dogmatica e limitare il libero slancio creativo ponendo vincoli e divieti, irrigidendo l'amore dell'uomo in regole esteriori di comportamento. Deve, al contrario, indicare all'amore universale la sua meta, deve rafforzarlo con il sentimento mistico del divino, della sacralità della vita.

MAPPA CONCETTUALE

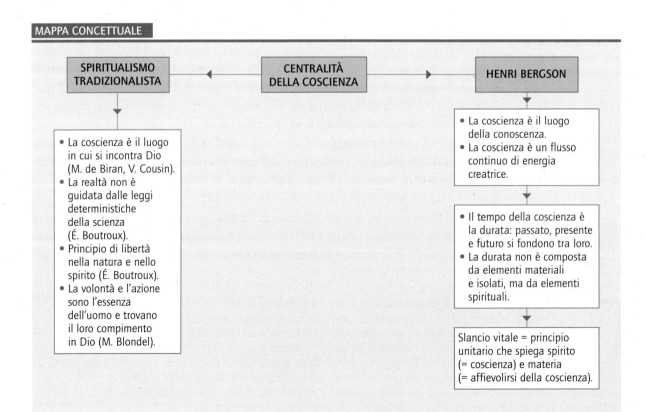

ESERCIZI DI RIEPILOGO

Lo spiritualismo

1. Qual è il tema centrale dello spiritualismo francese? Qual è il suo obiettivo polemico?
2. Qual è per Maine de Biran il principio originario dell'io? In che modo l'io realizza la propria libertà?
3. Che cosa coglie l'uomo nella propria coscienza, secondo Cousin?
4. Che cosa sta a garanzia della credibilità della coscienza, secondo Cousin?
5. In che rapporto si pone lo spiritualismo di Boutroux con il modello di scienza proposto dal Positivismo?
6. Attraverso quali argomentazioni Boutroux giunge ad affermare che le leggi scientifiche sono contingenti e che l'effetto non è deducibile dalla causa?
7. In che senso, secondo Boutroux, c'è un contrasto fra l'intelligenza e la realtà?
8. Qual è per Blondel l'essenza dell'uomo?
9. Perché, secondo Blondel, l'azione è l'oggetto privilegiato della filosofia? Motiva la tua risposta.

Henri Bergson:

La coscienza

10. Quali sono le caratteristiche della coscienza secondo Bergson?
11. Qual è la differenza tra il tempo dei corpi e quello della coscienza?
12. Che cosa intende Bergson per *durata*?

La memoria e la materia

13. Perché la memoria assume un ruolo centrale nello studio della coscienza?
14. Che cosa significa che i ricordi si accumulano in forma virtuale?
15. Qual è il carattere della struttura della coscienza?
16. Che cos'è la materia?
17. Vi è un dualismo nella distinzione tra spirito e materia?

Intelligenza e intuizione

18. Perché l'intelligenza è uno strumento inadatto alla costruzione della metafisica?
19. Quali sono funzioni e limiti dei concetti?
20. Perché solo l'intuizione riesce a cogliere il flusso della coscienza?
21. Che cosa differenzia la metafisica dalla scienza?

Evoluzione e slancio vitale

22. Perché Bergson imputa a Spencer un'interpretazione scorretta del concetto di *evoluzione*?
23. Che cos'è lo «*slancio vitale*»?
24. Perché esiste la materia inanimata?

1 Henri Bergson
Durata e coscienza

QUESTIONE ▶ Bergson ritiene che il linguaggio umano possa esprimere l'oggetto della metafisica, cioè la realtà profonda della durata, mediante immagini piuttosto che mediante concetti. La difficoltà nell'utilizzare il linguaggio concettuale risiede nel fatto che esso è stato elaborato nel corso della civiltà umana per rispondere a esigenze pratiche e non di conoscenza teorica, ed è quindi concepito per descrivere una realtà discreta, quantitativa e non qualitativa. Per raggiungere una maggiore precisione in filosofia, ovvero in metafisica, è utile ricorrere al linguaggio figurato, perché esso si limita a indicare il proprio oggetto: il lettore delle opere di Bergson dovrà poi tradurre nella sua coscienza l'esperienza suggerita dal filosofo. Si tratta di operare un trasferimento dal piano delle immagini esteriori al piano delle esperienze interiori. Un oggetto come la durata non può, infatti, essere compreso mediante l'intelligenza (la facoltà dei concetti), ma può essere compreso mediante l'intuizione (legata alla facoltà dell'immaginazione).
In ciò risiede la specifica difficoltà delle opere di Bergson: si tratta per lo più di saggi (più raramente di articoli e testi brevi, che comunque dei saggi mantengono l'impianto) molto gradevoli, di grande successo di pubblico (Bergson è stato uno scrittore, ma anche un conferenziere di successo). Apparentemente semplici, perché Bergson ricorre a moltissimi esempi e immagini legate all'esperienza e ai processi di metaforizzazione, richiedono in realtà l'operazione per nulla facile di «traduzione» che abbiamo sopra indicato, perché giocano sul continuo richiamo all'esperienza.

TESI ▶ Se, argomenta Bergson, la «*durata pura esclude ogni idea di giustapposizione, d'estraneità reciproca e d'estensione*», ogni metafora utilizzata per descriverla risulterà insufficiente, dovendo ricorrere a immagini di oggetti o di fatti della realtà, che per definizione hanno un'estensione e una dimensione temporale. In questo brano, tratto dall'*Introduzione alla metafisica*, Bergson sostiene che la durata può essere colta solo attraverso il ricorso all'esperienza interiore.

Vi è almeno una realtà che tutti noi cogliamo dall'interno, per intuizione, e non per semplice analisi: la nostra persona nel suo scorrere attraverso il tempo, il nostro io che dura. Può darsi che noi non simpatizziamo intellettualmente o, piuttosto, spiritualmente con alcun'altra cosa; ma certamente simpatizziamo[1] con noi stessi. [...]

5 [La vita interiore] è, se si vuole, lo svolgersi di un rotolo, perché non c'è essere vivente che non si senta arrivare, a poco a poco, al termine della parte che deve recitare; e vivere consiste nell'invecchiare. Ma è anche, altrettanto, un arrotolarsi continuo come quello di un filo su un gomitolo, perché il nostro passato ci segue e s'ingrossa senza sosta del presente che raccoglie sul suo cammino: coscienza significa

10 memoria.

In verità non è né un arrotolarsi né uno srotolarsi, perché queste due immagini richiamano la rappresentazione di linee, o superfici, le cui parti sono omogenee tra loro e sovrapponibili, mentre non vi sono due momenti identici in un essere vivente. Prendete il sentimento più semplice, supponetelo costante e assorbitevi la personali-

15 tà tutta intera: la coscienza che accompagna tale sentimento non potrà restare identica a se stessa per due momenti di seguito, perché il momento successivo contiene sempre, in più del precedente, il ricordo che quest'ultimo ha lasciato di sé. Una co-

---

1. Il verbo simpatizzare implica qui il richiamo alla facoltà dell'intuizione. Il contesto in cui si ritaglia questo brano è quello della ricerca delle facoltà di conoscenza adeguate alla comprensione di quel particolare oggetto che è la coscienza: il suo carattere primo è quello di durare in un flusso continuo che non è composto di elementi discreti (ciascuno stato di coscienza trapassa, attraverso movimenti quasi insensibili, in altri stati, formando un tutto dinamico che per noi si identifica con il flusso della vita stessa); al contrario, un oggetto materiale del mondo esterno è identificabile nel contesto di relazioni discrete con gli altri oggetti.

scienza che avesse due momenti identici sarebbe una coscienza senza memoria: pe-
rirebbe e rinascerebbe, dunque, senza posa. Come rappresentarsi altrimenti l'inco-
scienza?   20
Occorrerà dunque evocare l'immagine di uno spettro dalle mille sfumature, con gra-
dazioni insensibili tra una sfumatura e l'altra. Una corrente di sentimento che at-
traversasse lo spettro tingendosi, a volta a volta, di ciascuna sua sfumatura, subi-
rebbe mutamenti graduali, ciascuno dei quali annuncerebbe il seguente e riassume-
rebbe in sé i precedenti. Pure, le sfumature successive dello spettro resteranno sem- 25
pre esteriori l'una all'altra: esse si giustappongono, occupano dello spazio; al
contrario, ciò che è durata pura esclude ogni idea di giustapposizione, d'estraneità
reciproca e d'estensione.

▶ H. Bergson, *Introduzione alla metafisica*

ESERCIZI

Rispondi alle seguenti domande, eventualmente con opportune citazioni:
■ Che cosa significa «*simpatizzare spiritualmente*» con il proprio oggetto di conoscenza?
■ Perché la coscienza non può restare identica a se stessa per due momenti di seguito?
■ Che cosa significa l'espressione «*formare un tutto dinamico*»?

2 Henri Bergson
Le due forme della memoria: la memoria-abitudine e le immagini-ricordo

QUESTIONE ▶ In questo brano, tratto da *Materia e memoria*, Bergson osserva che il termine «*ricordo*» viene associato sia a un testo che abbiamo imparato a memoria sia alle letture ripetute che abbiamo compiuto per imprimercelo nella mente; ricordo del testo e ricordo della lettura hanno dunque la stessa natura?
TESI ▶ Secondo Bergson il ricordo del testo imparato a memoria ha le caratteristiche dell'abitudine, il ricordo della lettura quello di un avvenimento della vita. Nei due tipi di memoria, che il filosofo francese descrive in *Materia e memoria*, occorre vedere una differenza di natura, non soltanto di grado; essi prefigura-
no le tesi bergsoniane sulla relazione tra mente e corpo: le immagini-ricordo appartengono infatti alla sfera puramente spirituale, mentre la memoria-abitudine è memoria sensorio-motoria, e appartiene dunque
alla sfera del corpo, che Bergson concepisce come realtà limite tra la materia e lo spirito.

Studio una lezione e, per imparare il testo a memoria, lo leggo dapprima scanden-
do ogni verso; poi lo ripeto un certo numero di volte. A ogni lettura c'è un progresso; le parole si collegano sempre meglio; giungono a organizzarsi. In questo preciso
momento so la mia lezione a memoria; si dice che è diventata ricordo, che si è impressa nella mia memoria.   5
Cerco ora di capire come è stata imparata la lezione, e mi rappresento le fasi attraverso cui sono passato di volta in volta. Ogni successiva lettura mi ritorna allora in
mente con la sua propria individualità; la rivedo insieme alle circostanze che l'ac-
compagnavano e che l'attorniano ancora; si distingue da quelle che la precedono e

10 da quelle che la seguono per il posto che ha occupato nel tempo; in breve, ciascuna di queste letture ripassa davanti a me come un avvenimento determinato dalla mia storia. Si dirà di nuovo che queste immagini sono dei ricordi, che si sono impresse nella mia memoria. Si usano gli stessi termini per entrambi i casi. Ma si tratta proprio della stessa cosa?

15 Il ricordo della lezione, in quanto è stata imparata a memoria, ha *tutte* le caratteristiche di un'abitudine. Come l'abitudine si acquisisce attraverso la ripetizione di uno stesso sforzo. Come l'abitudine ha richiesto prima la scomposizione poi la ricomposizione dell'azione totale. Infine, come ogni esercizio abituale del corpo, esso è immagazzinato in un meccanismo che viene interamente scosso da un impulso inizia-
20 le, all'interno di un sistema chiuso di movimenti automatici, che si succedono nello stesso ordine e occupano lo stesso tempo.

Al contrario il ricordo di una particolare lettura, la seconda o la terza per esempio, non ha *nessuna* caratteristica dell'abitudine. La sua immagine si è necessariamente impressa nella memoria al primo colpo, perché le altre letture costituiscono, per de-
25 finizione, ricordi diversi. È come un avvenimento della mia vita, la sua essenza consiste nel fatto di avere una data, e quindi di non potersi ripetere.

▶ H. BERGSON, *Materia e memoria*

ESERCIZI

Rispondi alle seguenti domande, eventualmente con opportune citazioni:
■ Quali sono i caratteri della memoria-abitudine?
■ Quali sono i caratteri delle immagini-ricordo?
■ Come si distinguono tra loro i due tipi di memoria individuati da Bergson?

❸ Henri Bergson
Due vie di conoscenza: intelligenza e intuizione

QUESTIONE ▶ Al termine di *Introduzione alla metafisica* Bergson sintetizza in una serie di punti la propria filosofia. I primi punti sono dedicati alle facoltà della conoscenza umana e all'identità della filosofia; riguardo a questi due punti l'autore pone in questione le risposte che hanno offerto l'Idealismo e il realismo: il primo risolvendo il reale nello spirito, il secondo risolvendo lo spirito nel reale.

TESI ▶ Bergson fonda la sua proposta sulla distinzione dell'intelligenza, che appare una facoltà pratica, rispetto all'intuizione, descritta come lo strumento principe del filosofare. Sostiene inoltre che si debba «*invertire la direzione abituale del lavoro del pensiero*», una direzione che è solitamente rivolta alla soluzione di problemi pratici.

I. C'è una realtà esterna, e tuttavia data immediatamente al nostro spirito. Il senso comune ha ragione, su questo punto, contro l'idealismo e il realismo dei filosofi.
II. Questa realtà è mobilità. Non esistono *cose* fatte, ma solo cose che si fanno; non *stati* che si conservano, ma solo stati che mutano. La quiete non è mai altro che ap-
5 parente o, piuttosto, relativa. La coscienza che abbiamo della nostra propria perso-

na, nel suo continuo scorrere, ci introduce all'interno della realtà sul cui modello dobbiamo rappresentarci le altre. *Ogni realtà, dunque, è una tendenza, se si conviene di chiamare tendenza un mutamento di direzione allo stato nascente.*

III. Il nostro spirito, che cerca punti d'appoggio solidi, ha come principale funzione, nel corso ordinario della vita, di rappresentarsi *stati* e *cose*. [...] *La nostra intelligenza, quando segue la sua china naturale, procede per percezioni solide da un lato, e per concezioni stabili dall'altro*: parte dall'immobile e non concepisce e non esprime il movimento se non in funzione dell'immobilità; si installa in concetti già noti e si sforza di prendervi, come in una rete, qualcosa della realtà che passa. Non certo allo scopo di ottenere una conoscenza interiore e metafisica del reale: ma semplicemente di servirsene, dato che ogni concetto (come, d'altronde, ogni sensazione) è una domanda pratica che la nostra attività pone al reale, e a cui il reale risponderà, come si conviene in affari, con un sì o con un no. Ma con ciò essa si lascia sfuggire ciò che, del reale, è l'essenza medesima.[1] [...]

VI. Ma la verità è che il nostro spirito può seguire il cammino inverso. Può installarsi nella realtà mobile, adottarne la direzione continuamente mutevole, coglierla, insomma, intuitivamente. Per questo occorre che si faccia violenza, e inverta il senso dell'operare con cui pensa di solito, e rovesci, o piuttosto rifondi senza tregua le sue categorie. Esso metterà capo, così, a concetti fluidi, capaci di seguire la realtà in tutte le sue pieghe e di adottare il movimento stesso della vita interna delle cose. Solo così si costituirà una filosofia progressiva, liberata dalle dispute che si scatenano tra le scuole, capace di risolvere naturalmente i problemi per essersi liberata dei termini artificiosi che si erano scelti per porli. *Filosofare consiste nell'invertire la direzione abituale del lavoro del pensiero.*[2]

▶ H. BERGSON, *Introduzione alla metafisica*

10

15

20

25

ESERCIZI

Rispondi alle seguenti domande, eventualmente con opportune citazioni:
- Qual è la funzione dell'intelligenza?
- Quale la funzione dell'intuizione?
- Che cosa significa che «*filosofare consiste nell'invertire la direzione abituale del lavoro del pensiero*»?

---

1. L'intelletto non comprende la realtà assoluta del movimento e gli è quindi preclusa la conoscenza metafisica. Bergson, in altri punti della sua opera, contrappone la propria filosofia al platonismo, per il quale l'essere è innanzitutto eterno – cioè fisso, immobile – e il movimento nel tempo è una caduta di perfezione, è labilità e instabilità dell'essere. Al contrario, per Bergson, l'essere è stabile proprio perché è vivente, o meglio, come dice nell'*Evoluzione creatrice*, perché è creatore. L'eternità platonica, senza tempo né durata, non è eternità di vita.

2. Bergson presenta la propria filosofia non come un sistema chiuso, ma come un'indagine perfettibile che esplora direzioni inesplorate, che tenta la costruzione di modelli teorici fondati su concetti di tipo nuovo, che propone letture alternative per problemi filosofici antichi: una meditazione sui dati a disposizione dell'uomo, per una ricostruzione teoretica della vita, che sia coerente con l'esperienza vissuta della coscienza e sia fondata sulle effettive capacità della mente umana.

Hanno detto...

L'intuizione come metodo

In uno studio molto importante per la formazione del suo pensiero, il filosofo francese Gilles Deleuze, scomparso da poco più di un decennio, sottolinea come Bergson abbia inteso raggiungere la precisione in filosofia attraverso la corretta applicazione dell'intuizione, utilizzata come metodo di conoscenza e quindi di indagine filosofica. Deleuze, nella pagina qui proposta, mostra l'applicazione di questo metodo al caso della conservazione dei ricordi nella memoria, esaminato da Bergson in Materia e memoria.

Gilles Deleuze[1], *Il bergsonismo*

L'*intuizione* è il metodo del bergsonismo. Non è un sentimento, né un'ispirazione, una simpatia confusa, ma è un metodo elaborato, anzi uno dei metodi più elaborati della filosofia; le sue regole rigorose costituiscono quella che Bergson chiama la "precisione" in filosofia. [...]

Riprendiamo l'analisi del primo capitolo di *Matière et Mémoire*. Siamo portati a distinguere cinque sensi o cinque aspetti della soggettività: 1. *la soggettività-bisogno*, momento della negazione (il bisogno rompe la continuità delle cose, e trattiene dell'oggetto tutto ciò che lo interessa, lasciando passare il resto); 2. *la soggettività-cervello*, momento dello scarto o dell'indeterminazione (il cervello ci dà il modo di "scegliere" all'interno dell'oggetto ciò che corrisponde ai nostri bisogni; introducendo uno scarto fra il movimento ricevuto e il movimento eseguito, diviene scelta fra due modi, perché in se stesso, attraverso le vie nervose, divide l'eccitazione all'infinito, e anche perché, in rapporto alle cellule motrici del midollo, ci lascia la possibilità di scegliere fra più reazioni possibili; 3. *la soggettività-affezione*, momento del dolore (l'affezione è infatti il riscatto del cervello o della percezione cosciente; se non ci fossero delle parti organiche destinate all'immobilità di un ruolo puramente ricettivo, che le abbandona al dolore, la percezione non potrebbe rispecchiare l'azione possibile, né il cervello assicurare lo "scarto"); 4. *la soggettività-ricordo*, primo aspetto della memoria (il ricordo è ciò che viene a riempire lo scarto, ciò che si incarna o si attualizza nell'intervallo cerebrale); 5. *la soggettività-contrazione*, secondo aspetto della memoria (il corpo non è più un istante puntiforme nel tempo né in un punto matematico nello spazio e assicura una contrazione delle eccitazioni subite, da cui nasce la qualità).

Ora, questi cinque aspetti non si organizzano, solamente all'interno di un ordine di crescente profondità, ma *si distribuiscono su due linee di fatto molto diverse fra loro*. Il primo capitolo di *Matière et Mémoire* si propone di scomporre un misto (la Rappresentazione) in due direzioni divergenti: materia e memoria, percezione e ricordo, oggettivo e soggettivo [...]. Dei cinque aspetti della soggettività i primi due partecipano evidentemente della linea oggettiva: il primo si limita a operare una sottrazione dall'oggetto, il secondo a istituire una zona di indeterminazione. Il caso dell'affezione, terzo senso, è invece più complesso, e senza dubbio dipende dall'incrocio delle due linee. A sua volta, però, la positività dell'affezione non rappresenta ancora una pura soggettività che si opporrebbe all'oggettività pura, ma piuttosto "l'impurità" che viene a confondere quest'ultima. Così, solo il quarto e il quinto senso appartengono alla linea pura della soggettività. Solo i due aspetti della memoria esprimono formalmente la soggettività, mentre le altre accezioni si limitano a preparare o ad assicurare l'inserzione di una linea nell'altra, il loro incrocio.

La domanda: dove si conservano i ricordi? contiene un falso problema, cioè un misto mal analizzato. Si ritiene che i ricordi debbano conservarsi da qualche parte, e che il cervello sia capace di conservarli. Ma il cervello è invece interamente situato sulla linea dell'oggettività: non può assolutamente differire in natura dagli altri stati della materia; in esso tutto è movimento proprio come nella percezione pura che determina. [...] Il ricordo, invece, fa parte della linea della soggettività. È del tutto assurdo mescolare le due linee pensando che il cervello sia il serbatoio o il substrato dei ricordi. In più, l'esame della seconda linea sarebbe sufficiente a mostrare che i ricordi si conservano solo "nella" durata. *Il ricordo si conserva dunque in se stesso.*

RISPONDI ALLE SEGUENTI DOMANDE

■ **Quanti aspetti della soggettività individua Deleuze?**
■ **Quanti partecipano della linea soggettiva e quanti della linea oggettiva?**
■ **Di quale linea fa parte il ricordo? Dove si conserva?**

---

1. Gilles Deleuze (Parigi 1925-1995) è stato un importante filosofo francese del XX secolo. Professore all'Università di Parigi VIII, si è occupato di grandi temi della storia della filosofia, quali il materialismo di Lucrezio, il panteismo di Spinoza, l'empirismo di Hume e il vitalismo di Bergson e ha ripreso, condividendola, la critica nietzschiana al platonismo e al cristianesimo. Ha fatto parte del movimento poststrutturalista e postmoderno della filosofia francese degli ultimi decenni del Novecento.

1. Memoria-abitudine, immagine-ricordo

Bergson stabilisce tra le due forme della memoria-abitudine e dell'immagine-ricordo una differenza di natura, giungendo ad attribuire alla prima i caratteri del corpo e alla seconda i caratteri dello spirito, fermo restando che spirito e corpo sono per Bergson i volti discreti di una realtà che ha forti tratti di continuità.

■ Ti chiediamo di proporre alcuni esempi dell'uno come dell'altro tipo di memoria, ricercati in modo che sia particolarmente visibile il legame con il corpo della memoria-abitudine e la distanza dal corpo dell'immagine-ricordo.

■ Per approfondire questo tema vai ai **Percorsi per immagini**, *Non un solo tempo*, in particolare alla voce *Tempo e memoria*.

2. Continuo/discreto

Nel contesto della filosofia di Bergson assumono una particolare importanza le nozioni di continuo e discreto, mutuate dai suoi studi di matematica.

■ Ti proponiamo un approfondimento che mette in gioco le tue conoscenze in materia: immagina di essere un insegnante e di dover spiegare a giovani o giovanissimi studenti (devi decidere l'età e il grado di studi) che cosa distingue una grandezza continua da una discreta, e che rapporti siano possibili tra questi due tipi di grandezze. Dovrai preparare dei materiali (al computer, se preferisci), stabilire il percorso della tua spiegazione, dare delle definizioni e soprattutto fare degli esempi.

3. Il linguaggio cinematografico: un lavoro su intelligenza e intuizione

Si è spesso sostenuto che il linguaggio di Bergson abbia un carattere cinematografico, con il suo continuo spezzare i **concetti statici** e far nascere **concetti dinamici** nella mente del lettore attraverso una sequenza di immagini tutte provvisorie e parziali.

■ Per approfondire lo studio del bergsonismo, ti proponiamo di studiare un oggetto mobile da due punti di vista:
– il punto di vista dell'intelligenza, che procede prima scomponendo l'oggetto attraverso l'analisi e poi unificandolo attraverso la sintesi (puoi riferirti, se preferisci, al punto di vista di una scienza particolare);
– il punto di vista dell'intuizione, che segue il movimento reale della cosa studiata (puoi riferirti, se preferisci, al punto di vista di discipline che utilizzino l'intuizione, dalla matematica alle arti visive).

■ Il compito più impegnativo che dovrai affrontare sarà quello di esprimere con un linguaggio appropriato i diversi risultati del tuo studio, adeguandolo al punto di vista dell'intelligenza (che procede per concetti e si esprime in un linguaggio a loro consono) e a quello dell'intuizione (dovrai chiederti attraverso quali vie procede, ma scoprirai che la nozione stessa di via è inadeguata perché l'intuizione salta qualsiasi mediazione).

Edmund Husserl e la fenomenologia

1.

I problemi filosofici affrontati da Husserl

L'epoca in cui Edmund Husserl (1859-1938) elabora la sua filosofia – la fenomenologia – è compresa tra gli ultimi anni dell'Ottocento e i primi tre decenni del Novecento, epoca abitualmente definita di **reazione al Positivismo**. Con questa espressione si è soliti raggruppare svariate correnti filosofiche, spesso tra loro contrastanti, accomunate dalla contrapposizione alle tesi della filosofia positivista. Rientrano in questo clima culturale le posizioni di pensatori che appartengono alla generazione immediatamente precedente a quella di Husserl, come i tedeschi Friedrich Nietzsche e Wilhelm Dilthey, o sono a lui quasi coetanei, come il francese Henri Bergson, lo statunitense John Dewey, l'inglese Alfred North Whitehead, l'italiano Benedetto Croce.

Le tematiche che si impongono nel dibattito di questo periodo sono riconducibili alla questione di come la filosofia debba misurarsi con la metafisica, le scienze e la storia.

Il rapporto tra scienze e filosofia

■ Riguardo alla **metafisica**, la crisi dello scientismo positivista e della sua pretesa di vanificare le domande metafisiche ripropone il compito di affrontare le questioni ontologiche fondamentali, anche se è chiaro ai filosofi dell'epoca che l'indagine

---

LA VITA di Edmund Husserl

Edmund Husserl nacque a Prossnitz, in Moravia, nel 1859. La vita di Husserl non fu caratterizzata da grandi eventi esteriori, ma trascorse interamente occupata nello studio e nell'attività didattica. Dopo essersi laureato in matematica a Berlino con Weierstrass – uno dei più importanti matematici del secolo –, si reca a Vienna per studiare filosofia sotto la direzione di Franz Brentano che lo convince a pubblicare nel 1891 la *Filosofia dell'aritmetica*. Con la pubblicazione delle *Ricerche logiche* (1900-1901) Husserl – che dal 1901 insegna all'Università di Gottinga – dà il via alla sua più matura riflessione, che prende piena forma con il primo volume delle *Idee per una fenomenologia pura e una filosofia fenomenologica* del 1913 (il secondo e il terzo saranno pubblicati postumi nel 1952). Nel 1916 viene chiamato all'Università di Friburgo dove, grazie al successo e alla

diffusione delle sue teorie, viene circondato da numerosi allievi, tra i quali Martin Heidegger, che pubblica nel 1928 le lezioni del maestro su *La fenomenologia della coscienza interna del tempo*. Con l'avvento del nazismo Husserl, in quanto ebreo, è costretto ad abbandonare la cattedra, presto occupata proprio da Heidegger; non interrompe tuttavia il proprio lavoro, dedicandosi alla riflessione fino alla morte, avvenuta a Friburgo nel 1938. Altre opere da ricordare sono: *Logica formale e trascendentale* (1929); *Meditazioni cartesiane* (lezioni tenute a Parigi nel 1929 e pubblicate postume nel 1950); *La crisi delle scienze europee e la fenomenologia trascendentale* (opera incompiuta e pubblicata postuma nel 1954). All'Università di Lovanio sono inoltre custodite circa 40 000 pagine di inediti, a tutt'oggi oggetto di studio e di pubblicazione.

metafisica richiede un profondo rinnovamento metodologico e teoretico.

■ Riguardo alle **scienze**, il progresso delle matematiche e della fisica aveva mostrato l'insostenibilità delle certezze positiviste e aveva mostrato la necessità di istituire un nuovo rapporto tra scienze e filosofia. La nuova epistemologia riscopre una funzione critica della filosofia, che ha per oggetto il metodo e i contenuti della conoscenza scientifica. Il confronto con le scienze, inoltre, costringe la filosofia a interrogarsi sul proprio statuto epistemico e sulla rigorosità delle proprie procedure.

■ Anche la **storia** pone alla riflessione filosofica nuovi interrogativi: di che natura è la conoscenza storica? La storia può aspirare a essere una scienza? Se sì, che cosa la accomuna o la distingue dalle scienze naturali? Quali sono le sue procedure e i suoi oggetti? A queste domande stavano cercando di rispondere sia lo storicismo tedesco di matrice neokantiana, rivendicando la specificità delle scienze dello spirito rispetto a quelle della natura, sia la ricerca di Max Weber sul metodo delle scienze storico-sociali.

2. Il progetto filosofico

La filosofia come scienza rigorosa

Husserl partecipa intensamente ai dibattiti sul fondamento delle scienze, della filosofia e della metafisica e, a partire dagli anni Ottanta dell'Ottocento, si pone alla ricerca di una nuova prospettiva di pensiero che faccia della **filosofia** una **scienza rigorosa**, sul modello della matematica e in contrasto con il naturalismo e lo storicismo. L'esigenza di una filosofia come scienza rigorosa viene riallacciata al passato e ricostruita storicamente da Husserl a partire dal pensiero socratico-platonico; attenuatasi con la Scolastica medioevale, quest'esigenza riemerge nell'Età moderna con Cartesio e con Kant, nell'epoca in cui la scienza della natura riceve una solida fondazione a partire da Galileo. Nel corso dell'Ottocento la valenza scientifica della filosofia si indebolisce, oscillando tra un naturalismo che pretende, senza fondamento, di estendere principi e metodi delle scienze naturali alle scienze dello spirito, e uno storicismo che cade in una forma di relativismo scettico elevando le «*intuizioni del mondo*» a principi fondanti la conoscenza storica.

Naturalismo e storicismo negano la verità oggettiva delle idee e dei valori e li relativizzano, facendoli dipendere o dal vissuto psichico (il naturalismo) o dal divenire storico (lo storicismo).

L'oggetto e il metodo della fenomenologia

La filosofia, per Husserl, deve tenersi lontano dai rischi del relativismo e puntare a realizzare il suo statuto scientifico. Per fare questo deve determinare con rigore qual è l'oggetto della sua indagine e qual è il metodo che intende seguire. Circa l'**oggetto** di una **filosofia** intesa «*come scienza rigorosa*», Husserl individua lo studio del «*rapporto tra coscienza ed essere*»; quanto al **metodo**, Husserl mette a punto ciò che definisce **metodo fenomenologico**, che gli permette di cogliere l'essenza dei fenomeni così come si manifesta alla coscienza.

Così concepita nel suo oggetto e nel suo metodo, la riflessione fenomenologica intende essere quella filosofia che fa dell'analisi della coscienza nella sua **intenzionalità** la propria ragion d'essere. Per intenzionalità Husserl intende che la coscienza è sempre coscienza di qualche cosa: qualche cosa che le è dato in una pluralità di modi, che sono di volta in volta l'essere percepito, l'essere pensato, l'essere ricordato, l'essere amato ecc.

Husserl chiama **fenomeni** tutti gli oggetti che sono presenti alla coscienza nei modi specifici in cui si danno; l'indagine filosofica dei fenomeni, condotta secondo i canoni del metodo fenomenologico, fa sì che i fenomeni stessi si rivelino nella loro **essenza** (*eidos*).

LA FENOMENOLOGIA

[La filosofia] *può avere dinanzi agli occhi solo un* essere *come correlato di coscienza, come essere intenzionato coscienzialmente e qualificato come oggetto di percezione, ricordo, aspettazione, immaginazione, fantasia, identificazione, distinzione, credenza, supposizione, valutazione ecc. Si vede allora che la ricerca deve essere diretta alla conoscenza scientifica essenziale della coscienza, a quel che la coscienza stessa "è" per sua essenza, in tutte le sue forme distinguibili. Nello stesso tempo si deve però studiare ciò che la coscienza "significa", ossia i diversi modi in cui essa, conformandosi all'essenza di queste sue formazioni, intenziona l'"oggettività".*

→ E. HUSSERL, *La filosofia come scienza rigorosa*

3. Oltre lo psicologismo e il logicismo

Il problema
dell'oggettività
della conoscenza

Il percorso compiuto da Husserl per arrivare a definire i caratteri della fenomenologia attraversa alcune tappe, la prima delle quali è rappresentata dalla pubblicazione nel 1891 della *Filosofia dell'aritmetica*. Husserl è pensatore di formazione matematica e con quest'opera si inserisce nel dibattito, molto animato a fine Ottocento, tra logicisti e psicologisti intorno al problema dell'origine dei concetti matematici e non.

I moderni **logicisti**, le cui posizioni richiamano alla memoria quelle sostenute dai realisti nelle dispute medioevali intorno al problema degli universali, sostengono che i **concetti** – la loro analisi verte in particolare sui concetti della matematica – hanno un valore in sé, in quanto si fondano su condizioni ideali pure che non dipendono da fatti di coscienza.

Al contrario, gli **psicologisti**, paragonabili ai nominalisti medievali, spiegano l'origine dei concetti ricorrendo alle dinamiche delle funzioni psicologiche.

Husserl, in un primo momento, prende posizione a favore dello psicologismo, seguendo il maestro Brentano, ma si rende poi conto che entrambe le posizioni prestano il fianco a obiezioni:

■ il **logicismo**, rivendicando il valore ideale degli oggetti logici, incorre in una serie di difficoltà nella comprensione dei concetti astratti della logica e della matematica, come emerge dalla scoperta dei paradossi dei sistemi formali: per esempio, i paradossi della teoria degli insiemi di Cantor, evidenziati da Russell (▶ Volume 3A, *Scienza e logica*, pp. 400-430);

■ lo **psicologismo**, a sua volta, ripropone le difficoltà in cui incorre ogni forma di associazionismo psichico allorché deve dare ragione della validità universale della conoscenza concettuale.

Husserl si impegna a eliminare dal processo della conoscenza ogni residuo soggettivistico o psicologistico, in modo da conferire rigorosità scientifica e oggettività alla filosofia. Questo progetto è condotto sia attraverso un confronto storico con le fondamentali correnti del pensiero moderno (razionalismo cartesiano, empirismo, criticismo kantiano), sia attraverso un approfondimento teorico dei temi nodali della fenomenologia: il problema del metodo fenomenologico, la questione della coscienza e quella dell'intenzionalità, ossia del rapporto fra il soggetto conoscente e l'oggetto da conoscere.

Nel rapporto conoscitivo con le cose è fondamentale distinguere l'atteggiamento naturale da quello fenomenologico, proprio della filosofia scientifica.

Dall'atteggiamento naturale a quello filosofico

■ L'**atteggiamento naturale** è il modo spontaneo e immediato di vivere nel mondo, con tutti i nostri interessi, sentimenti, volizioni, desideri, conoscenze. Le cose, le persone, i sentimenti, i pensieri si offrono a noi nella loro **ovvietà**, in un rapporto originario, intuitivo e irriflessivo con il mondo, che esclude ogni indagine preliminare sui modi della conoscenza. Questo atteggiamento non è di per sé falso ma, per il suo carattere ingenuo, deve essere mutato se si vuole raggiungere la conoscenza pura.

■ L'**atteggiamento filosofico** si contrappone all'atteggiamento naturale. In base alla gnoseologia husserliana la conoscenza è sempre connessa a un vissuto psichico, ma non è a questo riducibile, cioè non è legata esclusivamente agli atti psichici del singolo soggetto; in questo modo, infatti, verrebbe privata di ogni valore universale, come è accaduto allo scetticismo di Hume. Per evitare i rischi dello psicologismo e dello scetticismo, la teoria della conoscenza deve farsi **critica** in senso kantiano e, solo dopo aver risolto le difficoltà delle precedenti teorie, la fenomenologia potrà fondare una «*scienza dell'essere in senso assoluto*».

La ricerca dei fondamenti della conoscenza

L'atteggiamento filosofico deve autofondarsi e non condividere alcun metodo con le scienze naturali. La fenomenologia, da un lato, deve assumere un atteggiamento critico simile a quello di Hume e Kant, dall'altro deve superare ogni scetticismo, per andare alla ricerca dei fondamenti della conoscenza.

La filosofia fenomenologica è concepita da Husserl come il superamento dei limiti del logicismo, dello psicologismo e del naturalismo. Quest'idea è gia chiara all'inizio del Novecento allorché, a partire dalle *Ricerche logiche* (1900-1901), Husserl imposta un programma di logica che mette al centro dell'indagine filosofica la ricerca delle **essenze** dei fenomeni, pensate come immanenti allo scorrere dell'esperienza.

4.

La ricerca delle essenze

▶▶

La possibilità di una scienza rigorosa risiede nell'individuazione di un fondamento stabile, non soggetto all'accidentalità dell'esperienza. Tale oggetto è specifico della **ricerca eidetica**, la ricerca delle essenze (dalla parola greca *eidos*, "aspetto", "idea"). Nella filosofia husserliana il termine *eidos*, inteso nel senso di **visione essenziale**, assume però un significato del tutto diverso rispetto a quello della tradizione metafisica da Platone a Cartesio: esso non corrisponde più a un'entità separata dal mondo empirico e perde così ogni residuo sostanzialistico. Le essenze, in questa nuova prospettiva, sono le **strutture dell'esperienza** che si offrono a ciascuno di noi negli atti della vita quotidiana. Così, il sole che splende in cielo, il rumore della strada, il lettore che sta leggendo questa pagina sono tutti fatti d'esperienza che si danno all'interno di una struttura ben definita, la quale fa sì che ogni cosa o atto sia quello e non un altro; detto in altri termini, ciò che costituisce l'essenza è l'**essere fenomenico** della cosa, corrispondente al modo del suo darsi nell'esperienza. In Husserl il **fenomeno** non è, come in Kant, il mostrarsi «*apparente*» della **cosa** contrapposto al suo «*essere in sé*»; esso è il darsi della cosa come essa è in se stessa: la cosa «*è*» in quanto si dà e il suo essere si manifesta nel suo apparire.

Il ritorno alle cose stesse

Il rumore della strada che sento è fenomeno, nel senso che «*si dà*» come un caso particolare dell'*eidos* rumore. Nel farne esperienza, io colgo sia la sua **particolarità fattuale** (questo rumore), sia l'**universalità eidetica** (il rumore). Il celebre motto di Husserl, che sostiene la necessità di «*ritornare alle cose stesse*», sta a significare che nei dati immediati dell'esperienza e nelle operazioni che accompagnano ogni atto del soggetto è presente la struttura essenziale del reale che la fenomenologia, in quanto scienza delle essenze, deve mettere in luce.

Per fare questo la fenomenologia deve liberarsi non solo del pregiudizio metafisico, ma anche di quello concettuale, che assegna la scoperta dell'essenza a un lungo e complesso processo logico, costituito da ragionamenti deduttivi o astrattivi. Secondo Husserl non la mediazione della conoscenza concettuale, bensì «*l'immediatezza dell'intuizione*» ci permette di afferrare l'essenza delle cose che si mostra nell'esperienza.

LA PRENSIONE FENOMENOLOGICA DELL'ESSENZA

Il passo più grande che oggi si deve compiere sta nel conoscere che con il giusto senso dell'intuizione filosofica, prensione fenomenologica di essenze, si dischiude un campo di lavoro infinito che senza uso di simbolismi indiretti e senza matematizzare, senza l'apparato di simbolismi e di prove, ottiene tuttavia una grande quantità di conoscenze rigorosissime, decisive per ogni ulteriore filosofia.

↳ ▶ E. HUSSERL, *Idee per una fenomenologia pura*

Liberarsi dai giudizi precostituiti

Se l'essenza è intesa da Husserl non come un'entità astratta, ma come un «*oggetto di esperienza di nuova specie*», allora la fenomenologia si presenta come una sorta di «*scienza sperimentale*» che ha per oggetto le essenze. Quest'affermazione può apparire paradossale, se si pensa alla tradizione, sia a quella metafisica che colloca l'essenza su un piano extraempirico, sia a quella epistemologica che da Galileo in poi esclude l'essenza dall'ambito della scienza sperimentale. Husserl ritiene però che oltre all'esperienza sensibile vi sia un altro tipo di esperienza, un altro modo di **vedere**, in cui l'oggetto della visione è costituito dall'essenza (si ricordi che il termine greco *eidos* vuol dire originariamente "visione").

In questa nuova forma di esperienza tutto ciò che viene sperimentato viene assunto dalla coscienza «*così come si è dato e nei limiti entro i quali si è dato*». Se è la percezione di un rumore, essa va assunta come percezione; se è il ricordo di un rumore, come ricordo e così via. Per poter mettere in luce le strutture essenziali di queste esperienze occorre liberarsi di tutti i giudizi precostituiti che condizionano il nostro modo di pensare. Secondo Husserl, la conoscenza si riferisce all'essenza universale dei fenomeni.

COGLIERE
L'UNIVERSALE

[...] *Ma può realmente l*'universalità, *possono essenze universali e stati di cose universali a esse appartenenti pervenire a datità diretta nello stesso senso di una cogitato? Non trascende l'universale come tale la conoscenza? [...] Ma scandalizzarsi di questa trascendenza non è più che un pregiudizio, e proviene da una considerazione inadeguata della conoscenza. Appunto questo bisogna rendersi chiaro, che il fenomeno assoluto, la cogitatio sottoposta a riduzione, [...] si rivela proprio come assoluta datità diretta. Ma non meno possiamo trovare, semplicemente guardando, e proprio a questo titolo di datità assoluta, l'universalità.*
Stanno veramente così le cose? Ebbene, diamo allora un'occhiata a dei casi di datità dell'universale, cioè casi in cui, sulla base di un'individualità oggetto di sguardo e direttamente data, si costituisce una coscienza d'universalità puramente immanente. Ho un'intuizione individua, o più intuizioni individue di rosso, mi attengo strettamente alla pura immanenza, provvedo alla riduzione fenomenologica. Taglio via ciò che il rosso altrimenti significa, nella cui veste esso può essere qui appercepito in direzione trascendente, poniamo come il rosso di una carta asciugante che sta sul mio tavolo, e simili, e a questo punto realizzo, entro il puro guardare, il senso del pensiero "rosso in generale", "rosso in specie", diciamo l'identico universale rilevato in questo o quel caso di rosso; ora l'intenzionato non è più l'individualità come tale, non più questo o quel caso, ma il rosso in generale.

E. HUSSERL, *L'idea della fenomenologia*   ▸ Antologia, brano 2

5.

L'*epoché*

La parola greca *epoché* è il termine usato dai filosofi scettici per indicare la «*sospensione del giudizio*» intorno al mondo e alle opinioni degli uomini. Husserl riprende questo termine, ma vi attribuisce un significato diverso e più complesso, che rimanda sia all'ironia e al «*Conosci te stesso!*» di Socrate sia al dubbio di Cartesio. Come nel *Discorso sul metodo*, anche nella fenomenologia l'esercizio del dubbio ha un valore positivo, in quanto impedisce la tentazione dogmatica e, a partire dalla consapevolezza socratica di «*non sapere*», prepara alla via della ricerca della verità.

LA COSCIENZA PURA
E I SUOI ATTI

E ora riportiamoci con la mente al dubbio cartesiano. [...] E in ogni caso di dubbio particolare è indubbiamente certo che io dubito *così e così. E altrettanto nel caso di ogni* cogitatio. *Comunque io percepisca, rappresenti, giudichi, inferisca, comunque possano stare qui le cose relativamente alla sicurezza o insicurezza di questi atti, alla loro oggettualità o mancanza d'oggetto,* rispetto al percepire è assolutamente chiaro e certo che io percepisco questo o quest'altro, *rispetto al giudizio che io faccio questo o quest'altro giudizio, e così via.*

└▶ E. HUSSERL, *L'idea della fenomenologia* ▶ Antologia, brano 1

Mettere tra parentesi
l'esperienza naturale

In Husserl l'*epoché* si articola in vari livelli:

■ in prima istanza è un'**astensione** dalla validità e dall'ovvietà del mondo quotidiano. Questo atteggiamento non nega che il mondo ci sia, non ne annulla la validità, ma si limita a sospenderla, a metterla fra parentesi. Con ciò è superata l'ingenuità dell'atteggiamento naturale (quello che afferma che io **ho** un mondo), e ad essa subentra una visione problematica che si interroga su **come** il mondo mi è dato. In tal modo non è più ovvio per me che ci sia un mondo reale davanti a me: la realtà **mondo** subisce una «*riduzione fenomenologica*», nel senso che viene ridotta al **fenomeno mondo**. Ridurre la realtà di una cosa al fenomeno della cosa significa, innanzi tutto, sospendere il giudizio sul suo semplice esserci e interrogarsi sul come quella cosa mi si è offerta, dentro la mia esperienza: «*in quanto mi si dà e nel modo in cui mi si dà*»;

Mettere tra parentesi
il sapere consolidato

■ in seconda istanza l'*epoché* porta a sospendere l'insieme delle visioni teoriche, metafisiche o scientifiche, con cui interpretiamo il mondo e che si aggiungono al fenomeno nella sua immediatezza. Prendiamo come esempio un albero: l'effetto della riduzione fenomenologica prodotta dall'*epoché* porta a considerare il fenomeno-albero dal punto di vista delle impressioni immediate che produce nella nostra coscienza, neutralizzando − per così dire − i concetti di cui la scienza si avvale per spiegare che cosa sia un albero.

LA CRITICA
DELLA CONOSCENZA
E L'EPOCHÉ

Ma come può stabilirsi, *questa è ora la domanda, una* critica della conoscenza? *Come autocomprensione scientifica della conoscenza essa vuole accertare, conoscendo scientificamente, e con ciò obbiettivando, che cosa sia la conoscenza nella sua essenza, che cosa sia insito nel senso del rapporto, che le si attribuisce, con un'oggettualità, e che cosa nel senso della validità o fondatezza oggettuale, se essa dev'essere conoscenza in senso schietto. L'epoché, che la critica della conoscenza deve esercitare, non può avere il senso che tale critica non solo cominci ma anche continui a porre in questione ogni conoscenza, quindi anche la sua propria, e a non lasciar valere alcuna datità, quindi neppure quella che essa stessa accerta.*

└▶ E. HUSSERL, *L'idea della fenomenologia* ▶ Antologia, brano 1

La riduzione eidetica

Che cosa resta al termine di questo processo di sospensione dell'assenso? Husserl chiama **residuo fenomenologico** ciò che si manifesta alla coscienza come dato originario, dopo che dai fenomeni sono stati tolti i pre-giudizi e le pre-comprensioni che si sono aggiunti al contenuto puro di coscienza.

Il processo che ha portato all'individuazione del residuo fenomenologico porta a un'ulteriore operazione che Husserl chiama **riduzione eidetica**: essa agisce sull'idea di un fenomeno per ridurla all'essenza prima e originale della percezione del fenomeno stesso. L'essenza non è più una sostanza ontologica oggettiva, ma è il contenuto universale della percezione: ciò significa, per esempio, che se nella percezione io vedo un oggetto rosso, con la riduzione eidetica posso togliere da quel contenuto di coscienza tutti gli elementi accessori di quell'oggetto particolare e pervenire all'essenza **rosso**.

L'*epoché*, nelle sue varie articolazioni, rende possibile una **scienza rigorosa** dell'essere del mondo, perché ci insegna a raggiungere quella visione pura e primordiale, priva di ogni forma di giudizio precostituito, che ci mostra come le essenze sono sempre **alla mano** e noi possiamo **vederle** continuamente, a condizione che si impari a **guardarle**.

6. Il *cogito* e l'intenzionalità della coscienza

L'*epoché*, da un lato, ha aperto il campo alla scienza delle essenze, dall'altro ha indicato un ulteriore terreno d'indagine, quello del *cogito*, ossia della coscienza pura. L'abbandono dell'atteggiamento naturalistico e l'assunzione di quello descrittivo-riflessivo, rivolto a indagare come la coscienza fa esperienza del mondo, fa della **coscienza** stessa un tema privilegiato della ricerca fenomenologica.

Il concetto centrale di questa ricerca è quello di **intenzionalità**. La riflessione di Husserl sul carattere intenzionale della coscienza e dell'esperienza in generale prende spunto a partire dalla filosofia di Franz Brentano (1838-1917), che aveva mutuato il termine dalla Scolastica tardo-medioevale, in cui stava a indicare il riferirsi del concetto a qualcosa di altro da sé.

L'INTENZIONALITÀ

*I vissuti di conoscenza – questo appartiene alla loro essenza – hanno un'*intentio*, intendono qualcosa, si riferiscono in una maniera o nell'altra a un'oggettualità.*
Il riferirsi a un'oggettualità appartiene a essi, anche se non appartiene a essi l'oggettualità. E l'oggettuale può apparire, può avere nell'apparire una certa datità, mentre tuttavia non è materialmente contenuto nel fenomeno conoscitivo, né si pone altrimenti come cogitatio.

 E. Husserl, *L'idea della fenomenologia*　　　　　▶ Antologia, brano 2

Sviluppando ed estendendo questa nozione, Husserl afferma che l'intenzionalità è la modalità costitutiva dell'operare della coscienza, la quale si riferisce sempre intenzionalmente agli oggetti che rappresenta. Ciò vuol dire che il rapportarsi della coscienza ai suoi oggetti pone in essere una duplice relazione: da un lato c'è la coscienza, che è sempre «*coscienza di qualche cosa*»; dall'altro ci sono gli oggetti, che «*si danno*» alla coscienza nei modi che le sono propri. In questa relazione nessuno dei due termini viene incluso dall'altro: la coscienza, dice Husserl «*non è una parte del mondo*» e «*gli oggetti del mondo non sono pezzi del mio io*».

La trascendenza delle cose rispetto all'io

In virtù di quest'irriducibilità del soggetto e dell'oggetto, le cose del mondo restano **trascendenti** rispetto alla coscienza, anche se solo la coscienza può conferire **senso** a esse, sulla base delle rappresentazioni, dei pensieri, dei sentimenti, dei giudizi di valore ecc. – per esempio, ogni soggetto umano ha un corpo, e questo la coscienza lo sa (ingenuamente) –; la fenomenologia ci permette di comprendere come si costituisce in noi la nozione di «*avere un corpo*», e così per tutti gli oggetti del mondo. Le operazioni compiute a tal fine dalla coscienza hanno un'intenzionalità, un senso, sono cioè **significative**, e lo sono nella misura in cui la coscienza scopre che il mondo è allo stesso tempo estraneo e partecipe del flusso della vita. Nell'esempio del corpo il problema, dal punto di vista fenomenologico, non è che cosa sia il corpo, ma come noi viviamo la nostra corporeità, attraverso quali esperienze l'io è giunto a farsi questa nozione.

LA FILOSOFIA PROCEDE PER DETERMINAZIONI DI SENSO

La fenomenologia procede per sguardi chiarificatori, determinazioni di senso e distinzioni di senso. Essa confronta, distingue, collega, pone in relazione, divide in parti, o separa momenti. Ma tutto ciò entro il puro guardare. [...] Il procedere guardando e ideando all'interno della più rigorosa riduzione fenomenologica è la sua caratteristica esclusiva, è in tanto il metodo specificamente filosofico, in quanto questo metodo appartiene essenzialmente al senso della critica della conoscenza, e così, in generale, a ogni forma di critica della ragione.

→ E. HUSSERL, *L'idea della fenomenologia*

Nóesis e nóema: la polarità soggetto-oggetto

All'interno della polarità soggetto-oggetto Husserl distingue l'aspetto soggettivo – che chiama *nóesis* – ossia gli atti con cui la coscienza afferra l'oggetto (il percepire, il ricordare, il volere ecc.) e l'aspetto oggettivo – che chiama *nóema* – ossia il percepito, il ricordato, il voluto ecc. La nozione di *nóema* è assai articolata, non riferendosi all'oggetto, ma ai modi in cui un oggetto si dà nell'esperienza. Così, se vedo un albero, l'albero è l'oggetto della percezione, il *nóema* dell'albero è l'insieme dei dati d'esperienza vissuta all'interno della quale l'oggetto-albero mi è offerto (il colore delle foglie, la luce che lo illumina, l'ombra che proietta, i ricordi che mi suscita ecc.). Come si vede, se infinito è il campo degli oggetti che mi si possono dare nell'esperienza, altrettanto infinite sono le correlazioni che entrano a far parte del processo di atti intenzionali della coscienza e che danno il **senso** delle cose.

7.

Il mondo della vita

L'analisi fenomenologica dell'intenzionalità ha mostrato la relazione inscindibile tra il soggetto – l'io – e l'oggetto – il mondo –; nelle opere della maturità Husserl indica nell'esperienza vissuta il terreno in cui si incontrano la coscienza intenzionale e l'oggetto intenzionato. Nella sua ultima opera, *La crisi delle scienze europee e la fenomenologia trascendentale*, introduce un mutamento: in luogo dell'esperienza vissuta compare la nozione di **mondo della vita** (in tedesco, *Lebenswelt*). Il mondo della vita è «*il regno delle evidenze originarie*», è l'orizzonte che include tutte le esperienze che fanno del mondo il nostro mondo, quello che ci circonda abitualmente, il luogo in cui avvengono le operazioni intenzionali che danno significato «*al mondo in generale*».

La rivalutazione del mondo della *dóxa*

Nel suo significato originario, il mondo della vita si identifica con quello dell'opinione, la cui validità dipende dal particolare punto di vista nel quale si colloca il soggetto. È l'antico tema della *dóxa*, che ha attraversato la storia della filosofia da Parmenide fino a Hegel, e che viene ripreso da Husserl per recuperare il valore della dimensione mondana, fortemente rivalutata negli anni Trenta dal suo ex discepolo Heidegger.

IL MONDO DELLA VITA

Il mondo-della-vita – ricordiamoci di ciò che abbiamo ripetutamente detto –, per noi che viviamo desti in esso, è già sempre qui, è già sempre per noi, è sempre il «terreno» di qualsiasi prassi, sia teoretica che extra-teoretica. Per noi, per i soggetti desti e sempre mossi da qualche interesse pratico, il mondo non è dato occasionalmente: esso è sempre e necessariamente il campo universale, l'orizzonte di qualsiasi prassi reale o possibile. La vita è sempre un vivere-la-certezza-del-mondo, un modo di attuarla. Vivere desti vuol dire essere desti di fronte al mondo, essere costantemente e attualmente «coscienti» del mondo e di se stessi come di soggetti nel mondo, vivere (erleben) realmente, attuare realmente la certezza d'essere del mondo. Il mondo è in tutti i casi già dato nel modo della costante datità delle cose singole.

→ E. HUSSERL, *La crisi delle scienze europee e la fenomenologia trascendentale*

Ciò che ha valore nel mondo della vita è, innanzi tutto, ciò che di più comune e originario entra a costituire «*il mondo circostante abituale*» dell'esistenza di ciascuno di noi: dai gesti dei neonati alle relazioni con i genitori, all'apprendimento del linguaggio, fino ai processi cognitivi ed educativi attraverso i quali ci impadroniamo dei saperi e dei valori.

La genesi dei valori nel mondo della vita

Conoscenze e valori sono costitutivi **ovvi** della nostra vita, a cui facciamo ricorso continuamente, incorrendo nell'errore di collocarli in una dimensione universale, astratta, che ne ignora la vera origine. Concetti e valori vanno invece ricondotti al sentire immediato e intuitivo del mondo della vita, altrimenti sono destinati a perdere di senso e a genere una **crisi** che non è solo teorica, poiché coinvolge la cultura e la civiltà occidentali. Diventa quindi essenziale, per Husserl, un'indagine rigorosa del mondo della vita, condotta dalla filosofia fenomenologica attraverso una nuova *epoché* che sospenda l'**ovvietà mondana** dei valori e permetta di ripercorrere la loro **genesi** a partire dalla validità del mondo della vita: solamente in questo modo essi possono riacquistare un senso autentico.

Una descrizione genetica della civiltà

In quest'ultima prospettiva filosofica la fenomenologia non è più soltanto una scienza delle essenze, ma si propone come una descrizione genetica della civiltà che si impegna in un'interpretazione complessiva del senso della storia umana, a partire dall'analisi delle operazioni della coscienza fino alla produzione degli schemi culturali, sociali e scientifici che in quelle esperienze hanno la loro origine.

Le operazioni che conferiscono senso al mondo risultano essere pre-categoriali e pre-scientifiche e mostrano di avere le loro radici nel mondo delle **opinioni ovvie**; ma, se bene analizzate, non sono soggettive e relative, bensì, in quanto strutture di fondo del **come** del mondo, hanno delle **tipicità essenziali** che diventano l'oggetto di indagine di una nuova scienza. Questa nuova scienza, rivolta al mondo della vita intuitivo e originario, può rivendicare il titolo di **scienza prima**, perché a partire da essa si potranno rifondare tutte le altre scienze.

8

La riflessione sulla crisi delle scienze europee

▶▶

La trattazione del mondo della vita ha proposto una descrizione genetica della civiltà come uno dei nuovi compiti della fenomenologia. Questa prospettiva apre il campo a un'indagine storica sulle vicende complessive dell'umanità, in particolare di quella europea. A questo tema è dedicata gran parte dell'ultima opera di Husserl, *La crisi delle scienze europee e la fenomenologia trascendentale*, rimasta incompiuta e pubblicata postuma nel 1954. Perché la **dimensione storica** si possa costituire è necessaria una «*coscienza interna del tempo*», che fa sì che nella temporalità della coscienza ogni **esperienza vissuta** (in tedesco, *Erlebnis*) si collochi all'interno del flusso del tempo che vive in noi. **Continuità** e **durata** sono i due caratteri specifici del tempo interiore e si contrappongono alle proprietà del tempo esteriore, quello dell'orologio, che appartiene all'atteggiamento naturale messo fra parentesi dalla riduzione fenomenologica. Il tempo-durata conserva, attraverso il ricordo, le esperienze che svaniscono con il passare del tempo oggettivo e rende possibile il costituirsi sia della **storia** personale di ciascuno di noi, sia della storia di tutti i soggetti umani.

La sostituzione della razionalità scientifica a quella filosofica

L'interpretazione del senso della storia significa per Husserl ricondurre le istituzioni sociali e i sistemi culturali alle operazioni originarie che hanno loro conferito un valore. In questo quadro concettuale si deve intendere la **crisi** delle scienze europee. Quale processo – si chiede Husserl – ha portato l'umanità europea, che pure è stata protagonista di un grande progresso, a smarrire il senso dei simboli culturali e sociali della sua storia?

L'analisi di Husserl non è storico-politica, ma filosofica, nel senso che affida alla filosofia il compito di esprimere il significato di un'epoca e di comprenderne il declino. Il peccato d'origine che ha prodotto la crisi è imputabile alla **rivoluzione scientifica moderna** di Galileo e Cartesio, con la quale si è imposta una nuova mentalità che ha sovvertito la forma della razionalità nata nell'antica Grecia, il cui fine (in greco, *télos*) era quello di «*voler essere un'umanità in base alla ragione filosofica*». La razionalità scientifica si è sostituita a quella filosofica, mettendo l'idealizzazione astratta dei concetti e delle categorie al posto della concretezza delle esperienze esistenziali: con questa operazione si è smarrita la capacità di dare una risposta alle domande sul senso della vita.

LA CRISI DELLE SCIENZE EUROPEE E IL COMPITO DELLA FILOSOFIA

La fondazione originaria della nuova filosofia coincide, come abbiamo illustrato, con la fondazione originaria dell'umanità europea moderna, di un'umanità che, attraverso la filosofia, e soltanto attraverso la filosofia, vuole rinnovarsi radicalmente rispetto a quella precedente, a quella medioevale o a quella antica. Perciò la crisi della filosofia equivale a una crisi di tutte le scienze moderne in quanto diramazioni dell'universalità filosofica; essa diventa una crisi, dapprima latente e poi sempre più chiaramente evidente, dell'umanità europea, del significato complessivo della sua vita culturale, della sua complessiva «esistenza».

La scepsi rispetto alla possibilità di una metafisica, il crollo della fede in una filosofia universale capace di guidare l'uomo nuovo, indica appunto il crollo della fede nella

«ragione», nella ragione intesa nel senso in cui gli antichi contrapponevano l'episteme alla doxa. È questa ragione che in definitiva conferisce un senso a tutto ciò che si suppone essente, a tutte le cose, ai valori, ai fini. [...]
Così cade anche la fede in una ragione assoluta che dia senso al mondo, la fede nel senso della storia, nel senso dell'umanità, nella sua libertà in quanto attiva possibilità dell'uomo di conferire un senso razionale alla sua esistenza umana individuale e umana in generale. Se l'uomo smarrisce questa fede ciò non significa altro che questo: egli perde la fede «in se stesso», nel vero essere che gli è proprio, un vero essere che egli non ha già da sempre, con l'evidenza dell'«io sono», un vero essere che egli ha e può avere soltanto lottando per la sua verità, lottando per rendere vero se stesso.

→ E. HUSSERL, *La crisi delle scienze europee e la fenomenologia trascendentale*

La filosofia come guida razionale per l'umanità

Il compito della filosofia è allora quello di tornare al mondo della vita, ai fenomeni puri come si presentano al nostro sguardo intenzionale prima che la scienza li abbia classificati nei suoi sistemi categoriali, facendoci perdere in tal modo quell'intenzione originaria che occorre recuperare. Per Husserl la fenomenologia trascendentale è capace di mostrare quale sia il *télos* originario, che ogni uomo può contribuire a ritrovare riaffermando il primato della ragione intenzionale. Nelle ultime pagine della *Crisi* Husserl affida alla filosofia il compito – invero arduo – di essere nuovamente la guida ragionevole per l'umanità.

⊙ LE PAROLE DI EDMUND HUSSERL

Epoché

Termine di origine greca, usato dai filosofi stoici con il significato di "sospensione dell'assenso", è ripreso da Husserl nella fenomenologia nel senso di mettere *«fuori azione la tesi generale propria dell'atteggiamento naturale»*, mettendo tra parentesi tutto quanto essa comprende. In altri termini, l'*epoché* fenomenologica consiste in un'astensione dal presupporre l'esistenza di un mondo materiale trascendente la vita della coscienza.

Essenza

La fenomenologia è *«scienza delle essenze»*. L'essenza costituisce quindi l'oggetto specifico della filosofia husserliana. Per intendere il significato del termine si deve considerare che l'essenza per Husserl è un oggetto di esperienza di nuova specie, che si contrappone, da un lato, alla nozione empiristico-positivista di *«dato di fatto»*, dall'altro a quella platonica di *«idea separata»* dalle cose. Essa è una concretezza che si trova nell'essere proprio di ogni oggetto e lo caratterizza rispetto agli altri: lo fa essere quell'oggetto e non un altro attraverso le proprietà come il colore, la forma ecc. che si rendono immediatamente evidenti e che la coscienza intuisce.

Fenomenologia

La fenomenologia è l'analisi della coscienza nella sua intenzionalità. La coscienza è senza dubbio intenzionalità perché è sempre coscienza di qualcosa. Analizzare la coscienza quindi consiste nell'analizzare tutti i possibili modi in cui qualcosa è dato alla coscienza (percepito, pensato, ricordato, desiderato, amato ecc). Anche i concetti logici hanno origine dall'esperienza vissuta della coscienza, pur mantenendo il loro carattere ideale e universale.
La fenomenologia è un ritorno ai fenomeni, ossia alle cose stesse intese come manifestarsi originario della coscienza. La descrizione del fenomeno così come si dà può avvenire solo grazie a una sospensione di ogni giudizio comune (riduzione eidetica).

Intenzionalità

In senso generale è il riferimento di un atto umano a un oggetto diverso da sé. Per i medioevali l'intenzionalità stava a indicare il riferimento dell'atto conoscitivo alla cosa significata. In Età moderna Brentano recuperò questa nozione, attribuendola però ai fenomeni psichici e alla loro relazione con l'oggetto rappresentato. Husserl si rifece a Brentano, ma trasferì l'intenzionalità dal piano psichico a quello del rapporto tra soggetto e oggetto della conoscenza in generale. L'intenzionalità è, in questa visione, la caratteristica fondamentale della coscienza, in quanto su di essa si fonda il rapporto soggetto-oggetto in cui l'oggetto è intenzionato dalla coscienza.

Nóema/Nóesis

Il termine **nóema** è utilizzato da Husserl per indicare l'aspetto oggettivo dell'esperienza vissuta: non si riferisce all'oggetto in quanto tale, ma ai modi in cui l'oggetto è dato, nella percezione, nell'immaginazione, nel ricordo ecc. Così se ho esperienza di un albero, l'albero è l'oggetto esperito, il nóema dell'albero è l'insieme dei modi in cui ne faccio esperienza (per esempio le qualità sensibili della sua percezione, il fatto che lo vedo ora o lo ricordo dal passato ecc.).

Il termine **nóesis** indica l'aspetto soggettivo dell'esperienza vissuta e si riferisce all'insieme degli atti di comprensione che il soggetto conoscente compie per esperire l'oggetto.

Riduzione fenomenologica ed eidetica

La **riduzione fenomenologica** è l'operazione attraverso la quale la realtà "mondo" viene ridotta a fenomeno "mondo". Essa si compie con due passaggi: dapprima si sospende il giudizio sul suo semplice esserci; poi ci si interroga sui modi in cui la realtà mi viene offerta nella mia esperienza.

La **riduzione eidetica** è un'ulteriore operazione cognitiva che agisce sull'idea di un fenomeno per coglierne l'essenza prima e originale. Così, per esempio, nella percezione io vedo un oggetto rosso, la riduzione eidetica mi permette di togliere da quel contenuto di coscienza tutti gli elementi accessori di quell'oggetto particolare e di pervenire all'essenza "rosso". Nella fenomenologia, attraverso la riduzione eidetica, si mostra come l'essenza non è più una sostanza ontologica oggettiva, ma è il contenuto universale della percezione.

9. Il movimento fenomenologico

Per movimento fenomenologico si intende la corrente che si formò, a partire dai primi anni del Novecento, intorno a Husserl e al progetto di utilizzare l'analisi fenomenologica in tutte le discipline particolari. Il punto di partenza era la ripresa della nozione husserliana di «essenza», ossia di struttura universale dell'essere e dell'agire umano, esperibile mediante una visione diretta e applicabile nei campi più diversi.

Si apriva un orizzonte vastissimo che, grazie alla fenomenologia, voleva sottrarsi all'alternativa tra Idealismo e Positivismo nello studio degli oggetti delle scienze particolari. Anche se parliamo di «movimento», non ci fu una linea di pensiero omogenea, ma diversi sviluppi legati all'indagine fenomenologica. Fu questo il motivo della rottura tra Husserl e i suoi allievi: il maestro riteneva non sufficientemente rigorose le analisi che si andavano conducendo nei diversi ambiti, e gli allievi accusavano Husserl di aver declinato la propria indagine fenomenologica secondo un soggettivismo idealistico che riaffermava la priorità della coscienza trascendentale.

Il distacco dal maestro
Tra i numerosi allievi che fecero parte dei circoli fenomenologici, ricordiamo Max Scheler (1874-1928), Nicolai Hartmann (1882-1950) ed Eugen Fink (1905-1975). Anche Scheler e Hartmann si allontanarono dalla cosiddetta «svolta trascendentale» della fenomenologia husserliana verso un'ontologia realistica che considerasse la formazione dei fenomeni come indipendente dall'attività conoscitiva del soggetto.

Scheler e l'applicazione della fenomenologia all'etica

Scheler applicò il metodo fenomenologico al campo dell'etica, che Husserl aveva trascurato, riconoscendo l'esistenza di una serie di valori autonomi rispetto agli atti con cui vengono appresi, e perciò assoluti. Il soggetto umano, la persona, che si differenzia dal soggetto conoscitivo, essendo ciò che è intenzionalmente e più intimamente rivolto verso il mondo, produce atti e vissuti emotivi tesi all'apprensione dei valori stessi, tra i quali si trova a scegliere in vista di un agire sempre più consapevolmente etico.

Il realismo critico di Hartmann

Anche Hartmann approfondì il pensiero husserliano nel senso di un «realismo critico»: il soggetto non produce l'oggetto che ha di fronte, ma lo incontra in un'irriducibile trascendenza. Il conoscere è dunque una relazione trascendente che non può essere risolta nelle strutture trascendentali della coscienza. Di qui la riflessione di Hartmann sul momento fenomenologico, seguito da quello aporetico, in cui vengono studiate le problematiche relative alla realtà dei fenomeni, e da quello teorico, come elaborazione di ipotesi volte a risolvere il problema dell'essere trascendente.

Il gioco e il mondo nella riflessione di Fink

Fink, ultimo assistente di Husserl a Friburgo, approfondì la nozione stessa di fenomeno fino a elaborare una nuova visione del mondo come gioco. L'apparire, secondo Fink, supera la stessa relazione del soggetto con le cose e va concepito come orizzonte in cui si dispiegano reciprocamente la verità e il mondo. Il mondo è quella dimensione che accoglie tutte le cose, dimensione che è stata dimenticata con la priorità conferita all'essere a partire dalla riflessione degli eleati. Il significato del mondo viene a essere chiarito attraverso la nozione di gioco: come questo è caratterizzato da aspetti di gratuità, di gioia, di assenza di finalismo, così anche il mondo è apertura priva di scopo, arbitraria, non finalistica e dunque immensamente enigmatica per l'uomo.

9.1 Maurice Merleau-Ponty

Il rifiuto del dualismo anima/corpo

La riflessione di Merleau-Ponty fa proprio il programma della fenomenologia husserliana di «ritorno ai fenomeni», come abbandono del dualismo cartesiano di anima e corpo, di coscienza e mondo. Il filosofo critica la tradizione dell'Idealismo moderno, da Cartesio a Kant, che ha commesso l'errore di intendere la coscienza come qualcosa di puro, autonomo e assoluto. Pur riconoscendo al criticismo kantiano il merito di aver compreso che gli oggetti esistono nella misura in cui «appaiono» a un sog-

---

LA VITA *di Maurice Merleau-Ponty*

Merleau-Ponty (Rochefort-sur-Mer 1908-Parigi 1961) è, insieme a Sartre, il principale esponente dell'esistenzialismo francese, un esistenzialismo originale che si nutre del pensiero fenomenologico husserliano, che il filosofo aveva potuto studiare, anche nella sua produzione inedita, all'Archivio di Lovanio. L'esito originale della riflessione di Merleau-Ponty è esposto nelle sue opere più importanti, *La struttura del comportamento* (1942) e *Fenomenologia della percezione* (1945).

L'attività di Merleau-Ponty si svolse principalmente all'interno del mondo accademico: nel 1950 fu nominato professore alla Sorbona di Parigi e nel 1952 al Collège de France alla cattedra che era stata di Bergson. Dapprima si avvicinò al marxismo, pubblicando *Umanismo e terrore* (1947) e la raccolta di saggi *Senso e non senso* (1948); nel 1953 ruppe i rapporti con Sartre, allontanandosi al tempo stesso dal marxismo, e approfondendo il rapporto tra la filosofia dell'esperienza e la sfera della letteratura e dell'arte.

getto, Merleau-Ponty evidenzia che affermare l'autonomia della coscienza nell'opera di costituzione della realtà, grazie alla sua attività spontanea, significa reintrodurre il problema, irrisolto già in Cartesio, della connessione e implicazione dei due poli: mondo e coscienza.

Il mondo-della-vita come origine dell'esperienza

Il filosofo spiega il costituirsi dell'esperienza umana ricorrendo alla nozione di mondo-della-vita. La riduzione fenomenologica non mette capo a una coscienza pura, come aveva preteso lo stesso Husserl, bensì a un mondo-della-vita, antecedente a ogni riflessione, nel quale soggetto e oggetto si presentano indistinti. La coscienza non è mai pura, ma è sempre apertura al mondo (concetto che richiama la «*gettatezza*» heideggeriana, *Geworfenheit*), l'essere «in situazione», ossia già da sempre in relazione con il mondo e gli altri io. L'esistenza è un «*situarsi prospettico*», ossia uno stare nel mondo secondo determinate direzioni e orizzonti all'interno dei quali si strutturano le relazioni tra coscienza e mondo. Questo rapporto è contrassegnato dall'ambiguità perché la coscienza vuole essere cosciente del mondo, pur stando da sempre al suo interno, pur essendo essa stessa fatta di mondo.

Il corpo come unità di coscienza e mondo

Il rapporto originario con il mondo si costruisce attraverso il corpo (*Leib*, il corpo vivente nel mondo, da distinguere dal *körper*, l'organismo della visione fisico-naturalistica) la cui dimensione fondamentale è data dall'esperienza vissuta della percezione. Il mondo è ciò che percepiamo e la fenomenologia si configura essenzialmente come descrizione delle modalità di percezione. Il corpo, infatti, è anteriore e irriducibile alla contrapposizione – costruita a posteriori dalla riflessione e dalle scienze fisiologiche – tra soggetto e oggetto, tra coscienza e mondo. Esso è l'unità di questi poli, fa tutt'uno con il nostro stesso «essere al mondo»: una mano che tocca è al tempo stesso toccata e viceversa, ossia il soggetto del sentire è al tempo stesso oggetto sentito. Non esiste allora un'oggettività esterna indipendente dalla coscienza a cui si rivela, ma neppure esiste una coscienza indipendente dall'oggetto di cui questa è cosciente.

Soggetto e mondo sono da sempre indissolubilmente legati: il corpo è il nostro punto di vista sul mondo ed è sempre a partire da esso e dalla sua posizione che noi percepiamo, tocchiamo, vediamo, tracciamo una distanza. Quando ci dimentichiamo del ruolo del nostro corpo e lo consideriamo come un oggetto tra gli altri, trattandolo come un frammento di materia, perdiamo contatto con l'esperienza percettiva e dunque con la possibilità di cogliere tanto il soggetto quanto il mondo percepito.

Il problema dell'altro

La percezione è quindi quell'esperienza primaria e pre-discorsiva la cui analisi permette di allontanarci tanto dalla visione idealistica, che riduce il mondo alla coscienza, tanto da quella positivistica, che riduce l'esistenza a mero meccanismo oggettivo, ritrovando quello che Merleau-Ponty definisce un «accoppiamento del nostro corpo con le cose».

La medesima ambiguità del rapporto coscienza-mondo caratterizza anche la nostra esperienza dell'altro. Il pensiero oggettivo non è capace di sciogliere il paradosso di un altro che sta di fronte a me, come un in-sé, e tuttavia esiste come un per-sé, ovvero come coscienza. È proprio revocando in dubbio il pensiero oggettivo, però, che Merleau-Ponty ha preso contatto con l'esperienza del corpo, del mondo e infine dell'altro. Io dico che quello è un altro, un secondo me stesso, e in primo luogo lo so perché questo corpo vivente ha la medesima struttura del mio: è il mio corpo

L'originarietà
del rapporto con l'altro

a percepire il corpo dell'altro, ed esso non vi trova che un prolungamento delle stesse intenzioni, una maniera familiare di trattare il mondo.

Anche al di fuori del pensiero oggettivo permane il problema dell'altro, ossia il problema di un terreno comune, di una intersoggettività, in quanto il mondo dell'altro non lo posso cogliere interamente, eppure non posso cessare di essere situato in rapporto a esso. L'accento posto sulla complementarietà del corpo proprio e del corpo altrui evidenzia allora l'originarietà dei rapporti di comunicazione contro tutte quelle visioni dell'intersoggettività (come quella sartriana) quale lotta tra coscienze e reificazione reciproca.

Il soggetto e l'esistenza non si danno dunque se non in relazione a un mondo della vita antecedente a ogni riflessione, a una situazione come campo strutturato di condizionamenti e possibilità. Il loro costitutivo radicarsi nel mondo fa sì che la misura umana della libertà non sia un incondizionato potere della coscienza sulle cose, bensì si esplichi entro un limitato campo di possibilità. Parlare di libertà assoluta significa porsi nuovamente all'interno della dicotomia tra determinismo e indipendenza della coscienza: libertà, per Merleau-Ponty, significa nascere «dal mondo» in quanto campo già strutturato di possibilità, ma al tempo stesso nascere «al mondo», in quanto il mondo non è mai una totalità chiusa e definitiva, ma è un orizzonte aperto al quale possono essere conferiti significati. In questo modo acquistano senso ed efficacia le scelte, l'impegno e la responsabilità umana all'interno della storia, come insieme contingente dei progetti umani.

MAPPA CONCETTUALE

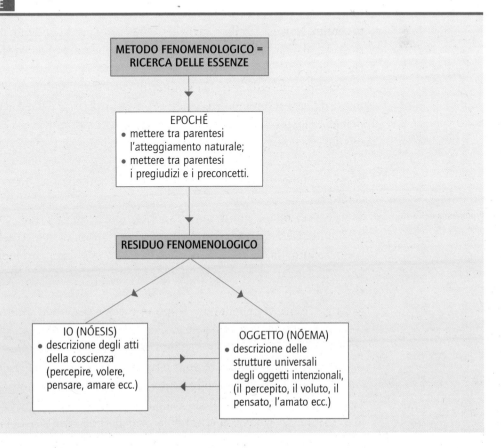

Il metodo fenomenologico

1. Che cosa significa *atteggiamento naturale* nel contesto della riflessione husserliana?
2. Che cosa significa *atteggiamento filosofico* nel contesto della riflessione husserliana?
3. Definisci il concetto di *essenza* all'interno del pensiero di Husserl, mettendone in luce la differenza rispetto alle definizioni proposte dall'empirismo e dall'Idealismo.
4. In che cosa consiste il metodo fenomenologico? Che ruolo ha in esso la *ricerca eidetica*?
5. Dai una breve definizione del termine *epoché* specificando la sua funzione all'interno del metodo fenomenologico.
6. Esponi il cammino che conduce dal *residuo fenomenologico* alla *riduzione eidetica* e spiegane gli esiti finali.
7. Che cosa significa, all'interno della riflessione husserliana, affermare che la coscienza è sempre «*coscienza di qualche cosa*», cioè che la coscienza è sempre intenzionale?

Il mondo della vita

8. Esponi il concetto di «*mondo della vita*» e la sua importanza nel pensiero di Husserl.
9. Qual è, secondo Husserl, la genesi dei valori che sono parte integrante della vita dell'uomo?
10. Per quale motivo, secondo Husserl, le scienze europee sono in crisi? Che conseguenze ha la crisi sulla vita dell'uomo? Quale rimedio propone Husserl per uscirne?

Maurice Merleau-Ponty

11. Come si costruisce, secondo Merleau-Ponty, il rapporto originario dell'uomo con il mondo?
12. Spiega la centralità della nozione di *corpo* in Merleau-Ponty.
13. Spiega la relazione sussistente tra percezione e coscienza nelle riflessioni di Merleau-Ponty.

☐ Edmund Husserl
Conoscenza e coscienza

QUESTIONE ▶ Il brano di Husserl riportato di seguito, tratto da *L'idea della fenomenologia*, opera che raccoglie cinque lezioni tenute a Gottinga nel 1907, appartiene alla seconda lezione e affronta i temi dell'*epoché* e del *cogito*. Il problema che qui Husserl analizza è il tema dominante di gran parte della sua ricerca filosofica che, a dispetto della vastità delle analisi compiute, si può riassumere in poche parole: qual è l'essenza della conoscenza?

TESI ▶ Husserl sfrutta il metodo cartesiano del dubbio per stabilire di che cosa abbiamo una certezza immediata e indubitabile, e indica nei vissuti il punto di partenza della ricerca sull'essenza della conoscenza.

La critica della conoscenza e l'*epoché*

Ma come può *stabilirsi,* questa è ora la domanda, una *critica della conoscenza?* Come autocomprensione scientifica della conoscenza essa vuole accertare, conoscendo scientificamente, e con ciò obbiettivando, che cosa sia la conoscenza nella sua essenza, che cosa sia insito nel senso del rapporto, che le si attribuisce, con un'oggettualità, e che cosa nel senso della validità o fondatezza oggettuale, se essa dev'essere conoscenza in senso schietto. L'*epoché,* che la critica della conoscenza deve esercitare, non può avere il senso che tale critica non solo cominci ma anche continui a porre in questione ogni conoscenza, quindi anche la sua propria, e a non lasciar valere alcuna datità, quindi neppure quella che essa stessa accerta. Se non le è lecito presupporre nulla come *già dato,* essa deve cominciare con una conoscenza, qualunque sia, non raccolta inavvertitamente altrove, ma che piuttosto essa dia a se stessa, che ponga essa stessa per prima. 10

Questa prima conoscenza non può contenere assolutamente nulla della mancanza di chiarezza e dell'incertezza che negli altri casi conferiscono alle conoscenze un carattere di enigmaticità e problematicità: quel carattere che in ultimo ci metteva in 15 un tale imbarazzo, da indurci a dire che la conoscenza in assoluto è un problema, una cosa inintelligibile, bisognosa di chiarimento, dubbia in relazione alla sua pretesa. Detto in termini correlativi: se non possiamo accogliere nessun essere come già dato, perché la mancanza di chiarezza nella critica della conoscenza porta con sé che noi non intendiamo quale senso possa avere un essere che *sia in sé,* e tuttavia *sia* 20 *conosciuto nella conoscenza,* allora si deve poter esibire un essere che noi dobbiamo riconoscere come assolutamente dato e indubitabile, in quanto dato appunto in modo tale che in sua presenza esiste piena chiarezza, nella quale ogni domanda trova e deve trovare la sua immediata risposta.

La coscienza pura (il *cogito*) e i suoi atti (le *cogitationes*)

E ora riportiamoci con la mente al dubbio cartesiano. Riflettendo sulle molteplici 25 possibilità di errore e di inganno, io posso cadere in un tale scettico smarrimento, da finire col dire: nulla è sicuro per me, tutto è dubitabile. Ma è subito evidente che pure non tutto può essere dubitabile per me, poiché nell'atto che io giudico che tutto è dubitabile per me, è fuori di dubbio che io giudico così, e così sarebbe un controsenso voler tener fermo a un dubbio universale. E in ogni caso di dubbio particola- 30 re *è indubbiamente certo che io dubito* così e così. E altrettanto nel caso di ogni *cogi-*

tatio. Comunque io percepisca, rappresenti, giudichi, inferisca, comunque possano stare qui le cose relativamente alla sicurezza o insicurezza di questi atti, alla loro oggettualità o mancanza d'oggetto, *rispetto al percepire è assolutamente chiaro e certo che*
35 *io percepisco questo o quest'altro*, rispetto al giudizio che io faccio questo o quest'altro giudizio, e così via.

Descartes ha riservato ad altri scopi questa considerazione; noi possiamo però utilizzarla qui, convenientemente modificata.

Se noi ci interroghiamo sull'essenza della conoscenza, ebbene, comunque si possa-
40 no mettere le cose circa il dubbio sulla sua fondatezza, o circa quest'ultima, innanzitutto proprio la conoscenza è un nome per una sfera dell'essere ricca di configurazioni, che ci può essere data assolutamente ed è possibile dare ogni volta nei suoi dettagli. In altre parole, le figure di pensiero che io attuo realmente mi sono date, purché io rifletta su di esse, le rilevi e le ponga in un puro guardare. Posso parlare
45 in modo vago di conoscenza, di percezione, rappresentazione, esperienza, giudizio, inferenza e simili, e in quel mentre, se rifletto, è dato sì soltanto questo fenomeno del vago "parlare e intenzionare intorno a conoscenza, esperienza, giudizio, e così via", ma è anche dato assolutamente. Già questo fenomeno della vaghezza è uno di quelli che cadono sotto il nome di conoscenza nel senso più ampio. Ma posso anche
50 attuare davvero una percezione, e gettare uno sguardo su di essa, posso inoltre richiamarmi una percezione all'immaginazione o al ricordo, e guardare a essa in questa sua datità d'immaginazione. Allora non ho più un vuoto discorso o una vaga intenzione o idea di percezione, ma la percezione mi sta per così dire davanti agli occhi come una datità, attuale o d'immaginazione. E così per ogni vissuto dell'intelletto-
55 to, per ogni figura di pensiero o di conoscenza.

Qui ho subito accomunato percezione guardante della riflessione e immaginazione. Secondo la trattazione cartesiana sarebbe stata per prima cosa da mettere in luce la percezione: corrispondente in qualche modo alla cosiddetta percezione interna della gnoseologia tradizionale, che certamente è un concetto cangiante.
60 Ogni vissuto dell'intelletto e ogni vissuto in generale, in quanto sia attuato, può essere ridotto all'oggetto di un puro guardare e afferrare, e in questo guardare esso costituisce datità assoluta.

Esso è dato come un essente, come un questo-qui, dubitare del cui essere non ha proprio nessun senso. Posso certo domandarmi quale sorta di essere sia questo, e come
65 si rapporti alle altre questa modalità d'essere, posso inoltre domandarmi che cosa significhi datità in questo caso, e posso, esercitando un ulteriore atto di riflessione, recarmi allo sguardo il guardare stesso, in cui questa datità, ovvero modalità d'essere, si costituisce. Ma in questo mi muovo sopra un terreno assoluto, cioè: questa percezione è, e rimane, finché dura, un assoluto, un questo-qui, qualcosa che è in sé quel-
70 lo che è, qualcosa con cui posso misurare, come con un metro inappellabile, che cosa l'essere e l'esser dato possono significare e qui devono significare, almeno, naturalmente, per quella modalità d'essere e di datità che attraverso "questo-qui" viene esemplificata. E questo vale per tutte le specifiche figure di pensiero, ovunque siano date. Tutte possono però costituire datità anche nell'immaginazione, possono "per
75 così dire" stare davanti agli occhi e tuttavia non esserci come presenze attuali, come percezioni o giudizi o altro attuati davvero. Anche allora sono in un certo senso datità, stanno lì intuibilmente; noi parliamo di esse non solo per vaghi accenni, in

un vuoto intenzionare, noi le guardiamo, e guardandole possiamo discernere la loro essenza, la loro costituzione, il loro carattere immanente, e possiamo adattare il nostro discorso alla piena chiarezza offerta allo sguardo. Ma tutto ciò richiede immediatamente di essere integrato da una discussione sul concetto d'essenza e sulla conoscenza d'essenza.

Per ora prendiamo nota che una sfera di datità assoluta si lascia segnalare fin dall'inizio; e si tratta proprio della sfera che ci occorre, perché sia possibile mirare a una gnoseologia. Di fatto, la mancanza di chiarezza sulla conoscenza, riguardo al suo senso o alla sua essenza, esige una scienza della conoscenza, una scienza che non vuole altro che portare la conoscenza a una chiarezza di tipo essenziale. Non è la conoscenza come fatto psicologico che essa vuole spiegare, e neppure vuole indagare le condizioni naturali alle quali le conoscenze vengono e vanno, né le leggi naturali alle quali sono legate nel loro venire a essere e mutare; indagare tutto questo è il compito che si pone una scienza di tipo naturale, la scienza naturale dei fatti psichici, o dei vissuti di individui psichici che si trovino a viverli. Piuttosto, è l'essenza della conoscenza e la rivendicazione di validità propria di tale essenza che la critica della conoscenza vuole chiarire, rendere evidente, portare alla luce; ma che significa questo se non portare a immediata datità diretta?

▶ E. Husserl, *L'idea della fenomenologia*

80

85

90

95

ESERCIZI

Rispondi alle seguenti domande, eventualmente con opportune citazioni:
- Che ruolo svolge l'*epoché* nel processo di critica della conoscenza descritto da Husserl?
- A quale esito conduce il dubbio cartesiano nell'analisi di Husserl?
- Da quale elemento parte Husserl per dare avvio alla sua ricerca sull'essenza della conoscenza?

▨ Edmund Husserl
Coscienza e mondo

QUESTIONE ▶ Questo brano è tratto dalla quinta lezione dell'*Idea della fenomenologia* e analizza i concetti di intenzionalità, essenza universale e determinazione del senso.
Il rapporto conoscitivo tra la coscienza e il mondo è uno dei temi centrali della gnoseologia e Husserl lo affronta alla luce della fenomenologia distinguendo due questioni: la prima riguarda la descrizione di che cosa sono i fenomeni che costituiscono la conoscenza, la seconda riguarda la determinazione dei fattori a partire dai quali si costituiscono.

TESI ▶ Husserl esamina le due questioni partendo dall'osservazione che la coscienza non è mai separata dai suoi oggetti e che è sempre coscienza di qualcosa, perché in ogni esperienza vissuta soggetto e oggetto sono in una correlazione inseparabile. Husserl chiama questo carattere costitutivo della coscienza intenzionalità. Segue l'analisi di come dalla datità empirica, sempre particolare, la conoscenza possa afferrare le essenze universali; si chiarisce in conclusione come il fine della filosofia sia la determinazione del senso, che presenta i due caratteri della conoscenza a priori: l'elemento materiale, presente nell'intuizione eidetica, e l'insieme delle categorie formali, che fondano la conoscenza delle essenze.

L'intenzionalità

Se ci fermiamo alla mera fenomenologia della conoscenza, ciò che in essa è in gioco è l'essenza della conoscenza in quanto la si possa esibire in modo direttamente intuitivo, si tratta cioè di esibire allo sguardo e distinguere analiticamente, mantenendosi nel quadro della riduzione fenomenologica e della datità diretta, le molte-
5 plici specie di fenomeni comprese sotto il largo titolo di "conoscenza". La questione è allora di sapere che cosa, essenzialmente, in essi è insito e che cosa funge da fondamento, a partire da quali fattori essi si costruiscono, quali possibilità di complessi fondano, sempre essenzialmente e in pura immanenza, e quali rapporti generali scaturiscono comunque da essi.
10 Né si tratta soltanto di ciò che è materialmente immanente, ma anche dell'*immanente in senso intenzionale*. I vissuti di conoscenza – questo appartiene alla loro essenza – hanno un'*intentio*, intendono qualcosa, si riferiscono in una maniera o nell'altra a un'oggettualità. Il riferirsi a un'oggettualità appartiene a essi, anche se non appartiene a essi l'oggettualità. E l'oggettuale può apparire, può avere nell'apparire una
15 certa datità, mentre tuttavia non è materialmente contenuto nel fenomeno conoscitivo, né si pone altrimenti come *cogitatio*. Chiarire l'essenza della conoscenza e portare alla datità diretta le connessioni d'essenza che appartengono a essa, significa dunque condurre le indagini secondo questi due aspetti, approfondire questo rapporto appartenente all'essenza della conoscenza. È proprio qui che si trovano gli
20 enigmi, i misteri, i problemi intorno al senso ultimo dell'oggettualità della conoscenza, e fra questi quelli della sua fondatezza e non-fondatezza, quando si tratti di conoscenza giudicante, o della sua adeguazione, quando si tratti di conoscenza evidente, e così via.

In ogni caso, manifestamente, tutta questa indagine d'essenza è proprio un'indagi-
25 ne nel modo della generalità. Il singolo fenomeno di conoscenza, che nel flusso di coscienza viene e scompare, non è l'oggetto dell'accertamento fenomenologico. Qui si hanno di mira le "fonti della conoscenza", le sue origini, che occorre arrivare a intuire nel modo della generalità, le assolute datità generali che rappresentano i criteri universali con i quali va misurato ogni senso e quindi anche il diritto del pen-
30 siero caduto in confusione, e sulla base dei quali sono da sciogliere tutti gli enigmi che esso ci pone nel suo riferimento all'oggetto.

La conoscenza si riferisce all'essenza universale dei fenomeni

Ma può realmente l'*universalità*, possono essenze universali e stati di cose universali a esse appartenenti pervenire a datità diretta nello stesso senso di una *cogitatio*? *Non trascende l'universale come tale la conoscenza?* La conoscenza universale come fe-
35 nomeno assoluto è certamente data; ma in essa cerchiamo invano l'universale, che certo deve costituire ciò che v'è di identico nel senso più rigoroso in innumerevoli conoscenze di uguale contenuto immanente.

Noi rispondiamo, naturalmente, come abbiamo già risposto: naturalmente l'universale ha questa trascendenza. Ogni parte materialmente costitutiva del fenomeno di
40 conoscenza, di questa individualità fenomenologica, è ancora un'individualità, e quindi l'universale, che non è affatto un'individualità, non può essere contenuto materialmente nella coscienza d'universalità. Ma scandalizzarsi di *questa* trascendenza non è più che un pregiudizio, e proviene da una considerazione inadeguata del-

la conoscenza. Appunto questo bisogna rendersi chiaro, che il fenomeno assoluto, la *cogitatio* sottoposta a riduzione, non vale per noi come assoluta datità diretta per il fatto che è un'individualità, ma perché nel puro guardare, in seguito alla riduzione fenomenologica, si rivela *proprio come assoluta datità diretta*. Ma non meno possiamo trovare, semplicemente guardando, e proprio a questo titolo di datità assoluta, l'universalità.

Stanno veramente così le cose? Ebbene, diamo allora un'occhiata a dei casi di datità dell'universale, cioè casi in cui, sulla base di un'individualità oggetto di sguardo e direttamente data, si costituisce una coscienza d'universalità puramente immanente. Ho un'intuizione individua, o più intuizioni individue di rosso, mi attengo strettamente alla pura immanenza, provvedo alla riduzione fenomenologica. Taglio via ciò che il rosso altrimenti significa, nella cui veste esso può essere qui appercepito in direzione trascendente, poniamo come il rosso di una carta asciugante che sta sul mio tavolo, e simili, e a questo punto realizzo, entro il puro guardare, il *senso* del pensiero "rosso in generale", "rosso *in specie*", diciamo l'identico universale rilevato in questo o quel caso di rosso; ora l'intenzionato non è più l'individualità come tale, non più questo o quel caso, ma il rosso in generale. E se noi davvero facciamo questo entro il puro guardare, potremmo ancora intelligibilmente aver dubbi su cosa sia il rosso in generale, su cosa si intenda con un'espressione simile, su cosa esso può mai essere secondo la sua essenza? Noi lo vediamo pure, esso è lì, ed è quella cosa lì che noi ora intenzioniamo, questo carattere specifico di rosso. Potrebbe una divinità o un intelletto infinito possedere dell'essenza del rosso più che il fatto di guardarlo appunto nel modo della generalità?

E se noi ora – poniamo – ci troviamo date due specie di rosso, due sfumature, non possiamo giudicare che questa e quella sono reciprocamente simili, e non questi due fenomeni di rosso individuatamente singoli, ma i caratteri specifici, le sfumature come tali? Non costituisce qui il rapporto di somiglianza una datità assoluta generale? Anche questa datità è dunque una datità puramente immanente, e non immanente nel senso falso, in quello cioè di mantenersi nella sfera della coscienza individuale. Gli atti di astrazione nel soggetto psicologico e le condizioni psicologiche a cui l'astrazione si compie sono del tutto fuori argomento. Il discorso cade sull'essenza generale o senso generale "rosso" e sulla sua datità nel guardare generale.

A questo punto è senza senso porre ancora questioni e dubbi su cosa sia infine l'essenza del rosso, o su cosa sia il senso del rosso, qualora guardando il rosso e cogliendolo nella sua specificità di carattere, con la parola rosso si intenda appunto precisamente quello che si sta cogliendo e guardando: allo stesso modo non ha neppure senso, riguardo all'essenza e al configurarsi fondamentalissimo della conoscenza, avanzar dubbi su quello che è il suo senso, quando in una considerazione puramente guardante e ideante, entro la sfera della riduzione fenomenologica, si hanno davanti agli occhi i corrispettivi fenomeni esemplari, e il corrispettivo carattere specifico è dato.

Soltanto che la conoscenza non è certamente una cosa così semplice come il rosso, e ben molteplici forme e specie di essa sono da distinguere, e questo non basta, esse sono anche da indagare nelle loro reciproche relazioni d'essenza. Capire la conoscenza significa infatti arrivare a chiarire nel modo della generalità le *connessioni teleologiche* della conoscenza, che si risolvono in certe relazioni d'essenza tra diver-

90   si tipi essenziali di forme intellettive. Rientra in questo anche il chiarimento ultimo dei principi che in qualità di condizioni ideali della possibilità di un'oggettività scientifica regolano in modo normativo tutti i procedimenti empirici delle scienze. L'intera indagine del chiarimento dei principi si muove assolutamente nella sfera dell'essenza, che si costituisce a sua volta sul sostrato di fenomeni singoli propri della

95   riduzione fenomenologica.

La filosofia procede per determinazioni di senso

L'analisi è in ogni passo analisi d'essenza e indagine degli stati di cose generali da costituirsi nell'intuizione immediata. L'intera ricerca è dunque una ricerca a priori; naturalmente non lo è nel senso delle deduzioni matematiche. Ciò che la distingue dalle scienze aprioriche obbiettivanti è il suo metodo, come il suo scopo. La fenome-

100   nologia procede per sguardi chiarificatori, determinazioni di senso e distinzioni di senso. Essa confronta, distingue, collega, pone in relazione, divide in parti, o separa momenti. Ma tutto ciò entro il puro guardare. Essa non teorizza e non matematizza; non effettua cioè alcuna spiegazione nel senso di una teoria deduttiva. Nel suo chiarire i concetti e le proposizioni fondamentali, che governano in qualità di prin-

105   cipi la possibilità d'una scienza obbiettivante (ma in ultimo facendo oggetto di riflessione chiarificatrice anche i suoi propri concetti fondamentali e principi) essa finisce là dove la scienza obbiettivante comincia. Essa è dunque scienza in tutt'altro senso, e con tutt'altri compiti e tutt'altri metodi. Il procedere guardando e ideando all'interno della più rigorosa riduzione fenomenologica è la sua caratteristica esclusiva,

110   è in tanto il metodo specificamente filosofico, in quanto questo metodo appartiene essenzialmente al senso della critica della conoscenza, e così, in generale, a ogni forma di critica della ragione (e quindi anche della ragione valutante e di quella pratica). Ma anche quello che oltre alla critica della ragione, in senso proprio, si chiama ancora filosofia, è interamente da riportare a essa: lo sono quindi la metafisica del-

115   la natura, e la metafisica dell'intera vita dello spirito e quindi la metafisica in generale nell'accezione più larga.

▶ E. HUSSERL, *L'idea della fenomenologia*

ESERCIZI

Rispondi alle seguenti domande, eventualmente con opportune citazioni:
■ Che cosa indica in questo brano il termine «*intenzionalità*»?
■ In che senso Husserl utilizza in questo brano il termine «*mondo*»?
■ Che cos'è la «*riduzione fenomenologica*»?

Ragione filosofica e mondo della vita

*La nota seguente, scritta da Walter Biemel nell'*Introduzione *a* La crisi delle scienze europee e la fenomenologia trascendentale, *coglie alcuni aspetti contenutistici fondamentali dell'ultima opera di Husserl: innanzi tutto il fatto che in quest'opera per la prima volta Husserl prenda posizione sulla storia e tratti problemi della storicità della filosofia. La nascita delle scienze europee è collegata al superamento della visione mitica del mondo, sostituita dall'atteggiamento teorico volto a cogliere «l'essente nella sua totalità». La nascita della scienza moderna, da Galileo e Cartesio in avanti, è interpretata alla luce del convincimento che «il telos sorto per l'umanità europea con la filosofia greca, [...] è andato perduto», che la civiltà europea può uscire dalla crisi della modernità solo riscoprendo «un'ontologia del "mondo-della-vita", cioè del mondo che è già sempre accessibile prima di qualsiasi scienza».*

Walter Biemel[1], *Introduzione* a La crisi delle scienze europee e la fenomenologia trascendentale

La storia è concepita come un superamento dell'atteggiamento naturale (in quanto pratico-naturale), dell'attrito con ciò che è immediatamente dato, con il dispiegamento della *teoria* filosofica, che nella prospettiva di Husserl rappresenta una specie di *epoché* dalla vita originaria degli interessi, e, positivamente, un modo di cogliere l'essente nella sua totalità. Con questa pretesa di totalità sorge l'idea dell'infinità, che fu decisiva per l'umanità occidentale. Questo rivolgimento, che secondo Husserl rappresenta insieme un superamento del mitico, rende possibile innanzitutto la nascita delle scienze europee, che poi vengono sempre più in primo piano e finiscono per misconoscere i propri riferimenti con la filosofia.

Non è questo il luogo di prendere una posizione critica nei riguardi della concezione husserliana della storia o addirittura dell'essenza della grecità; forse è più importante comprendere il motivo che poté indurre Husserl a considerare in un certo modo la grecità e il motivo per cui l'essenza della storia dovesse dispiegarsi per lui nel modo che risulta dalla *Crisi* e dai manoscritti di ricerca di questo periodo. Al centro del problema sta per Husserl questa domanda: come mai, malgrado il grandioso sviluppo delle scienze moderne, poté delinearsi una crisi delle scienze, che rappresenta insieme una crisi dell'umanità europea? Per questo motivo egli riesamina in modo particolarmente dettagliato il sorgere della scienza moderna ad opera di Galileo. [...] Oltre che di Galileo, Husserl tratta diffusamente di Cartesio, perché in Cartesio egli ritrova unificate quelle due direzioni, che, separate, avrebbero agito in modo negativo sulla filosofia – si tratta dell'obiettivismo fisicalistico e del soggettivismo trascendentale. La seconda parte del lavoro reca come titolo: «L'origine del contrasto moderno tra obiettivismo fisicalistico e soggettivismo trascendentale». Sulla trattazione complessiva della filosofia moderna (con particolare riguardo alla filosofia inglese) – sempre in vista di una spiegazione delle cause per cui la scienza moderna doveva fallire – non occorre qui diffonderci dettagliatamente; ciò che importa è semplicemente di circoscrivere la dimensione in cui si muove la problematica husserliana. Ciò che guida costantemente e segretamente le considerazioni di Husserl è l'intuizione del fatto che il *telos* sorto per l'umanità europea con la filosofia greca, quello di «voler essere un'umanità in base alla ragione filosofica e di poter essere soltanto come tale» è andato perduto, e che perciò è andato perduto il senso della filosofia «in quanto movimento storico della rivelazione della ragione universale, innata come tale all'umanità». Ricuperare questo *telos*, mostrando come le scienze che si sono sostituite alla filosofia dovevano necessariamente fallire perché rimaneva loro nascosto, e doveva rimanere nascosto, il fondamento di senso, mostra come la loro pretesa di totalità nella spiegazione dell'essente dovesse per questa ragione diventare pressoché accidentale, è questo propriamente il proposito fondamentale di Husserl.

In questa fase del suo pensiero lo occupa costantemente il problema di un'ontologia del «mondo-della-vita», cioè del mondo che è già sempre accessibile prima di qualsiasi scienza, tanto che la scienza stessa può essere concepita soltanto in base a una trasformazione di esso (nel senso dell'idealizzazione). Nella contrapposizione «mondo-della-vita» e «mondo-vero-in-sé» (della scienza) l'accento della considerazione scientifica dell'essente in quanto mondo presuntivamente vero, dev'essere spostato sul «mondo-della-vita».

RISPONDI ALLE SEGUENTI DOMANDE

- Da che cosa è stata caratterizzata, secondo Husserl, la genesi storica delle scienze europee?
- Quale compito assegna Husserl alla filosofia?

---

1. Filosofo tedesco di origine rumena, nato nel 1918, ha studiato dapprima a Bucarest, poi a Friburgo con Heidegger. I suoi interessi teorici si sono concentrati sullo studio del pensiero di Heidegger, sull'esistenzialismo e sulla fenomenologia husserliana, anche attraverso la collaborazione con l'Archivio Husserl di Lovanio.

1. L'io è una parte del mondo?

Husserl afferma che la coscienza «*non è una parte del mondo*» e che «*gli oggetti del mondo non sono pezzi del mio io*».
Queste affermazioni, se analizzate da un punto di vista filosofico, sono molto complesse, perché presuppongono una teoria sul mondo, sull'io, sulla coscienza, sull'esistere; è però anche possibile intenderle intuitivamente, per esempio mediante un'esperienza: due modi diversissimi di accostarsi a una nozione filosofica.

■ Ti proponiamo di seguire entrambe le vie, attraverso un componimento scritto:
– inizia con il contestualizzare queste affermazioni all'interno del pensiero husserliano;
– rileggi le due affermazioni e, seguendo le immagini che ti evocano, prova a scrivere due esperienze nelle quali hai sperimentato questo rapporto con il mondo circostante.

2. Husserl e il *cogito* cartesiano

Per comprendere il pensiero di Husserl è particolarmente importante richiamare alla memoria la filosofia di Cartesio, soprattutto per quanto riguarda i problemi della conoscenza.

■ Ti chiediamo di riprendere i materiali di studio su Cartesio e di elaborare una mappa concettuale sul *cogito*, in cui i singoli elementi di metodo e le teorie cartesiane siano sintetizzate punto per punto; affianca poi a ciascuno di questi punti la posizione assunta al riguardo da Husserl.
Completa il lavoro con l'indicazione del ruolo dell'*epoché* nel metodo fenomenologico.

3. La crisi delle scienze europee

Nell'*Introduzione* a *La crisi delle scienze europee e la filosofia trascendentale* il filosofo tedesco Walter Biemel scrive che «*al centro del problema sta per Husserl questa domanda: come mai, malgrado il grandioso sviluppo delle scienze moderne, poté delinearsi una crisi delle scienze, che rappresenta insieme una crisi dell'umanità europea? Per questo motivo egli riesamina in modo particolarmente dettagliato il sorgere della scienza moderna ad opera di Galileo*».

■ Analizza il brano citato di Biemel (▶ p. 67) e i passi antologici husserliani relativi a questo problema e spiega per quali ragioni Husserl sostiene la tesi che la visione scientifica del mondo, propria della modernità, è destinata al fallimento poiché alla scienza è preclusa la conoscenza del fondamento della realtà.
Dopo aver illustrato i limiti della scienza, dai conto di come la filosofia possa superarli attraverso una nuova «*ontologia del mondo della vita*».

Esistenzialismo e fenomenologia in Germania

Disillusione e pessimismo nella Germania postbellica

Negli anni Venti e Trenta del Novecento il clima culturale e filosofico della Germania fu dominato dal trauma per la sconfitta subita nella Prima guerra mondiale e caratterizzato da un senso drammatico di smarrimento, dovuto al fatto che gran parte degli intellettuali tedeschi aveva condiviso la politica bellicista del Reich e aveva creduto che la Germania avesse una missione culturale da compiere quale guida spirituale di tutta l'Europa.

Il crollo di quest'illusione trascinò con sé un intero sistema di valori e favorì il diffondersi di concezioni della storia profondamente pessimiste. Alla luce degli avvenimenti degli anni Trenta-Quaranta, che videro l'affermarsi del nazismo, quelle previsioni apocalittiche assunsero un sinistro valore profetico.

Il tramonto dell'Occidente

Il documento più significativo del disorientamento della cultura tedesca è costituito dal libro di Oswald Spengler *Il tramonto dell'Occidente. Abbozzo di una morfologia della storia del mondo* (1918-1922), in cui l'autore interpreta in senso naturalistico-biologico l'evolversi della storia considerando ogni civiltà come un organismo che nasce, si evolve e alla fine va verso la propria morte. Secondo Spengler è l'intera civiltà europea-liberale che sta giungendo al momento della propria fine.

In ambito filosofico, la corrente che meglio interpreta il clima di sradicamento dell'uomo contemporaneo, che non si riconosce più nelle visioni ottimistiche e progressive del Romanticismo e del Positivismo, è la **filosofia esistenzialista**.

Il tratto che accomuna gli autori appartenenti all'esistenzialismo di area tedesca – Martin Heidegger, Karl Barth e Karl Jaspers – è l'analisi dell'**esistenza umana** assunta come tema centrale della riflessione filosofica: analisi che, condotta nella sua radicalità, mette di fronte ai problemi dell'essere e del nulla, della libertà e della scelta, in una condizione esistenziale contrassegnata dall'angoscia del vivere.

La riscoperta di Kierkegaard

Queste tematiche hanno un precedente nella filosofia di Søren Kierkegaard (1813-1855), la cui riscoperta all'inizio del Novecento è uno degli avvenimenti culturali che stanno alla base dell'esistenzialismo. Da Kierkegaard gli esistenzialisti traggono due temi essenziali:

■ la centralità dell'**analisi dell'esistenza** come elemento costitutivo della ricerca filosofica;

■ l'importanza fondamentale della categoria di **possibilità**, in contrapposizione a quella di necessità, che rivela il carattere problematico del modo di essere dell'uomo nel mondo, sempre suscettibile di scacco e fallimento.

2.
Percorsi dell'esistenzialismo

2.1 La teologia di Karl Barth

Un riferimento decisivo per comprendere la nascita dell'esistenzialismo novecentesco è il pensiero del teologo **Karl Barth** (1886-1968), cui va riconosciuto il merito di aver riproposto all'attenzione della riflessione filosofica la figura di Kierkegaard. Nel 1919 Barth pubblica il commento all'*Epistola ai Romani* di san Paolo (▶ *Teologia, neoscolastica e personalismo*, p. 379), in cui pone al centro della teologia cristiana «*l'infinita differenza qualitativa fra tempo ed eternità*», tra uomo e Dio. Secondo Barth l'assoluta trascendenza di Dio deve indurre l'uomo ad abbandonare ogni pretesa di comprenderne la natura e deve condurlo a riconoscere nella fede l'unica condizione della salvezza. In questa visione, rigorosamente luterana, Barth analizza l'**esistenza umana** in termini di **possibilità** e di **negatività**: solo riconoscendo l'inconsistenza dell'esistenza, contrassegnata dallo **scacco** e dall'**impotenza**, l'uomo può aprirsi alla Trascendenza.

Nella visione di Barth il rapporto uomo-Dio ha una valenza teologica e antifilosofica, poiché si basa sul carattere paradossale della rivelazione cristiana: la **fede** come **scandalo** e **follia** per la sapienza del mondo. Il modo con cui la teologia dialettica di Barth analizza la finitudine umana e l'inconsistenza della dimensione mondana ha tuttavia esercitato una forte influenza sulle filosofie esistenzialistiche e sul loro modo di porre i problemi dell'essere e della condizione umana.

Teologia dialettica

La teologia dialettica, legata alla riflessione di Karl Barth, pone al centro della riflessione teologica non l'uomo ma Dio. Secondo questo movimento di pensiero Dio "abolisce" dialetticamente l'uomo, nel senso che lo annulla per poi recuperarlo attraverso la giustificazione nell'aldilà. L'uomo è dunque peccatore e perduto nella sua vita terrena e viene salvato solo nel regno di Dio.

LA FINITUDINE UMANA E LA SPERANZA IN DIO

*Noi possiamo soltanto percepire il segnale, e il senso di Dio creato in noi per mezzo dell'*Evangelo *lo percepisce. Il mondo non cessa di essere mondo, e l'uomo rimane uomo mentre lo percepisce. Egli continua a portare l'*intero *peso del peccato e l'*intera

LA VITA di Karl Barth

Karl Barth nacque a Basilea il 10 maggio 1886. Ricevette una formazione teologica e filosofica, condotta nell'ambito del protestantesimo, in varie università tedesche tra cui Berlino, dove ebbe come insegnante il teologo luterano von Harnack, e Marburgo. Nel 1911 divenne parroco a Safenwil, in Svizzera; qui si iscrisse nel 1915 al Partito socialdemocratico, impegnandosi sul piano sindacale. Nel 1919 pubblicò il commento all'*Epistola ai Romani*, che gli diede fama internazionale. Dal 1921 al 1935 insegnò teologia a Gottinga, Münster e Bonn, iniziando a pubblicare la monumentale *Dogmatica ecclesiale*.
Avendo rifiutato di prestare il giuramento di fedeltà a Hitler, fu costretto ad abbandonare la Germania e a rifugiarsi a Basilea, dove riprese l'insegnamento e dove morì nel 1968.

maledizione della morte. Nessun autoinganno sulla situazione di fatto del nostro essere qui ed essere così. La risurrezione, che è la nostra via d'uscita, è anche il nostro limite. Ma il limite è la via d'uscita. Il «No» che si oppone a noi è il «No» di Dio. Quello che ci manca è anche quello che ci aiuta. Quello che ci limita è terra nuova. Quello che annulla tutte le verità del mondo è anche la loro fondazione. Appunto perché il «No» di Dio è totale, esso è anche il suo «Sì». In tal modo noi abbiamo nella potenza di Dio la prospettiva, la porta, la speranza.

➜ K. Barth, *Epistola ai Romani*

2.2 Karl Jaspers

Nell'ambito della filosofia tedesca – al di là della teologia di Barth – la prima formulazione di una filosofia esistenzialista è quella di **Karl Jaspers**. Nato nel 1883, Jaspers si forma in ambiente medico-psichiatrico e approda alla filosofia dopo il 1913, attraverso lo studio di Kierkegaard. La sua prima opera di argomento filosofico-esistenzialista è la *Psicologia delle visioni del mondo*, pubblicata nel 1919.

Parlando della propria prospettiva filosofica, Jaspers scrive: «*La situazione spirituale in cui nacque il mio filosofare era caratterizzata dall'entusiasmo per la certezza scientifica, dall'esperienza dei limiti della scienza, e dal desiderio per la filosofia che sostiene la vita, la cui essenza e le cui possibilità erano nascoste alla conoscenza accademica e a me stesso*».

Scienza e filosofia

La ricerca di Jaspers prende quindi le mosse dal riconoscimento di un limite intrinseco alla conoscenza scientifica e si dirige all'analisi dell'**esistenza**, intesa come la condizione propria dell'essere dell'uomo nel mondo, fino a porsi la domanda sul senso dell'**essere**. L'obiettivo di Jaspers è quello di riformulare in termini esistenzialistici le tematiche della metafisica tradizionale: il **mondo**, l'**anima** e **Dio**.

Secondo Jaspers i limiti della conoscenza scientifica si rivelano nell'incapacità della scienza di risolvere i problemi fondamentali della vita umana, incapacità ascrivibile al fatto che il sapere scientifico è sempre relativo a particolari settori dell'essere e non è quindi in grado di cogliere l'essere come tale. Il tentativo, portato avanti da alcuni rappresentanti del mondo della scienza, di unificare tutto il sapere e di ricondurlo a un solo linguaggio è destinato al fallimento, allo stesso modo in cui è impossibile, per chi cammina, raggiungere l'orizzonte, che si sposta sempre con lui.

La filosofia stessa può assumere come oggetto d'indagine l'essere in quanto tale, a condizione che rinunci alla pretesa di abbracciare e unificare la totalità degli orizzon-

LA VITA *di Karl Jaspers*

Karl Jaspers nacque a Oldenburg nel 1883; laureatosi a Heidelberg in medicina, si specializzò in psichiatria e in psicologia. Maturò in seguito un interesse crescente per gli studi filosofici, fino a ottenere nel 1922 la cattedra di filosofia, che mantenne fino al 1937, quando fu destituito dal governo nazista per opposizione al regime e motivi razziali, essendo sposato con una donna ebrea. Dopo il 1945 Jaspers fu reintegrato nell'insegnamento, ma le posizioni che assunse in materia di responsabilità del popolo tedesco verso la guerra e le atrocità del nazismo gli alienarono molte simpatie, al punto da indurlo, nel 1948, ad accettare l'invito di trasferirsi a insegnare in Svizzera, all'Università di Basilea. Qui morì nel 1969. La sua opera fondamentale è *Filosofia*, in tre volumi, pubblicata nel 1932. Altre opere importanti: *Psicologia delle visioni del mondo* (1919), *Max Weber* (1932), *Nietzsche* (1936), *Filosofia dell'esistenza* (1938), *Il problema della colpa* (1946), *Sulla verità* (1948), *La fede filosofica di fronte alla rivelazione* (1962).

ti della nostra conoscenza. L'essere, infatti, trascende gli enti e può essere concepito solo come *«ulteriorità inglobante»*: inconoscibile in sé, si manifesta nella realtà della nostra esperienza che, in quanto finita, rimanda all'ulteriorità dell'essere trascendente.

L'ULTERIORITÀ INGLOBANTE DELL'ESSERE

Questo Essere noi lo chiamiamo ulteriorità inglobante. *Essa non è l'orizzonte, nel quale sta il nostro particolare sapere, ma ciò che non si rende mai visibile, neppure soltanto come orizzonte, ciò – anzi – da cui sorgono tutti i nuovi orizzonti. L'ulteriorità inglobante è ciò che sempre soltanto si annuncia negli oggetti che ci sono presenti e negli orizzonti, ma che non diviene mai oggetto. È ciò che non presenta mai se stesso, ma in cui tuttavia tutto il resto si manifesta.*

→ K. JASPERS, *Filosofia dell'esistenza*

L'inscindibile rapporto ragione-esistenza

La facoltà utilizzata dall'attività filosofica per raggiungere l'ulteriorità è la ragione. Secondo Jaspers tra **ragione** ed **esistenza** deve sussistere un rapporto tale per cui la ragione non perda il suo carattere critico e universalizzante e, nel contempo, sia in grado di pensare all'esistenza nella sua relazione con la trascendenza: separata dall'esistenza, la ragione è priva di contenuto; separata dalla ragione, l'esistenza è condannata a chiudersi nella sua particolarità.

Il duplice uso della ragione – la focalizzazione sul particolare e l'apertura all'alterità – mostra che solo all'interno del rapporto ragione-esistenza può fondarsi la relazione con la **trascendenza**. Affinché l'uomo entri in contatto con la trascendenza è necessario che il singolo esistente, in virtù del fatto di **essere libero**, compia una scelta, una sorta di atto di fede filosofica attraverso il quale, in qualche modo, la trascendenza si renda presente all'esistenza. Questa manifestazione della trascendenza non può avvenire in modo oggettivo e diretto, ma in maniera indiretta per mezzo delle tracce lasciate dalla trascendenza stessa. Jaspers chiama **cifra** ogni oggetto, ogni simbolo, ogni rappresentazione che "indichi" la trascendenza, sia che appartenga all'ambito della religione, sia a quello dell'arte o della filosofia. In questo modo l'essere si lascia sperimentare nelle cifre dell'esserci (come vedremo studiando Heidegger, questo termine si riferisce all'essere tipico dell'uomo, caratterizzato dalla finitezza) e il linguaggio diventa il deposito dei simboli di quella scrittura cifrata, decodificando la quale l'esistente può rapportarsi con la trascendenza.

La situazione limite

Jaspers indaga a lungo la condizione nella quale si trova l'esistente allorché si apre all'interpretazione del linguaggio cifrato e identifica questa condizione nella **situazione-limite** che rivela l'impotenza, lo scacco e il naufragio dell'esistenza; ma il limite mette anche in rapporto con l'al di là del limite: è infatti necessario sperimentare lo scacco di tutti i progetti esistenziali per poter riconoscere l'alterità, uscire dall'orizzonte dell'immanenza e compiere il salto nella trascendenza.

SITUAZIONE-LIMITE E RAPPORTO CON LA TRASCENDENZA

Situazioni come quella di dover essere sempre in una situazione, di non poter vivere senza lotta e dolore, di dover assumere inevitabilmente la propria colpa, di dover morire, sono situazioni-limite. Esse non mutano in sé, ma solo nel loro apparire; nei confronti del nostro esserci hanno un carattere di definitività. Sfuggono alla nostra comprensione, così come sfugge al nostro esserci ciò che sta al di là di esse. Sono come un muro contro cui urtiamo e naufraghiamo. Non possiamo operare in esse alcun mutamento, ma dobbiamo limitarci a considerarle con estrema chiarezza, senza poterle spiegare o giustificare in base a qualcosa. Esse sussistono con l'esserci stesso.

Limite significa che c'è qualcos'altro che però sfugge alla coscienza del nostro esserci. La situazione-limite non sussiste per la coscienza in generale, perché la coscienza che conosce e agisce in vista di fini considera la situazione oggettivamente e, così facendo, la elude, la ignora e la dimentica nel suo limite; restando nei limiti, questa coscienza è incapace di avvicinarsi, anche solo problematicamente, all'origine della situazione. L'esserci, come coscienza, non coglie la differenza, o perché non è colpito dalle situazioni-limite, o perché, sottraendosi nel suo esserci alla chiarificazione, si lascia abbattere brutalmente dalla loro oscurità nella più completa disperazione. La situazione-limite appartiene all'esistenza [...].
Come esserci possiamo evitare le situazioni-limite solo chiudendo gli occhi. Nel mondo cerchiamo di conservare il nostro esserci estendendolo; ci riferiamo ad esso senza porre questioni, o dominandolo e godendolo, o soffrendo e sopportando; ma di tutto ciò, alla fine, non resta nulla, per cui non c'è che arrenderci. Non possiamo quindi reagire sensatamente alle situazioni-limite elaborando piani, o facendo calcoli per evitarle, ma dobbiamo affrontarle con un'attività di tutt'altro genere, e precisamente realizzando in noi l'esistenza possibile. [...]
Sperimentare situazioni-limite ed esistere è la stessa cosa. Nello sconforto dell'esserci c'è in me lo slancio dell'essere. Mentre all'esserci il problema dell'essere resta estraneo nei suoi rapporti con le situazioni-limite, l'esser-se-stesso dell'essere può invece calarsi in esse con un salto, che realizza la consapevolezza delle situazioni-limite, altrimenti soltanto oggettiva, in modo unico, irrepetibile e insostituibile. Il limite svolge così la sua autentica funzione, e cioè quella di essere nell'immanenza, un rinvio alla trascendenza.

➤ K. Jaspers, *Filosofia*

2.3 Esistenzialismo e fenomenologia

Abbiamo analizzato finora due esempi di riflessione teoretica che ha avuto esiti esistenzialistici: nel caso di Barth, determinante è stata l'ispirazione teologica, mentre nel caso di Jaspers ha pesato la considerazione critica sui limiti della scienza: per entrambi, inoltre, è stata significativa l'influenza di Kierkegaard e la riflessione religiosa ed esistenziale dello scrittore russo Fëdor Dostoevskij (1821-1881), sensibile ai temi della libertà individuale, del conflitto tra essenza e apparenza dell'io, reso inquieto dall'assenza di un senso e di valori in un mondo che appare senza Dio.

Secondo un filone di storici della filosofia la genesi dell'esistenzialismo è invece maggiormente legata alla riflessione fenomenologica: il rapporto tra fenomenologia ed esistenzialismo ha innanzi tutto una base storica, poiché Martin Heidegger, ritenuto il massimo esponente dell'esistenzialismo tedesco degli anni Venti, fu discepolo di Husserl e a Husserl dedicò il suo capolavoro del 1927, *Essere e tempo*.

Il legame storico e metodologico tra fenomenologia ed esistenzialismo

Oltre agli elementi di continuità storica, vi sono anche importanti aspetti teorici che evidenziano il legame tra fenomenologia ed esistenzialismo e che sono connessi all'uso del **metodo fenomenologico** nell'analisi dell'esistenza. Si ricorderà che Husserl aveva definito la fenomenologia come «*un ritorno alle cose stesse*» e aveva inteso i fenomeni come il manifestarsi originario della realtà alla coscienza. Il metodo fenomenologico consente perciò di descrivere il fenomeno «*così come esso si dà*», in modo da coglierne l'essenza.

«*La fenomenologia è* – sostiene Nicola Abbagnano – *una componente essenziale dell'esistenzialismo. Questa componente non ha lo stesso peso in tutte le manifestazioni dell'esistenzialismo, ma in ogni caso agisce in tutte le forme dell'esistenzialismo sotto*

Intenzionalità della coscienza e struttura ontologica del mondo

forma di due concetti-guida: il carattere intenzionale della coscienza *e* il carattere apofantico della ragione» (N. Abbagnano, *Scritti esistenzialisti*).

In Husserl il carattere intenzionale si rivela nell'analisi trascendentale della coscienza, quando nell'atto conoscitivo si coglie l'inscindibile correlazione tra il soggetto e l'oggetto. L'esistenzialismo intenderà questa correlazione nel senso che non esiste un "soggetto isolato" di fronte al mondo, ma c'è l'uomo che è nel mondo e che è condizionato dalle strutture del suo essere nel mondo.

Il secondo di questi concetti, il carattere apofantico della ragione, significa che il mondo ha una struttura ontologica che si rivela all'uomo in modi che sono propri dell'essere dell'uomo stesso.

Negli sviluppi dell'esistenzialismo questa "ontologia apofantica" serve a riaffermare la concezione secondo la quale l'essere si rivela all'uomo, seppure in forme che nulla hanno a che fare con la tradizione metafisica. Si trovano conferme di questi esiti sia nell'apertura alla trascendenza di Jaspers sia, soprattutto, nella "svolta" in senso ontologico del secondo Heidegger, che studieremo nel prossimo capitolo.

MAPPA CONCETTUALE

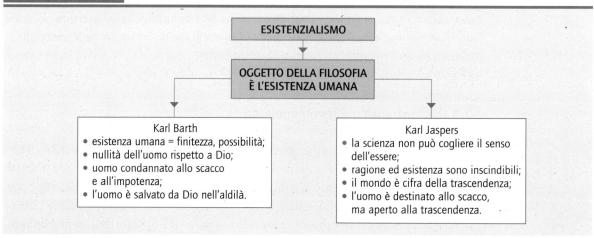

ESERCIZI DI RIEPILOGO

L'esistenzialismo tedesco

1. Quali sono i temi che caratterizzano l'esistenzialismo tedesco?
2. In quale temperie culturale si sviluppa la riflessione sull'esistenza?
3. Quali temi vengono ripresi dalla riflessione di Kierkegaard?

Karl Barth

4. Per quale motivo la riflessione del teologo Karl Barth riveste un'importanza filosofica?
5. Quali possibilità di realizzazione e di salvezza, secondo Barth, sono riservate all'uomo?

Karl Jaspers

6. Quale critica muove Jaspers al sapere scientifico?
7. Qual è per Jaspers il compito della filosofia? Esponi le riflessioni del filosofo in un testo di 10 righe circa.
8. Che cosa intende Jaspers con il concetto di «*ulteriorità inglobante*»? Con quale facoltà si può cogliere?
9. Quale rapporto deve sussistere, secondo Jaspers, tra ragione ed esistenza? Rispondi con un testo di 10 righe circa.
10. Spiega il significato della situazione-limite: rappresenta solo un momento di scacco o apre all'uomo nuove possibilità? Motiva la tua risposta.

Martin Heidegger e l'esistenzialismo

1. La domanda sull'essere

▶▶

La figura di Martin Heidegger si impone nel panorama filosofico della prima metà del Novecento con una rilevanza d'eccezione, venendo a costituire un punto di riferimento ineludibile per ogni ricostruzione teorica del pensiero contemporaneo. Nato nel 1889, Heidegger ha una formazione dapprima teologica, poi filosofica di marca neokantiana, presto sostituita dalla frequentazione con Husserl e dalla condivisione della filosofia fenomenologica. Gli anni Venti sono per Heidegger anni di ricerca e di insegnamento che portano alla stesura del suo capolavoro, *Essere e tempo*, pubblicato nel 1927, opera nella quale il **metodo fenomenologico** viene applicato alla **ricerca ontologica**.

Nell'elaborazione di *Essere e tempo* confluiscono molte linee di pensiero, rielaborate però all'interno di una prospettiva nuova e originale: la riflessione sulla condizione dell'uomo nel mondo è collegabile sia alla tradizione esistenzialistica che va da Kierkegaard a Nietzsche, sia all'influenza dello storicismo tedesco, da Dilthey alla filosofia neokantiana (▶ Volume 3A, *Storicismo e neokantismo*, p. 377). Questa prospettiva, nuova e originale, è orientata da quella che per Heidegger è la domanda fondamentale, *«che cos'è l'essere?»*: domanda che è di specifica competenza della fi-

---

LA VITA *di Martin Heidegger*

Martin Heidegger nacque a Messkirch, nel Baden, nel 1889 da una famiglia cattolica. Avviato dapprima alla carriera ecclesiastica, se ne allontanò, studiando teologia e filosofia a Friburgo. Nel 1913 ottenne la laurea e nel 1915 la libera docenza con un saggio su *La dottrina delle categorie e del significato in Duns Scoto*.
Dopo la parentesi del servizio militare, durante la Prima guerra mondiale riprese l'attività di docente, legandosi a Husserl, cui succedette dal 1928 sulla cattedra a Friburgo. L'anno prima uscì *Essere e tempo*, che impose all'attenzione del mondo accademico tedesco la figura di Heidegger, le cui lezioni riscuotevano un successo sempre crescente.
Nel 1933 aderì al Partito Nazionalsocialista, divenendo rettore dell'Università di Friburgo e pronunciando all'atto dell'insediamento un discorso su *L'autoaffermazione dell'università tedesca*, di chiara intonazione nazista. L'anno dopo si dimise dalla carica di rettore, ma non riuscì ad assumere, negli anni successivi, quel ruolo di guida nell'elaborazione culturale del regime a cui aspirava.
Dopo il 1945 fu sottoposto a procedimento di epurazione e allontanato dall'insegnamento fino al 1951.
Nel dopoguerra pubblicò molte opere, alcune delle quali riprendevano corsi degli anni Trenta: *Lettera sull'umanesimo* (1947), *Sentieri interrotti* (1950), *Introduzione alla metafisica* (1953), *Nietzsche* (1961), *Segnavia* (1967). Heidegger morì a Friburgo nel 1976.

losofia e che non può riguardare né la religione né la scienza. Se il metodo della ricerca sull'essere è quello husserliano, il luogo di quest'indagine è la condizione umana, l'**esistenza dell'uomo** nelle sue **forme fondamentali**, alla cui analisi e interpretazione *Essere e tempo* è dedicato.

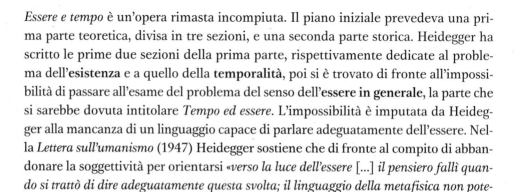

2. *Essere e tempo*

Essere e tempo è un'opera rimasta incompiuta. Il piano iniziale prevedeva una prima parte teoretica, divisa in tre sezioni, e una seconda parte storica. Heidegger ha scritto le prime due sezioni della prima parte, rispettivamente dedicate al problema dell'**esistenza** e a quello della **temporalità**, poi si è trovato di fronte all'impossibilità di passare all'esame del problema del senso dell'**essere in generale**, la parte che si sarebbe dovuta intitolare *Tempo ed essere*. L'impossibilità è imputata da Heidegger alla mancanza di un linguaggio capace di parlare adeguatamente dell'essere. Nella *Lettera sull'umanismo* (1947) Heidegger sostiene che di fronte al compito di abbandonare la soggettività per orientarsi «*verso la luce dell'essere* [...] *il pensiero fallì quando si trattò di dire adeguatamente questa svolta; il linguaggio della metafisica non poteva servire*».

L'incompiutezza di *Essere e tempo* rivela una polarità sempre presente nel pensiero di Heidegger, all'interno del quale troviamo:

■ da un lato la riflessione sull'**esistenza umana** e sul **mondo**, analizzabili secondo il metodo fenomenologico (il fenomeno è colto nella sua purezza, «*così come esso si dà*»);

■ dall'altro lato la riflessione sull'**essere**, che non si può esprimere con il nostro linguaggio e verso il quale si può avere soltanto una disposizione all'ascolto, per cogliere i modi del suo disvelamento.

La ricerca dell'essere è possibile soltanto come fenomenologia, perché solo il metodo fenomenologico di Husserl rende possibile l'automanifestazione dell'ente che svela ciò che in esso è nascosto. Heidegger chiama **ontologica** la conoscenza degli aspetti essenziali degli enti, mentre **ontica** è la conoscenza che riguarda i caratteri empirici degli enti.

2.1 L'analitica dell'esistenza

Nell'*Introduzione* a *Essere e tempo* Heidegger dichiara che l'opera ha come scopo la ricerca intorno al «*problema del senso dell'essere in generale*». Noi però non sappiamo che cosa l'essere sia. Come dobbiamo procedere allora nella ricerca?

L'essere non è un ente

Il primo punto fermo individuato da Heidegger consiste nell'affermare che l'essere non è un ente: non è una cosa, una pianta, un animale, non è l'uomo e non è nem-

⊙ I CLASSICI DELLA FILOSOFIA   Essere e tempo

Il problema del senso dell'essere

Essere e tempo, che da molti è considerata l'opera fondamentale di Martin Heidegger, è uno dei testi capitali della filosofia del XX secolo. Fu scritto nel corso della prima metà degli anni Venti e pubblicato in prima edizione nel 1927, in una redazione rimasta incompiuta. Il libro, che si apre con una dedica «*a Edmund Husserl con ammirazione e amicizia*», mette a tema il problema del senso dell'essere, che per Heidegger costituisce il problema fondamentale della filosofia, da Platone e Aristotele fino alla contemporaneità.

L'analisi fenomenologica dell'Esserci

L'originalità dell'impostazione heideggeriana nell'affrontare il problema del senso dell'essere consiste nel rifiutare l'approccio tradizionale della metafisica, che pretende di definire astrattamente il concetto di essere. Heidegger si propone invece di impostare una ricerca che mostri come il senso dell'essere si manifesti all'uomo quando egli si pone la domanda fondamentale. L'indagine è condotta applicando il metodo fenomenologico e analizzando il modo di essere dell'uomo, l'Esserci (in tedesco, *Dasein*): la costituzione fondamentale dell'Esserci è «*l'essere nel mondo*», che per l'uomo è l'esistenza, ossia un «*aver-da-essere*» in base alle proprie possibilità. All'interno di queste possibilità, in cui l'uomo si prende «*cura*» delle cose, degli altri uomini e di se stesso, Heidegger distingue tra un'esistenza inautentica, che si disperde tra gli enti mondani, e l'esistenza autentica, che si misura con la possibilità insuperabile della morte.

L'impossibilità di dire l'essere

La comprensione dell'essere dell'uomo, in virtù della decisione anticipatrice dell'essere per la morte, mostra che la temporalità è la dimensione in cui l'uomo trascende il passato e il presente e si apre nel futuro al proprio progetto esistenziale. Ma, allorché Heidegger avrebbe dovuto affrontare il tema del rapporto tra tempo ed essere, egli interruppe la stesura dell'opera perché, come disse in seguito, il linguaggio della metafisica si rivelò inadeguato al compito, dal momento che portava a identificare l'essere con l'ente. L'impossibilità di completare *Essere e tempo* portò Heidegger a compiere quella svolta ontologica che caratterizzerà la seconda fase del suo pensiero.

---

meno Dio; e tuttavia la sua ricerca passa attraverso l'ente, perché Heidegger rifiuta ogni soluzione intuitiva o mistica del problema.

Tra tutti gli enti ve n'è uno che è originariamente aperto alla comprensione dell'essere, perché è l'unico in grado di porsi la domanda sull'essere: «*Questo ente che noi stessi siamo e che ha, tra le altre, la possibilità di domandare noi lo chiamiamo col termine Esserci* (Dasein). *La posizione esplicita e trasparente del problema del senso dell'essere richiede l'adeguata esposizione preliminare di un ente (l'Esserci) nei riguardi del suo essere*».

L'indagine sull'Esserci

La ricerca sull'essere si sposta ora verso l'indagine sull'Esserci (l'essere dell'uomo), che attraverso il domandare mostra la sua apertura all'essere. La nuova domanda allora è: qual è il modo di essere esclusivo dell'Esserci? La risposta di Heidegger è che il modo di essere dell'Esserci è l'**esistenza**. L'analitica esistenziale diventa così il passaggio preliminare e necessario di ogni indagine intorno al senso dell'essere in generale.

Heidegger precisa che l'**analitica esistenziale** non ha nulla in comune con le scienze, che studiano l'uomo da un punto di vista ontico; il suo è uno studio filosofico che prescinde dai dati empirici e ricerca la dimensione ontologica dei caratteri fondamentali e originari dell'esistenza umana che secondo Heidegger sono:

■ l'**esser-sempre-mio**: ciascuno di noi è una persona singolare, irriducibile a una soggettività universale o trascendentale, che vive in situazioni particolari e che compie atti e scelte in cui «*ne va*» del proprio essere;

■ l'**aver-da-essere**: l'uomo, a differenza di tutti gli altri enti, non è un qualcosa di già determinato, ma è un poter essere questo o quello, è cioè possibilità, progetto, oltrepassamento.

Se il carattere essenziale dell'uomo è un poter-essere, la sua esistenza assumerà un significato diverso rispetto a quello dell'ontologia tradizionale, che ha inteso l'esistenza come semplice-presenza, cioè ha individuato il carattere proprio delle cose semplicemente nel loro esser presenti, essere sotto mano. Per Heidegger «*l'esistenza è l'essenza dell'Esserci*»: solo l'uomo esiste, se esistere, in quanto aver-da-essere, è un oltrepassare ciò che si è ora, nella direzione di altre possibilità – come suggerisce l'etimologia di *ex-sistere*, il cui senso è uno "star fuori di sé", un "essere al di là di sé".

Poiché l'essenza dell'uomo non è predefinita, ma si determina in rapporto alle proprie possibilità, ciascun uomo si trova davanti a un'alternativa: o sceglie l'esistenza autentica, in cui assume in prima persona le possibilità più proprie del suo essere (in particolare, come vedremo, la morte); o si perde nell'inautenticità di un'esistenza anonima, dominata dalla chiacchiera, dalla curiosità, dall'equivoco.

L'ente che ci siamo proposti di esaminare è quell'ente che noi stessi siamo. L'essere di questo ente è sempre mio. Nel suo essere questo ente si rapporta sempre al proprio essere. Come ente di questo essere, esso è rimesso al suo aver-da-essere. [...]
L'ente a cui nel suo essere ne va di questo essere stesso, si rapporta al suo essere come alla sua possibilità più propria. L'Esserci è sempre la sua possibilità, ed esso non la «ha» semplicemente a titolo di proprietà posseduta da parte di una semplice-presenza.
Appunto perché l'Esserci è essenzialmente la sua possibilità, questo ente può, nel suo essere, o «scegliersi», conquistarsi, oppure perdersi e non conquistarsi affatto o conquistarsi solo «apparentemente».

M. HEIDEGGER, *Essere e tempo*, cap. I, § 9 ▸ Antologia, brano 1

2.2 L'essere-nel-mondo e la comprensione

La prima e fondamentale modalità dell'esistenza è l'**essere-nel-mondo**, inteso come l'orizzonte del progettare dell'uomo, come il campo delle possibilità verso cui l'uomo tende. In questo rapportarsi alle possibilità che gli sono date nell'essere-nel-mondo, con la sua **progettualità**, l'uomo oltrepassa la realtà semplicemente presente e realizza la **trascendenza**.

Ogni uomo è parte del mondo, non può esistere se non nel mondo, e nel mondo fa qualcosa – studia, lavora, ha rapporti con altri uomini. Questo insieme di relazioni con le cose e con le persone è detto da Heidegger «*prendersi cura di qualcosa o di qualcuno*», dove il termine cura non significa preoccupazione o dolore, ma significa l'«*essere coinvolto*» in qualsiasi modo nella relazione con il mondo. Due sono i modi fondamentali in cui si attua la cura:

L'essere-nel-mondo come prendersi cura

■ si può entrare in relazione con le **cose**, con gli **oggetti** e gli **strumenti** che si usano quotidianamente;

■ si può entrare in rapporto con gli altri **esseri umani**.

Nel primo caso l'uomo incontra il mondo attraverso le cose, e le cose si presentano all'uomo non tanto come realtà in sé da conoscere teoricamente, bensì come **mezzi** da utilizzare per poter realizzare i propri progetti (▸ Antologia, brano 2, *Il mondo delle cose*).

Heidegger individua nell'**utilizzabilità** il modo originario con cui le cose si danno all'uomo: «*L'utilizzabilità è la determinazione ontologico-categoriale dell'ente come esso è "in sé"*».

Nel caso del rapporto con gli uomini, del "vivere con" e del prendersi cura degli altri, si rivela un altro modo costitutivo della nostra esistenza, perché nessuno nasce e vive isolatamente, ma esiste sempre e solo all'interno di una serie di relazioni sociali.

La rete dei significati

Nel rapporto con le cose, con gli strumenti utilizzabili, noi abbiamo a che fare con una totalità di oggetti all'interno della quale ci possiamo orientare, per poterli utilizzare corréttamente, solamente se sappiamo cogliere il loro **significato**. L'essere nel mondo, in quanto aver a che fare con le cose, è quindi anche un aver a che fare con la totalità dei significati: «*Questi rapporti* – scrive Heidegger in *Essere e tempo* – *sono tra di loro connessi in una totalità originaria; essi sono ciò che sono in quanto significano ciò in cui l'Esserci dà preliminarmente a conoscere se stesso: il suo essere-nel-mondo. La totalità dei rapporti di questo significare è ciò che noi indichiamo col termine significatività. Essa esprime la struttura del mondo, ossia ciò "in cui" l'Esserci, in quanto tale, già sempre è*».

L'interrelazione tra uomo e mondo

Il rimando al significato delle cose-strumento introduce al tema della **comprensione**, cui Heidegger dedica capitoli importanti di *Essere e tempo*.

Come abbiamo visto, la progettualità dell'esistenza si attua nel mondo, l'orizzonte che circoscrive il vasto campo delle possibilità che l'uomo ha davanti. In questo essere-nel-mondo, l'esserci dell'uomo incontra le cose, gli strumenti che utilizza per realizzare i propri progetti. Oltre all'utilizzabilità delle cose-strumento, l'essere-nel-mondo comporta una duplice relazione di significatività in base alla quale il mondo può essere compreso solo a partire dall'uomo e l'uomo può essere compreso solo a partire dalla sua relazione con il mondo.

Il carattere circolare della comprensione

Se l'essere-nel-mondo comporta l'apertura alla totalità dei significati, tra i caratteri strutturali dell'Esserci – che Heidegger chiama gli **esistenziali** – vi sarà la **comprensione**, ossia l'originaria **apertura** al senso delle cose. La comprensione è dunque quel carattere ontologico originario dell'esistenza che dischiude all'uomo il senso del mondo.

La realizzazione effettiva di questa apertura di senso nel rapporto dell'uomo con il mondo è l'**interpretazione**, intesa da Heidegger come «*l'articolazione della comprensione*», attraverso cui l'uomo coglie i significati delle cose. Secondo questa visione, la comprensione e l'interpretazione costituiscono le due polarità di una relazione circolare in cui, da una parte, senza l'apertura dell'Esserci (la comprensione) non si dischiuderebbero i significati delle cose, dall'altra, attraverso il dischiudersi dei significati, si rende possibile l'apertura originaria dell'Esserci (▶ Antologia, brano 3, *La comprensione*).

La comprensione è l'apertura originaria al senso, l'interpretazione è il modo in cui all'interno di questa apertura i significati si articolano. Senza la comprensione – che è un carattere strutturale dell'Esserci – i significati non potrebbero darsi all'uomo; senza l'interpretazione l'apertura originaria non potrebbe cogliere il dischiudersi dei significati.

Tra la comprensione e l'interpretazione si instaura in tal modo una relazione di interdipendenza reciproca di tipo circolare: è il cosiddetto **circolo ermeneutico**, messo a tema nel paragrafo 32 di *Essere e tempo*, in cui Heidegger dà un nuovo fonda-

Gettatezza
e precomprensione

mento all'ermeneutica filosofica del Novecento (▶ *Hans Georg Gadamer e l'ermeneutica*, p. 313).

L'ermeneutica perde i caratteri di tecnica dell'interpretazione dei testi e acquista una portata filosofica universale, dato che il comprendere si configura come un modo di essere dell'Esserci e l'interpretazione è l'articolazione attraverso cui la comprensione si appropria di ciò che ha compreso. La situazione interpretativa assume così un valore ontologico perché viene a investire il rapporto tra l'uomo, il mondo e il linguaggio.

Per Heidegger l'uomo è un soggetto finito, originariamente **gettato** in un mondo di cose, di rapporti, di significati, che costituiscono il presupposto di tutti i suoi processi interpretativi, dal momento che precedono la sua venuta al mondo. L'uomo non può comprendere se non a partire da una **precomprensione**, da un insieme di rapporti esistenti prima della sua nascita, sicché l'interpretazione si muove in un circolo da cui non si può uscire. Il problema, per l'uomo, è quello di stare dentro al circolo in modo adeguato, acquistando coscienza dei **pregiudizi** che preesistono alla relazione soggetto-oggetto e la predeterminano.

La precomprensione attesta che la conoscenza non ha un carattere oggettivistico e che nessuna nostra interpretazione può pretendere di essere vera in senso assoluto. Non c'è la verità dell'interpretazione, ma l'interpretazione della verità. Pregiudizi e preconcetti, d'altra parte, rappresentano i legami che uniscono il singolo uomo con la realtà, con la tradizione, con il linguaggio, con la storia: da quest'**intreccio di legami** ha origine il **progetto esistenziale** di ciascuno e solo in esso si dà la ricerca del **senso**.

Il circolo
ermeneutico

Quando l'ente intramondano è scoperto a partire dall'essere dell'Esserci, quando cioè è portato a comprensione, diciamo che ha un senso. [...] Il senso è il «rispetto-a-che» del progetto in base a cui qualcosa diviene comprensibile in quanto qualcosa; tale «rispetto-a-che» è strutturato secondo la pre-disposizione, la pre-visione e la pre-cognizione. [...] Il senso è un esistenziale dell'Esserci e non una proprietà che inerisce all'ente o che gli sta «dietro» o che vaga in qualche «intermondo». Solo l'Esserci «ha» senso, e ciò perché l'apertura dell'essere-nel-mondo non è «riempibile» che attraverso l'ente in essa scoperto. Solo l'Esserci, quindi, può essere fornito di senso o sfornito di senso. [...] Ma se l'interpretazione deve sempre muoversi nel compreso e nutrirsi di esso, come potrà condurre a risultati scientifici senza avvolgersi in un circolo, tanto più che la comprensione presupposta è costituita dalle convinzioni ordinarie degli uomini e del mondo in cui viviamo? Le regole più elementari della logica ci insegnano che il circolo è circolus vitiosus. *[...] Ma se si sente in questo circolo un circolo vizioso e se si mira a evitarlo o semplicemente lo si "sente" come un'irrimediabile imperfezione, si fraintende la comprensione da capo a fondo. [...] L'importante non sta nell'uscir fuori del circolo, ma nello starvi dentro nella maniera giusta. Il circolo della comprensione non è un semplice cerchio in cui si muova qualsiasi forma di conoscere, ma è l'espressione della pre-struttura propria dell'Esserci stesso. Il circolo non deve essere degradato a circolo vizioso e neppure ritenuto un inconveniente ineliminabile. In esso si nasconde una possibilità positiva del conoscere più originario, possibilità che è afferrata in modo genuino solo se l'interpretazione ha compreso che il suo compito primo, durevole e ultimo, è quello di non lasciarsi mai imporre pre-disponibilità, pre-veggenza e pre-cognizione dal caso o dalle opinioni comuni, ma di farle emergere dalle cose stesse, garantendosi così la scientificità del proprio tema.*

↳ M. Heidegger, *Essere e tempo*

La tonalità affettiva della comprensione

La comprensione e l'interpretazione dei significati del mondo non sono un atto di astratta teoresi conoscitiva, ma avvengono sempre in una determinata **situazione affettiva**, in cui l'essere umano viene di volta in volta a trovarsi: può essere una situazione di gioia o di dolore, di interesse o di noia, di speranza o di angoscia. In tutti i casi questa «*tonalità affettiva*» è un modo originario dell'uomo di sentirsi nel mondo e segna la distanza che separa l'Esserci heideggeriano dalla pura soggettività dell'io, presente nelle filosofie trascendentali o idealiste.

Abbiamo visto come la situazione affettiva, attraverso la precomprensione, condizioni la comprensione e l'interpretazione del mondo. Heidegger osserva che la situazione affettiva non dipende dall'uomo, ma dipende dal mondo in cui l'uomo si trova a vivere, nel quale si sente gettato: «*Questo carattere dell'essere dell'Esserci, di essere nascosto nel suo donde e nel suo dove* [...] *noi lo chiamiamo* l'esser-gettato *di questo ente nel suo Ci*».

2.3 Esistenza inautentica ed esistenza autentica

La condizione umana, definita dall'esser gettati nel mondo, porta a una comprensione del mondo stesso priva di riflessione critica e appiattita sul modo comune di considerare le cose. Vivendo con gli altri si finisce per accettarne i valori, le regole, i comportamenti e i giudizi; si perde la propria singolarità per livellarsi nell'**impersonalità generale**: è ciò che è espresso dal pronome impersonale Si, quando pronunciamo espressioni del tipo "si fa", "si dice", "si pensa". In questo livellamento, secondo Heidegger, «*ognuno è gli altri, nessuno è se stesso. Il Si, come risposta al problema del Chi dell'esserci quotidiano, è il* **nessuno** *a cui ogni Esserci è abbandonato nell'indifferenza del suo essere-assieme*».

L'impersonalità identifica l'**esistenza inautentica**, ossia quel modo di vivere che l'uomo conduce in maniera anonima nella quotidianità, senza mettere in discussione il proprio essere. L'esistenza inautentica è caratterizzata da tre modalità fondamentali:
- la **chiacchiera**, un inconsistente parlare senza dire;
- la **curiosità**, che si rivolge all'apparire delle cose, non al loro essere;
- l'**equivoco**, in cui l'uomo finisce per smarrire l'oggetto della chiacchiera e della curiosità. Nell'equivoco «*tutto sembra essere compreso e invece non lo è*», perché l'equivoco dà alla chiacchiera l'illusione che in essa tutto sia deciso e dà alla curiosità ciò di cui essa va in cerca.

La deiezione, la cura e l'angoscia

Heidegger affronta il tema dell'esser-gettato anche attraverso il concetto di **deiezione**. Noi non abbiamo deciso di nascere, ma ci siamo trovati qui senza essere stati interpellati. Con il termine deiezione Heidegger non indica la caduta da uno stato precedente migliore, ma semplicemente lo stato della vita inautentica che conduciamo quotidianamente, immersi nelle nostre occupazioni, dissipando l'esistenza nella chiacchiera, nella curiosità e nell'equivoco. «*L'esserci* – dice Heidegger – *cade da se stesso e in se stesso nell'infondatezza e nella nullità della quotidianità inautentica*».

È possibile uscire dall'inautenticità? È possibile trovare una modalità di rapportarsi alle cose che coinvolga la singolarità irripetibile di ogni uomo, facendolo uscire dalla vita collettiva e anonima?

Per rispondere positivamente a queste domande occorre introdurre i concetti di cura e di angoscia: la **cura** è un farsi carico sia delle cose sia degli altri; prendendosi cura delle cose e degli altri l'Esserci si realizza nel suo poter-essere, cioè si appropria delle possibilità che gli competono.

L'**angoscia** è l'esperienza che ci mostra l'inautenticità della nostra esistenza quotidiana e ci indica come sia possibile uscire da essa. Provando angoscia «*ci si sente spaesati*» ma, contemporaneamente, si avverte la possibilità di sottrarsi all'inautenticità e di scegliere l'esistenza autentica. L'angoscia, mettendoci nella condizione di scegliere, ci rende liberi e ci sottrae ai condizionamenti della deiezione e dell'impersonalità del Si.

L'esistenza autentica

«*L'esistenza autentica* – scrive Heidegger – *non è qualcosa che si libri al di sopra della quotidianità deiettiva; essenzialmente essa è solo un afferramento modificato di questa*». Heidegger sostiene quindi che l'esistenza autentica non è moralmente diversa o migliore rispetto a quella inautentica; né che è alternativa dal punto di vista dei comportamenti. La vita autentica nasce all'interno di quella inautentica grazie ad alcune esperienze fondamentali, che le permettono di comprendere la dispersione e l'insensatezza del vivere quotidiano. Queste esperienze sono l'angoscia e l'**essere-per-la-morte** (▶ Antologia, brano 4, *L'essere-per-la-morte*).

Posto che l'esistenza è possibilità, tutte le possibilità che si danno all'uomo possono darsi o non darsi e la scelta tra esse è, in ultima istanza, equivalente. Ma vi è una possibilità diversa da tutte le altre, in quanto non può non darsi: tale possibilità è la morte. Essa è «*come fine dell'Esserci, la possibilità più propria e incondizionata*». Alla morte non si può sfuggire, al suo sopraggiungere non è possibile più nulla per l'uomo. Essa è una possibilità, perché non è ancora reale, ma può essere anticipata con una decisione – la **decisione anticipatrice** – che «*dischiude all'esistenza, come sua estrema possibilità, la rinuncia a se stessa, dissolvendo in tal modo ogni solidificazione su posizioni esistenziali raggiunte*». In altri termini, la decisione anticipatrice orienta la nostra esistenza non verso le scelte, effimere e banali, della vita quotidiana, ma verso l'unica possibilità assolutamente certa, la possibilità della morte.

L'essere-per-la-morte sottrae l'uomo alla quotidianità anonima e inautentica e lo pone «*innanzi alla possibilità di essere se stesso, in una libertà appassionata, affrancata dalle illusioni del Si, effettiva, certa di se stessa e piena di angoscia: la libertà per la morte*».

L'essere-per-la-morte è la libertà dell'uomo

Di fronte all'essere-per-la-morte l'uomo trova il senso della libertà, che è sì progetto della propria esistenza nel mondo, ma sempre all'interno di un orizzonte finito, limitato e condizionato. Accettare fino in fondo, consapevolmente, il proprio destino di finitudine è per l'uomo l'autentico atto di libertà.

La finitudine umana ha nella morte la sua possibilità più propria, certa e insuperabile. Scrive Heidegger che la morte non offre niente da realizzare; essa è la possibilità dell'impossibilità di ogni esistenza. Di fronte alla morte l'uomo non può né assumere l'atteggiamento dell'attesa rassegnata, né quello di eludere il problema non pensandoci; deve, al contrario, per comprenderne il senso autentico, vivere l'anticipazione emotiva di essa: tale stato è l'angoscia.

L'uomo è in bilico tra due nulla

Nel **sentimento dell'angoscia** l'uomo sperimenta emotivamente la minaccia della morte, cioè di quella possibilità che, unica, non può non darsi. Nell'angoscia l'uomo scopre che ogni suo progetto è destinato a vanificarsi, a diventare nulla: di fronte a questo nulla che l'angoscia gli fa sperimentare l'uomo scopre la totale mancanza di fondamento della sua esistenza. Come scrive Heidegger, attraverso l'angoscia l'uomo comprende quindi che la sua esistenza è un «*tenersi fermo all'interno del nulla*», sicché l'esser che lui è «*è nulla antecedentemente a ciò che può progettare, e per di più raggiungere, ed è nulla già come progettare*»; attraverso l'essere-per-la morte l'uomo commisura il suo vivere con questo nulla e con la sua forma più radicale che è la morte.

2.4 La temporalità

L'esistenza è progetto

Abbiamo visto nel paragrafo precedente che la decisione anticipatrice assume la morte come la possibilità più propria, incondizionata e insuperabile, rendendo autentica e libera l'esistenza dell'uomo. La decisione anticipatrice ha però anche un'altra funzione, quella di farci comprendere la **temporalità**, mostrando che l'esistenza è progetto che apre il futuro alle possibilità e, nello stesso tempo, si appropria del passato in cui l'esserci è radicato.

L'analisi della temporalità heideggeriana si ricollega alla tradizione filosofica che va da Agostino a Bergson, e come questa parte dall'esperienza vissuta dell'uomo per ricercare il senso del tempo. Mentre però quella tradizione insisteva sulla contrapposizione tra interiorità ed esteriorità, Heidegger introduce la distinzione tra autentico e inautentico che non svaluta la dimensione dell'esteriorità, in quanto l'esserci dell'uomo ha un rapporto essenziale con l'essere-nel-mondo, e tale rapporto non costituisce un impoverimento ontologico, ma costituisce l'unica possibilità di esistenza per l'Esserci.

Le tre estasi temporali

Il fondamento dell'essere dell'uomo – ma questo, come si vedrà in seguito, vale anche per l'essere in generale – è un fondamento temporale, articolato nelle tre dimensioni del passato, del presente e del futuro. L'analisi esistenziale mostra che la dimensione primaria del tempo è il futuro, perché in esso l'Esserci si definisce come progetto; il passato è la dimensione dell'Esserci in quanto gettato; il presente è la struttura in cui sono disponibili le cose utilizzabili, la quotidianità.

Le tre dimensioni si implicano reciprocamente, ma il fatto che ognuna abbia significato solo in relazione alle altre fa sì che ciascuna si relazioni con un "fuori di sé". In questo senso Heidegger dice che la temporalità è «*l'originario 'fuori di sé' in se stesso e per se stesso*» e lo designa con il termine greco *ekstaticón*, "fuori di sé".

La critica alla concezione scientifica del tempo

Questa nozione del tempo si contrappone a quella ontica dell'esistenza inautentica, secondo la quale il tempo andrebbe inteso come un concetto oggettivo (e perciò indipendente dall'esperienza vissuta) e quantificabile (in quanto misura del mutamento): questo significato è quello che corrisponde al concetto di tempo proprio sia del senso comune sia della scienza.

L'essere è il tempo?

Solo ponendosi nella prospettiva ontologica il tempo si rivela come l'orizzonte all'interno del quale gli enti vengono a essere e, in questo senso, il tempo pare assumere una fondamentale portata ontologica, che porterebbe a concludere che l'essere è il tempo, come suggerisce il titolo dell'opera, *Essere e tempo*. Sappiamo però che Heidegger non perviene a questa conclusione: il libro si chiude con una serie di domande che restano senza risposta e che apriranno a una nuova fase di ricerca, che affronteremo nei paragrafi successivi.

Una conclusione aperta

Ricollegandosi alle questioni poste all'inizio di *Essere e tempo*, concernenti la domanda sul senso dell'essere, Heidegger scrive in conclusione dell'opera, prima di interromperla.

Il tempo dell'essere

La presente indagine è in cammino *esclusivamente verso questo scopo. A che punto è ora? Qualcosa come l'essere viene aperto nella comprensione dell'essere che, in quanto comprendere, è costitutiva dell'essere dell'Esserci esistente. L'apertura dell'essere, condotta in via preliminare ma non concettualmente, fa sì che l'Esserci, in quanto essere-nel-mondo esistente, possa rapportarsi tanto all'ente che si incontra dentro il mondo quanto a se stesso in quanto esistente.* Com'è possibile, partendo dal modo di essere dell'Esserci, raggiungere una comprensione che apra l'essere in generale? *Potremo forse rispondere a questa domanda mediante un ritorno alla* costituzione originaria dell'essere dell'Esserci comprendente l'essere? *La costituzione ontologico-esistenziale della totalità dell'Esserci si fonda nella temporalità.* [...] *C'è una via che conduca dal* tempo *originario al senso dell'essere? Il tempo si rivela forse come l'orizzonte dell'essere?*

→ M. Heidegger, *Essere e tempo*

3. Il pensiero ontologico dopo la svolta

▸▸

La differenza ontologica tra essere ed ente

In *Essere e tempo* Heidegger aveva posto la domanda sul senso dell'essere interrogando l'Esserci. La domanda non aveva avuto risposta a causa dell'inadeguatezza del linguaggio della metafisica tradizionale a dire l'essere. Nel corso degli anni Trenta e Quaranta Heidegger, dopo un periodo di riflessione silenziosa, compie una svolta nella sua filosofia, che lo porta a riformulare in termini nuovi la sua ontologia, a partire da un'interpretazione della storia della metafisica occidentale. Secondo Heidegger i primi filosofi greci, in particolare Anassimandro e Parmenide, avevano pensato e detto l'essere lasciando che si svelasse nel linguaggio. In questo disvelarsi l'essere si mostrava come condizione del sussistere degli enti, mettendo però in evidenza la **differenza ontologica** tra **essere** ed **enti** (gli individui e le cose determinate).

Platone e l'oblio dell'essere

Con Platone questa differenza viene meno poiché il filosofo distingue tutta la realtà secondo due livelli, quello degli **enti soprasensibili**, le idee, e quello degli **enti sensibili**, le cose. Idee e cose finiscono così per esaurire la totalità del reale, facendo sì che l'essere coincida con gli enti e si confonda con essi. Se l'essere è concepito come ente, si genera una confusione che smarrisce la differenza ontologica e origina l'oblio dell'essere e del suo senso.

Da questa presa di posizione platonica ha inizio, secondo Heidegger, la storia della metafisica occidentale, il cui segno distintivo è l'oblio dell'essere e il cui declino attraversa tutta la onto-teologia – cioè la metafisica degli enti e quella di Dio – fino al nichilismo di Nietzsche.

Heidegger intraprende, a partire da questa consapevolezza, una riflessione ontologica che cerca di proporre un'alternativa alla metafisica occidentale.

3.1 L'essere e il nulla

Che cos'è la metafisica?

Che cos'è la metafisica? è il titolo di una conferenza tenuta da Heidegger nel 1928 in cui possono già cogliersi i termini della critica alla metafisica occidentale, al cui centro troviamo il rovesciamento del principio metafisico secondo cui "dal niente non viene niente"; Heidegger contrappone a esso il principio secondo cui «*dal niente viene ogni ente in quanto ente*».

Il ragionamento di Heidegger riprende le tesi di *Essere e tempo* relative all'angoscia, capace di rivelare quel niente che è l'essere a cui l'Esserci è originariamente aperto; egli scrive che «*il nulla è la condizione che rende possibile la rivelazione dell'ente come tale per l'essere esistenziale dell'uomo. Il nulla non è soltanto il concetto opposto a quello di ente, ma appartiene originariamente all'essenza dell'essere stesso*».

Nello scritto intitolato *Introduzione alla metafisica*, pubblicato nel 1953 ma redatto nel 1935, viene posta sin dall'inizio la domanda filosofica fondamentale: «*Perché vi è, in generale, l'essente e non il nulla?* » (▶ Antologia, brano 5, *La domanda metafisica fondamentale*).

La polemica contro
la scienza e la metafisica

Heidegger precisa il senso della domanda: non si tratta di cercare la causa dell'essente, ma di comprendere che senso ha che ad essere sia l'essente piuttosto che il nulla. La ricerca della causa ci riporterebbe al piano della **scienza**, ma anche a quello della **metafisica** tradizionale: esse si differenziano solamente perché la prima cerca le cause seconde, l'altra le cause prime; entrambe però restano al livello del pensiero inessenziale.

La polemica antiscientifica è dunque strettamente legata a quella antimetafisica: la scienza, di fronte alla domanda «*Perché vi è, in generale, l'essente e non il nulla?*», non comprende quanto sia essenziale l'aggiunta «*e non il nulla*». Secondo Heidegger il nulla permane fondamentalmente inaccessibile a ogni scienza, mentre la filosofia sa che l'essente è, perché non è nulla: il "non-nulla" è quindi la rivelazione dell'essere dell'essente (▶ Antologia, brano 6, *Pensiero scientifico e pensiero filosofico*).

Il rapporto tra essere
ed essente

Identificato il problema, Heidegger segue molte piste per cercare di cogliere il senso dell'essere. Il passo seguente chiarisce con vari esempi un punto fermo della posizione heideggeriana, cioè che nel corso della ricerca va sempre mantenuta la **differenza ontologica** tra l'essente e l'essere. La differenza ontologica, infatti, stabilisce «*il non tra essente ed essere*», dal momento che l'essere non può mai venir concepito come un essente. L'essere non è incluso in nessuna definizione di essente, eppure senza l'essere nessun essente è; così afferma in *Introduzione alla metafisica*:

L'ESSERE E IL NULLA

Il portale di una chiesa romanica è essente. Come e a chi si manifesta il suo essere? Allo storico dell'arte che lo visita e lo fotografa durante un'escursione, o all'abate che, assieme ai suoi monaci, fa il suo ingresso dal portale nel dì di festa, oppure ai fanciulli che giocano alla sua ombra in un giorno di sole? Che cosa ne è dell'essere di questo essente? [...] Tutto ciò che abbiamo nominato è, ma quando si tratta di afferrare l'essere è come stringere il vuoto. L'essere di cui ci occupiamo è pressoché simile al nulla, nondimeno sentiremmo di doverci difendere e protestare contro la pretesa di farci ammettere che l'intero essente non è.

▶ M. HEIDEGGER, *Introduzione alla metafisica*

Il saggio, che è una continua messa in questione delle categorie fondamentali con cui il pensiero occidentale ha pensato l'essere, non porta a una conclusione positiva, ma termina con un invito alla filosofia a ricercare *«una nuova radicale esperienza dell'essere in tutta l'ampiezza della sua possibile essenza»* e suggerisce come nuova prospettiva in cui l'essere può manifestarsi non quella del pensiero, ma quella del tempo: *«saper interrogare significa saper attendere, anche tutta una vita».*

3.2 Il linguaggio

L'uomo come pastore dell'essere

Nella sua critica alla metafisica classica Heidegger perviene a un punto fermo: il disvelamento dell'essere non può risultare dall'iniziativa dell'uomo, né dall'analisi di un essente. Solo l'essere, di sua iniziativa, può svelarsi all'uomo, a condizione che l'uomo si apra a questo svelamento. Heidegger sviluppa tali temi in vari scritti, ricorrendo a numerose immagini per rappresentare la dipendenza dell'uomo rispetto all'essere: la più incisiva è quella che definisce l'uomo come *«pastore dell'essere»*, in contrapposizione al ruolo tecnico-scientifico dell'uomo come padrone dell'ente. Scrive Heidegger: *«l'uomo raggiunge in tal modo la totale povertà del pastore la cui dignità consiste nell'essere chiamato dall'essere stesso a fare la guardia alla sua verità».*

Ascoltare il linguaggio dell'essere

La citazione è tratta dalla *Lettera sull'umanismo*, scritta nel 1947, in polemica con quanto aveva scritto Sartre sull'impegno del filosofo nel mondo. Per Heidegger l'unico impegno del pensiero è pensare l'essere: *«Il pensiero, detto semplicemente, è il pensiero dell'essere. Il genitivo vuol dire due cose. Il pensiero è dell'essere in quanto, fatto avvenire dall'essere, all'essere appartiene. Il pensiero è nello stesso tempo pensiero dell'essere in quanto, appartenendo all'essere, è ascolto dell'essere».*

L'ascolto dell'essere implica che l'essere si manifesti parlando e il linguaggio è dunque il luogo in cui l'essere viene alla luce. Per Heidegger il linguaggio non è però in potere dell'uomo: quando l'uomo parla, infatti, è il linguaggio che domina sull'uomo e parla attraverso di lui. L'uomo parla e il linguaggio che usa annuncia l'essere.

Il **linguaggio** in cui si manifesta l'essere è sempre **allusivo**, mai diretto: non definisce in termini essenziali l'essere delle cose, come pretende di fare il linguaggio metafisico; semplicemente rinvia a un non-detto che indica una via, dischiude un cammino che conduce verso quel luogo in cui è possibile l'ascolto del linguaggio.

Il linguaggio

Il linguaggio parla. Ma come parla? Dove ci è dato cogliere questo parlare? Innanzitutto in una parola già detta. In questa infatti il parlare si è già realizzato. Ma il parlare non finisce in ciò che è stato detto: in ciò che è stato detto il parlare resta custodito. In ciò che è stato detto il parlare riunisce il modo del suo perdurare e ciò che grazie ad esso perdura – il suo perdurare, la sua essenza. Ma per lo più ciò che è stato detto noi lo incontriamo solo come il passato di un parlare.

→ M. Heidegger, *In cammino verso il linguaggio*

Tra le varie forme linguistiche quella privilegiata è la **poesia**, dove si svela nella maniera più ricca il significato dell'essere. Nel saggio *Perché i poeti?* Heidegger riprende un verso di una poesia di Hölderlin, «*Perché i poeti nel tempo della povertà*», e lo interpreta identificando il tempo della povertà con la nostra epoca, in cui gli dèi sono fuggiti, l'essere è dimenticato e noi viviamo nell'orizzonte dell'ente, sotto il dominio della scienza e della tecnica, della ragione strumentale e del «*pensiero calcolante*».

La coincidenza di poesia e filosofia

Nella poesia si esprime il «*pensiero poetante*» che dischiude l'apertura all'originario rapporto con l'essere: poesia e filosofia finiscono in tal modo per coincidere, giacché le loro parole nascono dall'ascolto dell'essere e ne rivelano il senso.

La meditazione sulla poesia rimanda al mondo dell'**arte**, in cui il linguaggio si sottrae a ogni funzione strumentale per farsi **espressione della verità**, intesa non secondo il concetto tradizionale, che identifica il luogo della verità nel giudizio e la concepisce come la corrispondenza tra l'idea e la cosa, tra il pensiero e l'essere: in questa concezione la verità diventa esattezza del pensare e del volere degli uomini.

L'uomo non può cogliere l'essere

Heidegger intende invece la verità come «*manifestazione dell'essere*», come *alétheia*, nel senso etimologico della parola greca che significa "non-nascondimento" (*álpha* privativo, e *lantháno*, "nascondere"), "disvelamento", in cui l'apparire della cosa è un tutt'uno con l'essere. La rivelazione dell'essere non è però mai totale: «*L'essere si sottrae, mentre si rivela, all'ente. In tal modo l'essere, illuminando l'ente, lo svia nello stesso tempo verso l'errore*». Ciò significa che all'uomo sono date delle **tracce** che lo conducono nelle vicinanze dell'essere, ma anche che l'uomo non può cogliere l'essere nella sua completezza perché rimane inevitabilmente coinvolto nella dimensione della deiezione, che lo tiene legato all'ente e al suo pensiero.

3.3 Il mondo dell'arte

La riflessione heideggeriana sull'arte – contenuta nel saggio del 1936 *L'origine dell'opera d'arte* – si presenta in modo alternativo rispetto all'estetica tradizionale; mentre quest'ultima ricerca il concetto generale dell'arte, Heidegger mira a cogliere l'essenza dell'arte attraverso un'interrogazione su che cosa sia l'**opera d'arte**.

La prima questione è quella dell'origine: il carattere originario di un'opera d'arte non consiste in qualcosa o in qualcuno (l'artista, per esempio) che dà origine all'opera, ma è dato dal fatto che «*l'arte è nella sua essenza origine*». Per Heidegger: «*Artista e opera sono ciò che sono, in sé e nei loro reciproci rapporti, in base a una terza cosa, che è in realtà la prima, e cioè in virtù di ciò da cui tanto l'artista quanto l'opera d'arte traggono il loro nome, in virtù dell'arte*».

Il rapporto tra Mondo
e Terra

L'analisi heideggeriana prosegue stabilendo che l'opera d'arte è innanzitutto una cosa: «*In generale il termine "cosa" indica tutto ciò che non è il mero nulla. Pertanto anche l'opera d'arte è una cosa, per il fatto di differenziarsi dal nulla*»; ma l'opera d'arte è anche qualcos'altro e la ricerca di questo qualcos'altro, di cui l'opera è allegoria e simbolo, porta Heidegger a rifiutare la distinzione tra materia e forma, cui contrappone la distinzione tra **Terra** e **Mondo**: «*Il Mondo non è un possibile oggetto che ci stia innanzi e che possa essere intuito. Il Mondo è il costantemente inoggettivo a cui sottostiamo fin che le vie della nascita e della morte, della grazia e della maledizione ci mantengono estatizzati nell'essere. Dove cadono le decisioni essenziali della nostra storia, da noi raccolte o lasciate perdere, disconosciute e nuovamente ricercate, lì si modifica il Mondo*».

L'opera d'arte apre un Mondo che conferisce alle cose il loro vero aspetto, in essa la verità è presente e si fa storia. Ma al Mondo, che è apertura alla verità, si contrappone la Terra, principio di opacità e impenetrabilità: «*Ciò in cui l'opera si ritira e ciò che, in questo ritirarsi, essa lascia emergere, lo chiamiamo: Terra. [...]. Su di essa l'uomo storico fonda il suo abitare nel Mondo*».

La lotta tra disvelamento
e occultamento

Il rapporto tra Mondo e Terra non va inteso in termini di conciliazione o unità, come accadeva nell'estetica tra materia e forma, ma va pensato come lotta, in cui disvelamento e occultamento della verità si susseguono, portando alla luce sempre nuovi significati dell'opera. In questo movimento possiamo cogliere l'essenza dell'opera d'arte: il **divenire** e lo **storicizzarsi** della **verità**.

«*Ma come si storicizza la verità? Rispondiamo: la verità si storicizza in poche maniere essenziali. Una delle maniere in cui la verità appare è l'essere opera dell'opera. Esponendo un Mondo e facendo esser qui la Terra, l'opera d'arte è attuazione di quella lotta in cui è conquistato il non-esser-nascosto dell'ente nel suo insieme: la verità [...]. L'arte è nella sua essenza origine e null'altro: una maniera eminente in cui la verità si fa essente, cioè storica*» (▶ **Antologia**, brano 7, *L'arte come «storicizzarsi della verità»*).

3.4 Il mondo della tecnica

Identità tra metafisica
e scienza nel mondo
occidentale

La **scienza** e la **tecnica** sono per Heidegger le manifestazione essenziali del mondo moderno: la prima progetta l'ente, la seconda ne dispone secondo quel progetto. Con Cartesio il modo di procedere della **scienza matematica** diventa metodo della filosofia, realizzando quella sostanziale identità tra metafisica e scienza che appartiene al destino dell'Occidente dal momento in cui si è dimenticato dell'essere e ha separato l'ente dal suo fondamento, fino a farlo dipendere dalla produzione degli uomini.

L'oggettivazione
della natura

In questa logica la **natura** non è più un soggetto produttivo, ma è il fondo **a disposizione** di quella nuova soggettività umana che vuole sfruttarne il potenziale energetico: «*Lo svelamento della tecnica moderna è una pro-vocazione che mette la natura in condizione di liberare un'energia che può, come tale, essere estratta e accumulata*». Qui "pro-vocare" significa "chiamare alla presenza", ossia fare in modo che le forze nascoste della natura si manifestino: in questo senso la **tecnica** rappresenta la verità della nostra epoca in quanto **svelamento della natura**, condizionato dalle esigenze della produzione e del consumo. Un esempio può chiarire questa tesi di Heidegger: il petrolio, finché resta nei giacimenti sotto terra, è un'entità oggettiva inutilizzabile; solo la tecnica lo rende disponibile tramite lo scavo dei pozzi, il trasporto, la raffinazione. La tecnica, facendo di un oggetto il **fondo disponibile**, determina il modo di manifestarsi della natura, la quale perde così la propria oggettività e finisce per dipendere da come la scienza la conosce e da come la tecnica la trasforma.

IL MONDO
DELLA TECNICA

L'uomo decide in proprio del modo in cui deve situarsi rispetto all'ente ridotto a oggetto. Ha così inizio quel modo di esser uomo che consiste nel prender possesso della sfera dei poteri umani come luogo di misura e di dominio dell'ente nel suo insieme. L'epoca, caratterizzata da un evento di questo genere, non è qualcosa di nuovo solo in confronto al passato, ma si impone come nuova in se stessa e assolutamente. La novità concerne il mondo nel senso che si è fatto immagine. [...] Ciò non fa che rafforzare la soggettività. Nell'imperialismo planetario dell'uomo tecnicamente organizzato, il soggettivismo dell'uomo raggiunge quel culmine da cui non scenderà che per adagiarsi sul piano dell'uniformità organizzata e per installarsi in essa. Questa uniformità è infatti lo strumento più sicuro del dominio completo, cioè tecnico, della Terra.

M. HEIDEGGER, *L'epoca dell'immagine del mondo*

Il fatto che la mentalità moderna veda il pensiero scientifico e tecnologico come l'unico pensiero valido costituisce per Heidegger il pericolo più grande per l'umanità: l'egemonia del **pensiero calcolante** porta infatti con sé l'estinzione del **pensare pensoso** e, quindi, il venir meno della possibilità che l'uomo si ponga come apertura verso il mistero dell'essere.

● LE PAROLE DI MARTIN HEIDEGGER

Angoscia

È il sentimento che l'uomo prova di fronte alla minaccia della morte; essa mostra la mancanza di alternative dell'esistenza che viene compresa per quello che effettivamente è: la possibilità dell'impossibilità. In questo senso l'angoscia rivela che l'esistenza ha per fondamento il nulla.

Autentico/Inautentico

Sono le due possibilità fondamentali dell'esistenza e stanno a significare ciò che è proprio e ciò che non è proprio di un'esistenza sempre mia. All'interno dell'opposizione autentico/inautentico l'uomo può scegliere se stesso e misurarsi con la sua possibilità più propria (l'essere-per-la-morte), oppure disperdersi nella vita anonima della chiacchiera, della curiosità e dell'equivoco.

Cura

Il termine designa la struttura ontologica dell'uomo in quanto essere-nel-mondo che entra in rapporto con gli uomini e con le cose. Nel primo caso la cura è un "aver cura" nei confronti degli altri uomini; nel secondo caso è un "prendersi cura" delle cose.

Differenza ontologica

È la differenza tra l'essere e l'ente. Per Heidegger l'essere non può venire concepito come un ente, dal momento che quest'ultimo si definisce attraverso generi e specie e l'essere trascende tali determinazioni concettuali: «*non è possibile determinare l'essere mediante l'attribuzione di predicati ontici*», cioè propri della determinatezza fattuale dell'ente; «*l'essere non è qualcosa come l'ente*», la differenza ontologica stabilisce «*il non tra ente ed essere*».

Esserci (*Dasein*)

È il termine che Heidegger usa per indicare l'uomo. La parola rende manifesta l'originaria apertura dell'uomo all'essere, in cui consiste l'esistenza: il *Da-sein*, che corrisponde all'italiano Esser-ci.

Essere-nel-mondo

L'espressione indica la costituzione ontologica dell'Esserci, che va inteso non come un soggetto chiuso in sé, ma come un ente capace di relazionarsi con il mondo circostante, secondo varie modalità, come, per esempio, quella "dell'abitare presso" o quella "dell'aver familiarità con".

Esistenza

È il modo di essere esclusivo dell'Esserci, cioè dell'uomo. Per Heidegger solo l'uomo esiste, mentre gli altri enti semplicemente "sono": l'uomo, e solo lui, in quanto *ek-siste* ("sta oltre"), è originariamente aperto alle manifestazioni dell'essere ed è in grado di rapportarsi al proprio essere, comprendendone il senso.

Linguaggio

Nella seconda fase del suo pensiero, Heidegger dice che «*il linguaggio è la casa dell'essere*». Con ciò egli intende dire che il linguaggio costituisce quella totalità di significati all'interno della quale gli enti possono apparire ed essere. Le parole del linguaggio, nominando le cose, determinano quell'evento che trae gli enti fuori del loro nascondimento per portarli all'essere.

Morte

È la fine dell'Esserci, e perciò la sua possibilità più propria, certa, incondizionata e insuperabile: in quanto è una possibilità che non può non darsi è la possibilità di un'impossibilità di ogni rapporto e di ogni esistere. La comprensione autentica della morte si ha attraverso l'angoscia, che è l'anticipazione emotiva in cui sperimentiamo la sua minaccia.

Ontico

Termine utilizzato da Heidegger per indicare tutto ciò che riguarda gli enti considerati dal punto di vista della loro esistenza empirica; è una forma di sapere che si ferma ai caratteri dell'ente in quanto tale, senza metterne in questione l'essere. La conoscenza degli enti che è propria della scienza, per esempio, è di tipo ontico.

Ontologico

Il termine, contrapposto a ontico, sta a indicare la modalità non empirica di conoscenza della sfera esistenziale, che prende in considerazione l'ente in vista del suo essere. La fenomenologia è quella disciplina che, rendendo manifesto il fenomeno depurato dai suoi aspetti empirici, consente di analizzarlo e interpretarlo nel suo aspetto ontologico.

Possibilità

È il carattere ontologico originario dell'Esserci. Così intesa la possibilità è l'esistenziale che caratterizza l'esistenza nel suo essere e nella comprensione di questo essere.

Situazione emotiva

Esprime lo stato in cui si trova l'Esserci allorché è al cospetto di se stesso in quanto esser-gettato. La situazione emotiva fondamentale dell'esistenza autentica è l'angoscia, mentre di quella inautentica è la paura.

Utilizzabilità

È il modo di essere del mezzo – la cosa –, ossia di quell'ente intramondano che si incontra nel prendersi cura di.

MAPPA CONCETTUALE

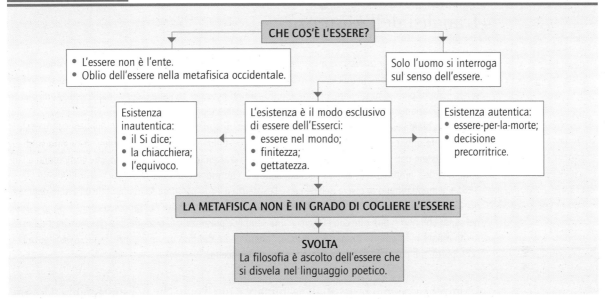

CHE COS'È L'ESSERE?

- L'essere non è l'ente.
- Oblio dell'essere nella metafisica occidentale.

Solo l'uomo si interroga sul senso dell'essere.

Esistenza inautentica:
- il Si dice;
- la chiacchiera;
- l'equivoco.

L'esistenza è il modo esclusivo di essere dell'Esserci:
- essere nel mondo;
- finitezza;
- gettatezza.

Esistenza autentica:
- essere-per-la-morte;
- decisione precorritrice.

LA METAFISICA NON È IN GRADO DI COGLIERE L'ESSERE

SVOLTA
La filosofia è ascolto dell'essere che si disvela nel linguaggio poetico.

ESERCIZI DI RIEPILOGO

Essere e tempo

1. Da quale domanda muove la riflessione filosofica di Martin Heidegger?
2. Che fine si propone di raggiungere Heidegger con la stesura di *Essere e tempo*? Riesce a raggiungere il suo obiettivo? Motiva la tua risposta.
3. Perché, secondo Heidegger, la riflessione sull'essere deve partire dall'analisi dell'esistenza dell'uomo? Rispondi con un testo di 10 righe circa.
4. Che cosa significa il termine *Dasein* (Esserci)?
5. Quali caratteristiche fondamentali riconosce Heidegger all'esistenza dell'uomo?
6. Che rapporto stabilisce Heidegger tra l'essere-nel-mondo dell'uomo e la comprensione?
7. Che cosa indica Heidegger con l'espressione «*circolo ermeneutico*»? Il fatto che la conoscenza abbia una dinamica circolare rappresenta per Heidegger uno svantaggio? Motiva la tua risposta in un testo di 10 righe circa.
8. Il considerare la conoscenza come frutto della precomprensione e della gettatezza ha degli effetti sulla concezione della verità? Motiva la tua risposta.
9. Esponi i caratteri dell'esistenza autentica e di quella inautentica.
10. Attraverso quali esperienze l'uomo può abbandonare la vita inautentica?
11. Che cosa significa l'espressione «*essere-per-la-morte*»? Quali effetti ha sulla vita dell'uomo la decisione precorritrice?
12. Come affronta Heidegger il tema del tempo? Che rapporto sussiste tra l'uomo e la temporalità? Rispondi con un testo di 10-15 righe circa.
13. Per quale motivo, secondo Heidegger, l'interrogativo posto da *Essere e tempo* non può trovare risposta utilizzando gli strumenti della filosofia classica? Quale metodo di analisi filosofica ha utilizzato Heidegger nella sua opera?

La svolta

14. Qual è la posizione di Heidegger nei confronti della filosofia greca? Quale rimprovero muove a Platone?
15. Qual è stata la natura e la funzione della metafisica occidentale secondo Heidegger?
16. Che cosa significa «*differenza ontologica*»? In che senso l'essere non coincide con gli enti?
17. Qual è l'atteggiamento dell'uomo contemporaneo nei confronti del sapere, della verità e della natura?
18. Con quali strumenti è possibile, secondo Heidegger, avvicinarsi alla comprensione dell'essere?
19. Quale funzione attribuisce Heidegger alla poesia? Motiva la tua risposta.
20. Per quale motivo nell'ultimo Heidegger l'opera d'arte riveste un ruolo fondamentale?
21. Heidegger considera il pensiero scientifico e la sua applicazione tecnologica come il più grande pericolo per l'umanità. Spiega perché in un testo di 10 righe circa.

◼ Martin Heidegger
L'analisi dell'esistenza

QUESTIONE ▶ Nell'*Introduzione* a *Essere e tempo* (1927) Heidegger dichiara che scopo dell'opera è l'indagine intorno al problema dell'essere in generale. Se l'essere e il suo senso sono ciò che si cerca, e se l'essere è sempre proprio di un ente, occorre interrogare un ente per cogliere il senso dell'essere: l'unico ente che è originariamente aperto alla comprensione dell'essere è per Heidegger l'uomo.
Il filosofo chiama esistenza il modo esclusivo dell'uomo di aprirsi all'essere e pone l'analitica esistenziale a fondamento di ogni indagine sul senso dell'essere. Quest'indagine è detta ontologica, in quanto studia il modo di essere dell'Esserci in generale e non ricerca i caratteri individuali dell'uomo, che competono all'indagine ontica, propria delle scienze come la biologia, l'antropologia o la psicologia.
TESI ▶ Il modo proprio di essere dell'Esserci è l'esistenza e il suo carattere fondamentale è l'essere-nel-mondo. L'analitica esistenziale mostra che l'esser proprio dell'uomo consiste nel rapporto con il proprio essere, nel senso che non si può dire che l'Esserci è una semplice presenza, ma bisogna dire che è un aver-da-essere, un progetto. In quanto progetto possibile, l'uomo non è definito da un'essenza, ma è un'esistenza che si rapporta alle possibilità che deve fare proprie con le scelte.

L'ente che ci siamo proposti di esaminare è quell'ente che noi stessi siamo. L'essere di questo ente è *sempre mio*. Nel suo essere questo ente si rapporta sempre al proprio essere. Come ente di questo essere, esso è rimesso al suo aver-da-essere. L'*essere* è ciò di cui ne va sempre per questo ente. Da questa caratterizzazione dell'Esserci derivano due ordini di conseguenze:

5 1. L'«essenza» di questo ente consiste nel suo aver-da-essere. L'essenza (*essentia*) di questo ente, per quanto in generale si può parlare di essa, dev'essere intesa a partire dal suo essere (*existentia*). Ecco perché l'ontologia ha il compito di mostrare che, se noi scegliamo per l'essere di questo ente la designazione di esistenza, questo termine non ha e non può avere il significato ontologico del termine tradizionale *exi-*
10 *stentia*. Esistenza significa, per l'ontologia tradizionale, qualcosa come la *semplice-presenza*, modo di essere, questo, essenzialmente estraneo a un ente che ha il carattere dell'Esserci. A scanso di equivoci: per dire *existentia* useremo sempre l'espressione interpretativa *semplice-presenza*, mentre attribuiremo l'esistenza, come
15 determinazione d'essere, esclusivamente all'Esserci.
L'essenza dell'Esserci consiste nella sua esistenza. I caratteri che risulteranno propri di questo ente non hanno quindi nulla a che fare con le «proprietà» semplicemente-presenti di un ente semplicemente-presente, «avente l'aspetto» di essere così o così, ma sono sempre e solo possibili maniere di essere dell'Esserci, e null'altro. Ogni esser-
20 così, proprio di questo ente, è primariamente essere. Perciò il termine «Esserci», con cui indichiamo tale ente, esprime l'essere e non il che-cosa, come accade invece quando si dice pane, casa, albero.[1]
2. L'Essere *di cui* ne va per questo ente nel suo essere, è sempre mio.[2] [...]

---

1. Il passo, di una certa complessità, ha per oggetto la comprensione di quel particolare ente che è l'uomo. Heidegger contrappone ai concetti della metafisica tradizionale di *essentia* (il che cos'è di una cosa, la sua natura) ed *existentia* (una semplice-presenza) i significati assunti nella sua filosofia dal termine *essenza* (l'aver-da-essere, la possibilità) ed *esistenza* (il modo di essere dell'Esserci).
2. L'Esserci non è un essere impersonale e generico, è sempre un'esistenza personale che, attraverso le scelte che compie, si assume in prima persona la responsabilità del proprio essere.

Il discorso rivolto all'Esserci deve, in conformità alla struttura dell'esser-sempre-mio, propria di questo ente, far ricorso costantemente al pronome *personale*: «io sono», «tu sei».   25

E, di nuovo, l'Esserci è sempre mio in questa o quella maniera di essere. L'Esserci ha già sempre in qualche modo deciso in quale maniera sia sempre mio. L'ente a cui nel suo essere ne va di questo essere stesso, si rapporta al suo essere come alla sua possibilità più propria. L'Esserci *è* sempre la sua possibilità, ed esso non la «ha» sem-   30
plicemente a titolo di proprietà posseduta da parte di una semplice-presenza. Appunto perché l'Esserci è essenzialmente la sua possibilità, questo ente *può*, nel suo essere, o «scegliersi», conquistarsi, oppure perdersi e non conquistarsi affatto o conquistarsi solo «apparentemente». Ma esso può aver perso se stesso o non essersi ancora conquistato solo perché la sua essenza comporta la possibilità dell'*autenticità*,   35
cioè dell'appropriazione di sé. *Autenticità e inautenticità* (queste espressioni sono state scelte nel loro senso terminologico stretto), sono modi di essere che si fondano nell'esser l'Esserci determinato, in linea generale, dall'esser-sempre-mio. L'inautenticità dell'Esserci non importa però un «minor» essere o un grado «inferiore» di essere. L'inautenticità può invece determinare l'Esserci, con concretezza più piena, nel-   40
l'operosità e nella vivacità, nella capacità di interessarsi e di godere.[3]

▶ M. HEIDEGGER, *Essere e tempo*, cap. I, § 9

ESERCIZI

Rispondi alle seguenti domande, eventualmente con opportune citazioni:
■ Che cosa significa che «*l'essenza dell'Esserci consiste nella sua esistenza*»? Rispondi chiarendo la differenza tra l'uso classico dei termini essenza ed esistenza e il nuovo significato attribuito loro da Heidegger.
■ Per quale motivo solo all'Esserci si pone la scelta tra un'esistenza autentica e una inautentica?
■ Che conseguenze comporta per l'uomo scegliere l'inautenticità?

❷ Martin Heidegger
Il mondo delle cose

QUESTIONE ▶ La prima e fondamentale modalità dell'esistenza analizzata in *Essere e tempo* è l'essere-nel-mondo, inteso come l'orizzonte del progettare dell'uomo. Le cose sono gli strumenti di cui l'uomo si serve, in vista di uno scopo, per realizzare i suoi progetti.

TESI ▶ L'utilizzabilità è la categoria introdotta da Heidegger per definire il rapporto teorico e pratico dell'uomo con le cose. Tale rapporto, per quanto pratico, non è ateoretico, perché possiede un suo proprio modo di vedere che unisce in sé aspetto teorico e aspetto pragmatico.

I greci usavano un termine appropriato per designare le «cose»: *pragmata*, ciò con cui si ha a che fare nel commercio prendente cura *(praxis)*. Ma essi lasciarono ontolo-

---

3. L'alternativa tra autenticità e inautenticità dipende dalle scelte che l'uomo liberamente assume: se decide di «scegliersi», assumendo in prima persona le possibilità proprie della sua esistenza (fino alla morte), opta per un'esistenza autentica; se sceglie l'inautenticità «si perde» nell'impersonalità e nell'anonimato del vivere quotidiano.

gicamente all'oscuro proprio il carattere «pragmatico» specifico dei *pragmata*, determinandone, «innanzitutto», il significato come «semplici cose». Noi chiamiamo
5 l'ente che viene incontro nel prendersi cura: il *mezzo (per)*[1]. [...]
Il mezzo, per la sua stessa natura, è sempre tale *a partire* dalla sua appartenenza ad altri mezzi: scrittoio, penna, inchiostro, carta, cartella, tavola, lampada, mobili, finestre, porte, camera. Queste «cose» non si manifestano innanzitutto isolatamente, per riempire successivamente una stanza come una somma di reali. Ciò che si incon-
10 tra per primo, anche se non tematicamente conosciuto, è la camera, e questa, di nuovo, non come «ciò che è racchiuso fra quattro pareti» in senso spaziale e geometrico, ma come mezzo di abitazione. È a partire da essa che si rivela l'«arredamento» e in questo, a sua volta, il «singolo» mezzo. *Prima* del singolo mezzo, è già scoperta una totalità di mezzi.[2]

15 Il commercio appropriato al mezzo, commercio in cui unicamente il mezzo può manifestarsi nel suo essere (ad esempio, il martello nel martellare), non *conosce* tematicamente questo ente come cosa presentantesi, allo stesso modo che l'usare non ne sa nulla della struttura del mezzo in quanto tale. Il martellare non si risolve nella semplice conoscenza del carattere di mezzo del martello, ma si è invece già appropriato
20 di questo mezzo come più adeguatamente non sarebbe possibile. In questo commercio usante, il prendersi cura sottostà al «per» costitutivo di ciascun mezzo. Quanto meno il martello è oggetto di contemplazione, quanto più adeguatamente viene adoperato, e tanto più originario si fa il rapporto ad esso e maggiore il disvelamento in cui esso ci viene incontro in ciò che è, cioè come mezzo. È il martellare a scoprire
25 la specifica «usabilità» del martello. Il modo di essere del mezzo, in cui questo si manifesta da se stesso, lo chiamiamo *utilizzabilità*. Solo perché il mezzo possiede *questo* «essere in sé» e non è qualcosa di semplicemente presente, esso è maneggiabile e disponibile nel senso più largo. Lo sguardo che si limita a *osservare* le cose nel loro «aspetto» apparente, anche se acutissimo, non può scoprire l'utilizzabile. L'osservazio-
30 ne puramente «teorica» delle cose è estranea alla comprensione dell'utilizzabilità. Il commercio che usa e manipola non è però cieco, perché ha un suo modo di vedere che guida la manipolazione, conferendole la sua specifica adeguatezza alle cose. Il commercio col mezzo sottostà alla molteplicità dei rimandi costitutivi del «per». La visione connessa a un processo del genere, è la *visione ambientale preveggente*.

35 Il comportamento «pratico» non è «ateoretico» nel senso che sia privo di visione, e il suo differenziarsi dal comportamento teorico non consiste solo nel fatto che nel primo si *agisce* e nel secondo si contempla, cosicché l'agire, per non rimanere cieco, dovrebbe applicare il conoscere teorico; al contrario, il contemplare è originariamente un prendersi cura, allo stesso modo che l'agire ha un *suo proprio* modo di vedere.[3] [...]

---

1. L'essere «*mezzo (per)*» indica il carattere di «*strumento*» che contraddistingue l'essere delle cose. L'analisi dell'etimologia delle parole greche è un procedimento usuale per Heidegger, che considera la lingua greca depositaria dei significati originari della filosofia. Il concetto di cura, che compare in questo passo e in molti successivi, indica l'essere dell'Esserci in quanto essere-nel-mondo e progetto.
2. L'uso della cosa come strumento, anche se non ne presuppone una conoscenza teorica, porta a comprendere la serie delle relazioni all'interno delle quali quell'uso si inserisce ed è quindi apertura alla totalità degli altri mezzi.
3. Anche se le cose ci si presentano come strumenti (il martello), non dobbiamo intendere che per natura esse abbiano la proprietà di essere utilizzabili. Al contrario, è nell'uso che noi ne facciamo (il martellare) che si svela la specifica utilizzabilità dello strumento. In questo senso il comportamento pratico rimanda a una conoscenza teorica in un'unità originaria di teoria e prassi.

L'utilizzabile non è conosciuto teoricamente e neppure è innanzitutto fatto oggetto   40
di una specifica tematizzazione ambientale. La peculiarità di ciò che è innanzitutto
utilizzabile sta nel ritirarsi in certo modo nella propria utilizzabilità, per essere così
autenticamente utilizzabile. Ciò con cui il commercio quotidiano ha innanzitutto a
che fare non sono i mezzi per attuare l'opera, ma l'opera stessa. La cosa da fare è l'oggetto primo del prendersi cura e costituisce quindi l'utilizzabile primario. [...]   45
La scarpa è costruita per portarla (è mezzo per camminare), l'orologio è fabbricato
per leggervi l'ora. L'opera che per prima si incontra nel commercio prendente cura,
ossia ciò che si sta facendo, è tale che, in virtù della possibilità di impiego che appartiene ad essa in linea essenziale, lascia con-incontrare già sempre l'«a-che» del *suo* impiego. L'opera approntata, da parte sua, è tale solo sul fondamento del suo uso e del-   50
la connessione di rimandi in esso scoperti. [...]
Ma qui la natura non può essere intesa come semplice presenza e neppure come *forza naturale*. La foresta è legname, la montagna è cava di pietra, la corrente è forza
d'acqua, il vento è vento «in poppa». Di pari passo con la scoperta del «mondo ambiente» si ha anche la scoperta della «natura». È però possibile prescindere da questa   55
utilizzabilità e scoprire e determinare la natura come semplice-presenza. Ma a questo genere di scoperta la natura resta incomprensibile come ciò che «vive e tende»,
ciò che ci assale, ciò che ci emoziona nel paesaggio. Le piante del botanico non sono i fiori del campo; le «sorgenti» di un fiume, stabilite geograficamente, non sono la
«polla nel terreno».[4]   60

▶ M. HEIDEGGER, *Essere e tempo*, cap. III, § 15

ESERCIZI

Rispondi alle seguenti domande, eventualmente con opportune citazioni:
■ Che cosa significa l'affermazione che «*il comportamento pratico non è ateoretico*»?
■ Qual è il significato delle cose secondo Heidegger?
■ Quanti significati attribuisce Heidegger al termine *natura* in questo brano?

3 Martin Heidegger
La comprensione

QUESTIONE ▶ L'Esserci è apertura. Uno dei modi originari in cui questa apertura si dà, analizzato nel seguente brano tratto da *Essere e tempo*, è la comprensione, ossia l'afferramento delle possibilità del proprio
poter-essere, attraverso cui l'uomo si rende trasparente a se stesso.
TESI ▶ La comprensione per Heidegger ha il carattere del progetto: non è la definizione di contenuti conoscitivi, ma è una precomprensione che, in forma di abbozzo, apre e orienta la ricerca del senso del-
l'essere.

---

4. Vi è un progressivo ampliarsi dell'orizzonte dell'utilizzabilità delle cose: dapprima il singolo strumento, poi la totalità degli
strumenti, poi l'opera che è il fine dell'uso degli strumenti, da ultimo la natura, che si definisce a partire dall'utilizzabilità delle cose e dall'operare degli uomini che quegli strumenti usano.

Nel discorso ontico[1], usiamo sovente l'espressione «comprendere qualcosa» nel senso di «essere in grado di affrontare qualcosa», di «esser capace di», di «saperci fare», di potere. Ciò che nella comprensione costituisce il «potuto» come esistenziale non è una cosa, ma essere in quanto esistere. Della comprensione fa parte, in linea es-
5 senziale, il modo di essere dell'Esserci in quanto poter-essere. L'Esserci non è una semplice presenza che, in più, possiede il requisito di potere qualcosa, ma, al contrario, è prima di tutto un esser-possibile. L'Esserci è sempre ciò che sa essere e nel modo della possibilità. L'essere possibile essenziale dell'Esserci include le modalità già esaminate del prendersi cura del «mondo» e dell'aver cura degli Altri e – in tutto ciò
10 e già sempre – il poter essere in rapporto con se stesso, l'«in-vista-di-sé». [...]
La comprensione è l'essere di un poter-essere tale che ciò che manca ad esso non è un non-ancora semplicemente presente; in nessun caso essa può avere i caratteri della semplice presenza, poiché «è» secondo il modo di essere dell'Esserci in quanto esistenza. L'Esserci è nel modo dell'aver o non aver saputo comprendere il proprio aver-
15 da-essere. In quanto è questa comprensione, esso «sa» come stanno le cose *a proposito* di se stesso, cioè del suo poter-essere. Questo «sapere» non scaturisce da un'introspezione immanente, ma appartiene all'essere del Ci, che è essenzialmente comprensione. Solo *perché* l'Esserci, comprendendo, è il suo Ci, esso *può* smarrirsi e disconoscersi.[2] [...]
20 La comprensione, in quanto apertura, riguarda l'intera costituzione dell'essere-nel-mondo. [...]
Il progetto concerne sempre l'apertura totale dell'essere-nel-mondo. La comprensione, in quanto poter-essere, ha possibilità proprie, che si costituiscono nell'ambito di ciò che essa è in grado di aprire. La comprensione *può* attuarsi innanzitutto come
25 apertura del mondo; cioè l'Esserci può, innanzitutto e per lo più, comprendere se stesso a partire dal proprio mondo. Ma la comprensione può anche progettarsi primariamente nell'«in-vista-di-cui», cioè: l'Esserci può esistere come se stesso. La comprensione o è autentica, cioè basata sul se Stesso come tale, o non autentica.[3] Ma questo «non» non significa che l'Esserci si separa da se stesso per comprendere «sol-
30 tanto» il mondo. Il mondo fa parte del suo essere-se-Stesso in quanto essere-nel-mondo. [...]
L'apertura del Ci nella comprensione è essa stessa una modalità del poter-essere dell'Esserci. Nel progettamento del suo essere nell'«in-vista-di-cui», e nel contemporaneo progettamento di sé nella significatività (mondo), si realizza l'apertura dell'es-
35 sere in generale. Il progettarsi nelle possibilità presuppone la comprensione dell'essere. Nel progetto, l'essere è compreso ma non è elaborato in concetti ontologici.

---

1. Il «*discorso ontico*» riguarda gli enti considerati dal punto di vista della loro esistenza empirica. Esso si ferma ai caratteri dell'ente in quanto tale, senza metterne in questione l'essere.
2. Secondo Heidegger l'uomo è «*il poter essere le proprie possibilità*» e realizza la sua progettualità solamente se le assume senza che perdano il carattere di possibilità. Per questo la comprensione è la modalità del poter-essere in cui consiste l'Esserci, perché il comprendere è quel rapportarsi alle proprie possibilità nella cui appropriazione consiste l'esistenza autentica.
3. All'uomo si danno possibilità diverse di comprensione, che possono esser autentiche, se rivolte a ciò che è proprio dell'esistenza sempre mia, o inautentiche, se caratterizzate da un'esteriorità impersonale conforme alla mentalità comune.

L'ente che ha il modo di essere essenziale della progettazione dell'essere-nel-mondo porta con sé la comprensione dell'essere come costitutiva del suo essere.[4]

▶ M. Heidegger, *Essere e tempo*, cap. V, § 31

ESERCIZI

Rispondi alle seguenti domande, eventualmente con opportune citazioni:

■ Perché il rapporto tra comprensione ed Esserci è un rapporto essenziale? Qual è la caratteristica fondamentale dell'Esserci?

■ Che cosa significa comprendere in senso ontico? E in senso ontologico?

■ Quali conseguenze implica la nozione di «*essere-nel-mondo*» riferita all'Esserci?

■ Qual è il rapporto tra l'uomo e il progetto?

4 Martin Heidegger
L'essere-per-la-morte

QUESTIONE ▶ L'interpretazione heideggeriana dell'essere dell'uomo mette al centro della riflessione l'essere-per-la morte. A differenza dei filosofi che hanno inteso la morte come un evento di cui è difficile dare ragione o come un limite inaccettabile, Heidegger mostra che l'uomo, in quanto progetto, può essere autenticamente quello che è solamente se pone la morte a fondamento della sua esistenza, perché solo in questo modo ne comprende il carattere strutturale di finitezza e può dare il giusto valore a ogni scelta e decisione.

TESI ▶ In questo brano, tratto da *Essere e tempo*, l'analisi esistenziale della morte non vede in essa la fine dell'esistenza degli altri, ma la condizione di possibilità della propria esistenza. Due aspetti risultano decisivi per Heidegger: il fatto che la morte, in quanto «*possibilità dell'impossibilità dell'esistenza*», è una possibilità diversa da tutte le altre; il fatto che la «*decisione anticipatrice*» della morte rende autentica l'esistenza.

L'esser-per-la-morte è l'anticipazione di un poter essere *di quell'*ente il cui modo di essere ha l'anticiparsi stesso. Nella scoperta anticipante di questo poter-essere, l'Esserci si apre a se stesso nei confronti della sua possibilità estrema. Ma progettarsi sul poter-essere più proprio significa: poter comprendere se stesso entro l'essere dell'ente così svelato: esistere. L'anticiparsi si rivela come la possibilità della comprensione del poter-essere *più proprio* ed estremo, cioè come la possibilità dell'*esistenza autentica*. La sua costituzione ontologica dev'essere chiarita attraverso l'elaborazione della struttura concreta dell'anticipazione della morte. Come si effettua la delimitazione fenomenica di questa struttura? In primo luogo dobbiamo stabilire i caratteri dell'aprire anticipante, in conformità alla sua funzione di comprensione pura, della possibilità più propria, incondizionata, insuperabile, certa e, come tale, indeterminata. Resta da precisare che «comprendere» non ha originariamente il significato di

5

10

---

4. Il riferimento «all'apertura all'essere in generale» significa che la comprensione ha un carattere ontologico: la comprensione delle possibilità dell'Esserci rientra nell'indagine volta a chiarire il senso dell'essere.

contemplazione di un senso; esso è l'autocomprendersi nel poter-essere che si svela nel progetto.[1]

15 La morte è la possibilità *più propria* dell'Esserci. L'essere per essa apre all'Esserci il poter-essere *più proprio,* nel quale ne va pienamente dell'essere dell'Esserci. In essa si fa chiaro all'Esserci che esso, nella più specifica delle sue possibilità, è sottratto al Si; cioè che, anticipandosi, si può già sempre sottrarre ad esso. La comprensione di questo «potere» rivela la perdizione effettiva nella quotidianità del Si-stesso.

20 La possibilità più propria è *incondizionata.* L'anticipazione fa comprendere all'Esserci che ha da assumere esclusivamente da se stesso quel poter-essere in cui ne va recisamente del suo poter-essere più proprio. La morte non «appartiene» indifferentemente all'insieme degli Esserci, ma *pretende* l'Esserci *nel suo isolamento.* L'incondizionatezza della morte, qual è compresa nell'anticipazione, isola l'Esserci in se stes-

25 so. Questo isolamento è un modo in cui il Ci si rivela all'esistenza. Esso rende chiaro che ogni esser-presso ciò di cui ci si prende cura ed ogni con-essere con gli altri fallisce quando ne va del nostro più proprio poter-essere. [...]
L'anticipazione della possibilità incondizionata conferisce all'ente anticipante la possibilità di assumere il suo essere più proprio da se stesso e a partire da se stesso.

30 La possibilità più propria e incondizionata è *insuperabile.*[2] L'esser-per questa possibilità fa comprendere all'Esserci che su di esso incombe, come estrema possibilità della sua esistenza, la rinuncia a se stesso.
L'anticipazione non evade l'insuperabilità come fa l'essere-per-la-morte inautentico, ma, al contrario, si rende *libera per* essa. L'anticipante farsi libero *per* la propria mor-

35 te affranca dalla dispersione nelle possibilità che si presentano casualmente, di guisa che le possibilità effettive, cioè situate al di qua di quella insuperabile, possono essere comprese e scelte autenticamente[3]. L'anticipazione dischiude all'esistenza, come sua estrema possibilità, la rinuncia a se stessa, dissolvendo in tal modo ogni solidificazione su posizioni esistenziali raggiunte. Anticipandosi, l'Esserci si garantisce

40 dal cadere dietro a se stesso e alle spalle del poter-essere già compreso, e dal «divenire *troppo* vecchio per le sue vittorie» (Nietzsche). Libero per le possibilità più proprie e determinate dalla *fine,* cioè comprese come *finite,* l'Esserci sfugge al pericolo di disconoscere, a causa della comprensione finita propria dell'esistenza, le possibilità esistenziali degli altri che lo superano; oppure, misconoscendole, di ricondurle

45 alle proprie, per sfuggire così alla singolarità assoluta della propria effettiva esistenza. Come possibilità insuperabile, la morte isola l'Esserci, ma solo per renderlo, in questa insuperabilità, consapevole del poter-essere degli altri che ci con-sono. Poiché l'anticipazione della possibilità insuperabile apre nel contempo alla comprensione delle possibilità situate al di qua di essa, essa porta con sé la possibilità dell'an-

---

1. L'esistenza è l'essenza dell'essere dell'uomo, ma l'essere dell'uomo non è una realtà stabile bensì è sospeso al nulla della morte: in questo senso è soltanto possibilità. Con la decisione anticipatrice l'uomo assume la morte come possibilità fondamentale della sua esistenza e ne svela il carattere essenziale.
2. Heidegger indica le tre caratteristiche essenziali della morte: essa è la possibilità più propria, perché riguarda l'essere di ciascuno in ciò che ha di più proprio (nessuno può morire al mio posto); la possibilità incondizionata, nel senso che non è condizionata, non dipende dalle relazioni con il mondo; la possibilità insuperabile, perché è la possibilità estrema.
3. La decisione anticipatrice della morte, lungi dall'occultarla come avviene nell'esistenza inautentica, fa sì che l'Esserci si liberi dalle preoccupazioni quotidiane e si apra alla possibilità più propria dell'esistenza autentica, scegliendo con consapevolezza ciò in cui progettarsi, senza accettare passivamente qualsiasi occasione.

ticipazione esistentiva dell'Esserci *totale*, cioè la possibilità di esistere concretamen-   50
te come *poter-essere totale*.[4]

▶ M. HEIDEGGER, *Essere e tempo*, sez. II, cap. I, § 32

ESERCIZI

Rispondi alle seguenti domande, eventualmente con opportune citazioni:

■ Perché, secondo Heidegger, la scoperta anticipante dell'essere-per-la-morte rappresenta per l'uomo
la possibilità dell'esistenza autentica?

■ Quali conseguenze scaturiscono per l'uomo dall'anticipazione dell'essere-per-la-morte?

■ Qual è il senso della parola *libertà* in questo brano?

■ Che cosa significa la dizione «*poter-essere totale*» dell'Esserci?

5 Martin Heidegger
La domanda metafisica fondamentale

QUESTIONE ▶ L'*Introduzione alla metafisica* fu scritta da Heidegger nel 1935, ma fu pubblicata nel 1953.
Il tema del saggio è espresso con chiarezza fin dalla prima riga del primo capitolo: *Perché vi è, in generale,
l'essente e non il nulla?* I successivi tre capitoli contengono i tentativi di dare una risposta a questa domanda fondamentale, che Heidegger affronta utilizzando il metodo fenomenologico applicato alla storia
della comprensione dell'essere. Come scrive Gianni Vattimo nella *Presentazione* all'edizione italiana, questo saggio «*ha una posizione centrale e peculiare nello svolgimento del pensiero di Heidegger* [...] *tanto che
esso si può collocare a buon diritto accanto a* Essere e tempo *come seconda opera chiave per la comprensione del suo pensiero*», costituendo la prima trattazione organica e ampia della svolta, seguita a *Essere e
tempo* (1927).

TESI ▶ Il brano proposto analizza la domanda metafisica fondamentale «*Perché vi è, in generale, l'essente
e non il nulla?*», mostrandone il carattere peculiare. La domanda mette in questione, assieme alla totalità
degli essenti, anche l'interrogante che l'ha posta, mentre esclude un'indagine su chi ha fatto l'essente pre-
ferendolo al nulla – se così facesse si rimarrebbe all'interno di un'impostazione causale della ricerca, tipica
del pensiero metafisico tradizionale o di quello scientifico. Ciò che Heidegger si chiede è "che senso ha" che
a essere sia l'essere e non il nulla.

La natura filosofica della domanda è chiara se si considera l'aggiunta «*e non il nulla*»: per la scienza quest'aggiunta è inutile, non potendo la scienza occuparsi del nulla; la filosofia, al contrario, avverte l'essenzialità dell'aggiunta «*e non il nulla*», in quanto se l'essente è, è perché non è nulla.

Perché vi è, in generale, l'essente e non il nulla?[1] Ecco la domanda. Non si tratta, pre-
sumibilmente, di una domanda qualsiasi. È chiaro che la domanda: «Perché vi è, in
generale, l'essente e non il nulla?» è la prima di tutte le domande. Non certo la prima per quanto riguarda l'ordine temporale. I singoli, e anche i popoli, si pongono
una quantità di domande nel corso del loro sviluppo storico attraverso i tempi; af-   5

---

4. L'uomo che sa riconoscere la morte come la possibilità più propria della sua esistenza autentica sa anche riconoscere quella
degli altri uomini. La totalità cui Heidegger si riferisce è quella che si raggiunge allorché la decisione anticipatrice della morte
rende l'esistenza un tutto unitario, un «poter-essere-totale», non più dispersa in una molteplicità casuale.

1. Il termine "essente" traduce il tedesco *seiend* ("l'ente che è") e indica tutto ciò che è, ciò a cui ci rapportiamo e anche ciò che
noi siamo.

frontano, esplorano, indagano ogni sorta di cose prima d'imbattersi nella domanda: «Perché vi è, in generale, l'essente e non il nulla?». Capita a molti di non imbattersi addirittura mai in una simile domanda, né di chiedersene mai il significato: dato che non si tratta di fermarsi alla pura e semplice enunciazione, sentita o letta, della fra-

10 se interrogativa, ma di formulare la domanda, di farla sorgere, di porla, di immetter-si nella necessità di questo domandare.

Eppure, capita a ciascuno di noi di essere, almeno una volta e magari più d'una, sfio-rato dalla forza nascosta di questa domanda; senza tuttavia ben rendersene conto. In certi momenti di profonda disperazione, ad esempio, quando ogni consistenza

15 delle cose sembra venir meno e ogni significato oscurarsi, la domanda risorge. Può darsi che una sola volta essa ci abbia colpito, come il suono cupo di una campana echeggiante nell'intimo e che vada via via smorendo. Oppure la domanda si pre-senta in un'esplosione giubilante del cuore, allorché repentinamente tutte le cose si trasformano e ci attorniano come per la prima volta, tanto che riuscirebbe più faci-

20 le concepire che esse non siano piuttosto che siano proprio così come sono. La do-manda si presenta anche in certi momenti di noia, quando ci sentiamo ugualmente distanti dalla disperazione come dalla gioia; ma in modo tale che l'incombente nor-malità di ciò che è induce a una desolazione nella quale appare indifferente che ciò che è sia o non sia. Allora, in guisa ancor più pertinente, risuona ancora la doman-

25 da: «Perché vi è, in generale, l'essente e non il nulla?».[2]

Ma sia che la domanda si ponga nel suo vero significato, sia che, senza venir ricono-sciuta come vera e propria domanda percorra solo, come un turbine passeggero, il nostro essere; sia che ci scuota profondamente, sia che si lasci da noi eludere o soffo-care sotto un pretesto qualsiasi, certo si è che essa, fra tutte le domande, non è mai

30 quella che ci si pone temporalmente per prima.

▶ M. HEIDEGGER, *Introduzione alla metafisica*, cap. I

ESERCIZI

Rispondi alle seguenti domande, eventualmente con opportune citazioni:
■ In che senso, secondo Heidegger, la domanda «*Perché vi è, in generale, l'essente e non il nulla?*» è la prima di tutte le domande?
■ A chi e in quali momenti sorge la domanda fondamentale?
■ Qual è il ruolo della noia nel contesto del brano?

---

2. Il capoverso attesta che la domanda metafisica fondamentale non è un atto della ragione astratta, ma sorge da esperienze esi-stenziali profondamente coinvolgenti: la disperazione, la gioia, la noia. Sul sentimento della noia, che rivela la totalità delle co-se esistenti, nella loro indifferenza, Heidegger ha scritto in *Che cos'è la metafisica*: «Quando noi non siamo particolarmente oc-cupati dalle cose e da noi stessi, ci viene addosso questo «tutto» della noia propriamente detta. Essa è ancora lontana finché quel che ci annoia è questo libro o quello spettacolo, quella occupazione o questa oziosità. Essa affiora «quando a uno prende la noia». La noia profonda, che si insinua serpeggiando nelle profondità della nostra esistenza come nebbia silenziosa, stringe insieme tutte le cose, gli uomini e l'individuo stesso con esse, in una singolare indifferenza. Questa è la noia che rivela l'essente nella totalità».

6 Martin Heidegger
Pensiero scientifico e pensiero filosofico

QUESTIONE ▶ Il brano in lettura, tratto dal primo capitolo dell'*Introduzione alla metafisica*, pone in primo piano la questione del problema del nulla, considerato come inaffrontabile dalla metafisica classica e dal pensiero scientifico. Ciò è legato, secondo Heidegger, all'incomprensione della metafisica occidentale, che ha indagato il senso dell'essere a partire dagli essenti; la metafisica, intesa in questo modo, è in realtà una fisica, che rimane sul piano degli essenti e dimentica l'essere, dando vita a quello che Heidegger chiama l'oblio dell'essere: solo ciò che è presente davanti a noi, come oggetto, è qualcosa di reale, secondo la metafisica classica.

Il primo responsabile di questo stravolgimento della metafisica è stato Platone, che ha rovesciato il rapporto tra verità ed essere. Mentre, infatti, i primi filosofi avevano concepito la verità come disvelamento dell'essere, Platone fonda l'essere sulla verità, facendo prevalere il valore sull'essere. Dopo Platone l'oblio dell'essere ha accompagnato tutta la storia della metafisica: la dottrina aristotelica dell'essere come "atto puro", quella di Hegel del "concetto assoluto", quella di Nietzsche dell'"eterno ritorno" sono le tappe ulteriori di un percorso che ha segnato il destino dell'Occidente fino al nichilismo contemporaneo.

TESI ▶ In questo brano Heidegger sferra una dura critica alla pretesa del pensiero scientifico, basato sul principio di non contraddizione, di essere l'unico pensiero rigoroso. Sulla base dei principi della logica, considerata garante unica, assoluta e astorica della verità, la scienza ritiene impossibile pensare al nulla in modo rigoroso. Secondo Heidegger invece, la filosofia e la poesia sono due forme di pensiero spiritualmente superiori alla scienza e tali da poter affrontare il pensiero del nulla.

In considerazione di ciò, ci sembra che la formula interrogativa prospettata all'inizio: «Perché vi è, in generale, l'essente e non il nulla?» esprima in modo molto più adeguato della formula abbreviata la domanda sull'essente. Il fatto di introdurre qui il discorso sul nulla non indica mancanza di rigore o ridondanza del dire, non è nemmeno una nostra invenzione, ma è un modo di attenersi strettamente, per quanto   5
riguarda il senso della domanda fondamentale, alla tradizione originaria.

Questo parlare del nulla, tuttavia, ripugna in generale al pensiero e produce effetti distruttivi. Ma, supposto che le preoccupazioni per la retta osservanza delle regole del pensare e l'angoscia di fronte al nichilismo si fondino entrambe su di un malinteso, come potrebbero valere a distoglierci da un discorso sul nulla? Ed è così, in ef-   10
fetti. Sicuramente, il malinteso che entra qui in gioco non è per niente fortuito. Esso si fonda su di un'incomprensione, da lungo tempo imperante, della domanda sull'essente. Ma questa incomprensione proviene da un *oblio dell'essere* che è venuto sempre più irrigidendosi.

Non è infatti ancora per nulla pacifico che la logica e le sue regole fondamentali   15
siano in grado di offrirci, in generale, un criterio per il problema dell'essente come tale. Potrebbe essere, al contrario, che tutta la logica da noi conosciuta, e considerata come piovuta dal cielo, si fondi già su una determinata e particolare risposta alla domanda sull'essente, tale che ogni pensiero che ubbidisce solamente alle regole della logica tradizionale si trovi fin da principio nell'impossibilità anche solo di com-   20
prendere, in generale, la domanda circa l'essente, e tanto più nell'impossibilità di svilupparla realmente e di pervenire a una risposta. Non c'è in realtà che una apparenza di rigore scientifico nell'appellarsi al principio di non contraddizione e in genere alla logica per provare che ogni pensiero e discorso sul nulla è contraddittorio e perciò privo di senso. «La logica» è considerata, da questo punto di vista, come un   25
tribunale eterno, di cui, naturalmente, nessun uomo ragionevole può mettere in dub-

bio la giurisdizione nella sua competenza di prima e ultima istanza. Chi parla contro la logica è conseguentemente, in modo tacito o espresso, sospettato di arbitrio. Si fa valere questo semplice sospetto come una prova e un'obiezione, ritenendosi esonerati da un più ampio ed autentico esame della questione.[1]

30 È purtuttavia certo che non si può parlare né discutere del nulla come se si trattasse di una cosa: della pioggia che scroscia di fuori, di una montagna o, in genere, di un qualsiasi oggetto. Il nulla permane fondamentalmente inaccessibile a ogni scienza. Chi vuole davvero parlare del nulla deve necessariamente rinunciare all'atteggiamento scientifico. Ma ciò costituisce una grossa disgrazia solo fintantoché sussiste

35 l'opinione che il pensiero scientifico sia il solo vero e autentico pensiero rigoroso e che esso possa e debba venir assunto come criterio unico anche del pensiero filosofico. È in realtà vero il contrario. Ogni pensiero scientifico è solo una forma derivata, e con ciò stesso irrigidita, del pensiero filosofico. La filosofia non nasce dalla scienza né grazie alla scienza. La filosofia non si lascia mai coordinare con le scienze. Es-

40 sa è loro piuttosto sovraordinata, e ciò non solo da un punto di vista logico o relativamente a un piano sistematico delle scienze. La filosofia si trova in tutt'altra zona e in tutt'altro grado dell'esistenza spirituale. Solo la poesia appartiene al medesimo ordine della filosofia e del suo modo di pensare. Ma il poetare e il pensare non sono a loro volta identici. Parlare del nulla seguita a essere, comunque, per la scienza,

45 un orrore e un'assurdità. Può farlo, al contrario, oltre che il filosofo, il poeta: e questo non per via di un minor rigore che, secondo l'opinione comune, è dato riscontrare nella poesia, ma perché nella poesia (si intende solo nella più autentica e più grande) sussiste, nei confronti di tutto ciò che è puramente scientifico, un essenziale superiorità dello spirito. In virtù di tale superiorità il poeta parla sempre come se per

50 la prima volta egli esprimesse e interpellasse l'essente. Nel poetare del poeta come nel pensare del pensatore vengono ad aprirsi così grandi spazi che ogni singola cosa: un albero, una montagna, una casa, un grido d'uccello, vi perde completamente il proprio carattere insignificante e abituale.[2]

▶ M. Heidegger, *Introduzione alla metafisica*

ESERCIZI

Rispondi alle seguenti domande, eventualmente con opportune citazioni:
■ Quale ruolo svolge la logica nella riflessione sui temi dell'essere e dell'essente?
■ Qual è la posizione teoretica assunta dalla scienza sul tema del nulla?
■ Qual è il ruolo del poetare e del poeta sui temi dell'essere e dell'essente?

---

1. L'osservazione di Heidegger mette in discussione la logica e il suo principio fondante, quello di non contraddizione. Il divieto a pensare il nulla dipende da una logica che pensa all'interno di una determinata precomprensione dell'essente, che le impedisce di comprendere la domanda e di pervenire a una risposta.
2. Il passo è uno dei tanti in cui si esprime la polemica antiscientifica di Heidegger. Dire che «il nulla permane fondamentalmente inaccessibile ad ogni scienza» significa affermare che filosofia e scienza sono due forme di pensiero completamente separate. Più in generale, la «povertà» del pensiero calcolante, proprio della scienza, si contrappone alla fecondità e ricchezza del pensiero poetante, nel quale si dà l'apertura che dischiude l'originario rapporto tra uomo ed essere.

7 Martin Heidegger
L'arte come «*storicizzarsi della verità*»

QUESTIONE ▶ In un saggio su *L'origine dell'opera d'arte*, contenuto in *Sentieri interrotti*, Heidegger espone le sue tesi sull'essenza dell'arte, in contrapposizione alle concezioni dominanti nel pensiero estetico moderno da Kant in avanti. L'idea che sta alla base della riflessione heideggeriana è che l'opera d'arte abbia una relazione privilegiata con l'essere e con la verità, che dell'essere è il disvelamento. Posto che opera d'arte è, in quanto opera, una cosa prodotta, essa è anche qualcos'altro oltre la pura cosa. Questo "altro" è racchiuso nel carattere allegorico e simbolico dell'opera d'arte: l'opera d'arte è allegoria e simbolo dello storicizzarsi della verità.

TESI ▶ L'opera d'arte è sempre frutto di un atto creativo, ma mai creazione dal nulla. In questo senso, l'attività dell'artista è sempre un progetto legato alle determinazioni del suo esserci storico. D'altro lato, nell'opera d'arte ciò che si storicizza è la verità della cosa che l'opera esprime. L'opera infatti istituisce un "mondo" fatto dalla rete di significati contenuti nell'opera stessa e il linguaggio artistico finisce per custodire questi significati. Nell'opera d'arte si ha, quindi, l'evento in cui la verità dell'essere dell'ente si disvela.

Lo sforzo per raggiungere la realtà dell'opera deve preparare il terreno per rintracciare nell'opera reale l'arte e la sua essenza. Il problema dell'essenza dell'arte e della via della sua soluzione debbono essere posti su una nuova base. La risposta a questo problema, come del resto ogni risposta genuina, sarà solo l'ultimo passo di una lunga serie di interrogativi. Ogni risposta conserva il suo valore di risposta solo fin 5
che resta radicata nella domanda.

L' esser-opera dell'opera non solo ha reso più chiara la realtà dell'opera ma l'ha anche arricchita. All'esser-opera dell'opera appartengono coessenzialmente tanto coloro che la fanno quanto coloro che la salvaguardano. Ma è l'opera stessa a rendere possibili coloro che la fanno e a richiedere, quanto alla sua stessa essenza, coloro che 10
la salvaguardano. Che l'arte sia l'origine dell'opera significa che essa fa sorgere nella loro essenza quelli che sono ad essa coessenziali: i facenti ed i salvaguardanti. Ma che cos'è l'arte in se stessa perché noi possiamo a buon diritto chiamarla origine? Nell'opera si attua lo storicizzarsi della verità[1], e precisamente nel modo dell'essere-in-opera. Perciò l'essenza dell'arte venne da noi intesa come il porre in opera la ve- 15
rità. Ma questa determinazione è volutamente ambigua. Per un lato significa: l'arte è il fissarsi della verità ordinantesi nella figura. Il che ha luogo nel fare come produzione del non-esser-nascosto dell'ente. Ma porre in opera significa anche: porre in moto e far esser storico l'esser-opera. Il che ha luogo come salvaguardia. Così l'arte è la producente salvaguardia della verità in opera. Ma in tal caso l'arte è il divenire 20
e lo storicizzarsi della verità. La verità sorge dunque dal nulla? Sì, se per «nulla» si intende la pura negazione dell'ente inteso come quella semplice-presenza[2] abituale che l'opera, nel suo limpido sussistere, denuncia e dissolve come l'ente solo presuntivamente vero. La verità non può mai esser letta presso ciò che è semplicemente-

---

1. Lo storicizzarsi della verità indica che nell'opera d'arte la cosa è venuta in luce per quello che veramente è, pur attraverso le determinazioni dell'esserci storico. Ciò significa che l'arte mostra l'ente nella sua verità, nel senso greco di *alétheia* (il non-nascondimento dell'essere).
2. La semplice-presenza è il modo di essere proprio degli enti intramondani, ossia delle cose che l'uomo incontra nel mondo che lo circonda e di cui si prende cura, secondo la modalità dell'utilizzabilità. Nulla di questo modo di rapportarsi con le cose si dà nell'opera d'arte, per cui Heidegger dice che l'arte dissolve l'ente, inteso come semplice-presenza.

25 presente e abituale. La verità dell'Aperto e l'illuminazione dell'ente si realizzano solo se è progettata l'apertura che l'esser-gettato porta con sé. La verità, come illuminazione e nascondimento dell'ente, si storicizza se viene poetata. Ogni arte, in quanto lascia che si storicizzi l'avvento della verità dell'ente come tale, è nella sua essenza poesia. L'essenza dell'arte, in cui risiedono contemporaneamente opera d'ar-

30 te e artista, è il porsi in opera della verità. Dall'essenza poetica dell'arte deriva lo spalancarsi, nel mezzo dell'ente, di un luogo aperto, nella cui apertura ogni cosa è diversa dall'abituale. In virtù del progetto – proprio dell'opera – del non-esser-nascosto dell'ente che ci viene incontro, ogni abitualità tramandata dilegua nell'opera come non-essente, perdendo così il potere di offrire e conservare l'essere come misura.

35 Lo straordinario, qui, sta nella impossibilità assoluta da parte dell'opera di influire sull'ente abituale e ordinario mediante un'azione causale. L'efficacia dell'opera non consiste nel produrre effetti. Essa consiste invece in quel mutamento del non-esser-nascosto dell'ente che è connesso all'opera; cioè in un mutamento dell'essere.

▶ M. Heidegger, *L'origine dell'opera d'arte*

ESERCIZI

Rispondi alle seguenti domande, eventualmente con opportune citazioni:
■ Che cosa significa l'affermazione di Heidegger secondo cui «*l'arte è all'origine dell'opera*»?
■ Qual è per Heidegger l'essenza dell'arte?
■ Che cosa significa che la verità sorge dal nulla?
■ In che senso l'opera d'arte produce un mutamento dell'essere rispetto all'ente? Per rispondere rileggi le ultime due righe del brano e commentale alla luce dell'intero passo.

Heidegger e il nazismo

La compromissione di Heidegger con il nazismo è un fatto acclarato da una cospicua mole di documenti. Questa circostanza ha alimentato una vivace polemica tra coloro che separano le scelte e le responsabilità politiche del filosofo dalla sua elaborazione teorica e quelli che, invece, sottolineano le consonanze tra i lavori filosofici di Heidegger e l'ideologia nazista. Sull'argomento esiste un'ampia bibliografia, a partire dal volume di Victor Farias, Heidegger e il nazismo *(1987).*
Il brano di Pietro Rossi riassume i termini del problema, offrendo una serie di dati che aiutano a farsi una prima idea sulla questione.

Pietro Rossi[1], *L'esistenza e l'essere,* in *Storia della filosofia*

Rientrato a Friburgo nel 1928, Heidegger cominciò a interessarsi attivamente di politica, avvicinandosi al nazismo in ascesa e, in particolare, al suo movimento giovanile. [...] Quando nel 1933 Hitler conquistò il potere, l'ormai celebre professore di Friburgo si iscrisse al partito nazista e, con il suo appoggio, diventò rettore di quell'università. Il suo programma era rivolto alla *Gleichschaltung*, all'*allineamento* dell'università per adeguarla ai principi del nazismo: il che comportava, tra l'altro, l'allontanamento dei professori non ariani, compreso lo stesso Husserl ormai divenuto 'emerito'. Di questo programma egli enunciò i principi nel discorso pronunciato all'indomani della sua elezione a rettore, il 27 maggio 1933, che recava il titolo *L'autoaffermazione dell'università tedesca*.

Heidegger rivendicava a sé, quale rettore, «il compito di guida *spirituale*» dell'università intesa come «comunità dei professori e degli studenti» che deve radicarsi «nell'essenza dell'università tedesca», e collegava questa essenza alla «missione spirituale del popolo tedesco, in quanto popolo giunto alla piena coscienza di sé nel suo Stato». Egli si richiamava così a una missione specifica della Germania, a un destino che deve coinvolgere anche la scienza, e in primo luogo la filosofia. Questo motivo veniva, al tempo stesso, tradotto nei termini della filosofia heideggeriana. L'apporto della scienza alla realizzazione del destino tedesco si presenta infatti come fedeltà al suo inizio, da cui la scienza trae la propria essenza; e questo inizio è individuato nella filosofia greca, nella quale l'uomo si è per la prima volta interrogato sull'essere e dalla

quale sia la concezione cristiana sia il moderno pensiero tecnico-matematico si sono in seguito allontanati. Ma l'inizio non è passato, è «*ancora* presente»; anzi, «non è *alle nostre spalle*, come un evento da lungo tempo passato, ma ci sta *di fronte, davanti a noi*». Il rapporto tra ad-venire e ri-venire, enunciato in *Essere e tempo*, configurava così il futuro come il luogo di realizzazione di un'essenza che si ritrova soltanto al momento dell'origine. La chiamata che, in *Essere e tempo*, si faceva valere nella coscienza ponendo l'esserci di fronte alla colpa originaria del suo stesso essere, diventava chiamata a un destino a cui anche la scienza deve contribuire.

Questa prospettiva veniva sviluppata in tono profetico, facendo coincidere il cammino della scienza con la marcia del popolo tedesco «verso la sua storia futura». A tal fine Heidegger si avvaleva largamente di un linguaggio tra *völklich*[2] e militaresco, parlando di 'fronte', di 'marcia' e soprattutto di 'lotta', e facendo appello alla disponibilità del corpo docente a «occupare gli avamposti del fronte». [...]

Il tentativo di Heidegger di proporsi come portavoce filosofico della nuova Germania – di diventare, com'è stato detto, il *Führer* della filosofia – si consumò tuttavia nel volgere di un anno, cioè nel corso del suo rettorato. Il fallimento dell'esperienza dei «campi della scienza», in cui gli studenti friburghesi dovevano ricevere un'educazione politica affiancata al lavoro, e poi l'eliminazione – nel giugno '34 – delle SA, cioè dell'ala 'movimentista' del nazismo a cui Heidegger si era legato, lo relegarono in una posizione sempre più marginale. Egli cercò più volte un reinserimento a livello nazionale, ma – non diversamente da quanto era avvenuto nel rapporto tra il fascismo e Gentile – il regime nazista si affidò ad altri filosofi di più modesta levatura, come Ernst Jaensch ed Ernst Krieck, e soprattutto ad Alfred Baeumler, lo studioso di Nietzsche legato al teorico del razzismo Alfred Rosenberg. Nel 1939, allo scoppio del conflitto, Heidegger era ormai una figura priva di influenza politica; e non già perché avesse cessato di essere nazista, com'egli cercò di far credere dopo il '45, ma perché il nazismo lo aveva messo in disparte.

RISPONDI ALLE SEGUENTI DOMANDE

- Qual è la posizione di Heidegger al momento dell'assunzione del rettorato?
- Quale compito deve svolgere, secondo Heidegger, l'università tedesca?

---

1. Pietro Rossi, nato a Torino nel 1930, è storico della filosofia moderna. Ha studiato lo storicismo tedesco, l'Illuminismo francese, il Positivismo e i rapporti tra la filosofia e le scienze umane.
2. Popolare.

1. Esistenza autentica e inautentica

In *Essere e tempo* Heidegger distingue due forme del vivere che l'uomo, in quanto Esserci, può scegliere: l'esistenza autentica e l'esistenza inautentica.

■ Dopo avere chiarito:
– quale percorso ha condotto Heidegger a formulare questa distinzione;
– qual è il significato preciso dei due concetti; esemplifica il senso delle due diverse forme d'esistenza. Per farlo prova a immaginare e descrivere due modi di vita caratterizzati, rispettivamente, da scelte autentiche e scelte inautentiche.

■ Trovi che sia possibile cogliere il carattere autentico di un'esistenza descrivendo i comportamenti esteriori o pensi piuttosto che sia necessario conoscere l'atteggiamento interiore con cui ogni azione viene compiuta? Motiva la tua risposta.

2. Essere e nulla

Heidegger affronta il problema del senso dell'essere in termini radicali e, in questa ricerca, si imbatte nella nozione di nulla, strettamente correlata a quella di essere. La definizione di questi termini non è naturalmente un'operazione preliminare nella dottrina di un filosofo, ma costituisce essa stessa un problema filosofico.

■ Ti proponiamo di approfondire la tua comprensione del pensiero di Heidegger attraverso la riflessione su queste domande, che potranno essere oggetto di un dibattito in classe:
– Per quale ragione non è possibile partire da una definizione preliminare di essere e nulla?
– In che cosa consiste per Heidegger il problema del senso dell'essere?
– Che cosa significa la frase di Heidegger: «*il nulla è la condizione che rende possibile la rivelazione dell'ente come tale per l'essere esistenziale dell'uomo. Il nulla non è soltanto il concetto opposto a quello di ente, ma appartiene originariamente all'essenza dell'essere stesso*»?

■ Come è possibile, per Heidegger, che il nulla appartenga all'essenza dell'essere?

■ Qual era la posizione di Hegel sul tema del nulla? Metti a confronto la posizione dei due filosofi.

3. Il linguaggio

Nella produzione filosofica successiva alla svolta (dopo la pubblicazione di *Essere e tempo*), Heidegger studia a fondo il tema del linguaggio. Nel saggio *In cammino verso il linguaggio* scrive: «*Il linguaggio parla. Ma come parla? Dove ci è dato cogliere questo parlare? Innanzitutto in una parola già detta. In questa infatti il parlare si è già realizzato. Ma il parlare non finisce in ciò che è stato detto: in ciò che è stato detto il parlare resta custodito. In ciò che è stato detto il parlare riunisce il modo del suo perdurare e ciò che grazie ad esso perdura – il suo perdurare, la sua essenza. Ma per lo più ciò che è stato detto noi lo incontriamo solo come il passato di un parlare.*»

■ Analizza questa frase e spiegane il significato chiarendo i singoli concetti (linguaggio, essenza, temporalità ecc.) alla luce della filosofia heideggeriana.

4. L'essenza dell'arte

Nel brano di Heidegger *L'arte come «storicizzarsi della verità»* (p. 103) si legge:
L'essenza dell'arte, in cui risiedono contemporaneamente opera d'arte e artista, è il porsi in opera della verità. Dall'essenza poetica dell'arte deriva lo spalancarsi, nel mezzo dell'ente, di un luogo aperto, nella cui apertura ogni cosa è diversa dall'abituale. In virtù del progetto – proprio dell'opera – del non-esser-nascosto dell'ente che ci viene incontro, ogni abitualità tramandata dilegua nell'opera come non-essente, perdendo così il potere di offrire e conservare l'essere come misura. Lo straordinario, qui, sta nella impossibilità assoluta da parte dell'opera di influire sull'ente abituale e ordinario mediante un'azione causale. L'efficacia dell'opera non consiste nel produrre effetti. Essa consiste invece in quel mutamento del non-esser-nascosto dell'ente che è connesso all'opera; cioè in un mutamento dell'essere.

■ Dopo aver spiegato in che cosa consiste la peculiarità della concezione heideggeriana dell'arte, mettine in evidenze le differenze fondamentali rispetto alle dottrine estetiche della filosofia moderna e contemporanea che conosci.

Jean-Paul Sartre e l'esistenzialismo francese

1.
I volti dell'esistenzialismo

▶▶

Il rapporto con la letteratura

Con il nome di esistenzialismo si indica un complesso atteggiamento culturale che si è espresso in diversi campi, quali la letteratura, la filosofia e il cinema, soprattutto tra le due guerre mondiali e nell'immediato secondo dopoguerra. Abbiamo già affrontato alcune tematiche esistenzialiste a proposito dell'area tedesca (▶ *Esistenzialismo e fenomenologia in Germania*, p. 69; *Martin Heidegger e l'esistenzialismo*, p. 75), perché questo movimento si è sviluppato parallelamente in Francia e in Germania.

In Francia il movimento ha trovato un fertile terreno di espressione anche a livello letterario, in linea con la tradizione di questo Paese, che già nei secoli precedenti aveva puntato all'espressione di concetti filosofici attraverso la narrazione: basti pensare ai casi esemplari di Diderot e di Voltaire. Il rapporto con la letteratura riguarda non solo lo strumento utilizzato per l'esposizione della filosofia esistenzialista, ma anche le radici del movimento: uno degli intellettuali che più ha ispirato gli esistenzialisti è lo scrittore russo Fëdor Dostoevskij (1821-1881), che nei suoi romanzi analizza la condizione dell'uomo di fronte ai problemi dell'esistenza; non minore importanza ha rivestito la letteratura francese del primo Novecento, per esempio con i romanzi di André Gide (1869-1951), critico della morale cristiano-borghese e sottile scandagliatore dei moti dell'animo umano e dei conflitti tra istinti e norme morali.

La guerra e il senso dell'esistenza

Già nel corso dell'Ottocento, le tematiche care agli esistenzialisti erano state al centro dell'attenzione di diversi pensatori, tra cui il filosofo Kierkegaard, un autore poco conosciuto nel suo secolo che, in netta opposizione all'Idealismo, aveva sottolineato l'importanza dell'individuo «*singolo*» e delle scelte, a volte crudeli e apparentemente assurde, che è costretto a compiere. Dopo la Prima guerra mondiale Kierkegaard conobbe un momento di notevole successo, tanto che si parlò di Kierkegaard-Renaissance. I tragici eventi politici e militari portarono indubbiamente a ri-

Kierkegaard-Renaissance

Dapprima in Germania, poi in Francia, il ritorno a Kierkegaard avvenne intorno alla Prima guerra mondiale e in connessione con la crisi spirituale che investì tutta l'Europa di fronte all'enormità della tragedia accaduta e alla differenza tra le attese quasi messianiche scatenate dallo scoppio della guerra nel 1914 e la terribile realtà delle trincee.
La ripresa del pensiero di Kierkegaard ebbe inizio soprattutto in ambienti teologici (▶ *Teologia, neoscolastica e personalismo*, p. 378)

e l'interesse si concentrò in quegli anni soprattutto sul radicale rifiuto kierkegaardiano del razionalismo in favore della riflessione sull'individuo e sulla condizione umana.
Di contro alla dialettica conciliante di Hegel, considerata astratta, Kierkegaard propone una dialettica priva di conciliazione che costringe l'individuo a compiere delle scelte apparentemente irrazionali, come Abramo che leva la mano per uccidere il figlio Isacco. Solo il salto nella fede, secondo Kierkegaard, permette all'uomo di scegliere, ma la sua scelta è comunque priva di ogni garanzia.

Assurdo

L'assurdità del mondo è l'altro volto delle domande di senso che la coscienza soggettiva pone su di esso. La possibilità che il mondo sia assurdo deriva dal fatto stesso che ce ne chiediamo il senso. Per l'esistenzialismo il mondo si presenta all'uomo come qualcosa di opaco e indifferente, come il puro apparire delle cose, in relazione al quale non è possibile stabilire oggettivamente se qualcosa abbia un valore in sé, se sia bello o brutto, giusto o sbagliato. La coscienza non può riconoscere nei fatti che accadono qualcosa di oggettivamente valido, qualcosa di bello o di brutto; di ogni cosa abbiamo infatti solo sensazioni soggettive, effetti di superficie, cui non sappiamo se corrisponde qualcosa nella realtà. Attraverso la semplice constatazione dei fatti non è possibile trovare un senso dell'accadere che non sia quello legato alle parole da noi usate e al significato che attribuiamo loro, significato che potrebbe non corrispondere affatto alle cose stesse.

Anche l'esistenza di Dio, già messa in dubbio da Dostoevskij, è per gli esistenzialisti una scelta soggettiva e se l'uomo sceglie che Dio non esiste lascia aperta la prospettiva di un mondo assurdo, cioè privo di valori oggettivi e riconoscibili, che fungano da guida all'esistenza umana.

La possibilità che l'assurdo costituisca una risposta, seppur negativa, alle domande di senso è stata scandagliata dagli esistenzialisti, soprattutto a livello letterario, come per esempio nell'opera di Albert Camus, che ne tratta non solo nei suoi romanzi, ma anche in opere teoriche come il saggio *Il mito di Sisifo*.

Il filosofo francese Jean-Paul Sartre afferma inoltre che, dal punto di vista dell'oggettività dei valori, tutte le scelte sono equivalenti, «*ubriacarsi in solitudine o condurre popoli*», e quindi tutte prive di senso, perché nessuna è fondata su valori oggettivi.

flettere sulla condizione umana e, negli stessi anni, molte voci della cultura si levarono per porre domande sul senso dell'esistenza umana.

Il termine esistenzialismo rimanda al concetto di esistenza e si riferisce al complesso delle domande filosofiche che derivano dalla riflessione sulla condizione umana. Gli esistenzialisti prendono le mosse dalla constatazione che l'uomo si pone spontaneamente domande di **senso** ed è egli stesso creatore di senso, ma non trova alcuna risposta che non passi attraverso una scelta soggettiva della propria coscienza. È vero che antiche tradizioni, valori etici e sociali condivisi, religioni, istituzioni propongono all'uomo una sfera di valori oggettivi, offrendo quindi un orizzonte di senso per ogni atto della vita e per la vita stessa, ma è altrettanto vero che l'adesione a questo orizzonte è necessariamente una scelta soggettiva e che sulla soggettività non è possibile fondare alcuna risposta necessaria e certa.

Si apre quindi la possibilità che non vi sia alcuna risposta dotata di un fondamento: che l'assurdo, cioè la mancanza di risposte alla domanda di senso, costituisca il risultato cui giunge la lucida indagine della ragione umana.

L'esistenzialismo francese ha ripreso la nozione di esistenza dalla fenomenologia husserliana e, dalla fine degli anni Venti, dalle tematiche heideggeriane di *Essere e tempo*, sebbene questo filosofo abbia preso le distanze dall'esistenzialismo a partire dagli anni Trenta, sottolineando la centralità della domanda sull'essere.

Le riflessioni degli esistenzialisti si ricollegano, inoltre, a una lunga tradizione filosofica e a temi che si rincorrono dal mondo greco al Novecento. Secondo questa tradizione la condizione esistenziale umana è diversa da quella di qualsiasi altra realtà esistente poiché:

■ l'essere umano sa di esistere, ma non sa che cosa questo significhi: non comprende perché si venga all'esistenza e perché si muoia; non conosce il senso dell'esistere, né se un senso vi sia; l'uomo si trova quindi dinnanzi a un reale mistero che determina una situazione esistenziale diversa da quella di ogni altra realtà esistente (sono questi i temi affrontati da Heidegger in *Essere e tempo*);

■ l'essere umano sa di esistere in modo qualitativamente diverso dagli animali e dalle cose, soprattutto perché la forma di esistenza che gli è propria non è affatto ingenua: le appartiene infatti l'esigenza di comprendere se stessa.

L'uomo e l'assurdo

I temi caratteristici dell'esistenzialismo

L'uomo è quello che sceglie di essere

Nessuno di questi temi è proprio esclusivamente dell'esistenzialismo, perché tutti sono stati trattati, nel corso della storia, dalle più diverse scuole filosofiche. L'esistenzialismo è piuttosto quell'atteggiamento spirituale che, di fronte a questi problemi, sottolinea la radicalità del mistero dell'esistere e, in qualche modo, la sua assolutezza. Benché vadano distinti un esistenzialismo cattolico e uno ateo, la differenza è tra chi sceglie di credere in un Dio (scelta che consente di affidarsi a un orizzonte di senso per ogni domanda esistenziale) e chi sceglie di non credere; la differenza tra esistenzialismo ateo e cattolico riguarda dunque la risposta alla domanda di senso, ma non la scelta in sé, che avviene in entrambi i casi in una situazione esistenziale di totale mistero. Ciò significa che il senso della nostra esistenza è strettamente correlato alla domanda sull'esistenza di Dio, ma anche che non abbiamo alcuna risposta che non dipenda da una nostra scelta. Kierkegaard lo ha ricordato: è Abramo a decidere (quindi a scegliere) che è proprio Dio quello che gli chiede di sacrificare il figlio Isacco.

2. Jean-Paul Sartre

La vita di un intellettuale impegnato

Tra i filosofi esistenzialisti del primo Novecento un posto particolare spetta a Jean-Paul Sartre (1905-1980) per la grande influenza che ha esercitato non solo all'interno degli ambienti specialistici della filosofia, ma anche presso il vasto pubblico. La sua produzione comprende, oltre a saggi filosofici, anche testi teatrali e romanzi di notevole successo. Sartre è stato inoltre presente in modo costante e capillare sui media: per decenni è stato uno dei più importanti commentatori della stampa francese, occupandosi di molti temi di attualità, dalla politica all'economia alla vita so-

LA VITA di Jean-Paul Sartre

Jean-Paul Sartre (1905-1980), parigino, nacque in una famiglia della borghesia intellettuale e studiò filosofia all'École Normale Supèrieure di Parigi e poi a Berlino, nel 1933-34, dove si dedicò a fondo alla fenomenologia husserliana; l'opera più importante di questo periodo è *L'immaginazione* (1936).

Il suo capolavoro teoretico è *L'essere e il nulla* (1943), ma già da anni si era dedicato all'attività letteraria pubblicando diversi testi, tra i quali il romanzo *La nausea* (1938), la raccolta di novelle *Il muro* (1939), i drammi *Le mosche* (1943) e *A porte chiuse* (1945). Durante la Seconda guerra mondiale fu rinchiuso in un campo di prigionia e partecipò alla Resistenza, avvicinandosi al marxismo.

Nel dopoguerra fondò, con Merleau-Ponty, la rivista "Les temps modernes", pubblicò i saggi *L'esistenzialismo è un umanismo* (1946) e *Che cos'è la letteratura* (1947); i romanzi *L'età della ragione* (1945), *Il rinvio* (1945) e *La morte nell'anima* (1949); scritti per il teatro *La sgualdrina timorata* (1946), *Le mani sporche* (1948), *Il diavolo e il buon Dio* (1951), *I sequestrati di Altona* (1960); pamphlets politici *L'antisemitismo* (1946), *I comunisti e la pace* (1952). L'ultima opera filosofica di grande respiro è la *Critica della ragion dialettica* (1960).

ciale e culturale. Ha incarnato la figura del filosofo impegnato che, di fronte all'impossibilità di ancorare le scelte individuali e collettive a valori oggettivi, assume su di sé la responsabilità della scelta, testimoniandola apertamente presso il suo pubblico. Sartre ha quindi preso posizione su specifiche questioni etiche e politiche, rinunciando al privilegio del distacco intellettuale dalla vita quotidiana.

È proprio a causa di questo impegno intellettuale e politico che Sartre sceglie di presentare la sua filosofia al vasto pubblico attraverso diversi generi letterari e media differenti. La filosofia di Sartre affronta tuttavia anche temi filosofici estremamente specifici e complessi, che sono trattati in opere di grande mole e impegno teoretico, in particolare il saggio *L'essere e il nulla*, scritto negli anni Quaranta, e la *Critica della ragion dialettica*, degli anni Sessanta.

Un mondo senza Dio

L'esistenzialismo di Sartre è ateo e le sue analisi si basano sulla constatazione che è impossibile trovare un fondamento oggettivo ai valori o al senso della vita. L'ateismo, che di fronte all'umana condizione di non-sapere è una scelta, va quindi inteso come posizione filosofica generale: la condizione umana è di solitudine esistenziale perché non c'è alcun altro essere con cui, con consapevolezza e in modo fondato, l'uomo possa dialogare. L'uomo è solo e non possiede valori oggettivamente fondati: tutto dipende dalla sua soggettività.

2.1 Le cose sono in sé, la coscienza è per sé

Pienezza d'essere e vuoto d'essere

La distinzione che fa da sfondo a tutta la riflessione di Sartre è quella tra le **cose** e la **coscienza**. Si tratta di due realtà che hanno caratteristiche completamente diverse, in relazione alle quali Sartre respinge ogni forma di idealismo:

■ le **cose** (il mondo della materia e degli eventi) sono quel che sono, nella pienezza del loro essere; sono «in sé», nel senso che semplicemente esistono; alcuni storici della filosofia hanno parlato di eleatismo a proposito di questa visione sartriana della realtà esterna, come caratterizzata dalla pienezza dell'essere in assenza di coscienza e di soggettività: pienezza e insieme opacità, dunque, perché il mondo delle cose è realtà bruta, immediata, irriducibile alla coscienza. Quest'immagine richiama la *res extensa* cartesiana, una sostanza regolata da forze e leggi proprie, in cui la materia e lo spazio si identificano in assenza di vuoto;

■ la **coscienza** (il mondo interiore dell'uomo, caratterizzato dalla soggettività) non è ciò che è, perché in sé è nulla e deve diventare ciò che sceglie di essere; essa è «per sé», nel senso che costruisce ogni momento se stessa producendo un'immagine di sé, costruendo i propri oggetti; come ha sostenuto la fenomenologia, la coscienza è sempre <u>intenzionale</u>, <u>trascende</u> sempre il mondo, che costituisce tuttavia il suo oggetto: la coscienza è dunque per sé perché è ciò che diviene costruendosi di momen-

Intenzionalità e trascendenza

Intenzionalità e trascendenza sono termini che Sartre riprende dalla tradizione fenomenologica di Husserl e legge attraverso l'interpretazione datane da Heidegger in *Essere e tempo*.

La coscienza è detta intenzionale in quanto è rivolta verso un mondo a lei esterno e supposto indipendente: il mondo delle cose, il corpo, gli eventi. Il rapporto tra coscienza e realtà esterna è di trascendenza, poiché la coscienza non è tutte queste cose, ed esse sono opache per lei, che non può penetrarle, ma può conoscerle solo riproducendone in sé l'immagine.

Il termine trascendenza indica infatti nel linguaggio tradizionale della filosofia la radicale separazione tra due realtà riguardo al loro essere.

to in momento, sempre proiettata in un altrove: nello spazio, verso le cose; nel tempo, verso il passato e il futuro, sempre in tensione tra memoria e attesa.

È quindi una realtà radicalmente eterogenea rispetto al mondo delle cose, benché sia rivolta verso di esse: «*La coscienza è coscienza di qualcosa: questo significa che la trascendenza è struttura costitutiva della coscienza; cioè che la coscienza nasce rivolta sopra un essere che non è essa stessa*». L'essere delle cose è quindi pieno e compiuto (è questo il senso in cui si è potuto parlare di eleatismo sartriano), mentre la coscienza è vuota di essere, è «*nulla*»: «*l'essere dell'uomo, cioè il suo niente d'essere*».

2.2 Nell'uomo l'esistenza precede l'essenza

L'uomo è condannato alla libertà

La nozione sartriana di <u>nulla</u> va intesa in rapporto a quella di <u>possibilità</u>: l'identità dell'uomo come essere cosciente non è definita dalla sua realtà originaria, allo stesso modo in cui è definita l'identità delle cose. Infatti:

■ ciascuna cosa è regolata da leggi di natura che ne determinano il movimento e il ciclo rispetto alla complessità dell'universo;

■ ciascun uomo è invece ciò che decide di essere, avendo la possibilità di condurre vari tipi di vita e di darsi identità diverse.

Questo significa che l'uomo non è determinato a essere ciò che è, ma è libero. Significa anche che l'uomo in sé è nulla, perché questa è la condizione esistenziale necessaria affinché possa divenire ciò che vorrà: se fosse qualcosa, sarebbe determinato, e la sua libertà svanirebbe.

Sartre presenta quest'idea in termini radicali, in coerenza con la separazione (trascendenza) tra il mondo delle cose (l'in sé) e il mondo della coscienza (il per sé) (▶ Antologia, brano 1, *Che cos'è il nulla?*). Con una frase divenuta celebre, Sartre ricorda che questa condizione esistenziale non è frutto di una libera scelta: «*l'uomo è condannato alla libertà*», perché il suo essere è tutto da costruire e la vita coincide con questa costruzione; a essa non si sfugge in nessun caso, neppure abdicando alle scelte, dato che non scegliere, seguire passivamente il corso del mondo, è già una scelta.

L'uomo è responsabile di ciò che è

Riprendendo termini classici della tradizione filosofica, Sartre sostiene che nell'uomo l'**esistenza** precede l'**essenza**: l'uomo (il nulla che egli è) è innanzitutto gettato nell'esistenza, nel senso che si trova a esistere senza averlo scelto e senza comprenderne il senso; è lì, e deve essere qualcuno, il che significa che deve diventare qualcuno che non è ancora; la sua essenza si costruisce in rapporto al fatto di esistere, e in questo senso essa viene dopo l'esistenza.

Nulla/Possibilità

Sartre sostiene che solo con l'uomo il nulla viene all'essere. Quest'affermazione, dall'apparenza paradossale, significa che soltanto l'uomo può concepire nella sua mente qualcosa che non appartiene al mondo esterno e ciò, ovviamente, è la condizione prima di qualsiasi progetto di vita, e quindi di qualsiasi costruzione della propria identità (si progetta di essere ciò che non si è ancora e si potrebbe non essere mai). La coscienza è per sua natura nullificante, perché nel grande mare dell'essere (delle cose) ritaglia quel che le interessa e mantiene il resto sullo sfondo: Sartre riprende qui l'antica concezione scolastica, e poi spinoziana, espressa dalla formula «*omnis determinatio est negatio*».

Alla nozione di nulla è legata quella di possibilità, che è esclusa dal campo dell'essere in sé, in cui ogni cosa è ciò che è e non potrebbe essere altrimenti. L'uomo, invece, non avendo una propria essenza originaria, non è determinato a essere ciò che è, e può quindi scegliere. La possibilità non appartiene al regno dell'essere, cioè al regno della natura e delle cose, ma al regno del nulla che viene o non viene all'essere (la possibilità può non realizzarsi).

L'attività di costruzione del proprio sé (l'essere qualcuno innanzitutto per se stessi) non è però pienamente cosciente: la libertà può avere tratti di opacità, la coscienza può non essere trasparente a se stessa; nonostante questo l'uomo è ciò che sceglie di essere e, qualunque sia il grado di consapevolezza di questa scelta, egli ne è responsabile.

2.3 Responsabilità e angoscia

La vita è una continua progettazione mediante la quale l'uomo organizza il mondo come proprio mondo, pone dei valori, dà senso alle cose, crea modelli, e di questo è responsabile. Sartre sottolinea che non si tratta di una scelta solo per se stessi ma, almeno in linea di principio, di una scelta per tutti. Ponendo valori, infatti, l'uomo inevitabilmente li oggettiva come validi: è come se dicesse agli altri che il valore che ha scelto per sé è giusto, e quindi è giusto per tutti (▶ Antologia, brano 2, «*Se Dio non esiste, tutto è permesso*»).

La responsabilità universale

L'uomo dunque porta una responsabilità che non è solo individuale, ma universale: se sceglie di essere cristiano, testimonia di fronte a tutti la bontà della sua scelta, ne propone implicitamente la validità. È come se dicesse: "La scelta è mia, ma il valore che ho scelto è universale. Tutti dovrebbero, come ho fatto io, scegliere il cristianesimo". Nessuna scelta è tanto individuale da non proporsi agli altri come modello e da questa consapevolezza sorge un profondo sentimento di angoscia. L'uomo, infatti, sa che qualsiasi cosa abbia scelto, l'ha fatto senza un fondamento oggettivo: è l'io il creatore dei suoi valori, e da questa potenza senza limiti e confini nasce l'angoscia legata a ogni decisione.

2.4 La malafede e l'impegno

La filosofia come disvelamento della malafede

Si è in malafede quando non si riconosce la responsabilità delle proprie scelte. Chi non si assume questa responsabilità inganna se stesso più o meno consapevolmente (a volte del tutto inconsapevolmente). La malafede, frutto dell'autoinganno, è una possibile fuga dall'angoscia, generata dal fatto che è difficile accettare e vivere sino in fondo la propria libertà.

La filosofia, secondo Sartre, è disvelamento della malafede; è la presa di coscienza della necessità dell'angoscia, cioè dell'assunzione della propria responsabilità.

La necessità dell'impegno etico e politico

L'esistenzialismo, pur sostenendo l'assenza di valori oggettivi, non implica la rinuncia all'azione, in quanto mostra la necessità per l'uomo di assumersi le proprie respon-

Angoscia

Sartre riprende la nozione di angoscia da Heidegger, ma le conferisce un senso specifico nel contesto del suo esistenzialismo ateo. Il filosofo francese parte dall'idea che Dio non esiste, e che chi afferma la sua esistenza se ne deve assumere la responsabilità: se Abramo riceve un ordine da Dio, è Abramo a decidere che si tratta proprio di Dio (▶ Antologia, brano 2, «*Se Dio non esiste, tutto è permesso*»). L'uomo è dunque responsabile di qualsiasi valore ritenuto oggettivo e, per quanto privata sia la scelta che compie, la vita sociale fra gli uomini è tale che si finisce con lo scegliere anche per gli altri, ponendo la propria scelta come valida og-

gettivamente. Chi ha coscienza del fatto che l'uomo è un nulla non può non provare angoscia: sa che si sta assumendo una responsabilità per sé e per gli altri attraverso una scelta presa al buio.
È impossibile però rifiutare di assumersi delle responsabilità, perché l'uomo è condannato a essere libero; l'angoscia è quindi frutto di una coscienza matura e consapevole.
La condizione umana, scrive Sartre, è simile a quella di un ufficiale in guerra: egli è responsabile della vita dei suoi uomini, li manda a morire, le sue scelte porteranno a conseguenze radicali e ha molte possibilità di fronte; non ha però la possibilità di non scegliere. Se non desse alcun ordine, avrebbe semplicemente lasciato i suoi uomini senza guida, allo sbando: anche questa sarebbe stata una scelta.

sabilità. È proprio per l'assenza di valori oggettivi che è importante impegnarsi: chi altri se non l'uomo dà senso alle cose? Chi altri se non l'uomo è in grado di rendere la vita, nel suo farsi, degna di essere vissuta? Solo l'impegno, che accetta sino in fondo la radicale libertà degli esseri umani, gli permette di essere se stesso superando il nulla. Solo vivendo, impegnandosi nell'azione che trasforma il mondo, l'uomo diviene se stesso.

Tuttavia, i progetti che l'uomo continuamente porta avanti, che danno un senso alla sua vita, non dipendono solo dall'io del singolo per la loro realizzazione, ma da diverse circostanze esteriori non sempre controllabili e, soprattutto, dalla volontà degli altri uomini che, in quanto tali, sono altrettanto liberi. Ciascuno, trasformando il mondo e la società attraverso il proprio lavoro, compie un'opera che affida sempre, in parte, anche agli altri, perché la completino e la continuino. Ciascun uomo rimane tuttavia responsabile della propria scelta e può differenziare il proprio progetto da quello degli altri.

2.5 La *Critica della ragion dialettica*

Una filosofia umanista

Negli anni Cinquanta e Sessanta, in costante dialogo con il mondo cattolico e con il mondo marxista, Sartre presenta la propria concezione dell'esistenzialismo come filosofia umanista dell'**impegno** e della **responsabilità** in senso storico ed etico-politico.

Con il tempo, si avvicina sempre più al pensiero marxista, sia pure da posizioni critiche, polemizzando contro l'interpretazione deterministica del materialismo storico, nei cui confronti l'esistenzialismo si propone come un elemento insieme correttivo e integrativo; Sartre, in questi anni, si considera soltanto un "compagno di strada" dei marxisti e insiste sulla libertà e sulla responsabilità legate alla posizione esistenzialista: «*Noi vogliamo la libertà per la libertà e attraverso ogni circostanza particolare. E volendo la libertà, scopriamo che essa dipende dalla libertà degli altri, e che la libertà degli altri dipende dalla nostra*».

Sartre scrive queste parole in una prospettiva rivoluzionaria, contro ogni alienazione e ogni oppressione, individuale e collettiva, che devono essere denunciate dall'intellettuale "impegnato", partecipe delle questioni concrete e delle situazioni storiche in cui si decidono le sorti dell'uomo. Nella *Critica della ragion dialettica* (1960) vengono riformulati i principi dell'esistenzialismo dialogando con il marxismo, al fine di fornire strumenti adeguati all'analisi della società: «*le condizioni materiali della sua* [dell'uomo] *esistenza circoscrivono il campo delle sue possibilità. [...] E questo campo, a sua volta, dipende strettamente dalla realtà sociale e storica*».

Le determinazioni storiche dell'azione umana

In questa prospettiva, Sartre modifica la concezione assoluta della libertà che aveva caratterizzato il primo periodo della sua riflessione, riconoscendo le determinazioni storiche dell'azione umana. Respinge il comunismo sovietico, che nega la libertà individuale, e ritiene che l'esistenzialismo possa offrire al marxismo un'antropologia e una teoria del soggetto che lo liberi dalle tendenze al totalitarismo.

La **ragione dialettica** deve partire dalla prassi individuale per guadagnare la totalità di quella sociale: la lotta di classe è fatta da individui concreti e la storia è sintesi di molteplici totalità. Diversamente dalla precedente impostazione, il rapporto con il prossimo è mediato dalla penuria materiale e dal bisogno: si giustifica così il permanere del **conflitto** come elemento essenziale nella caratterizzazione delle relazioni sociali. Sartre distingue gli insiemi «*pratico-inerti*» − i gruppi che si presentano come oggettivazione alienata delle prassi individuali in ruoli e in funzioni sociali irrigidite – dai *«gruppi in fusione»* che realizzano in modo vivo e dinamico la libertà e la solidarietà umana per mezzo della coscienza di classe e del lavoro. La **libertà**, risultante dal reciproco riconoscimento nell'uguaglianza, è caratterizzata dall'instabilità dei gruppi spontanei in una situazione rivoluzionaria. Attraverso diverse forme di alienazione (per esempio il terrore) o di organizzazione e dominio, nasce la società come quintessenza dei gruppi e dei collettivi e, infine, lo Stato come gruppo limitato di organizzatori e amministratori che, mediante le istituzioni, si stabiliscono come gruppo dominante.

Sartre non ha sviluppato queste idee soltanto in saggi teorici, ma le ha applicate concretamente alle situazioni storiche, attraverso un impegno politico sistematico e militante.

L'ESISTENZIALISMO IN ITALIA

Le peculiarità dell'esistenzialismo italiano

La corrente esistenzialista in Italia ha rivestito una notevole importanza e si è presentata con connotati specifici rispetto all'esistenzialismo francese e tedesco: in particolare, pur accogliendo con Kant il tema della finitezza, esso ha respinto qualsiasi esito nichilista per insistere, con il pragmatismo e il marxismo, sul valore dell'operare al fine di realizzare una nuova condizione umana e sociale. I maggiori rappresentanti sono stati Nicola Abbagnano (1901-1990), Luigi Pareyson (1918-1991) ed Enzo Paci (1911-1976), che si sono orientati verso una visione positiva della storia, interrogandosi sul significato della conoscenza e della ricerca scientifica.

L'esistenzialismo positivo di Nicola Abbagnano

Tali caratteristiche sono presenti nel pensiero del fondatore dell'esistenzialismo italiano, Nicola Abbagnano (1901-1990), che ha definito la sua posizione teoretica *«esistenzialismo positivo»*. Nella sua opera maggiore, *La struttura dell'esistenza* (1939), Abbagnano considera il rapporto dell'uomo con l'essere nei termini di tensione (*«l'uomo cerca l'essere, ma non lo possiede»*) e vede nel concetto di struttura l'unica via per definire questo rapporto, evitando l'*«essere per la morte»* di Heidegger e lo *«scacco»* di Jaspers. Per struttura il filosofo intende *«la forma che costituisce come situazione finale la pura possibilità della situazione iniziale»*. L'analisi esistenziale, per Abbagnano, deve individuare la condizione, necessariamente indeterminata, che consente la ricerca del rapporto con l'essere.

La finitudine dell'uomo

In *Metafisica ed esistenza* così Abbagnano presenta la condizione dell'uomo: *«La problematicità essenziale per la quale qualsiasi cosa egli sia o subisca o intraprenda implica una domanda, una ricerca, un rischio e la necessità di una decisione, rivela che l'essere dell'uomo non è che possibilità d'essere, cioè possibilità di costituire un qualsivoglia rapporto con l'essere. Tale problematicità costituisce la finitudine dell'uomo. L'uomo è un ente finito»*. Solo sulla possibilità si può fondare quindi l'essere stesso come possibilità concreta, come progetto su cui l'uomo imposta tutta la sua esistenza. Ciò si traduce in un'affermazione di libertà, che è scelta, apertura verso la determinazione di possibili rapporti a partire dalla propria condizione, intesa come trampolino per realizzare se stessi in un continuo autotrascendimento verso l'essere.

La possibilità trascendentale

Abbagnano vede dunque proprio nella *«possibilità trascendentale»* il principio fondante di un'indagine razionale che si estende a tutti i campi della realtà e che si prefigge di superare (certo non con esito garantito, ma neppure destinato a un naufragio necessario) tutte le difficoltà di una condizione umana strutturalmente esposta al rischio e all'incertezza. Da questo assunto deriva il suo interesse per le scienze, ma soprattutto l'individuazione della coesistenza tra soggetti, che reciprocamente si riconoscono e cercano di costituirsi, come la forma in cui realizzare nel modo più autentico la propria esistenza. Con ciò viene indicata quale suprema espressione di vita etica e di libertà *«la fedeltà al proprio compito storico, cioè a se stessi, alla comunità e all'ordine del mondo»*: mirando a sottrarre l'individuo all'indifferentismo anonimo e alla dissipazione, la filosofia di Abbagnano insegna ad accettare la problematicità dell'esistenza con un atteggiamento di apertura costruttiva e illuministicamente fiduciosa nelle capacità dell'uomo, che deve essere comunque consapevole dell'impossibilità di raggiungere una condizione di stabilità come *«conquista definitiva e possesso totale»*.

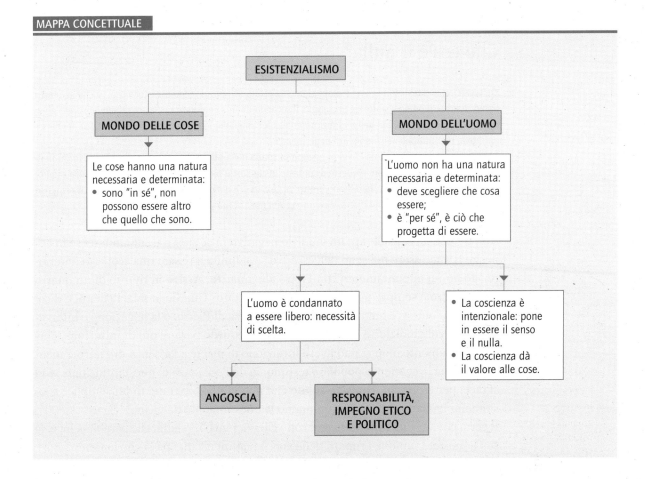

In sé e per sé

1. Quali temi affronta l'esistenzialismo francese? Attraverso quali strumenti espositivi i filosofi esistenzialisti espongono le loro teorie?
2. La nozione di *coscienza intenzionale* è alla base della riflessione di Sartre. Da quale filosofo riprende tale nozione? Quali conseguenze ne fa discendere rispetto alla natura dell'uomo?
3. Esponi sinteticamente la differenza tra mondo delle cose (l'in sé) e mondo della coscienza (il per sé) in Sartre.

La libertà e l'angoscia

4. Che cosa significa l'affermazione di Sartre: «*L'uomo è condannato a essere libero*»? Perché l'uomo non può sottrarsi alla propria libertà? Chi o che cosa glielo impedisce?
5. Che rapporto c'è, secondo Sartre, tra la coscienza e il nulla?
6. Perché, secondo Sartre, l'uomo è responsabile sia nei confronti di se stesso che nei confronti degli altri?
7. Da quale condizione scaturisce l'angoscia? Sartre la considera un'emozione positiva o negativa? Motiva la tua risposta.

L'impegno politico

8. Sartre ha partecipato attivamente alla vita politica e culturale della sua epoca. Su quale fondamento ha sostenuto la necessità, per ogni uomo, di partecipare alla vita pubblica, pur partendo dal presupposto che non esistono valori oggettivi?
9. Che posizione tenne Sartre nei confronti del marxismo? Quale ruolo poteva svolgere, secondo Sartre, l'esistenzialismo nei confronti della dottrina di Marx?

❶ Jean-Paul Sartre
Che cos'è il nulla?

QUESTIONE ▶ I testi sartriani che proponiamo in lettura affrontano tematiche tecniche. Anche in questo tipo di scritti – il primo è tratto da un saggio, il secondo da una conferenza – Sartre rimane ancorato all'analisi dell'esperienza e l'eco della minuziosa analisi fenomenologica husserliana si lega alla sua tendenza narrativa, riscontrabile nell'ampio uso degli esempi.

TESI ▶ Uno dei temi principali della riflessione sartriana nella prima fase della sua produzione (anni Trenta e Quaranta) è la coscienza: è questo il contesto in cui Sartre scopre il nulla, o meglio la potenza «nullificante» della coscienza. In questo brano, tratto da *L'essere e il nulla* (1943), il tema è trattato attraverso un esempio preso dalla vita quotidiana, divenuto celebre per la sua potenza espressiva.

Non c'è che da considerare un giudizio negativo in se stesso e domandarci se fa apparire il non essere nel seno dell'essere o se si limita a fissare una scoperta anteriore.[1] Io ho un appuntamento con Pietro alle quattro. Arrivo in ritardo di un quarto d'ora: Pietro è sempre puntuale: mi avrà aspettato? Guardo la sala, i clienti, e dico:
5 «Non è più qui». C'è qui un'intuizione all'assenza di Pietro, o la negazione è intervenuta solo col giudizio? A prima vista sembra assurdo parlare qui di intuizione, perché, giustamente, non si può avere intuizione di *niente* e l'assenza di Pietro è niente. Tuttavia la coscienza popolare testimonia dell'esistenza di quest'intuizione. Non si dice, per esempio: «Ho visto subito che non era là»? Si tratta di un semplice spo-
10 stamento della negazione? Esaminiamo la questione più da vicino.
È certo che un caffè, per se stesso, con i clienti, i tavoli, i sedili, gli specchi, la luce, la sua atmosfera fumosa, i rumori delle voci, i piattini urtati, i passi che lo riempiono, è una pienezza d'essere. E tutte le intuizioni particolari che posso avere sono piene di questi odori, suoni, colori, tutti fenomeni che hanno un essere transfenomenico. Ed
15 anche la presenza attuale di Pietro in un luogo che non conosco, è pure pienezza d'essere. Sembra di trovare la pienezza dappertutto. Ma bisogna notare che, nella percezione, c'è sempre il costituirsi di una forma su uno sfondo. Nessun oggetto, nessun gruppo d'oggetti è specialmente indicato per costituirsi in sfondo od in forma: tutto dipende dalla direzione della mia attenzione. Quando entro nel caffè per cercarvi
20 Pietro, si forma un'organizzazione sintetica di tutti gli oggetti del caffè come lo sfondo sul quale Pietro è destinato ad apparire in primo piano. E questo costituirsi del caffè come sfondo è un primo annullamento. Ciascun elemento della scena, persone, tavoli, sedie, tentano di isolarsi, di rivelarsi sullo sfondo costituito della totalità degli altri oggetti e ricadono nell'indifferenziazione dello sfondo, si diluiscono nello sfondo.
25 Perché lo sfondo è ciò che è visto solo per soprappiù, è l'oggetto di una attenzione puramente marginale. Così questo primo annullamento di tutte le forme,[2] che appaiono e vengono inghiottite nella totale equivalenza d'uno sfondo, è la condizione necessaria per l'apparizione della forma principale, che qui è la persona di Pietro. E questo annullamento è dato dalla mia intuizione, io sono testimone dello svanire successivo

---

1. Il tema trattato è di natura ontologica e mette in questione il senso del giudizio di negazione, con cui diciamo che qualcosa non c'è: che cosa significa non esserci? L'analisi che segue pone al centro la coscienza; la domanda non riguarda quel che Sartre indica con la dizione «per sé», ma riguarda l'«in sé».

2. Sartre ha messo in luce in altri passi di *L'essere e il nulla* (e già in opere precedenti) il carattere nullificante della coscienza, cioè l'attitudine ad annullare alcuni elementi del reale per far emergere qualcos'altro in primo piano.

di tutti gli oggetti che guardo, in particolare dei visi che mi trattengono un istante   30
(«Se fosse Pietro?») e che si scompongono subito, proprio perché «non sono» il viso di
Pietro. Se, tuttavia, scoprissi infine Pietro, la mia intuizione sarebbe riempita da un elemento solido, sarei subito attratto dal suo viso, e tutto il caffè si organizzerebbe intorno a lui, in discreta presenza. Ma per l'appunto Pietro non è là. Ciò non vuol punto
dire che scopro la sua assenza in qualche luogo preciso del ritrovo. Infatti Pietro è as-   35
sente da *tutto* il caffè; l'assenza di lui fissa il caffè nella sua evanescenza, il caffè rimane sfondo, persiste ad offrirsi come totalità indifferenziata alla mia attenzione solo marginale, scivola indietro, continua il suo annullamento. Però si fa sfondo di una forma
determinata, e la spinge dappertutto davanti a sé, me la presenta dappertutto, e questa forma che scivola costantemente fra il mio sguardo e gli oggetti solidi del caffè, è   40
precisamente uno svanire continuo, è Pietro che risalta come nulla sullo sfondo di
annullamento del caffè. Di modo che ciò che si offre all'intuizione, è un palpito di nulla, è il nulla dello sfondo, il cui annullamento chiama, esige l'apparizione della forma,
ed è la forma – nulla che scivola, come un *niente* sulla superficie dello sfondo. Ciò che
serve da fondamento al giudizio: «Pietro non è là», è dunque la percezione intuitiva di   45
una doppia negazione. Certamente l'assenza di Pietro presuppone un primo rapporto
fra me ed il caffè; c'è una infinità di persone che sono senza rapporti con questo caffè
per mancanza di una reale attesa che constati la loro assenza. Ma, per l'appunto, io
mi aspettavo di vedere Pietro e la mia attesa ha fatto accadere l'assenza di Pietro come un avvenimento reale concernente il caffè, ed è un fatto obiettivo, che io abbia *sco-*   50
perto questa asssenza ed essa si presenti come un rapporto sintetico fra Pietro ed il locale nel quale lo cerco: Pietro assente *frequenta* questo caffè, è la condizione dell'organizzazione del caffè come sfondo. Mentre i giudizi che posso divertirmi a porre poi,
come: «Wellington non è nel caffè, Paul Valéry neppure, ecc.», sono delle significazio-
ni puramente astratte, pure applicazioni del principio di negazione, senza fondamen-   55
to reale né efficacia, e non giungeranno mai a stabilire un rapporto *reale* tra il caffè,
Wellington o Valéry: la relazone «non è» è qui semplicemente *pensata*. Ciò basta a
porre in luce che il non-essere non viene alle cose con il giudizio di negazione: è il
giudizio di negazione, al contrario, che è condizionato e sostenuto dal non-essere.

▶ J.-P. Sartre, *L'essere e il nulla*

ESERCIZI

Rispondi alle seguenti domande, eventualmente con opportune citazioni:
- Quale condizione fa sì che l'assenza di Pietro sia un avvenimento reale?
- Quale rapporto sussiste tra il non-essere e il giudizio di negazione?
- Per Sarte il non-essere esiste? Se sì, in quali modi si manifesta? Rispondi motivando la tua tesi.

2 Jean-Paul Sartre
«Se Dio non esiste, tutto è permesso»

QUESTIONE ▶ Il passo che presentiamo è tratto da *L'esistenzialismo è un umanismo* (1946), in cui Sartre
analizza la celebre frase di Dostoevskij «*Se Dio non esiste, tutto è permesso*», a partire dalla tesi centrale del-
l'esistenzialismo, cioè l'assunzione che nell'uomo l'esistenza precede l'essenza.

TESI ▶ In questo brano Sartre sostiene con forza la tesi secondo cui l'uomo non possiede una propria natura e ha quindi il dovere morale di costruire e progettare se stesso, essendo responsabile delle proprie scelte e anche delle proprie passioni.

Se Dio non esiste [...] c'è almeno un essere in cui l'esistenza precede l'essenza, un essere che esiste prima di poter essere definito da alcun concetto: quest'essere è l'uomo, o, come dice Heidegger, la realtà umana. Che significa in questo caso che l'esistenza precede l'essenza? Significa che l'uomo esiste innanzi tutto, si trova, sorge
5 nel mondo, e che si definisce dopo. L'uomo secondo la concezione esistenzialistica, non è definibile in quanto all'inizio non è niente. *Sarà* solo in seguito, e sarà quale si sarà fatto. Così non c'è una natura umana, poiché non c'è un Dio che la concepisca. L'uomo è soltanto, non solo quale si concepisce, ma quale si vuole, e precisamente quale si concepisce dopo l'esistenza e quale si vuole dopo questo slancio verso l'esi-
10 stere: l'uomo non è altro che ciò che si fa. Questo è il principio primo dell'esistenzialismo. Ed è anche quello che si chiama la soggettività e che ci viene rimproverata con questo stesso termine. Ma che cosa vogliamo dire noi, con questo, se non che l'uomo ha una dignità più grande che non la pietra o il tavolo? Perché noi vogliamo dire che l'uomo in primo luogo esiste, ossia che egli è in primo luogo ciò che si slancia
15 verso un avvenire e ciò che ha coscienza di progettarsi verso l'avvenire.
L'uomo è, dapprima, un progetto che vive se stesso soggettivamente, invece di essere muschio, putridume o cavolfiore; niente esiste prima di questo progetto; niente esiste nel cielo intelligibile; l'uomo sarà anzitutto quello che intendiamo di solito con il verbo «volere», è una decisione cosciente, posteriore, per la maggior parte di
20 noi, a ciò che noi stessi ci siamo fatti. Io posso voler aderire a un partito, scrivere un libro, sposarmi: tutto questo non è che la manifestazione di una scelta più originaria, più spontanea di ciò che si chiama volontà. Ma, se veramente l'esistenza precede l'essenza, l'uomo è responsabile di quello che è. Così il primo passo dell'esistenzialismo è di mettere ogni uomo in possesso di quello che egli è e di far cadere su di
25 lui la responsabilità totale della sua esistenza [...].
È questa l'angoscia che Kierkegaard chiamava l'angoscia di Abramo. Conoscere la storia. Un angelo ha comandato ad Abramo di sacrificare suo figlio: tutto va bene, se è veramente un angelo quello che è venuto e ha detto: tu sei Abramo, sacrificherai tuo figlio. Ma ciascuno può, anzitutto, domandarsi: è veramente un angelo? Sono io
30 veramente Abramo? Che cosa me lo prova? C'era una pazza che aveva delle allucinazioni: le pareva che qualcuno le parlasse per telefono, che le desse degli ordini. Il medico le chiese: «Ma chi le parla?». Ella rispose: «Lui dice di essere Dio». Ma che cosa le provava che fosse veramente Dio? Se un angelo viene a me, che cosa mi prova che sia un angelo? E se odo delle voci, che cosa mi prova che vengano dal cie-
35 lo e non dall'inferno, o da un subcosciente o da uno stato patologico? Chi prova che si rivolgano proprio a me?
Se una voce si rivolge a me, sarò sempre io che deciderò che questa voce è la voce dell'angelo: se considero buona una certa azione, sarò io a scegliere di dire che quest'azione è buona piuttosto che cattiva. [...]
40 Dostoevskij ha scritto: «Se Dio non esiste, tutto è permesso». Ecco il punto di partenza dell'esistenzialismo. Effettivamente tutto è lecito se Dio non esiste, e di conseguenza l'uomo è «abbandonato» perché non trova, né in sé né fuori di sé, possibilità

d'ancorarsi. E anzitutto non trova delle scuse. Se davvero l'esistenza precede l'essenza non si potrà mai fornire spiegazioni riferendosi ad una natura umana data e fissata; in altri termini non vi è determinismo: l'uomo è libero, l'uomo è in libertà. 45

Se, d'altro canto, Dio non esiste, non troviamo davanti a noi dei valori o degli ordini che possano legittimare la nostra condotta. Così non abbiamo né dietro di noi né davanti a noi, nel luminoso regno dei valori, giustificazioni o scuse. Siamo soli, senza scuse. Situazione che mi pare di poter caratterizzare dicendo che l'uomo è condannato a essere libero. Condannato perché non si è creato da solo, e ciò non di 50 meno libero perché, una volta gettato nel mondo, è responsabile di tutto quanto fa. L'esistenzialista non crede alla potenza della passione. Mai penserà che una bella passione è un torrente devastatore che porta fatalmente l'uomo a certe azioni e che quindi vale da scusa. Ritiene l'uomo responsabile della passione. L'esistenzialista non penserà neppure che l'uomo può trovare aiuto in un segno dato sulla terra, per orien- 55 tarlo: pensa invece che l'individuo interpreta da solo il segno a suo piacimento. Pensa dunque che l'uomo, senza appoggio né aiuto, è condannato in ogni momento a inventare l'uomo.

▶ J.-P. Sartre, *L'esistenzialismo è un umanismo*

ESERCIZI

Rispondi alle seguenti domande, eventualmente con opportune citazioni:
- Che cosa significa che nell'uomo l'esistenza precede l'essenza?
- Qual è il principio primo dell'esistenzialismo?
- Perché, secondo Sartre, l'uomo è totalmente responsabile della sua esistenza?
- Quali conseguenze ha, per l'uomo, la non esistenza di Dio?

Filosofia e impegno

In varie opere della sua produzione, sia filosofica che teatrale e letteraria, Sartre mise a tema la questione dell'etica dell'impegno, cioè di come l'intellettuale deve porsi a fronte del dovere sociale e politico, volto alla trasformazione della società. Il brano riportato di seguito entra nel merito delle soluzioni che il filosofo francese, non senza contraddizioni, cercò di elaborare intorno al tema dell'impegno politico, attraverso il tentativo di coniugare il proprio pensiero esistenzialistico con aspetti del marxismo.

Pietro Rossi[1], *Sartre tra esistenzialismo e marxismo*

Sia in Francia sia in Italia fenomenologia ed esistenzialismo dovettero però fare i conti con il marxismo nelle sue diverse versioni. In entrambi i paesi il periodo tra le due guerre aveva segnato un'eclissi del pensiero marxista; dopo il '45 esso ritornava invece in primo piano, anche per la presenza di un Partito comunista il quale aveva larga presa sulla generazione degli intellettuali che avevano partecipato alla Resistenza. E sul suo sviluppo influirono largamente le vicende politiche internazionali, con i loro riflessi sulla situazione interna: dapprima la guerra fredda e lo stalinismo, poi il processo di destalinizzazione avviato da Kruscev, poi ancora la rivoluzione ungherese del '56 e quella cecoslovacca del '68.

In Francia l'esistenzialismo sartriano fu, all'indomani della guerra, al centro del dibattito culturale; contro di esso si rivolse non soltanto la critica di parte cattolica (in primo luogo di Marcel), ma anche la polemica di esponenti ufficiali del Partito comunista come Henri Lefebvre, Pierre Naville, Roger Garaudy. Gli si rinfacciò di essere, in fondo, una filosofia idealistica, che privilegiava la soggettività dell'individuo restando cieca di fronte ai processi di trasformazione sociale. Nello stesso periodo Sartre cominciava invece la sua marcia di avvicinamento al marxismo, destinata a concludersi quindici anni dopo con la *Critica della ragion dialettica* (1960). Già nel saggio *L'esistenzialismo è un umanismo* egli sottolineava che la libertà dell'uomo è una libertà in situazione, e propugnava una morale dell'impegno che veniva a coincidere con la lotta per la trasformazione della società.

L'etica dell'impegno trovò la sua applicazione più efficace sul terreno letterario, il più congeniale a Sartre. Nel saggio *Che cos'è la letteratura?* (1946-47) egli le assegnava una funzione di critica radicale della società e dei valori borghesi, alla quale doveva corrispondere la presa di posizione in favore della classe operaia. Dalla trilogia di ispirazione autobiografica *I cammini della libertà* (1935-49) a *Il diavolo e il buon Dio* (1951) l'impegno veniva sempre più riferito alla situazione storica, e l'azione si precisava come azione rivoluzionaria rivolta a eliminare l'oppressione della classe operaia da parte della borghesia capitalistica. Il compito dell'intellettuale diventava quello di favorire la realizzazione del potenziale rivoluzionario del proletariato, fuori o dentro le sue organizzazioni politiche. E in quest'alternativa si mosse a lungo Sartre, prima criticando lo stalinismo e il Partito comunista, poi – nel saggio *I comunisti e la pace* (1952-54), ispirato alle speranze suscitate dalla destalinizzazione – affermando il legame indissolubile tra il partito e la classe operaia, senza del quale essa è destinata a rimanere 'massa' inerte, poi ancora denunciando il carattere oppressivo della politica sovietica in Ungheria, e infine militando nel movimento della pace e nelle campagne contro il colonialismo.

In questo mutare delle prese di posizione e delle loro giustificazioni ideologiche, Sartre rimase però sempre estraneo al marxismo. Di questo accettò, in fondo, soltanto la teoria della rivoluzione, nonché la dicotomia tra borghesia e classe operaia, tra capitalismo e socialismo. Già nel '45 egli respingeva il 'materialismo', che gli sembrava comportare l'eliminazione della soggettività dal processo storico; in seguito l'adesione alla politica comunista si manifestò attraverso l'esaltazione della figura del rivoluzionario, oppure condusse a interpretare l'ingresso nel partito come una specie di 'conversione' religiosa.

RISPONDI ALLE SEGUENTI DOMANDE

- Qual è il contesto storico in cui a intellettuali come Sartre si pone il problema della giustificazione etica dell'impegno politico?
- Come può essere spiegato il rapporto tra Sartre e il Partito comunista?
- Perché Rossi afferma che Sartre rimase sempre estraneo al marxismo?

---

1. Per i cenni biografici su questo autore vedi p. 105.

1. L'esistenzialismo nelle arti

Le tematiche esistenzialiste sono oggetto dello studio di diverse discipline scolastiche, perché hanno profondamente influenzato anche il mondo dell'arte e della letteratura.

■ Ti chiediamo di comporre un quadro di sintesi (una mappa concettuale o altro) nel quale le tematiche da te studiate in diverse materie siano ricondotte in unità. I punti che ti suggeriamo di valorizzare sono i seguenti:
- la descrizione della condizione umana;
- i rapporti tra le persone nell'ambito della vita sociale;
- il senso della vita e la questione della responsabilità delle scelte.

■ Tematiche analoghe a queste erano presenti in molte letterature europee e nella storia dell'arte già a partire dalla fine dell'Ottocento, molto prima dell'affermarsi dell'esistenzialismo. Questo movimento filosofico ha quindi operato nel contesto di un campo problematico aperto e molto fertile. Nella sintesi dovrai specificare le tematiche generali, presenti già prima dell'affermarsi dell'esistenzialismo, da quelle specificamente esistenzialiste.

2. La questione della libertà

Sartre ha teorizzato la nozione di libertà in relazione alla sua concezione ontologica dell'uomo, sospeso tra l'essere e il nulla.
Per approfondire questa tematica è necessario condurre un'analisi su due livelli:
- un **livello ontologico**, relativo ai caratteri della natura umana dal punto di vista dell'essere, del nulla e dell'esistere.

■ Ti chiediamo di scrivere un testo in cui queste nozioni siano chiarite, dal punto di vista della filosofia di Sartre, mediante un confronto punto a punto con la filosofia di Heidegger.
- un **livello etico**, che risponda alla domanda: perché l'uomo è responsabile delle sue scelte (tema da trattare in relazione alla nozione di angoscia) se non esistono valori morali oggettivi? A chi deve renderne conto? Per quale ragione deve farlo?

■ Ti chiediamo di trattare questo tema in relazione alla filosofia di Nietzsche e alla nozione di morte di Dio.

■ Per sviluppare questo tema vai ai **Percorsi per immagini**, *Non un solo tempo*, in particolare alla voce *La transitorietà umana*.

◉ Vai al sito nella sezione **Filosofia della natura**, Percorso, *L'innocenza della natura*.

3. Un filosofo impegnato

Jean-Paul Sartre, come hai studiato in questo capitolo, era un cosiddetto "intellettuale impegnato", un intellettuale, cioè, che prende posizione sulle più scottanti questioni politiche e culturali di attualità.

■ Ti proponiamo di fare una ricerca che analizzi il rapporto del filosofo con l'"impegno" nella storia della filosofia, riflettendo sui seguenti punti:
- In Età antica i filosofi prendevano parte al pubblico dibattito delle idee? In che rapporto stavano con il potere politico?
Rispondi portando a testimonianza della tua tesi almeno due personaggi significativi.
- Qual era il ruolo e la figura del filosofo in Età ellenistica? Il filosofo era in contatto con le grandi masse o era una figura isolata?
Il filosofo ellenista entrava in conflitto con il potere politico?
Rispondi portando a testimonianza della tua tesi almeno due personaggi significativi.
- Proponi, per quanto riguarda l'Età rinascimentale e moderna, almeno due esempi significativi di filosofi impegnati nel pubblico dibattito delle idee.
- Traccia un ritratto del filosofo romantico e ponilo a confronto con quello del filosofo positivista, sottolineando affinità e differenze nel loro modo di accostarsi al mondo storico e politico.
- A partire da quanto hai studiato su Sartre, rifletti sul ruolo dei filosofi nella società contemporanea.
Ti sembra che abbiano un ruolo nell'orientare l'opinione pubblica? Motiva la tua risposta.

Ludwig Wittgenstein

1.

La temperie culturale della Vienna d'inizio secolo

Il primo e il secondo Wittgenstein

Si è soliti suddividere il pensiero di Ludwig Wittgenstein (1889-1951) in due fasi distinte, corrispondenti alle sue opere fondamentali, il *Tractatus logico-philosophicus* (1921) e le *Ricerche filosofiche* (1953). Si tratta di opere molto diverse tra loro che hanno influenzato in modo profondo il pensiero occidentale e che stanno, in un certo senso, a capo di altrettante correnti di pensiero, rispettivamente il **neopositivismo** (o neoempirismo) **logico** e la **filosofia analitica**. Entrambi questi testi, nonostante le differenze, hanno come tema centrale la ricerca sul linguaggio, che è l'oggetto costante della riflessione di Wittgenstein, in linea con le sperimentazioni letterarie e artistiche che caratterizzavano l'atmosfera intellettuale della Vienna di fine secolo e alla vigilia della Prima guerra mondiale.

Crisi dei vecchi linguaggi e sperimentazione di nuove forme espressive

Nella realtà politico-sociale multietnica e multilinguistica dell'Impero asburgico, il tema del linguaggio era al centro delle ricerche di molti artisti (pittori, musicisti, letterati, architetti ecc.) che, consapevoli della **crisi** della **cultura mitteleuropea**, erano impegnati sia nella critica delle forme espressive ufficiali e tradizionali sia nella ricerca di vie alternative.

LA VITA di Ludwig Wittgenstein

Nato a Vienna nel 1889 da una ricca famiglia di industriali dell'acciaio, Ludwig Wittgenstein visse in un ambiente denso di stimoli culturali.

Il padre indirizzò il giovane Ludwig verso studi scientifici che lo portarono a laurearsi in ingegneria a Berlino e poi a specializzarsi a Manchester in aeronautica. Appassionatosi alla matematica, nel 1912 si trasferì all'Università di Cambridge per studiare con Russell logica e matematica pura.

Durante la Prima guerra mondiale fu fatto prigioniero in Italia e trascorse un anno a Cassino dove elaborò e riordinò il materiale, già precedentemente steso, che verrà pubblicato nel 1921 con il titolo di *Tractatus logico-philosophicus*, dopo averlo discusso con Russell.

A partire dal 1920 insegnò come maestro elementare in alcune località dell'Austria, partecipò a qualche riunione del Circolo di Vienna in casa di Schlick fino a quando, nel 1929, ritornò a Cambridge dove si avviò alla carriera accademica. Da questo momento non pubblicò più nulla.

Testi di conferenze, appunti di lezioni o conversazioni e manoscritti furono raccolti postumi in diversi volumi: *Ricerche filosofiche, Considerazioni sui fondamenti della matematica, Libro blu e libro marrone, Letture e conversazioni sull'estetica, la psicologia, la fede religiosa, Zettel, Della certezza, Osservazioni sulla filosofia della psicologia, Diario, Epistolario.*

Dopo il 1947, provato anche dalle crudeltà della Seconda guerra mondiale, visse un periodo di forte crisi psicologica ed esistenziale che lo costrinse ad abbandonare l'insegnamento. Morì nel 1951 a Cambridge, dopo aver trascorso un periodo di vita appartata e solitaria in Irlanda.

Non si può dunque comprendere Wittgenstein senza tenere conto delle figure che operavano attorno a lui e che egli in parte frequentò, subendone l'influenza. Uomini come il fondatore della psicoanalisi, Sigmund Freud, i compositori Arnold Schönberg e Gustav Mahler, l'architetto Adolf Loos, i pittori Gustav Klimt ed Egon Schiele, gli scrittori Robert Musil e Arthur Schnitzler avvertivano chiaramente la valenza etico-politica delle loro opere, intese come lotta contro la corruzione di un mondo al tramonto e come proposta di nuovi strumenti espressivi. Wittgenstein avvertì e fece proprie queste motivazioni ma, sollecitato dalla lezione di Friedrich Frege e Bertrand Russell (▶ Volume 3A, *Scienza e logica*), operò all'interno di questo orizzonte utilizzando gli strumenti della logica, più consoni alla sua formazione tecnico-scientifica.

La filosofia come attività pratica

Proprio per questo motivo Wittgenstein non intese mai la filosofia come pura e astratta ricerca teorica, ma come un'attività pratica, come una forma d'ascesi (di esercizio) in funzione della vita e dell'esperienza concreta del mondo: attraverso l'analisi del linguaggio, infatti, si sarebbe dovuta raggiungere una **chiarificazione** del dire e del pensare in grado di far cogliere con chiarezza ciò che prima era percepito in modo torbido e confuso, al fine di vivere con rettitudine.

2. Il *Tractatus logico-philosophicus*

Lo stile logico e aforistico di Wittgenstein

Il *Tractatus logico-philosophicus*, il cui nome fu proposto dal filosofo e maestro George Edward Moore forse in analogia con il *Tractatus theologico-politicus* di Spinoza, è la sola grande opera che Wittgenstein diede alle stampe. Scritto in uno stile aforistico, un genere letterario assai diffuso nella letteratura tedesca e adottato da autori cari a Wittgenstein (Goethe, Nietzsche, Karl Kraus) il *Tractatus* è composto da cinquecentoventisei proposizioni, ognuna delle quali enuncia una tesi in modo diretto, immediato e impersonale: le tesi sono presentate come intuizioni (o definizioni) e ordinate in una struttura logica che non concede nulla all'ornamento retorico, benché a volte siano contrassegnate da un tono oracolare.

Wittgenstein stabilisce tra esse un ordine che vuole essere sistematico e razionale, secondo il modello di Euclide e dell'*Ethica more geometrico demonstrata* di Spinoza, autore ammirato per il rigore nel procedimento.

Le sette proposizioni fondamentali

L'impalcatura formale del *Tractatus* è costituita da sette proposizioni fondamentali:
1. il mondo è tutto ciò che accade;
2. ciò che accade, il fatto, è il sussistere di stati di cose;
3. l'immagine logica dei fatti è il pensiero;
4. il pensiero è la proposizione munita di senso;
5. la proposizione è una funzione di verità delle proposizioni elementari;

6. la forma generale della funzione di verità è [p̄, ξ, N (ξ)];

7. su ciò, di cui non si può parlare, si deve tacere.

Ognuna di queste proposizioni (tranne l'ultima) trova uno svolgimento o un commento in altre proposizioni numerate con una **cifra decimale** che segue, secondo un **ordine crescente**, quella della proposizione di riferimento, fino a formare dei gruppi di proposizioni ordinati secondo un **criterio** che vuole essere non solo **logico**, ma anche (in senso inversamente proporzionale) di **rilevanza teorica** (al crescere del numero che contrassegna una proposizione dovrebbe corrispondere una diminuzione della sua importanza): così, per esempio, la proposizione 2 è commentata dalla 2.1 (e in seguito dalla 2.2 ecc.) che a sua volta lo è dalla 2.11 (e poi da 2.12, 2.13 ecc.) ecc. Questo sistema d'ordine è applicato a qualsiasi proposizione in qualsiasi livello del sistema (per esempio, la proposizione 2.13 è sviluppata dalla 2.131, 2.132 ecc., la 5.23 è commentata dalla 5.231, 5.232 ecc.).

Nonostante le intenzioni di Wittgenstein nel seguire questo metodo fossero quelle di fornire al lettore uno schema interpretativo per orientarsi all'interno del *Tractatus*, in realtà egli non sempre riuscì ad applicarlo con coerenza e puntualità, tanto che frequentemente il corso dei suoi pensieri appare paragonabile a un fiume carsico che scorre in profondità per affiorare solo a tratti in superficie.

2.1 Ambito del dicibile e ambito del pensabile

L'opera di Wittgenstein si propone di delimitare l'ambito del dicibile e l'ambito del pensabile, delineando le condizioni di sensatezza delle proposizioni: a tal fine egli intende esaminare il rapporto tra il linguaggio e il mondo, interrogandosi, data la loro eterogeneità, sulla corrispondenza tra i segni linguistici e i fenomeni della realtà. La questione concerne, più precisamente, il modo in cui questa corrispondenza si possa realizzare, quale sia la condizione che possa fungere da mediazione tra i due termini.

Ponendo in tal modo la questione, Wittgenstein mostra di orientare la propria ricerca in un senso per molti versi kantiano: l'anello di congiunzione tra **cose** e **parole**, **essere** e **pensiero**, non può infatti che essere un elemento formale, poiché solo a tale condizione si riesce a chiarire come il primo termine, l'essere delle cose, possa proiettarsi e divenire esprimibile nel pensiero, e, viceversa, come questo possa risultare significativo e aprire all'intelligibilità e visibilità del mondo. Se il mondo ci appare dotato di senso, infatti, è perché riusciamo a farlo trasparire nel linguaggio, il quale è a sua volta sensato, cioè costituito in un modo tale da raffigurarlo in modo fedele e adeguato.

L'obiettivo del *Tractatus* è dunque quello di riuscire a cogliere la struttura comune, l'**isomorfismo** tra mondo e linguaggio: perciò esso si apre con un'**ontologia** per passare successivamente a riflessioni più specificamente **logico-linguistiche**.

Il mondo è necessariamente presupposto, è un dato primitivo che sperimentiamo immediatamente: esso è, ma che cos'è?

Secondo Wittgenstein il mondo è una totalità, non di cose (oggetti o enti) come si potrebbe presumere, ma di fatti. Le cose sono indubbiamente l'elemento costitutivo del mondo ma, nella loro irriducibile semplicità e fissità, sono come il materiale grezzo: esse infatti non si presentano mai da sole, ma sempre in una rete di possibili relazioni (o «*configurazione*») con altri oggetti.

Un **fatto** è costituito da un **nesso d'oggetti** e viene perciò anche chiamato da Wittgenstein «*stato di cose*»: sono i fatti che accadono, che stabiliscono il mutamento in quanto variazione nei rapporti tra gli enti che, al contrario, permangono immutabili, indipendenti da ciò che accade.

Il **mondo** è dunque l'orizzonte inclusivo degli stati di cose sussistenti (perciò è «*la realtà*») e, in questo senso, è formato da un insieme di **connessioni tra oggetti** che, nel loro intrecciarsi reciproco, stabiliscono i fatti. Come non esistono oggetti isolati, ma solo in relazione con altri oggetti, così anche i fatti accadono sempre in un contesto: la cornice generale, l'ordito complessivo che tutto raccoglie è il mondo (▶ Antologia, brano 1, *Il mondo, il pensiero e il mistico*).

Il linguaggio come raffigurazione logica del mondo

Da questa concezione ontologica discende quella del linguaggio: «*noi ci facciamo immagini dei fatti*» e il linguaggio è una loro raffigurazione. Inteso come totalità delle proposizioni, il linguaggio è dunque una raffigurazione del mondo. Mondo e linguaggio stanno tra loro in un rapporto di polarità: di conseguenza anche il **linguaggio**, come il mondo, è dato in modo immediato, come una **condizione primitiva**.

Secondo Wittgenstein il linguaggio raffigura il mondo in modo logico: ciò significa che il linguaggio costituisce l'immagine speculare del mondo poiché ne riflette le **proprietà formali**. Linguaggio e mondo, entità del tutto eterogenee, hanno in comune la **struttura logica**, che permette la corrispondenza tra loro e il passaggio dall'uno all'altro.

Anche le proposizioni sono fatti, benché di tipo particolare: in quanto sono immagini logiche dei fatti, li significano, li rendono intelligibili ed esprimibili. Come il fatto è determinato dalla relazione tra oggetti, così il fatto linguistico (la proposizione) è costituito da elementi singoli (segni, parole, suoni ecc.) che si dispongono secondo particolari configurazioni: tra gli oggetti del mondo e gli elementi della proposizione vi è una corrispondenza suppositiva così come tra il fatto e la sua immagine. C'è raffigurazione nella misura in cui l'immagine (la proposizione) rappresenta il fatto non nei singoli oggetti, ma nel modo in cui sono relazionati: è la struttura ontologica che viene rappresentata, è l'**ordine formale** che, come se fosse una proiezione, può ricevere un'**immagine nel linguaggio**.

Il pensabile coincide con il dicibile

La tesi che qualifica il linguaggio come raffigurazione logica del mondo ha come conseguenza la sua identificazione con il pensiero: secondo Wittgenstein l'uomo non conosce il mondo nella mente per poi esprimerlo nel linguaggio, ma quanto è pensabile si risolve totalmente in quanto è dicibile, o in altri termini, molto prossimi al kantismo, i confini della conoscenza sono anche quelli della formulazione linguistica, nella misura in cui questa è immagine della realtà.

Pensabile/Dicibile

Il rapporto tra pensiero e linguaggio è stato oggetto d'indagine fin dagli esordi della filosofia. Se con Platone il pensare è inteso come «*un discorso che da sé a sé l'anima tiene su ciò che essa esamina*» (*Teeteto*, 189e), i suoi contenuti (attuali o possibili) devono poter trovare adeguata espressione attraverso il linguaggio, che ne condiziona il venire alla luce: è su questo piano infatti che si può conseguire quella capacità relazionale che è propria di entrambi. Tenendo presente che in greco *lógos* significa sia "pensiero" che "parola", la natura omomorfica di pensiero e linguaggio è stata evidenziata soprattutto dall'eleatismo che (pur con alcune notevoli eccezioni, come i sofisti) ha influenzato gran parte della riflessione successiva.

2.2 Senso e verità di una proposizione

Con queste premesse Wittgenstein giunge alla distinzione tra senso e verità di una **proposizione**; poiché la proposizione è la raffigurazione di un fatto, diciamo che essa è dotata di **senso** quando:

■ si riferisce a un fatto possibile, e perciò il suo senso coincide con il suo contenuto raffigurativo, che comprendiamo nella misura in cui cogliamo la connessione logica tra i suoi segni; il senso non è da confondersi con il significato, che è una proprietà del nome come riferimento a un oggetto sensibilmente rilevato.

Diciamo che una proposizione è dotata di **verità** quando:

■ l'immagine corrisponde al fatto reale (diciamo che è falsa quando non corrisponde).

La verità come corrispondenza della proposizione alla realtà

Naturalmente prima bisogna stabilire se una proposizione è dotata di senso, poi verificare empiricamente se essa è vera o falsa: in fondo per Wittgenstein vale (debitamente corretta) la definizione tomista di verità come «*adaequatio rei et propositionis*», dal momento che solo l'accertamento tramite l'esperienza può dirci se la proposizione descrive (o meno) stati di cose effettivamente sussistenti, cioè reali.

È ovvio, tuttavia, che una proposizione resta dotata di senso anche nel caso sia falsa: prova ne sia che noi la comprendiamo indipendentemente dal confronto con i fatti (se per esempio dico "Il libro è sul tavolo" o "Il mio gatto è nero", queste proposizioni sono sensate anche se non ho nessun gatto e se non c'è nessun libro sul tavolo).

L'isomorfismo tra proposizione e fatti

A questo punto risulta chiara la connessione mondo-linguaggio, nonché la modalità di raffigurazione e verificazione di una proposizione. Innanzitutto noi abbiamo a disposizione dei **nomi** che significano **oggetti** secondo una **relazione fissa**, univoca. La valenza semantico-referenziale dei nomi risulta determinata all'interno della proposizione, che stabilisce una certa connessione tra essi, e quindi tra gli oggetti, offrendo in tal modo un'immagine dello stato di cose (potremmo dire, un modello in scala) che noi comprendiamo come se ci trovassimo di fronte a esso. Ancora una volta è da evidenziare la rilevanza dell'elemento formale: solo in quanto i termini della proposizione sono connessi secondo una struttura ben definita, che riproduce quella dei fatti, la proposizione ne è l'espressione simbolica, al punto che noi possiamo prima comprendere e poi verificare i fatti.

Proposizioni atomiche e proposizioni molecolari

Wittgenstein, con Russell, distingue tra proposizioni atomiche e proposizioni molecolari:

■ le prime raffigurano stati di cose semplici, puntuali, non ulteriormente scomponibili, che accadono indipendentemente l'uno dall'altro;

■ le seconde descrivono fatti complessi, costituiti da un insieme di altri fatti e quindi saranno formate da più proposizioni atomiche. Naturalmente le proposizioni molecolari saranno vere in funzione della verità delle singole proposizioni atomiche che le compongono.

Con quest'ultimo punto si completa la concezione del rapporto tra linguaggio e mondo:

■ procedendo dal **semplice** al **complesso** si parte dagli **oggetti** cui corrispondono i **nomi**;

■ gli oggetti si uniscono in **stati di cose semplici** che sono raffigurati dalle **proposizioni atomiche**;

■ gli stati di cose semplici si compongono a formare **fatti complessi** che sono descritti da **proposizioni molecolari**;

■ la **totalità dei fatti** forma il mondo che è raffigurato dal **linguaggio**.

Tutta la catena si regge sul primo anello, che assicura la connessione diretta tra linguaggio e mondo, da cui dipendono le tappe successive: gli oggetti sono dunque il postulato logicamente indispensabile per giustificare la presenza di proposizioni dotate di senso, e non il risultato di una rilevazione empirica.

La funzione strumentale delle teorie generali

A partire da queste conclusioni Wittgenstein può affermare che «*la totalità delle proposizioni vere è la scienza naturale tutta (o la totalità delle scienze naturali)*»: ciò significa che le proposizioni delle scienze naturali trovano sul **piano empirico** il loro fondamento di verità. Le proposizioni di altro genere impiegate dalla scienza, come per esempio le leggi generali, le ipotesi, le teorie, vengono considerate da Wittgenstein come meri strumenti, privi di un effettivo valore conoscitivo. In particolare, egli rifiuta di riconoscere la validità del nesso causale («*la credenza nel nesso causale è la superstizione*») e quindi l'esistenza di leggi deterministiche che consentirebbero di dedurre (o prevedere) fatti da altri fatti: in una prospettiva che ricalca per molti aspetti quella di Hume (autore conosciuto da Wittgenstein), i fatti semplici risultano puntuali e tra loro indipendenti, tanto da rendere impossibile l'inferenza di una proposizione atomica da un'altra proposizione atomica. Quanto alle teorie (per esempio quella di Newton), esse hanno un'utilità economica poiché permettono di descrivere l'universo in maniera unitaria e in termini semplificati, funzionali al riconoscimento dei suoi elementi costitutivi. Paragonate a dei reticoli, le teorie sono costruite secondo Wittgenstein in modo arbitrario, tanto che la scelta tra loro può essere effettuata solo sulla base di un criterio di convenienza (Qual è la più semplice? Qual è la maggiormente utilizzabile?) e non di verità.

Verità di fatto e verità di ragione

Fin qui abbiamo considerato le proposizioni della **scienza empirica**: come sappiamo esse sono vere in quanto descrivono stati di cose sussistenti, e comprenderle significa sapere ciò che accade. Con questo Wittgenstein ha riproposto, sotto una diversa angolatura, la dottrina esposta da altri filosofi: quella di Kant, che parlava di giudizi sintetici a priori, o quelle di Leibniz e Hume che parlavano di verità di fatto. Gli ultimi due avevano evidenziato il carattere non necessario di queste proposizioni, riconoscibile invece in altri tipi di proposizioni, le **verità di ragione**, fondate sul principio di non-contraddizione e che quindi non possono essere negate. Anche Wittgenstein sostiene che accanto alle proposizioni descrittive di «*stati di cose*» (proposizioni atomiche: "la casa è bianca", e molecolari: "la casa è bianca ed è posta su una collina") ve ne sono altre che non assolvono alla funzione di descrivere il mondo, ma definiscono le condizioni pure e generali di possibilità dei fatti (Wittgenstein porta l'esempio: "o piove o non piove"), tanto da poter risultare vere indipendentemente dai fatti e da essere anzi compatibili con qualunque di essi, quindi insignificanti.

Le proposizioni analitiche della logica

Queste proposizioni sono le **proposizioni analitiche** della logica (all'interno della quale è riassorbita la matematica, secondo l'impostazione di Frege e Russell) che, non informando su alcuno stato di cose, significano solo se stesse in quanto connessioni di segni. Esse definiscono le **proprietà formali** delle proposizioni e, in questo modo, svolgono la funzione raffigurativa, cioè raffigurano l'insieme delle **possibili connessioni significative** che una proposizione atomica può presentare; per questo motivo esse risultano necessariamente vere e sensate (mentre «*fuori della logica*

Tautologia

Il termine significa letteralmente "discorso che dice le stesse cose" (dal greco *tautós*, "lo stesso" e *lógos*, "discorso"). In logica esso designa quella proposizione (o quel discorso) in cui il predicato (o la conclusione) ripete quanto asserito nel soggetto (o nelle premesse). Secondo Wittgenstein sono tali tutte le proposizioni funzionali (per esempio: **p** o **non p**) che sono vere per qualunque variabile.

tutto è accidente»), e sono dette tautologie, poiché ripetono sul predicato quanto è già stato detto sul soggetto. All'opposto delle tautologie stanno le contraddizioni, che raffigurano l'impossibilità di una connessione significativa (per esempio: "il cerchio ha quattro lati"): esse sono pertanto necessariamente false e insensate indipendentemente (come per le tautologie) dalla verifica empirica («*qualunque cosa accada*»). Le proposizioni della logica, essendo prive di qualsiasi valore conoscitivo, svolgono una pura funzione simbolica e mostrano, insieme con le proprietà formali del linguaggio, anche la **struttura** (o «armatura») **logica** del **mondo**.

2.3 L'insensatezza della metafisica

Conoscenza scientifica e conoscenza logica

Le conclusioni di Wittgenstein, al termine della sua indagine sulle condizioni di sensatezza del linguaggio, sono chiare:

■ se si vuole conoscere qualcosa sul mondo bisogna rifarsi alle proposizioni della **scienza** che, senza alcuna gerarchia tra loro e senza che sia lecito trarne alcuna inferenza, ne offrono un'immagine logica;

■ se al contrario si vogliono scoprire connessioni necessarie tra proposizioni e trarre deduttivamente conclusioni da affermazioni precedenti, si deve restare nell'ambito della **logica**, che ci insegna a usare correttamente i simboli linguistici.

La prima ha un fondamento prettamente empirico, la seconda una natura esclusivamente formale. Da questi assunti Wittgenstein trae la conclusione che la metafisica è insensata giacché le sue proposizioni, pur non rientrando in nessuna delle due categorie, pretendono tuttavia di avere un valore conoscitivo circa la realtà: è insensato, ovviamente, anche il tentativo di chi vorrebbe confutarla, giacché si può sottoporre a questo processo solo ciò che è qualificabile in termini di vero/falso.

La funzione critica e chiarificatrice della filosofia

La metafisica si illude quindi di sollevare (e risolvere) problemi solo in quanto impiega scorrettamente il linguaggio. La funzione della filosofia, dal momento che la metafisica è priva di qualsiasi valenza conoscitiva, è quella di svolgere un compito di «*critica del linguaggio*», specialmente di quello comune (che non lascia trasparire la logica che gli è immanente), in vista della sua riconduzione a un modello ideale-formale, come avviene nelle scienze esatte.

La **filosofia** non è una dottrina, non fornisce visioni o intuizioni del mondo, non esercita la sua ricerca su campi specifici od oggetti propri, non giunge a scoprire verità espresse in corrispondenti proposizioni: piuttosto è un'**attività**, un **metodo** per giungere a un uso del linguaggio (e quindi del pensiero) più corretto e chiaro.

I limiti del linguaggio

Il lavoro di chiarificazione della filosofia ha tuttavia un limite: se infatti le proposizioni della scienza raffigurano il mondo secondo una forma che appartiene alla logica in se stessa, questa forma non può a sua volta essere rappresentata in una proposizione, ma può solo rispecchiarsi o manifestarsi in essa. Mediante la logica possiamo chiarire le proposizioni complesse scomponendole nelle proposizioni atomiche che raffigurano i fatti, ma ci sfugge inevitabilmente la spiegazione della struttura di queste ultime, così come la definizione dei nomi che le compongono: ci sfugge quindi, in definitiva, il fondamento del rapporto tra linguaggio e mondo; dice Wittgenstein: «*ciò che nel linguaggio si specchia, il linguaggio non può rappresentare*».

In ultima istanza, è possibile solo additare il senso delle proposizioni atomiche, che esprimono la nostra conoscenza del mondo, è possibile solo dire "questo qui" e indicarlo con un gesto della mano (dando luogo a una **definizione ostensiva**, costituita cioè non da segni verbali ma da un atto del corpo): per deficienza di linguaggio, la nostra soggettività individuale non può comunicare all'esterno, e rimane come chiusa in se stessa.

La fondazione empirica della conoscenza conduce Wittgenstein al **solipsismo**, cioè a una posizione teorica che circoscrive l'evidenza del conoscere all'orizzonte invalicabile dell'io singolo – *solus ipse* – e alle rappresentazioni della sua coscienza. Questo esito è ben rappresentato dall'affermazione: «*i limiti del mio linguaggio sono i limiti del mondo*», del mio mondo, dato che non ce ne può essere un altro.

2.4 Al di là del dicibile

La dimensione del mistico

L'unico linguaggio sensato è quello scientifico, in quanto è raffigurazione di fatti: come elementi costitutivi del mondo i fatti accadono e vengono rappresentati proiettivamente nelle proposizioni significanti, che formano un campo ben circoscritto.

Tuttavia, giunti a questo punto, «*noi sentiamo che, perfino nell'ipotesi che tutte le possibili domande scientifiche abbiano avuto risposta, i nostri problemi vitali non sono ancora neppure sfiorati*». L'aver tracciato una linea di demarcazione tra il sensato e il non-sensato non implica (come invece concluderanno i neopositivisti) l'aver esaurito il nostro interrogare e il nostro cercare: significa invece riconoscere che c'è qualcosa al di là del dicibile, che vi è una dimensione di realtà inesprimibile, ma che si mostra in tutto ciò che esponiamo con il linguaggio. Wittgenstein chiama «*il mistico*» la dimensione che comprende tutte le questioni etiche, estetiche, religiose ecc. che sono essenziali per noi, addirittura «*vitali*», e che sono compendiabili nella domanda sul **senso del mondo**, del suo e del nostro esserci: «*Non come il mondo sia, è ciò che è mistico, ma che esso è*» (▶ Antologia, brano 1, *Il mondo, il pensiero e il mistico*).

Il senso appare con il venir meno del linguaggio

Le proposizioni sensate possono descrivere i fatti del mondo, ma non riescono a cogliere il suo valore, il suo perché e neppure la sua totalità, poiché questi aspetti non sono fatti e la metafisica, quando si avventura in quest'impresa, finisce per naufragare nel mare dell'insensatezza.

Wittgenstein sostiene che il senso del mondo non è raffigurabile in nessuna proposizione e non può essere giustificato mediante la logica.

Sostenendo questa tesi Wittgenstein vuole fissare un limite al linguaggio e alla conoscenza (*«su ciò, di cui non si può parlare, si deve tacere»*) non perché il mistico non abbia rilevanza, ma proprio perché è la cosa fondamentale e va sperimentata su un piano diverso da quello scientifico. Il silenzio che ci si impone è allora molto eloquente, pregnante, intenso e significativo, poiché il mistico «*mostra sé*» proprio quando il linguaggio viene meno.

Wittgenstein non spiega che cosa significhi affermare che l'ineffabile c'è, tuttavia, nella misura in cui esso non è riducibile a un fatto (e quindi a un oggetto da cono-

Parlare/Tacere

Nelle filosofie e nei movimenti religiosi di impronta mistica, così come presso le sette esoteriche (per esempio quelle orfiche e pitagoriche), il tacere è inteso come l'astensione da ogni parola che risulterebbe o inadeguata rispetto al designato (Dio, l'Assoluto) o profanatrice nei riguardi di ciò che può essere rivelato solo a menti che abbiano ricevuto un'iniziazione e una purificazione appropriata. Del resto il termine "mistica" (come quello di "mistero") deriva dalla radice greca *mu* e quindi dal verbo *múein*, che significa "mettere il dito sulla bocca per fare silenzio" o "chiu-

dere la bocca". Dal momento che Dio è al di là di ogni forma sensibile e di ogni concetto umanamente intelligibile, l'anima può avvicinarsi a lui oltrepassando entrambi questi piani: il linguaggio è sempre relativo al mondo della finitezza e della determinazione e quindi, al vertice dell'esperienza mistica, deve essere sospeso. Il silenzio è dunque il modo più idoneo per esprimere il nostro rapporto nei confronti dell'ineffabile, di ciò che non potrà mai essere oggetto di una conoscenza completa: a suo modo esso è un atteggiamento più intenso e significativo di ogni discorso fatto con linguaggio sensibile.

scere), sfugge necessariamente a ogni possibilità di essere definito, pertanto «*il senso del mondo deve essere fuori di esso*», su un livello altro da quello mondano e da quello linguistico. Il **senso** appare quando questi elementi vengono sospesi: nel **silenzio**.

La funzione del *Tractatus*

Così, nell'**etica**, noi mostriamo i valori nell'**azione responsabile** e conferiamo pregio all'esistenza vivendo nel presente e trasfigurando il nostro mondo.

D'altro canto, afferma Wittgenstein, «*d'una risposta che non si può formulare non può formularsi neppure la domanda*» e quelle «*vitali*» non sono domande, giacché non concernono fatti; proprio questo, per Wittgenstein, è il vertice del pensiero: il giungere a dissolvere ogni domanda perché il senso ultimo ci si è mostrato, il comprendere che in questa evidenza è la risposta, che «*la risoluzione del problema della vita si scorge allo sparir di esso*» (Antologia, brano 1, *Il mondo, il pensiero e il mistico*). In tal modo Wittgenstein, licenziando il *Tractatus*, ritiene di aver assolto al suo compito: al lettore chiede di seguire le sue proposizioni come se fossero i pioli di una scala, di salire oltre a essa e di «*gettare via la scala dopo che vi è salito*». Se il lettore riesce a comportarsi così è buon segno: vuol dire che ha inteso il senso del messaggio e ora «*vede rettamente il mondo*».

3. Il "secondo Wittgenstein"

Nuovi stimoli e nuove riflessioni

Negli anni successivi alla pubblicazione del *Tractatus*, Wittgenstein inizia un lungo processo di revisione delle tesi sostenute nella sua prima opera, che lo condurrà alla stesura delle *Ricerche filosofiche* (pubblicate postume nel 1953 insieme con una gran massa di appunti e materiali vari).

Diverse esperienze fecero da stimolo a questo ripensamento, tra cui le discussioni e le conversazioni con colleghi e amici come il matematico Frank Plumpton Ramsey o i frequentatori del Circolo di Vienna, l'ascolto di una conferenza del matematico intuizionista olandese Luitzen Jan Egbertus Brouwer, o l'incontro con l'economista Piero Sraffa che gli chiese quale fosse la forma logica di un tipico gesto napoletano. Sembra inoltre che un ruolo particolarmente importante abbia rivestito la sua esperienza con i bambini durante i due anni in cui fece il maestro elementare in alcuni villaggi rurali della Bassa Austria.

Lo stile discorsivo delle *Ricerche logiche*

Si è a lungo discusso se e in che senso si possa parlare di un "secondo Wittgenstein", se cioè si possa opporre la prospettiva del *Tractatus* a quella delle *Ricerche*: indubbiamente vi sono elementi di continuità – il linguaggio resta il centro dell'interesse della ricerca, permane la concezione della filosofia come «*attività chiarificatrice*», resta invariata l'istanza antimetafisica –, ma sono innegabili anche gli elementi di rottura, dal momento che lo stesso Wittgenstein dichiara espressamente di rifiutare come «*gravi errori*» le tesi sostenute nella sua prima opera. Si può dunque affermare che egli cerchi soluzioni nuove ai problemi che lo avevano preoccupato in precedenza.

Lo scarto tra le due opere risulta evidente, peraltro, anche dalla struttura stessa delle *Ricerche*, che presentano uno stile di scrittura del tutto nuovo, con il frequente ricorso alla forma del **dialogo** e a osservazioni fatte in **tono discorsivo** e privo di tecnicismi, dove il discorso è condotto senza una struttura sistematica, quasi in modo occasionale e frammentario; le *Ricerche* si presentano come una raccolta di osservazioni che non conducono a una tesi generale e sono definite, da Wittgenstein stesso, come una sorta di **album fotografico** realizzato durante un viaggio.

3.1 Il linguaggio ordinario

Dal linguaggio scientifico al linguaggio quotidiano

Se il *Tractatus* aveva delineato una concezione del linguaggio come dotato di una forma logica rigorosa in grado di conferirgli sensatezza, che trovava il suo fondamento di significanza su una base ontologica determinata (il parallelismo tra linguaggio e realtà), l'interesse delle *Ricerche* cade su ciò che prima appariva privo di qualità apprezzabili, e cioè il linguaggio ordinario, quotidiano. Osserva infatti Wittgenstein: «*cosa dovrebbe esprimere quel linguaggio ideale? Di certo quello che ora esprimiamo nel nostro linguaggio abituale; ma allora la logica non può occuparsi che di questo*».

Le forme molteplici del linguaggio quotidiano

Da questo mutato oggetto di indagine deriva una conseguenza essenziale: mentre il **linguaggio** ideale è unico, quello ordinario è **plurimo**. Vi sono infatti molteplici linguaggi che, pur nella reciproca somiglianza, non possiedono un'essenza comune e quindi, nella loro irriducibilità, non sono sistemabili all'interno di un unico quadro teorico che funga anche da fattore normativo. Essi non svolgono una funzione conoscitiva, ma assolvono a un **compito** eminentemente **pratico**: servono alla comunicazione concreta tra gli individui, e perciò rispondono a una serie di bisogni e fini particolari, rispetto ai quali sono impiegati e valutati. Il linguaggio, nella molteplicità delle sue forme, deve dunque essere inteso come un'attività tra le tante che concernono la situazione esistenziale umana, con la quale è strettamente connesso.

La nuova concezione del significato

A partire da questo nuovo punto di vista, Wittgenstein rivede la concezione del significato com'era concepita nella teoria dell'**atomismo logico** mutuata da Russell. Nel *Tractatus* il linguaggio era considerato un sistema simbolico strutturato secondo regole rigorose, e dunque per comprendere il significato di una proposizione si doveva procedere analiticamente dalle proposizioni complesse alle proposizioni atomiche costitutive per giungere infine ai nomi denotanti gli oggetti; si trattava dunque di un'operazione mentale rispondente a **criteri logico-formali**.

Nelle *Ricerche logiche* il senso del linguaggio si realizza invece nel suo uso: dunque è solo partendo dal **contesto situazionale** in cui un'espressione è impiegata (o, se si preferisce, all'interno di un determinato codice) e tenendo conto dei vari fattori, anche extralinguistici, che intervengono nel rapporto comunicativo, che noi possiamo determinarne il senso. Le parole e le proposizioni acquistano un significato esclusivamente all'interno della trama delle **concrete relazioni sociali** in cui sono usate, e poiché le relazioni sociali sono caratterizzate da molteplici finalità e modalità espressive, altrettanto vario è il numero dei canali attraverso i quali il senso può raggiungere il destinatario.

Linguaggio e forme di vita

In questa prospettiva Wittgenstein introduce le nozioni, tra loro connesse, di **gioco linguistico** e **forme di vita**. Con la prima egli si riferisce a una concezione del linguaggio come **sistema di segni** opportunamente scelto, a cui si ricorre in funzione delle circostanze e delle condizioni particolari in cui ci si trova: queste ultime sono quelle *«forme di vita»*, quelle attività, alle cui esigenze bisogna rispondere e che determinano in tal modo il significato delle nostre espressioni.

I giochi linguistici, per definizione, sono molteplici ed eterogenei, basti pensare, per esempio, alle differenze che intercorrono tra:

■ comandare, descrivere un oggetto, riferire un evento, recitare, chiedere, ringraziare, salutare, pregare, imprecare, recitare, inventare una storia, risolvere un problema di aritmetica applicata, fare una battuta ecc.

È quindi chiaro che, pur nella *«somiglianza di famiglia»* che li collega, i diversi giochi non obbediscono a un unico modello di cui sarebbero semplici emanazioni, ma sono suscettibili di mutamenti sia qualitativi che quantitativi (alcuni giochi non si fanno più e vengono dimenticati, altri vengono alla luce e si impongono).

Il carattere convenzionale e mutevole delle regole linguistiche

I giochi linguistici si svolgono però, secondo Wittgenstein, seguendo delle **regole**, che non sono imposte in modo estrinseco e univoco, ma si originano contestualmente al gioco stesso, lo istituiscono.

Poiché il **linguaggio** è una forma d'**azione sociale**, sia le regole della sintassi che quelle della semantica sono un prodotto creato in modo tacitamente **convenzionale** dalla società, apprese e applicate dall'individuo per lo più senza consapevolezza, nella misura in cui viene addestrato a seguire tutte le forme di comportamento che regolano la vita del suo gruppo. Come cambia la società, così cambiano le **regole**, che non sottostanno a una forma di razionalità universale, ma sono **molteplici, duttili e variabili** in funzione dei bisogni e degli usi: il linguaggio appare così un organismo in continua evoluzione, come lo è la comunità degli uomini di cui è uno strumento essenziale. L'individuo può apportare il suo contributo all'arricchimento e allo sviluppo del sistema comunicativo cui appartiene, adattando e anche violando le regole in vigore, ma non può porsi al di fuori di esse parlando secondo regole private e personali.

Le regole di ogni gioco, e a maggior ragione di quelli linguistici, devono essere controllate e pubbliche, poiché il gioco comporta la compresenza di più individui che interagiscono: senza la formazione e l'applicazione corretta delle regole, senza l'approvazione dell'intera comunità linguistica non c'è gioco, non c'è senso, non c'è vita comune.

Gioco

Si designa con questo termine un'attività generalmente competitiva che, pur obbedendo a precise regole, viene svolta da un individuo o da un gruppo non per raggiungere fini particolari di utilità o per rispondere a una necessità immediata, ma in modo del tutto gratuito per ottenere piacere, o provare emozioni gradevoli. Il gioco assume una valenza filosofica specialmente nelle correnti del Romanticismo (per esempio in Friedrich Schiller) in quanto denota una forma d'agire che, caratterizzata da libertà e spontaneità, consente allo spirito di esprimere in modo naturale e immediato la sua creatività, attingendo e liberando la sua energia vitale originaria. Alcuni interpreti, tra cui lo storico contemporaneo Johan Huizinga, hanno perciò individuato nel gioco, e non nel lavoro, la radice prima di ogni cultura umana.

Il superamento della concezione denotativa del linguaggio

In questo modo Wittgenstein supera il precedente solipsismo, modificando radicalmente prospettiva rispetto al *Tractatus*: là il linguaggio aveva l'esclusiva funzione di far conoscere il mondo, raffigurandolo logicamente e descrivendo correttamente le «*cose come stanno*» e le parole denotavano in modo univoco gli oggetti; nelle *Ricerche logiche* il linguaggio, inteso come attività svolta in rapporto a usi sociali, ci mostra non solo come il senso delle proposizioni sia legato alle pratiche comunicative in atto (una delle quali può essere il descrivere il mondo), ma anche come le singole parole acquistino un significato nel contesto linguistico in cui sono collocate, quindi modulandolo a seconda delle funzioni comunicative che sono chiamate a ricoprire, non riducibili a quella denotativa. Inoltre, nel *Tractatus* il linguaggio era soggetto a un unico modello di razionalità – quello delle scienze sperimentali – e a una sola logica – quella matematica – che fungeva da criterio normativo; nelle *Ricerche* si insiste sulla molteplicità e diversità dei giochi, dove non esiste la sottomissione a un sistema di regole estrinsecamente e precedentemente disposto (in sede logica), ma è l'uso (cioè il singolo gioco) a stabilire la regola che fa emergere dall'interno, con chiarezza e univocità, il significato di una proposizione o di un termine.

3.2 Terapie

Rispettare le regole del gioco

Nel passaggio dalla prima alla seconda fase del suo pensiero, permane in Wittgenstein la convinzione che la filosofia sia essenzialmente critica del linguaggio, attività chiarificatrice e preventiva di possibili equivoci o fraintendimenti, i cosiddetti «*problemi*». Se però nel *Tractatus* si trattava di costruire un linguaggio ideale svelando la struttura logico-formale dei linguaggi naturali, sepolta sotto il cumulo delle funzioni pratiche, nelle *Ricerche* la filosofia «*non può in alcun modo intaccare l'uso effettivo del linguaggio; può, in definitiva, soltanto descriverlo*» e per il resto «*lascia tutto com'è*». Il linguaggio infatti «*fa parte della nostra storia naturale, come il camminare, il mangiare, il bere, il giocare*» e la filosofia analizza i giochi linguistici nel loro effettivo svolgersi e verifica che le parole e le proposizioni siano impiegate secondo l'uso che comunemente viene fatto all'interno di questi, vale a dire controlla se le regole del gioco vengano anche rispettate.

I problemi filosofici sono malattie del linguaggio

Wittgenstein concepisce infatti i «*problemi filosofici*» della metafisica come «*malattie del linguaggio*», come forme patologiche della comunicazione nate da un disordine, da un'infrazione commessa durante il gioco o, come si esprime ironicamente Wittgenstein, «*quando il linguaggio fa vacanza*», quando cioè ci serviamo di una parola o di un'espressione fuori dal contesto ludico-comunicativo concreto in cui essa ha senso.

Se la metafisica come non-senso, come errata interpretazione di un fenomeno linguistico, è una malattia, la filosofia è allora una *«terapia»* che consiste nel riportare *«le parole, dal loro impiego metafisico, indietro al loro impiego quotidiano»*; anche in questo caso, al solito, bisognerebbe parlare al plurale, e dire terapie giacché non esiste una sola cura o un solo metodo.

La filosofia non ha verità o dottrine proprie da far valere, non risolve i problemi ma li *«dissolve»* fino a farli *«svanire completamente»*, in quanto ristabilisce, come il medico o lo psicanalista, uno stato di salute in precedenza turbato. Secondo Wittgenstein siamo in fondo degli ipocondriaci, giacché siamo noi stessi a procurarci questi guai, andando a sbattere la testa contro i limiti del linguaggio e avvitandoci poi su noi stessi, lasciando che la nostra mente si popoli di fantasmi (e di bernoccoli!), anzi compiacendoci per la loro profondità, la loro nobiltà, per l'altezza delle dottrine che formuliamo. Qual è invece il vero scopo della filosofia? *«Indicare alla mosca la via d'uscita dalla bottiglia»*!

MAPPA CONCETTUALE

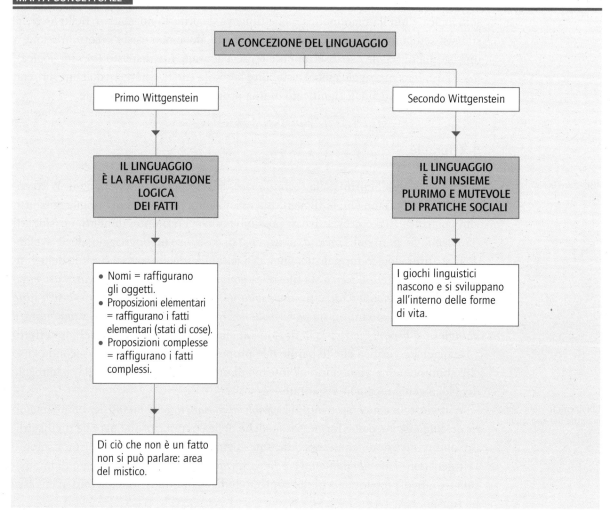

ESERCIZI DI RIEPILOGO

Il primo Wittgenstein

1. In quale temperie culturale è cresciuto e si è formato Wittgenstein?
2. Quali personalità e quali esigenze teoriche hanno influenzato la genesi del suo pensiero?
3. Qual è il problema fondamentale che si propone di risolvere Wittgenstein nel *Tractatus*?
4. Riporta la definizione di *mondo* fornita da Wittgenstein nel *Tractatus* e spiegane il significato.
5. Quale funzione ha il linguaggio secondo Wittgenstein? Rispondi in un testo di 10 righe circa, riportando anche come e perché il filosofo giunge a sostenere questa tesi.
6. Quando si dice che una proposizione ha senso? Quando una proposizione è vera?
7. Esponi la differenza tra *proposizioni atomiche* e *molecolari*.
8. Per quale motivo Wittgenstein considera la metafisica insensata?
9. Quale funzione attribuisce Wittgenstein alla filosofia?
10. A che cosa fa riferimento Wittgenstein utilizzando il termine *mistico*?
11. In che modo, secondo Wittgenstein, possiamo comprendere il senso del mondo e della nostra vita?

Il secondo Wittgenstein

12. Esponi affinità e differenze tra il primo e il secondo Wittgenstein a partire dalle due opere che caratterizzano i differenti periodi: il *Tractatus logico-philosophicus* e le *Ricerche logiche*.
13. Che differenza riscontra Wittgenstein tra linguaggio della scienza e linguaggio quotidiano?
14. Quali sono il senso e la verità di una proposizione del linguaggio quotidiano?
15. Fornisci una breve definizione dei concetti di *giochi linguistici* e *forme di vita*.
16. Quali regole segue il linguaggio quotidiano? Sono regole fisse e immutabili? Rispondi motivando le tue affermazioni.

◼ Ludwig Wittgenstein
Il mondo, il pensiero e il mistico

QUESTIONE ▶ Proponiamo alcuni passaggi dal *Tractatus*, separandoli in sequenze per comodità di lettura. Wittgenstein non parla al grande pubblico, ma a una ristretta cerchia di persone a lui affini. Nella *Prefazione* si trova la celebre frase secondo cui l'opera può essere compresa solo «*da colui che già a sua volta ha pensato i pensieri ivi espressi – o almeno pensieri simili*».

La struttura del *Tractatus* è stata paragonata a una composizione musicale, nella quale i temi si rincorrono continuamente: il mondo, il linguaggio, la proposizione, il dicibile, il mistico e così via. Secondo le parole dello storico della filosofia Black: «*un'esposizione ridotta al minimo delle tesi di Wittgenstein potrebbe essere questa: la realtà («il mondo») è un mosaico di eventi indipendenti («fatti atomici»); ciascuno di questi è come una catena nella quale gli «oggetti» (indecomponibili logici) «ineriscono l'un l'altro»; gli oggetti sono connessi in un reticolo di possibilità logiche (lo «spazio logico»); le proposizioni «elementari» più semplici sono raffigurazioni di fatti atomici, e sono, esse stesse, fatti in cui sono concatenati dei nomi; tutte le altre proposizioni sono funzioni di verità di quelle elementari; il linguaggio è il grande specchio in cui è riflesso, «mostrato», presentato il reticolo logico. Se aggiungiamo le nozioni dei nomi come rappresentanti degli oggetti, delle proposizioni logiche come casi limite delle proposizioni contingenti, e le capitali nozioni di forma logica e di essenza, avremo un utile elenco dei principali motivi wittgensteiniani*» (M. Black, *Manuale per il* Tractatus *di Wittgenstein*).

TESI ▶ Il primo brano riporta l'apertura del *Tractatus*, dove Wittgenstein espone la sua concezione del mondo quale totalità dei fatti. Il secondo passaggio espone la complessità del linguaggio umano e propone la filosofia quale «*critica del linguaggio*». Nell'ultimo brano Wittgenstein affronta la questione del senso del mondo e dei valori, giungendo alla conclusione che di queste cose, in quanto non sono fatti, non è possibile parlare. La loro importanza rimane enorme per la vita umana, ma la loro soluzione non può essere trovata ricorrendo al linguaggio o alla metafisica; la filosofia, anzi, deve guarire l'uomo dall'uso improprio dei termini e dei concetti.

Il mondo

1.   Il mondo[1] è tutto ciò che accade.
1.1.   Il mondo è la totalità dei fatti[2] non delle cose.
1.11.   Il mondo è determinato dai fatti e dall'essere essi *tutti* i fatti.
1.12.   Ché la totalità dei fatti determina ciò che accade, ed anche tutto ciò che non accade.[3]
1.13.   I fatti nello spazio logico sono il mondo.
1.2.   Il mondo si divide in fatti.
1.2.1.   Una cosa può accadere o non accadere e tutto l'altro restare eguale.[4] [...]

Il pensiero

4.   Il pensiero è la proposizione munita di senso.[5]
4.001.   La totalità delle proposizioni è il linguaggio.
4.002.   L'uomo possiede la capacità di costruire linguaggi, con i quali ogni senso

---

1. Nella proposizione 2.06 è detto che «il sussistere o il non sussistere di stati di cose è la realtà». Il termine mondo è dunque equivalente a realtà.
2. Il termine fatto descrive il complesso delle relazioni (più *stati di cose*) nelle quali gli oggetti sussistono secondo le loro proprietà formali.
3. In 2.05 è detto che «la totalità degli stati di cose sussistenti determina anche quali stati di cose non sussistono».
4. Da questa proposizione il mondo si mostra quale un pulviscolo di fatti atomici (atomismo logico).
5. La comunicazione linguistica è fondata sul pensiero: ne deriva un'omogeneità strutturale tra il fatto e la proposizione.

può esprimersi, senza sospettare come e che cosa ogni parola significhi. –
Così come si parla senza sapere come i singoli suoni siano emessi.[6]

Il linguaggio comune è una parte dell'organismo umano, né è meno complicato di questo.

È umanamente impossibile desumere immediatamente la logica del linguaggio.

Il linguaggio traveste i pensieri. È precisamente così che dalla forma esteriore dell'abito non si può concludere alla forma del pensiero rivestito; perché la forma esteriore dell'abito è formata per ben altri scopi che quello di far riconoscere la forma del corpo.

Le tacite intese per la comprensione del linguaggio comune sono enormemente complicate.

Il più delle proposizioni e questioni che sono state scritte su cose filosofiche è non falso, ma insensato.

Perciò a questioni di questa specie non possiamo affatto rispondere, ma possiamo solo stabilire la loro insensatezza. Il più delle questioni e proposizioni dei filosofi si fonda sul fatto che noi non comprendiamo la nostra logica del linguaggio.

(Esse sono della specie della questione, se il bene sia più o meno identico del bello).

Né meraviglia che i problemi più profondi propriamente *non* siano problemi[7].

4.0031. Tutta la filosofia è «critica del linguaggio». [...]

Il mistico

6.373. Il mondo è indipendente dalla mia volontà.[8]

6.374. Anche se tutto ciò che desideriamo avvenisse, tuttavia ciò sarebbe solo, per così dire, una grazia del fato, poiché non v'è, tra volontà e mondo, una connessione *logica* che garantisca tale connessione, e comunque questa stessa supposta connessione fisica non potremmo volerla a sua volta.[9]

6.375. Come v'è solo una necessità *logica*, così pure v'è solo una impossibilità *logica*.

6.3751. Che, ad esempio, due colori siano a un tempo in un luogo del campo visivo è impossibile, e impossibile logicamente, poiché ciò è escluso dalla struttura logica del colore. [...]

6.4. Tutte le proposizioni son d'egual valore.[10]

6.41. Il senso del mondo dev'essere fuori di esso. Nel mondo tutto è come è, e tut-

---

6. «Le convenzioni del nostro linguaggio sono straordinariamente complicate. Ad ogni proposizione aggiungiamo mentalmente moltissime cose che non diciamo. [...] Io voglio solo giustificare la vaghezza delle proposizioni ordinarie, poiché essa può giustificarsi» (L. Wittgenstein, *Quaderni 1914-1916*, in *Tractatus logico-philosophicus*, a cura di A.G. Conte, p. 169).

7. Wittgenstein concepisce i problemi della metafisica come una sorta di malattia, di cui l'analisi del linguaggio è la terapia.

8. «Io non posso guidare gli eventi del mondo secondo la mia volontà; al contrario, sono affatto impotente. Solo in un modo posso rendermi indipendente dal mondo – e dunque, in un certo senso, dominarlo –; rinunziando ad influire sugli eventi» (*Quaderni, op. cit.*, p. 173).

9. In questa tesi diversi interpreti leggono un'eco della dottrina shopenhaueriana secondo cui mondo della volontà e mondo della rappresentazione sono due realtà eterogenee.

10. Tutto ciò che è logicamente possibile, lo è in eguale misura. Per conseguenza il sussistere o meno dei fatti è cosa del tutto accidentale. Le proposizioni riflettono *questo* mondo di fatti.

to avviene come avviene; non v'è in esso alcun valore – né, se vi fosse, avrebbe un valore.

Se un valore che ha valore v'è, dev'essere fuori d'ogni avvenire ed essere-così. Infatti ogni avvenire ed essere così è accidentale.

Ciò che li rende non-accidentali non può essere *nel* mondo, ché altrimenti sarebbe, a sua volta, accidentale.

Dev'essere fuori del mondo.[11]

6.42.   Né, quindi, vi possono essere proposizioni dell'etica.

Le proposizioni non possono esprimere nulla ch'è più alto.

6.421.   È chiaro che l'etica non può formularsi.

L'etica è trascendentale.

(Etica ed estetica son tutt'uno).

6.422.   Il primo pensiero, nell'atto che è posta una legge etica della forma «Tu devi...», è: E se non lo faccio? Ma è chiaro che nulla l'etica ha da fare con pena e premio, nel senso ordinario di questi termini. Dunque, questo problema delle *conseguenze* d'un'azione non può non essere irrilevante – O almeno, queste conseguenze non devono essere eventi. Infatti in quella domanda qualcosa deve pur essere corretto. Dev'esservi sì una specie di premio etico e pena etica, ma questi non possono non essere nell'azione stessa.

(Ed è anche chiaro che il premio dev'essere qualcosa di grato; la pena, di ingrato).[12]

6.423.   Del volere quale portatore dell'etico non può parlarsi. E la volontà quale fenomeno interessa solo la psicologia.

6.43.   Se il volere buono o cattivo àltera il mondo, esso può alterare solo i limiti del mondo, non i fatti, non ciò che può essere espresso dal linguaggio.

In breve, il mondo allora deve perciò divenire un altro mondo. Esso deve, per così dire, decrescere o crescere *in toto*.

Il mondo del felice è un altro che quello dell'infelice.

6.431.   Come pure alla morte il mondo non si àltera, ma cessa.

6.4311.   La morte non è evento della vita. La morte non si vive.

Se, per eternità, s'intende non infinita durata nel tempo, ma intemporalità, vive eterno colui che vive nel presente.

La nostra vita è così senza fine, come il nostro campo visivo è senza limiti.

6.4312.   L'immortalità temporale dell'anima dell'uomo, dunque l'eterno suo sopravvivere anche dopo la morte, non solo non è per nulla garantita, ma, a supporla, non si consegue affatto ciò che, supponendola, si è sempre perseguito. Forse è sciolto un enigma perciò che io sopravviva in eterno? Non è forse questa vita eterna così enigmatica come la presente? La risoluzione dell'enigma della vita nello spazio e tempo è *fuori* dello spazio e tempo.

(Non sono già problemi di scienza naturale quelli che qui son da risolvere).

---

11. Cioè è esterno all'ambito dei fatti e delle possibilità logico-raffigurative del linguaggio.

12. «Bene e male non interviene che attraverso il soggetto. [...] Si potrebbe dire: il mondo della rappresentazione è né buono né cattivo; buono o cattivo è il soggetto che vuole, [...] il soggetto che vuole dovrebbe dunque essere felice o infelice, e felicità e infelicità non possono appartenere al mondo. Come il soggetto è non parte, ma presupposto dell'esistenza del mondo, così buono e cattivo sono predicati del soggetto, non proprietà del mondo. Tutta velata è qui l'essenza del soggetto» (ib., pp. 180-181).

6.432.   *Come* il mondo è, è affatto indifferente per ciò ch'è più alto. Dio non rivela *sé nel* mondo.

6.4321.   I fatti appartengono tutti soltanto al problema, non alla risoluzione.

6.44.   Non *come* il mondo è, è il mistico[13], ma che esso è.

6.45.   Intuire il mondo *sub specie aeterni* è intuirlo quale tutto – limitato –.
          Sentire il mondo quale tutto limitato è il mistico.

6.5.   D'una risposta che non si può formulare non può formularsi neppure la domanda.
          L'enigma non v'è.
          Se una domanda può porsi, *può* pure avere risposta.

6.51.   Lo scetticismo è *non* inconfutabile, ma apertamente insensato, se vuol mettere in dubbio ove non si può domandare. Ché dubbio può sussistere solo ove sussiste una domanda; domanda, solo ove sussiste una risposta; risposta, solo ove qualcosa *può* essere *detto*.

6.52.   Noi sentiamo che, anche una volta che tutte le *possibili* domande scientifiche hanno avuto risposta, i nostri problemi vitali non sono ancora neppur toccati. Certo allora non resta più domanda alcuna; e appunto questa è la risposta.

6.521.   La risoluzione del problema della vita si scorge allo sparir di esso.
          (Non è forse per questo che uomini, cui il senso della vita divenne, dopo lunghi dubbi, chiaro, non seppero poi dire in che consisteva questo senso?).

6.522.   V'è davvero dell'ineffabile[14]. Esso *mostra* sé, è il mistico.

▶ L. WITTGENSTEIN, *Tractatus logico-philosophicus*

ESERCIZI

Rispondi alle seguenti domande, eventualmente con opportune citazioni:

■ Esponi la concezione del *mondo* di Wittgenstein, spiegando che cosa intende con il termine "fatti".

■ Riassumi la concezione del linguaggio di Wittgenstein specificando che cosa è sensato e che cosa non lo è, rifacendoti anche a quanto studiato nella parte manualistica.

■ Esponi sinteticamente le tesi di Wittgenstein sul senso del mondo e della vita: è possibile trovare una risposta a queste domande? Motiva la tua risposta.

---

13. Il termine mistico non rimanda all'esperienza di una realtà diversa dal mondo, né a una dimensione superiore dell'essere. Questo concetto può essere espresso con le seguenti parole di Wittgenstein: «Mi sembra però che, oltre al lavoro dell'artista, vi sia un altro modo di cogliere il mondo *sub specie aeterni*. È – credo – la via del pensiero, che per così dire passa sul mondo a volo d'uccello e lo lascia così com'è, contemplandolo in volo dall'alto» (*Pensieri diversi*, p. 24).

14. Di fronte a ciò che non si può dire con il linguaggio, la metafisica e i suoi problemi cedono il passo al silenzio mistico.

1. «Ciò di cui non si può parlare si deve tacere»

La conclusione del Tractatus *è affascinante per l'alone di misticismo che l'avvolge: spesso, però, è apparsa oscura o comunque non coerente con l'impostazione rigorosamente logicista del resto dell'opera. L'autrice di questo saggio è stata allieva diretta di Wittgenstein, ha intrattenuto uno stretto rapporto con il maestro e ne è poi stata nominata esecutrice testamentaria: la sua interpretazione risulta dunque particolarmente interessante e chiarificatrice.*

Elizabeth Anscombe[1], *Introduzione al* Tractatus *di Wittgenstein*

La conclusione del *Tractatus* dà l'impressione che per Wittgenstein il mondo lo guardasse con una faccia; la logica aiutava a rivelare questa faccia. Ora, una faccia ti può guardare con una espressione triste o felice, grave o torta, buona o cattiva, e con più o meno espressione. Il mondo considerato non già per come stanno le cose, ma considerato comunque esse stiano – visto come un tutto – è oggetto della logica; considerato come la mia vita, è oggetto dell'etica; considerato come oggetto di contemplazione, è oggetto dell'estetica: tutte queste, allora, sono dei «trascendentali». Molti anni più tardi [...] Wittgenstein scrisse: «*Se voglio fermare la mia mente su quel che intendo per valore assoluto o etico, accade sempre che mi si presenta una particolare esperienza, che quindi è in un certo senso la mia esperienza di perfezione... il modo migliore di descriverla è dire che quando la provo mi stupisco per l'esistenza del mondo*». L'identificazione di etica ed estetica (6.421) avviene in questo modo: il volere buono e cattivo cambia il mondo solo come oggetto di contemplazione inteso come un tutto.

Tuttavia l'uomo che, aiutato dal *Tractatus*, «*ha la giusta visione del mondo*», e cioè vede quel che la logica rivela come «mostrato», non tenterà di dirlo, poiché egli sa che è indicibile. Per ciò che riguarda quanto vantaggio ne potrà mai trarre, Wittgenstein non ha grandi pretese; nella *Introduzione* egli diceva: «*Si potrebbe in qual-

che modo riassumere tutto il senso del libro nelle seguenti parole: Ciò che si può dire può dirsi con chiarezza, e ciò di cui non si può parlare si deve tacere*». Ma il suo ultimo giudizio sul valore del libro fu questo: esso «mostra quanto poco si è fatto quando si siano risolti tali problemi».

RISPONDI ALLE SEGUENTI DOMANDE

■ A quali conclusioni giunge Wittgenstein alla fine del *Tractatus*?
■ Che utilità assegna Wittgenstein alla propria opera?

---

2. Il "secondo Wittgenstein"

Uno dei maggiori studiosi italiani di semiotica, di orientamento marxista, presenta in questo brano lo spirito del cosiddetto "secondo Wittgenstein", fornendo nello stesso tempo un rapido profilo delle tematiche delle Ricerche.

Ferruccio Rossi-Landi[2], *Il linguaggio come lavoro e come mercato*

La prima cosa che colpisce quando si passa dal *Tractatus* alle *Ricerche* è che vi è entrato il flusso della vita (non però quello della storia) già a livello dell'espressione linguistica. Ogni gergo formalistico è ora rifiutato... [e] tale rifiuto diventa programma: ogni schema viene abbandonato – a cominciare dalla contrapposizione stessa tra il mostrare e l'asserire. Si analizzano ora soltanto singoli luoghi (o «situazioni») linguistici, cioè singoli pezzi significanti, di linguaggio, sui quali sia insorta una difficoltà filosofica; a partire da tali pezzi ci si muove dentro al linguaggio in tutte le direzioni possibili, indipendentemente dal modo in cui il linguaggio si presenta a bella prima disposto. «La lingua è un labirinto di sentieri» (203°) lungo i quali van ricercati usi linguistici che han qualcosa di simile non già perché riducibili a una qualche metafisica proprietà comune ma piuttosto per-

---

1. Gertrude Elizabeth Margaret Anscombe (1919-2001), conosciuta come Elizabeth Anscombe, è una filosofa inglese appartenente alla corrente della filosofia analitica. Studentessa di Ludwig Wittgenstein, ha scritto e tradotto numerosi volumi dedicati alla filosofia della mente, alla filosofia dell'azione, alla logica, alla semiotica e alla teoria del linguaggio.
Nel 1970 giunse a occupare a Cambridge la stessa cattedra che era stata del suo maestro. Oltre a *Intention* del 1957, tra le sue opere ricordiamo l'importante articolo *Modern Moral Philosophy* (1958), *An Introduction to Wittgenstein's* Tractatus (1959), *Three Philosophers* (1961) e *Collected Papers* (1981).
Contribuì in modo significativo a elaborare nuovi concetti nel campo dell'etica, soprattutto in relazione al tema delle virtù.
2. Ferruccio Rossi-Landi (1921-1985) ha insegnato dapprima negli Stati Uniti poi in Italia a Lecce e a Trieste, occupandosi prevalentemente di semiologia e di filosofia del linguaggio. La sua ricerca ha teso a proporre una sintesi teorica tra il materialismo storico e la filosofia analitica.

ché imparentati tra loro in maniere diversissime e per queste parentele costituenti delle specie di «famiglie» (65°-67° e segg.). Le funzioni di una data espressione vengono così tirate a galla contrastando quell'espressione con altre da essa variamente divergenti. È il contesto che dà importanza a un significato (583°); tutto va visto contestualmente; e bisogna guardarsi dalle asserzioni generali, che, estendendosi per loro natura al di là dei vari contesti, ne oscurano la comprensione anziché chiarirla. La filosofia è un'attività che va appresa attraverso esempi concreti, per mezzo dei quali sarà possibile ricondurre le parole dall'uso speciale e deviante che ne han fatto i filosofi al loro uso quotidiano (116°). Ciò non significa andare dal difficile al facile, ma semmai il contrario: perché gli usi filosofici da cui ci dobbiamo guardare risultano essere delle semplificazioni, arbitrarie di fronte alla ricchezza del parlare; e perché, mentre imparando a parlare non avevamo certo imparato a badare a tutti i rapporti che le parole hanno fra di loro, proprio a questi rapporti indefinitamente complessi dobbiamo rivolgerci se vogliamo dissolvere il problema filosofico che ci disturba. [...] La difficoltà filosofica è intesa da Wittgenstein come una perplessità personale, un «crampo mentale» di cui è vittima un singolo individuo e che può venir guarito per mezzo di una specie di logoterapia (123°, 255°, 309° e *passim*); le ragioni personali o ambientali del formarsi della perplessità restano peraltro fuori dei suoi interessi, e la difficoltà viene analizzata di per se stessa, così come si presenta relativamente obiettivata nel linguaggio. Il procedimento non è quello della psico-analisi appunto perché la difficoltà viene spersonalizzata e vista dentro a strutture comunicative interpersonali (109°-129°). [...] Si tratta piuttosto di un procedimento tipicamente strutturalistico, per mezzo del quale si costruisce un simulacro dell'oggetto, manifestando in tale ricostruzione le regole di funzionamento dell'oggetto stesso. Escluse le sostanze, Wittgenstein si occupa delle funzioni; egli ritaglia e coordina i pezzi di linguaggio, cerca casi paradigmatici su cui misurare altri casi che gli si presentano dentro all'indefinita varietà del parlare: anziché assegnar sensi agli oggetti su cui indaga, «cerca piuttosto di sapere come il senso è possibile, a che prezzo e secondo quali procedimenti» (R. Barthes). [...] [In tal modo] si intravede forse come Wittgenstein sia passato dal realismo ontologico del *Tractatus* a un deciso materialismo che da un lato nega il pensiero come processo indipendente dal parlare, dal comunicare e dall'agire, mentre dall'altro tien conto delle circostanze umanamente reali in cui si formano i significati. [...] In questa prospettiva, direi Wittgenstein più feuerbachiano che marxiano: egli è sceso dal cielo delle immobili strutture descritte nel *Tractatus* alla terra dei sempre mutevoli comportamenti significanti e ha cercato l'origine dell'alienazione metafisica nel campo affatto terreno del parlare; ma egli non si chiede come mai lo stesso parlare giunga a deformarsi, come mai ci siano le perplessità e i fraintendimenti che va linguisticamente denunciando.

RISPONDI ALLE SEGUENTI DOMANDE

- Qual è la differenza di registro stilistico riscontrabile tra il *Tractatus* e le *Ricerche logiche*?
- Che cosa intende Wittgenstein identificando i problemi filosofici con i «*crampi mentali*» di un singolo soggetto?
- Quale metodo suggerisce Wittgenstein per "dissolvere" i problemi filosofici?

1. Misticismo

Nel *Tractatus* è più volte affrontato il concetto di mistico, utilizzato in modo particolare all'interno di un contesto contrassegnato da un andamento logico-formale molto rigoroso.

■ Alla luce della tua conoscenza del pensiero di Wittgenstein e della lettura del brano riportato nella sezione antologica, scrivi un testo che chiarisca che cosa debba intendersi per «mistico» e spiega come possa coesistere questa nozione all'interno di un'opera improntata a un estremo rigore logico e formale.

2. Capire una parola

Wittgenstein ha scritto: «*Stiamo un po' attenti al modo in cui effettivamente usiamo la parola* capire. [...] *Supponiamo che si tratti della parola* rosso, *e io abbia detto automaticamente di capirla. Ora il mio amico mi chiede ancora una volta:* «*Ma la capisci davvero?*». *A questo punto, quasi per controllare, mi faccio venire in mente un'immagine rossa. Ma come faccio a sapere che il colore che mi appare è quello giusto? E tuttavia, pienamente convinto, ora dico di capirla. Ma potrei anche dare un'occhiata a una tabella di colori, in cui, sotto il colore, sta la parola* rosso. *La descrizione di tali processi si potrebbe prolungare smisuratamente*».
▶ L. WITTGENSTEIN, *Grammatica filosofica*

■ Ti proponiamo di prolungare la descrizione di tali processi: che cosa accade quando dici (o soltanto ritieni) di aver capito una parola? Che cosa accade quando apprendi una parola nuova e ne cerchi il significato?

3. Che cos'è la filosofia?

■ Rispondi alle seguenti domande:
– che cos'è la filosofia secondo Wittgenstein?
– in che senso è legata alla pratica e all'"ascesi"?
– attraverso quali argomentazioni Wittgenstein lega filosofia e terapia?
– esistono precedenti per queste posizioni? Quali?

4. Il vero scopo della filosofia

Il vero scopo, e l'unico possibile, della filosofia per Wittgenstein è quello di «*indicare alla mosca la via d'uscita dalla bottiglia*».

■ Prendendo spunto da questa frase, scrivi un racconto il cui titolo è *Qual è lo scopo della filosofia?* Scegli la trama e lo stile che ritieni più adatti per restituire l'idea di filosofia di Wittgenstein. Se vuoi, puoi contrapporre alla sua altre idee di filosofia, magari personificandole sotto forma di personaggi o di oggetti animati.

5. Il mondo è tutto ciò che accade

«*Il mondo è tutto ciò che accade*»: è la celebre tesi di apertura del *Tractatus*. Per comprendere meglio la posizione di Wittgenstein in questo testo ti proponiamo di "descrivere" il mondo («*tutto ciò che accade*») rispettando rigorosamente le linee portanti del suo pensiero (ricordando, per esempio, che «*il mondo del felice è un altro che quello dell'infelice*»). L'esercizio è quindi puramente descrittivo, ma dovrà rispettare una serie di principi.

■ Dovrai:
– definire analiticamente i principi che seguirai per applicare nella tua descrizione la filosofia di Wittgenstein;
– scegliere che cosa in concreto desideri descrivere e quindi descriverlo secondo i principi definiti;
– controllare che l'intera descrizione risponda a questi principi e non cada sotto la celebre tesi 7: «*Su ciò, di cui non si può parlare, si deve tacere*»;
– se ritieni che sia invece questa la situazione della tua descrizione, dovrai tornare sul tuo scritto e rivederlo.

Il Circolo di Vienna

1. Il programma dei neopositivisti

▶▶

Con il nome di Circolo di Vienna si indica un insieme di studiosi – in prevalenza scienziati e filosofi – che diedero vita a un gruppo di studio e discussione sui temi della **ricerca scientifica**, dell'**epistemologia** e della **filosofia del linguaggio** a partire dagli anni Venti del XX secolo. Animatore del movimento fu Moritz Schlick (1882-1936), che dal 1922 occupò la cattedra del filosofo e scienziato Ernst Mach all'Università di Vienna; altri esponenti di spicco furono Rudolf Carnap (1891-1970), il matematico Hans Hahn e Otto Neurath (1882-1945). Al gruppo viennese si affiancò a Berlino il circolo fondato da Hans Reichenbach (1891-1953) e a Praga un altro nucleo costituitosi attorno a Carnap, che era andato a insegnare in quella città.

Con l'avvento del nazismo i neopositivisti furono costretti a emigrare e, a partire dal 1938, diedero vita a Chicago al progetto dell'"Enciclopedia delle scienze unificate", che continuava l'esperienza iniziata a Vienna, valendosi delle nuove collaborazioni di ispirazione empirista e pragmatista presenti nell'ambiente filosofico degli Stati Uniti.

I fatti e la logica a fondamento della conoscenza

Il movimento nato con il Circolo di Vienna ha assunto varie denominazioni, a seconda del punto di vista da cui lo si considera: **positivismo logico**, **empirismo logico** o **neopositivismo**. I termini positivismo o empirismo rimandano alle correnti filosofiche tradizionali, di cui i seguaci novecenteschi mantengono l'assunto di fondo secondo cui alla base della conoscenza stanno i fatti empirici. L'aggettivo logico indica che l'approccio ai problemi della conoscenza – soprattutto di quella scientifica – avviene con l'ausilio delle tecniche dell'analisi logico-linguistica, messe a punto da Frege, Russell e Wittgenstein.

L'impianto teorico della filosofia della scienza neopositivista non poté inoltre prescindere dai mutamenti radicali che il sistema delle scienze subì nel corso dell'Ottocento e del primo Novecento, a seguito della così detta "seconda rivoluzione scientifica" (▶ **Volume 3A**, *Scienza e logica*, p. 400), che aveva posto in forme radicalmente nuove il problema della fondazione rigorosa e della legittimazione logica della conoscenza scientifica.

La concezione scientifica del mondo

I neopositivisti viennesi sintetizzarono i principi filosofici del loro movimento in una sorta di manifesto teorico, intitolato *La concezione scientifica del mondo: il Circolo di Vienna*, scritto nel 1929 da Carnap, Neurath e Hahn (▶ **Antologia**, brano 1, *La concezione scientifica del mondo*). Il programma è riassumibile in tre punti fondamentali, che indicano le finalità del gruppo:

■ l'elaborazione di un modello generale di fondazione delle scienze che, nel solco della tradizione scientifica e filosofica ottocentesca, miri a realizzare una **scienza unificata**;

■ la dimostrazione, mediante l'analisi logica del linguaggio, che la **filosofia** tradizionale e, in particolar modo, la **metafisica** sono costituite da proposizioni **prive di significato**;

■ la costituzione di una **concezione scientifica del mondo** che unifichi dal punto di vista metodologico tutte le scienze, sia quelle naturali sia quelle storico-sociali.

Il carattere astratto e complesso delle teorie scientifiche

Per realizzare questo programma era necessario trarre le conseguenze e valersi dei risultati conseguiti dalla cosiddetta "crisi dei fondamenti" (▶ Volume 3A, *Scienza e logica*, p. 400), che aveva investito le scienze matematico-fisiche ancora basate sui principi della scienza newtoniana e, in particolare, sulla certezza dei dati sensibili. Il progresso scientifico del XIX secolo aveva messo in crisi la "fisica delle qualità sensibili", mostrando l'illusorietà e l'infondatezza dell'idea che si potesse trovare, in tutti i casi, la conferma delle ipotesi teoriche nei dati sensibili. Da questo risultato teorico si era fatta strada l'ipotesi che le teorie scientifiche non fossero semplici aggregati di dati empirici, ma fossero sistemi di conoscenza della realtà che utilizzano concetti astratti e regole logico-linguistiche molto complesse. Il modello filosofico che i neopositivisti assunsero per trovare soluzione a questi problemi fu quello del *Tractatus logico-philosophicus* di Ludwig Wittgenstein.

1.1 L'influenza del *Tractatus* di Wittgenstein

I rapporti tra Wittgenstein e i neopositivisti furono certamente complessi e questi ultimi diedero un'interpretazione particolare al *Tractatus* che il filosofo austriaco giudicò riduttiva, ma che storicamente è all'origine di uno degli sviluppi filosofici più importanti del pensiero del primo Wittgenstein. In sintesi, possiamo indicare quattro temi attorno ai quali è riscontrabile l'influenza del *Tractatus* sul Circolo di Vienna.

■ Il problema del **significato**: le proposizioni, insegna Wittgenstein, hanno significato in quanto raffigurano i fatti. Comprendere il senso di una proposizione significa sapere come stanno le cose quando essa è vera o falsa e, quindi, avere un metodo rigoroso per sottoporla al **criterio di verificazione**.

LA VITA di Moritz Schlick

Moritz Schlick nacque a Berlino nel 1882 da una ricca famiglia che lo avviò agli studi scientifici nelle Università di Heidelberg, Losanna e Berlino. Qui si laureò in fisica nel 1904 discutendo con Max Planck una tesi sulla riflessione della luce.
Negli anni successivi i suoi interessi si rivolsero alla filosofia, in cui ottenne la libera docenza per poi passare a insegnare Etica e filosofia naturale a Rostock. Entrato in rapporto di amicizia con Einstein, divenne uno dei maggiori studiosi e divulgatori della teoria della relatività.

Nel 1922 fu chiamato a Vienna sulla cattedra di Filosofia delle scienze induttive. Nella capitale austriaca fondò e guidò il gruppo di filosofi e scienziati che costituirono il Circolo di Vienna. Nel 1936 fu assassinato sulle scale dell'università da un suo ex studente: quali che fossero le ragioni di questo gesto, esso fu interpretato come una reazione degli ambienti della destra reazionaria al pensiero materialista e antitradizionalista del filosofo.

■ La corrispondenza tra **fatti elementari** e **proposizioni elementari**: la dottrina della corrispondenza afferma che tra una proposizione elementare (l'unità linguistica minima fornita di senso) e gli stati di cose elementari vi è una corrispondenza, in virtù dell'identica struttura logica che le caratterizza.

■ La dottrina delle **funzioni di verità**: più proposizioni elementari unite da connettivi logici ("e", "o", "se... allora", "non") formano le proposizioni complesse, la cui verità dipende dalla verità delle proposizioni elementari che le compongono. Nella terminologia logica ciò significa che le proposizioni complesse sono funzioni di verità delle proposizioni elementari.

■ La **classificazione delle proposizioni**: questa classificazione si basa sulla distinzione tra **proposizioni fattuali** e **non fattuali**. Le prime sono vere o false in dipendenza dalla corrispondenza o meno con i fatti che raffigurano. Le seconde dipendono invece dalla loro struttura logica e non raffigurano stati di cose: sono o tautologie, se sono sempre vere (è il caso delle proposizioni della logica e della matematica), o contraddizioni, se sono sempre false.

Riguardo al primo punto Schlick, che risente fortemente dell'influenza di Wittgenstein, è convinto che vi sia corrispondenza tra le proposizioni elementari e i dati empirici e che le connessioni logiche tra le proposizioni diano luogo alla struttura del linguaggio. A partire da questo assunto consegue che le proposizioni della scienza esauriscono il campo dell'esperienza e perciò sono le sole dotate di significato. La conclusione che si ricava da queste premesse è che hanno significato solamente le proposizioni che possono essere verificate: il criterio di significanza coincide con il principio di verificazione.

La metafisica è priva di senso

L'interpretazione scientista del *Tractatus* porta all'affermazione dell'insensatezza di tutte quelle proposizioni che non sono né proposizioni fattuali, né tautologie o contraddizioni: dunque le proposizioni della filosofia, dell'etica, dell'estetica e di buona parte del linguaggio ordinario sono insensate.

Netta è la **posizione antimetafisica** sostenuta costantemente dai neopositivisti e, in particolare, è famosa la requisitoria di Carnap contro il saggio di Heidegger *Che cos'è la metafisica?*. Carnap sostiene che i problemi metafisici non esistono: sono pseudoproblemi prodotti da un uso distorto del linguaggio, destinati a dissolversi per effetto dell'analisi logica. La metafisica va messa «*al bando dalla filosofia*» perché «*non consente una giustificazione razionale delle sue tesi*», dove l'aggettivo razionale è sinonimo di empirico-razionale. L'unica spiegazione dell'esistenza della metafisica sta nel fatto che essa esprime un sentimento della vita, senza però possedere alcun valore teorico.

Il principio di verificazione

Il principio di verificazione è il criterio fondamentale elaborato dai neopositivisti per distinguere le proposizioni significanti da quelle prive di senso.
Schlick ne ha dato questa formulazione: «*Il significato di una proposizione è il metodo della sua verifica*»; detto in altri termini, una proposizione può essere verificata, e dunque avere significato, se possiamo indicare le osservazioni empiriche (le esperienze) che ne assicurano la verità (o falsità).
Per i neopositivisti questo principio è sia criterio di significanza (e quindi di demarcazione tra proposizioni scientifiche e non scientifiche) sia criterio di verità (tra proposizioni significanti vere e false).

LA METAFISICA
COME ESPRESSIONE
DEL SENSO
DELLA VITA

Allorché diciamo che le proposizioni della metafisica sono del tutto prive di senso e non significano nulla, è verosimile che anche coloro i quali intellettualmente accettano i nostri risultati, siano nondimeno turbati da un sentimento di grande perplessità: come mai tanti uomini dei più diversi periodi e popoli, non esclusi ingegni eminenti, hanno in effetti dedicato tanta cura, e anzi addirittura passione, alla metafisica, se questa non contiene altro che mere parole combinate in frasi senza senso? E come si potrebbe comprendere il fatto che i libri di metafisica abbiano esercitato un'influenza tanto forte sugli ascoltatori e sui lettori, se essi non contenessero neppure degli errori, anzi, proprio nulla? Sono queste delle perplessità che sussistono ben a ragione, poiché la metafisica contiene effettivamente qualcosa: solo che questo non ha valore teoretico.

Le (pseudo)proposizioni della metafisica non servono alla rappresentazione di dati di fatto né esistenti (allora si tratterebbe di proposizioni vere), né inesistenti (allora si tratterebbe, per lo meno, di proposizioni false), ma servono soltanto all'espressione del sentimento della vita.

▸ R. CARNAP, *Il superamento della metafisica mediante l'analisi logica del linguaggio*

2.

Rudolf Carnap: la concezione scientifica del mondo

2.1 La costruzione logica del mondo

Carnap è stato una dei maggiori esponenti del neopositivismo del Novecento. Il suo pensiero filosofico ha ruotato attorno a due convincimenti di fondo, a cui è rimasto fedele pur nell'evoluzione degli interessi teorici:

■ l'idea che esista un'**unicità della scienza**, anche se sono vari i contenuti dei diversi campi di ricerca;

■ il principio che anche il linguaggio della scienza sia unico, in quanto sono uniche le regole sintattiche che connettono tra loro le proposizioni scientifiche. Allo sviluppo di questi due principi sono dedicate le due opere fondamentali di Carnap, *La costruzione logica del mondo* del 1928 e *Sintassi logica del linguaggio* del 1934 (rivista nel 1937).

LA VITA *di Rudolf Carnap*

Rudolf Carnap nacque a Ronsdorf, nella Germania nord-occidentale, nel 1891. Studiò filosofia, matematica e fisica e fu discepolo di Frege a Jena. Dopo aver combattuto nella Prima guerra mondiale, entrò in contatto con Reinchebach e Schlick, che lo introdussero nel Circolo di Vienna. Nella capitale austriaca insegnò dal 1926 al 1931, quando si trasferì a Praga per occuparvi la cattedra di filosofia naturale. Nel 1936 gli eventi politici europei, segnati dall'espansionismo nazista, lo indussero ad accettare l'invito a trasferirsi negli Stati Uniti; qui insegnò nelle Università di Chicago, di Princeton e di Los Angeles, dove morì nel 1970.

Il mondo fisico
è il solo conoscibile

Nella *Costruzione logica del mondo* Carnap afferma che l'unico mondo che possiamo conoscere in modo vero è il mondo della scienza, in particolare quello della fisica. Si tratta innanzi tutto di comprendere di quali oggetti e di quali concetti sia costituito il mondo della scienza. Gli elementi originari della costruzione scientifica del mondo sono chiamati da Carnap «*esperienze vissute elementari*», e sono una sorta di sensazioni empiriche costituenti i contenuti materiali dell'esperienza. «*Le esperienze vissute elementari* − scrive Carnap − *saranno gli elementi fondamentali del nostro sistema di costituzione. Su questa base verranno costituiti tutti gli oggetti della conoscenza pre-scientifica e scientifica, e quindi anche gli oggetti che si è soliti qualificare come ingredienti delle esperienze vissute o come componenti dei processi psichici. [...] Le esperienze vissute elementari sono, nella loro essenza, unità indecomponibili, ed è appunto in forza di tale concezione che abbiamo scelto proprio tali esperienze come elementi fondamentali*».

Le esperienze elementari vengono esperite dall'io non in modo separato ma all'interno di relazioni, che costituiscono a loro volta l'aspetto formale dell'esperienza. Per esempio, due esperienze che nel nostro vissuto sono legate da alcuni aspetti simili si relazionano sulla base di un «*ricordo di somiglianza*».

La struttura logica
del mondo

In generale, il sistema delle relazioni formali che descrivono i rapporti tra i vari oggetti va a costituire la struttura logica del mondo. La realtà non è data dalle proprietà degli oggetti, ma dalle relazioni strutturali che li collegano. Si pensi a una carta stradale, la quale non mostra le caratteristiche delle città, ma la rete di strade che collegano tra loro le città: la struttura logica del mondo connette tra loro tutti i concetti in un'immensa rete formale.

La conclusione della ricerca di Carnap mostra che l'intero mondo psichico e fisico è riconducibile alle esperienze vissute e alle relazioni fondamentali, e non abbisogna di altre ipotesi. Ne deriva che, per spiegarne la natura, non è necessario ricorrere ad alcun concetto della metafisica tradizionale, come sono le idee di sostanza, di causa o di essenza. È necessario, invece, fondare scientificamente la conoscenza degli oggetti della realtà, indicando quali sono i caratteri fondamentali che conferiscono loro oggettività.

Gli oggetti che costituiscono la realtà non sono né indipendenti dalla coscienza (è questa la tesi dei realisti), né dipendenti da essa (è la tesi degli idealisti). Essi hanno tre caratteri fondamentali che conferiscono loro l'oggettività propria della scienza: 1) sono soggetti a leggi oggettive indipendenti dalla volontà dei singoli uomini; 2) sono intersoggettivi; 3) sono ordinati cronologicamente.

La condanna
della metafisica

Uno degli esiti cui porta la visione scientista di Carnap è la condanna della metafisica, che non avendo base empirica risulta priva di senso. Infatti, il linguaggio per avere senso deve soddisfare a due condizioni:

■ le parole devono significare qualcosa;

■ le proposizioni devono essere formate rispettando le regole sintattiche.

La metafisica, per Carnap, è costituita da pseudo-proposizioni che non soddisfano a nessuna delle condizioni sopra enunciate, come si può constatare facendo l'analisi logica del linguaggio sia della metafisica antica che di quella moderna. Per esempio, Carnap mostra il non-senso della filosofia di Heidegger facendo vedere come la parola «nulla» viene usata come se fosse il nome di un oggetto, mentre è solamente la negazione di una proposizione possibile.

Dopo aver detto con sarcasmo che «*i metafisici sono musicisti senza talento musicale*», Carnap riconosce che la metafisica «*serve soltanto all'espressione del sentimento della vita*».

2.2 La sintassi del linguaggio

L'interesse per il linguaggio ha portato Carnap alla stesura della sua seconda opera fondamentale – la *Sintassi logica del linguaggio*, (1ª ed. 1934, 2ª ed. 1937) – in cui si registra un'evoluzione del suo pensiero, nel senso che, in nome di una concezione convenzionale del linguaggio, vengono abbandonate due tesi fondamentali del Circolo di Vienna: il principio di verificabilità empirica delle proposizioni e la rigorosa univocità della struttura logica del linguaggio.

Carnap sviluppa il suo pensiero attorno a due tesi fondamentali: il principio di tolleranza e la natura sintattica delle regole linguistiche.

■ Il **principio di tolleranza** afferma che non esiste un solo linguaggio vero, ma vi sono tanti linguaggi quanti sono i sistemi di regole inventati per definirli. «*Nostro compito* – scrive Carnap – *non è stabilire proibizioni, ma soltanto pervenire a convenzioni,* [...] *In logica non c'è morale. Ognuno può costruire come vuole la sua propria logica, cioè la sua forma di linguaggio*».

Non c'è, dunque, un solo linguaggio logico, ma ve ne sono tanti, in funzione dei campi di significato che si intende esprimere. Carnap fa l'esempio dei linguaggi dell'aritmetica: un primo linguaggio è quello dei numeri naturali, poi vi è un secondo linguaggio, che comprende il primo e si estende ai numeri reali e via così. Si noti che l'intera costruzione concettuale presenta un carattere molto convenzionale, dal momento che non vi è alcuna fondazione che garantisca il sapere, se non la coerenza formale del rispetto delle regole arbitrariamente poste. Se in logica non c'è morale, non sussiste nessun principio di legittimità conoscitiva e allora anche il criterio di verificazione, fondato sulla corrispondenza tra proposizione e fatto, perde di validità.

■ La **natura sintattica delle regole**. Il linguaggio dipende dalla possibilità delle combinazioni logiche che originano le espressioni linguistiche; questo calcolo combinatorio non è di tipo semantico, ossia non riguarda il riferimento dei segni linguistici con i fatti o gli oggetti esterni al linguaggio, ma è esclusivamente sintattico e si riferisce ai nessi logici interni al linguaggio stesso.

Linguaggio materiale e linguaggio formale

La contrapposizione tra l'aspetto sintattico e quello semantico del linguaggio porta Carnap a formulare la distinzione tra il **modo materiale** e il **modo formale** di parlare. Il modo materiale di parlare è quello in cui le espressioni linguistiche denotano fatti. Esso presuppone un'ontologia, cioè l'esistenza di una realtà data secondo una certa struttura, e dà inevitabilmente luogo a un'infinità di controversie filosofiche indecidibili. Il modo formale, invece, elimina queste dispute, poiché costruisce proposizioni che non parlano del mondo, ma di altre proposizioni linguistiche. Due esempi possono chiarire il pensiero di Carnap:

«I numeri sono classi di cose» è espressione del modo materiale di parlare, cui si contrappone l'espressione del modo formale «Le espressioni numeriche sono espressioni di classe del secondo livello».

«Il mondo è la totalità dei fatti, non delle cose» è espressione del modo materiale; «La scienza è un sistema di proposizioni non di nomi» è espressione del modo formale.

Termine introdotto in logica per indicare, in generale, un linguaggio, naturale o artificiale, che viene usato per la descrizione della struttura formale di un altro linguaggio, che viene detto linguaggio-oggetto, in quanto oggetto dell'indagine. Nell'ambito dello studio dei linguaggi formalizzati, la nozione di metalinguaggio è particolarmente importante e ha dato luogo a teorie sintattiche e semantiche molto raffinate e complesse, a opera di grandi logici del Novecento come Gödel e Tarski.

Altra distinzione fondamentale che Carnap propone nella *Sintassi logica del linguaggio* è quella tra «linguaggio-oggetto» e metalinguaggio. Ogni linguaggio che viene assunto all'interno della teoria linguistica per analizzarne le regole sintattiche di formazione diventa un «linguaggio-oggetto»; a sua volta, il linguaggio nel quale si parla delle forme sintattiche del linguaggio-oggetto è il metalinguaggio.

Nel fare un bilancio del rapporto tra la sintassi logica e la filosofia, Carnap ribadisce tre posizioni di fondo: 1) «*La logica della scienza non è altro che la sintassi del linguaggio della scienza*», nel senso che quando si sottopone ad analisi una teoria scientifica, i risultati di tale analisi logica devono essere enunciati da proposizioni sintattiche; 2) «*Le proposizioni della metafisica sono pseudo-proposizioni*», nel senso che l'analisi logica di esse evidenzia che sono o frasi vuote o frasi che violano le regole della sintassi; 3) La sintassi logica sostituisce la filosofia, perché gli unici problemi «cosiddetti filosofici» dotati di senso sono i problemi della logica della scienza.

MAPPA CONCETTUALE

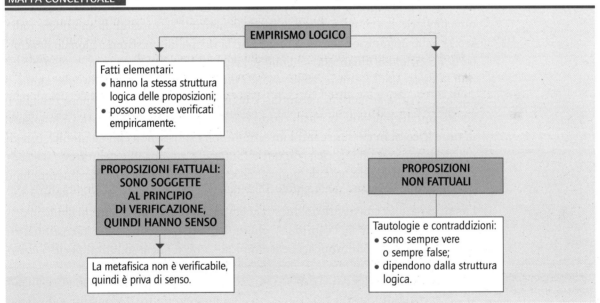

ESERCIZI DI RIEPILOGO

Il rapporto scienza-metafisica

1. Spiega per quale motivo i filosofi e gli scienziati facenti parte del Circolo di Vienna vennero chiamati neoempiristi o empiristi logici.
2. Esponi sinteticamente il programma filosofico del Circolo di Vienna.
3. Qual era, per i neoempiristi, il criterio per stabilire il significato di una proposizione?
4. Che cosa si indica con l'espressione *principio di verificazione*? Che funzione ha all'interno del programma neopositivista?
5. Qual è, per i neopositivisti, la funzione della filosofia?
6. Per quale motivo, secondo i rappresentanti del Circolo di Vienna, la metafisica è priva di senso?
7. Quale funzione riconoscono alla metafisica?

❶ Hahn, Neurath e Carnap
La concezione scientifica del mondo

QUESTIONE ▸ Pubblicato nel 1929 e redatto da più autori, tra cui Hahn, Neurath e Carnap, *La concezione scientifica del mondo* è il manifesto programmatico del Circolo di Vienna, di cui indica con chiarezza l'intento di ricostruire l'intero sistema delle scienze sulla base di un linguaggio unificato. Gli autori collegano la loro prospettiva con la tradizione razionalista ed empirista, e per certi aspetti con le dottrine convenzionaliste, relativiste e materialiste dei sofisti e degli epicurei, mentre si contrappongono alla tradizione misterica e metafisica, dai pitagorici a Platone.

TESI ▸ Il metodo per ottenere la chiarificazione del linguaggio è l'analisi logica, come insegnano Frege e Russell. Parte fondamentale del programma neopositivista è la denuncia dell'insignificanza della metafisica e il rifiuto dell'apriorismo di derivazione kantiana. Liberata da questi fraintendimenti, la filosofia può intraprendere il suo cammino verso il rinnovamento della visione scientifica del mondo.

Il lavoro scientifico tende all'unità della scienza

La concezione scientifica del mondo è caratterizzata non tanto da tesi peculiari, quanto, piuttosto, dall'orientamento di fondo, dalla prospettiva, dall'indirizzo di ricerca. Essa si prefigge come scopo l'unificazione della scienza. Suo intento è di collegare e coordinare le acquisizioni dei singoli ricercatori nei vari ambiti scientifici.

5 Da questo programma, derivano l'enfasi sul lavoro collettivo, sull'intersoggettività, nonché la ricerca di un sistema di formule neutrali, di un simbolismo libero dalle scorie delle lingue storiche, non meno che la ricerca di un sistema globale dei concetti. Precisione e chiarezza vengono perseguite, le oscure lontananze e le profondità impenetrabili respinte. Nella scienza non si dà «profondità» alcuna; ovunque è

10 superficie: tutta l'esperienza costituisce un'intricata rete, talvolta imperscrutabile e spesso intelligibile solo in parte. Tutto è accessibile all'uomo e l'uomo è la misura di tutte le cose. In ciò si riscontra un'affinità con i sofisti, non con i platonici; con gli epicurei, non con i pitagorici; con tutti i fautori del mondano e del terreno. La concezione scientifica del mondo non conosce enigmi insolubili. Il chiarimento delle

15 questioni filosofiche tradizionali conduce, in parte, a smascherarle quali pseudo-problemi; in parte, a convertirle in questioni empiriche, soggette, quindi, al giudizio della scienza sperimentale. Proprio tale chiarimento di questioni e asserti costituisce il compito dell'attività filosofica, che, comunque, non tende a stabilire specifici asserti «filosofici».[1]

Il metodo dell'analisi logica

20 Il metodo di questa chiarificazione è quello dell'analisi logica; a dire del Russell esso «si è sviluppato via via nel contesto delle indagini critiche dei matematici, segnando un progresso simile a quello promosso da Galileo nella fisica: la sostituzione di risultati particolari comprovabili, in luogo di tesi generali correnti non comprovabili, motivate in termini di mera fantasia».

---

1. Il programma di ricerca prevede il lavoro collettivo e l'interscambiabilità delle scoperte, secondo la prassi della ricerca scientifica. Perché le ipotesi critiche siano controllabili il linguaggio scientifico deve sottoporre le proprie asserzioni a due tipi di verifiche: quella empirica e quella formale della logica. La filosofia non possiede oggetti specifici di indagine, essa è riflessione metodologica sulle procedure scientifiche e sulle regole logiche con cui si analizzano le proposizioni linguistiche.

Siffatto metodo dell'analisi logica è ciò che distingue essenzialmente il nuovo empi- 25
rismo e positivismo da quello anteriore, che era orientato in senso più biologico-
psicologico. Se qualcuno afferma «esiste un dio», «il fondamento assoluto del mondo
è l'inconoscibile», «nell'essere vivente vi è un'*entelechia* come principio motore», noi
non gli rispondiamo «quanto dici è falso», bensì a nostra volta gli poniamo un que-
sito: «che cosa intendi dire con i tuoi asserti?». Risulta chiaro, allora, che esiste un 30
confine preciso fra due tipi di asserzioni. All'uno appartengono gli asserti formulati
nella scienza empirica: il loro senso si può stabilire mediante l'analisi logica; più esattamente, col ridurli ad asserzioni elementari sui dati sensibili. Gli altri asserti, cui appartengono quelli citati sopra, si rivelano affatto privi di significato, assumendoli come li intende il metafisico. Spesso è possibile reinterpretarli quali asserti empirici; 35
allora, però, essi perdono il proprio contenuto emotivo, che in genere è basilare per
lo stesso metafisico. Il metafisico e il teologo credono, a torto, di asserire qualcosa,
di rappresentare stati di fatto, mediante le loro proposizioni. Viceversa, l'analisi mostra che simili proposizioni non dicono nulla, esprimendo solo atteggiamenti emotivi. Espressioni del genere possono, certo, avere un ruolo pregnante nella vita; ma, 40
al riguardo, lo strumento espressivo adeguato è l'arte, per esempio la lirica o la musica. Si sceglie, invece, la veste linguistica propria di una teoria, ingenerando un pericolo: quello di simulare un contenuto teorico inesistente. Se un metafisico o un teologo vogliono mantenere nel linguaggio la forma usuale, debbono consapevolmente e chiaramente ammettere di non fornire rappresentazioni, bensì espressioni; di 45
non suggerire teorie, informazioni, bensì poesie o miti. Quando un mistico afferma
di avere esperienze oltrepassanti tutti i concetti, non è possibile contestare la sua
pretesa. Ma egli non è in grado di parlarne, poiché parlare significa ricorrere a concetti, ricondurre a stati di fatto delimitabili scientificamente.[2]

Rifiuto della metafisica

La concezione scientifica del mondo respinge la metafisica. Ma, come possono spie- 50
garsi le erronee pretese di questa? Si tratta di un interrogativo formulabile sotto diversi profili: psicologico, sociologico, logico. Le indagini psicologiche al riguardo appaiono ancora in uno stadio iniziale: i primi passi verso una comprensione più
profonda sono forse reperibili nelle ricerche della psicoanalisi freudiana. Analoga è
la situazione in ambito sociologico; basti menzionare la teoria della «sovrastruttura 55
ideologica». Qui il campo è ancora aperto per ulteriori approfondimenti.
Più avanzato è lo studio delle matrici logiche degli errori metafisici, specialmente grazie ai lavori di Russell e di Wittgenstein. Nelle teorie metafisiche, addirittura già nelle formulazioni stesse dei quesiti metafisici, sono presenti due errori logici basilari:
un'aderenza troppo stretta alla struttura dei linguaggi tradizionali e un inadeguato 60
intendimento della funzione logica del pensiero. La lingua comune, per esempio, usa
la medesima forma grammaticale, cioè il sostantivo, per designare sia cose («mela»),
sia qualità («durezza»), sia relazioni («amicizia»), sia processi («sonno»); in tal modo,

---

2. «Che cosa intendi dire con i tuoi asserti?» La domanda mostra la differenza tra l'atteggiamento antimetafisico del neoposi-
vismo e quello del Positivismo tradizionale. Quest'ultimo confutava la metafisica contestandole l'inesistenza dei fatti; al contrario, il neopositivismo contesta il significato delle asserzioni.

essa induce erroneamente a intendere i concetti funzionali come concetti di cose (ipo
65 statizzazione, sostanzializzazione). È possibile addurre esempi molteplici di simili travisamenti linguistici, che sono del pari risultati fatali per la filosofia.

Il secondo errore basilare della metafisica consiste nel ritenere che il pensiero possa, da solo, senza far leva su dati empirici, condurre alla conoscenza, o almeno sia
in grado di ricavare per via d'inferenze da elementi fattuali noti nuove cognizioni.
70 L'indagine logica, però, mostra che il pensiero, l'inferenza, consistono semplicemente nel passaggio da proposizioni ad altre proposizioni, le quali ultime non asseriscono alcunché che non sia già asserito nelle prime (trasformazione tautologica). Risulta, quindi, impossibile sviluppare una metafisica a partire dal «pensiero puro». Così,
mediante l'analisi logica, viene superata non solo la metafisica nell'accezione stret
75 ta, classica, del termine, in particolare la metafisica scolastica e quella dei sistemi
dell'idealismo tedesco, bensì anche la metafisica latente dell'apriorismo kantiano e
moderno. Nella concezione scientifica del mondo non si danno conoscenze incondizionatamente valide derivanti dalla pura ragione, né «giudizi sintetici a priori», quali ricorrono alla base sia della gnoseologia di Kant, sia, ancor più, di tutte le ontolo
80 gie e metafisiche pre o post-kantiane. I giudizi dell'aritmetica, della geometria, nonché certi princìpi fondamentali della fisica, addotti da Kant come esempi di conoscenza a priori, costituiscono oggetto di discorso successivo. Comunque, la tesi
fondamentale dell'empirismo moderno consiste proprio nell'escludere la possibilità di una conoscenza sintetica a priori. La concezione scientifica del mondo ricono
85 sce solo le proposizioni empiriche su oggetti di ogni sorta e le proposizioni analitiche della logica e della matematica.

Tutti i fautori della concezione scientifica del mondo concordano nel rifiuto sia
della metafisica esplicita, sia di quella latente, propria dell'apriorismo. Ma il Circolo di Vienna sostiene, inoltre, che anche gli assetti del realismo (critico) e dell'idea
90 lismo circa la realtà o irrealtà del mondo esterno e delle altre menti hanno carattere metafisico, essendo soggetti alle stesse obiezioni rivolte contro gli assetti della metafisica antica: essi sono privi di senso, in quanto non verificabili e vacui. Qualcosa
è «reale», nella misura in cui risulta inserito nel quadro generale dell'esperienza.[3]

I caratteri della concezione scientifica del mondo

L'intuizione, rivendicata in special modo dai metafisici come fonte di cognizioni, non
95 viene generalmente respinta dalla concezione scientifica del mondo; ma, per ciascuna conoscenza intuitiva, si richiede, passo dopo passo, una giustificazione razionale
ulteriore. È legittimo cercare con ogni mezzo; tuttavia, ciò che viene trovato deve
reggere al controllo. Segue, quindi, il rifiuto della dottrina che vede nell'intuizione
un processo conoscitivo superiore, più acuto e profondo, capace di oltrepassare i da
100 ti dell'esperienza, prescindendo dagli stretti vincoli del pensiero concettuale. Abbia

3. Il passo fa due riferimenti a teorie filosofiche precedenti il neopositivismo. Il primo riferimento chiama in causa Russell e
Wittgenstein che avevano studiato gli errori in cui cadono i metafisici quando vogliono attribuire la necessità delle proposizioni tautologiche (che non dicono nulla sul mondo) alle forme grammaticali del linguaggio comune. Anche l'apriorismo di Kant
viene criticato perché pretende di arrivare alla conoscenza attraverso forme a priori che entrano a costituire i giudizi sintetici
a priori. Per metafisica esplicita si deve intendere quella tradizionale, Idealismo incluso; per metafisica latente la filosofia di
Kant.

mo caratterizzato la concezione scientifica del mondo essenzialmente con due attributi.

Primo, essa è empiristica e positivistica: si dà solo conoscenza empirica, basata sui dati immediati. In ciò si ravvisa il limite dei contenuti della scienza genuina.

Secondo, la concezione scientifica del mondo è contraddistinta dall'applicazione di un preciso metodo, quello, cioè, dell'analisi logica. Il lavoro scientifico tende, quindi, a conseguire, come suo scopo, l'unità della scienza, applicando l'analisi logica al materiale empirico. Poiché il senso di ogni assetto scientifico deve risultare specificabile mediante riduzione ad assetti sul dato, anche il senso di ogni concetto, quale che sia il settore della scienza cui questo appartiene, deve potersi stabilire mediante riduzione graduale ad altri concetti, giù fino ai concetti di livello più basso, che concernono il dato medesimo. Se una simile analisi venisse attuata per tutti i concetti, essi finirebbero con l'apparire ordinati in un sistema riduttivo, o «sistema di costituzione». Le indagini dirette allo scopo, cioè la teoria della costituzione, formano così il quadro, entro cui l'analisi logica è applicata secondo la concezione scientifica del mondo. Comunque, lo sviluppo di tali indagini mostra ben presto l'assoluta insufficienza della logica tradizionale, aristotelico-scolastica. È con la moderna logica simbolica (logistica) che si riesce per la prima volta a conseguire il necessario rigore delle definizioni e degli asserti, nonché a formalizzare il processo inferenziale intuitivo proprio del pensiero comune, traducendolo in una forma controllata automaticamente mediante il meccanismo dei simboli. Le ricerche della teoria della costituzione mostrano che al livello più basso del sistema costitutivo si situano i concetti inerenti alle esperienze e alle qualità della propria mente; al livello successivo figurano gli oggetti fisici; quindi, sono costituiti sia le altre menti, sia, infine, gli oggetti delle scienze sociali. L'ordinamento dei concetti delle diverse branche della scienza all'interno del sistema costitutivo risulta oggi, nelle sue grandi linee, già accessibile, mentre resta ancora molto da fare per una più puntuale elaborazione. Stabilita la possibilità ed esibita la forma del sistema generale dei concetti, diventano parimenti rilevabili il riferimento di tutti gli assetti al dato e, con ciò, la struttura della scienza unificata.

Nella descrizione scientifica può rientrare solo la struttura (la forma di ordinamento) degli oggetti, non la loro «essenza». Sono le formule strutturali che uniscono gli uomini nel linguaggio; in esse è rappresentato il contenuto intersoggettivo delle cognizioni umane. Le qualità esperite soggettivamente – il rosso, il piacere – sono, in quanto tali, mere esperienze vissute, non conoscenze; nell'ottica fisica entra unicamente ciò che, per principio, può venir compreso anche da un cieco.

È comprensibile che all'interno del Circolo di Vienna si riscontrino ancora con chiarezza varie origini culturali dei singoli e, con ciò, orientamenti difformi, implicanti concezioni diverse; ma è altresì significativo che il perseguimento di esatte formulazioni, il ricorso a un rigoroso linguaggio logico-simbolico, la chiara discriminazione del contenuto teorico degli asserti dalle vuote connotazioni concorrano ad attenuare le differenze. Correlativamente, aumenta il patrimonio delle tesi comuni, rappresentante il nucleo della concezione scientifica del mondo, intorno al quale si coagulano gli elementi ulteriori, contraddistinti da maggior soggettività. Considerata retrospettivamente, risulta ora chiara l'*essenza della nuova concezione scientifica del mondo,* in antitesi alla filosofia tradizionale. Anziché stabilire specifiche «proposizioni filosofiche», ci si limita a delucidare proposizioni, invero proposizioni della scienza empirica, com'è stato già rilevato circa i diversi ambiti tematici presi in esame. Taluni fautori della concezione scientifica del mondo, per sottolineare ulteriormente la loro contrapposizione nei confronti dei sistemi filosofici, non vogliono assolutamente più applicare al proprio lavoro la parola «filosofia». Comunque possa venir designato questo, è fuor di dubbio quanto segue: *non si dà alcuna filosofia quale scienza basilare o universale accanto o sopra i vari rami della scienza empirica; non si dà via di sorta per attingere cognizioni concrete oltre all'esperienza; non si dà infine nessun mondo delle idee, che trascenda quello sensibile.*[4]

▶ H. Hahn, O. Neurath, R. Carnap, *La concezione scientifica del mondo*

ESERCIZI

Rispondi alle seguenti domande, eventualmente con opportune citazioni:

■ Elenca schematicamente i punti che qualificano «*la concezione scientifica del mondo*» secondo i filosofi del Circolo di Vienna.

■ In che cosa consiste il metodo dell'«*analisi logica*»?

■ Che cosa distingue la scienza dalla metafisica per i neoempiristi?

---

4. Sono ribaditi i due criteri fondamentali che stanno alla base della concezione neopositivista: 1) la riduzione della conoscenza a esperienza («si dà solo conoscenza empirica, basata sui dati immediati. In ciò si ravvisa il limite dei contenuti della scienza genuina»). 2) Il controllo logico degli enunciati («la concezione scientifica del mondo è contraddistinta dall'applicazione di un preciso metodo, quello, cioè, dell'analisi logica»).

La «teoria della costituzione» è quella teoria che consente di scomporre un enunciato complesso e ridurlo alle sue componenti minime (o protocollari) che è possibile verificare. Resta irrisolto nel testo il problema relativo al modo con cui fare questa verifica: se essa consista nello stabilire una corrispondenza tra proposizione e fatto empirico, oppure nella coerenza con il sistema delle proposizioni. Su tali questioni il movimento neopositivista tenne posizioni diverse tra i suoi membri e nel corso del tempo.

I rapporti tra scienza e filosofia in Schlick

Il brano di Geymonat sottolinea il rapporto molto stretto tra riflessione filosofica e ricerca scientifica in Schlick. Al centro del testo c'è il tema del principio di verificazione e il significato estensivo che il filosofo austriaco attribuisce ai processi complessi che avvengono nella pratica scientifica. Il confronto con Wittgenstein serve a Geymonat per ribadire l'interpretazione "empirista" della filosofia di Schlick, secondo la quale, fatte le debite distinzioni, resta valido che la sola procedura idonea a decidere se la risposta a un qualunque problema sensato (cioè avente una forma logica corretta) sia o non sia scientificamente valida consiste sempre, in ultima istanza, nella sua verificazione «mediante l'osservazione e la scienza sperimentale».

Ludovico Geymonat[1], *Evoluzione e continuità nel pensiero di Schlick*

Per comprendere la filosofia di Schlick occorre tenere costantemente presente lo stretto rapporto che secondo lui deve esistere fra ricerca filosofica e ricerca scientifica: rapporto che non si esaurisce nel compito già inizialmente attribuito da Schlick alla filosofia (di porre alla luce l'autentico contenuto delle teorie scientifiche), ma implica inoltre che la ricerca filosofica debba sempre sforzarsi nel corso del suo sviluppo di adeguare i propri concetti a quelli che la scienza viene elaborando e precisando con metodi via via più sottili. Ciò emerge con particolare chiarezza dalle pagine che il nostro autore dedica al criterio di verificazione, pagine che a mio giudizio non ci autorizzano affatto a considerarlo come nulla più che uno fra i tanti filosofi empiristi.

Se è certo, infatti, che la verificazione di cui egli parla è una verificazione empirica, cioè la constatazione che i nostri giudizi, quando risultano veri, sono "univocamente coordinati" ai fatti dell'esperienza, è anche certo però che con tale espressione ("verificazione") egli pensa soprattutto ai processi con cui gli scienziati verificano le proprie tesi: processi estremamente complessi nei quali si fa bensì riferimento in ultima istanza ai dati immediatamente esperiti, ma si fa anche riferimento ai concetti che la scienza costruisce a partire da questi dati e ai metodi che sogliono applicarsi, nella concreta pratica scientifica, per decidere se agli enti denotati

da questi concetti debbano attribuirsi o no certe proprietà.

Questa semplice riflessione, oltre a dimostrarci che Schlick è un empirista *sui generis*, può anche servire a chiarirci il problema se nel famoso articolo *La svolta in filosofia* pubblicato nel 1930 nel primo fascicolo della rivista "Erkenntnis", Schlick abbia effettivamente rinunciato, secondo quanto alcuni sostengono, alla propria concezione precedente della proposizione come coordinazione univoca, per accettare in suo luogo la teoria di Wittgenstein della proposizione come raffigurazione. Personalmente io non condivido questa interpretazione: ritengo infatti che nel predetto articolo Schlick, pur avendo mutato alcune tesi di Wittgenstein, non abbia affatto accolto la teoria generale wittgensteiniana della conoscenza.

Da Wittgenstein egli ha senza dubbio attinto l'affermazione che "Tutta la conoscenza è conoscenza in virtù della sua forma", ma ciò soprattutto al fine di sostenere, come ha sempre sostenuto, che le conoscenze non sono tali in virtù dei processi psichici che ci conducono a esse o che le accompagnano. Subito dopo quest'affermazione egli aggiunge però che la sola procedura idonea a decidere se la risposta a un qualunque problema sensato (cioè avente una forma logica corretta) sia o non sia scientificamente valida consiste sempre, in ultima istanza, nella sua verificazione "mediante l'osservazione e la scienza sperimentale". In altri termini: il criterio di verificazione continua a conservare il suo valore precedente; ma Schlick precisa che esso può venir applicato solo a proposizioni delle quali si conoscano le "regole grammaticali" in base a cui sono state costruite. Senza la conoscenza di queste regole, tali presunte proposizioni non sono autentiche proposizioni e quindi non ha senso volerle verificare.

Se ne può concludere che Schlick resta anche nella seconda fase un empirista, ma un empirista che si rende ben conto della complessità del processo di verificazione empirica (che include anche, in via pregiudiziale, la massima cura per la forma delle proposizioni da verificare).

RISPONDI ALLE SEGUENTI DOMANDE

- In che cosa consiste la distinzione tra un problema dotato di senso e uno insensato?
- Per quale motivo, secondo Geymonat, la filosofia di Schlick è empirista?

---

1. Ludovico Geymonat, nato a Torino nel 1908, compì gli studi nella città natale, laureandosi prima in filosofia e poi in matematica. Nel 1934 si trasferì a Vienna, entrando in contatto con i filosofi del Circolo di Vienna. Al rientro in Italia contribuì a diffondere nel nostro Paese le idee del neopositivismo austriaco e tedesco. Antifascista e comunista, partecipò alla Resistenza come capo partigiano. Dal 1957 al 1979 tenne la prima cattedra italiana di Filosofia della scienza all'Università di Milano, dove morì nel 1991.

1. Il Circolo di Vienna e il Positivismo

Gli studi svolti dai filosofi e dagli scienziati che si riunivano nel cosiddetto Circolo di Vienna richiamano alcuni dei principi e dei metodi del Positivismo, tanto che il movimento di pensiero nato in seguito agli incontri viennesi fu denominato neo-positivismo logico.

■ Al fine di proseguire nello studio della filosofia del Novecento è utile sintetizzare quanto hai studiato sul Positivismo mettendolo a confronto, punto per punto, con il neopositivismo.
Nel ricostruire gli elementi caratterizzanti le due correnti filosofiche distingui con cura:
– i principi di fondo
– i metodi
– i problemi
senza dimenticare come rispondono alla domanda fondamentale: che cos'è la filosofia?
Esponi poi sinteticamente analogie e differenze tra Positivismo e neopositivismo.

2. Metafisica

■ Poni direttamente a confronto le posizioni sulla metafisica di:
– Nietzsche
– Heidegger
– Circolo di Vienna

■ Se ti risulta più funzionale o piacevole puoi esporre il tuo lavoro nella forma di un dialogo diretto tra diversi personaggi.
È possibile anche fare una discussione in classe in cui, sempre sotto forma di dialogo tra personaggi, vengano esposte e argomentate le diverse posizioni.
Tu quale concezione della metafisica prediligi?
Prova a esporre e motivare per iscritto la tua posizione e poi, in un dialogo in classe, prova a vedere se riesci a convincere qualcun altro della superiorità della tua posizione.

3. Leggere filosofia

Scegli un passo di un filosofo ottocentesco, tra quelli degli autori studiati, ed esaminalo alla luce dei principi e dei criteri del Circolo di Vienna.

■ Quali conclusioni ricavi dalla tua analisi? Concordi anche tu con le posizioni dei neoempiristi? Rispondi motivando la tua tesi.

4. Wittgenstein e il Circolo di Vienna

I neopositivisti del Circolo di Vienna considerarono negli anni Venti il *Tractatus logico-philosophicus* di Wittgenstein uno dei principali testi di riferimento delle loro posizioni teoriche. Di contro, Wittgenstein, che partecipò sporadicamente a incontri con alcuni membri del Circolo, rifiutò di essere annoverato tra i suoi componenti. Lo stesso Carnap riconobbe in seguito l'errore di aver ritenuto le posizioni di Wittgenstein coincidenti con quelle dei neopositivisti.

■ Esprimi una tua valutazione argomentata sul rapporto tra Wittgenstein e i filosofi del Circolo di Vienna relativamente agli aspetti logici, epistemologici e metafisici del loro pensiero e precisa quali tesi del *Tractatus* dovettero risultare inaccettabili a Carnap e compagni.

5. Metalinguaggio e linguaggio oggetto

Nella filosofia di Carnap un ruolo rilevante assume la nozione di metalinguaggio e la differenza con la nozione di linguaggio oggetto.

■ Dimostra di aver compreso il significato di questi due concetti facendo una serie di esempi in cui sono presenti queste due forme linguistiche, in relazione sia alle lingue naturali, sia ai linguaggi formalizzati.

Pragmatismo e realismo

1. Gli Stati Uniti e la nozione di pragmatismo

▶▶

Anche se ha avuto propaggini in diversi Paesi del vecchio continente (in Italia, in Germania, in Inghilterra, in Spagna), si può dire che il **pragmatismo** è non solo il primo originale contributo alla cultura filosofica offerto dagli Stati Uniti d'America, ma anche l'espressione più genuina dello spirito americano. Improntato al mito della frontiera e sollecitato da una crescita economica rapidissima (il decollo industriale negli ultimi tre decenni del XIX secolo, agevolato da condizioni particolarmente favorevoli, fu estremamente intenso), esso si tradusse in una mentalità aperta verso il futuro e in un'innovazione costante dei modi di vita.

Una filosofia in funzione dell'azione

Gli interessi filosofici negli ambienti intellettuali statunitensi si orientarono prevalentemente a tematiche non tanto di tipo speculativo (che comunque non mancarono), quanto piuttosto legate a un modello di razionalità che rispondesse ai bisogni di un mondo caratterizzato da un forte **dinamismo** e da processi di trasformazione ed espansione che apparivano illimitati.

Nelle università di Cambridge (nel Massachusetts), Baltimora, Harvard, Chicago (per indicare quelle più prestigiose) si discuteva di **ricerca scientifica**, si affrontavano campi d'indagine d'avanguardia (specie in biologia e psicologia), si esaminava il rapporto tra scienza e tecnica e il ruolo delle idee (comprese quelle religiose, anche le credenze tradizionali e consolidate del senso comune) nello sviluppo della vita sociale. In questi dibattiti, dove l'indagine accademica si svolgeva a stretto contatto con l'**esperienza ordinaria**, con la **vita pratica**, emergeva sempre più chiaramente come criterio guida quello dell'**utile**: esso non sta solo alla base delle scelte economiche o dell'agire quotidiano, ma anche, in generale, di tutta la vita mentale e spirituale dell'uomo. Questo vuole dunque essere il pragmatismo: un invito a considerare la conoscenza non come pura teoria o atto della mente, ma come un'**attività** volta a **trasformare la realtà**, come un processo sempre aperto e continuamente rivedibile di interpretazione dell'esperienza in quanto funzionale all'azione.

L'utilità pratica della filosofia

Ciò che conta è allora che una dottrina o un'idea siano feconde, procurino cioè effetti positivi sulla vita concreta degli individui o della società. Le idee, infatti, vanno trattate come **principio operativo** e considerate valide non solo per i controlli sperimentali cui sono state sottoposte, ma anche (e soprattutto) per gli effetti che deriveranno dalla loro applicazione. Si comprende allora come per il pragmatismo i due concetti di **azione** e **utile** vadano intesi in senso non angusto (come a volte è accaduto), ma ampio: se l'uomo è integralmente e costitutivamente inserito nell'**am-**

biente naturale, la sua intelligenza si forma e sviluppa in modo da fornire **risposte funzionali** a **stimoli** e **problemi** che derivano da questo rapporto; ciò significa che:

■ è **azione** ogni forma di comportamento sviluppato dall'uomo in relazione al suo ambiente: quindi il conoscere, la percezione estetica, la morale, la religione vanno intese in questa chiave;

■ è **utile** quanto l'intelligenza sa esprimere (idee, teorie, credenze ecc.) per il miglioramento qualitativo (quindi per i risultati desiderabili) della vita umana in tutti i suoi aspetti (dalla sfera religiosa a quella etica, a quella politica).

**Verità e validità
di una teoria**

Indubbiamente il pragmatismo americano ha una grande fiducia nell'**intelligenza umana** e nel suo prodotto più alto, la **scienza**, quali guide per la condotta pratica degli uomini. Ciò investe direttamente tanto il concetto di **verità** quanto quello di **validità**, perché la prima non è tale in quanto una teoria o un'idea si accorda con i dati dell'esperienza raccolti fino al momento attuale, né la seconda consiste nel complesso delle prove addotte per corroborarla; in entrambi i casi il pragmatismo insiste sull'importanza della dimensione temporale del **futuro** come quella più propria in cui si svolge l'azione umana che è (almeno nell'orizzonte storico della società industriale avanzata) intrinsecamente progettuale: ciò significa che viene attribuita rilevanza alla capacità di **previsione** e di **controllo** degli **eventi** e dei **comportamenti** (in ciò consiste la validità di una teoria, di un'idea), così come risulta decisiva la possibilità d'uso delle teorie nell'ambito delle **soluzioni** ottimali ai nostri **problemi**, per il raggiungimento delle nostre finalità (questo è il loro contenuto di verità). Di fronte a una qualsiasi dottrina il pragmatismo si pone dunque questa domanda: sa essere una buona regola per la mia azione? Quali sviluppi posso trarre da essa? Che grado di anticipazioni e previsioni mi fornisce? La sua adozione migliorerà la mia condotta e quella della società? Se sì, la accetto (almeno provvisoriamente) come vera, se no la rifiuto come falsa.

**Le matrici culturali
del pragmatismo**

Alla base del pragmatismo ci sono alcune matrici culturali che, nate in Europa, sono state rielaborate nell'ambiente americano. Certamente rilevante è stato il contributo dell'**empirismo**: malgrado le differenze (anche notevoli) su alcuni concetti chiave come quello centrale di esperienza, il pensiero di John Locke e di David Hume è stato una continua fonte di ispirazione. Anche l'**hegelismo** ha giocato un ruolo di un certo peso, soprattutto mostrando la processualità del reale e indirizzando verso una sua concezione monistica (un'unica essenza, un'unica infinita energia si manifesta nel mondo) non senza venature di tipo religioso. L'influenza maggiore l'ha tuttavia esercitata l'**evoluzionismo** (sia nell'accezione darwiniana che spenceriana), se non altro perché ha fatto gravitare attorno ai suoi temi quelli delle altre tradizioni teoretiche.

1.1 Il realismo anglosassone

**L'indipendenza
della realtà dal pensiero**

Il realismo è una posizione teoretica che si caratterizza per l'affermazione dell'indipendenza della realtà dal pensiero. Essa si è sviluppata nel mondo anglosassone tra la fine dell'Ottocento e la prima metà del Novecento, non solo come reazione al tradizionale punto di vista empiristico, ma anche a quello più recente idealistico e pragmatistico. I primi, infatti, mettevano in primo piano il soggettivismo della coscienza senziente, i secondi quella trascendentale, i terzi, infine, quella dell'individuo con i suoi bisogni vitali. In tutti i casi il mondo esterno era presentato come una manifestazione dei soggetti viventi mentre quello che si veniva a perdere era l'autonoma sussistenza delle cose, la loro intrinseca struttura quale fondamento dell'oggettività del conoscere.

L'essere è autonomo e si rivela alla mente

Nella misura in cui il realismo intende svincolare la realtà da qualsiasi forma di coscienza, esso si muove sia sul piano gnoseologico sia su quello metafisico: malgrado la differenza delle soluzioni dei singoli autori, in generale si può dire che il conoscere consiste nel rivelarsi dell'essere alla mente – e in ciò risulta vero dal momento che l'oggetto ha un suo modo d'essere autonomo e non è parte del soggetto che lo conosce – con una netta sottolineatura della relazionalità dei due termini. Ciò si traduce, in sede ontologica, o in una prospettiva dichiaratamente naturalistica (di solito si assume la natura quale unica realtà di cui l'uomo stesso fa parte) o in posizioni più elaborate in senso spiritualistico, nelle quali la coscienza stessa è intesa come una forma di realtà con una sua posizione specifica nell'universo.

Come vedremo, in Inghilterra il realismo trovò il suo centro a Cambridge (antica sede di una lunga tradizione platonica) dove George Edward Moore scrisse nel 1903 una famosa *Confutazione dell'idealismo*, mentre negli Stati Uniti si ebbe un primo manifesto in otto tesi pubblicato nel 1912, e un secondo dal titolo *Saggi di realismo critico* steso nel 1920. Il primo manifesto (dei cosiddetti neorealisti) tendeva a sottolineare l'immediatezza della presenza dell'oggetto nella coscienza, mentre il secondo (dei cosiddetti realisti critici) elaborava una teoria molto più raffinata e speculativamente accorta. I realisti critici vollero ristabilire la distinzione tra l'esistere e l'apparire alla coscienza riconoscendo un fondamentale dualismo tra "essenze" (quel complesso di qualità considerate proprie di un oggetto, quindi un dato di natura logica e universale privo di spessore ontologico) e "cose": ciò significa che il passaggio dal piano mentale a quello fisico (in ciò consiste il processo gnoseologico) si risolve nell'attribuzione corretta dell'essenza all'oggetto.

2. Charles Sanders Peirce

Charles Sanders Peirce enunciò il principio fondamentale del pragmatismo in un saggio del 1878 dal titolo *Come rendere chiare le nostre idee*.

LA CONOSCENZA DELL'OGGETTO

> [...] *consideriamo quali effetti, che possono avere concepibilmente conseguenze pratiche, noi pensiamo che abbia l'oggetto del nostro concetto. Allora il concetto che noi abbiamo di questi effetti è tutto il nostro concetto dell'oggetto.*
>
> ↳ CH. S. PEIRCE, *Come rendere chiare le nostre idee*

È evidente da questo passo come Peirce intese dare al pragmatismo un orientamento soprattutto logico-metodologico, presentando la sua filosofia come una **teo-**

Concetto

Nella tradizione classica e moderna (da Socrate all'Idealismo) il termine concetto è servito per indicare, in opposizione alla variabilità dell'esperienza sensibile, un contenuto mentale dalla valenza universale e perciò, come tale, oggetto della definizione nella quale si risolve. Se questa è stata la concezione prevalente, a partire dalla Scolastica – in particolare nella scuola nominalista, ma con radici anche nell'antichità, specie in alcuni aspetti della logica aristotelica e di quella stoica – è emerso un altro modo di intendere il termine concetto, quello di rappresentazione mentale. In particolare il concetto è interpretato come termine dotato di significato che, insieme con altri, viene a comporre un giudizio. Il concetto deve quindi essere distinto sia dalla cosa rappresentata sia dal segno linguistico con cui viene espresso; in esso inoltre bisogna identificare da un lato la comprensione (l'insieme delle note caratteristiche), dall'altro l'estensione (l'insieme degli oggetti designati). Peirce, insieme alla maggior parte degli autori del Novecento, adotta questa seconda accezione del termine e affronterà di conseguenza le questioni concernenti il significato.

ria del significato, dove il fattore pragmatico si riferisce al significato dei termini, dei concetti, delle proposizioni ecc. in quanto esso viene a coincidere con l'**utilizzo** che è possibile fare dell'oggetto, e quindi con gli **effetti pratici** che ne possono derivare, più che con una definizione meramente linguistica. In *Che cos'è il pragmatismo* (1905) Peirce precisò che egli non intendeva interessarsi alla questione della verità (come invece facevano altri pragmatisti) e, in ogni caso, si rifiutava di far coincidere quest'ultima con una visione utilitaristica o di potere: a tal fine propose di denominare la propria concezione **pragmaticismo** («*parola brutta abbastanza per essere al sicuro dai rapitori di bambini*»). Questa parola mette in evidenza la riducibilità dei concetti alle loro possibili conseguenze sperimentali e alle azioni che li traducono in atto.

CHE COS'È
UN CONCETTO?

Un concetto, cioè il significato razionale di una parola o di altra espressione, consiste esclusivamente nei suoi concepibili riflessi sulla condotta di vita; così che [...] se uno può accuratamente definire tutti i concepibili fenomeni sperimentali che l'affermazione o la negazione di un concetto possano implicare, avrà di conseguenza una definizione completa del concetto, e in esso non c'è assolutamente altro.

→ CH. S. PEIRCE, *Che cos'è il pragmatismo*

2.1 La formazione delle credenze

A partire da quest'affermazione la via per «*rendere chiare le nostre idee*» non può essere né quella cartesiana dell'intuizione, né quella empirica dell'apprensione immediata e neppure quella della sintesi a priori kantiana: l'unica via è quella della **ricerca**, in cui viene a risolversi il conoscere stesso e il cui statuto si tratta di determinare.

LA VITA *di Charles Sanders Peirce*

Charles Sanders Peirce nacque nel 1839 a Cambridge (Massachusetts). Il padre Benjamin, noto matematico, lo indirizzò verso studi di natura scientifica presso l'Università di Harvard, dove insegnava. Dal 1859 al 1891 Peirce lavorò nel Servizio geodesico e costiero statunitense e cominciò a interessarsi a problemi di filosofia della scienza e di logica. Partecipò attivamente alle riunioni del Club metafisico nella speranza di ottenere una cattedra di insegnamento universitario.

Non pubblicò opere ma solo saggi (da ricordare quello del 1878 *Come rendere chiare le nostre idee*) e articoli su alcuni periodici americani che non gli valsero comunque alcun riconoscimento universitario. Morì in quasi totale solitudine e in precarie condizioni economiche nel 1914. Fu pubblicata postuma una raccolta di saggi *Caso, amore e logica* (1923). L'Università di Harvard si aggiudicò l'unico suo manoscritto compiuto, *La grande logica*.

Il punto di partenza è la considerazione del **pensiero** come **funzione strumentale** per la **soluzione dei problemi** che insorgono dall'incontro con l'ambiente: come è sostenuto nel *Fissarsi delle credenze* (1878), il pensiero sviluppa tali prodotti mentali (le «credenze» nel senso di Hume, «*belief*») come regole d'azione che ci consentono di dominare le situazioni quotidiane guidando la volontà e formando abitudini efficaci. Le credenze si formano quando le nostre aspettative sugli eventi che ci circondano vengono frustrate o i nostri modi di pensare consueti sono smentiti da qualche fatto avverso, mettendoci in difficoltà: sorge allora il **dubbio** con i suoi strascichi di irritabilità e inquietudine psicologica. Secondo Peirce «*il dubbio... ci stimola all'azione finché esso è distrutto*», cioè finché si forma una **credenza** la quale, come complesso di idee condivise e stabilizzate, «*non ci fa agire immediatamente, ma ci pone in condizione di comportarci in una certa maniera, quando sorge l'occasione*».

Le credenze vengono selezionate e rafforzate attraverso il meccanismo dell'**adattamento**, cioè tendono a fissarsi, conservarsi e consolidarsi le credenze che producono effetti positivi, favorendo, insieme con uno stato di soddisfazione e tranquillità, il costituirsi di **nuove abitudini** dalle quali derivano regole di comportamento e d'azione (▶ *Antologia*, brano 1, *Dubbio, ricerca, conoscenza*). Secondo Peirce il significato delle nostre proposizioni dipende allora dal rapporto pratico tra le abitudini e i loro oggetti: infatti «*per sviluppare il significato di una cosa non dobbiamo fare altro che determinare quali abitudini essa produce, giacché quello che una cosa significa è semplicemente l'abitudine implicata da essa*».

Naturalmente il banco di prova di una credenza è quello di offrire, rispetto ad altre, strumenti più adeguati per la soluzione della situazione problematica di partenza (non certo di essere più vera): è ovvio che la sua validità è riconosciuta fino all'insorgenza di nuove situazioni problematiche, inevitabili in quanto conseguenze intrinseche di ogni azione.

Peirce individua quattro modi attraverso cui si passa dal dubbio alla credenza, e quindi alla sua fissazione:

- il modo della **tenacia** (perseguito da chi, per falsa sicurezza e timore della smentita, non accetta di discutere le proprie idee);
- il modo dell'**autorità** (che consiste nell'imposizione e accettazione di un'idea senza confronto con le altre che sono vietate);
- il modo dell'**a priori** o **metafisico** (che identifica la perfetta razionalità con una posizione soggettiva, la propria);
- il modo **scientifico** che coincide con il metodo sperimentale.

Mentre i primi tre non ammettono l'errore e perciò neppure la correzione, solo il quarto modo è fallibilista, cioè prevede per principio la possibilità di una revisione costante dei propri risultati, che non possono mai essere considerati assolutamente certi o sottraibili alla prova per confutazione. Solo se si ammette l'esistenza degli errori si può arrivare alla capacità di riconoscerli per rettificarli: il progresso della conoscenza consiste proprio in questo **metodo autocorrettivo**, che permette di scartare le teorie che si sono mostrate totalmente o in parte non corrispondenti alla realtà per accogliere quelle che hanno resistito alla prova dei fatti. Da questa angolatura, il pragmatismo, nella misura in cui è interessato alla razionalità dell'azione, non è altro che l'adozione del metodo ipotetico-deduttivo nella sua integralità applicato a tutti i problemi filosofici: come la scienza procede per controlli sperimentali delle

---

Il significato dipende dal rapporto pratico con gli oggetti

La validità di una credenza dipende dalla sua capacità di risolvere problemi

Il fallibilismo del metodo scientifico

Razionalità dell'azione

Il pragmatismo ha particolarmente insistito sulla razionalità dell'azione, dal momento che l'azione deve perseguire un proposito deliberato (un'intenzione) e raggiungere efficacemente lo scopo: così essa possiede una valenza razionale nella misura in cui i mezzi sono adeguatamente commisurati ai fini, e questi ultimi, a loro volta, sono individuati in relazione con gli strumenti che il soggetto è in grado di reperire e utilizzare.

Date queste premesse si comprende come per il pragmatismo la razionalità si identifichi con il metodo sperimentale proprio della scienza moderna.

conseguenze derivate da un'ipotesi al fine di saggiarne la validità, così il pragmatismo raccomanda di giudicare le credenze in base ai loro **effetti pratici**, mettendo a punto i mezzi per attuare sistematicamente tale valutazione. Esso, da un lato, vuole evitare la formazione di abitudini che collidano con il raggiungimento di finalità razionali, dall'altro intende promuovere azioni in grado di dar luogo a conseguenze positive nel comportamento degli uomini: l'anello di congiunzione consiste nell'adozione di un «abito» (quello scientifico) improntato alla disponibilità alla **correzione metodica** delle proprie posizioni (credenze) alla luce di eventuali effetti negativi sul piano dell'azione.

La critica al razionalismo e all'empirismo

Il **metodo scientifico** è dunque l'unico in grado di vagliare la validità delle nostre credenze: il problema che Peirce si pone a questo punto consiste nello stabilire in che misura esse siano corrispondenti alla realtà, cioè nel valutare le condizioni per cui una credenza abbia un valore non solo soggettivo ma anche oggettivo.

La gnoseologia di Peirce rifiuta ogni intuizionismo per evidenziare il ruolo essenziale dell'**inferenza**, cioè del **ragionamento** quale matrice di ogni nostra conoscenza. Ciò risulta vero non solo nel caso del razionalismo cartesiano, dove per esempio l'autoevidenza del proprio io è smentita dal complesso di attività, linguistiche e pratiche, che risultano necessarie al bambino per giungere ad acquisire nel tempo il senso della propria identità, ma anche nel caso dell'empirismo, giacché l'esperienza non è riducibile alla ricezione passiva di ipotetici dati sensoriali che implica invece, sia pure a livello inconscio, la formulazione di giudizi e di operazioni mentali di confronto e di classificazione.

2.2 Il ragionamento abduttivo

Il ragionamento cui Peirce fa riferimento non è tuttavia né quello dimostrativo (che presuppone, senza poterla dimostrare, la conoscenza dell'universale) né quello induttivo (che riesce solo a classificare ma non a spiegare), ma un terzo tipo che egli chiama **abduzione**, l'unico che riesce a collegare i fatti con le loro ragioni e quindi quello che in generale regola ogni nostra esperienza.

Il ragionamento abduttivo è un **ragionamento ipotetico** in quanto dalla constatazione di certi effetti (o di fronte a certe situazioni problematiche) tenta di individuarne la causa (o la soluzione) per via di tentativi, di congetture, cioè di elementi che sembrano in grado di giustificarla. Dalla spiegazione probabile (ipotesi) si deducono successivamente tutte le conseguenze possibili e, infine, si mettono alla prova per via sperimentale, dalla quale risulteranno confermate o smentite.

Ciò significa che l'abduzione, come insieme di ipotesi che sono intrinsecamente collegate alle attività sperimentali di verifica, è l'unico metodo che possiede **valore euristico** in quanto orientato all'estensione del nostro sapere: sotto questo aspetto il metodo scientifico si presenta in tutta continuità (certo, in forma più sistematica, accurata e formalizzata) con i procedimenti dell'esperienza comune, che da esso può ricevere, in chiave pragmatica, un supporto di chiarificazione e rafforzamento. Poiché ogni conclusione apre a nuove problematiche e quindi a **nuove indagini**, ne risulta che il pragmatismo di Peirce non è tanto teso all'organizzazione e all'interpretazione dell'esperienza passata, quanto piuttosto è proiettato verso il **futuro**, giacché ogni ipotesi (peraltro implicita in ogni nostra esperienza) è un invito a intraprendere nuove attività con esiti e prospettive inattese.

2.3 La nascita della semiotica

Le dottrine gnoseologiche trovano una naturale prosecuzione in quelle del linguaggio e della comunicazione: in questa direzione Peirce ha elaborato una complessa teoria del segno, fondando una nuova disciplina, la **semiotica**. Il punto di partenza è costituito dall'osservazione che tra pensiero e linguaggio vi è una stretta relazione, tanto che si può dire che «*tutto il pensiero è un segno e partecipa essenzialmente della natura del linguaggio*» e, come già aveva compreso Leibniz, «*non è possibile pensare senza segni*».

Il concetto di segno

Se si esamina la struttura della comunicazione, si può osservare che il **segno** «*è qualcosa che sta per qualcuno in luogo di qualcos'altro*»: esso cioè si riferisce da un lato a un **oggetto** (e ciò costituisce il significato) e dall'altro a un **destinatario**. Quest'ultimo è detto anche interpretante in quanto deve recepire il segno e comprendere il significato (il messaggio) che esso veicola: dal momento che «*ogni pensiero è un segno*» (quindi sempre comprensivo dei tre fattori che lo costituiscono), ne risulta che lo stesso interpretante è a sua volta un segno nella misura in cui deve mostrare con un comportamento adeguato (quindi significante) di aver inteso (certamente per via inferenziale) il significato di ciò che gli è stato comunicato, e lo deve fare nei confronti di un altro interpretante che, per parte sua, dovrà ripetere la stessa operazione di ricevimento/risposta.

La semiosi infinita

In tal modo Peirce ci fornisce l'immagine di una catena infinita di pensieri/segni, di una «*semiosi infinita*» come infinito è il rimando di ciascuno all'altro: e poiché gli oggetti stessi risultano tali all'interno di un orizzonte comunicativo, si può dire che l'universo sia fatto non di oggetti ma di segni. Anzi, che l'uomo stesso sia un segno giacché «*la parola o il segno che l'uomo usa è l'uomo stesso*».

La determinazione delle categorie: la faneroscopia

Nel tempo Peirce si è impegnato a fornire una **classificazione dei segni** in rapporto ai loro fattori costitutivi, ma soprattutto ha approfondito lo studio delle **categorie** mirando a stenderne una nuova tavola, alternativa a quella kantiana, e in connessione con le tre forme di ragionamento e la struttura triadica del segno. Il problema si pone nella misura in cui Peirce intende pervenire a comprendere l'essenza del processo conoscitivo tracciandone il reale svolgimento mediante la descrizione di come gli oggetti ci si presentano nell'esperienza. In effetti le categorie corrispondono ai modi con cui i fenomeni si rivelano, sono la struttura che deve essere esibita in ogni possibile esperienza: poiché esse sono gli elementi costitutivi di ogni fenomeno (o *phanerón*), Peirce chiama **faneroscopia** quell'indagine che si prefigge di scoprirle e individuarle in quanto esse sono le modalità ontologiche fondamentali «*più generali e assolutamente necessarie*» di qualsiasi tipo di esperienza. Data la loro estensione e indefinitezza, Peirce chiama le categorie Primità, Secondità, Terzità.

La Primità: la possibilità logica di essere

La Primità è «*il concetto di essere o esistere indipendentemente da qualsiasi altra cosa*», «*l'origine delle cose... in sé*», il punto di partenza e la pura possibilità logica nella sua mera vaghezza in quanto semplice dischiudersi dell'esperienza, l'accadere dell'evento prima di ogni interpretazione, nonché l'unità dell'universo posta al di qua dell'esprimibile.

La Secondità: la reazione all'alterità

La Secondità è ciò per cui l'esistenza «*comporta che ogni esistente sia in un rapporto di reazione dinamica con tutte le altre cose dell'universo*», quindi «*l'essere relativo a qualche altra cosa*»: come tale è reazione all'evento già dato, è il passato che si sedimenta attualizzando la Primità e configurandosi come pura possibilità di riconoscimento nella misura in cui ciò che si presenta si correla con qualcosa di diverso da sé.

La Terzità: il divenire come mediazione

La Terzità è infine la tendenza del molteplice a integrarsi sotto una norma, a razionalizzarsi: in questo senso è una risposta articolata all'evento iniziale, dunque concreta interpretazione che consegue dalla correlazione tra il passato e il presente con il futuro mediando tra le altre due categorie. In quanto processo reale del conoscere è quindi il **divenire** stesso, «*la potenzialità reale della nostra esperienza e della natura stessa*». In sostanza ogni individuo o stato di cose che esista o di cui si pensi o si parli ha caratteristiche che cadono sotto queste categorie, ha cioè un aspetto qualitativo, starebbe in relazione interattiva con qualcos'altro e infine è sussumibile sotto qualche classificazione o legge generale. Ne consegue che queste tre categorie sono rintracciabili sia nelle componenti della relazione segnica (qualità, oggetto, interpretante) sia nel processo di abduzione, che infatti procede dalla registrazione del puro dato (Primità), a una reazione e appropriazione di questo nell'esperienza (Secondità), e infine allo stabilimento di una mediazione concettuale in cui viene interpretato e conosciuto (Terzità).

Verso una cosmologia metafisica

Nella formulazione di queste dottrine, Peirce perviene a una sorta di platonismo presentando le categorie (ma anche le leggi scientifiche) non solo come semplici astrazioni o strumenti conoscitivi, ma anche come realtà che «*agiscono effettivamente nella natura*» in quanto stabiliscono attitudini e disposizioni di comportamento. Si tratterebbe allora di approssimarsi in modo infinitamente perfettibile verso l'unica legge della Natura che, come verità ultima e finale, costituisce l'ideale della scienza.

L'indagine di Peirce sfocia quindi in una metafisica cosmologica che è anche una teologia: essa si presenta con i tratti dell'ipoteticità, giacché si serve dell'abduzione per pervenire alle sue conclusioni. Peirce crede di poter congetturare la presenza nell'universo dell'«*abitudine a contrarre abitudini*», quindi ad assumere delle leggi: nella realtà agirebbe dunque la tendenza alla razionalità e all'ordine crescente, una spontanea disposizione alla legalità che farebbe passare l'universo dal caos iniziale, in cui domina il caso (cioè la spontaneità senza norma, la probabilità) a un perfetto ordine finale.

INDETERMINATEZZA/ LEGGE

Vediamo nel passato infinitamente distante un momento in cui non c'era nessuna legge, ma solo indeterminatezza; presagiamo, nel futuro infinitamente distante, un momento in cui non sussisterà più alcuna indeterminatezza, non esisterà più il caso, ma il regno totale della legge.

↳ CH. S. PEIRCE, *Collected Papers*, n. 1409

L'amore è la forza motrice dell'universo

Quelle che la scienza studia come leggi della natura non hanno nulla di necessario, di deterministico in senso assoluto, ma sono gli indicatori, i segni di questa tendenza (che non esclude l'irregolarità, la casualità imprevedibile): l'universo è dunque segnato da un **processo evolutivo** la cui forza motrice è l'**amore** e il cui punto finale è la pienezza della realtà da interpretare oltre che come Assoluto, anche come Dio rivelato. Questa metafisica si fonda dunque su tre postulati che sono:

■ il **tichismo** (dal greco *túche*, "caso", "fortuna") o ineliminabilità del caso, per cui «*sussisterà sempre qualche leggera aberrazione alla legge*»;

■ il **sinechismo** (dal greco *sunechés*, "continuità") o continuità tra materia e spirito, che spiega la tendenza dell'universo alla razionalizzazione e all'ordine;

■ l'**agapismo** (dal greco *agápe*, "amore") o energia evolutiva costituita dall'amore cosmico che produce connessioni organiche tra gli esseri viventi.

Ostile al materialismo e al meccanicismo, Peirce approda dunque a una visione evoluzionistica e finalistica che può essere definita uno «*schellinghismo trasformato alla luce della fisica moderna*», dai forti tratti platonici ed hegeliani.

3. William James

In apparente accordo con Peirce, il filosofo e psicologo statunitense William James (1842-1910) intese inizialmente il pragmatismo come un metodo, come uno stile filosofico radicale che «*rifugge dall'astrazione, dalle soluzioni verbali, dalle cattive ragioni a priori, dai principi fissi, dai sistemi chiusi, dai falsi assoluti*», insomma da tutto ciò che è dogma, artificio, pretesa di acquisire una verità definitiva, in nome della concretezza, dell'adeguatezza ai fatti, dell'azione e della libertà. In realtà James già nel 1907, con il saggio *Pragmatismo* che ebbe vasta risonanza internazionale, si allontanò dalle posizioni dell'amico per presentare la sua dottrina come una **teoria della verità** dalle decise implicazioni etiche e religiose. Egli sostenne infatti che «*le idee*

LA VITA di William James

Il padre di William James (1842-1910), Henry James, famoso teologo e sociologo americano di origine irlandese, indirizzò il figlio verso la cultura europea; fino all'età di diciotto anni il giovane James studiò infatti in Inghilterra, Francia, Germania e Svizzera. Ritornato in patria, si laureò in medicina nel 1869, ma nello stesso anno cominciò a soffrire di crisi depressive dalle quali uscì solo nel 1872 mediante un'esperienza di fede, che testimoniò in *Le varietà dell'esperienza religiosa*. Nel 1873 cominciò la sua carriera universitaria con un incarico ad Harvard come professore aggiunto di fisiologia, poi di filosofia e di psicologia (fondando uno dei primi laboratori di psicologia sperimentale) e infine, fino al 1907, nuovamente di filosofia. Nel 1901 fu prima a Edimburgo per una serie di conferenze, le *Gifford lectures*, e poi, nel 1908, a Oxford per le *Hibbert lectures* che pubblicò con il titolo *Un universo pluralistico*. Già sofferente di cuore, continuò la sua intensa attività fino alla morte. Tra le opere sono da menzionare: *La volontà di credere e altri saggi di filosofia popolare, Pragmatismo, Il significato della verità*. È fratello del celebre romanziere Henry James.

(le quali sono parte della nostra esperienza) diventano vere nella misura in cui ci aiuta-no a ottenere una soddisfacente relazione con le altre parti della nostra esperienza, a rias-sumerle per mezzo di schemi concettuali».

3.1 La concezione strumentale della verità

Ciò significa che mentre il fulcro dell'interesse di Peirce era il significato delle idee, quello di James è orientato alla loro **verità**, intesa certamente in termini funzionali all'azione, ma in senso di **utilità individuale**. Dunque una **concezione strumentale** della verità per cui *«un'idea è vera fin quando ci consente di andare avanti e portarci da una parte all'altra della nostra esperienza, legando le cose in modo soddisfacente, operan-do con sicurezza, semplificando, economizzando la fatica».* La verità non consiste nel gra-do di rispecchiamento della realtà, ma nella capacità di procurare soddisfazione ai bi-sogni e quindi di migliorare la qualità della vita: pertanto nel valutare un'idea, noi dobbiamo *«considerare quali concepibili effetti pratici essa possa implicare, quali sensa-zioni dobbiamo aspettarci e quali reazioni dobbiamo preparare. La nostra concezione di questi effetti [...] è allora tutta la concezione che abbiamo dell'oggetto in quanto essa ab-bia un significato positivo»* (▶ **Antologia**, brano 2, *La nozione pragmatista della verità*).

Da quest'affermazione emergono gli **esiti relativistici** della concezione funzio-nalistica della verità (ogni individuo o ogni gruppo ritiene vera l'idea che gli ha procurato maggiori vantaggi) per cui *«un'idea diventa vera, è resa vera dagli eventi»* nella misura in cui questi ultimi la convalidano e la confermano con effetti positivi, con esiti che si dimostrano efficaci a risolvere i nostri problemi nelle situazioni esi-stenziali in cui ci troviamo, tanto che James giunge ad affermare che *«il possesso del-la verità, lungi dall'essere un fine, è soltanto un mezzo per altre soddisfazioni vitali».*

3.2 La psicologia

La revisione del concetto di esperienza sensibile

Questa prospettiva implica una revisione del concetto di **esperienza** che porta James da un lato a polemizzare contro l'empirismo classico di Locke e Hume e, dall'altro, a fondare una nuova teoria psicologica della mente e dei processi psichici. Al primo rimprovera di aver ridotto l'esperienza a meri dati elementari tra loro scollegati, a semplice percezione avulsa dai bisogni dell'uomo (primo tra tutti quello di agire) e dalle sue componenti emotive, affettive e volitive. L'empirismo di James si pone quindi come **empirismo radicale** in quanto intende l'esperienza – fondamento ul-timo di ogni conoscenza – in modo integrale, comprensiva cioè di tutti i fattori co-stitutivi dell'essere umano nella loro reciproca interazione. Facendo riferimento al-le dottrine d'avanguardia in questo campo (a cominciare dall'evoluzionismo di Darwin e Spencer), James considera in stretta unità la vita mentale e quella corpo-rea, il soggetto e l'oggetto, e considera la **mente** uno strumento flessibile e dinami-co, funzionale all'**adattamento ambientale**, cioè al dominio della realtà circostante. Da questo punto di vista l'esperienza sensibile ci fornisce non solo le singole idee (i dati conoscitivi), ma anche le loro associazioni e connessioni (senza dunque bisogno di ricorrere con Kant a ipotetiche forme a priori o con Locke e Hume a processi as-sociativi regolati da principi estrinseci).

L'attività della mente è finalizzata all'adattamento

La psicologia di James considera dinamicamente la **coscienza** come un **immenso flusso vitale**, una corrente di pensiero dove ogni singolo stato (idea, sensazione) «*differisce in ogni momento da quello del momento precedente e se lo appropria insieme a tutto ciò che quest'ultimo chiama suo*» e i momenti di <u>ordine</u> e di <u>disordine</u> si alternano insieme con l'incrociarsi dei vari fattori percettivi, emotivi e volitivi. Se è possibile individuare alcuni dati particolari, qualitativamente discreti e determinabili, emergenti all'interno dei momenti di ordine, ciò è imputabile al naturale teleologismo della mente che, nel suo sforzo di adattamento ambientale, produce funzionalmente (quindi sotto la pressione di esigenze pratiche) tale **organizzazione**: all'interno di questa possono quindi emergere e trovare posto quei punti fermi su cui la mente fa leva per agire nel modo migliore sul mondo di cui è parte.

Il relativismo etico

In chiave pragmatistica vengono interpretate anche le questioni relative all'**etica** e alla **religione**: il primato dell'azione deve dunque guidarci nella scelta e nell'adesione ai valori etici e della fede, dove naturalmente non è possibile ricorrere ad esperienze sensibili o prove empiriche: «*Una questione morale [o religiosa] non è infatti una questione di ciò che esiste, ma di ciò che è bene o che sarebbe bene che fosse. La scienza può dirci quel che esiste e di quel che non esiste dobbiamo consultare ciò che Pascal chiama il nostro cuore*». È dunque nella profondità del nostro essere che dobbiamo trovare i motivi per fare certe scelte decisive e fondamentali, o per confrontarci con problematiche ultime quali il senso della vita, l'esistenza di Dio, la libertà, l'immortalità dell'anima ecc.

Poiché gli individui hanno esigenze diverse che riflettono una molteplicità di bisogni e di impulsi svariati, nella sfera etica si dovrà ridurre il bene e il male a ciò che produce, relativamente a questi fattori, soddisfazione o delusione. A sua volta, la volontà dovrà darsi come criterio di scelta il preferire quei valori e quegli ideali in grado di originare un mondo più ricco di prospettive e possibilità, non solo per sé ma per la società.

La fede è una scelta pratica

Sulla stessa linea si muove James quando tratta della sfera religiosa: una fede deve essere ritenuta vera nella misura in cui risponde ai bisogni profondi della persona. Essa dunque diventa oggetto della **volontà di credere**, cioè di una decisione radicale che è in grado di cambiare a fondo la vita e di dare un impulso formidabile all'azione. La fede dunque è legata a una scelta pratica e come tale è parte integrante della nostra esperienza: tuttavia, secondo James, la rilevanza e l'incisività esistenziale della fede non implica che essa possa sostituire la scienza. Chiamata a dare risposte a questioni fondamentali per le nostre scelte esistenziali, la fede non deve invadere il campo di quelle che sono invece resolubili sul piano sperimentale. Contro i positivisti, James mette contemporaneamente in guardia dal fare della scienza stessa una fede: essa infatti non potrà mai pervenire a verità assolute, giacché il suo lavoro di ricerca è sempre guidato da esigenze pratiche. Il relativismo, già sostenuto in apertura della sua proposta teoretica, lo porta a concludere che l'ordine scoperto e descritto dalla scienza non è l'unico, ma uno dei tanti possibili, giacché la verità è pur sempre un'interpretazione funzionale a un soggetto che agisce e conosce in determinate situazioni di vita e in base alla sua esperienza.

Ordine/Disordine

Riferiti alla mente, i concetti di ordine e disordine stanno a indicare lo stato di connessione e coordinazione (o, al contrario, di confusione e instabilità) in cui si trovano i suoi contenuti (idee, sensazioni, nozioni ecc.). Naturalmente, essi si riferiscono anche alla corrispondente capacità (o incapacità) di effettuare quei collegamenti (logici e gnoseologici) e svolgere quelle operazioni di analisi e sintesi che consentono (o meno) alla mente il raggiungimento di un buon adattamento.

Una visione pluralista dell'universo

Al relativismo corrisponde una visione pluralistica dell'universo, che non ha un assetto unico e deterministicamente strutturato, ma è al contrario aperto, e al cui interno trovano posto una **pluralità di realtà** e di **esseri indipendenti** che hanno di fronte un ricco e indefinito ventaglio di possibilità. In questo orizzonte indeterministico, dove tutto è ancora fluido e nulla stabilito in modo conclusivo, l'individuo ha una grande **responsabilità**, giacché con la sua azione può conferire alla totalità del mondo un disegno finalistico connesso alle sue **scelte etiche** e imprimergli un indirizzo di progresso o di decadenza. Anche in questa prospettiva metafisica James inserisce la dimensione religiosa, considerando Dio non la totalità delle cose o un essere infinito, ma la «*porzione ideale*» o «*la tendenza ideale*» del mondo, «*una persona sovrumana che ci chiama a cooperare con i suoi propositi e porta a termine i nostri se hanno valore*», quindi un Dio finito che, in rapporto ai nostri compiti verso l'universo, può suscitare un'«*emozione cosmica*».

4.

John Dewey

Sebbene venga generalmente inserita nella corrente del pragmatismo, la posizione teoretica di John Dewey ha, per articolazione interna e per spessore speculativo, una sua propria e autonoma specificità, tanto che lui stesso preferì prendere le distanze dagli altri esponenti di questo indirizzo filosofico e indicarla come **strumentalismo**. Il suo programma speculativo può essere sintetizzato come un tentativo di «*rein-

---

LA VITA di *John Dewey*

John Dewey (1859-1952) naque a Burlington, nel Vermont, da una modesta famiglia di commercianti, e studiò presso l'università locale e la John Hopkins di Baltimora seguendo gli insegnamenti dell'hegeliano G.S. Morris.
Nel 1884 si laureò con una tesi sulla psicologia in Kant e iniziò la carriera universitaria che lo condusse a Chicago, dove fondò una scuola-laboratorio secondo il nuovo modello pedagogico dell'attivismo. Sempre a Chicago, in collaborazione con George Herbert Mead, sviluppò la posizione filosofica che può essere definita, più che pragmatica, strumentalista. Fu un periodo di grande attività culturale e pubblicò opere quali: *Il mio credo pedagogico* (1897), *Scuola e società* (1900), *Studi della teoria logica* (1903).
Dal 1904 al 1929 insegnò a New York presso la Columbia University e le sue teorie filosofiche e pedagogiche

vennero conosciute anche in Europa.
Nel 1929, dopo aver abbandonato l'insegnamento per limiti d'età, si interessò, in occasione del crollo finanziario di Wall Street, di problemi politico-sociali, impegnandosi attivamente a fianco del gruppo politico progressista tanto da influenzare alcune decisioni del New Deal promosso dal presidente Roosevelt. Nel 1937 denunciò lo stalinismo e i processi staliniani; fu, inoltre, sostenitore dell'entrata in guerra degli USA in entrambi i conflitti mondiali.
Altre opere fondamentali di Dewey sono: *Come pensiamo* (1910), *Democrazia ed educazione* (1916), *Saggi di logica sperimentale* (1916), *Esperienza e natura* (1925), *La ricerca della certezza* (1929), *Individualismo vecchio e nuovo* (1930), *L'arte come esperienza* (1934), *Liberalismo ed azione sociale* (1935), *L'intelligenza nel mondo moderno* (1939), *Problemi degli uomini* (1946).

tegrare la conoscenza e l'attività umana nel quadro generale della realtà e dei processi naturali»: alla sua realizzazione ha certamente recato un significativo contributo il patrimonio di idee del pragmatismo, ma questo si è inserito in un orizzonte mentale già precedentemente orientato in questo senso.

4.1 Il compito della filosofia

La formazione di Dewey deve molto agli apporti sia dell'**Idealismo hegeliano** che dell'**evoluzionismo darwiniano**.

■ Dal primo egli ha tratto fondamentalmente la **visione unitaria** e **dinamica** della realtà all'interno della quale è superata ogni forma di dualismo, in particolare quello tra soggetto e oggetto: la totalità dello Spirito che tutto anima e pervade si tradurrà in Dewey in una concezione dell'universo come un **grande organismo**, certamente non stabilmente strutturato in senso meccanicistico, ma dinamicamente processuale, senza un equilibrio definitivo e un ordine raggiunto in modo conclusivo. È riconducibile a Hegel anche l'ostilità di Dewey per quel tipo di pensare astratto e intellettualistico che si traduce in una considerazione rigida di elementi tra loro in netta opposizione (metodo/contenuto, teoria/prassi, spirito/materia, mente/corpo, apparenza/essenza ecc.) e non si accorge di come ogni entità particolare non sia atomisticamente isolata e indipendente dalle altre, ma sia con loro in un rapporto di reciproca interazione.

■ L'evoluzionismo di Darwin ha impresso al pensiero di Dewey una decisa svolta: ciò che prima appariva come spirito, ora è visto come natura e in senso naturalistico resterà permanentemente connotata la sua filosofia. Come analizzeremo in seguito, natura è termine pregnante, perché serve a indicare, nell'unità inscindibile dell'organismo con l'<u>ambiente</u>, la totalità relativamente omogenea dell'esistenza di cui l'uomo è parte, nella quale vive e opera. In accordo con Darwin, anche Dewey considera il **conoscere** come una (certo più raffinata ed efficace di altre) delle **risposte/reazioni** dell'uomo alla necessità di trovare, in vista della propria sopravvivenza, soluzioni valide alle **situazioni problematiche** (conflitti, disordine) poste dal mondo circostante: poiché in esso non esiste alcun ordine deterministico o finalismo provvidenzialistico, ma forti componenti di casualità che rendono precari e provvisori i momenti di stabilità, non resta all'uomo che modificare il proprio comportamento per esercitare un controllo adeguato sui processi e sugli eventi in cui è inserito.

La continuità tra mente e natura

Da questa prospettiva Dewey non scorge alcuna scissione tra uomo e natura, tra l'aspetto biologico e quello mentale, anzi evidenzia la continuità tra queste compo-

Ambiente

Genericamente questo termine indica il complesso della realtà in cui si vive; in senso più specifico esso si riferisce all'insieme delle condizioni e dei fattori che, mentre consentono l'affermarsi della vita, influiscono sullo stato di conservazione e di sviluppo degli individui. In Dewey il concetto presenta un'ambivalenza fondamentale in quanto assume, per un verso, una valenza essenzial-

mente naturalistica (con indubbi risvolti fisici e biologici) e, per l'altro, una valenza di carattere sociale e psicologico: perciò egli scrive (in *Democrazia ed educazione*) che il concetto di ambiente non si limita a significare «*quello che circonda un individuo. Esso denota propriamente la continuità delle cose circostanti con le sue stesse tendenze attive... In breve, l'ambiente consiste nelle condizioni che promuovono o impediscono, stimolano o inibiscono, le attività caratteristiche di un essere umano*».

nenti: per tale motivo considerà la filosofia non come mera teoria o sterile speculazione, ma come un modo di esercitare l'attività del conoscere che ha basi eminentemente pratiche. Conoscere, infatti, significa trovare strumenti e risposte idonee a risolvere le difficoltà e a superare le situazioni di incertezza e di dubbio che l'uomo incontra nel suo rapporto con l'ambiente: ciò implica che si abbia consapevolezza dei motivi che le generano, che si sia in grado di comprendere analiticamente e determinare razionalmente i problemi.

Il conoscere è un processo continuo

In quanto modo superiore di esercizio della mente e guida nel nostro comportamento ordinario, la **filosofia** ha, secondo Dewey, un carattere decisamente umanistico, giacché deve procurare come suo scopo naturale una condizione di vita qualitativamente migliore sia a livello individuale che sociale: nata da **motivazioni pratiche** (bisogni, difficoltà, interessi), e quindi strutturalmente legata all'azione, la ragione (e quindi la filosofia) deve consentire un cambiamento della realtà in modo che l'uomo possa trovare soddisfazione alle sue necessità e alle sue aspirazioni. Poiché soggetto e oggetto, uomo e ambiente sono strettamente uniti, la modifica dell'uno comporta una modifica anche nell'altro: ciò significa che la filosofia ha come compito principale quello di **formare la mente**, di renderla più flessibile e duttile, in possesso di adeguati strumenti metodologici, soprattutto dotata dell'abitudine all'indagine. Infatti, considerando che ogni soluzione è provvisoria, che ogni ordine è destinato a modificarsi, che quindi la problematicità è una costante della condizione naturale dell'uomo e il conoscere si risolve in una ricerca continua, ciò che conta soprattutto è l'abitudine a guardare verso il futuro per affrontare in modo migliore rispetto al passato (a livello logico e operativo) le nuove sfide e le problematiche emergenti nell'evolversi delle situazioni presentate dall'ambiente di vita.

4.2 Esperienza e natura

La complessità dell'esperienza

Due sono dunque i termini fondamentali cui si rivolge la riflessione deweyana: *Esperienza e natura* (questo il titolo del suo capolavoro del 1925). Se il punto di partenza è *«il riconoscimento intelligente della continuità tra natura, uomo e società»*, se l'uomo è costitutivamente innestato nel tessuto di relazioni dinamiche che formano il suo mondo, allora chiamiamo **esperienza** l'insieme di questi **rapporti interattivi**. Il soggetto non si limita a registrare gli stimoli che provengono dall'esterno, la sua mente non è una *tabula rasa* in cui si imprimono passivamente le percezioni sensoriali lasciando un'immagine della realtà: egli agisce sulla realtà, risponde alle sue sollecitazioni cercando con essa una condizione di equilibrio. Da questa prospettiva Dewey polemizza apertamente con l'empirismo classico che ha ridotto l'esperienza a coscienza (cioè a *«ciò che appare qualitativamente e focalmente in un particolare momento»*) e a semplice recezione di dati isolati tra loro (e solo in un secondo tempo connessi). Concretamente, l'esperienza è qualcosa di molto più complesso e ampio, che include anche aspetti poco chiari ma molto incisivi quali l'**ignoranza** e le **abitudini**, *«i sogni, la pazzia, la malattia, la morte, la guerra, la confusione, l'ambiguità, la menzogna e l'orrore [e anche] quell'inclinazione che impedisce d'imparare dall'esperienza, come l'abilità che trae partito dai suoi più deboli cenni»* (▶ **Antologia**, brano 3, *Come si forma un'esperienza*).

L'ESPERIENZA

*Comprende ciò che gli uomini fanno e soffrono, ciò che ricercano, amano, credono
e sopportano, e anche il modo in cui gli uomini agiscono e subiscono l'azione esterna,
i modi in cui essi operano e soffrono, desiderano e godono, vedono, credono, immaginano,
cioè i processi dell'esperire.*

▶ J. DEWEY, *Esperienza e natura*

**Le componenti pratiche
ed emotive
dell'esperienza**

Nell'esperienza non solo sono presenti forti componenti emotive, ma soprattutto componenti pratiche: siamo lontani dalla concezione di Locke e Hume che facevano dell'intelletto quasi una sorta di specchio che riflette contemplativamente il mondo esterno, per pure e disinteressate finalità conoscitive. Essi consideravano inoltre l'attività mentale in funzione della sistemazione il più possibile completa ed esaustiva di un materiale già acquisito e sul quale esercitare una riflessione analitica che isolasse le sensazioni semplici di singole qualità. Dewey giudica astratta e intellettualistica questa concezione, sottolineando come la concreta esperienza abbia un carattere globale (gli oggetti, gli elementi che compongono un'esperienza sono sempre colti nella loro essenziale unità), frutto dell'interazione tra fattori soggettivi e oggettivi, aspetti emotivi e aspetti conoscitivi, pratici e teorici.

**L'equilibrio in continuo
divenire tra organismo
e ambiente**

Mentre Locke e Hume partivano dunque da premesse considerate riduttivamente gnoseologiche, Dewey perviene a una visione integrale dell'esperienza: se soggetto e oggetto, organismo e ambiente non sono mai separati, essa allora comprende l'intero arco delle interazioni che intervengono tra i due termini. Organismo e ambiente, mentre si influenzano reciprocamente, danno luogo a una **problematicità perenne** e alla continua ricerca di un equilibrio che si rompe e si ricompone a livelli sempre diversi man mano che il rapporto cambia e assume configurazioni nuove. L'esperienza non è perciò tanto rivolta al passato, quanto al futuro, perché il nostro interesse di modifica delle condizioni presenti è rivolto in quella dimensione. Solo una conoscenza che sia in stretto rapporto con l'esperienza e con l'azione è in grado di garantirci un possesso delle cose e un controllo delle situazioni *«più significativo e sicuro»*: il suo compito e il suo procedere è infatti quello *«dello smembramento analitico e della ricostruzione sintetica dell'esperienza»*.

**Nella natura
domina il caso**

Strettamente unita all'esperienza è la natura: i due termini sono talmente correlati da condurre Dewey ad affermare che *«l'esperienza è tanto della natura, quanto nella natura»*. Dopo l'evoluzionismo darwiniano è però impossibile abbracciarne le vi-

Natura

Questo concetto, centrale nel pensiero pragmatista, ha una valenza semantica assai variabile ed equivoca, frutto dei molteplici usi con cui è stato impiegato nel corso della storia del pensiero. Nell'ambiente americano in cui opera Dewey, esso assume un arco di valori multiforme e ricco, frutto delle esigenze culturali orientate al superamento del naturalismo ottocentesco di stampo idealistico, dove la natura è ridotta a grado elementare e ancora oscuro dell'Idea e dello Spirito.
Un'influenza decisiva è stata esercitata dalla teoria evoluzionistica darwiniana, combinata con fattori teorici diversi che hanno promosso una visione di tipo unitario, in cui ogni dualismo fosse superato senza peraltro cadere in riduzionismi di alcun genere. Ciò

significa che Dewey ha cercato di non abbassare le manifestazioni più alte della natura al livello di quelle più elementari, e quindi di salvare, tra esse, la specificità di quelle umane: in altri termini, ha mostrato da un lato la radice naturale delle attività spirituali e, dall'altro, il necessario sviluppo in senso ideale dei processi naturali.
Su questo punto Dewey ha fornito un contributo decisivo insistendo sull'impossibilità di separare la vita organica e quella dello spirito dalla natura fisica senza compromettere l'integrità dell'una e dell'altra: la natura include dunque il vitale e lo psichico, raggiungendo, nel suo vertice, la coscienza e la creatività intellettuale e artistica. Nella polemica contro la separazione tradizionale di spirito e natura, Dewey giunge ad affermare che l'uomo *«non è un piccolo dio fuori della natura, ma è dentro la natura»*.

sioni romantiche, mentre i tratti con cui essa ci si presenta sono quelli della precarietà, della mutevolezza, dell'incertezza. In particolare, la natura è ben lungi dall'essere intesa come il regno dell'ordine imposto da leggi necessarie e immutabili, o quello dell'armonia e dei valori eterni: se infatti da un lato essa è la sede comprensiva di ogni fenomeno e di ogni accadimento, dall'altro è segnata dall'instabilità e dal pericolo. Parlare di natura equivale a parlare di una sfera fondamentalmente dominata dal **caso**, senza un ordine che non sia provvisorio, dove l'esistenza è costantemente esposta al rischio e costretta alla lotta per la sopravvivenza.

UN MONDO
ALEATORIO

L'uomo si trova a vivere in un mondo aleatorio; la sua esistenza implica, per dirlo crudamente, un azzardo. Il mondo è la scena del rischio; è incerto, instabile, terribilmente instabile. I suoi pericoli sono irregolari, incostanti, non possono essere riportati a un tempo e a una stagione determinati. Per quanto persistenti, essi sono sporadici, episodici [...].
La fortuna è proverbialmente buona e cattiva nelle sue distribuzioni.
J. DEWEY, *Esperienza e natura*

La cultura
come strumento
per vincere la paura

Così il sentimento, la reazione più originaria dell'uomo di fronte a uno scenario così desolante è la **paura**: dal timore per lo stato effimero delle cose del mondo sono nati gli **dèi**, dal suo bisogno di protezione e di certezze. Nella natura ordine e disordine, necessità e caso, mutamento e permanenza sono sempre intrecciati, costituiscono una mistura dura da tollerare: perciò l'uomo, nel tentativo di controllare il suo ambiente e mitigare l'ansia suscitata dal senso di precarietà del suo esistere, ha sempre cercato, pur nella varietà dei modi, di trovare frammenti di ordine, di fissare elementi di stabilità, di individuare qualcosa di saldo facendolo emergere da una processualità altrimenti sfuggente. In questa chiave e in termini di sostanziale continuità sono interpretabili molteplici espressioni della cultura umana, da quelle strumentali (gli attrezzi, le tecniche) a quelle teorico-esplicative, su cui Dewey si sofferma con maggiore insistenza.

La funzione mistificante
della filosofia

All'inizio l'uomo è ricorso a **costruzioni mitiche** e **pratiche magiche**, poi le ha sostituite con concezioni più razionali e scientifiche che miravano a cogliere, dietro la molteplicità e il divenire, la permanenza dell'essere, o le leggi universali e necessarie, o lo sviluppo progressivo ecc. Si tratta sempre, al di là delle forme più o meno raffinate, del tentativo di trovare idee che forniscano una qualche **rassicurazione** (se non addirittura illusione) circa la conservazione, la difesa o la protezione di ciò che più ci sta a cuore (la vita, i valori, i beni) dalla minaccia della distruzione, dallo stato di dispersione e corruzione cui la realtà espone ogni cosa. La filosofia, secondo Dewey, cade in una fallacia evidente quando abbandona l'esperienza per semplificarla e ridurla, mediante il ricorso a formule astratte e artificiose o a categorie dogmatiche, a uno solo dei suoi termini (la regolarità, l'ordine, l'uniformità, la ripetitività, la necessità) spacciato come il carattere della sua interezza. Il fine consolatorio e ingannevole di questa operazione risulta palese nel momento in cui sono selezionati solo gli aspetti conciliabili con il quadro concettuale prescelto, mentre gli altri sono relegati nella sfera dell'errore o dell'apparenza: la verità è che, fin dalle origini greche, la **filosofia** ha mirato a **sterilizzare l'esperienza** da tutti gli aspetti indesiderabili e inquietanti (la temporalità, la precarietà, il mutevole) per fornire una rappresentazione della realtà più consona al bisogno di certezza, ai desideri umani di salvaguardia dei valori pratici (o che guidano l'agire o che presiedono alla vita sociale) o di fiducia nella conservazione del proprio essere.

La necessità filosofica
di superare le false
contrapposizioni

L'atto di accusa di Dewey è ovviamente rivolto a tutte quelle filosofie – non importa se razionaliste o empiriste, trascendentiste o immanentiste, spiritualiste o materialiste, meccaniciste o finaliste ecc. – che hanno cercato di attingere a una verità assoluta, eterna e immutabile, ma non risparmia neppure quelle che hanno parlato del divenire in termini di assolutezza (Eraclito, Bergson, Hegel). Il loro comune peccato originale consiste nell'isolamento di una sola componente dell'esperienza: per questo motivo sono cadute tutte in dualismi insuperabili, a cominciare da quello, presente fin dalle origini, tra essere e apparenza e da quello, così rilevante per il pensiero moderno, tra soggetto e oggetto. La tendenza a ritenere vero e razionale (quindi degno di essere conosciuto) solo ciò che è perfetto e immutabile non esorcizza certo l'errore, il male, l'irrazionale, il disordine che invece continuano a essere parte costitutiva e integrante tanto della realtà quanto della nostra esperienza.

La logica
come metodologia
dell'indagine

Il nocciolo della questione è quello di riconoscerne la presenza e affrontare questi aspetti negativi nell'unico modo positivo, cioè con l'**intelligenza** e il **conoscere**: con ciò Dewey è ben lungi dall'accogliere l'ottimismo positivistico in un progresso ineluttabile mediante la scienza, mentre è più vicino all'Illuminismo nella consapevolezza che i lati oscuri sono, se non eliminabili, almeno controllabili e riducibili nella loro portata a condizione che l'uomo maturi, insieme con una visione lucida della realtà, un uso adeguato dei propri mezzi.

In sostanza, secondo Dewey, solo con strumenti idonei possiamo dominare – almeno in parte, almeno provvisoriamente – il nostro ambiente: sotto questo aspetto il conoscere stesso è uno strumento, nella misura in cui è indagine volta a individuare i mezzi più efficaci, cioè i comportamenti e le azioni intelligenti, per affrontare le situazioni problematiche della nostra condizione esistenziale nel mondo. Per lui la logica si risolve sostanzialmente in una metodologia dell'indagine, cioè in uno studio delle procedure mediante cui il pensiero controlla e giustifica le proprie asserzioni, attraverso una serie di operazioni mentali con le quali ottiene «*la trasformazione controllata o diretta di una situazione indeterminata in un'altra che sia determinata, in modo da convertire gli elementi della situazione originaria in una totalità unificata*».

Metodi e contenuti

Ciò significa che l'intelligenza opera sempre relativamente a una situazione insieme soggettiva e oggettiva, quindi relativamente all'esperienza: questa non è semplice recezione di dati isolati, ma è risposta agli stimoli ambientali (quindi reazione, azione), è coglimento delle relazioni tra le cose come conseguenza di quelle tra il soggetto e la realtà (naturale e sociale) che lo circonda.

Se l'esperienza è qualcosa di immediato, rispetto a essa l'intelligenza opera in modo riflessivo e mediatore elaborando, selezionando e trasformando gli elementi che la compongono in modo da creare un quadro determinato: in altri termini essa si propone «*di trasformare una situazione nella quale abbiamo esperienze caratterizzate da oscurità, dubbio, conflitto, insomma comunque disturbate, in una situazione che sia chiara, coerente, ordinata, armoniosa*». Pertanto, secondo Dewey, non si possono dividere le cose esperite dai modi con cui sono esperite, i contenuti dagli strumenti e dai metodi che li hanno resi intelligibili: gli oggetti non sono semplicemente conosciuti, anche se la filosofia ha privilegiato e isolato i contenuti e i risultati di un processo, occultando le modalità, i mezzi e le condizioni in cui si è svolto. Ora, sono proprio questi ultimi aspetti che bisogna mettere in luce criticamente, non per svalutare il **conoscere**, ma per evidenziare la sua origine dalla **necessità**, il suo **intervento dinamico** nella situazione in cui opera e la sua funzionalità all'azione nelle conseguenze pratiche delle sue conclusioni.

Metodo sperimentale
e sentire comune

Tale, del resto, è la lezione che può essere tratta dalla prassi della **scienza moderna**, della quale Dewey evidenzia la continuità con il modo di procedere del **senso comune**. Entrambi anzi trovano la loro comune radice nello schema tripartito del comportamento biologico che consiste in:

- situazione di **squilibrio** tra organismo e ambiente;
- comportamenti di **reazione**;
- **ristabilimento dell'equilibrio.**

Sotto questo profilo la scienza costituisce la massima espressione e il pieno potenziamento del comportamento intelligente che, già al primo livello, usa i fatti presenti per il raggiungimento di precisi obiettivi intenzionalmente perseguiti.

4.3 L'indagine come processo

In *Come pensiamo* (1910) e in *Logica: teoria dell'indagine* (1938) vengono messi a punto i momenti del processo attraverso il quale si svolge la nostra indagine.

■ Il **primo** ormai lo abbiamo individuato: essa parte sempre da **problemi**, cioè da situazioni di oscurità, di dubbio, di incertezza, di turbamento quando gli interessi sono frustrati, i bisogni non trovano soddisfazione, gli scopi non vengono raggiunti per via di qualche ostacolo, di qualche impedimento. Il problema vero e proprio si ha quando la situazione da indeterminata (con il disagio che essa ci procura) diventa **determinata**, cioè viene riconosciuta come tale attraverso la focalizzazione dei termini che la contraddistinguono e che vanno rimossi. Ciò avviene contestualmente a un tentativo di possibile **soluzione**, quindi nel momento in cui la situazione stessa ci suggerisce un'idea per risolvere le difficoltà.

■ Naturalmente questa è solo un'**ipotesi**, di cui bisogna valutare nei fatti la validità: il **secondo** momento incomincia proprio ora, quando la nostra idea viene chiarita con il ragionamento che intellettualizza il problema attraverso lo sviluppo della nostra ipotesi di cui possiamo prevedere, per **deduzione** e quindi per collegamento con le altre idee, gli eventuali **effetti nel futuro**.

Il superamento
del relativismo

Sotto questo aspetto Dewey intende evitare il relativismo jamesiano mostrando come tra la situazione problematica (cui il pensiero è relazionalmente legato) e la soluzione non vi sia un rapporto rigidamente univoco, ma come la prima prospetti una molteplicità di esiti possibili e la seconda costituisca sempre un'innovazione: ciò significa che un'**idea**, ben lungi dall'essere qualcosa che corrisponde alle cose o un'immagine delle loro percezioni, è uno **strumento per l'indagine**, per la soluzioni dei problemi, qualificabile quindi in termini di efficacia e di economicità.

■ Passiamo così al **terzo** momento nel quale, con l'**osservazione** e l'**esperimento**, viene messa alla prova la nostra idea: come quest'ultima ha un valore previsionale rispetto agli effetti delle azioni che potremmo intraprendere, così l'osservazione (i cosiddetti fatti) è compiuta all'interno della ricerca, quindi è la conseguenza di operazioni eseguite per la soluzione dei problemi e significativa solo nella misura in cui è a essa funzionale. Naturalmente dall'esperimento, se confermerà l'ipotesi formulata, deriverà una «*decisione direttiva di attività future*», cioè altre idee.

■ In questa rielaborazione intellettuale dell'ipotesi consiste il **quarto** momento.

■ Mentre il **quinto** consiste nella verifica delle nuove idee raggiunte con altre osservazioni ed esperimenti. Certo in tal modo l'indagine non cessa perché la soluzione trovata stabilizza la situazione sotto un aspetto determinato, mentre essa può entrare in crisi sotto altri aspetti, così come le soluzioni sono continuamente soggette a opera di correzione e perfezionamento.

4.4 Indagine e linguaggio

L'indagine non possiede solo un aspetto intellettuale e ideazionale, giacché Dewey evidenzia anche l'importanza dell'aspetto linguistico. Se per il controllo dell'ambiente sono indispensabili validi strumenti, ebbene il linguaggio è lo «*strumento degli strumenti*» in quanto non solo permette la collaborazione tra gli uomini che possono comunicare tra loro, ma anche perché consente di intervenire nel flusso dell'esperienza rendendo stabilmente individuabili gli oggetti e le loro qualità mediante la sua **funzione significativa**. La sua rilevanza emerge con tutta chiarezza nel corso del processo d'indagine, in particolare in quella che noi abbiamo indicato come seconda fase: qui infatti il ragionamento non può svolgersi, la chiarificazione non può avvenire se le idee non vengono espresse in un **sistema codificato di segni**. Ovviamente, come senso comune e pensiero scientifico costituiscono, pur nella continuità, due livelli distinti di elaborazione dei problemi, altrettanto vale per il linguaggio. Il **linguaggio della scienza** appare più formalizzato e più universale, in quanto, depurato da tutti gli aspetti culturalmente determinati dei linguaggi naturali, e strutturato in modo chiaro per essere funzionale alla trattazione di determinati contenuti, impiega simboli dotati di un maggior grado di generalità, i cui significati sono relazioni con altri simboli.

L'origine storico-sociale del linguaggio

Il linguaggio è in grado di svolgere una funzione di **comunicazione sociale** nella misura in cui presuppone una società che se ne serve come modalità d'azione. Ogni singola persona, in quanto membro di una certa comunità, apprende il relativo linguaggio e, nello specifico, i **significati** dei suoi termini: questi non sono pertanto il frutto di scelte convenzionali arbitrarie, ma **prodotti storici** che si impongono come dati a priori all'individuo. Ciò vale anche per i cosiddetti **universali** che non sono, come vorrebbe il nominalismo empirista, frutto di operazioni comparative di oggetti particolari simili o dissimili fatte dall'individuo con la sua attività conoscitiva, ma derivati dello sviluppo della **società** che produce quei significati generali proprio attraverso l'uso del linguaggio. Le classi quindi, i concetti di genere e specie, rappresentano la generalizzazione realizzata operativamente degli eventi singoli, messa a punto dall'indagine nella sua dimensione collettiva che impiega a questo fine idee e termini linguistici corrispondenti.

4.5 Il rapporto mente/corpo

Il concetto di transazione

Dewey è dunque sostenitore di una concezione unitaria del mondo dell'esperienza in quanto costituita da un sistema di interrelazioni. Ciò risulta palese proprio dall'esame della struttura della logica dell'indagine, che ci mostra come il soggetto sia strettamente collegato all'oggetto nello stesso orizzonte della situazione problematica. Egli ha perciò utilizzato, derivandolo dal linguaggio dell'economia, il termine **transazione** per denotare un rapporto biunivoco tra due termini in cui la funzione di ciascuno è determinata da quella dell'altro, nel corso di un certo processo: come non esiste un compratore senza un venditore (e viceversa), così non esiste un **conoscente** senza un **conosciuto** (e viceversa). È all'interno dello sviluppo dell'indagine che questi termini si costituiscono, giacché non si tratta solo di evidenziare la loro interconnessione, ma anche l'azione che l'uno esercita sull'altro nella misura in cui, nell'atto conoscitivo di qualunque genere, è compresente nello stesso tempo la componente oggettiva (l'ambiente da cui derivano determinati stimoli) e quella soggettiva (l'organismo che reagisce con tutto l'apparato emotivo, sensoriale, razionale), con reciproco scambio di determinazioni funzionali.

La continuità evolutiva tra materia e spirito

In particolare, Dewey afferma che il soggetto conoscente non preesiste all'indagine, ma che *«una persona, o più genericamente un organismo diventa un soggetto conoscente in virtù del suo impegnarsi in operazioni di ricerca controllata».* Con ciò si conferma il carattere naturalistico della filosofia deweyana, ma anche il suo deciso **antiriduzionismo**: se infatti è natura la totalità dell'esistenza di cui l'uomo è parte, nel senso che al suo interno vi è una relativa omogeneità e ogni evento, ogni accadimento è intrinsecamente legato con tutti gli altri, bisogna però distinguere nella natura **vari livelli di esistenza** a seconda del grado crescente di complessità. Così si possono individuare e differenziare un livello fisico, uno psicofisico e uno spirituale, tra cui sussiste un rapporto di **continuità evolutiva** come passaggio genetico dalle forme organizzative più semplici a quelle più complesse.

Dewey riconosce dunque nella natura la presenza dello **spirito**, se con questo termine si intende il complesso delle nozioni, credenze, interessi, schemi comportamentali e valutativi ecc. che nel corso della storia si è formato e consolidato. In questa posizione è ancora riconoscibile l'originaria formazione hegeliana, soprattutto quando Dewey sottolinea la valenza intersoggettiva dello spirito che vive e si manifesta negli individui. A differenza di Hegel, che finisce per ridurre questi ultimi a strumenti per la realizzazione dei fini universali dello spirito, egli riconosce che i singoli possiedono una loro autonomia e originalità che si può estrinsecare nel momento in cui riescono a staccarsi dagli schemi mentali abitudinari e consueti, per proporre soluzioni originali ai problemi sia privati che collettivi.

La coscienza è una funzione, non una sostanza

Analogamente Dewey risolve il rapporto mente-corpo: l'**uomo** è certamente un'**unità psicofisica**, dotato di due funzioni distinte eppure complementari. Egli è infatti un **organismo** che, dovendo interagire con l'ambiente, possiede sia la funzione idonea a recepire i suoi stimoli e a realizzare una continuità e stabilità, ossia il **corpo**, sia la funzione che permette di reagire con risposte adeguate alle situazioni problematiche e di trasformarlo, ossia la **mente**. All'interno di questa prospettiva transazionale la coscienza e la stessa soggettività non sono concepibili come sostanze, ma come funzioni che si determinano in situazioni precise, quelle in cui emerge una problematicità che a sua volta esige una soluzione. La coscienza emerge in un individuo nel momento in cui questi problematizza una situazione di dubbio e difficoltà e cerca di superarla attraverso un adeguato processo d'investigazione.

4.6 Strumentalismo ed etica

Il carattere pratico dei valori

Lo strumentalismo è dunque una filosofia che esalta il **comportamento intelligente** quale forza che trasforma attivamente l'ambiente di vita: perciò Dewey propone di trattare tutti i problemi (morali, sociali, pedagogici ecc.) per mezzo dello stesso atteggiamento scientifico che rappresenta non solo una conquista dell'Età moderna ma che ha anche reso evidente la continuità di natura ed esperienza, di realtà e pensiero.

Il problema che si pone a questo punto è: quali **valori** devono guidare l'azione? Posto che Dewey (come Peirce) intende sottrarsi all'accusa di sostenere una rozza filosofia dell'utile e del successo, deve tuttavia affrontare la questione della valutazione e del giudizio morale. Certamente, dal suo punto di vista, non esistono valori assoluti ed eterni, ma anch'essi sono soggetti al mutamento delle situazioni e all'evoluzione storica. Proprio per questo le idee morali, come tutte le altre idee, devono provare la loro efficacia nella pratica, devono cioè sottoporsi alla verifica che ne saggerà l'idoneità a proporsi come idee in grado di guidare positivamente l'agire umano.

È dunque sul piano delle conseguenze che si proverà il valore dei valori: anche il problema della valutazione e dell'etica può essere, perciò, posto su **basi scientifiche**, in quanto le loro asserzioni non sfuggono al principio della **verifica**.

L'uomo è costitutivamente naturale e sociale

In ogni caso Dewey rifiuta una visione, come per esempio quella kantiana, in cui la legge morale, in quanto legge razionale, sia contrapposta agli aspetti naturali e sensibili dell'uomo (istinti, bisogni, impulsi ecc.): questi, nella sua condotta, non può sottrarsi all'influsso dell'ambiente, che anzi ne determina l'orientamento e i contenuti. Ne consegue, in particolare, il superamento di diversi dualismi come quello tra abitudine e volontà, tra condizionamenti sociali e libertà. Poiché l'agire umano e le scelte si sviluppano nel contesto delle interazioni naturali e sociali, bisogna considerare la volontà come coincidente con le stesse abitudini in quanto sono proprio queste (intese come forme di comportamento codificate, storicamente fissate da un gruppo sociale che le trasmette all'individuo) che costituiscono quella; d'altra parte ciò non significa una caduta nel determinismo, giacché la singola persona può esercitare la sua libertà nel momento in cui troverà risposte originali (cioè comportamenti innovativi, più intelligenti) agli stimoli ambientali.

Il valore supremo è l'ideale di un progressivo arricchimento

Indubbiamente, nel momento delle scelte, ciascuno di noi è guidato da determinati criteri, cioè da valori: Dewey inizia con il distinguere tra valori di fatto (il complesso dei beni che desideriamo immediatamente in quanto riteniamo, in un certo momento, che possano soddisfarci) e valori di diritto (i beni che sono desiderabili in quanto prospettano una condizione di vita, per noi e per gli altri, migliore, un livello di esperienza più ricco e pieno), e pur negando l'esistenza di una gerarchia ontologicamente stabilita, riconosce l'esistenza di un valore supremo. Questo esige che i nostri poteri, le nostre facoltà, le nostre potenzialità trovino le condizioni per il loro massimo sviluppo, che siano proiettate verso un orizzonte di progressivo arricchimento. Seguendo questa sorta di idea regolativa etica, la filosofia favorisce la formazione di un atteggiamento critico aperto alla continua promozione dei valori di diritto.

Fatto/Diritto

Questa coppia di concetti, che può essere anche espressa in latino con i termini *de facto*, "di fatto" e *de iure*, "di diritto", serve a indicare, rispettivamente, ciò che sussiste e può essere empiricamente constatato, e ciò che si presenta come una meta da perseguire, come un ideale su cui orientare il nostro agire. Il primo termine, "di fatto", ha dunque un valore descrittivo, il secondo, "di diritto", normativo.

La capacità di collegare
i mezzi ai fini

Che cosa significa verificare empiricamente (quindi scientificamente) la validità di un valore? Come è possibile sottoporre a verifica un'idea morale? Secondo Dewey significa saggiare il rapporto mezzi-fini: è questo il banco di prova sperimentale cui anche l'etica non può sottrarsi, se vuole assumere uno statuto scientifico. Ancora una volta, come non esistono valori assoluti, così non esistono fini assoluti, ultimi, rigidamente precostituiti ed estrinsecamente imposti: fini e valori nascono e si sviluppano all'interno dell'esperienza concreta dell'uomo, che li prospetta in rapporto ai suoi bisogni e ai problemi che si trova ad affrontare. Si può parlare tuttavia propriamente di **fini** solo nel momento in cui essi si pongono come obiettivi posti dall'intelligenza, quindi come progetti che assumono una configurazione concreta in rapporto ai mezzi che vengono individuati per la loro realizzazione. In ambito morale quindi non bastano le intenzioni, ma contano le **azioni** che noi intelligentemente mettiamo in campo per realizzare quei progetti che risultino risolutivi delle nostre situazioni problematiche.

La coincidenza
di mezzi e fini

Ciò significa che tra fini e mezzi esiste un legame così stretto che i due termini risultano infine indistinguibili e reciprocamente convertibili; di conseguenza, possiamo (e dobbiamo) valutare un fine esclusivamente in rapporto al suo tasso di realizzabilità (quindi ancora una volta ai mezzi). Come ogni mezzo può dunque essere considerato un fine, se è idoneo alla realizzazione del progetto per cui è stato ideato, così risulta del tutto falsa la massima che «*il fine giustifica i mezzi*»: in realtà poiché non esistono (se non astrattamente) «fini-in-sé», un mezzo negativo compromette inevitabilmente la qualità etica del fine. Il naturalismo deweyano implica il rifiuto di un'azione in cui i mezzi risultino funzionali a un fine non fruibile nel presente ma collocato nel futuro, addirittura (secondo l'etica cristiana) un futuro escatologico, ultraterreno: ciò finirebbe non solo per minare alla base il rapporto mezzi-fini, ma anche per togliere valore a questa stessa vita e disconoscere la capacità dell'uomo di modificare il suo mondo rendendolo migliore, più vivibile, più soddisfacente.

La dimensione religiosa
fa parte dell'uomo

Ciò che si è appena detto non significa che in Dewey sia assente una dimensione religiosa, che anzi trova per il filosofo il suo fondamento nella convinzione che la verità sia un processo di indagine sempre aperto e sempre da incrementare. Nella misura in cui gli sforzi dell'uomo sono mirati a realizzare forme di vita sempre più umane e apprezzabili, si può riconoscere nell'esperienza un **aspetto religioso**, che si concretizza nello sforzo di armonizzarsi con l'intero universo, inteso come globalità di rapporti con la natura e con gli altri uomini. Dewey chiama questa finalità «*regno di Dio*», realizzazione di verità, giustizia e amore, e lo intende non come contenuto dogmatico di una confessione ecclesiastica particolare, ma come «*una fede comune*» (questo il titolo dell'opera del 1934) che al di là di esse deve unire tutti gli uomini che vivono in una stessa società.

4.7 La filosofia dell'arte

Il valore autonomo
della bellezza

L'unità dell'esperienza non permette di stabilire delle scissioni (ma neppure delle confusioni) tra le varie attività umane: in realtà ciascuna di esse tende ad ampliarla, secondo le modalità che le sono proprie, in direzioni specifiche. In questa chiave va considerata anche l'arte, che dunque non ha un carattere mistico o contemplativo (secondo una certa concezione romantica), ma intrinsecamente strumentale: in questo senso essa ha anche uno scopo. Affermare che ogni esperienza può avere un aspetto estetico significa che l'arte ha un **ruolo riordinatore** dell'esperienza, nel senso che essa realizza un **ordine** non semplicemente funzionale (come la tecnica) ma **fruibile** e **finale**, intrinsecamente dotato di valore. Questo significa che la bellezza è una qualità che conferisce all'esperienza una forma nuova, godibile per se stessa in quanto fine realizzato per il suo senso autonomo.

La funzione educativa ed etica dell'arte

Per questo motivo Dewey assegna all'arte uno scopo allo stesso tempo etico ed educativo, giacché attraverso essa l'uomo è liberato dalla routine, dall'abitudine divenuta meccanica, e stimolato a un ampliamento della propria esperienza, avviato a nuovi modi di percepire le cose e alla realizzazione di forme di comportamento più armoniche e significative. Che questa funzione implichi un risvolto etico emerge con chiarezza considerando che il miglior criterio valutativo per giudicare le attività dell'uomo è quello di vederle orientate a perseguire «*la più libera, la più ampiamente ripartita incorporazione dei valori nell'esperienza, per mezzo di quel controllo attivo degli oggetti che la conoscenza soltanto rende possibile*». Nel momento in cui l'uomo potenzia la sua esperienza egli ha con ciò individuato il fine morale più alto: in questa prospettiva l'arte ha un indubbio ruolo di stimolo sull'intelligenza e sul conoscere.

4.8 Una teoria della democrazia

Nella sua massima parte, l'ambiente in cui l'uomo vive non è quello naturale ma quello sociale: vissuto in un'epoca di grandi trasformazioni e squilibri, insieme con un intenso sviluppo economico (i grandi flussi migratori a cavallo tra Ottocento e Novecento, la crisi del 1929 e il New deal rooseveltiano), Dewey è convinto che anche questa sfera possa essere diretta e modificata dall'intelligenza, fiducioso che «*la ricerca dei valori che possono essere assicurati e condivisi da tutti perché connessi ai fondamenti della vita sociale, è una ricerca in cui la filosofia troverà non rivali ma coadiutori negli uomini di buona volontà*». Egli vede con lucidità e chiarezza le contraddizioni della società industriale moderna (non solo americana), dove ricchezza e potere sono divisi in modo iniquo, molte attività sono alienanti nella misura in cui sono ridotte da mezzi a fini, dove c'è sfruttamento e non è possibile per una grande molteplicità di individui di fruire dei beni prodotti e di essere felici. Dewey denuncia con coraggio che non «*si è costruito un ordine sociale che abbia tra i suoi scopi principali lo stabilirsi di condizioni le quali stimolino la massa ad appropriarsi e a usare ciò che è alla portata di tutti*».

La democrazia come modo di vita pluralista

Con ciò tuttavia egli non cede a nessuna forma di utopia, così come rifiuta il marxismo, che nega la libertà individuale nel collettivismo: per Dewey ogni fine assoluto si traduce inevitabilmente in dispotismo o totalitarismo. Egli si fa dunque sostenitore dell'ideale democratico secondo un modello che chiama **liberalismo radicale**: mentre il liberalismo classico era fortemente individualista, il suo vuole essere partecipativo e attivamente promotore di iniziative per l'espansione della libertà e del benessere per il maggior numero di persone possibile. La democrazia è infatti, secondo Dewey, il sistema politico che realizza nel modo migliore il rapporto tra indi-

Intelligenza sociale

Se con il termine intelligenza si intende la capacità di rispondere agli stimoli esterni con un comportamento che consenta la risoluzione delle situazioni problematiche e un adattamento all'ambiente, Dewey mostra come questa qualità individuale abbia un fondamento essenzialmente sociale. Infatti, dal momento che ogni individuo è un membro della società in cui vive, egli dovrà coordinare le sue azioni con quelle degli altri in modo che, come risultato finale, si possa ottenere un pieno controllo dell'ambiente di vita. La società agisce quindi sulla mente degli individui modificandola secondo direttive desiderate in modo che, stimolando certi modi concreti di agire, essi diventino partecipi dell'attività associata avvertendo il successo o l'insuccesso di essa come il loro proprio. È dunque nella società (particolarmente in quella democratica) che avviene la liberazione e lo sviluppo delle facoltà (e perciò principalmente l'intelligenza) sulla base di interessi e finalità condivise: nella misura in cui gli individui partecipano a questo progetto comune, ognuno deve riferire la sua azione a quella degli altri e considerarla per dare un motivo e una direzione alla propria.

viduo e società secondo criteri di armonia ed equilibrio: mentre garantisce la libertà a ogni cittadino, ne favorisce anche la spontanea e solidale collaborazione con gli altri per la realizzazione del benessere comune. È in questa dimensione sociale che ciascuno può realizzare le proprie potenzialità, esaltate e non mortificate nell'attiva e proficua interazione con i propri simili. Per Dewey la democrazia non è un sistema di governo o di rappresentanza politica, ma un modo di vita, aperto e pluralista.

La democrazia è una ricerca comune

Il vantaggio della democrazia è quello di far partecipare tutti all'**intelligenza sociale**, cioè di produrre, con una libera discussione e confronto di idee, il massimo sforzo comune nella ricerca delle soluzioni più adeguate ai problemi collettivi e di fruirne nella misura più piena: come la scienza è il sistema più alto di ricerca dotato di dispositivi di controllo, di autocorrezione e di verifica, così la democrazia si fonda sullo spirito antidogmatico e sulla critica costante delle soluzioni (e decisioni) prese fino a questo momento, in vista di un miglioramento progressivo delle condizioni di vita generali. Dewey vede dunque una continuità tra metodo scientifico (antidogmatico e basato sul metodo sperimentale) e pratica della democrazia: questa può, perciò, essere definita come una «*società continuamente pianificantesi*» (non «*pianificata*») dove lo sforzo e il contributo di ognuno si innesta nell'azione collaborativa con gli altri per il conseguimento di uno stato di libertà che non è intesa solo in senso negativo (libertà dai vincoli, dai limiti) ma soprattutto positivo, cioè libertà «per» la realizzazione e lo sviluppo di sé nella società e di questa attraverso la promozione umana (economica, morale, intellettuale) dei singoli. Per questi motivi Dewey appoggiò le iniziative del presidente Roosevelt, convinto che una democrazia avanzata e matura dovesse prevedere un intervento dello Stato per la rimozione degli ostacoli che impediscono la reale uguaglianza e partecipazione dei cittadini alla vita sociale.

4.9 Democrazia ed educazione

La realizzazione di una democrazia compiuta non può passare, secondo Dewey, se non per l'attività educativa dei futuri cittadini: perciò al problema pedagogico e di organizzazione della scuola egli dedicò molte delle sue migliori energie. La dottrina pedagogica di Dewey parte dal presupposto della compossibilità che l'individuo si sviluppi in una società ordinata dall'intelligenza e che la società stessa progredisca lungo questa direzione mediante l'inventività degli individui. Per questo motivo egli sostiene la stretta unione tra **scuola** e **società**: la scuola sarà veramente efficace se saprà offrire al fanciullo un modello ridotto e semplificato (ma pur sempre fedele) del suo ambiente naturale e sociale. Rispetto a questo fine acquista senso l'organizzazione del sapere nelle varie materie di studio, così come dovrà essere unificata l'educazione intellettuale con quella morale, in quanto lo scopo del processo formativo è di promuovere l'interazione più efficace e consapevole dell'individuo con il gruppo sociale di appartenenza, quindi la realizzazione concreta e feconda di forme di libera collaborazione tra gli uomini per affrontare i problemi comuni. La scuola deve perciò promuovere nel fanciullo forme di **attività concreta**, anche manuale, perché proprio nel lavoro l'uomo avverte la sua continuità con il mondo fisico e sociale, acquistando piena consapevolezza dei suoi limiti e delle sue possibilità: ciò significa che, non potendosi dare autentica crescita del bambino senza che vengano valorizzate le sue facoltà e rispettate le sue esigenze, l'insegnante dovrà partire dai suoi **bisogni** e **interessi** così come si esplicano nelle **attività spontanee** per interpretarli e dirigerli in senso sociale, in modo che, nella piena padronanza di sé, egli sia in grado di entrare con maturità e responsabilità nell'organicità dei **rapporti intersoggettivi**.

Un metodo antinozionistico

La scuola pensata da Dewey è antinozionistica e antintellettualistica giacché non solo nei laboratori i bambini imparano a conoscere i materiali e i principi meccanici del loro impiego, ma nel contatto diretto con le cose si manifestano motivazioni e capacità progettuali, all'interno delle quali le nozioni scientifiche ritrovano la loro concreta matrice, promuovendo lo sviluppo delle attività del ragazzo. Nelle opere più tarde, in particolare *Democrazia ed educazione* (1916), Dewey mette a fuoco soprattutto il concetto di educazione come capacità di perenne **ristrutturazione dell'esperienza**: se quest'ultima è regolata dal principio della continuità (per cui un'esperienza è feconda nella misura in cui prepara le condizioni per uno sviluppo ulteriore), allora un'autentica formazione è equivalente al pieno possesso di quegli strumenti che consentono una **crescita continua**. La democrazia, pertanto, è vera comunità educante perché, mentre promuove la socialità attraverso la partecipazione, permette la piena promozione dell'individuo mediante l'impiego dell'intelligenza come guida privilegiata della condotta umana e del controllo delle attività di comune interesse. Continuità dell'esperienza, sviluppo della mente, democrazia e progresso risultano dunque concetti strettamente legati e che trovano piena attuazione, sul piano pedagogico, sia in una metodologia che ricalca quella della ricerca scientifica sperimentale come massima espressione di razionalità, sia nel rifiuto delle tradizionali dicotomie tra teoria e pratica, umanesimo e naturalismo, cultura libera e professionale, metodo e contenuto, interesse e disciplina ecc.

Un ambiente di apprendimento solidale e cooperativo

L'aspetto più notevole della scuola deweyana è tuttavia il mutato clima in cui si realizza l'apprendimento, poiché ogni attività si esplica in modo cooperativo e solidale. Non vi sono rivalità e competizioni, così come non vi sono gerarchie: con fiducia gli allievi si rivolgono all'insegnante per esporre i loro quesiti, ricevendone indicazioni, consigli, incoraggiamenti, suggerimenti. La funzione docente non consiste nel dirigere con autorità, ma nell'aiutare il fanciullo ad autoeducarsi, a diventare autonomo, padrone dei suoi mezzi e degli strumenti intellettuali e manuali idonei all'appagamento dei suoi interessi e bisogni, recando così il proprio contributo al progresso della società (▶ **Antologia**, brano 4, *Educazione e democrazia*).

5. Il realismo di George Edward Moore

Centro della dissidenza contro l'egemonia idealista arroccata a Oxford, formatasi attorno alla riflessione di Francis H. Bradley (1846-1924), sarà l'università di Cambridge. Il 1903 può essere assunto come un anno simbolo per la filosofia inglese, giacché vennero pubblicate alcune delle opere più significative del "nuovo corso" speculativo, destinate a un'influenza duratura: *I principi della matematica* di Russell, *La confutazione dell'idealismo* e i *Principia ethica* di Moore.

La differenza irriducibile tra atti mentali e oggetti

George Edward Moore può a buon diritto essere considerato il padre della filosofia anglosassone, perché, con il suo stile, ha più di ogni altro contribuito a conferirle quel carattere «analitico» che la contraddistingue ancora oggi dagli indirizzi cosiddetti «continentali»[1]. Nel suo primo scritto egli prende le distanze sia dalla psicologia empirista sia dalle posizioni idealistiche, entrambe convergenti nella formula *«esse est percipi»* di Berkeley, negando che l'oggetto dell'esperienza si possa ridurre a mero contenuto di coscienza: per evitare di cadere nel solipsismo o nella scepsi idealistica nei confronti del mondo, è necessario dunque distinguere tra gli **atti mentali** e i relativi **oggetti percepiti** evidenziandone le **diverse forme d'esistenza**. È vero infatti che la coscienza è una costante, sempre presente nei diversi atti percettivi, ma essa si relaziona in maniera diversa nei confronti dei vari contenuti, tanto che il soggetto avverte lo scarto di realtà tra i due fattori. La conoscenza consiste proprio in questo rapporto irriducibile tra la coscienza e i suoi molteplici ed eterogenei oggetti: solo su questa base è possibile uscire dal soggettivismo e attingere alla realtà delle cose materiali.

Il senso comune e la realtà autonoma del mondo esterno

Nella *Difesa del senso comune* (1925) Moore difende questo atteggiamento che ammette l'esistenza della realtà esterna indipendente e non assimilabile o identificabile con il pensiero e le sensazioni: un conto sono le cose e i loro rapporti spazio-temporali, un altro sono i soggetti dotati di mente e corpo; un conto sono le prime che esistono in modo del tutto autonomo, un altro sono i secondi che li conoscono me-

---

LA VITA *di George Edward Moore*

George Edward Moore (1873-1958) è, con Bertrand Russell, uno dei maggiori rappresentanti inglesi della reazione realistica contro l'Idealismo del primo '900. Nato a Londra, studiò al Trinity College di Cambridge; dal 1911 al 1925 fu *lecturer* in scienze morali presso l'Università di Cambridge e in seguito professore di Filosofia e logica nella stessa università. Dal 1921 diresse la rivista "Mind". Tra i suoi scritti principali: *La confutazione dell'idealismo* e *Principia ethica* (1903), *La difesa del senso comune* (1925), *Prova del mondo esterno* (1939); postumi *Letture di filosofia*, *Alcuni fondamentali problemi di filosofia*.

---

1. Con questa distinzione, che costituisce anche il titolo di un suo fortunato libro, Franca D'Agostini ha inteso distinguere due tradizioni di indagine filosofica, quella anglo-americana (caratterizzata da una metodologia che fa leva sull'analisi linguistica) e quella europea (continentale) di impronta più metafisica.

diante le loro facoltà. Indubbiamente il senso comune non può provare logicamente questi assunti basilari: esso li ammette come evidenti, come contenuti veri che ci sono dati a livello intuitivo, come una certezza che costituisce la condizione per ogni nostra ulteriore credenza e per ogni proposizione enunciativa nei loro confronti.

Solo se si presuppone con fiducia che «*qualcosa, là fuori, esista realmente*», se si è certi che le cose sono reali e i fatti accadono effettivamente si possono formulare su di loro espressioni linguistiche sensatamente vere. Perciò Moore ritiene che la filosofia debba limitarsi ad analizzare gli enunciati del linguaggio ordinario, nella convinzione che in essi sia senz'altro contenuta la verità. Tale analisi deve mettere in luce ciò che genuinamente proviene dal senso comune (e che quindi costituisce il loro più autentico significato) e separarlo da ciò che è spurio, frutto di astratta speculazione intellettualistica e pertanto, come fonte di equivoci, fraintendimenti, falsi problemi, deve essere eliminato (▶ Antologia, brano 5, *Il senso comune come punto di partenza dell'analisi filosofica*).

La funzione analitica della filosofia

La filosofia non propone una sua verità, ma procede a mettere in luce quella già presente nel linguaggio parlato dagli uomini comuni. Essa svolge il suo compito soprattutto cercando di enucleare dalle proposizioni complesse le componenti più semplici fino a giungere ai dati ultimi costituiti dai dati sensoriali, visto che le proposizioni semplici vertono attorno a essi. Ciò significa che l'analisi mooriana è più interessata a determinare i contenuti empirici e concettuali presenti nel **linguaggio naturale**, che non a muoversi su un piano puramente formale: il suo obiettivo è quello di far emergere con chiarezza il modo con cui il senso comune considera il mondo e comprende le cose, esprimendolo sensatamente nel corrispondente linguaggio. Tale obiettivo è stato perseguito mediante l'impiego di una tecnica argomentativa complessa − per esempio l'esplicitazione dei presupposti inespressi, la distinzione dei diversi significati di un termine, l'individuazione dello stesso significato presente in proposizioni dalla diversa formulazione ecc. − mai riducibile a una metodologia unica e applicata rigidamente.

Il bene secondo il senso comune

L'etica fu il campo in cui Moore ebbe modo di mostrare più perspicuamente la maestria della sua arte e a essa dedicò due delle sue opere maggiori, i *Principia ethica* (1903) e l'*Etica* (1912). L'analisi linguistica evidenzia come le proposizioni della morale abbiano come dato ultimo il bene: a questo infatti ci riferiamo quando ci domandiamo se dobbiamo fare o non fare una certa cosa, se compiere o non compiere una certa azione ecc. Ma che cos'è il **bene**? Esso, per il linguaggio comune, è un **concetto semplice** (quindi non ulteriormente scomponibile), immediatamente **intuitivo** (quindi non definibile o descrivibile come se fosse un oggetto), esprimibile in una **tautologia** (il bene è il bene). Con ciò Moore si oppone sia a ogni concezione assolutistica del bene traducibile in un sistema normativo e precettistico sia a ogni tentativo di definirlo in termini scientifici o razionali: di qui la sua polemica sia contro Kant e gli stoici da un lato, sia contro l'utilitarismo (soprattutto quello di Bentham, fondato sulla «*felicità del maggior numero*») e l'edonismo. Egli respinge anche il relativismo, dal momento che il senso comune sa benissimo che cos'è il bene e lo può determinare (a livello pragmatico) in modo univoco e con piena consapevolezza: il dovere etico consiste dunque nella sua realizzazione effettiva con una risposta concreta sul piano esistenziale, concretizzabile in un **agire disinteressato** teso a realizzare nel mondo un clima di **armonia** e di **concordia** tra le persone.

6.

Alfred North Whitehead

▶▶

Una figura particolarmente rilevante per la varietà dei suoi interessi e dei campi in cui svolse la sua ricerca è quella di Alfred North Whitehead. All'inizio egli si interessò particolarmente di **matematica**, collaborando con Russell alla realizzazione del programma di logicizzazione di questa disciplina, che culminò con la pubblicazione dei *Principia mathematica* nel 1910. In seguito, attorno al 1920, egli estese i suoi interessi ai **problemi epistemologici** e **gnoseologici** adottando un tipo di realismo fortemente influenzato dalle teorie fisiche contemporanee, in particolare la teoria della relatività einsteiniana. In questa fase del suo pensiero prese atto della rivoluzione concettuale introdotta dalla scienza moderna, ma ne criticò i procedimenti conoscitivi.

Riguardo alla rivoluzione concettuale Whitehead evidenzia il contrasto fra il **senso comune** e la **visione scientifica**: esso si concretizza particolarmente in quello tra l'esperienza, che ci offre dei dati immediati costituiti da qualità sensibili, e le proprietà fisiche che formano l'oggetto proprio della fisica. Tale divaricazione può essere anche concepita come opposizione di due mondi, quello del disordine (infatti l'esperienza ci fornisce elementi indeterminati) e quello dell'esattezza (la scienza mira a stabilire e a rilevare quantità determinate), quello della percezione immediata e quello della logica (che, per i suoi scopi di conoscenza, vorrebbe riportare tutta l'esperienza dentro un ordine rigorosamente preciso e geometrico).

La concezione della scienza

Whitehead ritiene però che sia un errore considerare illusorio o privo di valore il mondo delle cose sensibilmente esperite e reali le astrazioni fisico-matematiche della scienza, giacché questa deve inevitabilmente partire dal mondo reale se poi vuole procedere, con opportuni concetti teorici e operativi, verso un mondo ideale puramente strutturato e coerentemente razionale. Perciò egli critica la distinzione tra qualità primarie e secondarie, come se solo le prime fossero proprietà oggettive della materia (e quindi in grado di renderci accessibili le strutture originarie della realtà), mentre hanno un valore solo ipotetico. Questo limite è rilevabile in tutta la storia della scienza: di qui la presa di distanza di Whitehead dalla concezione newtoniana, ormai messa in crisi e superata dalla teoria di Einstein in quanto maggiormente rispondente ai dati dell'esperienza e quindi in possesso di una maggiore capacità esplicativa.

LA VITA *di Alfred North Whitehead*

Alfred North Whitehead nacque a Ramsgate nel 1861. Professore di matematica al Trinity College di Cambridge e presso l'University College di Londra, si dedicò quasi esclusivamente, fino al 1919, alla risoluzione di problemi di logica e all'approfondimento di questioni riguardanti la fisica relativistica. Nel 1924 fu chiamato presso la Harvard University dove conobbe e collaborò con Dewey, Quine e George Herbert Mead.

Tra le sue opere fondamentali: *Trattato di algebra universale* (1898), *Introduzione alla matematica* (1911), *Principia mathematica*, 3 voll. in collaborazione con Russell (1910-1913), *L'organizzazione del pensiero* (1917), *Il principio della relatività* (1922), *Modi del pensiero* (1938), *Scienza e filosofia* (1947). Morì a Cambridge, Massachusetts, nel 1947.

La posizione di Whitehead consiste nel difendere il ruolo dell'**esperienza sensibile** e l'adeguatezza del suo grado di conoscenza nei confronti degli enti reali, nella consapevolezza che quelle della **scienza** sono **astrazioni** e **semplificazioni** − necessarie e proficue − che, elaborate dall'intelletto a scopi di chiarezza e di comunicazione intersoggettiva, dall'esperienza derivano e quindi non possono sostituire. Perciò, in un testo del 1920, egli propose, nell'ambito di un quadro teorico generale di tipo realistico, di considerare natura tutto ciò che «*noi osserviamo nella percezione per mezzo dei sensi*» e quindi «*indipendente dal pensiero*».

La conoscenza
come avventura

In una fase ulteriore del suo pensiero Whitehead elaborarò una visione complessiva della realtà di stampo metafisico, intendendo la natura come il risultato dei mutamenti avvenuti nell'esperienza umana in seguito alle generalizzazioni della **scienza contemporanea**. La funzione della ragione, e quindi della filosofia, consiste infatti nello «*sforzo di comporre un sistema coerente, logico e necessario di idee generali, mediante le quali ogni elemento della nostra esperienza possa essere interpretato*».

In questo senso la filosofia deve partire da una descrizione della complessità e multiformità dell'esperienza della vita, da fatti eterogenei, per tentarne una «*generalizzazione fantastica*». Scienza e filosofia collaborano e «*si criticano reciprocamente*» nella misura in cui la seconda fornisce alla prima nuove ipotesi di lavoro, che questa dovrà saggiare alla luce di fatti concreti. Tutto ciò nella consapevolezza che il **processo della conoscenza** è un'«*avventura di idee*», che nel processo d'indagine ogni ipotesi è un tentativo sempre esposto al rischio del fallimento, ma che è uno strumento indispensabile per produrre, nella dialettica continua dei tentativi e degli errori, una teoria che dia coerenza alla nostra esperienza.

La realtà è in continua
evoluzione

La concezione processuale del conoscere si accorda con la **natura evolutiva della realtà**, di cui la **ragione** può essere considerata una forma, un risultato: la nostra esperienza non ci mostra infatti sostanze immobili, ma un processo continuo costituito da eventi che sono in rapporto reciproco. Anche la scienza moderna, abbandonando la visione statica del meccanicismo, parla di «*eventi connessi dalle loro relazioni spazio-temporali*» e della **natura** come di un **organismo**: in questa dimensione non vi è più la distinzione netta tra soggetto e oggetto, così come deve essere respinta la pretesa cartesiana di far partire il processo dal soggetto. Quest'ultimo è piuttosto la meta, il fine del processo, tanto che Whitehead usa il termine «*supergetto*», per evidenziare come questo sia, allo stesso tempo, il principio dinamico e il compimento di un processo di crescita e dunque non sia più concepibile come elemento passivo, ma risultato conclusivo di attività "prensive"[2], atto che costituisce, all'interno dell'universo, una sintesi compiuta. Per questo motivo il soggetto non può essere identificato, come per gli idealisti, con l'autocoscienza, giacché si attua soltanto in quel caso particolare di supergetto (quindi insieme di eventi) che è il corpo umano. Il processo è costituito tuttavia, oltre che da eventi, anche da «*oggetti eterni*» − le idee, le forme, le essenze della metafisica − che sono **strutture ricorrenti** presenti in esso nella misura in cui il suo svolgimento esibisce, oltre alla novità, anche aspetti di permanenza, uguaglianza, uniformità.

---

2. Secondo Whitehead, nella visione dinamica della natura i termini di soggetto e oggetto mutano continuamente posizione e funzione: il primo è quell'evento che, assorbendone un altro come suo fattore costitutivo, ne determina la "prensione", mentre il secondo si ha nel caso inverso, quando un evento è "preso" da un altro divenendo parte di esso.

La funzione strutturante degli oggetti eterni

Questi oggetti non sono entità reali (come in Platone), ma sono piuttosto delle virtualità, delle possibilità, degli ambiti di relazionalità in sé astratti ma che, selezionati e fatti emergere nel corso del processo evolutivo della realtà, possono concretizzarsi nell'«*occasione attuale*» di un evento determinato. Quando ciò accade l'oggetto eterno svolge la funzione di configurare il modo con cui un evento si collega agli altri, orientando lo sviluppo della realtà verso livelli di astrazione e simbolizzazione sempre più alti.

Gli oggetti eterni che si collocano al grado più alto sono i **valori**: come sentimenti del buono, del bello, del vero, essi costituiscono la più elevata e pura forma di «*prensione*» e anche la più difficile da realizzare.

Whitehead concepisce Dio come la totalità armonica degli oggetti eterni: come tale egli è insieme «*natura originaria*» e «*natura conseguente*», possibilità del valore e principio della sua realizzazione. Sotto quest'aspetto Egli è attuazione del valore nel processo della realtà: quindi non creatore ma salvatore del mondo, in cui tutti gli eventi possono essere compresi e interpretati, presente in noi per quanto di bene abbiamo realizzato o disatteso, oltre noi per la possibilità di realizzazione a cui tendiamo.

MAPPA CONCETTUALE

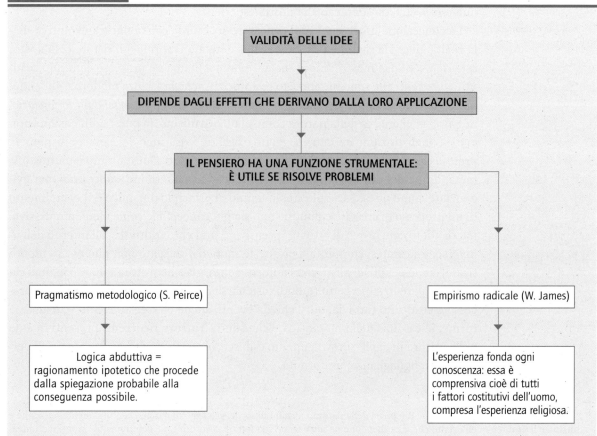

ESERCIZI DI RIEPILOGO

Il pragmatismo americano
1. In quale contesto socio-culturale si sviluppa la filosofia pragmatica?
2. Qual è il fine della filosofia per i pragmatisti?
3. A che condizioni una teoria è ritenuta vera dai pragmatisti?

Charles Sanders Peirce
4. Qual è il principio fondamentale del pragmatismo enunciato da Peirce?
5. Che cos'è un concetto per Peirce? Rispondi mettendo in evidenza la novità della sua concezione rispetto a quella dei filosofi dell'Età classica, medioevale e moderna.
6. Quali critiche muove Peirce tanto al razionalismo quanto all'empirismo?
7. Esponi le caratteristiche del ragionamento abduttivo.

William James
8. Che cosa significa dire che James ha una concezione strumentale della verità?
9. Esponi la concezione dell'empirismo radicale di James.
10. Qual è la funzione primaria della mente secondo James?
11. Qual è la posizione di James nei confronti della religione e della fede?

John Dewey
12. Qual è per Dewey il compito della filosofia?
13. In che modo il pensiero di Hegel e di Darwin ha influenzato la riflessione di Dewey?
14. Esponi la concezione dell'esperienza di Dewey mettendone in luce la differenza rispetto al modo di considerarla dei filosofi empiristi classici.
15. In che modo, secondo Dewey, il genere umano ha superato la paura di fronte all'imprevedibilità della natura?
16. Esponi la concezione deweyana della continuità tra mente e corpo, riportando le argomentazioni del filosofo.
17. Quali valori, secondo Dewey, devono guidare l'azione dell'essere umano?
18. Quali sono, secondo Dewey, i vantaggi della democrazia? In che modo è possibile costruire una società democratica?
19. Sintetizza il metodo pedagogico proposto da Dewey e confrontalo con la tua esperienza personale, mettendone in luce affinità e differenze. Per quale metodo propendi? Motiva la tua risposta.

George Edward Moore
20. Qual è lo stile filosofico che caratterizza le opere di Moore?
21. Esponi il compito della filosofia secondo Moore.
22. In che cosa si identifica il bene secondo Moore? A quali teorie si contrappone la sua teoria?

Alfred North Whitehead
23. Perché Whitehead critica la distinzione tra qualità primarie e secondarie introdotta dalla filosofia moderna?
24. Qual è, secondo Whitehead, la funzione della filosofia? In che rapporto si trova con il sapere scientifico?
25. Esponi la concezione della realtà di Whitehead, chiarendo i concetti di *supergetto* e di *oggetti eterni*.

1 Charles Sanders Peirce
Dubbio, ricerca, conoscenza

QUESTIONE ▶ John Dewey, nel presentare il pensiero di Peirce, scrive che secondo questo filosofo «*la razionalità concreta significa un cambiamento nell'esistenza prodotto mediante l'azione, e mediante un'azione che incorpora concezioni la cui esistenza specifica consiste in atteggiamenti abituali di risposta*».
TESI ▶ Nel brano in lettura, tratto da *Caso, amore e logica*, questa visione generale della razionalità umana come azione e creazione di abiti di risposta è studiata in rapporto a Cartesio.

Descartes è il padre della filosofia moderna; e lo spirito del cartesianesimo – cioè che principalmente lo distingue dalla Scolastica che esso rimpiazzò – può essere riassunto come segue:

1. Esso insegna che la filosofia deve incominciare col dubbio universale; mentre la
5 Scolastica non ha mai messo in dubbio i fondamenti.
2. Esso insegna che la prova ultima della certezza dev'essere trovata nella coscienza individuale; mentre la Scolastica riposava sulla testimonianza dei saggi e della Chiesa cattolica.
3. La multiforme argomentazione del Medioevo è rimpiazzata da un singolo filo di
10 inferenza che spesso dipende da premesse poco vistose.
4. La Scolastica ha i suoi misteri di fede, ma cercò di spiegare tutte le cose create. Invece vi sono molti fatti che il cartesianesimo non solo non spiega, ma rende assolutamente inesplicabili, a meno che il dire «Dio li ha fatti così» non sia considerato come una spiegazione.

15 In alcuni o tutti questi aspetti la maggior parte dei filosofi moderni sono stati, in realtà, cartesiani. Ora senza desiderare di ritornare alla Scolastica, sembra a me che la scienza moderna e la moderna logica esigono che noi ci mettiamo su una piattaforma assai diversa da questa.

1. Noi non possiamo cominciare col dubbio completo. Dobbiamo cominciare con tut-
20 ti i pregiudizi che realmente abbiamo quando intraprendiamo lo studio della filosofia. Questi pregiudizi non possono essere eliminati da una massima, giacché sono cose di cui non ci vien fatto di dubitare. Quindi l'iniziale scetticismo sarebbe soltanto un auto-inganno e non un dubbio reale; e nessuno che segua il metodo cartesiano sarà mai soddisfatto finché non abbia formalmente recuperate tutte le credenze
25 che ha formalmente abbandonate. Si tratterebbe perciò di un preliminare tanto inutile quanto sarebbe quello di recarsi al Polo Nord per poter andare a Costantinopoli venendo giù regolarmente lungo un meridiano. È vero che una persona può, nel corso dei suoi studi, trovare ragione per dubitare di ciò che da principio credeva; ma in questo caso essa dubita perché ha una ragione positiva per farlo, e non in virtù
30 della massima cartesiana. Non fingiamo di dubitare in filosofia di ciò di cui non dubitiamo nei nostri cuori.

2. Lo stesso formalismo appare nel criterio cartesiano, il quale assomma a questo: «Ciò di cui sono chiaramente convinto è vero». Se io fossi realmente convinto non avrei bisogno di ragionare e non richiederei nessuna prova di certezza. Tuttavia, che
35 singoli individui siano i giudici assoluti della verità è la cosa più perniciosa. Il risul-

tato è che la metafisica ha raggiunto un tono di certezza che è molto al di là di quello delle scienze fisiche; ma che questo è la sola cosa su cui le metafisiche possono andare d'accordo. Nelle scienze nelle quali gli uomini raggiungono l'accordo, quando una teoria è stata avanzata essa è considerata in prova finché l'accordo non è stato raggiunto. Dopo che è stato raggiunto, la questione della certezza diventa oziosa perché non vi è margine per il dubbio. Non possiamo, come individui, sperare ragionevolmente di raggiungere la filosofia ultima che perseguiamo; possiamo solo cercarla, perciò, per la comunità dei filosofi. Quindi se spiriti disciplinati e candidi esaminano accuratamente una teoria e rifiutano di accettarla, questo dovrebbe creare dubbi nello spirito dell'autore della teoria stessa.

3. La filosofia dovrebbe imitare le scienze che hanno successo nei loro metodi, procedendo solo da premesse tangibili che possono essere soggette ad accurato esame, e aver fiducia piuttosto nella moltitudine e varietà degli argomenti che nel carattere conclusivo di ognuno di essi. Il suo ragionare non dovrebbe formare una catena, la quale non è più forte del suo anello più debole, ma un cavo i cui fili possono anche essere sottili finché si vuole, posto che siano sufficientemente numerosi e intimamente connessi.

4. Ogni filosofia non idealistica suppone alcuni ultimi dati assolutamente inesplicabili e non analizzabili; in breve, qualcosa che risulti dalla mediazione ma che non è suscettibile di mediazione. Che qualche cosa sia inesplicabile si può sapere ragionando in base a segni. Ma la sola giustificazione di una inferenza da segni è che la conclusione spiega il fatto. Supporre che il fatto è assolutamente inesplicabile non equivale a spiegarlo, perciò questa supposizione non è mai lecita.

▶ CH. S. PEIRCE, *Caso, amore e logica*

ESERCIZI

Rispondi alle seguenti domande, eventualmente con opportune citazioni:
- Quali sono gli aspetti della filosofia cartesiana sottolineati da Peirce?
- Che cosa intende Peirce per «*formalismo cartesiano*»?
- Quale tesi sostiene Peirce al termine del brano?

---

2 William James
La nozione pragmatista della verità

QUESTIONE ▶ Nel contesto del breve brano in lettura, tratto dal saggio *Pragmatismo* (1907), William James studia la nozione pragmatista di verità e indica il significato delle asserzioni in «*qualche effetto particolare nella nostra esperienza futura*».

TESI ▶ La nozione pragmatista della verità si riallaccia alle facoltà pratiche dell'uomo, in pieno accordo con altri pensatori del primo Novecento come Henri Bergson.

La verità, come vi informa qualunque dizionario, è una proprietà di alcune delle nostre idee. Essa significa il loro «accordo» con la «realtà», così come la falsità ne indica il «disaccordo».[1] I pragmatisti e gli intellettualisti accolgono questa definizione come una cosa naturale. Essi cominciano a litigare solo dopo che si è posto il problema di ciò che si deve intendere precisamente con il termine «accordo» e con il termine «realtà», una volta che la realtà sia qualcosa con cui le nostre idee debbono appunto andare d'accordo. [...]

Il pragmatismo [...] pone la solita domanda. «Ammettiamo che un'idea o una credenza sia vera – esso dice – quale concreta differenza la farà essere realmente tale? Come sarà realizzata la verità? Quali esperienze risulteranno diverse da quelle che si otterrebbero nel caso che le credenze fossero false? Qual è, in breve, il valore della verità in termini sperimentali?». Come il pragmatismo avanza il problema, ne intravede la risposta. *Le idee vere sono quelle che possiamo assimilare, convalidare, confermare e verificare. False sono quelle per cui non possiamo fare altrettanto.* Questa è la differenza pratica che ci fa avere delle idee vere, questo è il significato della verità per ciò che se ne sa. Questa è anche la tesi che debbo difendere. La verità di un'idea non è una sua stagnante proprietà. Un'idea *diventa* vera, è *resa* vera dagli eventi. La sua verità *è* di fatto un avvertimento, un processo: il processo, più esattamente, del suo verificarsi, la sua *verificazione*. La sua validità è allo stesso modo il processo della sua *convalidazione*.

▶ W. JAMES, *Pragmatismo*

ESERCIZI

Rispondi alle seguenti domande, eventualmente con opportune citazioni:
- Come dev'essere inteso il termine *realtà* nel contesto del brano?
- Quando un'idea è vera?
- Quando un'idea diventa vera?

❸ John Dewey
Come si forma un'esperienza

QUESTIONE ▶ In questo breve testo di John Dewey, tratto da *L'arte come esperienza*, è messa a tema la nozione di esperienza attraverso lo studio della sua formazione, in risposta alla domanda: «*Che cosa significa avere un'esperienza*»?

TESI ▶ In questo brano Dewey sottolinea il carattere dinamico e continuo dell'esperienza, il flusso di rimandi tra soggetto e oggetto nella continuità della vita.

L'esperienza è continuamente in atto in quanto l'interazione dell'essere vivente con le condizioni ambientali è implicita nel processo stesso della vita. In condizioni di resistenza e di conflitto, gli aspetti e gli elementi dell'io e del mondo implicati in

---

1. Per James «il pensiero vale come uno strumento di adattamento ambientale e il ragionamento rappresenta la forma più adeguata della sua attività selettiva» (A. Santucci, *Introduzione* a *Il pensiero di William James*).

questa interazione qualificano l'esperienza con emozioni e concetti che fanno emergere l'intento consapevole. Spesso, tuttavia, l'esperienza fatta rimane a metà. Gli oggetti vengono sperimentati, ma non in modo tale da essere composti in *un'*esperienza. Vi è distrazione e dispersione; quel che osserviamo e quel che pensiamo, quello che desideriamo e ciò che otteniamo sono in disaccordo tra loro. Mettiamo mano all'aratro e ci voltiamo indietro; partiamo e poi ci fermiamo, non perché l'esperienza abbia raggiunto il fine per il quale si era iniziata, ma per interruzioni estranee o interiore letargia.

In contrasto con tale esperienza, abbiamo *un'*esperienza allorché il materiale sperimentato procede verso il compimento. Allora e soltanto allora essa si integra e si distingue dalle altre esperienze nella corrente generale dell'esperienza. Un lavoro compiuto in modo soddisfacente; un problema risolto; un giuoco che viene terminato; un modo d'essere, come consumare un pasto, giuocare a scacchi, fare una conversazione, scrivere un libro, o prendere parte a una campagna politica, è un fatto così definito che la sua conclusione è un compimento e non una cessazione. Siffatta esperienza è un tutto e porta con sé la propria qualità individualizzante e la propria autonomia. È *un'*esperienza. [...]

L'esperienza in questo senso vitale è definita da quelle situazioni ed episodi ai quali ci riferiamo spontaneamente come a «esperienze reali»; da quelle cose di cui diciamo, ricordandole, «che *sono state* un'esperienza». Può essere stato qualcosa che al confronto era insignificante, e che, forse proprio per la sua grande insignificanza, mette maggiormente in risalto quello che è una esperienza». Esso rimane vivo come il durevole ricordo di quello che il cibo può essere. C'è quella tempesta che si è incontrata attraversando l'Atlantico, la tempesta che nella sua furia, così come veniva sperimentata, sembrava assommare in sé tutto ciò che può essere una tempesta, completa in sé, viva perché bene in rilievo rispetto a ciò che veniva prima e che è venuto dopo. [...]

Nel corso di *un'*esperienza non vi sono, per il continuo tramutare, né vuoti, né giunture meccaniche, né punti morti. Vi sono pause, momenti di riposo, ma essi *puntualizzano* e definiscono la qualità del movimento. Raccolgono ciò che è stato subìto e impediscono la sua dissipazione e la futile evaporazione. Un'accelerazione costante mozza il respiro e impedisce di distinguere le parti. In un'opera d'arte azioni diverse, episodi, avvenimenti si fondono e si risolvono in un'unità, e tuttavia, così facendo, non dispaiono né perdono il loro carattere: proprio come in una geniale conversazione, c'è un rimescolìo e uno scambio continuo e tuttavia ciascun interlocutore non soltanto mantiene il proprio carattere ma lo manifesta più chiaramente di quanto non sia solito.

▶ J. Dewey, *L'arte come esperienza*

ESERCIZI

Rispondi alle seguenti domande, eventualmente con opportune citazioni:
- Come si forma secondo Dewey un'esperienza?
- Che cos'è un'esperienza?
- Qual è il senso dell'esempio della tempesta nell'Atlantico?

❹ John Dewey
Educazione e democrazia

QUESTIONE ▶ Dewey è stato uno dei più grandi pedagogisti del XX secolo. In questo brano, tratto da *L'educazione di oggi*, è presentata in sintesi la sua idea di educazione in rapporto alla nozione di democrazia, pedagogicamente essenziale per Dewey.

TESI ▶ Le due finalità fondamentali che la scuola deve porsi, secondo Dewey, consistono nel promuovere negli studenti una volontà di cooperazione volta a contrastare lo spirito inumano promosso dalla spietata concorrenza del sistema capitalistico, e l'abbattimento dei pregiudizi nazionalisti e razzisti che stanno prendendo piede.

Esistono due ragioni principali per cui nella situazione del mondo attuale una filosofia dell'educazione deve fare del fine sociale dell'educazione l'articolo centrale del suo credo. Il mondo viene industrializzato rapidamente. Gruppi singoli, tribù e razze, che una volta vivevano completamente distaccati dal regime economico dell'in-
5 dustria capitalistica moderna, trovano oggi quasi ogni aspetto della loro vita influenzata in bene o in male – e spesso in male – dallo sviluppo di questo sistema. Ciò che la Commissione ginevrina ha riferito dopo uno studio degl'indigeni nei distretti minerari dell'Africa del Sud è vero dei popoli di tutto il mondo se si introduce l'appropriato cambiamento di qualche termine: «L'investimento del capitale occidentale nel-
10 le industrie africane ha reso gl'indigeni dipendenti dalla domanda da parte dei mercati mondiali dei prodotti del loro lavoro e delle risorse del loro continente». In un mondo che in così vasta misura si è impegnato in una corsa pazza e spesso brutalmente dura verso le conquiste materiali mediante una spietata concorrenza, è compito della scuola di compiere uno sforzo incessante e intelligentemente organizzato
15 per sviluppare al di sopra di ogni altra cosa la volontà di cooperazione che vede in ogni altro individuo una persona che possiede un diritto uguale di prendere parte ai prodotti materiali e morali delle scoperte, della produzione, dell'abilità e delle conoscenze collettive degli uomini. Che questa finalità predomini nella mente e nel carattere è reso necessario per ragioni diverse dall'abbattimento dello spirito di inu-
20 manità promosso dalla concorrenza e dallo sfruttamento economico. È necessario preparare la prossima generazione a una società nuova, più giusta e più umana che certo sorgerà e che senza cuori e menti preparate dall'educazione sorgerà probabilmente con tutti i mali che risultano da mutamenti sociali attuati colla violenza.
L'altro bisogno specialmente urgente oggi si riferisce all'ondata senza precedenti di
25 sentimento nazionalistico, di pregiudizi razziali e nazionali, di prontezza a far ricorso alle armi per risolvere i problemi, che anima il mondo attualmente. Altrimenti il sorgere di questo spirito di male su una scala tanto vasta non sarebbe stato possibile. Probabilmente la scusa migliore che si possa addurre è che le scuole e gli educatori sono stati colti alla sprovvista. Chi potrebbe avere sognato che il demone della
30 paura, del sospetto, del pregiudizio e dell'odio si sarebbe impadronito degli spiriti degli uomini nel modo che ha fatto? Ma una tale scusa non è consentita più a lungo. Ora noi conosciamo il nemico. Esso è allo scoperto. A meno che le scuole del mondo si impegnino in uno sforzo comune per ricostruire lo spirito della comprensione comune, della simpatia e della buona volontà reciproca fra tutti i popoli e tutte le
35 razze, allo scopo di esorcizzare il demone del pregiudizio, dell'isolamento e dell'odio, le scuole stesse verranno probabilmente sommerse dal ritorno generale di bar-

barie che sarà certamente il risultato delle tendenze attuali, se esse proseguiranno non frenate dalle forze che soltanto l'educazione può suscitare e fortificare.

▶ J. DEWEY, *L'educazione di oggi*

ESERCIZI

Rispondi alle seguenti domande, eventualmente con opportune citazioni:
- Per quali ragioni una filosofia dell'educazione deve avere un «*fine sociale*»?
- Qual è la riflessione di Dewey sulle armi nel contesto di questo brano?
- Quali forze l'educazione può suscitare e fortificare?

---

5 George Edward Moore
Il senso comune come punto di partenza dell'analisi filosofica

QUESTIONE ▶ Nel celebre saggio *In difesa del senso comune* Moore precisa la sua posizione filosofica e definisce la sua concezione dell'analisi. Si tenga presente che egli intende difendere il senso comune dalla svalutazione che ne aveva fatto l'Idealismo, ma non intende assumerlo in modo immediato e acritico, rendendo superflua la ricerca filosofica.

TESI ▶ In questo brano Moore mostra come il senso comune rappresenti un presupposto, un punto di partenza certo per un lavoro d'analisi (questo il compito della filosofia) che concerne non la consistenza (che noi teniamo per ferma), ma il significato delle verità, ed è quindi teso a raggiungere, mediante l'analisi del linguaggio, una chiarezza tale da liberarlo da ogni equivoco e ambiguità.

Vengo ora ad un punto di ordine alquanto diverso. Come ho già spiegato nel primo paragrafo,[1] io non sono affatto scettico riguardo alla *verità* di proposizioni come «La terra esiste da molti anni», «Da molto tempo molti esseri umani hanno vissuto sulla terra», ecc., cioè riguardo a proposizioni che asseriscono l'esistenza delle cose materiali: al contrario, ritengo che noi tutti sappiamo, con certezza, che molte di queste proposizioni sono vere. Sono invece assai scettico sulla possibilità di un'*analisi* corretta di tali proposizioni.[2] E questo è un punto in cui credo di differenziarmi da parecchi filosofi. Molti sembrano infatti ritenere che non ci sia assolutamente dubbio alcuno sulla validità delle loro *analisi*, e sulla possibilità, quindi, di un'analisi corretta della proposizione. «Le cose materiali esistono», riguardo a certi aspetti pei quali io invece ritengo che l'analisi delle proposizioni in questione sia estremamente dubbia. E alcuni di questi filosofi, abbiamo visto, mentre ritengono che non sussista dubbio alcuno sulla validità della loro *analisi*, sembrano dubbiosi della *verità* di ognuna di queste proposizioni; io, invece, per parte mia, mentre ritengo che non sussista dubbio alcuno sul-

5

10

---

1. Moore aveva spiegato che un conto è la questione dell'intendimento del significato di una proposizione come «La terra esiste da molti anni» e un altro quella «se noi sappiamo ciò che essa significa, se noi sappiamo, cioè, dare un'analisi corretta del suo significato». Questo è il punto: le difficoltà non risiedono nella verità delle proposizioni che esprimono la visione del mondo del senso comune (su ciò non è sostenibile alcun atteggiamento scettico: esse sono certamente vere, anche se tale verità non è il frutto di una prova logica), quanto piuttosto nell'analisi del loro significato.

2. Il compito della filosofia consiste nell'analisi del linguaggio per cogliere il vero significato di proposizioni che sappiamo (ne siamo certi) essere vere. Infatti «noi ci troviamo tutti, io credo, in questa strana situazione: sappiamo di fatto molte cose, riguardo alle quali sappiamo anche che dobbiamo aver avuto qualche prova evidente della loro verità; ma non sappiamo come siamo venuti a saperle, cioè non riusciamo a individuare la prova originaria della loro verità».

15 la verità di molte delle proposizioni in questione, ritengo che nessun filosofo, finora, sia riuscito a suggerire un'analisi, riguardo a certi punti importanti del loro significato, che possa neanche lontanamente avvicinarsi ad essere sicuramente vera.

Mi sembra assolutamente evidente che il problema di come si debbano analizzare le proposizioni del tipo ora citato dipenda dal problema di come si debbano analizza-
20 re altre proposizioni di un tipo più semplice.[3] In questo momento so che sto percependo una mano umana, una penna, un foglio di carta, ecc., e io credo che mi sia impossibile sapere come debba essere analizzata la proposizione «Le cose materiali esistono», finché io non sappia come debbano essere analizzate, riguardo a certi aspetti importanti del loro contenuto, queste proposizioni più semplici. E neppure esse
25 sono abbastanza semplici; giacché mi sembra del tutto evidente che io so che sto percependo una mano umana, in base ad una deduzione tratta da una coppia di proposizioni più semplici ancora – proposizioni che posso esprimere solo nelle seguenti formulazioni: «Io sto percependo *questo*» e «*Questo* è una mano umana».[4] Ora, è proprio l'analisi di proposizioni di quest'ultimo genere che mi sembra presentare
30 enormi difficoltà, mentre, d'altronde, l'intero problema della *natura* delle cose materiali dipende dalla loro analisi. Mi pare sorprendente che, nella quantità di discorsi su ciò che le cose materiali *siano* e su che cosa sia il percepirle, così pochi filosofi abbiano tentato di render conto con chiarezza di ciò che esattamente essi, in prima persona, suppongono di conoscere (o di *opinare*, quando essi ritengono che
35 noi non conosciamo come vera nessuna delle proposizioni in questione, o addirittura che nessuna sia vera), quando esprimono le loro cognizioni od opinioni in asserzioni come «Questa è una mano», «Quello è il sole», «Questo è un cane», ecc., ecc. Sono solo due le cose che mi sembrano assolutamente certe nell'analisi di codeste proposizioni (e anche su questi due punti temo che alcuni filosofi dissentano dalla
40 mia posizione) – e cioè che, ogni qual volta io sappia o stimi vera una qualunque proposizione del genere, 1) c'è sempre qualche *dato sensoriale* che è *un* soggetto – e, in un certo senso, il soggetto principale o fondamentale – della proposizione in questione e 2) che, ciò nonostante, *quello che veramente* riconosco o stimo per vero di codesto dato sensoriale non è (in generale) il fatto che esso dato sensoriale sia, *esso stes-*
45 *so*, una mano, o un cane o il sole o quel che si sia a seconda dei casi.

▶ G.E. Moore, *In difesa del senso comune*

ESERCIZI

Rispondi alle seguenti domande, eventualmente con opportune citazioni:
- Su quali aspetti delle proposizioni del senso comune Moore non è scettico?
- Su quali aspetti delle proposizioni del senso comune, del tipo «*La terra esiste da molti anni*», Moore è scettico? Motiva la tua risposta.
- Quali sono i due aspetti che a Moore sembrano certi nell'analisi delle proposizioni del senso comune?

---

3. Secondo Moore l'analisi consiste nello scomporre proposizioni complesse in proposizioni più semplici, giacché il significato delle prime dipende da quello delle seconde.
4. Moore sostiene che le proposizioni semplici riguardano un «dato sensoriale» anche se poi risulta difficile precisare in che cosa consistano: «io per 'dati sensoriali' intendo delle cose sotto un certo aspetto del medesimo genere delle cose di cui è un campione quella che vede il lettore quando guarda la sua mano, e riguardo alla quale egli può intendere come alcuni filosofi abbiano potuto supporre che essa sia la parte della superficie della sua mano che egli sta vedendo, ed altri invece abbiano ritenuto che ciò non possa essere. Io perciò definisco il termine 'dato sensoriale' in modo tale che resta una questione aperta se il dato sensoriale che vedo rivolgendo lo sguardo sulla mia mano, e che è dunque un dato sensoriale della mia mano, sia o non sia identico alla parte della sua superficie che sto vedendo ora».

1. Introduzione al pragmatismo

Hilary Putnam, uno dei più importanti filosofi statunitensi, sostenitore di una concezione realista, delinea in queste pagine i tratti salienti del pragmatismo, facendoli emergere con chiarezza dal confronto con il neopositivismo logico.

Hilary Putnam[1], *Il pragmatismo: una questione aperta*

Un punto di vista come quello di Peirce o Dewey non sarà intelligibile se si incomincia con quella che si potrebbe chiamare la concezione "carnapiana" della ricerca. [...] È degno di nota che nell'imponente lavoro carnapiano sulla logica induttiva non c'è praticamente alcun riferimento all'esperimento. Le teorie scientifiche vengono confermate dai «dati probatori», nei sistemi carnapiani di logica induttiva, ma è irrilevante se questi dati probatori – questi «enunciati osservativi» – vengano ottenuti come risultato di una sperimentazione intelligentemente diretta, o siano disponibili soltanto per caso. L'osservazione passiva o l'intervento attivo non vengono distinti, e il problema riguardante se si è effettivamente cercato di falsificare le ipotesi che sono state «altamente confermate» non è un problema che possa essere posto e risolto nei linguaggi costruiti da Carnap. [...] parimenti non fa alcuna differenza se l'osservazione è cooperativa o no. Il punto di vista è fondamentalmente quello di un singolo spettatore isolato che fa delle osservazioni attraverso uno specchio a senso unico e scrive degli enunciati osservativi. Valutare le teorie per le loro virtù cognitive non è allora che una questione relativa all'algoritmo per determinare se un enunciato possiede una relazione matematica con un altro enunciato (la congiunzione degli enunciati osservativi che l'osservatore ha scritto), stando a una simile immagine. Il metodo scientifico è ricostruito come un metodo di calcolo [...]. L'immagine pragmatista è totalmente differente. Per Dewey e Peirce la ricerca è un'interazione umana e cooperativa con l'ambiente; ed entrambi gli aspetti, l'intervento attivo, l'attiva manipolazione dell'ambiente, e la cooperazione con gli altri esseri umani, sono vitali. Il primo aspetto, quello dell'intervento, è connesso con il fallibilismo pragmatista. [...] Per i pragmatisti il modello è un gruppo di ricercatori che cercano di escogitare delle buone idee, mettendole poi alla prova per vedere quali sono quelle buone. Oltre a ciò, come ho già rilevato, viene rifiutato il modello dell'algoritmo, come potrebbe essere un programma per computer. Secondo i pragmatisti, sia che si tratti di scienza o di etica, quel che abbiamo sono massime e non algoritmi; e le massime stesse hanno bisogno di un'interpretazione contestuale. Il problema della soggettività o dell'intersoggettività era ben chiaro ai pragmatisti fin dall'inizio come un problema genuino riguardante la vita umana. Essi ritenevano che quando un essere umano isolato tenta di interpretare persino le massime migliori per se stesso e non permette che altri critichino il suo modo di interpretarle, oppure il modo in cui le applica, allora il genere di «certezza» che ne risulta in pratica è contaminato dalla soggettività. Persino la nozione di «verità» è priva di senso in una tale «solitudine morale», giacché la «verità presuppone uno standard esterno al soggetto pensante». [...] L'introduzione di nuove idee da sottoporre ad esame dipende parimenti dalla cooperazione, poiché qualsiasi essere umano che rifiuti degli input da altri esseri umani esaurisce le idee prima piuttosto che poi, e comincia a considerare le idee che in un modo o nell'altro riflettono i pregiudizi che le formano. La cooperazione è necessaria sia per la formazione delle idee che per il loro esame razionale. Tale cooperazione, tuttavia, deve essere di un certo tipo per risultare efficace. Deve per esempio obbedire ai principi dell'etica del discorso. Dove non c'è nessuna opportunità di mettere in dubbio delle ipotesi accettate criticando i dati probatori sui quali viene basata la loro accettazione, o criticando l'applicazione delle norme della ricerca scientifica a quei dati probatori, oppure offrendo delle ipotesi rivali, e dove domande e risposte vengono sistematicamente ignorate, l'impresa scientifica ne viene sempre danneggiata. [...] Non si tratta soltanto del fatto che, secondo la concezione di Dewey, la buona scienza richiede rispetto per l'autonomia, la reciprocità e l'etica del discorso, piuttosto, come abbiamo già notato, del fatto che la stessa interpretazione degli standard non algoritmici in base ai quali vengono giudicate le teorie scientifiche dipende dalla cooperazione e dalla discussione strutturale delle stesse norme. Tanto per il suo pieno sviluppo quanto per la sua piena applicazione ai problemi umani, la scienza rende necessaria la democratizzazione della ricerca. [...] La scienza ci aiuta a raggiungere molti obiettivi oltre al conseguimento della conoscenza di per sé, e quando rendiamo democratica la ricerca semplicemente perché questo ci facilita nel conseguimento di quegli obiettivi pratici, noi ci impegniamo in un'attività orientata verso uno scopo. Allo stesso tempo anche quando ci impe-

---

1. Per le notizie biografiche su questo autore vedi *La filosofia analitica angloamericana*, p. 299.

Hanno detto...

gniamo in un'attività orientata verso uno scopo noi siamo guidati da norme di razionalità diventate per noi valori finali, e che non possono venir separate dalla concezione moderna della «razionalità» stessa.

RISPONDI ALLE SEGUENTI DOMANDE

■ In che cosa consiste «*il problema della soggettività o della intersoggettività*»?
■ Che cos'è la scienza e quali sono i suoi fini?

2. Introduzione a Moore

Il profilo e il significato del pensiero filosofico di Moore, presentato da uno dei massimi conoscitori italiani della sua opera.

Massimo Achille Bonfantini[2], *Introduzione a George Edward Moore*

E allora dobbiamo chiederci: qual è il senso del lavoro filosofico di Moore? che cosa ci può insegnare oggi la sua filosofia, assunta nella sua specificità di senso e indipendentemente dall'interpretazione riduttiva dei suoi successori inglesi? [...] Se facciamo riferimento a quelle lezioni dell'inverno 1910-11 [...], possiamo leggere una specie di dichiarazione programmatica offerta dallo stesso Moore con grande chiarezza: la filosofia deve impegnarsi (a) in una 'descrizione' dell'universo, cioè in una classificazione dei generi di cose che ci sono e dei loro rapporti; (b) nel rispondere al problema di definire che cosa 'sia conoscenza', cioè al 'problema di che cosa si intenda col dire che una qualunque proposizione è vera'; (c) nel rispondere alla domanda: come si sa e si può sapere che una data proposizione è vera? quali motivi si possono addurre a prova della verità di qualche asserzione o di una qualunque asserzione in generale? All'elencazione di questi tre problemi fondamentali dobbiamo aggiungere, 'se vogliamo dare un rendiconto completo dei temi della filosofia', 'un'altra classe di questioni', che sono quelle che appartengono alla filosofia morale e che concernono la definizione della bontà o malvagità dei fini e delle azioni [...]. Il carattere del lavoro filosofico coerentemente condotto da Moore dovrebbe essere a questo punto abbastanza chiaro: è ben

vero che i problemi filosofici che dibatte gli sono stati suggeriti dalla lettura dei libri degli altri filosofi, anziché dal 'mondo' e dall'esperienza della propria condizione esistenziale, ed è altrettanto vero che egli si aiuta, per così dire, nella sua ricerca col costante riferimento critico alle tesi e agli argomenti di questi altri filosofi; ma è assolutamente certo che la sua scepsi non è mai fine a se stessa, e che anche il suo interesse prioritario non va alla discussione e all'analisi, ma a ciò di cui si discute e che è oggetto d'analisi. D'altro canto, il rapporto di Moore con la filosofia come tradizione e come professione è assai paradossale, e sarebbe assolutamente ingiusto accusarlo di motivazioni e ispirazioni meramente 'libresche'. Moore, tranquillamente radicato nella sua condizione di medio-borghese agiato, è del tutto privo della eccentricità e delle passioni di un Russell o di un Wittgenstein, dell'impegno civile e sociale del primo come della tensione mistica del secondo, né sembra mai molto convinto di avere un messaggio particolarmente importante o 'rivoluzionario' da enunciare al mondo: è un uomo che si sarebbe contentato di fare il professore di liceo di greco e che si è poi appassionato alla sua professione di filosofo e al suo lavoro di insegnante universitario – e che quindi, da questo punto di vista, è il pensatore più tipicamente 'professore' e 'accademico' che si possa immaginare. Ma il suo tradizionalismo e conformismo si fermano qui. Moore è in realtà 'il grande Confutatore' della filosofia tradizionale, non nelle sue motivazioni e nella sua tematica, che è programmaticamente accolta, quanto nei suoi esiti e nelle sue pretese 'scoperte'. E poté svolgere questa funzione proprio perché non scese a nessun compromesso con le varie tesi tradizionali e men che meno con lo scetticismo (che è anch'esso una posizione tipicamente 'filosofica') e contrappose alle suggestive ma artificiose 'costruzioni' delle filosofie una 'visione del mondo del senso comune' paradossalmente rifondata e approfondita in base alla più rigorosa argomentazione, cioè mediante un metodo a sua volta 'filosofico'.

RISPONDI ALLE SEGUENTI DOMANDE

■ Quali sono i tre problemi fondamentali di cui deve occuparsi la filosofia secondo Moore?
■ Quali sono i tratti fondamentali della personalità di Moore secondo Bonfantini?
■ In che cosa consiste il messaggio fondamentale della filosofia di Moore?

---

2. Massimo Achille Bonfantini è docente di Semiotica al Politecnico di Milano. Si è occupato di vari autori d'area angloamericana, quali Pierce e Moore, di questioni di semiosi e di problemi di logica dell'abduzione.

1. Peirce e la concezione pragmatista della conoscenza umana

All'inizio dello studio del pensiero di Peirce abbiamo ricordato questa sua frase: «*Consideriamo quali effetti, che possono avere concepibilmente conseguenze pratiche, noi pensiamo che abbia l'oggetto del nostro concetto. Allora il concetto che noi abbiamo di questi effetti è tutto il nostro concetto dell'oggetto*».

■ Rispondi alle seguenti domande sul testo:
– Peirce utilizza il termine «*concetto*»: in quale accezione? Come è definibile il suo «*concetto dell'oggetto*»?
– Che cosa significa in questo contesto l'avverbio «*concepibilmente*»? Sapresti definirne il significato e poi proporre un sinonimo, o una frase che possa sostituirlo nel contesto?
– In che rapporto stanno gli «*effetti*» con il «*concetto*»?
– Sei in grado di proporre un esempio concreto che permetta di seguire, passo dopo passo, la concezione di Peirce?

2. James e lo stile filosofico

Sviluppando alcune linee interpretative sulla conoscenza umana presenti in Peirce, James enuncia una compiuta concezione del pragmatismo come **metodo** e come **stile della filosofia**.

■ Ti proponiamo di mettere in pratica quanto James sostiene in una frase riportata nel testo: «*Un'idea è vera fin quando ci consente di andare avanti e portarci da una parte all'altra della nostra esperienza, legando le cose in modo soddisfacente, operando con sicurezza, semplificando, economizzando la fatica*».
Metti in pratica lo stile filosofico di James attraverso l'esame di una nozione (per esempio di tipo etico) ponendo tu stesso un problema. Dovrai mostrare quali processi consentono di affrontare la questione proposta in modo:
– soddisfacente;
– semplificandola;
– economizzando la fatica.

3. Democrazia ed educazione in Dewey

In Dewey è particolarmente importante il legame tra democrazia ed educazione. Il tema non potrebbe essere di più stretta attualità.

■ Ti chiediamo di affrontare, con l'aiuto dell'insegnante, la questione dell'inserimento dei cittadini stranieri nelle scuole italiane e di analizzarla attraverso le categorie di Dewey:
– quali categorie utilizzerai?
– come applicherai ogni singola categoria all'analisi del problema esaminato?
– quale ritieni potrebbe essere la posizione di Dewey sul tema? perché?

🌐 Vai al sito nella sezione **Pedagogia**, Percorsi, *Il concetto di educazione nella filosofia del XX secolo*.

4. Moore e Whitehead

Moore e Whitehead hanno orientato l'indagine filosofica su molte tematiche, tutte legate però a due questioni di fondo: la nozione di realtà e la vera natura della conoscenza umana. Le loro ricerche si sono svolte in ambienti accademici, per lo più a Cambridge, ponendo le basi per un linguaggio filosofico comune, che ha orientato la successiva filosofia inglese. È quindi opportuno, dopo avere visto separatamente il loro pensiero, studiarlo in sintesi.

■ Sulle due questioni proposte, la nozione di realtà e la conoscenza umana, confronta la posizione di Moore e di Whitehead, in modo da far emergere due livelli di discorso:
– i punti di contatto e le differenze;
– le linee portanti del dibattito che verranno lasciate in eredità ai filosofi successivi della tradizione anglosassone.

Benedetto Croce
e il neoidealismo italiano

1.

Il neoidealismo italiano

▶▶

La critica del Positivismo

Nella seconda metà dell'Ottocento, in Italia come altrove, si erano diffusi il **Positivismo** e il **marxismo**, cui si opponeva la tradizione spiritualista cattolica. Pur tenendo presente la forza e il radicamento di questa tradizione, è altrove che bisogna rivolgere l'attenzione se si vogliono comprendere i movimenti filosofici più significativi del periodo. In coerenza con quanto accadeva in molti altri Paesi europei, tra Otto e Novecento si era sviluppata una forte corrente di opposizione al Positivismo e si guardava con attenzione alla tradizione idealista tedesca.

Il cosiddetto **neoidealismo** italiano nacque parallelamente in diversi ambienti, universitari e non. Una nuova generazione di filosofi diede vita a quello che apparve un movimento culturale di aperta rottura con la tradizione, indipendente e originale, nonostante la filiazione dalla filosofia tedesca di inizio Ottocento.

Il neoidealismo come sistema di valori

I capifila del neoidealismo divennero in breve tempo Benedetto Croce, che nel 1900 aveva trentasei anni ed era già un affermato studioso e critico letterario, e Giovanni Gentile, che ne aveva venticinque. Il nuovo movimento fu attivo su vari piani della cultura: nel 1903 Croce fondò "La Critica", una rivista che divenne (e rimase per molti anni) il punto d'incontro di un'intera generazione di studiosi idealisti. Intorno alla "Critica" nacque un solido rapporto tra Croce e Gentile, destinato a infrangersi solo con il fascismo per la diversa posizione assunta dai due filosofi nei confronti della presa del potere da parte di Mussolini. La rivista non si occupava soltanto di filosofia nel senso tecnico del termine, ma anche di economia, estetica, critica letteraria, problemi politici ed educativi, cui gli idealisti, spesso uomini di scuola, dedicarono sempre una grande attenzione; si impegnarono infatti nella formazione dei giovani, con l'obiettivo di creare una classe dirigente i cui valori fossero solidamente ancorati ai nuovi principi del movimento.

I neoidealisti proposero la nuova filosofia come sistema di valori adeguato alla guida della futura società italiana, mettendo in atto un'opera di penetrazione nel mondo dell'editoria e dell'università – i luoghi della produzione e della trasmissione della cultura – al fine di combattere la mentalità positivista e permeare la vita culturale del Paese.

I neoidealisti e il fascismo

Questo progetto fu perseguito per decenni e dovette misurarsi con la situazione politica. Al momento dell'ascesa del fascismo, Giovanni Gentile scorse in esso il proseguimento, in forme diverse, dei moti risorgimentali italiani e la realizzazione dei valori di uno Stato etico; Benedetto Croce vi vide invece la negazione dei valori liberali. Il sodalizio tra i due filosofi si ruppe ed entrambi proseguirono su strade diverse il proprio impegno nella politica culturale: Croce, pur forte di un grande prestigio internazionale, ma con maggiori difficoltà per l'opposizione del regime, continuò la sua opera soprattutto attraverso l'editoria e i circoli di studiosi liberali nell'ambito degli studi storici e letterari; Gentile operò attraverso l'appoggio alla politica culturale del regime, che gli affidò la direzione dell'Enciclopedia Italiana, ma lo isolò sui temi della scuola.

Il programma culturale del neoidealismo

Il neoidealismo italiano perseguì dunque una **politica culturale autonoma**, che aveva le seguenti caratteristiche:

■ intendeva ricollegarsi alla **tradizione filosofica italiana**, che risaliva al Rinascimento (ripreso da Gentile) e a Giambattista Vico (ripreso da Croce), e proporla come linea-guida, riletta idealisticamente, per la formazione di una **coscienza nazionale** italiana;

■ intendeva opporsi alla cultura positivista e all'ipotesi del predominio della **scienza** nella vita culturale (il neoidealismo apprezza la scienza per le sue finalità pratiche e le ricadute tecnologiche, ma nega a essa un pieno valore di conoscenza);

■ intendeva proporre l'idea di **libertà** come valore etico e politico fondamentale, benché sul modo di intendere questa nozione le vie di ricerca di Croce e di Gentile ben presto si separarono.

Eredità del neoidealismo

La penetrazione della cultura idealista nella società italiana fu profonda, anche se limitata nel tempo. Le correnti filosofiche contrarie non ebbero spazio nelle università e nella vita culturale del Paese, a eccezione della proposta culturale dei **cattolici** che, forti delle loro istituzioni culturali e del peso della Chiesa, posero un limite ai neoidealisti.

Gli esponenti del neoidealismo si impegnarono particolarmente nel settore della **scuola** dove Gentile fu chiamato a redigere una riforma, che il fascismo finì per snaturare imponendovi correttivi tali da modificarne a fondo l'impianto.

Il tratto della Riforma Gentile che forse influì maggiormente e più a lungo sulla cultura italiana nel suo complesso fu l'opposizione alla scienza come fondamento

---

◉ LA RIFORMA GENTILE

Il primo governo Mussolini, formatosi sul finire del 1922 a seguito della marcia su Roma, ebbe l'appoggio di ampi settori del mondo politico e culturale liberale, tra le cui fila diversi uomini politici assunsero incarichi ministeriali. Ministro della Pubblica Istruzione divenne Giovanni Gentile, chiamato a questa carica per realizzare una riforma della scuola ormai improcrastinabile e attesa da anni. Le linee generali della riforma varata rispondevano a idee molto diffuse nella cultura del tempo. L'obiettivo era la formazione della classe dirigente di un Paese moderno al cui fondamento fu posta la cultura classica. Negli anni successivi il regime accantonò alcuni punti qualificanti della Riforma Gentile, attenuandone l'impianto elitario e riducendone la selettività. Si intese così attribuire alla scuola

una funzione di socializzazione (e di strumento di formazione del consenso verso il fascismo) che non apparteneva alla visione pedagogica gentiliana. Nel 1929 vennero firmati i patti Lateranensi e si risolse il decennale problema del rapporto tra lo Stato italiano e la Chiesa cattolica. Nella scuola fu inserito l'insegnamento della religione cattolica, presentato come coronamento del sapere, mentre la filosofia, esclusa dagli istituti tecnici, costituiva uno dei cardini dell'insegnamento liceale, dove si creò il problema della coesistenza delle due discipline. Gentile difese l'impostazione della sua Riforma dei programmi, rivendicando per la filosofia uno spazio autonomo a base storica e non confessionale (▶ Antologia, brano 6, *Attualismo e cristianesimo*).

della cultura, che rimase anche quando, dopo la Seconda guerra mondiale e la morte di Gentile e di Croce, il neoidealismo venne posto ai margini della vita culturale del Paese.

2. Benedetto Croce

2.1 La nozione di Spirito e la riflessione su Vico

La filosofia di Benedetto Croce (1866-1952) si colloca nel solco dell'idealismo hegeliano, da cui prende il nome di neoidealismo. Di Hegel Croce accetta l'idea che la **realtà** è **vita** che diviene consapevole di sé, quindi Spirito, e alla luce di questa tesi interpreta ogni evento. Croce è però influenzato anche dal pensiero vichiano, la cui formula «*verum factum est*» gli sembra esprimere compiutamente la realtà dello Spirito: non vi è dunque alcuna **verità** se non nella **storia**, in ciò che è accaduto. Se «*verum factum est*», non esiste alcuna realtà che non sia storica e non c'è nella storia alcun ente universale che si realizzi attraverso di essa: la storia è piuttosto la creazione della vita stessa, che può essere concepita soltanto come suo prodotto, secondo la lezione vichiana.

Si prenda il caso dell'uomo: che cosa significa sostenere che l'uomo è innanzitutto un essere di natura spirituale, che è Spirito? Non significa, come in Hegel, che la

---

LA VITA di Benedetto Croce

Benedetto Croce (1866-1952) nacque a Pescasseroli, in Abruzzo, ma la sua vita fu legata alla città di Napoli. Nel 1883 fu coinvolto in un grave terremoto in cui persero la vita i genitori e in seguito al quale si trasferì a Roma, in casa del cugino Silvio Spaventa, che lo introdusse in un ambiente frequentato soprattutto da uomini politici. Il giovane Croce si dedicò a studi eruditi, attratto dalla ricerca storiografica e dalla filosofia. Dopo la pubblicazione del primo saggio, *La storia ridotta sotto il concetto generale dell'arte* (1893), si interessò, per influsso di Labriola, al pensiero di Marx, al cui approfondimento dedicò il saggio *Materialismo storico ed economia marxista* (1900). Si fece quindi promotore della rivista "La Critica", intorno alla quale collaborò a lungo con l'amico Giovanni Gentile, affiancando al lavoro di ricerca filosofica e storica l'impegno politico diretto. Fu senatore dal 1910

e ministro nel 1920-1921. Durante il fascismo mantenne posizioni liberali, ostili al fascismo, e questo segnò la rottura con Gentile. Nel 1946 fu membro della Costituente.

Le opere filosofiche più importanti sono i volumi in cui sintetizzò il suo sistema: *Estetica* (1902), *Logica* (1905), *Filosofia della pratica* (1909). Nel campo dell'estetica e della critica letteraria ha pubblicato moltissime opere: ricordiamo, tra gli altri, il *Breviario di estetica* (1912), i saggi su *Goethe* (1917), *Ariosto, Shakespeare e Corneille* (1920), *La poesia di Dante* (1921).

Tra le opere di filosofia della storia sono particolarmente importanti: *Teoria e storia della storiografia* (1917) e *La storia come pensiero e come azione* (1938). Croce è autore anche di celebri opere storiografiche tra cui la *Storia d'Europa nel secolo decimonono* e *Storia d'Italia dal 1871 al 1915*.

sua identità è parziale, frammentaria e quindi astratta (il «*vero*» per Hegel è soltanto l'«*intero*», la «*totalità*» che è «*Spirito universale*»); significa piuttosto, per Croce, che nella sua individualità l'aspetto materiale e la vita della coscienza sono perfettamente fusi, al punto che è possibile intendere il **singolo** come **entità spirituale**, in quanto creatore di vita, e dunque di storia. L'uomo fa dunque parte della sfera della spiritualità in quanto vive, ma ne resta ai gradi infimi se non eleva la coscienza di sé fino alla piena comprensione della sua essenza profonda.

Lo storicismo assoluto

La nozione crociana di Spirito diverge sensibilmente da quella hegeliana:
- per Hegel lo Spirito è **universale**, è realtà assoluta;
- per Croce l'accento va posto sulla creatività della vita, che si esprime sempre in un **ente individuale**.

Lo Spirito per Croce non è altra cosa dal suo farsi, non è Idea che si realizza nella storia, la cui essenza è indipendente da essa. Non c'è alcuna identità né alcun concetto che non siano storici: la logica hegeliana, il cui movimento è concepito dialetticamente, è secondo Croce indipendente dal tempo, è un'astrazione concettuale, mentre secondo il filosofo italiano ogni concetto è storico. Per questo egli considera il **giudizio storico** come l'**unica forma di conoscenza**: se conoscere è giudicare (in senso kantiano), ciò che conosciamo è sempre un contenuto interno all'esperienza, e dunque sempre realtà storica.

Lo Spirito è inteso dunque come forza vitale, di cui il tempo è dimensione primaria. Per questo la filosofia di Croce si presenta come uno **storicismo assoluto**: la storia non è cioè la realizzazione di qualcosa di diverso dalla storia stessa; la storia è il suo farsi, è creazione originaria e continua di realtà.

Nell'ambito dell'Idealismo, con il termine Spirito non si deve mai intendere la sfera della coscienza contrapposta a quella della materia o della realtà nella sua oggettività. Spirito è invece l'unità profonda dell'uomo: la persona è corpo che acquisisce coscienza, materia che riceve dalla forza vitale la sua identità umana. Nessun aspetto del reale può ridursi a materia morta, può cioè essere privo di qualsiasi carattere di spiritualità. Lo Spirito è la forza vitale che nell'uomo si esprime nella volontà divenuta cosciente, e la volontà, in quanto libera, è creatrice: non soggiace alla piatta oggettività ma la plasma.

2.2 La nozione crociana di libertà

Lo Spirito non è soltanto vita, ma **consapevolezza** che la vita ha di sé e del tutto: in questa coscienza consiste la vita dello Spirito, anzi della storia stessa, perché non vi è storia senza riappropriazione del passato, quindi senza un sapere che diviene coscienza di sé e dell'accadere.

Secondo l'insegnamento hegeliano la storia è il regno dell'effettiva liberazione, e Croce accetta questo punto, pur dandogli un senso nuovo in relazione alla diversa interpretazione filosofica dello Spirito.

Lo Spirito per Hegel

Per Hegel lo Spirito è lo Spirito eterno, l'**Idea**, che si realizza unitariamente come coscienza di sé in quanto totalità del reale. Attraverso lo Spirito, gli uomini e i popoli acquistano la consapevolezza che la loro vicenda nel tempo non può essere com-

Libertà

La libertà consiste per Croce nella compiuta realizzazione di sé, nella pienezza della propria natura. Se si intende il sé come prodotto storico, è evidente che solo nella storia l'uomo realizza se stesso, come individuo e come collettività, cioè come popolo. La libertà è quindi la pienezza del proprio essere e i suoi limiti sono quelli del proprio essere. Per questo motivo la libertà non può mai essere una conquista realizzata: se l'essere è vita, è il continuo farsi, anche la storia è un continuo processo di liberazione, un processo che può avere battute d'arresto e ritorni.

presa entro i limiti particolari degli eventi che li riguardano, ma deve essere interpretata alla luce del corso universale del mondo.

Lo Spirito acquista consapevolezza di sé attraverso il drammatico travaglio del susseguirsi delle civiltà e diviene infine libero. Dall'ottica hegeliana è quindi possibile sostenere che la **libertà** è l'**esito della storia**, a patto di ricordare che per libertà non deve intendersi il libero arbitrio, il diritto della persona a decidere della propria vita. Per Hegel, infatti, la persona non è una realtà autonoma e indipendente: nel singolo vive l'universale, nell'uomo e nei popoli si incarna lo Spirito. La libertà consiste nella piena realizzazione dello Spirito nel tempo, cioè nella consapevolezza che lo Spirito acquisisce della sua totalità. È questo il tema della *Fenomenologia dello Spirito*: pienamente libera non può mai essere la persona nella sua limitata individualità, perché ciascun uomo è sottoposto all'azione di forze esterne che non è in grado di dominare; pienamente libero può essere solo lo Spirito perché nulla è esterno a esso, ogni forza della realtà è sua espressione.

Lo Spirito per Croce

Croce concepisce lo Spirito in termini differenti rispetto a Hegel, sottolineando l'**individualità storica** dei singoli e dei popoli, la loro piena e compiuta soggettività come prodotto della storia. Ne segue che la storia rende liberi uomini e popoli perché li crea come tali – non esisterebbero altrimenti – e, in quanto Spirito, li rende consapevoli della loro identità, che è appunto storica.

Facendo proprio il punto di vista idealista nell'interpretazione del movimento storico, Croce interpreta il movimento dei popoli come **progresso**, cioè sviluppo della **consapevolezza di sé** in quanto realtà autonoma, indipendente e libera in un contesto di popoli liberi. In questa luce vengono visti, per esempio, il Risorgimento italiano e la storia europea moderna, analizzati nel saggio storico *Storia d'Europa nel secolo decimonono*, del 1932. La forza spirituale che muove la storia è la **volontà di libertà**, che coincide con l'essenza stessa dello Spirito, cioè della vita.

2.3 Il giudizio storico

La **storia**, sottolinea Croce, non ha il medesimo carattere della scienza della natura, poiché nessun avvenimento può essere studiato alla maniera dei fenomeni naturali che si ripetono in laboratorio: nessun fenomeno storico è ripetibile. La storia, come la intendeva Vico, è evento ed è caratterizzata da **imprevedibilità** e **creatività** poiché lo Spirito, in quanto vita, non è movimento meccanico.

Lo storico ricerca la necessità storica e tenta di comprenderla, ma questa necessità è di tutt'altro genere rispetto a quella naturale, poiché in essa vi è un aspetto creativo: lo Spirito vive nella storia secondo la sua intima vitalità, perché è libertà e non riceve da Altro il suo essere e la sua forza; per questo motivo ogni prodotto storico è vero. La storia non è dunque il campo di leggi deterministiche, e comprendere la necessità storica di un evento significa comprenderlo per quello che è: l'evento infatti è reale. Se «*verum factum est*», la condizione della verità è il fatto; il resto è astrazione, prodotto dell'immaginazione, non realtà, non storia.

L'origine del male nella storia

Ora, perché la storia conosce tante tragedie? Perché all'evidente aspetto creativo del sorgere delle civiltà si accompagna l'aspetto distruttivo della loro decadenza, spesso violenta? Perché l'**irrazionalità** sembra dominare il comportamento degli uomini nelle vicende, pur creatrici di verità, dei popoli a cui appartengono?

Croce riflette a fondo sul tema hegeliano del negativo, che il filosofo tedesco considerava quale momento dialetticamente necessario del divenire, poiché è proprio la negazione dialettica a rendere possibile il superamento del limite, nella superiore unità della sintesi. Secondo Croce non è però possibile ricavare da questa tesi un'interpretazione circa il movimento complessivo e necessario della storia.

Il filosofo italiano non crede nell'universalità dello Spirito e sostiene che la direzione complessiva della storia sia la **libertà**, in coerenza con l'idea che dalla storia dipende l'identità dello Spirito. Il cauto ottimismo crociano è privo d'ingenuità ed è rispettoso della sofferenza degli uomini e dei popoli nella storia «Diversamente da altre filosofie che concludono il cammino dello Spirito nella pace dell'autocoscienza, lo storicismo crociano pone nella "*lotta di continuo rinascente*" il significato ultimo della dialettica [...]: la libertà, eterna e indistruttibile sul piano categoriale, diventa, nelle concrete e contingenti vicende storiche, "*un continuo riacquisto e una continua liberazione, una continua battaglia, in cui è impossibile la vittoria ultima e terminale, perché significherebbe la morte di tutti i combattenti, ossia di tutti i viventi*"» (B. Croce, *La storia come pensiero e come azione*) (▶ **Antologia**, brano 3, *Storia e libertà*).

NEGATIVITÀ

L'individuo nel corso della sua vita è il Christus patiens *di dolori terribili e di casi atroci, e ognuno di noi ne porta il ricordo del quale a volte non trova il modo di disfarsi e pensa che solo con la morte potrà non più offenderlo. Si suol domandare di proporre un fine alla propria vita, ma [...] sarà la potenza della vita individuale stessa, che si ostina a sfidare ogni avversità e, una volta che si è venuti al mondo, ad uscirne quando che sia avendo adempiuto tutto il proprio dovere morale che il vivere tacitamente, come per sottinteso, accetta.*

↳ ▶ B. CROCE, *La storia come pensiero e come azione*

La storia ha sempre un senso

Il compito dello storico è allora, innanzi tutto, quello di accertare con il massimo rigore possibile la **realtà dei fatti**, compito al quale Croce – educato da severi studi e da rigorose ricerche storiografiche – attribuisce la massima importanza. Accanto alle tecniche di accertamento filologico lo storico deve possedere anche la capacità di formulare chiari **giudizi storici**. Non esistono tuttavia principi superiori, extra o sovrastorici, che garantiscano obiettività e rigore teorico a questo tipo di valutazione. Il giudizio storico è tutt'altro: è la capacità di comprendere ciò che è accaduto, di intenderne le ragioni. La storia coincide con il suo farsi e non può essere intesa attraverso principi a priori: deve piuttosto essere intesa nel suo svolgersi, e il giudizio storico è questo intendere. Non si danno mai, infatti, eventi che non abbiano in sé una profonda ragione. Non c'è mai una totale irrazionalità nell'azione dell'uomo, perché in tutto ciò che esiste, per il solo fatto che esiste, vive la forza creatrice dello

Spirito, e la razionalità è la coscienza di questa forza vitale. Lo storico deve cogliere l'intimo movimento degli avvenimenti scoprendo in esso la direzione e il senso. Così la realtà non può che essere interpretata positivamente, per quanto drammatiche e cariche di dolore e di tragedia possano essere le esperienze attraverso le quali passa lo Spirito nella creazione della vita.

2.4 La teoria dei distinti

Croce, nel contesto dello storicismo assoluto, propone una visione sistematica dell'unità dello Spirito: poiché infatti la storia è una, e tale è la realtà che ne deriva, bisogna comprendere come le diverse forme della vita si possano articolare in unità.

È ciò che accade nell'uomo, il vero "titolare" della nozione di Spirito: qualunque cosa faccia o pensi, l'uomo esprime sempre se stesso. La nozione di Spirito implica un grado molto alto di **comprensione** della **complessità** dell'individuo, perché deve rendere ragione della vita stessa: e la vita è una e non si frammenta in tutti gli atti che pur la compongono.

L'attività spirituale dell'uomo

Croce ritiene quindi di dover proporre una riforma della dialettica hegeliana in quanto le attività spirituali dell'uomo non sono in relazione dialettica tra loro, perché in esse manca il momento dell'opposizione: tra il conoscere e l'agire, per esempio, non c'è alcun negativo. Si tratta semplicemente di attività facenti parte dell'unica vita spirituale dell'uomo che bisogna tenere distinte. Croce individua **quattro distinti**, cioè quattro attività che non hanno tra loro relazione dialettica, nelle quali è inquadrabile qualsiasi cosa l'uomo faccia o pensi.

Poiché l'uomo, innanzitutto, conosce, dovranno essere distinte due attività di **conoscenza**, a seconda che si tratti di conoscere un particolare (cosa, evento, immagine, singolarità concreta) o un universale (un concetto). Poiché, in secondo luogo, l'uomo agisce, dovranno essere distinte le **azioni** che hanno come fine un interesse specifico e privato, quindi particolare, o un interesse generale, quindi universale. Avremo quindi **quattro discipline filosofiche** secondo il seguente schema:

I QUATTRO DISTINTI	
LE ATTIVITÀ DI CONOSCENZA	**LE ATTIVITÀ PRATICHE**
Estetica: è la disciplina che studia la sensibilità dell'uomo come conoscenza del particolare.	**Economia**: è l'attività rivolta al particolare, dominata dall'interesse individuale.
Logica: è la disciplina che studia la conoscenza dell'universale.	**Etica**: è l'attività rivolta all'universale, nella quale l'interesse non è mai individuale.

Secondo Croce l'**unità dello Spirito** è salvaguardata dal fatto che qualsiasi attività è sempre riferibile a un soggetto cosciente di sé; il filosofo parla quindi di **circolarità** dello Spirito, che resta se stesso in ciascuna delle sue attività. All'interno di ciascuna valgono le regole della dialettica hegeliana, mentre nel comprendere il loro rapporto ci si deve attenere alla regola della distinzione. Nello studio dell'economia, per esempio, non si applicheranno i principi etici, perché questi non possono valere che all'interno del loro ambito.

LA VITA NON È MAI DEFINITIVA	*La Logica afferma la pensabilità del reale e l'inconcepibilità di ogni limite che si ponga il pensiero, di ogni escogitazione d'inconoscibile. E la Filosofia, indagando in ogni parte del reale, non ha trovato nel pensiero nessun posto in cui allogare l'inconoscibile. [...] Parecchi, giunti alla fine del sistema filosofico e alla conclusione che altro reale non v'ha se non lo Spirito e non altra Filosofia se non la Filosofia dello Spirito, sono presi come da un senso d'insoddisfazione e di delusione [...]. Sembra loro ben povero un mondo, oltre il quale non ve n'ha un altro; uno Spirito immanente, ben inferiore e impacciato a paragone di uno Spirito trascendente, di un Dio onnipotente fuori dal mondo; una Realtà penetrabile dal pensiero, meno poetica di un'altra, cinta di mistero [...]. Ma noi sappiamo che costoro sono in balìa di un'illusione psicologica [...]. L'infinito, inesauribile dal pensiero dell'individuo, è la Realtà stessa, che crea sempre nuove forme; è la Vita, che è il vero mistero, non perché impenetrabile dal pensiero, ma perché il pensiero la penetra, con potenza pari alla sua, all'infinito. [...] E perché la filosofia, non meno dell'Arte, è condizionata dalla vita, nessun particolare sistema filosofico può mai chiudere in sé tutto il filosofabile: nessun sistema filosofico è definitivo, perché la Vita, essa, non è mai definitiva.*

↳ B. CROCE, *Filosofia della pratica*

2.5 L'economia e l'etica

Nella **filosofia della pratica** Croce studia le attività dello Spirito che hanno come oggetto l'azione. L'ambito dell'azione rivolta all'**individuale** va separato da quello dell'azione che ha come oggetto l'**universale**:

■ nel primo caso la persona mira al proprio **utile** (a ciò che ha valore solo per il singolo che compie l'azione): è la sfera dell'**economia**, che studia i bisogni soggettivi e gli interessi individuali, necessariamente contrapposti ad altri interessi, che generano quindi una sfera di conflitto tra gli individui. Tale conflitto si compone tuttavia in equilibrio all'interno della società, perché la competizione per l'utile genera una superiore sintesi nel mercato, come ha insegnato Hegel applicando l'interpretazione dialettica del reale alla società civile;

■ nel secondo caso la persona mira al **bene**, a ciò che ha valore universale: è la sfera dell'**etica**, che studia quale forza opera nell'individuo quando, del tutto indipendentemente dai suoi interessi e da ogni considerazione di utilità, si volge verso la **libertà** e combatte per essa; essa trova posto nella vita di ciascuno quando l'azione compiuta è sorretta da un atto di volizione accompagnato dalla coscienza di «*lavorare pel Tutto*».

L'UOMO MORALE	*Il più umile che si possa immaginare degli atti morali si risolve in questa volizione: l'anima di un uomo semplice e ignorante, tutto dedito al suo modesto dovere, e quella del filosofo la cui mente accoglie in sé lo Spirito universale, vibrano all'unisono; ciò che questi pensa in quell'istante, l'altro fa, giungendo, anche lui per la sua strada, a quella piena soddisfazione, a quell'atto di vita, a quel fecondo congiungimento col Reale, a cui l'altro si è venuto per diversa via indirizzando. Si potrebbe dire che l'uomo morale è filosofo pratico, e il filosofo operatore teorico. Questo criterio dello Spirito, del Progresso, della Realtà è nella coscienza morale l'intrinseca misura dei nostri atti, come è il fondamento più o meno consapevole di tutti i nostri giudizi morali.*

↳ B. CROCE, *Filosofia della pratica*

Lo Stato non è etico

Al contrario di Hegel, Croce colloca lo **Stato** nella sfera dell'**economia** e non in quella dell'**etica**. Per Croce è un errore pensare che lo Stato possa avere un valore etico, e dunque realizzare il pieno accordo tra cittadino e governo, poiché l'azione del governo, in qualsiasi caso, favorisce alcuni e danneggia altri: c'è quindi sempre un **rapporto conflittuale** tra il **cittadino** e il **potere**, un rapporto per comprendere il quale Croce rimanda al pensiero di Machiavelli. Nello Stato ciò che conta sono i **rapporti di forza**: l'etica, il bene, la giustizia non sono in gioco.

2.6 La logica

Concetti e pseudoconcetti

Una delle dottrine crociane che più hanno influenzato la cultura italiana del tempo, e anche la successiva, è la distinzione tra concetti e pseudoconcetti sviluppata nel contesto della logica.

In coerenza con la definizione generale dei distinti, la logica è la disciplina filosofica che studia l'**universale**. In questo ambito non devono penetrare elementi sensibili perché la loro presenza inquinerebbe la purezza dell'idea: il **concetto**, se è davvero tale, deve avere un ambito non limitato alla particolarità, a cui invece il sensibile è necessariamente legato. L'ambito disciplinare della conoscenza teorica va quindi tenuto rigidamente separato da quello dell'estetica.

Croce distingue dunque in modo rigoroso che cosa debba intendersi per concetto rispetto a forme di conoscenza simili, che tuttavia non possono identificarsi con esso. In particolare, è da escludere che i **concetti scientifici** possano entrare a far parte della logica e assurgere al livello di concetti universali, cioè di oggetti di conoscenza teorica, capaci di rivelarci la vera essenza della realtà.

Il valore pratico della conoscenza scientifica

La conoscenza scientifica, secondo Croce, ha validità nell'ambito strettamente pratico, perché permette un migliore orientamento nel mondo e risolve problemi nati dai bisogni della vita, connessi con la sfera materiale e dell'utile. Nulla ha a che fare invece con le esigenze spirituali, che essa non può soddisfare. La scienza, infatti, ha sempre come proprio oggetto il particolare, rispetto al quale le sue leggi sono solo delle generalizzazioni: il concetto scientifico rimane quindi legato al particolare, anche se coglie tratti comuni di molti di essi. Croce parla di pseudo-concetti a proposito delle leggi della scienza e di ogni forma di sapere scientifico: essi non permettono di stabilire i rapporti tra il particolare e l'universale perché non leggono la vita dello Spirito nell'azione della natura (▶ Antologia, brano 2, *Concetti e pseudoconcetti*).

Universale

Nella visione crociana l'universale non è il tratto comune che unifica molti particolari sotto un unico concetto. Una simile nozione, per Croce, resta ancora particolare perché è meramente esteriore: non rende ragione della natura intima delle cose e degli eventi particolari, ma li osserva dall'esterno ricercando i caratteri comuni a molti di essi. La nozione astratta di "casa", per esempio, ci consente di identificare una casa, se ne vediamo una, per dei caratteri esteriori, ma non rende ragione della vita spirituale che, sola, è in grado di rendere ragione dell'essenza della casa (in ultima analisi, la nozione astratta di casa non rimanda ancora agli uomini che la pensano e la abitano, alle loro passioni, alla vita universale che in essi si esprime e, in definitiva, allo Spirito come forza vitale che si esprime nell'uomo e che quindi in ultimo ne spiega la vera e intima natura).

La logica non si occupa di questo tipo di nozioni comuni, che restano ancorate ai particolari. Si occupa dei veri universali, cioè delle formazioni dello spirito umano che non restano alla superficie delle cose, ma ne colgono l'intima natura, cioè la vita spirituale che in essi si esprime. Così, per esempio, sono concetti quelli di **bellezza** o di **finalità**: non ci parlano di tratti esteriori comuni alle cose, ma ce ne descrivono il **senso**.

2.7 L'estetica

La sensibilità dell'uomo non è mera ricezione

È necessario dedicare una particolare attenzione all'estetica crociana perché ha avuto un'influenza profonda sulla cultura italiana. Anche quando, nella seconda metà del Novecento, è stata oggetto di severe critiche, è comunque rimasta un punto di riferimento ineludibile per gli studi del settore.

Croce prende le mosse dalla tesi che l'estetica sia la disciplina filosofica che studia la **sensibilità**, cioè la facoltà umana che rende possibile la conoscenza del **particolare** (il termine è usato in contrapposizione a quello di universale, di cui si occupa la logica). È nella sfera della sensibilità che Croce trova le radici di quella dimensione della vita spirituale dell'uomo che gli consente l'accesso alla sfera dell'**arte** e della **bellezza**.

Lo **spirito umano** non è un passivo recettore di informazioni, ma è un **attivo creatore di esperienze interiori**. Le informazioni sensibili che acquisisce dal mondo esterno si fondono con la pienezza della vita interiore e si colorano del carattere dell'intera personalità: il particolare che viene conosciuto per questa via non è colto nella sua purezza oggettiva, ma messo in rapporto con l'universo di **emozioni vitali** che costituiscono la coscienza.

La coincidenza di intuizione ed espressione

Il particolare è intuito sensibilmente, secondo la lezione kantiana, ma ogni intuizione è allo stesso tempo un'**espressione** della vita spirituale dell'uomo. La dimensione estetica risiede essenzialmente in quest'identità (non necessariamente piena) di intuizione ed espressione: nel mondo interiore nasce un'emozione di fronte all'oggetto sensibile percepito, un'emozione che esprime il sé dell'uomo in rapporto all'oggetto. Quest'espressione è sintesi di una materia oggettiva e di un sentire soggettivo, ed è contemporaneamente spontanea, originaria creazione spirituale.

Si osservi che l'espressione dell'emozione interiore rimane interna alla coscienza. Non sempre essa è compiuta in una forma; al contrario, comunemente rimane allo stato nascente, si manifesta in una colorazione della vita interiore, in un'indefinibile reazione emotiva di fronte alle cose e alla loro bellezza, che non sappiamo tradurre in parole o in altre forme di comunicazione. Non sappiamo farlo perché si tratta di espressioni estetiche non giunte a perfetto compimento, cioè di esperienze interiori in cui l'intuizione dell'oggetto non ha trovato la via per una perfetta fusione con l'espressione di sé.

INTUIZIONE ED ESPRESSIONE

Vi è un modo sicuro di distinguere l'intuizione vera, la vera rappresentazione, da ciò che le è inferiore: quell'atto spirituale dal fatto meccanico, passivo, naturale. Ogni vera intuizione o rappresentazione è, insieme, espressione. Ciò che non si oggettiva in una espressione non è intuizione o rappresentazione, ma sensazione e naturalità. Lo spirito non intuisce se non facendo, formando, esprimendo. Chi separa intuizione da espressione, non riesce più a congiungerle.

→ B. CROCE, *Estetica*

L'attività dell'artista

Ciò che accade nell'animo dell'artista non è qualcosa di qualitativamente differente. Nell'artista – all'interno di un processo complesso – l'espressione è semplicemente giunta al suo compimento, in modo tale che egli può contemplarla dentro di sé come **perfetta forma compiuta**. La sua intuizione dell'oggetto è divenuta interamente espressione, fino a fondersi completamente con essa: un contenuto sensibile di conoscenza e un sentimento si sono perfettamente fusi, così il contenuto dell'esperienza estetica ha trovato immediatamente la sua forma.

Anche per Croce infatti, come per l'estetica romantica, l'arte è sintesi immediata di contenuto e di forma. L'immediatezza è dovuta al fatto che in questo processo non sono intervenute altre facoltà dell'uomo, ma il suo spirito si è espresso nella purezza delle sue emozioni. L'intervento della razionalità, per esempio, non potrebbe che inquinare la purezza del sentire inserendo dall'esterno, cioè da un'altra sfera dello Spirito, interessi e contenuti nuovi o forme non perfettamente adeguate all'oggetto. Mancherebbe quindi la perfetta identità tra intuizione ed espressione. La teoria dei distinti conferma la necessaria purezza della dimensione estetica. Ciascuna delle attività dello Spirito deve essere colta nella sua identità, senza confusioni con altre attività, il cui valore è attinente ad altri ambiti.

L'arte è il dominio
della pura sensibilità

La rigidità di questo schema ha portato Croce a stabilire con precisione che cosa è **poesia** e che cosa non lo è: tutto ciò che attiene a sfere diverse da quella della **pura sensibilità** non lo è; nulla che abbia a che fare con la logica, l'etica o l'economia può entrare nel campo della poesia. Non si può parlare di vera arte laddove nell'animo dell'artista si inseriscano preoccupazioni di natura diversa da quella puramente estetica o laddove l'animo del poeta sia dominato dalla volontà di esprimere una verità teorica (come accade in certi passi di Dante, poeta amato da Croce e da lui lungamente studiato in saggi divenuti celebri), oppure quando siano presenti preoccupazioni di carattere pratico.

Nell'estetica crociana l'aspetto tecnico-costruttivo dell'opera d'arte è secondario e dipende dall'identità di intuizione ed espressione, cioè da un evento che si produce nell'intimo della vita spirituale e che costituisce l'essenza dell'arte. Naturalmente senza la produzione tecnica non c'è ancora opera d'arte, ma essa è già formata nell'animo dell'artista. La pietra della statua, la parola della poesia sono solo la veste esteriore, importante naturalmente perché non c'è opera d'arte senza qualcosa di materiale, ma mai decisiva. I problemi specifici dell'opera d'arte in quanto opera, oggetto che permette una comunicazione tra gli uomini, sono di natura tecnica.

Dal punto di vista estetico è fondamentale comprendere che questa comunicazione può essere prodotta solo se vi è una compiuta espressione nell'interiorità dell'artista. Croce sostiene che quando non troviamo le parole per esprimere un'emozione del cuore, ciò accade perché il sentimento che vogliamo comunicare non si è formato dentro di noi in modo pieno e completo: non si è espresso in una forma compiuta.

PENSIERI
CHE DILEGUANO

Si ode spesso taluni asserire di avere in mente molti e importanti pensieri, ma di non riuscire a esprimerli. In verità, se li avessero davvero, li avrebbero coniati in tante belle parole sonanti, e perciò espressi. Se, nell'atto di esprimerli, quei pensieri sembrano dileguarsi o si riducono scarsi e poveri, gli è che o non esistevano o erano soltanto scarsi e poveri.

▶ B. CROCE, *Estetica*   ▶ Antologia, brano 1

La difficoltà non sta tanto nella nostra incapacità di trovare le parole giuste, il che può sicuramente avere un certo peso, quanto nell'intima incompletezza del nostro sentimento: il processo creativo che fonde in unità intuizione (del mondo) ed espressione (di sé) non è giunto alla sua piena maturazione.

3.

Giovanni Gentile

Mentre la filosofia di Croce si è formata soprattutto nel contesto di studi storici ed estetici, la filosofia di Giovanni Gentile (1875-1944), di diversi anni più giovane, è legata sin dall'inizio a **interessi teoretici** sviluppati negli anni di studio presso l'Università di Pisa. Benché per molto tempo i due filosofi abbiano collaborato sulla base di una comune visione idealista della realtà, vi sono tuttavia netti punti di divergenza, in particolare:

■ la concezione generale dello Spirito, che porta Gentile a sviluppare una filosofia largamente originale rispetto ai modelli di partenza (gli idealisti tedeschi, innanzitutto, ma anche la tradizione filosofica rinascimentale italiana) che va sotto il nome di **attualismo**;

■ la visione dello Stato, che per Gentile va ricondotta entro la nozione di eticità (**Stato etico**).

3.1 L'attualismo: solo lo Spirito è realtà

Il termine **attualismo** deriva da **atto** e intende descrivere la vera realtà dello Spirito. Secondo Gentile la lezione fondamentale dell'Idealismo consiste nell'intendere tutto il reale entro la cornice del pensiero, escludendo ogni residuo non concettuale. Per conseguenza:

■ non è possibile concepire alcuna realtà autonoma per la materia, per l'oggettività in sé delle cose e degli eventi;

■ lo Spirito deve essere concepito come **pensiero puro**, quindi come attività pensante (soggetto-oggetto) che non ha a suo fondamento alcun essere indipendente o distinto dal pensiero né produce qualcosa che non sia esso stesso pensiero.

La coincidenza di realtà e pensiero

Tutta la realtà è, per conseguenza, entro la sfera del pensiero e lo Spirito, che è questo pensiero, va concepito non come essere, ma come atto: atto del pensare, appunto, da cui la denominazione di attualismo per definire l'interpretazione filosofica del reale proposta da Gentile.

LA VITA *di Giovanni Gentile*

Filosofo e uomo politico siciliano (1875-1944), Gentile ha insegnato in diverse università, e in ultimo a Roma. Dopo avere svolto in diverso modo attività politica, aderì al regime fascista (anche nel periodo della Repubblica Sociale) e fu Ministro della Pubblica Istruzione al tempo del primo ministero Mussolini, quando varò la riforma della scuola che porta il suo nome.

Negli anni successivi esercitò una forte influenza sull'organizzazione e sulla produzione della cultura. Venne ucciso nel 1944, nel corso della guerra partigiana. È autore di *Teoria generale dello spirito come atto puro* (1916), *Sistema di logica come teoria del conoscere* (1917-1922), *Sommario di pedagogia come scienza filosofica* (1912).

Secondo Gentile non è del tutto coerente con l'Idealismo il modo in cui Hegel concepisce l'**Idea** e la **Natura**. Per l'Idealismo, infatti, che nega l'esistenza della kantiana *«cosa in sé»*, l'unica realtà è il pensiero e rispetto a esso nulla può essere trascendente. La dialettica hegeliana tra Idea, Natura e Spirito mantiene invece un residuo di trascendenza, poiché non risolve integralmente l'Idea e la Natura nel pensiero. Gentile ritiene che l'Idealismo, se vuol essere coerente, deve rifiutare l'esistenza oggettiva della natura e della materia: in quanto tale essa è un'astrazione, cioè un elemento del pensiero (il *«pensato»*) concepito nella sua indipendenza rispetto all'atto del pensare; la sua oggettività è quindi qualcosa di *«concepito»*, di interno alla sfera stessa del pensiero. Se il rapporto soggetto-oggetto è costitutivo del pensiero, l'oggetto non può essere concepito se non come una **posizione del soggetto** che, riflettendo su di esso, conosce se stesso e così agisce, laddove **agire** significa in primo luogo **pensare** (▶ Antologia, brano 4, *L'attualismo*).

La necessità dialettica della molteplicità

La molteplicità del mondo è spiegata come il necessario prodotto dell'attività del pensiero che, in quanto pensa, pone il suo oggetto come pensato. Non si può quindi ammettere alcuna distinzione tra il conoscere e l'agire, perché l'agire non è altra cosa dall'atto con cui il pensiero pensa. Sulla base di quest'identificazione tra pensiero e azione Gentile non ha mai condiviso l'interpretazione crociana dello Spirito come *«unità dei distinti»*, non riconoscendo alcuna distinzione reale tra il pensare e l'agire.

I singoli soggetti empirici (i singoli uomini) devono quindi essere interpretati come espressioni particolari dello Spirito (che è di fatto l'unica realtà): di qui la concezione della **prassi pedagogica** che identifica educatore ed educato in un processo di reciproca auto-formazione (ognuno vede sé nell'altro e attraverso l'altro forma un più maturo se stesso).

Lo Spirito genera da se stesso la natura e crea lo spazio e il tempo nella sua dialettica di unificazione/moltiplicazione: lo Spirito si pone infatti attraverso la natura, essendo **autoposizione** non statica e immediata ma dinamicamente concreta, e perciò **dialettica**. Poiché il soggetto si pone (pensando) come oggetto, lo Spirito si afferma negando il suo opposto (la Natura), inconcepibile in sé perché non è in sé, eppure momento dialetticamente necessario affinché l'unità dello Spirito possa affermarsi attraverso la molteplicità e il non essere, che giustificano il male e l'errore, trasformati poi in verità e bene quando, nel successivo momento dialettico, la natura viene attualizzata dallo Spirito. Sulla finzione che la Natura esista in sé e per sé lavorano le scienze empiriche, la cui validità di conoscenza è astratta e subordinata alla filosofia.

L'identificazione di filosofia e storia della filosofia

È in questo contesto di riflessioni che Gentile ha sviluppato la sua tesi sull'identificazione di filosofia e storia della filosofia. Il suo ragionamento è il seguente: se lo **Spirito** si esprime come processo di svolgimento del **pensiero autocosciente**, allora la filosofia (che descrive la coscienza che lo Spirito ha di sé in un certo momento del tempo) deve coincidere con la storia della filosofia, perché c'è sempre una certa comprensione storica che lo Spirito ha di sé. La storia della filosofia descrive quindi il movimento filosofico della coscienza che lo Spirito ha di se stesso.

Da questo punto di vista, per l'attualismo non esiste una verità data, poiché tutto ciò che è oggettivo, posto, è concepito come slegato dalla vita, e in esso non può abitare piena verità: è questa l'obiezione di fondo che Gentile muove contro il sapere scientifico. Secondo l'attualismo si può parlare solo di una «*verità che si fa*», perché l'unica realtà in senso stretto non è l'essere, ma l'atto del pensare.

La **filosofia** è concepita come la forma più alta di espressione dello spirito, che si realizza a partire da quelle più basse individuate, seguendo Hegel, nell'**arte** (momento soggettivo) e nella **religione** (momento oggettivo). È con la filosofia che la loro necessaria unilateralità viene riconosciuta, risolvendosi nel pensiero divenuto pienamente maturo e autocosciente.

3.2 Lo Stato etico

Il cittadino è libero nello Stato

In questa cornice teorica non trova alcuno spazio una concezione del singolo individuo come dotato di piena realtà. Gentile sottolinea il legame tra la propria visione politica e il **liberalismo risorgimentale**, proponendo però una nozione radicalmente diversa di libertà, che si basa sulla piena adesione alla nozione hegeliana di **Stato etico** (▶ *Antologia*, brano 5, *Lo Stato etico*).

La storia è vita dello Spirito che si incarna nelle istituzioni e, solo attraverso esse, negli individui. Se la libertà è la piena e compiuta realizzazione di sé, l'individuo non è affatto libero nella sua indipendenza dallo Stato: il suo sé, infatti, dipende dal legame con la vita dello Spirito di cui è espressione, e questa passa attraverso lo Stato; dunque solo nello Stato il cittadino è davvero se stesso.

La continuità tra liberalismo e fascismo

Così commenta Aldo Lo Schiavo: «*Nel maggio del 1923 Gentile giustifica la sua formale adesione al partito fascista evidenziando l'identità del fascismo di Mussolini col liberalismo della destra risorgimentale com'egli intendeva, vale a dire col "liberalismo della libertà nella legge e perciò nello Stato forte e nello Stato concepito come realtà etica".* [...] *Egli viene insistendo ora sulla continuità del fascismo col liberalismo, convinto com'è che il liberalismo autentico non sia quello classico individualistico e laico nato dalla rivoluzione borghese del secolo XVIII, bensì quello scaturito dalla rinascita romantica e spiritualistica del secolo passato, che non solo l'individuo e la libertà riporta nello Stato, ma nello Stato stesso ripone il fondamento etico universale di ogni divenire sociale. Universalizzando la sua natura particolare col far coincidere la sua volontà con la volontà etica dello Stato, sottoponendosi alla "legge del sacrificio" che è abnegazione, disinteresse e "religione di patria", l'individuo viene a coincidere con lo Stato, e lo Stato etico diventa pure lo Stato forte poiché in grado di affermare "una disciplina ferrea, che sia scuola rigida di volontà e di caratteri politici". Nessun diritto spetta in proprio al soggetto individuale e quindi nessun contrasto si manifesta tra questi e la realtà statuale nella quale è inserito; perciò l'unica libertà che il liberalismo gentiliano può riconoscere è quella che si realizza nello Stato identificandosi con la sua legge. Il liberalismo, più propriamente, "si è trasformato, e ora si chiama, si deve chiamare fascismo: la più coerente, la più storicamente matura e perfetta concezione dello Stato come libertà*» (A. Lo Schiavo, *Introduzione a Gentile*).

MAPPA CONCETTUALE

```
                              NEOIDEALISMO
           ┌──────────────────────┴──────────────────────┐
   STORICISMO ASSOLUTO                              ATTUALISMO
       (CROCE)                                       (GENTILE)
```

STORICISMO ASSOLUTO (CROCE)		ATTUALISMO (GENTILE)
Realtà = forza vitale dello Spirito che si esprime negli enti individuali.	La storia, in quanto espressione dello Spirito, è il cammino dei popoli verso la libertà.	• Realtà = pensiero puro. • La materia non ha esistenza autonoma.
Lo Spirito si distingue in quattro sfere.		Lo Spirito è atto: non c'è distinzione tra pensare e agire.

Estetica = conoscenza del particolare.	Logica = conoscenza dell'universale.	Economia = azione rivolta al particolare.	Etica = azione rivolta all'universale.

Etica = lo Stato è l'incarnazione della libertà e del progresso.

ESERCIZI DI RIEPILOGO

Lo storicismo assoluto di Benedetto Croce

1. Che cos'è la realtà per Croce? Esponi (8 righe circa) la concezione del filosofo esplicitando il suo debito nei confronti dell'Idealismo hegeliano e della filosofia di Giambattista Vico.

2. Che cosa significa «*storicismo assoluto*»? Spiega come Croce giunge a questa posizione chiarendo il significato dei termini seguenti: *Spirito, Storia, forza vitale, uomo*.

3. Delinea la concezione crociana della libertà, spiegandone il rapporto con il cammino della storia (8 righe circa).

4. Esponi la teoria crociana dei quattro distinti (estetica, logica, economia ed etica) chiarendo le caratteristiche peculiari di ciascun ambito.

5. Perché, secondo Croce, lo Stato non rientra nella sfera dell'etica?

6. A quale risultato conduce, secondo Croce, un'intuizione perfettamente compiuta? Rispondi chiarendo la differenza tra espressione e sensazione.

L'attualismo di Giovanni Gentile

7. Dai una definizione sintetica del termine attualismo (3 righe circa) e indicane poi la differenza rispetto allo storicismo assoluto di Croce.

8. Che cos'è la Natura nel sistema idealista di Gentile? Come viene giustificata l'esistenza del male?

9. Sulla base di quali argomentazioni Gentile fonda la coincidenza di filosofia e storia della filosofia?

10. In che senso, secondo Gentile, non si può mai parlare di una verità data, ma solo di una «*verità che si fa*»?

11. In che cosa consiste la libertà per Gentile? Metti a confronto la sua teoria dello Stato etico con quella di Croce.

1 Benedetto Croce
Intuizione ed espressione

QUESTIONE ▶ Il neoidealismo italiano, al contrario della tradizione tedesca, ha compiuto ogni sforzo per esporre il pensiero filosofico in trattati scritti con chiarezza concettuale ed espressiva; si è tenuto lontano dal mondo delle metafore e dei colpi a effetto, fino a produrre testi certamente meno brillanti di quelli dell'Idealismo classico tedesco, ma anche meno soggetti al gioco delle interpretazioni. La ragione di questa scelta è chiara: sia Croce che Gentile ritenevano di avere un importante ruolo pedagogico e intendevano il loro lavoro di intellettuali come educativo sia per i singoli sia per la nazione.

TESI ▶ Come esempio della chiarezza espositiva e della profondità della riflessione di Croce, riportiamo il celebre brano dell'*Estetica* in cui il filosofo propone l'equiparazione tra intuizione ed espressione a proposito della «conoscenza del particolare».

L'attività intuitiva *tanto intuisce quanto esprime*. Se questa proposizione suona paradossale, una delle cause di ciò è senza dubbio nell'abito di dare alla parola «espressione» un significato troppo ristretto, assegnandola alle sole espressioni che si dicono verbali; laddove esistono anche espressioni non verbali, come quelle di linee, colori, toni: tutte quante da includere nel concetto di espressione dell'uomo, che abbraccia perciò   5
ogni sorta di manifestazioni dell'uomo, oratore, musico, pittore o altro che sia. E, pittorica o verbale o musicale o come altro si descriva o denomini, l'espressione, in una di queste manifestazioni, non può mancare all'intuizione, dalla quale è propriamente inscindibile. Come possiamo intuire davvero una figura geometrica, se non ne abbiamo così netta l'immagine da essere in grado di tracciarla immediatamente sulla carta   10
o sulla lavagna? Come possiamo intuire davvero il contorno d'una regione, per esempio, dell'isola di Sicilia, se non siamo in grado di disegnarlo così come esso è in tutti i suoi meandri? A ognuno è dato sperimentare la luce che gli si fa internamente quando riesce, e solo in quel punto che riesce, a formulare a se stesso le sue impressioni e i suoi sentimenti. Sentimenti e impressioni passano allora, per virtù della parola, dal-   15
l'oscura regione della psiche alla chiarezza dello spirito contemplatore. È impossibile, in questo processo conoscitivo, distinguere l'intuizione dall'espressione. L'una viene fuori con l'altra, nell'attimo stesso dell'altra, perché non sono due ma uno.
Ma la cagione principale che fa sembrare paradossale la tesi da noi affermata, è l'illusione o pregiudizio che s'intuisca della realtà più di quanto effettivamente se ne   20
intuisce. Si ode spesso taluni asserire di avere in mente molti e importanti pensieri, ma di non riuscire a esprimerli. In verità, se li avessero davvero, li avrebbero coniati in tante belle parole sonanti, e perciò espressi. Se, nell'atto di esprimerli, quei pensieri sembrano dileguarsi o si riducono scarsi e poveri, gli è che o non esistevano o erano soltanto scarsi e poveri. Parimenti si crede che noi tutti, uomini ordinari, in-   25
tuiamo e immaginiamo paesi, figure, scene, come i pittori, e corpi, come gli scultori; salvo che pittori e scultori sanno dipingere e scolpire quelle immagini, e noi le portiamo dentro il nostro animo inespresse. Una Madonna di Raffaello, si crede, avrebbe potuto immaginarla chiunque; ma Raffaello è stato Raffaello per l'abilità meccanica di averla fissata sulla tela. Niente di più falso.[1] Il mondo che intuiamo or-   30

---

1. Croce non nega in questo contesto l'importanza della tecnica; invita però a non confondere la tecnica (che in sé non ha nulla di spirituale) con la vita interiore che è spirituale. Per un idealista questa distinzione è radicale, priva di mediazioni.

dinariamente è poca cosa, e si traduce in piccole espressioni, le quali si fanno via via maggiori e più ampie solo con la crescente concentrazione spirituale in alcuni particolari momenti. Sono le parole interne che diciamo a noi stessi, i giudizî che esprimiamo tacitamente: «ecco un uomo, ecco un cavallo, questo pesa, questo è aspro,
35 questo mi piace, ecc. ecc.», ed è un barbaglio di luce e di colori, che pittoricamente non potrebbe avere altra sincera e propria espressione se non in un guazzabuglio, e dal quale appena si sollevano pochi tratti distintivi particolari. Ciò, e non altro, possediamo nella nostra vita ordinaria, ed è base della nostra azione ordinaria. È l'indice di un libro; sono, come è stato detto, le etichette che abbiamo apposte alle cose e
40 ci tengono luogo di queste: indice ed etichette (espressioni anch'esse), sufficienti ai piccoli bisogni e alle piccole azioni. Ma, di tanto in tanto, dall'indice passiamo al libro, dall'etichetta alla cosa, e dalle piccole intuizioni alle più grandi, e alle grandissime ed eccelse. E il passaggio è talvolta tutt'altro che agevole. È stato osservato da coloro che hanno meglio indagato la psicologia degli artisti che, quando dal vedere
45 con rapido sguardo una persona ci si dispone a intuirla davvero, per farle, per esempio, il ritratto, quella visione ordinaria, che sembrava così vivace e netta, si rivela come poco meno che nulla: ci si accorge di possedere, tutt'al più, qualche tratto superficiale, non bastevole neppure per un pupazzetto; la persona da ritrarre si pone innanzi all'artista come un mondo da scoprire. E Michelangelo sentenziava che «si
50 dipinge col cervello, non con le mani»; e Leonardo scandalizzava il priore del convento delle Grazie con lo stare giorni interi avanti al Cenacolo senza mettervi pennello, e diceva che «gl'ingegni elevati talor che manco lavorano più adoprano, cercando con la mente l'invenzione». Il pittore è pittore perché vede ciò che altri sente solo, o intravede, ma non vede. Un sorriso crediamo di vederlo, ma in realtà ne ab-
55 biamo solo qualche vago accenno, non scorgiamo tutti i tratti caratteristici da cui risulta, come, dopo averci lavorato intorno, li scorge il pittore, che perciò può fermarlo compiutamente sulla tela. Anche del nostro più intimo amico, di colui che ci sta accanto tutti i giorni e tutte le ore, non possediamo intuitivamente se non qualche tratto appena della fisionomia, che ce lo fa distinguere dagli altri. [...]
60 Ognuno di noi, insomma, è un po' pittore, scultore, musicista, poeta, prosatore; ma quanto poco, rispetto a coloro che son chiamati così appunto pel grado elevato in cui hanno le comunissime disposizioni ed energie della natura umana; e quanto poco un pittore possiede delle intuizioni di un poeta, o di quelle anche di un altro pittore! Pure, quel poco è tutto il nostro patrimonio attuale d'intuizioni o rappresenta-
65 zioni. Fuori di esse, sono soltanto impressioni, sensazioni, sentimenti, impulsi, emozioni o come altro si chiami ciò che è ancora di qua dello spirito, non assimilato dall'uomo, postulato per comodo di esposizione, ma effettivamente inesistente, se l'esistere è anche esso un atto dello spirito.[2]
Alle varianti verbali accennate in principio, con le quali si designa la conoscenza
70 intuitiva, possiamo, dunque, aggiungere ancora quest'altra: la conoscenza intuitiva è la conoscenza espressiva. Indipendente e autonoma rispetto all'intellezione; indifferente alle discriminazioni posteriori di realtà e irrealtà e alle formazioni e ap-

---

2. Questa tesi discende direttamente da quanto detto: se l'arte è attività spirituale, essa è legata alla vita dello Spirito, e ciascun uomo vive una vita spirituale. In questo senso si tratta di sviluppare qualcosa che è dentro di noi, lasciando maturare in una forma compiuta un'intuizione allo stato nascente.

percezioni, anche posteriori, di spazio e tempo; – l'intuizione o rappresentazione si distingue da ciò che si sente e subisce, dall'onda o flusso sensitivo, dalla materia psichica, come *forma*; e questa forma, questa presa di possesso, è l'espressione. Intuire è esprimere; e *nient'altro* (niente di più, ma niente di meno) che *esprimere*. 75

▶ B. Croce, *Estetica*

ESERCIZI

Rispondi alle seguenti domande, eventualmente con opportune citazioni:
- Che cosa significano i termini *intuizione* ed *espressione* nel contesto della riflessione crociana?
- Che ruolo hanno le «*parole interne*» nel processo dell'intuizione-espressione?
- Che cosa indica il termine *forma* in questo brano? Danne una breve definizione e illustrala in base a quanto studiato nelle pagine dedicate a Croce.

2 Benedetto Croce
Concetti e pseudoconcetti

QUESTIONE ▶ Nel pensiero crociano non è presente alcuna esplicita svalutazione degli pseudoconcetti, e quindi della scienza, ma solo una distinzione di campo: i concetti appartengono al campo della conoscenza teoretica, gli pseudoconcetti al campo della pratica. Va però sottolineato che l'esito delle tesi crociane sulla cultura italiana fu di forte svalutazione del sapere scientifico.

TESI ▶ Il brano in lettura, tratto dalla *Logica come scienza del concetto puro*, presenta la definizione degli pseudoconcetti e ne mette in luce l'eterogeneità e i caratteri distintivi rispetto ai concetti puri.

Un concetto vero e proprio, appunto perché non è rappresentazione, non può avere a suo contenuto un singolo elemento rappresentativo, né riferirsi a questa o quella rappresentazione particolare o a questo o quel gruppo di rappresentazioni;[1] sebbene, d'altra parte, appunto perché universale rispetto all'individuale delle rappresentazioni, si riferisca a tutte e a ciascuna insieme. Si consideri qualsiasi concetto di carattere universale: quello della *qualità*, per esempio, o dello *svolgimento*, o della *bellezza* o della *finalità*. Si può mai pensare che un tratto di realtà datoci nella rappresentazione, per ampio che sia, e abbracci pure secoli e secoli della più ricca storia o millenni di vita cosmica, esaurisca in sé la qualità o lo svolgimento, la bellezza o la finalità, in modo che si possa affermare l'equivalenza tra quei concetti e quel contenuto rappresentativo? E si consideri per converso un frammento quanto si voglia piccolo di vita rappresentabile: si può mai pensare che in esso, per piccolo, per atomico che sia, manchi qualità e svolgimento e bellezza e finalità? [...] 10

Tutt'altra cosa sono i concetti finti o finzioni concettuali, perché in questi o il contenuto è fornito da un gruppo di rappresentazioni, e perfino da una singola rappresentazione, epperò non sono ultrarappresentativi; ovvero essi non hanno alcun contenuto rappresentabile, epperò non sono onnirappresentativi. Del primo tipo offrono esem- 15

---

1. Il concetto non è legato a una specifica conoscenza sensibile e quindi al mondo dei particolari (si ricordi la distinzione, nei distinti, tra conoscenza del particolare e conoscenza dell'universale).

20 pi i concetti di *casa*, *gatto*, *rosa*; del secondo, quelli di triangolo o di moto libero. Nel pensare il concetto di casa, ci riferiamo a una struttura artificiale di pietre o mattoni o legno o ferro o paglia, dove esseri, che chiamiamo uomini, sogliono dimorare per alcune ore o per intere giornate e interi anni. Ma, per numerosi che siano gli oggetti compresi sotto quel concetto, il loro numero è finito: c'è stato un tempo in cui non esisteva l'uomo, e perciò neanche la casa dell'uomo; e un altro, in cui l'uomo esisteva senza la casa, vivendo in caverne o a cielo aperto. [...]

25 «Finzioni concettuali» è un modo di dire, e nessuno vorrà battagliare contro i modi di dire. Comunque, noi, anche per ragione di brevità, le chiameremo *pseudoconcetti*, e, per abbondare in chiarezza, chiameremo i concetti veri e propri, *concetti puri*: denominazione che ci sembra anche più conveniente di quella d'*idee* (concetti puri) contrapposte a *concetti logici* (pseudoconcetti), come un tempo si diceva nelle scuole. È

30 da tenere tuttavia ben presente che gli pseudoconcetti, sebbene nel loro nome entri la parola «concetto», non sono concetti, non ne formano una specie, né litigano con essi (salvo che non li faccia litigare, distorcendoli dal loro fine proprio); e che i concetti puri non hanno a sé accanto i concetti impuri, i quali non sono veramente concetti.

▶ B. CROCE, *Logica come scienza del concetto puro*

ESERCIZI

Rispondi alle seguenti domande, eventualmente con opportune citazioni:
- Che cosa distingue un *concetto* da uno *pseudoconcetto* secondo Croce?
- In che senso la *bellezza* o la *finalità* sono concetti?
- In che senso il *triangolo* non è un concetto ma uno pseudoconcetto?

3 Benedetto Croce
Storia e libertà

QUESTIONE ▶ Che la storia sia «*storia della libertà*», come sostenuto da Hegel, va quanto meno giustificato, di fronte agli orrori di cui la storia umana è intessuta. Croce, che riflette da filosofo ma è anche uno storico, ha più volte affrontato questo tema. Il saggio da cui proponiamo questa pagina, *La storia come pensiero e come azione*, è della fine degli anni Trenta, quando Croce, da tempo, aveva dovuto fare i conti con il fascismo in Italia e con l'avvento dei totalitarismi in Europa.

TESI ▶ Croce, prendendo le distanze dall'Idealismo hegeliano, non considera la libertà come un processo caratterizzato da tappe e mirante a un obiettivo finale, ma la considera come la cifra stessa della vita dello Spirito e quindi della realtà.

Che la storia sia storia della libertà è un famoso detto dello Hegel [...] che nello Hegel e nei suoi ripetitori ha il significato, che abbiamo criticato di sopra, di una storia del primo nascere della libertà, del suo crescere, del suo farsi adulta e stare salda in questa raggiunta età definitiva, incapace di ulteriori sviluppi (mondo orientale, mondo

5 classico, mondo germanico = uno solo libero, alcuni liberi, tutti liberi). Con diversa intenzione e diverso contenuto quel detto è qui pronunziato, non per assegnare alla

storia il tema del formarsi di una libertà che prima non era e un giorno sarà, ma per affermare la libertà come l'eterna formatrice della storia, soggetto stesso di ogni storia.[1]

Come tale, essa è, per un verso, il principio esplicativo del corso storico e, per l'altro, l'ideale morale dell'umanità.

Niente di più frequente che udire ai giorni nostri l'annunzio giubilante o l'ammissione rassegnata o la lamentazione disperata che la libertà abbia ormai disertato il mondo, che il suo ideale sia tramontato sull'orizzonte della storia, con un tramonto senza promessa di aurora. Coloro che così parlano scrivono e stampano, meritano il perdono motivato con le parole di Gesù: perché non sanno quel che si dicano. Se lo sapessero, se riflettessero, si accorgerebbero che asserire morta la libertà vale lo stesso che asserire morta la vita, spezzata la sua intima molla. [...]

La filosofia non sta al mondo per lasciarsi sopraffare dalla realtà quale si configura nelle immaginazioni percosse e smarrite, ma per interpretarla, sgombrando le immaginazioni. Così, indagando e interpretando, essa, la quale ben sa come l'uomo che rende schiavo l'altro uomo sveglia nell'altro la coscienza di sé e lo avvia alla libertà, vede serenamente succedere a periodi di maggiore altri di minore libertà, perché quanto più stabilito e indisputato è un ordinamento liberale, tanto più decade ad abitudine, e, scemando nell'abitudine la vigile coscienza di se stesso e la prontezza della difesa, si dà luogo ad un vichiano ricorso di ciò che si credeva che non sarebbe mai riapparso al mondo, e che a sua volta aprirà un nuovo corso. [...]

Se la storia non è punto di idillio, non è neppure una «tragedia di orrori», ma è un dramma in cui tutte le azioni, tutti i personaggi, tutti i componenti del coro sono, nel senso aristotelico, «mediocri», colpevoli incolpevoli, misti di bene e di male, e tuttavia il pensiero direttivo è in essa sempre il bene, a cui il male finisce per servire da stimolo, l'opera è della libertà che sempre si sforza di ristabilire, e sempre ristabilisce, le condizioni sociali e politiche di una più intensa libertà. Chi desideri in breve persuadersi che la libertà non può vivere diversamente da come è vissuta e vivrà sempre nella storia, di vita pericolosa e combattente, pensi per un istante a un mondo di libertà senza contrasti, senza minacce e senza oppressioni di nessuna sorta; e subito se ne ritrarrà inorridito come dall'immagine, peggio che della morte, della noia infinita.

Ciò posto, che cosa sono le angosce per la perduta libertà, le invocazioni, le deserte speranze, le parole di amore e di furore che escono dal petto degli uomini in certi momenti e in certe età della storia? È stato già detto di sopra in un campo analogo: non verità filosofiche né verità storiche, ma neppure errori e sogni, sono moti della coscienza morale[2], storia che si fa.

▶ B. Croce, *La storia come pensiero e come azione*

1. Nell'Idealismo tedesco il termine libertà non designa l'arbitrio dell'individuo o di un governo, ma la realizzazione di sé. In questo senso la storia è storia della libertà, cioè storia della realizzazione dello Spirito nel tempo. La libertà è quindi non esito, ma matrice della storia. Croce poco dopo ne trae la conclusione che asserire morta la libertà nel nostro tempo significa asserire morta la vita stessa.

2. Sono vita: la dizione *«coscienza morale»* indica infatti la percezione che la vita spirituale ha di sé come autonoma. L'opposizione con il mondo (la condizione storica di schiavitù) può essere matrice di questa coscienza.

ESERCIZI

Rispondi alle seguenti domande, eventualmente con opportune citazioni:
- Che cosa significa il termine *libertà* nel contesto di questo brano?
- Come "giustifica" Croce la schiavitù nel corso della storia umana? Sei d'accordo con l'autore? Motiva la tua risposta.
- Che differenza bisogna intendere fra *tragedia* e *dramma* nel contesto indicato?

4 Giovanni Gentile
L'attualismo

QUESTIONE ▶ Benché Gentile abbia compiuto ogni sforzo per rendere accessibile il suo pensiero filosofico attraverso una scrittura tecnicamente piana, pur nella precisione tecnica, il suo attualismo resta una forma di riflessione caratterizzata da ardui tecnicismi che implica, per la sua comprensione, una buona conoscenza della tradizione filosofica precedente.

TESI ▶ Proponiamo in lettura una pagina, tratta da *Introduzione alla filosofia*, in cui il concetto fondamentale dell'attualismo è presentato con semplicità e rigore.

Il principio della filosofia attualistica

La filosofia attualistica è così denominata per il metodo da essa propugnato: che si potrebbe definire «metodo della immanenza assoluta», profondamente diversa dalla immanenza, di cui si parla in altre filosofie, antiche e moderne, e anche contemporanee. Alle quali tutte manca il concetto della soggettività irriducibile della realtà,

5 a cui si fa immanente il principio o misura della realtà stessa. Immanentista Aristotele rispetto all'idealismo astratto di Platone, la cui idea nella filosofia aristotelica diviene forma della stessa natura: forma inscindibilmente connessa con la materia, nella sintesi del concreto individuo: dal quale l'idea, suo principio e misura, non si può separare se non per astrazione. Ma l'individuo naturale per la filosofia attualistica è

10 esso stesso qualche cosa di trascendente[1]: perché in concreto non è concepibile fuori di quel rapporto, in cui esso, oggetto di esperienza, è indissolubilmente congiunto col soggetto dell'esperienza, nell'atto del pensiero mediante il quale l'esperienza si realizza. Tutto il realismo, fino al criticismo kantiano, rimane sul terreno di questa trascendenza. Vi rimane ogni filosofia la quale, anche se riduca tutto all'espe-

15 rienza, questa intenda come qualche cosa di oggettivo, e non come l'atto dell'Io pensante in quanto pensa, realizzando la realtà dello stesso Io: una realtà fuori della quale non è dato pensare nulla di indipendente e per sé stante.

Questo è il punto fermo, a cui si attacca l'idealismo attuale. La sola realtà solida, che mi sia dato affermare, e con la quale deve perciò legarsi ogni realtà che io pos-

20 sa pensare, è quella stessa che pensa; la quale si realizza ed è così una realtà, soltanto nell'atto che si pensa. Quindi l'immanenza di tutto il pensabile all'atto del pensa-

---

1. In questo brano, i termini trascendente e immanente vanno riferiti al rapporto tra il pensare e il pensato: ovviamente un pensato non può mai essere del tutto trascendente rispetto al pensare, perché un pensato è tale solo in rapporto all'atto del pensare. Là dove c'è un rapporto non può esserci trascendenza assoluta. Negli stessi anni temi analoghi stavano ricevendo una trattazione completamente diversa presso gli esistenzialisti francesi (▶ *Jean-Paul Sartre e l'esistenzialismo francese*, p. 107).

re; o, *tout court*, all'atto; poiché di attuale, per quel che si è detto, non c'è se non il pensare in atto; e tutto quello che si può pensare come diverso da questo atto, in tanto si attua concretamente in quanto è immanente all'atto stesso.

▶ G. GENTILE, *Introduzione alla filosofia*

ESERCIZI

Rispondi alle seguenti domande, eventualmente con opportune citazioni:

■ In che senso, secondo Gentile, il *metodo* è decisivo per la comprensione della filosofia attualistica? Che cosa significa «*metodo della immanenza assoluta*»?

■ In che senso, secondo Gentile, non è possibile pensare nulla di indipendente dall'atto con cui l'Io pensa? Che argomenti porta a sostegno di questa tesi?

■ Che cosa significa la dizione «*immanenza di tutto il pensabile all'atto del pensare*»?

5 Giovanni Gentile
Lo Stato etico

QUESTIONE ▶ Riportiamo un celebre brano di Gentile, di grande importanza storica, sullo Stato etico: fu sulla base di questa concezione, e per coerenza intellettuale, che Gentile rimase fedele al fascismo anche durante la Repubblica di Salò.

TESI ▶ Nel brano presentato la delineazione dei caratteri fondamentali dello Stato si rifà direttamente a Hegel, con il quale puoi fare un opportuno confronto (▶ vol. 3A, p. 121).

Universalità dell'uomo

Ma l'uomo, quest'essere pensante, che è coscienza di sé, personalità teorica in quanto pratica, e pratica in quanto teorica[1] non è l'uomo singolo, particolare. O meglio, è l'uomo particolare in quanto non è (o, che è lo stesso, non è abbastanza) quello che dev'essere e vuol essere: in quanto non parla in modo da esprimere qualche cosa che possa fermare l'attenzione, in quanto non agisce in modo che la sua azione abbia   5
un'importanza; e insomma in quanto non pensa. Pensare è superare la particolarità e universalizzarsi: quindi parlare, agire, ragionare, in modo che il soggetto che parla, agisce, ragiona realizzi qualche cosa di universale: una *legge* viva: estetica, morale, logica. Perciò riesce, parlando, ad esprimere qualche cosa di umano, di cui tutti sentono la presenza in se stessi, e della cui espressione tutti perciò sono indotti na-   10
turalmente a partecipare e godere, come di cosa propria. [...]
L'esistenza attuale è esistenza storica determinata, in una forma: che è linguaggio comune, sono istituti e leggi, sono tradizioni e principii morali, memorie e speranze: per cui l'uomo è nazione, e la nazione, avendo una concreta personalità, è Stato.

Concetto dello Stato

Lo Stato è la nazione consapevole della sua unità storica. È lo stesso uomo, in quan-   15
to si realizza universalmente, questa sua universalità determinando in una certa for-

---

1. Gentile non accoglie la concezione crociana dei distinti e riconduce l'attività dello Spirito alla comune matrice dell'atto del pensare.

ma. Determinazione necessaria, com'è necessario che chi parla usi certe parole. La forma in cui si determina lo spirito d'un popolo[2] è complessa, e non è questo il luo-
20 go per fare l'analisi di tutti i suoi elementi. Ma nessuno degli elementi che s'appartengono alla vita d'un popolo, materiali o morali, è estraneo a codesta forma tutta spirituale che si suggella nell'autocoscienza della nazione che è lo Stato. Pensiero e azione: consapevolezza di quel che si è, volontà di quel che si dev'essere. L'uomo che nella sua singola personalità si senta estraneo a tale forma, è un'astrazione storica:
25 può essere un delinquente che viola la legge della patria, può essere un immorale che non sente nella sua coscienza pulsare la coscienza universale.

Interiorità dello Stato

È evidente che questo Stato ha un'esistenza interiore; e tutte le sue esterne manifestazioni (territorio, forza esecutiva del potere, uomini rappresentativi dei vari poteri dello Stato, ecc.), traggono il loro valore dalla volontà che le riconosce e vuole co-
30 me elementi necessari e costitutivi della forma storica e attuale dello Stato. E bisogna riferirsi a questa interiorità, e intenderla rigorosamente, per rendersi conto del carattere etico dello Stato, che così spesso dà luogo a fraintendimenti ed equivoci strani. Giacché lo Stato nella sua essenziale interiorità non solo è volontà etica, ma è, in generale, autocoscienza, quindi umanità piena e perfetta. Non di rado invece si
35 scambia lo Stato col Governo anzi con le persone fisiche in cui il Governo s'incarna. E non si vede che queste persone e il Governo stesso non sono lo Stato, bensì solo elementi della forma in cui lo Stato si attua.

Carattere dialettico dello Stato

Ma la principale difficoltà che ostacola l'esatta intelligenza del carattere etico, e in genere, spirituale dello Stato, è la reazione statica e assolutamente meccanica in
40 cui sono concepiti il cittadino e lo Stato: il particolare e l'universale. Onde si pensa che il particolare è particolare e non è universale; e viceversa. E ciascuno dei due termini si oppone all'altro, rigidamente, irriducibilmente. Laddove i due termini così concepiti sono due astrazioni, e il concreto è la loro unità dialettica, cioè il particolare che si fa universale. Si fa, non è immediatamente. Di guisa che l'universale è
45 sempre e non è mai. E quel che il cittadino si può trovare di fronte come suo termine opposto, non è mai lo Stato, ma quello che non è ancora lo Stato: un particolare, a cui infatti ripugna, perché esso limita la sua personalità. Lo Stato vero invece non limita ma slarga, non deprime ma potenzia la personalità del cittadino: non l'opprime ma la libera.
50 Lo Stato non è mai lo Stato perfetto, e s'intende[3]. Ma ogni sforzo che si fa per mutare la forma in cui lo Stato consiste, obbedisce alla logica che fa cercare ad ogni uomo la sua vita nell'universale e nella libertà. Questo sforzo non sarebbe d'altronde possibile se lo Stato non fosse, pur nella sua imperfezione, la stessa volontà del cittadino che insoddisfatta aspira a una forma più adeguata. Volontà particolare che ha in sé la forza di diventare universale, volontà di tutti [...].

---

2. Si ricordi l'origine romantica di questa concezione, qui direttamente richiamata (vedi la posizione di Herder, ▸ Volume 3A, nel brano a p. 34).
3. Gentile non indica esplicitamente il significato del termine perfezione nel contesto idealista.

Lo Stato e i filosofi

Lo Stato, come ogni realtà concreta dello spirito, è divisione di lavoro e coordinazione dei vari elementi in cui esso si divide; organismo, la cui unità, che è la vita, richiede specializzazioni di organi e funzioni, che sono tutti organi e funzioni dell'unico organismo. Lo Stato ha la sua arte negli artisti della nazione di cui esso è la personalità: e così ha i suoi sacerdoti, i suoi scienziati, i suoi soldati, i suoi agricoltori e navigatori e medici e ingegneri, ecc. La cui molteplicità è varietà di forme dello stesso pensiero, e quindi paragone e concorrenza, e trionfo delle migliori, per le quali trionfa sempre nel popolo, ossia nello Stato, il pensiero più potente, o, semplicemente, il pensiero. Ha i suoi filosofi, sulle cattedre, nelle accademie, dovunque lo spirito soffia. Attraverso le varie filosofie si svolge la filosofia: quella che sola può essere la filosofia, il pensiero, la potenza della nazione forte della sua civiltà e delle sue energie spirituali: la potenza dello Stato.

▶ G. GENTILE, *Introduzione alla filosofia*

ESERCIZI

Rispondi alle seguenti domande, eventualmente con opportune citazioni:
- In che senso Gentile parla di universalità dell'uomo?
- In che senso Gentile parla di interiorità dello Stato?
- Quale deve essere, secondo Gentile, la posizione dei filosofi nello Stato?

6 Giovanni Gentile
Attualismo e cristianesimo

QUESTIONE ▶ Nel 1929 il governo italiano firmò il Concordato con il Vaticano, in seguito al quale venne introdotto l'insegnamento della religione cattolica nella scuola italiana. Gentile, in quest'occasione come in molte altre, subì l'attacco dei cattolici per avere difeso l'insegnamento storico della filosofia, che sembrava essere in contrasto con l'insegnamento confessionale.
TESI ▶ Nel passo che riportiamo Gentile chiarisce la sua posizione in tema di religione, dimostrando che l'attualismo non è una filosofia atea.

Infine, è questa filosofia così radicalmente immanentista[1] una filosofia atea? È l'accusa più insistente a cui essa oggi è fatta segno dai pensatori cattolici e tradizionalisti, che non riescono a rendersi conto della distinzione che è nell'unità dell'atto spirituale. E sono essi i veri atei, in sede di filosofia. Perché se realmente fosse da concepire quell'assurda separazione tra l'essere divino e l'umano, ogni rapporto tra i due termini diventerebbe affatto impossibile. E io penso fermamente che quest'atteggiamento dei pensatori sia ateo perché anticristiano. Sono infatti convinto che il cristianesimo col suo domma centrale dell'Uomo-Dio abbia questo significato speculativo: che a fondamento della distinzione necessaria tra Dio e l'uomo si debba porre un'unità, la quale

---

1. Per la nozione di immanenza si ricordi quanto detto sull'attualismo nella nota 1 del brano 4 (p. 218), brano che va considerato una lettura propedeutica alla presente pagina.

10 non può essere se non l'unità dello spirito; che sarà spirito umano in quanto spirito divino, e sarà spirito divino in quanto pure spirito umano. Chi trema e s'adombra ad accogliere nell'animo questa coscienza dell'infinita responsabilità onde l'uomo s'aggrava riconoscendo e sentendo Dio in se stesso, non è cristiano, e – se il cristianesimo non è se non una rivelazione, cioè una più aperta coscienza che l'uomo acquista della pro-

15 pria natura spirituale, – non è neppure uomo. Voglio dire uomo consapevole della sua umanità.[2]

E come potrà egli sentirsi libero, e capace perciò di riconoscere e adempiere un dovere, e di apprendere una verità, e di entrare insomma nel regno dello spirito, se egli nel profondo del suo proprio essere non sente raccogliersi e pulsare la storia, l'univer-

20 so, l'infinito, tutto? Potrebbe egli colle limitate forze, che in qualsiasi momento della sua esistenza egli trova di fatto a possedere, affrontare, come egli pur fa e deve fare, il problema della vita e della morte, che gli si presenta terribile con la possanza ineluttabile delle leggi di natura? Eppure, se egli deve vivere una vita spirituale, bisogna che trionfi di questa legge, e nel mondo dell'arte come in quello della moralità, con l'a-

25 zione e col pensiero, partecipi alla vita delle cose immortali, che sono divine ed eterne. E vi partecipi da sé, liberamente[3]; poiché non c'è esterno aiuto che possa soccorrere alla spontanea capacità dello spirito, che non sia un aiuto voluto e apprezzato e perciò liberamente cercato e fatto valere. E niente insomma ci viene dall'esterno che giovi alla salute dell'anima, al vigore dell'intelligenza, alla potenza del volere.

30 E perciò l'attualista non nega Dio, ma insieme coi mistici e con gli spiriti più religiosi che sono stati al mondo ripete: *Est Deus in nobis*.[3]

▸ G. Gentile, *Introduzione alla filosofia*

ESERCIZI

Rispondi alle seguenti domande, eventualmente con opportune citazioni:

■ Quale significato assume l'espressione latina «*est Deus in nobis*» all'interno dell'attualismo di Gentile? Come è giunto Gentile a questa conclusione?

■ Secondo quanto esposto in questo brano, si può affermare che Gentile è un mistico? Motiva la tua risposta.

---

2. L'uomo è davvero uomo in quanto attività spirituale; non si dà per Gentile una natura umana indipendente come tale.
3. Cioè realizzando se stesso. Per il senso del termine libertà nell'Idealismo vedi quanto ricordato nella nota 1 al brano 3 (p. 217).
4. L'espressione latina significa «Dio è in noi».

1. Croce: storia e libertà

Il problema della storia non smise mai di essere al centro delle preoccupazioni filosofiche di Croce che, avendo vissuto sia l'esperienza dell'Italia liberale che il ventennio fascista, le due guerre mondiali e il primo dopoguerra, fu sempre richiamato alla dura esperienza del dolore e della morte in un mondo all'apparenza irrazionale e tutt'altro che chiamato alla libertà. L'approfondimento che proponiamo mette a tema il conflitto fra tragedia e libertà nella storia.

Paolo Bonetti[1], *Introduzione a Croce*

Alla sempre risorgente domanda su «quale sia il soggetto della storia, Dio o gli uomini, l'universale o gli individui», Croce dà una risposta che pone nella concretezza dell'opera il punto d'incontro tra l'«astratto universale» e gli altrettanto astratti individui. L'universale nasce dalla relazione che s'intesse tra le differenti individualità, ma queste sono veramente reali soltanto nell'opera che si sviluppa attraverso il comune lavoro e che non può mai essere attribuita a un individuo separato dal tutto. La polemica contro il cosiddetto provvidenzialismo crociano, contro la concezione degli individui ridotti a semplici strumenti (o magari a simboli) dello Spirito universale, non tiene sufficientemente conto [...] del fatto che per Croce lo Spirito non è ipostatizzazione di un ente immaginario, ma è la stessa trama storica intessuta nei millenni da innumerevoli individui nelle loro reciproche relazioni e in quelle con le infinite forze del cosmo infinito. L'individuo può «conoscere caso per caso la situazione in cui si trova e ascoltare la voce interiore per la sua nuova azione», può giudicare ogni opera individuale nella sua particolare qualità, e seguire poi, il suo demone socratico nella creazione di una nuova opera, ma non può porsi sul piano del giudizio storico-cosmico. L'accadimento storico, anche per l'ultimo Croce, che pone il senso della storia nell'etica, resta qualcosa che non può essere misurato con il criterio che la coscienza morale adopera nella dialettica della prassi:

«Siamo forse noi i creatori della nostra libertà? Noi che nasciamo con disposizioni, tendenze, vocazioni, che non sono fatte da noi, e che, qualunque cosa di pregio operiamo, ci avvediamo che, per raziocinii e sforzi nostri, non l'avremmo pensata e attuata, e che essa ci viene d'altronde, come una ispirazione e come una grazia? Il Deus est nobis non

è solo dei poeti, ma degli uomini nelle loro opere tutte, per varie che siano. E noi siamo consapevoli di quel che egli fa in noi, che siamo sue particelle o sue faville; ma non siamo né possiamo essere consapevoli dell'opera superiore che egli tesse comprendendo tutti e perciò superando ciascuno, e che è l'opera del tutto; e per questo, mentre giudichiamo le opere nostre, quella non possiamo giudicare e dobbiamo riceverla a guisa di mistero».

Per questo nesso indissolubile di vitalità e civiltà, di necessità e libertà, *la vita e la storia meritano di essere chiamate tragiche*», ma questa intrinseca tragicità dell'esistenza, che la poesia esprime e la filosofia conferma, non annulla il valore morale dell'uomo e la positività delle opere compiute, quale che sia l'accadimento storico in cui ogni opera va a confluire: anche l'azione appartenente «alla causa soccombente, victa come quella di Catone, non sarà stata vinta, perché l'esigenza di bene che essa conteneva non si spegne, come non si spense nel mondo e sul mondo il no di Catone; e ciò basta». Né l'accettazione del tutto come mistero che ci supera, ci esime dal dovere di ricercare, di volta in volta, la verità che ci appartiene come singoli, correlativa alle particolari condizioni della nostra vita, e di seguire la voce della nostra coscienza, in cui si individualizza e si storicizza l'eterna categoria del bene.

> **RISPONDI ALLE SEGUENTI DOMANDE**

- Qual è, secondo Croce, il «*soggetto della storia*»?
- Che cosa significa «*nesso tra necessità e libertà*» nella storia?

2. L'estetica crociana come categoria dello Spirito

L'autonomia dell'arte, pur intesa come attività dello Spirito, è uno dei concetti più nettamente ribaditi da Croce, in piena coerenza con la sua teoria dei distinti. In questa pagina Franco Restaino sottolinea il significato filosofico dell'estetica in quanto autonoma attività spirituale.

Franco Restaino[2], *Storia dell'estetica moderna*

L'arte [...] costituisce per Croce un fatto puramente spirituale, un'attività pura, non contaminata da elementi estranei a quelli indicati. Qualora altri elementi vengano a contaminare il fatto artistico o poetico, si tratterà

---

1. Paolo Bonetti, studioso di filosofia, si è occupato di Benedetto Croce al quale ha dedicato *L'Introduzione a Croce* (2006) da cui è tratto il brano in lettura e *Per conoscere Croce* (1998), che raccoglie contributi di alcuni dei maggiori studiosi del filosofo napoletano. È anche autore di testi di filosofia del diritto e di bioetica.
2. Franco Restaino (1938) insegna Filosofia teoretica all'Università di Roma "Tor Vergata". Ha pubblicato studi su J.S. Mill, D. Hume, sulla filosofia americana e, in collaborazione con Adriana Cavarero, *Le filosofie femministe*.

di distinguere accuratamente tra poesia e non-poesia (sarà questo il titolo di un importante libro di Croce degli anni Venti), perché ciò significherà che la poesia è stata abbassata, o piuttosto adoperata, «*a documento e a strumento*». Croce su questo punto è molto reciso, la distinzione è netta: un prodotto spirituale che voglia essere artistico «*o esso è un'intuizione lirica, o sarà qualsivoglia altra cosa, sia pure altamente rispettabile, ma non arte*» (*Aesthetica in nuce*).

Croce procede quindi a distinguere l'arte da ciò che non è filosofia, poiché quest'ultima «*è pensiero logico delle categorie universali dell'essere, e l'arte è intuizione riflessa dell'essere*»; l'arte non è storia, perché quest'ultima «*importa distinzione critica tra realtà e irrealtà, tra realtà di fatto e realtà d'immaginazione*», mentre l'arte è «*al di qua di tali distinzioni*»; l'arte non è scienza naturale o scienza matematica; non è neppure giuoco d'immaginazione, la quale in quanto tale «*è estranea alla poesia*», che invece è «*fantasia creatrice*»; non è neppure «*il sentimento nella sua immediatezza*», che costituisce una specie di sfogo personale privo affatto di poeticità, ma è il sentimento «*contemplato*», che in questa sua manifestazione garantisce il carattere «*universale e cosmico*» della poesia; l'arte non è, infine, né didascalica né oratoria né alcun tipo di attività assimilabile a queste. L'arte ha una sua specificità esclusiva, derivante dall'essere una «*forma*» dell'attività spirituale non riducibile a nessuna delle altre.

La irriducibilità dell'arte alle altre forme dello Spirito non significa, tuttavia, separatezza e frantumazione della vita dello Spirito. Croce aveva parlato di circolarità della vita dello Spirito, e anche qui ribadisce questo concetto affermando che «*la categoria dell'arte, come ogni al-*

tra categoria, presuppone, a volta a volta, tutte le altre, ed è presupposta da tutte le altre: è condizionata da tutte e pur condiziona tutte»; e infatti che cos'è lo stato d'animo dal quale nasce la poesia «*se non tutto lo Spirito, che ha pensato, ha voluto, ha agito, e pensa e desidera e soffre e gioisce, e si travaglia in se stesso?*». A fondamento della poesia sta la personalità umana, lo Spirito, nella sua interezza, coronante se stesso nella sfera della moralità, per cui il poeta, l'artista, al di là del suo comportamento privato, quando fa arte deve avere consapevolezza dei valori morali che stanno alla base del dramma umano nella sua complessità. Croce insiste su questo punto, affermando che «*la figura del poeta puro, dell'artista puro, cultore della pura Bellezza, scevro di umanità, è non una figura, ma una caricatura*».

Corollario di queste tesi sulla circolarità e sul reciproco condizionamento delle forme dello Spirito è l'affermazione che l'estetica «*sebbene sia una particolare dottrina filosofica perché pone a suo principio una particolare e distinta categoria dello Spirito, in quanto è filosofica non si distacca mai dal tronco della filosofia, perché i suoi problemi sono di relazione tra l'arte e le altre forme spirituali, e però di differenza e di identità: essa è, in realtà, tutta la filosofia, sebbene lumeggiata più insistentemente nel lato che riguarda l'arte*».

RISPONDI ALLE SEGUENTI DOMANDE

■ Che cosa significa, nell'ambito della riflessione crociana, affermare che l'arte è un'«*attività spirituale*»? Che cos'è un'attività spirituale?

■ Quale differenza pone Croce tra l'arte e gli altri prodotti dello Spirito?

1. Che cos'è la libertà?

Nella storia della filosofia abbiamo incontrato molto spesso il termine libertà. Benché vi sia un tratto comune in ognuna delle definizioni proposte dai filosofi, di fatto il senso di questo termine è spesso così diverso da autore ad autore da rendere necessario stabilire confronti puntuali per riuscire a intendersi, anche tra filosofi appartenenti alla stessa corrente di pensiero.

Nel caso di Croce il punto di riferimento è la tradizione idealista, rispetto alla quale il filosofo italiano introduce importanti precisazioni. Ti proponiamo due attività su questo tema.

■ Metti direttamente a confronto la concezione della libertà in Croce e in Hegel (o in un altro degli idealisti classici tedeschi da te studiati) sui seguenti punti:
– qual è il soggetto a cui può essere applicata la nozione di libertà: l'individuo? Il popolo? Lo Spirito? La storia?...;
– quale senso concreto acquista la nozione di libertà in sede etica, per esempio in relazione alla nozione di responsabilità individuale delle azioni?
– qual è il senso concreto che la nozione di libertà acquista in sede politica, per esempio in relazione alla nozione di responsabilità collettiva delle azioni?
– applica la nozione crociana di libertà all'analisi di un problema politico attuale: per esempio, il problema della libertà individuale nelle dittature o i diritti dei cittadini in epoca di gravi minacce terroristiche...
Quali scelte politiche concrete ti ha suggerito l'applicazione delle tesi crociane?

■ A completamento di questo esercizio ti proponiamo di confrontare le posizioni crociane sulla libertà con quelle dei teorici liberali ottocenteschi (ricorda che Croce, benché idealista, assunse posizioni vicine al liberalismo politico sul tema della libertà).
Dato il rilievo del tema della libertà nelle riflessioni di J. Stuart Mill, è probabilmente questo il miglior filosofo di riferimento per un confronto diretto.

◉ Vai al sito nella sezione **Etica**, Introduzione, *Il campo semantico del termine libertà*.

2. Croce: intuizione ed espressione

È possibile pensare senza parole? Senza che il pensiero si organizzi compiutamente in un linguaggio dotato di senso? Croce ritiene di sì, ma ritiene che in questo caso l'intuizione del mondo esterno o interno non sia maturata sino al punto da esprimersi in un pensiero. È la cosiddetta percezione albeggiante delle cose, della vita interiore, del nostro stesso io.
Questo tipo di pensiero non dà luogo all'effettiva costituzione di una forma estetica, cioè dotata di un valore emotivo compiuto, espresso in un'oggettivazione percepibile (forma).

■ Su questo tema ti proponiamo di svolgere uno dei seguenti lavori:
– approfondisci l'argomento dell'intuizione estetica, attraverso la lettura del brano crociano riportato alle pp. 213-215, del brano di approfondimento di Franco Restaino di p. 223, o di uno dei brevi saggi critici dedicati da Croce a singole opere poetiche (per esempio a singoli temi danteschi o a singoli canti della *Divina Commedia*), alla ricerca di ciò che è poesia e di ciò che, secondo Croce, non è poesia;
– racconta un'intuizione che non ha avuto adeguata espressione, secondo l'indicazione di Croce contenuta nel testo a p. 213.

3. Gentile e lo Stato etico

In coerenza con la sua concezione dello Stato etico, Gentile ha enunciato una nozione di libertà che ha caratteri molto diversi da quelli crociani, caratteri che hanno giustificato ai suoi occhi l'adesione non solo al fascismo ma anche alla Repubblica di Salò.

■ Se hai svolto l'esercizio n. 1, ti chiediamo di porre a confronto punto a punto:
– la concezione gentiliana della libertà con quella crociana;
– la concezione gentiliana dello Stato con quella crociana.

Antonio Gramsci e il marxismo occidentale del XX secolo

1. L'eredità di Marx ed Engels

L'impatto pratico-politico del marxismo

Marx ed Engels lasciarono in eredità ai posteri una vasta mole di scritti, pubblicati e non. Le dottrine contenute in questi testi furono variamente recepite e interpretate a partire dal 1880 in poi. Il marxismo, tuttavia, va considerato non solo dal punto di vista strettamente teorico, ma anche nella sua portata pratico-politica. L'intento dei marxisti infatti – in linea con i progetti giovanili di Marx – era quello di cambiare e non solo di interpretare il mondo.

La rivoluzione dello stato di cose presente – cioè del sistema capitalistico internazionale – era l'obiettivo politico principale. Il movimento marxista del XIX secolo non si presenta tuttavia come un movimento compatto e omogeneo, che a partire dai testi di Marx si sviluppa linearmente, giungendo fino ai nostri giorni. Nei suoi lineamenti generali il marxismo teorico è connesso con le alterne vicende della storia del movimento operaio internazionale e dei vari partiti comunisti e socialisti, europei innanzitutto.

Per questo motivo le differenze di interpretazione del marxismo di Marx – che cosa ha veramente detto Marx? – sono legate non solo alle differenti letture dei testi da parte degli interpreti – la questione cioè non è puramente filologica o ermeneutica – ma sono per lo più legate agli usi pratico-politici che di quei testi sono stati fatti dai vari esponenti del marxismo internazionale. Dobbiamo inoltre sottolineare il diverso uso che è stato fatto delle dottrine marxiane da parte occidentale e da parte orientale e sovietica. Vediamo nei particolari.

La Seconda Internazionale

La Seconda Internazionale (1889-1914), cioè l'insieme dei partiti e dei movimenti socialisti e comunisti, vide il serrato confronto al suo interno fra i marxisti cosiddetti «ortodossi», tra i quali Karl Kautsky in Germania e Georgij V. Plechanov in Russia, da una parte, e i cosiddetti «revisionisti», facenti capo a Eduard Bernstein, dall'altra.

L'idea di Kautsky era quella che la storia fosse in costante evoluzione. In questo senso, in polemica con la posizione di Lenin e Trockij, sosteneva che sarebbe stato inutile usare metodi violenti per cambiare il corso degli eventi: il capitalismo era necessariamente destinato a essere superato. Secondo Bernstein invece il socialismo non si compie naturalmente, ma è un fatto etico che coinvolge la volontà e l'azione dell'uomo. Bernstein promuove una sorta di riformismo collaborativo tra proletariato e classe borghese in vista del superamento dell'ordine presente. Accanto a questi due schieramenti si presenta in forma originale l'austromarxismo di orientamento neokantiano (Hilferding, Adler, Bauer). Chi si scagliò più duramente contro il revisionismo, tacciandolo di concezione adialettica della storia, fu il politico e pensatore russo Nikolaj Lenin.

La Seconda Internazionale fu superata nei suoi intenti revisionistici dalla Rivoluzione d'ottobre (1917) dopo la quale gli schieramenti in campo furono l'**opportunismo** socialdemocratico da una parte e il **bolscevismo** dall'altra. Fu la pensatrice e rivoluzionaria polacca Rosa Luxemburg, dalla Germania, a ritenere improbabile un'evoluzione pienamente socialista della rivoluzione bolscevica capeggiata da Lenin in Russia. Lenin ebbe tuttavia un peso talmente grande nelle vicende successive del marxismo che, da allora in poi, l'intero movimento socialista assunse il nome di **marxismo-leninismo**. La principale novità apportata da Lenin nell'ambito della riflessione sul marxismo fu la teoria dell'**imperialismo** come ultima fase del capitalismo, cioè la considerazione del capitalismo mondiale come forza di conquista via via sempre più estesa dell'intero orbe terracqueo.

La Terza Internazionale

Con l'avvento di Stalin al potere in Unione Sovietica, nel 1927, il **materialismo dialettico** dominò la Terza Internazionale. Questa espressione fu coniata da Lenin per indicare l'avvenuto rovesciamento del misticismo insito nella pur pregevole dialettica hegeliana (in termini innanzitutto epistemologici, di teoria della conoscenza). Il materialismo dialettico fu assai semplificato e volgarizzato da Stalin, secondo il quale il pensiero marxista doveva rinunciare totalmente, fino all'ostracismo, a qualsiasi riflessione su problematiche che affondassero la loro origine nella classe borghese. Dopo le riflessioni di Lenin, uno dei maggiori filosofi marxisti fu l'italiano Antonio Gramsci (1891-1937). Estraneo allo stalinismo e al materialismo dialettico, egli interpretò con originalità, ancora oggi attuale, le vicende italiane durante il fascismo, raffigurando una classe borghese fortemente arretrata.

Il marxismo occidentale

Se il marxismo orientale si identificava oramai con il *Diamat* (da **materialismo dialettico**), in Occidente si sviluppò una tradizione marxista opposta, rappresentata dal filosofo tedesco Karl Korsch (1886-1961) e dal giovane filosofo ungherese György Lukács (1885-1971). Quest'ultimo puntava sulla «*coscienza di classe*», cioè sulla «*soggettività rivoluzionaria*» del proletariato, più che sulle condizione oggettive, cioè sullo stato di cose presente, del mondo moderno-capitalistico. Lukács criticava inoltre l'alienazione feticistica della società contemporanea, derivante dalla circolazione di merci capitalisticamente prodotte, già evidenziata da Marx nel *Capitale*. Invece del soggetto (il lavoratore), nel modo capitalistico di produzione è l'oggetto (la merce) a fare la storia, a decidere, in ultima analisi, le sorti dell'umanità. Compito del marxismo, secondo Lukács, è criticare e cambiare questo stato di cose.

Da queste riflessioni prese avvio il **marxismo critico** della Scuola di Francoforte. I filosofi tedeschi Adorno, Horkheimer, Marcuse e infine Habermas (ancora oggi prolifico autore di testi filosofici e di critica alla società contemporanea) sono i suoi maggiori esponenti. Questa scuola si propose una lettura critica della società utilizzando gli strumenti del marxismo e della psicoanalisi per smascherare i meccanismi che stanno alla base dell'alienazione dell'uomo contemporaneo.

Il pensiero francofortese ha oggi un nuovo emerito esponente in Axel Honneth, filosofo tedesco attento lettore di Hegel e della tematica hegeliana del «*riconoscimento*», riletta nell'ambito della filosofia sociale.

2.

Antonio Gramsci

Antonio Gramsci (1891-1937) fu una figura rilevante del pensiero socialista italiano. Dopo aver militato nel Partito socialista, fu uno dei fondatori del Partito comunista nel 1921, a Livorno. Aderì inizialmente al leninismo e svolse, come dirigente e giornalista, un'intensa opera di analisi e propaganda politica.

Durante la lunga prigionia (1928-1937) inflittagli dal regime fascista, che lo condusse alla morte, ebbe modo di riflettere sulla situazione italiana, su alcuni grandi temi di attualità storica (la Rivoluzione russa e il suo fallimento nel resto d'Europa, lo sfascio dei partiti socialdemocratici e l'affermazione dei regimi autoritari ecc.) e sulle loro implicazioni teoriche.

La transizione dal capitalismo al socialismo

Il nucleo centrale del suo pensiero, dove politica e filosofia si trovano in stretta connessione, è costituito dalla questione della transizione al **socialismo** dei Paesi capitalisti. In questi Paesi, data la complessità del sistema di potere e la molteplicità dei livelli in cui si articolano i rapporti sociali e si organizzano gli interessi, non è possibile una presa del potere con un atto di forza immediata, ma è necessaria una sorta di «*guerra di posizione*» che conduca a questa meta passando attraverso una fase democratica.

La situazione italiana

Proprio l'estensione e il compimento della **democrazia**, premesse essenziali per il passaggio al comunismo, sono al centro dell'attenzione di Gramsci: sotto questo aspetto l'Italia è un punto d'osservazione significativo, giacché in essa la democrazia non ha trovato le condizioni per un'adeguata maturazione, come è provato dall'avvento del fascismo, che ha fatto breccia facilmente nella fragile impalcatura dello Stato liberale.

In Italia ha pesato l'endemica **questione meridionale**, con le masse contadine egemonizzate dai grandi proprietari terrieri, la piccola borghesia rurale chiusa nella difesa dei propri angusti interessi e gli intellettuali avulsi dai problemi sociali: un cambiamento potrà avvenire, dunque, solo a condizione che, da un lato, si operi una saldatura tra i contadini del Sud e gli operai del Nord e, dall'altro, si verifichi un mutamento di mentalità che conduca a una radicale **riforma intellettuale** e **morale**.

Il ruolo del proletariato

Quest'ultimo punto è di fondamentale rilevanza: il **proletariato** potrà divenire protagonista e imporre una svolta alla vita politica del Paese se saprà essere egemone nella società civile modificando i rapporti tra le classi e i gruppi sociali. A tal fi-

---

LA VITA *di Antonio Gramsci*

Antonio Gramsci nacque ad Ales, in provincia di Cagliari, nel 1891. Studente nella facoltà di Lettere a Torino, militò nelle file del Partito socialista, e in quella città formò il gruppo dell'"Ordine Nuovo", primo nucleo del Partito comunista che contribuì a fondare nel 1921 a Livorno. Nel 1924 diventò segretario generale del partito, fu eletto deputato e diede inizio a "L'Unità. Quotidiano degli operai e dei contadini". Incarcerato nel 1926 dal regime fascista, e condannato

nel 1928 dal tribunale speciale a vent'anni di reclusione, morì nel 1937 in una clinica romana prima di tornare in libertà.
Oltre alla notevole mole di articoli politici pubblicati su vari giornali (l'"Avanti", l'"Ordine nuovo", "L'unità") e di lettere, la sua opera più significativa è contenuta nei *Quaderni del carcere* (1929-1935), l'insieme di appunti, saggi, abbozzi stesi durante la prigionia e pubblicato postumo.

Filosofia della *praxis*

L'espressione, usata da Gramsci in sostituzione di «*materialismo storico*», si riferisce all'interpretazione del divenire storico data da Marx. Secondo quest'ultimo la prassi, in quanto antitetica a "teoria", è il carattere essenziale dell'uomo che, attraverso di essa, interagisce con la natura: con il lavoro si procura quanto è necessario a mantenere e riprodurre la sua esistenza, e costruisce la struttura, cioè l'insieme dei rapporti di produzione e di organizzazione sociale. Sotto questo aspetto non solo è la prassi a spiegare la teoria (cioè il modo di conoscere e interpretare la realtà), ma la teoria stessa è in funzione di quella: perciò il marxismo, in quanto filosofia della prassi, si presenta come la filosofia che si propone di «*mutare il mondo*».

---

ne dovrà assumere la direzione culturale del Paese nella misura in cui, plasmando l'opinione pubblica, acquisterà un ampio consenso.

Il marxismo di Gramsci, chiamato «filosofia della *praxis*» anche per sfuggire ai controlli della censura, presta una particolare attenzione al ruolo della **sovrastruttura** e ai fattori che la costituiscono, dal momento che sono proprio questi che, formando le coscienze, determinano le condizioni politiche di ogni trasformazione in senso comunista e ne assicurano la solidità.

STORIA E FILOSOFIA

La filosofia di un'epoca non è la filosofia di uno o altro filosofo, di uno o altro gruppo di intellettuali, di una o altra grande partizione delle masse popolari: è una combinazione di tutti questi elementi che culmina in una determinata direzione, in cui il suo culminare diventa norma d'azione collettiva, cioè diventa storia concreta e completa (integrale).
La filosofia di un'epoca storica non è dunque altro che la «storia» di quella stessa epoca, non è altro che la massa di variazioni che il gruppo dirigente è riuscito a determinare nella realtà precedente: storia e filosofia sono inscindibili in questo senso, formano un blocco.

▸ A. GRAMSCI, *Quaderni del carcere*   ▸ Antologia, brano 1

Il ruolo degli intellettuali organici

La conquista del potere appare dunque subordinata a un compito più vasto ed esteso nel tempo: «*Ci può e ci deve essere un'attività egemonica anche prima dell'andata al potere*». Poiché il marxismo – beninteso non quello volgare, dogmatico e meccanicistico, che non ha compreso il rapporto dialettico tra struttura e sovrastruttura e quindi ha cancellato il ruolo della soggettività – si presenta come un movimento culturale di massa che promuove, insieme con una concezione superiore della vita, una coscienza mondiale capace di influenzare i comportamenti e i sentimenti collettivi, di educare quel «*senso comune*» che è la condizione per trasformare la realtà, da esso devono derivare quegli intellettuali che, con i loro sforzi, hanno il compito di polarizzare il consenso attorno a un preciso **programma** e a una determinata scala di **idee** e **valori**.

Gramsci li chiama «*intellettuali organici*» per evidenziare il loro stretto collegamento con il movimento operaio e a essi, quale classe dirigente della società civile, affida il compito di trasformare il proletariato, ora «*gruppo subalterno*», in forza egemone, protagonista e creatrice di storia, preparando, con una grande riforma intellettuale e morale, le condizioni per il suo avvento al potere politico.

Il rapporto tra Gramsci e Benedetto Croce

Questo nuovo tipo di intellettuale, non più specialista di una determinata disciplina, ma politico, è ben diverso da quello rappresentato in quello stesso periodo, sia pure in modo eminente, da Benedetto Croce. Questi ha certamente dei grandi meriti e il suo ruolo nella cultura italiana è innegabile: il suo storicismo, che si è avvalso dell'apporto del marxismo, ha posto al centro del discorso lo spirito e le sue attività e ha quindi evidenziato l'incidenza della componente etico-politica dei «*fatti di cultura e di pensiero*» che creano consenso e stabiliscono una direzione etica e intellettuale. Croce, tuttavia, è ancora un intellettuale borghese che non ha saputo divenire guida delle classi popolari e a cui pertanto, secondo Gramsci, va sottratta l'egemonia sugli intellettuali italiani.

Come Croce ha insegnato a risalire a Hegel attraverso Marx, e quindi a ristabilire il valore della sovrastruttura e della cultura come fattori di costruzione di storia, così Gramsci si propone di risalire attraverso Croce alla matrice hegeliana di Marx, a leggere quest'ultimo in modo corretto.

La visione storicista hegelo-marxista di Gramsci, pur riprendendo alcuni temi crociani (la dialettica dei distinti, l'identità di filosofia e storiografia, la dimensione etica della storia), perviene a una concezione della realtà non più idealistica e speculativa ma concreta, dove il concetto di immanenza significa relazione organica tra economia, politica e filosofia e l'**agire politico** è attività trasformatrice dell'uomo e del suo mondo.

Il ruolo centrale del partito

Tuttavia, né gli intellettuali potrebbero procedere con efficacia né le classi popolari diventare egemoni senza l'intervento di un fattore organizzativo che sappia raccogliere queste energie e convogliarle verso la conquista del potere e il suo mantenimento da parte del proletariato: Gramsci individua tale fattore nel **partito** che, come organismo collettivo, appare (per dirla con Machiavelli) il «*moderno principe*» (▶ Antologia, brano 2, *Il partito come «moderno principe»*). Sul modo di concepirlo Gramsci si distacca nettamente da Lenin, in quanto non considera il partito come formato da un'élite di quadri, di «*rivoluzionari di professione*» che guidano le masse proletarie nella misura in cui sono da esse separate. Secondo Gramsci il partito rappresenta una sorta di **intellettuale organico collettivo** che, nella convinzione che l'agire politico debba sviluppare l'apertura del pensiero, sa imprimere un deciso impulso all'emancipazione delle classi popolari con l'esercizio critico dell'intelligenza e la produzione di cultura.

L'alleanza tra intellettuali e lavoratori deve dar vita a un nuovo «*blocco storico*», cioè a un sistema di alleanze tra i vari gruppi sociali e le relative ideologie, tra forze materiali e culturali che siano in grado di sconfiggere il vecchio blocco, attualmente dominante, della borghesia e del suo sistema di cultura, rappresentato dall'Idealismo di Croce e Gentile. Al termine di questo lungo processo le classi subalterne, fondamentalmente il proletariato, potranno diventare Stato, inteso non più come struttura funzionale agli interessi di una sola classe, ma come sintesi universale, in grado di esprimere concretamente gli interessi dell'intera nazione.

3. Il marxismo occidentale d'area tedesca

Il riformismo socialista e il marxismo-leninismo

Nel corso del XX secolo il movimento marxista si sviluppa secondo due tendenze politico-ideologiche:

- da una parte il **riformismo socialista**, che ispira il revisionismo dei partiti socialdemocratici;
- dall'altra il **marxismo-leninismo** (con la dottrina del materialismo dialettico), che

diviene l'ideologia-guida dei partiti comunisti nati dopo la vittoria della rivoluzione bolscevica in Russia.

Nei primi decenni del Novecento, alcuni intellettuali di area tedesca entrano in un rapporto complesso, ora di appartenenza ora di contrapposizione, verso questi due schieramenti politici, portando avanti una personale ricerca e interpretazione della filosofia di Marx, che viene fatta interagire con le posizioni di alcuni pensatori contemporanei "borghesi", dal giovane Hegel ai neokantiani, dagli esponenti dello storicismo tedesco a Weber. Questi filosofi, in generale, finiscono per entrare in conflitto con l'ortodossia sovietica, pagando anche di persona la coerenza con le loro convinzioni. Gli esponenti più significativi del cosiddetto «marxismo occidentale» sono György Lukács ed Ernst Bloch.

3.1 György Lukács

Il rapporto tra arte e vita

La prima opera importante di Lukács è antecedente all'adesione al marxismo: si tratta del saggio *L'anima e le forme* (1911), in cui il filosofo ungherese, influenzato dallo storicismo tedesco e dalla filosofia della vita, contrappone il mondo dell'arte a quello della natura e interpreta le forme artistiche come espressioni del rapporto dell'anima con l'Assoluto. La vita e l'arte differiscono perché la prima è caotica, mentre la seconda ha una forma e ha il potere di conferire un ordine alle confuse vicende della vita. L'anima umana entra in rapporto con la realtà, in generale, e con la vita, in particolare, attraverso le forme dell'arte, soprattutto quella della tragedia, che meglio di ogni altro genere letterario rappresenta l'essenza della vita umana. Ne *L'anima e le forme* sono rintracciabili aspetti che anticipano l'esistenzialismo, quali le nozioni di autenticità, quotidianità e totalità dell'esistenza.

La centralità della dialettica hegeliana

Il maggior contributo di Lukács allo sviluppo del marxismo occidentale si trova in *Storia e coscienza di classe* (1923). Lo scopo di quest'opera è la riproposizione del carattere rivoluzionario del marxismo attraverso il recupero della sua dimensione dialettico-hegeliana, messa da parte dalle interpretazioni positiviste della Seconda Internazionale.

Il nucleo del marxismo, per Lukács, non è più la teoria dei rapporti tra struttura e sovrastruttura, ma la **dialettica** come fondamento della comprensione storica. Lukács ritiene infatti che, per evitare il rischio di giustificare ideologicamente l'ordine sociale esistente e per dotarsi di una teoria capace di comprendere adeguatamente – cioè, per lui, in termini rivoluzionari – il carattere storico della realtà, occorra ritornare al **metodo dialettico** hegeliano, il solo che è in grado di concepire la

---

LA VITA *di György Lukács*

György Lukács (1885-1971) è un filosofo di origine ungherese che si forma in Germania avendo per maestri Rickert, Simmel e Weber. Nella sua biografia troviamo l'adesione al Partito comunista nel 1918 e la partecipazione, in Ungheria, alla Repubblica dei Consigli operai di Bela Kun nel 1919. Fallita l'esperienza rivoluzionaria, si rifugia dapprima in Austria, poi in Germania e dal 1933 in Urss. Nel 1956 appoggia l'insurrezione ungherese contro il regime stalinista e diviene ministro dell'istruzione. Repressa la rivolta, è deportato in Romania, poi rilasciato a condizione che si ritiri dalla vita politica.

storicità di tutti i fatti sociali, perché è il solo che fonda la conoscenza di un singolo avvenimento in base al suo rapporto con la **totalità**.

In *Storia e coscienza di classe* la dialettica hegeliana e il materialismo marxista sono fatti interagire attraverso l'uso delle categorie di reificazione e di totalità:

■ per **reificazione** Lukács intende la riduzione dell'uomo a cosa, ossia la perdita della sua essenza e la conseguente dissociazione tra soggetto e oggetto, imputabili ai modi di produzione del sistema capitalistico;

■ la categoria di **totalità**, ripresa da Hegel, è fondamentale per comprendere, all'interno del processo dialettico della storia sociale, come sia possibile la disalienazione dell'uomo e il recupero della totalità delle sue dimensioni esistenziali, oltre che economiche. Il recupero dell'autocoscienza si realizzerà attraverso l'azione rivoluzionaria del proletariato, portatore non di interessi particolari, ma della totalità delle istanze di liberazione che la rivoluzione comunista realizzerà nella società senza classi.

L'eredità di Lukács

Storia e coscienza di classe è ritenuta una delle opere più significative del marxismo occidentale degli anni Venti; la sua influenza è avvertibile nelle tesi della Scuola di Francoforte e nelle posizioni della sinistra radicale del secondo Novecento. L'interpretazione hegeliana di Marx non piacque però ai censori sovietici, che accusarono Lukács di idealismo e soggettivismo e lo costrinsero a fare autocritica.

Altre opere importanti di Lukács sono quelle dedicate agli studi di **estetica marxista**, centrati sulla nozione di realismo, secondo cui l'arte deve rispecchiare la realtà, cogliendone le tendenze essenziali e mantenendo una funzione politico-sociale. Lukács condivide con Hegel l'affermazione che nell'arte «*forma e contenuto si convertono necessariamente l'uno nell'altra*». Di qui la polemica contro le estetiche formaliste e irrazionaliste che tendono a separare l'arte dai contenuti e dai contesti socio-culturali di cui è espressione. L'artista, secondo Lukács, rappresenta sempre fatti e personaggi particolari, ma individua nel particolare il «*tipico*», ossia un carattere che gli consente di cogliere, attraverso il particolare, l'universalità.

3.2 Ernst Bloch

Realtà e utopia

Già nella prima opera importante, *Lo spirito dell'utopia* (1918), Bloch espone le idee guida della sua ricerca filosofica, che si incentra sulla concezione della **storia** intesa come un processo che tende a trascendere il presente verso il futuro. Questo è lo spirito dell'**utopia**, concetto che sta a indicare non una situazione storica impossibile ma, al contrario, una **prospettiva possibile** che ancora non si è realizzata: Bloch concepisce quindi l'essere come una potenzialità, un non-ancora-essere che è aperto alla trascendenza rispetto alla situazione fattuale presente.

LA VITA di Ernst Bloch

Ernst Bloch (1885-1977), filosofo tedesco di origine ebraica, negli anni della formazione è influenzato dalla filosofia della vita di Simmel ed entra in rapporti con Weber, Jaspers, Lukács, Benjamin e Adorno. Aderisce al marxismo durante la Prima guerra mondiale; costretto all'esilio nel periodo nazista, rientra in Germania nel 1949, optando per la Repubblica democratica tedesca. Accusato dal regime comunista di errori dottrinali, nel 1961 chiede asilo politico nella Germania occidentale ottenendo la cattedra all'Università di Tubinga.

Il principio speranza

L'apertura al futuro e la volontà di cambiamento dell'ordine esistente costituiscono quello che Bloch chiama il **principio speranza**, espressione che è anche il titolo della sua opera fondamentale del 1959. In essa l'autore fonde motivi ispirati dal marxismo critico con temi desunti dalla tradizione apocalittica giudaico-cristiana e dal misticismo. In ogni speranza umana si fa l'esperienza «*dell'incompiutezza esistenziale che grava su ogni* res finita» e, nel contempo, ci si dispone al superamento dell'orizzonte finito in cui siamo racchiusi. *Il principio speranza* si presenta come una sorta di legge del reale che investe l'essere storico e che è in grado di trasformarlo grazie a una forza che è, nello stesso tempo, **tensione rivoluzionaria** e **spinta messianica**. La speranza finisce per coincidere con l'aspirazione dell'uomo alla felicità e acquista una valenza non solo psicologica – il desiderio di una vita felice – ma anche ontologica – il principio della potenzialità dell'essere.

La lotta storica per realizzare l'utopia

Sul piano della storia il principio speranza produce l'utopia, il "luogo" in cui il reale storico si fa tutt'uno con il possibile. Bloch trova che lo spirito dell'utopia si è manifestato in molte espressioni della storia umana: nella dottrina platonica dell'eros, nella nozione aristotelica di potenza, nella *Fenomenologia dello spirito* di Hegel, ma soprattutto nella promessa di liberazione presente nella religione ebraica e nell'annuncio profetico del cristianesimo: un «*cristianesimo ateo*» che rinuncia a un Dio trascendente e identifica l'Assoluto con il futuro della storia, in cui finalmente gli uomini saranno completamente liberi.

In *Thomas Münzer teologo della rivoluzione* (un saggio del 1921) Bloch ha individuato nel leader della rivolta contadina tedesca del 1525 la figura simbolica di chi lotta per realizzare l'utopia.

L'influenza del pensiero di Bloch è stata importante soprattutto per alcuni pensatori protestanti e cattolici del secondo Novecento, cha hanno ripreso il motivo della virtù teologale della speranza, legandolo a una prospettiva di liberazione storica: sono, appunto, le correnti della cosiddetta «*teologia della speranza*» (▶ *Teologia, neoscolastica e personalismo*, p. 385).

3.3 Walter Benjamin

Walter Benjamin è un pensatore dai molteplici interessi, prevalentemente estetico-letterari. Nato a Berlino nel 1892 da famiglia ebraica, si segnala nel 1925 con il saggio *Il dramma barocco tedesco*. Negli anni Venti entra in contatto con Adorno, Bloch, Lukács e Brecht, avvicinandosi al marxismo. Esule a Parigi dopo l'avvento del nazismo, nel 1940 cerca di fuggire dalla Francia e si suicida a Port Bou, in Spagna, per timore di essere consegnato alla Gestapo.

I nuovi orizzonti dell'opera d'arte

Nel suo scritto più noto, *L'opera d'arte nell'epoca della sua riproducibilità tecnica* (1936), Benjamin prende in esame l'effetto che le pratiche di riproducibilità tecnica dell'opera d'arte hanno sulla fruizione dell'opera stessa.

Il filosofo sottolinea come l'esperienza estetica moderna abbia perso quel carattere elitario che in passato era proprio del rapporto tra spettatore e opera. Il valore dell'arte era tradizionalmente caratterizzato dal concetto di aura, ossia «*quell'apparizione unica di una lontananza, per quanto possa essere vicina*» che contrassegnava la contemplazione estetica. L'opera d'arte, infatti, prima di poter essere riprodotta in infinite copie dalla tecnologia (come nel caso della fotografia e del cinema), era un oggetto unico e irripetibile che si dava allo spettatore nel "qui e ora" del loro incontro. La distruzione dell'aura nell'epoca contemporanea non è per Benjamin solo una grave perdita, come pensava in quegli stessi anni il filosofo tedesco Adorno. La perdita dell'aura, in realtà, rende possibili nuove forme di ricettività artistica di massa – per esempio il cinema – che arricchiscono la comunicazione estetica di valenze sociali e politiche totalmente nuove e potenzialmente rivoluzionarie.

Il superamento della concezione lineare del tempo

Altra opera notevole di Benjamin è il saggio *Tesi di filosofia della storia*, in cui polemizza con la pretesa dello storicismo di comprendere le leggi universali del progresso storico. Intrecciando elementi della concezione materialistica della storia con altri derivati dalla tradizione ebraica, Benjamin cerca di spezzare la visione lineare del tempo, che è alla base di tutte le visioni totalizzanti, per sostituirla con il concetto di «tempo-ora». Nel «tempo-ora» il particolare rivela il tutto, il presente porta in sé l'immagine del passato, allo stesso modo in cui il passato porta in sé l'attesa della redenzione.

Nell'opera rimasta incompiuta, nota con il titolo di *Passages*, Benjamin associa l'idea di redenzione a quella di risveglio: l'accostamento si basa su una sorta di relazione logica in cui il passato è inteso come sogno e la redenzione è vista come il risveglio dal sonno del passato.

4. La Scuola di Francoforte

La critica della cultura e della società borghesi

L'espressione Scuola di Francoforte indica un gruppo di intellettuali che in Germania, a partire dagli anni Venti del Novecento, diedero vita a una corrente di pensiero e a una comunità di ricerca organizzate attorno all'Istituto per la ricerca sociale, fondato nel 1923 dal giovane studente Felix Weil. Un impulso decisivo all'attività dell'Istituto, dopo il 1931, fu dato dall'arrivo del nuovo direttore Max Horkheimer (1895-1973) che indicò come obiettivo della scuola quello di sottoporre il mondo borghese moderno a un'analisi che fosse nello stesso tempo una **critica** della **cultura** e una **critica** della **società**.

Il quadro teorico di riferimento di Horkheimer e dei suoi collaboratori, primo fra tutti Theodor Wiesengrund Adorno (1903-1969), si rifaceva al pensiero di Hegel, Marx e Freud. Questi autori erano interpretati e fatti interagire tra loro in una nuova sintesi teorica che si proponeva di mostrare come le concezioni filosofiche, artistiche e morali dominanti nella società moderna fossero comprensibili solamente in relazione alle **basi materiali** della struttura sociale e al suo **divenire storico-dialettico**.

L'esito di queste analisi produsse una teoria critica sia verso la società borghese e la cultura in essa dominante di stampo irrazionalistico, vitalistico o pragmatistico, sia verso le realtà politiche di sinistra dell'epoca, rifacendosi in parte alle teorie sviluppate dal marxismo occidentale. Vennero infatti criticati sia i partiti occidentali della classe operaia, il cui revisionismo socialdemocratico era giudicato incapace di opporsi al sistema capitalistico, sia il comunismo sovietico, ritenuto dai francofortesi una forma di capitalismo di Stato trasformato da Stalin in un regime dispotico.

La rilettura di Hegel, Marx e Freud

Diversi elementi contribuirono alla formazione della chiave di lettura critica della società:

■ di **Marx** furono ripresi e rivalutati gli scritti giovanili, in particolare i *Manoscritti economico-filosofici del 1844*, che mettevano al centro della critica sociale il tema dell'**alienazione** dell'uomo, espropriato del proprio essere per effetto dei rapporti di produzione del sistema capitalistico;

■ di **Hegel** venne ripresa la dottrina della **dialettica**, reinterpretata in modo da enfatizzare il potere critico del pensiero negativo;

■ di **Freud** furono ripresi soprattutto gli studi sul **carattere repressivo della società**, tema affrontato in *Il disagio della civiltà*, e le riflessioni sulla possibilità liberatoria legata alle pulsioni dell'**Eros**;

■ di **Heidegger**, che esercitò una certa influenza su Herbert Marcuse (1898-1979), venne ripresa la categoria di **possibilità**, centrale nell'analitica esistenziale del filosofo. Marcuse la applicò all'esistenza sociale dell'uomo, per mostrare che l'ordine costituito della società borghese è solo una possibilità, ma non l'unica, e che può essere negato attraverso l'azione rivoluzionaria.

Horkheimer definì il quadro di riferimento teorico della scuola, all'interno del quale furono avviati sia programmi di ricerca sociale sia studi in altri ambiti culturali. La Scuola di Francoforte raccolse infatti intellettuali di diversa formazione, che produssero ricerche originali per l'approccio multidisciplinare adottato, ma che seppero mantenere un'**unità di metodo**. Per fare qualche esempio, ricordiamo che Adorno compì, oltre a ricerche sociologiche, studi di musicologia e di estetica; Marcuse si occupò a lungo di filosofia; Walter Benjamin si dedicò a studi di critica letteraria e cabalistici; Friedrich Pollock studiò economia; Erich Fromm (1900-1980) affrontò e approfondì lo studio della psicoanalisi.

L'avvento del nazismo e la diaspora

Nel 1933, con l'avvento al potere del nazismo, i francofortesi, in gran parte ebrei e politicamente schierati su posizioni di sinistra, dovettero lasciare la Germania. Quasi tutti si rifugiarono negli **Stati Uniti**, dove nel 1935 ripresero la loro attività restando fedeli alle impostazioni teoriche originarie. La nuova realtà statunitense, tuttavia, caratterizzata da una società molto più integrata di quella europea e contrassegnata da un bassissimo livello di conflitto ideologico, disorientò all'inizio Horkhei-

---

LA VITA di Max Horkheimer

Max Horkheimer nacque a Stoccarda nel 1895 da una ricca famiglia ebrea. Si laureò nel 1922 con una tesi su Kant e ottenne l'abilitazione con uno studio sulla *Critica del giudizio*. Libero docente all'Università di Francoforte, divenne in quella città direttore dell'Istituto per la ricerca sociale. Nel 1933, l'avvento del nazismo costrinse i collaboratori dell'Istituto all'esilio: Horkheimer fu dapprima a Ginevra, poi a Parigi, infine in California, dove rimase fino al 1949. Tornato a Francoforte, fu rettore di quell'Università e direttore dell'Istituto per la ricerca sociale. Morì a Norimberga nel 1973. Le sue opere principali sono: *Autorità e famiglia*, in collaborazione con Eric Fromm ed Herbert Marcuse (1936), *Dialettica dell'Illuminismo* (1947), in collaborazione con Th.W. Adorno, *Eclisse della ragione* (1947), *Teoria critica. Saggi 1932-1941* (1968).

mer e Adorno, che si impegnarono nello studio delle nuove forme del **dominio capitalistico** legate all'industria culturale. I due filosofi avviarono nel contempo un confronto critico con le correnti neopositivistiche e analitiche, dominanti nel mondo angloamericano.

Il ritorno a Francoforte

Nel 1950 l'Istituto per la ricerca sociale fece ritorno nella sede di Francoforte. Per Horkheimer e Adorno iniziò un periodo di crescente notorietà nel corso del quale le loro teorie, assieme a quelle di Marcuse, influenzarono in misura crescente il pensiero filosofico e politico della sinistra europea, fino a diventare una delle principali fonti di ispirazione dei movimenti di protesta degli anni Sessanta, nati nelle università americane sulla scia delle rivendicazioni della popolazione afroamericana.

Il distacco dalle ipotesi marxiste

Al termine di questa fase storica, caratterizzata dalla crisi del marxismo, la Scuola di Francoforte ha continuato a esistere come istituzione scientifica depositaria di un ricco patrimonio culturale. Il tentativo più noto di conservare quest'eredità, pur modificando alcune delle ipotesi teoriche originarie, è quello di Jürgen Habermas (1929), che ha sviluppato una nuova teoria critica, fedele al progetto originario di emancipazione dell'uomo e della società, ma svincolata dai presupposti marxisti e aperta al confronto con le correnti più innovative della cultura contemporanea.

4.1 La teoria critica della società

L'intreccio di filosofia e sociologia

È impossibile esporre le teorie dei francofortesi tenendo separato l'aspetto sociologico da quello più specificamente filosofico, poiché la **teoria critica** della società intreccia costantemente questi due aspetti, con un intento demistificatorio nei confronti delle dottrine dominanti nella cultura dell'Occidente capitalistico e con una volontà di analisi delle strutture sociali che controllano ideologicamente le masse.

All'interno di questo quadro filosofico-teorico, Horkheimer e Adorno sostengono che il compito della sociologia deve essere radicalmente differente rispetto a quello tradizionale: non si tratta più né di cercare le leggi costitutive della società, né di descrivere empiricamente l'agire sociale, né di produrre modelli di comportamento collettivo per il buon funzionamento della società, come perseguito dalla prospettiva positivistica.

In opposizione a questa prospettiva, la teoria critica deve assumere una **funzione dialettica**, nel senso di un pensiero capace di negare l'esistente, aprendo spazi

---

LA VITA *di Theodor Wiesengrund Adorno*

Theodor Wiesengrund Adorno nacque a Francoforte sul Meno, nel 1903, da una famiglia benestante di commercianti ebrei. Da giovane studiò filosofia, musica e psicologia, laureandosi con una tesi su Edmund Husserl. Pur proseguendo l'attività di critico musicale, iniziò a collaborare con l'Istituto di ricerca sociale di Francoforte. Nel 1931 ottenne la libera docenza con una tesi su Kierkegaard. Nel 1935 dovette riparare all'estero, dapprima in Inghilterra, poi negli Stati Uniti, dove risiedette, dal 1941 al 1949, a Los Angeles. Nel corso della permanenza americana elaborò, in collaborazione con Horkheimer, la teoria critica della società di cui è frutto il saggio *Dialettica dell'Illuminismo* (1947). Ritornato a Francoforte, riprese l'insegnamento universitario di filosofia e musicologia e fu, dal 1959, direttore dell'Istituto per la ricerca sociale. Morì in Svizzera nel 1969, dopo forti contrasti con il movimento studentesco negli anni 1968-1969. Altre opere importanti sono: *Minima moralia* (1951), *Dialettica negativa* (1966), *Teoria estetica* (1970).

utopici di progettazione. In questa relazione dialettica con il mondo la conoscenza deve perdere il suo (presunto) carattere di neutralità, per trasformarsi in un'attività che dà giudizi sulla società, a partire dall'idea di **liberazione** ed **emancipazione dell'uomo**.

Il ruolo attivo del sapere dialettico

Una lucida presentazione della **ragione dialettica** e del potere del **pensiero negativo** è fornita da Marcuse nella *Nota sulla dialettica* (1960). Seguendo Hegel, Marcuse assume due premesse per il suo ragionamento:

■ la prima riguarda il significato di **realtà** e richiama il principio hegeliano secondo cui «*Tutto ciò che è reale è razionale; tutto ciò che è razionale è reale*»;

■ la seconda è relativa all'uso della **dialettica**, all'interno della quale si definisce il pensiero come «*negazione dell'immediato*».

IL POTERE DEL PENSIERO NEGATIVO

Oggi, il modo di pensare dialettico è estraneo all'intero nostro universo di termini e azioni. Esso sembra appartenere al passato ed essere respinto dalle conquiste della civiltà tecnica. La realtà, di fatto, sembra abbastanza promettente e produttiva per respingere o assorbire in sé ogni alternativa. L'accettazione, e anche l'affermazione, di tale realtà appare pertanto come l'unico principio metodologico ragionevole. [...] Il potere del pensiero negativo è l'impulso del pensiero dialettico usato come strumento per analizzare il mondo dei fatti dal punto di vista della sua intrinseca inadeguatezza. Scelgo questa vaga e non scientifica definizione per rendere più acuto il contrasto tra pensiero dialettico e pensiero non dialettico.

H. MARCUSE, *Ragione e rivoluzione*   ▸ Antologia, brano 3

La polemica contro il Positivismo

La polemica dei francofortesi si rivolge contro le varie forme di Positivismo, a partire da Comte fino ai neopositivisti del Novecento (▸ *Il Circolo di Vienna*, pp. 143-156). Nelle *Lezioni di sociologia* (1956) Horkheimer e Adorno sostengono che la ragione positiva è incapace di esercitare una funzione critica sulla realtà; essa si limita a registrare i dati di fatto, accettando il mondo così com'è e legittimando quindi l'ordine sociale e politico esistente. La sociologia che utilizza il metodo d'indagine positivista finisce per rivestire un ruolo ideologico di conservazione del sistema capitalistico-borghese, mentre la teoria critica dei francofortesi ritiene che i singoli fenomeni sociali, per essere compresi nel loro significato, debbano essere ricondotti alla società nella sua totalità e quest'ultima, a sua volta, debba essere spiegata, come insegna Marx, a partire dalle basi materiali storico-economiche. Solo in questo modo è possibile individuare e comprendere i **meccanismi di riproduzione** dell'**ordine sociale** e quelli di **formazione del consenso**.

La critica dell'istituto familiare

Questi processi, a giudizio di Horkheimer e Adorno, sono legati alle forme in cui si esercita l'autorità e riguardano, in particolare, la **famiglia** e l'**industria culturale**.

Nel saggio *Studi sull'autorità e la famiglia* (scritto da Horkheimer, Fromm e Marcuse e pubblicato a Parigi nel 1936), il tema della ricerca è il **rapporto di dominio** che contraddistingue la società. Tale rapporto è un elemento costante, presente in tutte le strutture sociali, ma che si manifesta storicamente in forme specifiche sempre mutevoli. All'origine del rapporto di dominio c'è per i francofortesi l'istituto familiare che è, come insegna Freud, il luogo in cui avviene il processo di interiorizzazione inconscia della **figura paterna**, simbolo dell'autorità. Attraverso questo processo il bambino impara a rispettare il principio di autorità ed è indotto a ritenere che la gerarchia sociale e la divisione dei ruoli siano dati naturali e non forme tipiche di una particolare condizione socio-economico-culturale. La famiglia, in tal modo, riproduce la struttura della società sia sotto l'aspetto giuridico sia sotto l'aspetto affettivo.

4.2 Horkheimer e Adorno: la *Dialettica dell'Illuminismo*

Cultura e forme di dominio

Il tema dell'industria culturale e del rapporto tra la cultura e le forme di dominio è al centro di una delle opere più importanti e complesse scritte da Horkheimer e Adorno, la *Dialettica dell'Illuminismo* (1947). L'obiettivo del saggio è «*di comprendere perché l'umanità, invece di entrare in uno stato veramente umano, sprofondi in un nuovo genere di barbarie*». L'analisi della condizione contemporanea muove dalla nozione marxiana di **ideologia**: la cultura-ideologia è la **falsa coscienza** prodotta da un sistema sociale per giustificare i **rapporti di dominio** esistenti, facendoli apparire come naturali, mentre la loro origine è storico-sociale.

L'origine dei rapporti di dominio caratteristici della società capitalistica è individuata da Horkheimer e Adorno nell'**Illuminismo**: con questo termine non intendono designare esclusivamente la corrente culturale nata nel Settecento, ma si riferiscono a quella forma di pensiero, presente lungo tutta la storia dell'umanità, contraddistinta da un atteggiamento razionalistico, critico verso i miti, orientato ad assicurare all'uomo il dominio sulla natura e, con esso, una prospettiva di progresso e di liberazione.

Horkheimer e Adorno rovesciano il giudizio comune secondo cui il pensiero illuminista è portatore di un messaggio di emancipazione dell'uomo dagli antichi miti e pregiudizi, e denunciano il paradosso di un'ideologia che, volendo liberare l'uomo, di fatto lo rende funzionale alle logiche dello **sfruttamento** da parte del potere economico e politico. La conoscenza tecnico-scientifica diventa così lo strumento del dominio degli uomini sulle cose, ma anche sugli uomini stessi: «*L'intelletto che vince la superstizione deve comandare alla natura disincantata. Il sapere, che è potere, non conosce limiti, né nell'asservimento delle creature, né nella sua docile acquiescenza ai signori del mondo. Esso è a disposizione di tutti gli scopi dell'economia borghese, nella fabbrica e sul campo di battaglia*».

L'industria culturale di massa

L'industria culturale, con i suoi potenti mezzi di comunicazione di massa, è lo strumento attraverso cui il sistema di potere organizza e controlla l'attività, i consumi, il tempo libero, i gusti degli individui, integrandoli completamente nella cultura dominante, riducendo la loro coscienza a merce e privandola di ogni identità stori-

| **Industria culturale** | Con questa espressione i francofortesi indicano l'insieme delle attività e delle istituzioni finalizzate alla produzione di forme di cultura di mediocre qualità, contraddistinte dalla superficialità dei temi e dal ricorso a situazioni scontate e banali, al fine di far leva sui sentimenti più bassi del pubblico e condizionarne le reazioni. I materiali di tale cultura, come la pubblicità e le *soap opera*, sono diffusi dai mezzi di comunicazione di massa, i principali strumenti per la creazione del sistema di valori dominanti. Lo scopo di queste forme culturali è quello di mascherare gli interessi dei gruppi sociali al potere, edulcorando le scissioni e le contraddizioni sociali sotto un velo di falsa armonia e pacificazione. Invece del ruolo critico ed emancipatorio della ricerca artistica e intellettuale, l'industria della cultura di massa propone falsi miti basati su valori illusori e consolatori. |

Dialettica negativa

È quella forma di dialettica che lascia l'elemento del negativo nella sua irriducibilità, al di fuori del sistema dominato dalla ragione, e rifiuta l'identità di reale e razionale. La dialettica negativa, quindi, non ha per obiettivo il superamento (*Aufhebung*) dell'antitesi in una sintesi più ampia che tutto comprende, come la dialettica triadica e tendenzialmente riconciliativa di Hegel. Suo scopo è quello di offrire al pensiero un potente strumento di critica della realtà, capace di negare ogni ordine esistente.

co-sociale: «*La violenza della società industriale opera negli uomini una volta per tutte. I prodotti dell'industria culturale possono contare di essere consumati alacremente anche in stato di distrazione. Ma ciascuno di essi è un modello del gigantesco meccanismo economico che tiene tutti sotto pressione fin dall'inizio, nel lavoro e nel riposo che gli assomiglia*». L'industria culturale non è neutrale e apolitica, ma si identifica con una costruzione ideologica finalizzata alla manipolazione delle coscienze per conservare il sistema esistente e impedire ogni forma di rivoluzione.

Il dominio culturale sulle masse

Horkheimer e Adorno indicano i caratteri generali della dialettica negativa dell'Illuminismo ricorrendo ad alcune figure allegoriche facenti parte della tradizione culturale occidentale, tra cui il racconto omerico delle peripezie di Odisseo.

Nella lettura dei francofortesi, Odisseo rappresenta sia gli aspetti progressivi dell'Illuminismo sia quelli regressivi: da un lato egli è portatore della ragione «*calcolante e preveggente*», l'affermazione della quale segna il superamento dello stadio primitivo e mitico dell'umanità; dall'altro rappresenta quella forma di razionalità che serve a esercitare il dominio di classe sulle masse, come mostra l'episodio dell'incontro con le Sirene, il cui canto non può essere ascoltato dai marinai perché il fascino di quelle melodie potrebbe risvegliare in loro aneliti di libertà e desideri di ribellione (▶ Antologia, brano 4, *Odisseo e le Sirene*).

4.3 Herbert Marcuse: l'uomo a una dimensione

La rilettura di Freud

La critica di Marcuse alla civiltà occidentale contemporanea è contenuta in due saggi, *Eros e civiltà* del 1955 e *L'uomo a una dimensione* del 1964.

In *Eros e civiltà* Marcuse riprende una tesi sviluppata da Freud nel *Disagio della civiltà* (1929), secondo cui ogni società, per esistere, deve reprimere le pulsioni originarie dell'uomo. Solo attraverso questa repressione fondamentale il **principio di realtà** si afferma sul **principio del piacere**, costringendo gli uomini a controllare i desideri incompatibili con la realtà, a causa della penuria di beni disponibili.

LA VITA di Herbert Marcuse

Herbert Marcuse nacque a Berlino nel 1898 da una ricca famiglia di origine ebrea. Laureatosi a Friburgo in Letteratura tedesca, si dedicò successivamente a studi filosofici con Husserl e Heidegger, sotto la cui guida pubblicò l'*Ontologia di Hegel e la teoria della storicità* (1932).

Rotta la collaborazione con Heidegger per contrasti politici, nel 1933 Marcuse fu costretto a fuggire dalla Germania per ragioni razziali; riparò a New York, dove si unì a Horkheimer e collaborò con l'Istituto per la ricerca sociale. Negli Stati Uniti insegnò a Boston e a San Diego in California, divenendo uno dei maestri della contestazione giovanile degli anni Sessanta, soprattutto dopo la pubblicazione di *L'uomo a una dimensione* (1964). Morì nel 1979 in Baviera.

Altre opere importanti sono: *Ragione e rivoluzione* (1941), *Eros e civiltà* (1955), *Soviet marxism. Le sorti del marxismo in Urss* (1958), *Cultura e società* (1965).

Marcuse sottoscrive inizialmente il giudizio freudiano sulla repressione e sulla sospensione del principio del piacere: «*Per tutta la durata del lavoro, che praticamente occupa l'intera esistenza dell'individuo maturo, il piacere è "sospeso" e predomina la pena. E poiché gli istinti fondamentali lottano per il predominio del piacere e per l'abolizione del dolore e della pena, il principio del piacere è incompatibile con la realtà, e gli istinti devono sottomettersi a un regime repressivo*».

In un secondo tempo, Marcuse si scosta parzialmente dalla posizione di Freud, affermando che alla repressione fondamentale si aggiunge una repressione addizionale, legata al **principio di prestazione**.

Repressione ed esperienza estetica

Secondo Marcuse per comprendere il meccanismo di repressione legato alla civiltà occorre considerare il fatto che, nella società industriale moderna, il progresso tecnico ha sconfitto la penuria, mettendo a disposizione degli uomini una quantità di beni mai prima disponibile; ciò nonostante, la condizione umana non è stata liberata dallo sfruttamento dell'uomo sull'uomo. Tutto questo è imputabile all'**irrazionalità** del **sistema di potere economico** e **politico** che tende ad accentuare le forme del dominio, per impedire all'uomo di liberarsi della repressione: «*Quanto più vicina è la possibilità reale di liberare l'individuo dalle costrizioni giustificate a suo tempo dalla penuria e dall'immaturità, tanto più grande diventa il bisogno di mantenere e organizzare razionalmente queste costrizioni per evitare che l'ordine del potere costituito si dissolva*».

La condizione di alienazione imposta dal principio di prestazione può essere combattuta in un solo modo, quello dell'**esperienza estetica**. Se si libera la fantasia, «*che collega gli strati più profondi della psiche con i prodotti più alti della coscienza*», si consente alle idee represse della memoria collettiva e individuale di trovare piena espressione nelle immagini dell'arte, in cui la creatività umana trova la sua autentica e libera realizzazione.

Il dominio della dimensione produttiva

La critica della società industriale contemporanea, accusata di totalitarismo, ha un ulteriore sviluppo nel saggio del 1964 intitolato *L'uomo a una dimensione*.

In quest'opera Marcuse denuncia la spersonalizzazione dell'individuo del XX secolo, completamente integrato in un meccanismo socio-economico governato dalle leggi del produrre per consumare e consumare per produrre. Appiattito su quest'unica dimensione, l'uomo perde ogni capacità critica, si illude che la **razionalità tecnologica** basata sull'**efficienza** sia l'unica forma di ragione, finisce per escludere dal proprio orizzonte culturale ogni attività alternativa alla dimensione produttivistico-consumistica.

Marcuse, riferendosi alla perdita della libertà interiore nella società industriale avanzata, scrive:

LA DISSOLUZIONE DELLA DIMENSIONE INTERIORE

[...] *oggi questo spazio privato è stato invaso e sminuzzato dalla realtà tecnologica. La produzione e la distribuzione di massa reclamano l'individuo intero, e la psicologia industriale ha smesso da tempo di essere confinata nella fabbrica. I molteplici processi di introiezione sembrano essersi fossilizzati in reazioni quasi meccaniche. Il risultato non è l'adattamento, ma la* mimesi: *un'identificazione immediata dell'individuo con la sua società e, tramite questa, con la società come un tutto.* [...] *In questo processo la dimensione "interiore" della mente, in cui l'opposizione allo* status quo *può prendere radice, viene dissolta.*

H. MARCUSE, *L'uomo a una dimensione*

Marcuse ritiene che non si diano possibilità storiche per il rovesciamento rivoluzionario della società industriale a opera di un proletariato ormai integrato nel sistema; il filosofo immagina che l'unica capacità di contestazione risieda nei gruppi sociali più emarginati. A distanza di anni queste previsioni sono risultate però illusorie e il pensiero di Marcuse appare più puntuale nei toni apocalittici della denuncia che non nelle tesi propositive.

4.4 Jürgen Habermas

Jürgen Habermas (1929) è l'ultimo esponente di spicco della Scuola di Francoforte, che continua e innova la tradizione della teoria critica mettendola a confronto con la filosofia ermeneutica di derivazione gadameriana, con le suggestioni della svolta linguistica di matrice analitica (▶ *La filosofia analitica anglo-americana*, p. 286) e con i temi dell'etica della comunicazione riconducibili al neokantismo (▶ *Teorie etiche contemporanee*, p. 406).

Habermas inizia la sua attività di studioso presso l'Istituto per la ricerca sociale e, successivamente, insegna in varie università tedesche e americane, mantenendo aperto un confronto tra il pensiero continentale europeo (più legato a una dimensione umanistica) e quello anglosassone (più orientato verso un tipo di analisi logica e rigorosa).

La sua prima opera di rilievo, legata alla Scuola di Francoforte, esce nel 1962 con il titolo di *Storia e critica dell'opinione pubblica*; in essa l'autore mostra che le **istituzioni sociali** e le **categorie culturali** utilizzate per interpretare la società hanno un **carattere storico**.

Economia di mercato e nascita della sfera pubblica

Lo studio della storia mostra che nelle società preindustriali la distinzione tra **sfera pubblica** e **sfera privata** era di fatto irrilevante, mentre ha acquistato significato con lo sviluppo del lavoro moderno fino ad assumere un'importanza decisiva nella **società borghese**. Con l'affermazione dell'economia di mercato, oltre alla libera circolazione delle merci si intensifica la circolazione delle idee e si viene a costituire una società civile che discute liberamente di cultura, arte, filosofia e politica. Grazie a questo spazio pubblico di dibattito e di possibilità di critica sorge il concetto illuministico di **ragione**, intesa come facoltà umana autonoma, libera, capace di essere critica verso l'ordine esistente.

Habermas ricava dal progetto illuministico un ideale di emancipazione dell'uomo cui rimarrà fedele nel prosieguo di tutta la sua opera, benché ne scorga, come gli al-

---

LA VITA di Jürgen Habermas

Jürgen Habermas nacque a Düsseldorf nel 1929. Si laureò a Bonn nel 1954 con una tesi su Schelling, divenendo poi assistente di Adorno all'Istituto per la ricerca sociale di Francoforte. Nell'Università di questa città ha occupato dal 1964 la cattedra di Filosofia e sociologia, dirigendo anche il Max Plance Institut di Starnberg per la ricerca sulle condizioni di vita nel mondo tecnico-scientifico. È attualmente professore emerito dell'Università Goethe di Francoforte.

Le sue opere principali sono: *Storia e critica dell'opinione pubblica* (1962), *Logica delle scienze sociali* (1967), *Conoscenza e interesse* (1968), *Teoria dell'agire comunicativo* (1981), *Il discorso filosofico della modernità* (1985), *L'inclusione dell'altro* (studi di teoria politica) (1998), *La costellazione postnazionale* (1998), *Verità e giustificazione* (1999).

tri esponenti della Scuola di Francoforte, il carattere contraddittorio: da un lato esso è portatore di valori universali di libertà, dall'altro, avendo precise origini storico-sociali, nasce da interessi particolari, legati alla fase dell'ascesa della classe borghese.

Il processo storico avviato dalla rivoluzione borghese porta infatti a ridurre sempre più la libertà individuale: sul piano economico i monopoli comprimono l'iniziativa dei singoli, sul piano culturale i mezzi di comunicazione di massa manipolano l'opinione pubblica fino a vanificare la libertà di pensiero. In questo quadro negativo l'istanza dell'emancipazione non è però perduta: per Habermas occorre ricostruire una sfera di **relazioni pubbliche** in cui donne e uomini liberi sappiano riappropriarsi dell'esercizio della ragione critica per farne, kantianamente, un uso pubblico.

Smascherare la falsa coscienza

Nel saggio del 1968, *Conoscenza e interesse*, sviluppa la tesi, cara alla scuola del sospetto (Marx, Nietzsche e Freud), che la coscienza comune, individuale e sociale, sia una falsa coscienza che nasconde i reali interessi dell'agire umano. Compito della teoria critica è smascherare i nessi tra coscienza e interesse per realizzare il **progetto emancipativo**. Questo progetto, secondo Habermas, si realizza attraverso una relazione dialettica fra le tre sfere in cui si distingue l'agire umano:

■ l'**agire strumentale**, diretto a conoscere e dominare le cose per soddisfare i bisogni dell'uomo;

■ l'**agire comunicativo**, che mantiene viva la convivenza sociale attraverso la comunicazione linguistica;

■ l'**agire emancipativo**, che attraverso l'autoriflessione tende alla liberazione dell'uomo.

Nel corso degli anni Settanta, Habermas matura un progressivo allontanamento dall'originaria impostazione francofortese e dalle suggestioni marxiste che la caratterizzano. I suoi percorsi di ricerca si muovono sia sul terreno filosofico sia su quello sociologico, approfondendo tematiche legate al problema della conoscenza e a problemi etico-politici.

4.5 La teoria dell'agire comunicativo

I molteplici filoni di ricerca perseguiti da Habermas trovano la loro sintesi in *Teoria dell'agire comunicativo* (1981), un'opera ampia e complessa in cui il filosofo delinea una teoria organica della **razionalità critica** e **comunicativa**.

Habermas analizza le varie **pratiche comunicative** per ricercare le condizioni che rendono possibile una **comunicazione libera** e che salvaguardano la **capacità critica** verso il sistema di relazioni socio-culturali esistenti. A questo scopo utilizza, rielaborandole, le acquisizioni della filosofia novecentesca sulla centralità del linguaggio e mostra che, se da un lato l'uso del linguaggio implica l'accettazione del sistema culturale di cui esso stesso è espressione, dall'altro lato il linguaggio ha in sé la possibilità di interpretare e superare criticamente il patrimonio culturale che esprime.

In questo saggio viene riproposta la distinzione tra agire strumentale e agire comunicativo: il primo è orientato a organizzare e trasformare la realtà esterna secondo criteri di efficienza; il secondo è orientato a consentire la reciproca comprensione tra i partecipanti alla comunicazione e apre al mondo dei significati e dei valori.

Le condizioni che rendono possibile una comunicazione libera si basano sul principio che alle argomentazioni si risponde con altre argomentazioni. Le condizioni di validità dell'agire comunicativo fanno riferimento a una «*situazione linguistica ideale*», certamente diversa dalle condizioni empiriche realmente esistenti, ma tale da costituire la base intersoggettiva necessaria di ogni razionalità comunicata che consenta l'emancipazione di soggetti sociali sempre più liberi.

**L'AGIRE
COMUNICATIVO**

*Il concetto di agire comunicativo presuppone il linguaggio come medium di un tipo
di processi di comprensione e intesa durante il cui svolgimento i partecipanti, riferendosi
a un mondo, sollevano reciprocamente pretese di validità che possono essere accettate
e contestate.*
*Con questo modello di azione si suppone che i partecipanti all'interazione mobilitino
espressamente il potenziale di razionalità [...] per perseguire in modo cooperativo
l'obiettivo dell'intendersi. Se prescindiamo dall'armonia dell'espressione simbolica usata,
un attore, che è orientato in tal senso all'intesa, deve sollevare implicitamente con le sue
manifestazioni proprio tre pretese di validità, vale a dire la pretesa:*
*– che l'enunciazione fatta sia vera (ovvero che i presupposti dell'esistenza di un contenuto
proposizionale soltanto menzionato siano effettivamente soddisfatti);*
*– che l'atto linguistico sia giusto in relazione a un contesto normativo vigente (ovvero
che il contesto normativo, che deve soddisfare, sia esso stesso legittimo);*
– che l'intenzione manifesta del parlante sia intesa nel modo in cui viene espressa.
▶ J. HABERMAS, *Teoria dell'agire comunicativo*

**Universalità
della ragione ed etica
della comunicazione**

Secondo Habermas, perché la comunicazione sia possibile e raggiunga lo scopo emancipativo, occorre che i soggetti comunicanti siano d'accordo nel coordinare razionalmente le loro azioni e nel riconoscere che le loro esigenze hanno una validità intersoggettiva. Su questa base si può fondare un'etica della comunicazione basata su un imperativo categorico di tipo kantiano: la pretesa di **universalità della ragione**.

Questo principio non ha una fondazione metafisica, ma è la condizione trascendentale (cioè a priori) che rende possibile la comunicazione tra i parlanti e ha come corollario il fatto che tutti i membri di una società devono avere un'intesa sulle norme che permettono di coordinare il loro agire.

**La crisi della filosofia
moderna e il ricorso
alla ragione
comunicativa**

In un saggio del 1985, dal titolo *Il discorso filosofico della modernità*, Habermas prende spunto dal dibattito di quegli anni tra moderno e post-moderno per analizzare la categoria di **moderno** da un punto di vista filosofico. Il concetto di modernità ha le sue origini nel Rinascimento, si sviluppa da Cartesio a Kant e ha il suo compimento in Hegel. La cifra interpretativa di questo processo è il predominio della **soggettività** e della **ragione**, ma lo sviluppo del principio di razionalità illuministico evidenzia un problema, colto nella sua gravità da Hegel: il problema della scissione tra fede (infinito) e sapere (finito). Hegel ritiene di aver risolto il problema attraverso il concetto di Assoluto, ma questa soluzione appare ad Habermas totalmente inadeguata. Dopo Hegel, né Nietzsche né Heidegger né gli altri teorici dell'ermeneutica hanno trovato soluzioni soddisfacenti.

Habermas ritiene che l'unica strada per risolvere il problema della filosofia moderna sia quella indicata dalla sua prospettiva di pensiero: la sola che possa «*spiega-*

re la totalità etica come una ragione comunicativa incorporata in contesti di vita inter-soggettivi». La difesa della ragione critica passa attraverso la trasformazione di questa in **ragione comunicativa**, che significa dare alla ragione una nuova fondazione, non più bassa sul soggetto, ma sull'**intersoggettività** comunicativa e sull'**intesa interpersonale**. Questa nuova razionalità è capace di strutturare nelle forme della comunicazione i «mondi della vita», salvaguardando le tradizioni culturali, l'integrazione sociale intorno alle norme e ai valori, la socializzazione tra le generazioni.

La ragione comunicativa manifesta in tal modo non solo la sua valenza teorica, ma anche i compiti pratici che si assume di fronte ai problemi politici e sociali della modernità (▶ **Antologia**, brano 5, *La ragione comunicativa*).

MAPPA CONCETTUALE

MARXISMO OCCIDENTALE

A. GRAMSCI	G. LUKÁCS	E. BLOCH	SCUOLA DI FRANCOFORTE

A. GRAMSCI

La sovrastruttura ha un ruolo fondamentale per...

... avviare la riforma intellettuale ed etica che conduce all'...

... instaurazione del comunismo per mezzo degli intellettuali organici.

G. LUKÁCS

- Centralità della dialettica per la comprensione della storia.
- L'uomo si deve dis-alienare recuperando la totalità.

E. BLOCH

- Utopia = ciò che non si è ancora realizzato.
- Principio speranza = la storia si trasforma attraverso una spinta rivoluzionaria e messianica.

SCUOLA DI FRANCOFORTE

STRUMENTI CONCETTUALI
- da Hegel: dialettica
- da Marx: alienazione
- da Freud: natura pulsionale dell'uomo e funzione repressiva della società

OGGETTI DI STUDIO
- cultura di massa
- ragione tecnico-scientifica
- sistema capitalistico

OBIETTIVI
- ruolo critico ed emancipativo della ragione per:
  - smascherare la falsa coscienza;
  - liberare l'uomo dall'alienazione.

ESERCIZI DI RIEPILOGO

Antonio Gramsci

1. In che modo, secondo Gramsci, deve avvenire la transizione al socialismo nei Paesi a economia capitalista?

2. Nella lettura marxista della realtà Gramsci privilegia il momento della *struttura* o quello della *sovrastruttura*? Definisci in modo sintetico i due termini e rispondi portando le tue motivazioni.

3. Quali sono, secondo Gramsci, i maggiori problemi politici, sociali e culturali dell'Italia? Quale via propone per superarli?

4. Che cosa indica Gramsci con il termine «*intellettuali organici*»? Qual è il loro compito nella società?

5. Quale attore sociale potrà essere protagonista, secondo Gramsci, della rivoluzione intellettuale ed etica che condurrà all'instaurazione del comunismo?

Il marxismo occidentale d'area tedesca

6. Qual è, secondo il filosofo ungherese Lukács, il nucleo più vitale della teoria marxista?

7. Riassumi il significo e il ruolo dei concetti di *reificazione* e *totalità* nel pensiero di Lukács.

8. Quale ruolo assegna Lukács all'esperienza estetica?

9. In che accezione il filosofo Ernst Bloch utilizza il termine *utopia*?

10. Esponi il significato del «*principio speranza*» di Bloch.

11. Che cosa, secondo Walter Benjamin, differenzia la fruizione dell'opera d'arte nell'epoca contemporanea rispetto al passato?

La Scuola di Francoforte

12. Che cosa indica l'espressione Scuola di Francoforte? Chi ne sono i maggiori rappresentanti?

13. Quale indirizzo diede Horkheimer all'Istituto per la ricerca sociale?

14. In che modo la Scuola di Francoforte reinterpretò il pensiero di Hegel, Marx e Freud? Riporta, per ciascuno di questi pensatori, la dottrina ripresa.

15. Quale critica muovono Horkheimer e Adorno alla società capitalistica di massa? Quale strumento concettuale e quale metodo filosofico impiegano per svolgere la loro critica?

16. Che cosa intendono Horkheimer e Adorno con il termine *Illuminismo*? Per quale motivo criticano la ragione illuminista?

17. Esponi le funzioni dell'industria culturale di massa individuate da Horkheimer e Adorno e spiega quali critiche muovono i due filosofi nei suoi confronti.

18. Nel 1964 Marcuse pubblica un saggio intitolato *L'uomo a una dimensione*; a quale dimensione si riferisce? Qual è l'obiettivo critico del suo scritto?

19. Per quale motivo, secondo Marcuse, la società non può esistere senza la repressione degli istinti fondamentali dell'uomo? Quale attività è in grado di fornire all'uomo un tipo di esperienza non alienante?

20. Spiega la differenza tra agire strumentale e agire comunicativo in Habermas.

21. Su che cosa deve fondarsi, secondo Habermas, la ragione comunicativa? Qual è il suo obiettivo?

1 Antonio Gramsci

Filosofia e storia: il significato della «filosofia della prassi»

QUESTIONE ▶ In questo brano, tratto dai *Quaderni del carcere*, Gramsci evidenzia, sulla scia dello storicismo di Hegel e Croce, il legame di ogni concezione filosofica con il proprio tempo e ciò vale naturalmente anche per il marxismo.

TESI ▶ Nonostante il rapporto intrinseco tra filosofia e storia, Gramsci non crede che questa prospettiva debba indurre al relativismo e quindi a un ridimensionamento della filosofia: la «filosofia della prassi» conserva tutto il suo valore (politico, teoretico, sociale, antropologico) relativamente a questo momento storico, anche se certo non può pretendere di assumerne uno assoluto ed eterno.

La storia della filosofia come si intende comunemente, cioè come storia delle filosofie dei filosofi, è la storia dei tentativi e delle iniziative ideologiche di una determinata classe di persone per mutare, correggere, perfezionare le concezioni del mondo esistenti in ogni determinata epoca e per le conformi e relative norme di condotta, ossia per mutare l'attività pratica nel suo complesso. [...] La filosofia di un'e-
5 poca non è la filosofia di uno o altro filosofo, di uno o altro gruppo di intellettuali, di una o altra grande partizione delle masse popolari: è una combinazione di tutti questi elementi che culmina in una determinata direzione, in cui il suo culminare diventa norma d'azione collettiva, cioè diventa *storia* concreta e completa (integra-
10 le). La filosofia di un'epoca storica non è dunque altro che la *storia* di quella stessa epoca, non è altro che la massa di variazioni che il gruppo dirigente è riuscito a determinare nella realtà precedente: storia e filosofia sono inscindibili in questo senso, formano un *blocco*. [...] Che la filosofia della prassi concepisca se stessa storicisticamente, cioè come una fase transitoria del pensiero filosofico, oltre che implici-
15 tamente da tutto il suo sistema, appare esplicitamente dalla nota tesi che lo sviluppo storico sarà caratterizzato ad un certo punto dal passaggio dal regno della necessità al regno della libertà. Tutte le filosofie (e i sistemi filosofici) finora esistite sono state manifestazioni delle intime contraddizioni da cui la società è stata lacerata. Ma ogni sistema filosofico a sé preso non è stato l'espressione cosciente di
20 queste contraddizioni, poiché tale espressione poteva essere data solo dall'insieme dei sistemi in lotta tra loro. [...] Hegel rappresenta, nella storia del pensiero filosofico, una parte a sé, poiché nel suo sistema, in un modo o nell'altro, pur nella forma di *romanzo filosofico*, si riesce a comprendere che cos'è la realtà, cioè si ha, in un solo sistema e in un solo filosofo, quella coscienza delle contraddizioni che prima ri-
25 sultava dall'insieme dei sistemi, dall'insieme dei filosofi, in polemica tra loro, in contraddizione tra loro. In un certo senso, pertanto, la filosofia della prassi è una riforma e uno sviluppo dell'hegelismo, è una filosofia liberata (o che cerca di liberarsi) da ogni elemento ideologico unilaterale e fanatico, è la coscienza piena delle contraddizioni, in cui lo stesso filosofo, inteso individualmente o inteso come intiero
30 gruppo sociale, non solo comprende le contraddizioni ma pone se stesso come elemento della contraddizione, eleva questo elemento a principio di conoscenza e quindi d'azione. [...] Ma se la filosofia della prassi è una espressione delle contraddizioni storiche, anzi ne è l'espressione più compiuta perché consapevole, significa che essa pure è legata alla *necessità* e non alla *libertà*, che non esiste e non può ancora

esistere storicamente. Dunque, se si dimostra che le contraddizioni spariranno, si di- 35
mostra implicitamente che sparirà, cioè verrà superata, anche la filosofia della prassi: nel regno della *libertà* il pensiero, le idee non potranno più nascere sul terreno
delle contraddizioni e della necessità di lotta. Attualmente il filosofo (della prassi)
può solo fare questa affermazione generica e non andare più oltre: infatti egli non
può evadere dall'attuale terreno delle contraddizioni, non può affermare, più che 40
genericamente, un mondo senza contraddizioni, senza creare immediatamente una
utopia. Ciò non significa che l'utopia non possa avere un valore filosofico, poiché essa ha un valore politico, e ogni politica implicitamente è una filosofia sia pure scon-
nessa e in abbozzo.

▶ A. GRAMSCI, *Quaderni del carcere, Note su Machiavelli*

ESERCIZI

Rispondi alle seguenti domande, eventualmente con opportune citazioni:
- Quale rapporto identifica Gramsci tra storia e filosofia?
- Gramsci ritiene che sparirà la filosofia della prassi? Rispondi riportando le motivazioni del filosofo.
- L'utopia può avere un valore filosofico?

2 Antonio Gramsci
Il partito come «moderno principe»

QUESTIONE ▶ Come deve essere concepito il partito? Quali devono essere i suoi compiti e le sue funzioni nell'attuale momento storico? Quale il suo rapporto con le masse popolari? Come attuare una riforma intellettuale e morale che prepari un radicale cambiamento della società?
TESI ▶ Gramsci, nei *Quaderni del carcere*, riflette su questi problemi sulla base di un'originale interpretazione del *Principe*, il capolavoro di Machiavelli. Secondo la lettura di Gramsci al partito, inteso come volontà
collettiva, spetta il compito di attuare una profonda riforma intellettuale e morale.

Il carattere fondamentale del *Principe* è quello di non essere una trattazione sistematica ma un libro *vivente*, in cui l'ideologia politica e la scienza politica si fondono
nella forma drammatica del *mito*. Tra l'utopia e il trattato scolastico, le forme in cui
la scienza politica si configurava fino a Machiavelli, questi dette alla sua concezione la forma fantastica e artistica, per cui l'elemento dottrinale e razionale si imper- 5
sona in un condottiero, che rappresenta plasticamente e *antropomorficamente* il simbolo della *volontà collettiva*. Il processo di formazione di una determinata volontà collettiva, per un determinato fine politico, viene rappresentato non attraverso disqui-
sizioni e classificazioni pedantesche di principii e criteri di un metodo d'azione, ma
come qualità, tratti caratteristici, doveri, necessità di una concreta persona, ciò che 10
fa operare la fantasia artistica di chi si vuol convincere e dà una più concreta forma
alle passioni politiche. [...] Il moderno principe, il mito-principe non può essere
una persona reale, un individuo concreto, può essere solo un organismo; un elemento di società complesso nel quale già abbia inizio il concretarsi di una volontà collettiva riconosciuta e affermatasi parzialmente nell'azione. Questo organismo è già 15
dato dallo sviluppo storico ed è il partito politico, la prima cellula in cui si riassu-

mono dei germi di volontà collettiva che tendono a divenire universali e totali. Nel mondo moderno solo un'azione storico-politica immediata e imminente, caratterizzata dalla necessità di un procedimento rapido e fulmineo, può incarnarsi miticamente in un individuo concreto [...]. Ma un'azione immediata di tal genere, per la sua stessa natura, non può essere di vasto respiro e di carattere organico: sarà quasi sempre del tipo restaurazione e riorganizzazione e non del tipo proprio alla fondazione di nuovi Stati e nuove strutture nazionali e sociali [...], di tipo *difensivo* e non creativo originale, in cui, cioè, si suppone che una volontà collettiva, già esistente, si sia snervata, dispersa, abbia subito un collasso pericoloso e minaccioso ma non decisivo e catastrofico e occorra riaccenderla e irrobustirla, e non già che una volontà collettiva sia da creare *ex novo* originalmente e da indirizzare verso mete concrete sì e razionali, ma di una concretezza e razionalità non ancora verificate e criticate da un'esperienza storica effettuale e universalmente riconosciuta. [...] Una parte importante del moderno Principe dovrà essere dedicata alla questione di una riforma intellettuale e morale [...]. Il moderno Principe deve e non può non essere il banditore e l'organizzatore di una riforma intellettuale e morale, ciò che poi significa creare il terreno per un ulteriore sviluppo della volontà collettiva nazionale popolare verso il compimento di una forma superiore e totale di civiltà moderna. [...] Può esserci riforma culturale e cioè elevamento civile degli strati depressi della società, senza una precedente riforma economica e un mutamento nella posizione sociale e nel mondo economico? Perciò una riforma intellettuale e morale non può non essere legata a un programma di riforma economica, anzi il programma di riforma economica è appunto il modo concreto con cui si presenta ogni riforma intellettuale e morale.

▶ A. GRAMSCI, *Quaderni del carcere, Il materialismo storico*

ESERCIZI

Rispondi alle seguenti domande, eventualmente con opportune citazioni:
- In che senso un partito può essere un «moderno principe»?
- Il «moderno principe» deve essere promotore di una riforma morale? Rispondi riportando le argomentazioni di Gramsci.
- Che relazione vede Gramsci tra economia e moralità?

---

3 Herbert Marcuse
Il potere del pensiero negativo

QUESTIONE ▶ *Una nota sulla dialettica* è una prefazione, scritta da Marcuse nel 1960, al saggio del 1941 *Ragione e rivoluzione*. L'autore, nel ripresentare l'opera a distanza di vent'anni, scrive: «*Questo libro è stato scritto nella speranza di dare un piccolo contributo alla rinascita, non di Hegel, ma di una facoltà mentale che rischia di scomparire: il potere del pensiero negativo. Secondo la definizione di Hegel "Il pensiero è, in realtà, essenzialmente la negazione di ciò che ci sta immediatamente dinnanzi"*».
TESI ▶ In questo brano Marcuse chiarisce il senso pratico della scoperta hegeliana della dialettica e, in particolare, il significato della concezione del pensiero come negazione dell'immediato, che porta a un atteggiamento di non accettazione dell'esistente e di rivolta, così nel pensiero come nell'azione.

Anche i più astratti e metafisici concetti di Hegel sono saturi di esperienza: esperienza di un mondo in cui l'irrazionale diviene razionale e, come tale, determina i fatti; in cui la mancanza di libertà è la condizione della libertà, e la guerra costituisce la garanzia della pace. Un tale mondo contraddice se stesso. Il senso comune e la scienza dimenticano questa contraddizione, ma il pensiero filosofico ha inizio con il ri- 5
conoscimento che i fatti non corrispondono ai concetti imposti dal senso comune e dal pensiero scientifico; cioè, in breve, con il rifiuto di accettare tali concetti. Entro i limiti in cui essi trascurano le essenziali contraddizioni che formano la realtà questi concetti costituiscono un'astrazione dall'effettivo processo della realtà. La loro negazione da parte della dialettica non è solo una critica alla logica conformistica, che 10
nega la realtà delle contraddizioni; è anche una critica alla realtà di fatto rimanendo al livello di tale realtà, una critica del sistema di vita stabilito, che nega le sue stesse promesse e possibilità.[1]

Oggi, il modo di pensare dialettico è estraneo all'intero nostro universo di termini e azioni. Esso sembra appartenere al passato ed essere respinto dalle conquiste della 15
civiltà tecnica. La realtà, di fatto, sembra abbastanza promettente e produttiva per respingere o assorbire in sé ogni alternativa. L'accettazione, e anche l'affermazione, di tale realtà appare pertanto come l'unico principio metodologico ragionevole. Inoltre, un tale atteggiamento non impedisce né la critica né il mutamento: al contrario, l'insistenza sul carattere dinamico dello status quo e sulle sue perenni «rivolu- 20
zioni» costituisce uno tra i suoi più validi sostegni. Una tale dinamica, tuttavia, sembra operare perennemente entro lo stesso schema di vita: rendere più facile il dominio sull'uomo da parte dell'uomo e dei prodotti del suo lavoro, anziché abolirlo. Il progresso diviene quantitativo e tende a rimandare all'infinito il passaggio dalla quantità alla qualità, cioè l'affermazione di nuovi modi di esistenza con nuove for- 25
me di ragione e di libertà.

Il potere del pensiero negativo è l'impulso del pensiero dialettico usato come strumento per analizzare il mondo dei fatti dal punto di vista della sua intrinseca inadeguatezza. Scelgo questa vaga e non scientifica definizione per rendere più acuto il contrasto tra pensiero dialettico e pensiero non dialettico. [...] 30

Il pensiero dialettico ha inizio con la constatazione che il mondo non è libero; cioè che l'uomo e la natura esistono in condizioni di alienazione, «diversi da ciò che sono». Ogni modo di pensiero che esclude la contraddizione dalla sua logica è una logica difettosa. Il pensiero «corrisponde» alla realtà solo se trasforma la realtà stessa comprendendone la sua struttura contraddittoria. Qui il principio della dialettica 35
porta il pensiero al di là dei confini della filosofia. Comprendere la realtà, infatti, significa comprendere ciò che le cose sono, e ciò, a sua volta, comporta la non accettazione della loro apparenza come dati di fatto. La non accettazione, la rivolta, costituisce il processo del pensiero così come dell'azione. Mentre il metodo scientifico conduce dall'immediata esperienza delle *cose* alla loro struttura logico-matematica, 40
il pensiero filosofico conduce dall'immediata esperienza *dell'esistenza* alla sua struttura storica: il principio della libertà.

---

1. La contraddizione è per Marcuse la cifra della realtà. Il mondo è contraddittorio, ma né il senso comune né la scienza possono cogliere questa contraddizione, solo la filosofia può farlo, a patto che proceda seguendo la logica dialettica, l'unica che permette di pensare il negativo e quindi di negare l'esistente per affermare nuove forme di libertà.

La libertà costituisce la dinamica intrinseca all'esistenza, e il processo dell'esistenza in un mondo non libero consiste proprio nella «continua negazione di ciò che minaccia di negare la libertà». La libertà, pertanto, è essenzialmente negativa: l'esistenza è sia alienazione sia processo attraverso cui il soggetto raggiunge se stesso nel comprendere e dominare l'alienazione.[2] [...]

Il pensiero dialettico diviene così negativo di per se stesso. La sua funzione consiste nell'abbattere la sicurezza e la soddisfazione di sé proprie del senso comune, nell'indebolire la sinistra fiducia nel potere e nel linguaggio dei fatti, nel dimostrare che la mancanza di libertà è così intrinseca alle cose che lo sviluppo delle loro contraddizioni interne conduce necessariamente a un mutamento qualitativo: il crollo catastrofico dello stato di cose stabilito. Secondo Hegel il compito della conoscenza consiste nel riconoscere il mondo come Ragione interpretando tutti gli oggetti del pensiero come elementi e aspetti di una totalità che, nel corso della storia dell'umanità, diviene un mondo cosciente. L'analisi dialettica tende a divenire analisi storica in cui la stessa natura appare come parte e stadio della sua propria storia e della storia dell'uomo. Il processo della conoscenza dal senso comune alla conoscenza vera conduce a un mondo che è negativo nella sua stessa struttura in quanto ciò che è reale si oppone alle potenzialità che gli sono intrinseche – le quali cercano da parte loro di giungere a realizzarsi –, e le nega. La ragione è la negazione del negativo.

L'interpretazione di ciò che è in termini di ciò che non è, e il confronto tra i dati di fatto e ciò che essi escludono, hanno costituito l'argomento della filosofia in tutti i casi in cui la filosofia è stata qualcosa di più di un mezzo di giustificazione ideologica o di un esercizio mentale. La funzione liberatrice della negazione propria del pensiero filosofico dipende dal riconoscimento del fatto che la negazione è un atto positivo: ciò che è *rifiuta* ciò che non è, e con ciò rifiuta le sue vere possibilità. Di conseguenza, esprimere e definire ciò che è nei suoi stessi termini significa svisare e falsificare la realtà. La realtà è qualcosa di diverso da ciò che è codificato nella logica e nel linguaggio dei fatti; essa trascende questi limiti. È questo l'intimo legame tra il pensiero dialettico e il tentativo della letteratura d'avanguardia: lo sforzo di superare il potere dei fatti sul mondo, di parlare un linguaggio che non sia il linguaggio di coloro che stabiliscono i fatti, impongono l'obbedienza a essi e ne traggono profitto.[3]

▶ H. MARCUSE, *Una nota sulla dialettica*, in *Ragione e rivoluzione*

ESERCIZI

Rispondi alle seguenti domande, eventualmente con opportune citazioni:

■ Da che cosa prende le mosse, secondo Marcuse, il pensiero filosofico?
■ Quali critiche muove Marcuse ai concetti utilizzati dalla scienza e a quelli del senso comune?
■ Che differenza c'è tra pensiero dialettico e pensiero non dialettico?
■ Che cosa indicano in questo brano i termini *alienazione* e *libertà*?
■ Qual è la funzione liberatrice della negazione caratteristica del pensiero filosofico?

---

2. Il brano presenta due temi che richiamano il pensiero di Marx: il superamento della filosofia in una prassi politica che si fa azione rivoluzionaria (vedi la *XII tesi* su Feuerbach) e il concetto di alienazione come espropriazione della propria essenza.
3. La negazione della negazione è il risultato cui perviene la ragione dialettica e che consente a essa di svolgere la sua funzione liberatrice. Se la filosofia non vuole ridursi a giustificazione ideologica dell'esistente deve compiere «lo sforzo di superare il potere dei fatti sul mondo», negando quel mondo fattuale che è la negazione del mondo reale.

4 Max Horkheimer-Theodor Wiesengrund Adorno
Odisseo e le Sirene

QUESTIONE ▶ Nella *Dialettica dell'Illuminismo*, da cui è tratto il brano in lettura, Horkheimer e Adorno si servono del poema omerico dell'*Odissea* per analizzare lo sviluppo della ragione occidentale. Secondo i due filosofi, nel destino di Odisseo si può vedere rappresentata la progressiva affermazione della razionalità «illuministica» dell'Occidente che libera l'umanità dalla primitiva visione mitica del mondo. La preistoria mitica viene descritta da Omero in molti episodi, che precedono il brano delle Sirene, e che Horkheimer e Adorno analizzano, mettendone in risalto il significato profondo: i Lotofagi rappresentano la fase economica della raccolta, i Ciclopi quella della caccia, Circe il predominio della magia.

TESI ▶ Il racconto di Odisseo e le Sirene, contenuto nel canto XII, viene interpretato da Horkheimer e Adorno come il superamento delle fasi mitiche e la vittoria della ragione calcolante e preveggente, che domina la natura al prezzo però di rinunciare a se stessa, come simboleggiato dai marinai che devono tapparsi le orecchie e da Odisseo stesso che, nell'episodio del Ciclope, si salva negando la propria identità: dice infatti a Polifemo di chiamarsi Nessuno.

In un racconto omerico è custodito il nesso di mito, dominio e lavoro. Il dodicesimo canto dell'*Odissea* narra del passaggio davanti alle Sirene. La tentazione che esse rappresentano è quella di perdersi nel passato. Ma l'eroe a cui la tentazione si rivolge è diventato adulto nella sofferenza. Nella varietà dei pericoli mortali in cui ha dovuto conservarsi, si è consolidata in lui l'unità della vita individuale, l'identità della persona. Come acqua, terra ed aria si scindono davanti a lui i regni del tempo. L'onda di ciò che fu rifluisce dalla roccia del presente, e il futuro campeggia nuvoloso all'orizzonte. Ciò che Odisseo[1] ha lasciato dietro di sé, entra nel mondo delle ombre: il Sé è ancora così vicino al mito primordiale, da cui è uscito con immenso sforzo, che il suo stesso passato, il passato direttamente vissuto, si trasforma in passato mitico. A questo egli cerca di rimediare con un solido ordinamento del tempo. Lo schema tripartito deve liberare l'attimo presente dalla potenza del passato, ricacciando quest'ultimo dietro il confine assoluto dell'irrecuperabile, e mettendolo, come sapere utilizzabile, a disposizione dell'*ora*. L'impulso di salvare il passato come vivente, anziché utilizzarlo come materia del progresso, si placava solo nell'arte, a cui appartiene anche la storia come rappresentazione della vita passata. Finché l'arte rinuncia a valere come conoscenza, escludendosi così dalla prassi, è tollerata dalla prassi sociale come il piacere. Ma il canto delle Sirene non è ancora depotenziato e ridotto a pura arte. Esse sanno «tutto quello che avviene sulla terra nutrice»[2] e, in particolare, le vicende a cui anche Odisseo prese parte, «quanto nell'ampia terra di Troia Argivi e Troiani patirono per volere dei numi»[3]. Rievocando direttamente un passato recentissimo, esse minacciano, con l'irresistibile promessa di piacere con cui si annuncia e viene ascoltato il loro canto, l'ordine patriarcale che restituisce a ciascuno la sua vita solo contro il corrispettivo della sua intera durata temporale. Chi cede ai loro artifizi è perduto, mentre solo una costante presenza di spirito strappa

5

10

15

20

25

---

1. Il primo personaggio del racconto è Odisseo, che rappresenta l'uomo maturo, dotato di autonomia (ha superato la primordiale fase magico-mitica) e di razionalità, rappresentata da un Sé che è principio di identità, logica e maschile, e che si costituisce nella distinzione dagli altri e dalla natura.
2. *Odissea*, XII, 191, trad. it. di Rosa Calzecchi Onesti, Einaudi, Torino 1963, p. 174.
3. *Ibid.*, 189-90 (trad. it. cit., p. 174).

l'esistenza alla natura. Se le Sirene sanno di tutto ciò che accade, esse chiedono in cambio il futuro, e la promessa del lieto ritorno è l'inganno con cui il passato cattura il nostalgico.[4]

Odisseo è messo in guardia da Circe, la dea che ritrasforma gli uomini in animali: egli ha saputo resisterle, ed essa, in compenso, lo mette in grado di resistere ad altre forze di dissoluzione. Ma la tentazione delle Sirene resta invincibile, e nessuno può sottrarvisi, ascoltando il loro canto. L'umanità ha dovuto sottoporsi a un trattamento spaventoso, perché nascesse e si consolidasse il Sé, il carattere identico, pratico, virile dell'uomo, e qualcosa di tutto ciò si ripete in ogni infanzia. Lo sforzo di tenere insieme l'io appartiene all'io in tutti i suoi stadi, e la tentazione di perderlo è sempre stata congiunta alla cieca decisione di conservarlo. L'ebbrezza narcotica, che fa espiare l'euforia in cui il Sé resta come sospeso con un sonno simile alla morte, è una delle antichissime istituzioni sociali che mediano fra l'autoconservazione e l'autoannientamento, un tentativo del Sé di sopravvivere a se stesso. L'angoscia di perdere il Sé e di annullare, col Sé, il confine tra se stessi e il resto della vita, la paura della morte e della distruzione, è strettamente congiunta a una promessa di felicità da cui la civiltà è stata minacciata in ogni istante. La sua via fu quella dell'obbedienza e del lavoro, su cui la soddisfazione brilla eternamente come pura apparenza, come bellezza impotente.

Il pensiero di Odisseo, ugualmente ostile alla propria morte e alla propria felicità, sa di tutto questo. Egli conosce due sole possibilità di scampo. Una è quella che prescrive ai compagni. Egli tappa le loro orecchie con la cera, e ordina loro di remare a tutta forza. Chi vuol durare e sussistere, non deve porgere ascolto al richiamo dell'irrevocabile, e può farlo solo in quanto non è in grado di ascoltare. È ciò a cui la società ha provveduto da sempre. Freschi e concentrati, i lavoratori devono guardare in avanti, e lasciar stare tutto ciò che è a lato. L'impulso che li indurrebbe a deviare va sublimato – con rabbiosa amarezza – in ulteriore sforzo. Essi diventano pratici. L'altra possibilità è quella che sceglie Odisseo, il signore terriero, che fa lavorare gli altri per sé. Egli ode, ma impotente, legato all'albero della nave, e più la tentazione diventa forte, e più strettamente si fa legare, così come, più tardi, anche i borghesi si negheranno più tenacemente la felicità quanto più – crescendo la loro potenza – l'avranno a portata di mano. Ciò che ha udito resta per lui senza seguito: egli non può che accennare col capo di slegarlo, ma è ormai troppo tardi: i compagni, che non odono nulla, sanno solo del pericolo del canto, e non della sua bellezza, e lo lasciano legato all'albero, per salvarlo e per salvare sé con lui. Essi riproducono, con la propria, la vita dell'oppressore, che non può più uscire dal suo ruolo sociale. Gli stessi vincoli con cui si è legato irrevocabilmente alla prassi, tengono le Sirene lontano dalla prassi: la loro tentazione è neutralizzata a puro oggetto di contemplazione, ad arte. L'incatenato assiste ad un concerto, immobile come i fu-

---

4. Le altre protagoniste del racconto sono le Sirene: contrapposte a Odisseo, sono figure femminili che incantano i marinai, promettendo loro il piacere che deriva dalla perdita di Sé e dalla riunificazione con la natura. Rappresentano il passato mitico dell'umanità, quando non si era ancora costituito il *lógos*, la mentalità logico-razionale. La contrapposizione Odisseo-Sirene si può leggere da un punto di vista psicoanalitico, identificando le Sirene con la figura femminile e materna (che rimanda alle istanze pulsionali dell'Es e al principio di piacere) e Odisseo con il processo di costruzione dell'Io che passa per la repressione delle pulsioni e la loro sublimazione nel Super-Io.

turi ascoltatori, e il suo grido appassionato, la sua richiesta di liberazione, muore   65
già in un applauso. Così il godimento artistico e il lavoro manuale si separano all'uscita dalla preistoria. L'epos contiene già la teoria giusta. Il patrimonio culturale sta in esatto rapporto col lavoro comandato, e l'uno e l'altro hanno il loro fondamento nell'obbligo ineluttabile del dominio sociale sulla natura.[5]

Misure come quelle prese sulla nave di Odisseo al passaggio davanti alle Sirene so-   70
no l'allegoria presaga della dialettica dell'illuminismo.[6] Come la sostituibilità è la misura del dominio e il più potente è quello che può farsi rappresentare nel maggior numero di operazioni, così la sostituibilità è lo strumento del progresso e nello stesso tempo della regressione. Nelle condizioni date, l'esenzione dal lavoro significa anche mutilazione – e non solo per i disoccupati, ma anche al polo sociale opposto. I   75
superiori sperimentano la realtà, con cui non hanno più direttamente a che fare, solo come substrato, e s'irrigidiscono interamente nel Sé che comanda. Il primitivo sentiva la cosa naturale solo come oggetto sfuggente del desiderio, «ma il signore, che ha inserito il servo tra la cosa e sé, si congiunge solo con la dipendenza della cosa e la gode semplicemente; e abbandona il lato dell'indipendenza al servo che la   80
lavora». Odisseo è sostituito nel lavoro. Come non può cedere alla tentazione dell'abbandono di sé, così – in quanto proprietario – manca anche della partecipazione al lavoro, e – da ultimo – anche della sua direzione, mentre d'altra parte i compagni, per quanto vicini alle cose, non possono godere il lavoro, perché esso si compie sotto la costrizione, senza speranza, coi sensi violentemente tappati. Lo schiavo resta   85
soggiogato nel corpo e nell'anima, il signore regredisce. Nessuna forma di dominio ha saputo ancora evitare questo prezzo, e la circolarità della storia nel suo progresso trova la sua spiegazione in questo indebolimento, che è l'equivalente, il corrispettivo della potenza.

▶ M. HORKHEIMER, TH. W. ADORNO, *Dialettica dell'Illuminismo*

ESERCIZI

Rispondi alle seguenti domande, eventualmente con opportune citazioni:

■ Per quale motivo il canto delle Sirene è pericoloso? Che cosa rappresentano queste figure mitiche per Horkheimer e Adorno?

■ Qual è il significato filosofico della figura di Odisseo?

■ A quale prezzo, secondo i due autori, l'uomo è riuscito a costruirsi un'identità stabile e definita?

■ Quale radice e quale esito ha il lavoro nella civiltà occidentale? A quale contraddizione dà luogo?

---

5. Il racconto narra come Odisseo riesce a resistere al pericolo delle Sirene. Egli tappa le orecchie ai marinai in modo che non sentano il loro canto e non restino ammaliati dalla loro promessa di felicità: così potranno continuare a svolgere senza distrazioni il loro lavoro di rematori. Odisseo, invece, si fa legare all'albero della nave per poter sentire il canto senza rischiare di cadere vittima dell'incantesimo: così egli può godere della bellezza dell'arte delle Sirene.

6. Per Horkheimer e Adorno, Odisseo, forte della sua razionalità, ha organizzato la vita sulla nave in un modo che prefigura la struttura della società borghese-capitalista, fondata sulla divisione del lavoro. Ha infatti separato la sua figura dominante di intellettuale, cui è concessa la contemplazione estetica, da quella dei compagni marinai, cui il piacere dell'arte è negato perché incompatibile con il lavoro manuale.

5 Jürgen Habermas
La ragione comunicativa

QUESTIONE ▷ Il brano che proponiamo in lettura è tratto dal saggio *Il discorso filosofico della modernità*, pubblicato da Habermas nel 1985. L'opera raccoglie dodici lezioni dedicate all'esame del concetto di modernità, condotto attraverso il confronto con le tesi dei principali esponenti del pensiero contemporaneo, tra cui Hegel, Nietzsche, Heidegger, Horkheimer, Adorno, Foucault e Derrida.

TESI ▷ In questo passo Habermas riprende la teoria dell'agire comunicativo e ne fonda la razionalità sulla nozione di ragione comunicativa, contrapposta a quella di ragione cognitivo-strumentale.

Noi chiamiamo 'razionalità' anzitutto quella disposizione di soggetti capaci di parlare e di agire ad acquisire ed impiegare un sapere fallibile. Fin tanto che i concetti fondamentali della filosofia della coscienza costringono a concepire il sapere esclusivamente come sapere di qualche cosa nel mondo oggettivo, la razionalità si com
5 misura al modo in cui il soggetto solitario si orienta verso i contenuti delle sue rappresentazioni e dei suoi enunciati. La ragione soggettocentrica trova le sue misure in base a criteri di verità e successo, che regolano le relazioni fra il soggetto conoscente e agente secondo fini e il mondo di possibili oggetti o stati di cose. Non appena invece noi concepiamo il sapere come mediato comunicativamente, la razio
10 nalità si commisura alla capacità di responsabili partecipanti all'interazione di orientarsi verso pretese di validità che sono fondate sul riconoscimento intersoggettivo. La ragione comunicativa trova le sue misure in base ai procedimenti argomentativi della soddisfazione diretta o indiretta di pretese alla verità proposizionale, alla giustezza normativa, alla veracità soggettiva ed alla pertinenza estetica.
15 Ciò che si può dimostrare in base all'interdipendenza delle differenti forme dell'argomentazione, cioè con mezzi di una logica pragmatica dell'argomentazione, è dunque un concetto procedurale della razionalità, che per via dell'inserimento del pratico-morale e dell'estetico-espressivo è più ricco che la razionalità finalistica modellata sul cognitivo-strumentale.[1] Questo concetto è l'esplicato del potenziale raziona
20 le ancorato nella base di validità del discorso. Questa razionalità comunicativa rammenta più antiche raffigurazioni del *logos,* in quanto porta con sé le connotazioni della forza, che unifica e produce consenso liberamente, di un discorso nel quale i partecipanti superano le loro concezioni dapprima soggettivamente prevenute in favore di un accordo razionalmente motivato. La ragione comunicativa si espri
25 me in una concezione decentrata del mondo.
Da questa prospettiva tanto la messa a disposizione cognitivo-strumentale di una natura (e società) oggettivata, quanto l'autonomia gonfiata narcisisticamente (nel senso dell'autoaffermazione razionale in vista del fine) sono momenti *derivati*, che si sono autonomizzati rispetto alle strutture comunicative del mondo della vita, cioè
30 dell'intersoggettività di rapporti di intesa e rapporti di reciproco riconoscimento.

---

1. Habermas è convinto che la ragione "classica" della filosofia moderna, fondata sul soggetto, sia incapace di uscire dalla contraddizione di fronte alla quale già si era trovato Hegel (la scissione tra finito e infinito). L'unica soluzione possibile sta nel dare alla ragione una nuova fondazione, quella dell'intersoggettività comunicativa, che consente all'uomo di riunificare i mondi della vita e dare un senso alla sua esperienza storica, salvaguardando le tradizioni culturali, l'integrazione sociale intorno alle norme e ai valori, la socializzazione tra le generazioni.

La ragione soggettocentrica è *prodotto di una scissione e usurpazione,* e precisamente di un processo sociale nel cui corso un momento subordinato assume il posto del tutto, senza possedere la forza per assimilarsi la struttura del tutto. Horkheimer e Adorno hanno descritto il processo della soggettività che pretende troppo da se stessa e reificante analogamente a Foucault come un processo cosmico-storico. Ma entrambe le parti disconoscono la più profonda ironia di questo processo, che consiste in ciò, che il potenziale comunicativo della ragione doveva prima essere generato nelle figure dei moderni mondi della vita, affinché gli imperativi scatenati dei sistemi parziali economico ed amministrativo si ripercuotessero sulla vulnerabile prassi quotidiana, e in ciò potessero agevolare il cognitivo-strumentale a raggiungere il dominio sugli oppressi momenti della ragione pratica. Il potenziale comunicativo della ragione nel decorso della modernizzazione capitalistica viene al contempo *dispiegato e deformato.*

La paradossale contemporaneità e interdipendenza dei due processi la si può cogliere soltanto quando è superata la falsa alternativa, che Max Weber enuncia con il contrasto fra razionalità sostanziale e formale. Alla sua base sta l'assunto che il disincantamento[2] delle immagini religioso-metafisiche del mondo toglie alla razionalità, insieme con i contenuti tradizionali, anche tutte le connotazioni di contenuto, e toglie quindi anche ogni forza per poter esercitare al di là dell'organizzazione razionale dei mezzi in vista del fine, anche un influsso strutturante sul mondo della vita. Per contro io vorrei insistere che la ragione comunicativa – nonostante il suo carattere puramente procedurale, sgravato di tutte le ipoteche religiose e metafisiche – è direttamente intrecciata nel processo di vita sociale in quanto gli atti di intesa assumono il ruolo di un meccanismo di coordinamento dell'azione. L'intreccio delle azioni comunicative si nutre di risorse del mondo della vita e al contempo costituisce il *medium* per il cui tramite si riproducono le concrete forme di vita.

▶ J. HABERMAS, *Il discorso filosofico della modernità*

35

40

45

50

55

ESERCIZI

Rispondi alle seguenti domande, eventualmente con opportune citazioni:

■ Che cosa intende Habermas con l'espressione «*ragione soggettocentrica*»? Quali critiche muove a questo utilizzo della ragione?

■ Perché, secondo Habermas, la razionalità comunicativa è più ricca di quella modellata sul cognitivo-strumentale? Quali dimensioni le si aggiungono?

■ Quali sono i caratteri della razionalità secondo Habermas?

■ Che cosa significa «*disincantamento delle immagini religioso-metafisiche del mondo*»?

---

2. Disincantamento è termine coniato dal sociologo tedesco Max Weber (1864-1920) per indicare il processo che ha accompagnato lo sviluppo della cultura occidentale, che è consistito nel rifiuto delle spiegazioni magiche e mitiche, sostituite da quelle razionali e scientifiche.

Ragione e intelletto

Nel brano riportato di seguito, tratto da un saggio dedicato a Horkheimer, l'autore analizza i presupposti filosofici della teoria critica della società e, in particolare, i caratteri della ragione dialettica. Il testo contrappone il concetto di ragione (Vernunft), così come è stato concepito da Kant e soprattutto da Hegel, al concetto di intelletto (Verstand), la facoltà del pensiero calcolante che, come dice Hegel, «resta immobile nelle sue determinazioni» producendo un pensiero astratto e limitato, proprio del senso comune e della scienza. Di contro, la ragione è capace di superare la fissità dell'intelletto, sa cogliere le connessioni dialettiche della realtà ed esercitare quel «potere del pensiero negativo» che costituisce l'essenza della filosofia critica.

Antonio Ponsetto[1], *Max Horkheimer*

Nel suo procedere, «la teoria critica» si ispira «in modo pienamente cosciente all'interesse per l'organizzazione razionale dell'attività umana» e si mostra guidata dalle esigenze proprie della *Vernunft*. In quest'ultima, appunto, Horkheimer ha individuato da sempre la radice di ogni teoria sociologica progressista e, pertanto, l'ha sempre privilegiata rispetto al *Verstand*.

Il *Verstand* era stato concepito da Kant e da Hegel come capacità dello spirito di ordinare il mondo dei fenomeni secondo la ragione di un uomo sano. Al *Verstand*, il mondo si presenta quindi come un insieme di entità finite, identiche soltanto con se stesse ed estranee alle altre. Il *Verstand* non è perciò in grado di addentrarsi nelle connessioni dialettiche e rimane alla superficie della realtà; la capacità di cogliere queste connessioni costituisce invece la caratteristica della *Vernunft*.

Il ruolo determinante che essa svolge nella teoria critica è stato sottolineato da Marcuse in un testo famoso,

nel quale viene da lui sottolineato che la *Vernunft* è la categoria fondamentale del pensiero filosofico, l'unica mediante la quale esso si mantiene unito al destino dell'umanità. La filosofia ha sempre inteso indagare intorno ai principi ultimi e generalissimi dell'essere. Sotto il profilo della *Vernunft*, essa ha pensato l'idea di un'entità determinata, nella quale tutte le contraddizioni decisive (tra soggetto e oggetto, essenza e fenomeno, pensiero ed essere) trovano la loro armonizzazione. Quest'idea è frutto della convinzione che l'essente non è immediatamente razionale e che, perciò, deve essere portato alla ragione... Se il mondo dato in connessione col pensiero razionale fosse orientato a questo, secondo il suo essere, allora c'è da concludere che esso si presenta in modo tale, da richiedere di essere superato nel suo aspetto negativo. La *Vernunft* si pone dunque come istanza critica.

In quanto tale, essa è dunque lo strumento che fa emergere il negativo attualmente presente nel mondo e che stimola l'uomo a superarlo, attraverso la modificazione dei rapporti sociali vigenti. La *Vernunft*, come facoltà operativa della teoria critica, costituisce perciò «un momento inscindibilmente connesso con lo sforzo storico volto a creare un mondo adeguato ai bisogni e alle energie degli uomini», per liberarli dal giogo delle ideologie.

RISPONDI ALLE SEGUENTI DOMANDE

- Che cosa indicano Kant e Hegel con il concetto di *Vernunft* (intelletto)?
- Che cosa indica Marcuse, rifacendosi a Hegel, con il concetto di *Verstand* (ragione)?
- Quale importanza riveste la facoltà della ragione nella prassi filosofica?

---

1. Antonio Ponsetto insegna filosofia all'Università di Monaco di Baviera. I suoi interessi di studio hanno riguardato prevalentemente il pensiero contemporaneo, da Weber ai francofortesi, da Husserl ai problemi della razionalità moderna. Ha anche indagato le radici della spiritualità occidentale.

APPROFONDIMENTI E CONFRONTI INTERDISCIPLINARI

1. La *Dialettica dell'Illuminismo*

Nel saggio *Dialettica dell'Illuminismo*, che si presenta come una raccolta di testi e studi diversi, Horkheimer e Adorno fanno spesso ricorso a forme aforistiche, caratterizzate da un'estrema densità concettuale. Ecco alcuni esempi tratti dal saggio iniziale:
– Sull'Illuminismo: «*L'Illuminismo, nel senso più ampio di pensiero in continuo progresso, ha perseguito da sempre l'obiettivo di togliere agli uomini la paura e di renderli padroni. Ma la terra interamente illuminata splende all'insegna di trionfale sventura*».
– Su Bacone: «*Il sapere, che è potere, non conosce limiti, né all'asservimento delle creature né alla sua docile acquiescenza ai signori del mondo*».
– Su Bacone e Lutero: «*La sterile felicità di conoscere è lasciva per Bacone come per Lutero*».

■ Basandoti su quanto studiato nella parte manualistica chiarisci la nozione di «*dialettica dell'Illuminismo*», precisando in che senso sono usati i termini dialettica e Illuminismo. Commenta adesso i tre aforismi ricollegandoli alle posizioni generali dei due autori.

2. Marcuse: libertà e illibertà

Trasferitosi negli Stati Uniti per sfuggire alle persecuzioni naziste, Marcuse è stato uno dei molti filosofi e scienziati che vi si è poi fermato stabilmente. Nella seconda metà del Novecento è stato un attento osservatore dell'evoluzione di una società tra le più complesse e avanzate tecnologicamente.
Studiando la società americana, Marcuse si rese conto che gli spazi di libertà individuale si andavano progressivamente riducendo, senza che l'individuo se ne rendesse conto. I meccanismi della pubblicità, dell'industria culturale, del "consumismo" trasmettono infatti un sistema di valori che viene accolto acriticamente. In questo modo l'uomo perde molteplici dimensioni della vita, inaridendosi e vivendo in una dimensione sola, quella produttiva e consumistica voluta dal sistema capitalistico.
Marcuse usa il termine *illibertà* per indicare questo modo di vita che è non libera, ma nel contempo è soddisfatta, per la disponibilità di beni di consumo, anche culturali.
Gli individui che vivono nelle società democratiche occidentali non si accorgono affatto di questa non libertà, al contrario di quanti vivono all'interno dei sistemi politici totalitari.

■ Ti invitiamo a riflettere su questo punto: esamina se oggi, nella nostra società, vi sono esempi di situazioni in cui il comportamento delle persone è condizionato in modo inconsapevole dal "sistema" in cui vivono. Ti chiediamo quindi di riflettere se la nozione marcusiana di illibertà è applicabile in qualche misura al nostro mondo.

3. Habermas e la nozione di razionalità

Nella sua riflessione sulla comunicazione, Habermas utilizza una particolare nozione di razionalità.

■ Dopo aver letto il brano 5, *La ragione comunicativa*, prova a definire il concetto habermasiano di razionalità facendo riferimento alle tesi generali della Scuola di Francoforte. Rispondi poi alle seguenti domande:
– Quali sono, secondo Habermas, i limiti della ragione occidentale, da lui chiamata soggettocentrica?
– Quali dimensioni devono essere recuperate per la fondazione di una nuova forma di razionalità che abbia anche una valenza etica?
– Sei d'accordo con la funzione attiva di smascheramento ed emancipazione attribuita dalla Scuola di Francoforte alla ragione e alla filosofia? Rispondi motivando la tua tesi.

Filosofia ed ebraismo

Intellettuali ebrei e filosofia tedesca

Un ritratto di Sigmund Freud, il fondatore della psicoanalisi. Di origine ebraica, dopo una vita trascorsa a Vienna, fu costretto a rifugiarsi a Londra nel 1938, per sfuggire alle persecuzioni naziste.

Tra la seconda metà dell'Ottocento e i primi decenni del Novecento, negli ambienti intellettuali e filosofici tedeschi operarono numerosi pensatori di origine ebraica sia all'interno delle istituzioni accademiche sia nell'ambito di gruppi culturali e politici autonomi. L'influenza degli intellettuali ebraici non riguardò solamente la filosofia, ma investì la società e la cultura letteraria, artistica, teatrale, musicale, cinematografica e giornalistica, estendendosi all'intera area dell'Europa centrale; basti pensare all'Austria, dove operarono Sigmund Freud (1856-1939), Ludwig Wittgenstein (1889-1951) e i filosofi del Circolo di Vienna.

Una semplice elencazione dei più insigni **pensatori ebraici** può dare un'idea di questa presenza. In ambito accademico le due **scuole filosofiche neokantiane** sono riconducibili a filosofi di origine ebraica: la Scuola del Baden, promossa da Wilhelm Windelband (1848-1915) e proseguita da Heinrich Rickert (1863-1936), impegnata a sviluppare una «filosofia dei valori», e la Scuola di Marburgo, con interessi prevalentemente gnoseologici, iniziata da Hermann Cohen (1848-1918) e continuata da Ernst Cassirer (1874-1945).

Ancora in ambiente universitario troviamo le figure di Edmund Husserl (1859-1938), fondatore della **fenomenologia**, di Max Scheler (1874-1928), che applica il metodo fenomenologico all'etica, di Georg Simmel (1858-1918), i cui interessi si rivolgono ai temi della filosofia della vita, e di Karl Mannheim (1893-1947), teorico della sociologia della conoscenza.

Fuori dell'università, pensatori ebraici promuovono e sviluppano l'attività dell'**Istituto per la ricerca sociale**, fondato a Francoforte nel 1924: sono Max Horkheimer (1895-1973), Theodor Wiesengrund Adorno (1903-1969), Walter Benjamin (1892-1940) e Herbert Marcuse (1898-1979).

Da ultimo, negli anni Venti del Novecento, compaiono sulla scena filosofica tedesca tre giovani intellettuali ebrei, uniti dal fatto di essere stati allievi di Martin Heidegger: Hannah Arendt (1906-1975), Hans Jonas (1903-1993) e Karl Löwith (1897-1973).

Un antico cimitero ebraico a Vienna, testimonianza della numerosa comunità semita presente nella città.

A eccezione di Heidegger e di Jaspers (la cui moglie peraltro era ebrea), la maggior parte della cultura filosofica tedesca ufficiale del primo Novecento era quindi rappresentata da intellettuali ebrei.

L'avvento del nazismo e la diaspora

L'avvento del nazismo nel **1933** sconvolse rapidamente questo quadro, costringendo tutti i docenti ebrei ad abbandonare l'insegnamento. I più ripararono all'estero, dapprima in Francia, poi in Inghilterra e negli Stati Uniti, dove contribuirono in modo rilevante a sviluppare la ricerca filosofica arricchendone le prospettive teoriche. I filosofi che abbiamo citato, pur appartenendo al popolo ebraico, elaborarono posizioni teoriche molto diverse tra loro e, soprattutto, indipendenti dall'ebraismo, al punto che (con l'eccezione di Hermann Cohen), senza la tragedia della persecuzione nazista, l'appartenenza etnico-religiosa sarebbe stata ininfluente per la loro filosofia. Come vedremo, il dramma di Auschwitz porrà interrogativi radicali a tutti i pensatori ebraici, ma solo dopo il 1945.

Alcuni filosofi tedeschi di origine semita, già a partire dalla fine del XIX secolo, si collocarono però in una prospettiva diversa, avente come punto di riferimento la ricerca dell'identità ebraica, da rivendicare anche in campo filosofico. I maggiori esponenti di questa posizione furono **Franz Rosenzweig (1886-1929)**, **Martin Buber (1878-1965)** e **Gershom Scholem (1897-1982)**, il più importante storico contemporaneo della mistica ebraica.

La ricerca dell'identità ebraica

Ritratto fotografico di Theodor Herzl (1860-1904). Giornalista, narratore e uomo politico ungherese, fondò nel 1897 l'Organizzazione sionista mondiale.

Per comprendere il problema della ricerca dell'identità ebraica bisogna inquadrarlo nella temperie storico-culturale dei decenni a cavallo tra XIX e XX secolo. In Germania, da un lato erano state favorite l'emancipazione e l'**integrazione** degli ebrei nella **società tedesca**, dall'altro permanevano pregiudizi razziali e tendenze discriminanti, che si manifestavano periodicamente in espressioni di antigiudaismo. Per contrastare queste tendenze, emerse tra gli intellettuali ebrei la necessità di approfondire la ricerca della propria identità, con il duplice scopo di mettere in evidenza i contributi fondamentali dati dall'ebraismo alla cultura occidentale e di mostrarne la piena appartenenza alla tradizione del pensiero moderno post-illuministico.

Con il crescere delle spinte nazionalistiche e razziste in Germania, tra molti intellettuali ebrei si affermò la convinzione che l'integrazione fosse una speranza illusoria e che gli ebrei dovessero **riaffermare** con decisione la loro **identità** come **popolo** e come **nazione**. L'espressione più significativa di queste aspirazioni fu la nascita del **movimento sionista** fondato da **Theodor Herzl** tra il 1896 e il 1897.

Franz Rosenzweig: creazione, rivelazione, redenzione

Il filosofo ebreo Franz Rosenzweig non aderì al movimento sionista, ma condivise l'idea che si dovesse recuperare l'identità ebraica, a fronte dell'impossibilità di integrazione nella società tedesca. Rosenzweig ricercò la peculiarità della propria tradizione sottolineando un rapporto di complementarietà tra ebraismo e cristianesimo. A questo tema dedicò la sua opera più importante, *La stella della redenzione* (1921), un'opera di critica alla filosofia idealista, il cui pensiero totalizzante è considerato incapace di comprendere i problemi del singolo individuo concreto e, soprattutto, il senso della morte. Sviluppando temi di Schopenhauer, Kierkegaard e Nietzsche, Rosenzweig mette al centro del suo pensiero la **paura della morte** come sentimento generatore della filosofia. Così scrive all'inizio della *Stella della redenzione*:

Dalla morte, dal timore della morte prende inizio e si eleva ogni conoscenza circa il tutto. Rigettare la paura che attanaglia ciò ch'è terrestre, strappare alla morte il suo aculeo velenoso, togliere all'Ade il suo miasma pestilente, di questo si pretende capace la filosofia. Tutto quanto è mortale vive in questa paura della morte, ogni nuova nascita aggiunge nuovo motivo di paura perché accresce il numero di ciò che deve morire. Senza posa il grembo instancabile della terra partorisce il nuovo e ciascuno è indefettibilmente votato alla morte, ciascuno attende con timore e tremore il giorno del suo viaggio nelle tenebre. Ma la filosofia nega queste paure della terra. Essa strappa oltre la fossa che spalanca ad ogni passo. Permette che il corpo sia consegnato all'abisso, ma l'anima, libera, lo sfugge librandosi in volo.

▶ F. Rosenzweig, *La stella della redenzione*

I motivi antidealistici ed esistenzialistici presenti in questo testo richiamano la tesi dell'«*essere-per-la-morte*» che Heidegger enuncerà di lì a qualche anno, ma diversa è la prospettiva in cui si collocano i due pensatori: per Rosenzweig non è centrale la prospettiva dell'«*esser-gettato*», che sancisce l'ineluttabile finitezza dell'uomo, bensì la prospettiva filosofico-teologica che apre alla dimensione trascendente attraverso un sistema di relazioni costitutive del reale.

I tre elementi fondamentali di questo sistema sono Dio, il mondo e l'uomo, e le relazioni che li legano sono: la creazione, che unisce Dio al mondo; la rivelazione, che unisce Dio all'uomo; la redenzione da parte di Dio dell'uomo, del mondo e di se stesso.

■ Con la **creazione** Dio costituisce l'essere del mondo («*Egli disse e la cosa fu*», *Sal.* 33,9), ponendo la differenza irriducibile tra Se stesso e il creato;

■ nella **rivelazione** Dio si manifesta all'uomo con un atto d'amore, a cui l'amato risponde con un atto di fedeltà;

LA VITA di Franz Rosenzweig

Franz Rosenzweig (1886-1929) nacque a Kassel, da una famiglia della borghesia ebraica. Abbandonati gli studi scientifici si dedicò alla filosofia sotto la guida di Rickert e Meinecke, che lo indirizzarono allo studio dei manoscritti hegeliani. Il risultato di queste ricerche fu il saggio su *Hegel e lo Stato* (1920). Rosenzweig si convertì precocemente all'ebraismo, la cui fede lo avrebbe sostenuto nei difficili anni di una malattia invalidante che lo avrebbe portato alla morte nel 1929.

■ nella **redenzione** c'è «*la relazione nella quale l'uomo, reso capace di amore, lo rivolge al mondo, al prossimo, inteso in senso letterale come il più vicino, indipendentemente dall'identità personale di chi è accanto, e quindi, indirettamente a Dio.* [...] *Nella redenzione del mondo tramite l'uomo, dell'uomo nel mondo, Dio redime se stesso*», ossia l'uomo è, secondo il pensiero ebraico, il mediatore della redenzione e Dio non è solo colui che redime, ma anche colui che è redento. Creazione, rivelazione e redenzione finiscono per costituire il percorso del mondo incessantemente rinnovato e la nuova totalità filosofico-teologica che sostituisce la totalità idealistica.

Il grafo che rappresenta questa totalità è la **stella** a sei punte di **David**, che Rosenzweig ottiene sovrapponendo un triangolo equilatero con ai vertici Dio (il vertice superiore), mondo e uomo, a un altro triangolo equilatero con ai vertici redenzione (il vertice inferiore), creazione e rivelazione.

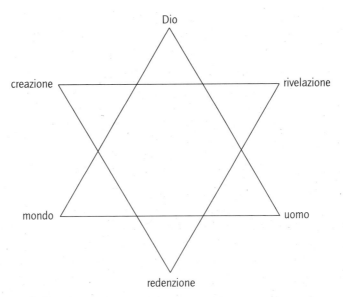

Le diverse religioni hanno interpretato diversamente, nel corso della storia, la relazione creazione-rivelazione-redenzione. La religione pagana, secondo Rosenzweig, non ha compreso il rapporto di dipendenza tra Dio, mondo e uomo; l'islam è, in un certo senso, una prosecuzione del paganesimo, in quanto resta fisso alla condizione premondana in cui i tre elementi fondamentali – Dio, mondo e uomo – non sono colti nel loro sistema di relazioni; per Rosenzweig, di conseguenza, il significato autentico della creazione, della rivelazione e della redenzione è colto soltanto nell'ebraismo e nel cristianesimo che rappresentano due differenti modi di fare esperienza, nel presente, dell'anticipazione dell'eterno.

L'ebraismo è «*il fuoco della stella della redenzione*»: in quanto tale, Israele possiede già la «*vi-*

La stella di David in un'antica incisione ritrovata a Beja, in Portogallo. Durante le deportazioni naziste una stella gialla di stoffa veniva cucita sugli abiti degli ebrei per distinguerli dagli altri prigionieri.

ta eterna», perché incarna la vicinanza della comunità a Dio, che ha dato al suo popolo l'eterna verità della legge. Il cristianesimo, al contrario, è il cammino verso l'eternità, rappresentato dai raggi della stella, è la *«via eterna»* percorsa dalla comunità ecclesiale che si riconosce attorno all'incarnazione di Cristo.

La conclusione della *Stella della redenzione* è una sorta di **gnoseologia messianica** in cui la **verità** da contenuto logico si fa **messaggio etico** e propone un itinerario che, partito dalla meditazione sulla morte, finisce per passare alla riflessione sull'amore e concludersi con l'invocazione della vita. Prendendo spunto da una citazione della Bibbia, Rosenzweig scrive:

> [Dio] *ti ha detto, o uomo, ciò che è bene e ciò che esige da te l'Eterno*
> *tuo Dio, cioè praticare la giustizia, essere buono nel cuore*
> *e camminare con semplicità con il tuo Dio. [...] Le parole stanno*
> *scritte sulla porta, sulla porta che dal misterioso-miracoloso*
> *splendore del santuario di Dio, dove nessun uomo può restare*
> *a vivere, conduce verso l'eterno. Ma su che cosa si aprono i battenti*
> *di questa porta? Non lo sai? Sulla vita.*
>
> ▶ F. Rosenzweig, *La stella della redenzione*

Martin Buber: il dialogo tra l'uomo e Dio

La figura di Martin Buber ha molti aspetti in comune con quella di Franz Rosenzweig. Entrambi rifiutarono le filosofie idealiste in nome di una ricerca incentrata sulla **condizione esistenziale** dell'uomo, colto nella sua relazione costitutiva con il mondo e con Dio; entrambi furono convinti che la riscoperta dell'**identità ebraica** fosse la chiave per risolvere i problemi filosofici dell'uomo; entrambi collaborarono alla traduzione in tedesco della Bibbia ebraica (impresa che Buber portò a termine nel 1962). Sul piano politico, a differenza di Rosenzweig, Buber aderì al sionismo, dandone però un'interpretazione più spirituale e religiosa che non nazionalistica.

Al centro della riflessione di Buber troviamo il tema dell'identità ebraica, riconosciuta in due elementi fondamentali:

■ la coscienza della **scissione** dell'uomo dal mondo e da Dio e l'aspirazione a riconquistare l'unità;

■ la concezione della **religione** come **azione** e spinta messianica verso il futuro: *«il nocciolo dell'Ebraismo è là dove l'Assoluto è una faccia velata di Dio che vuole essere scoperta dall'azione umana»*.

LA VITA *di Martin Buber*

Martin Buber nacque nel 1878 in Austria. Dopo aver studiato in varie università tedesche, dove entrò in contatto con le filosofie della vita (da Nietzsche a Dilthey e Simmel), pubblicò nel 1923 il suo primo testo fondamentale, *Io e tu*. Nel 1938 la persecuzione antisemita lo costrinse a riparare a Gerusalemme, dove fu nominato primo presidente dell'Accademia israeliana delle Scienze e delle Lettere e dove morì nel 1965.

L'ebraismo, appartenente a una cultura semitica originaria dell'Oriente, secondo Buber può arricchire la **cultura occidentale** aiutandola ad analizzare e comprendere la crisi dell'uomo contemporaneo, caratterizzata da due aspetti:

■ la **perdita di sicurezza**, dovuta alla disgregazione delle forme tradizionali d'integrazione sociale, dalla famiglia alle comunità di villaggio;

■ la **perdita del dominio sul mondo**, sempre più dipendente dalle strutture impersonali della tecnica, dell'economia e della politica.

Per uscire dalla condizione di crisi, l'uomo contemporaneo deve recuperare l'unità integrale della persona e aprirla al rapporto con l'Altro da sé. Questo è il nucleo tematico centrale di *Io e tu*, opera in cui Buber definisce i caratteri del **relazionismo personalista**, fondato sull'idea che l'uomo sia una trama di rapporti. Nel brano seguente sono esposti in forma sintetica i principi fondamentali della concezione dialogico-relazionale di Buber.

Il mondo ha due volti per l'uomo, in conformità al suo duplice modo
di essere. Duplice è il modo di essere dell'uomo, in conformità
al dualismo delle parole-base, che egli può pronunciare.
Le parole-base non sono singole parole, ma coppie di parole.
Una parola-base è la coppia Io-Tu.
Un'altra parola-base è la coppia Io-Esso; senza mutare questa
parola-base, si può sostituire a Esso anche Lui o Lei.
Con ciò anche l'Io dell'uomo ha due volti.
Poiché l'Io della parola-base Io-Tu non è lo stesso Io
della parola-base Io-Esso.

▶ M. BUBER, *Il principio dialogico*

Vediamo di comprendere il senso di questo testo. I rapporti possibili dell'uomo con il mondo sono di due tipi: la relazione Io-Tu e la relazione Io-Esso. All'interno di queste relazioni il mondo assume due volti diversi ma anche l'uomo, in virtù dell'interdipendenza dei due termini, si pone in maniera differente.

Il **rapporto Io-Esso** corrisponde all'esperienza cognitiva del mondo, assunto come oggetto che entra passivamente nell'orizzonte conoscitivo e operativo dell'uomo, senza essere compreso nella sua verità. Il rapporto con l'Esso è quindi un rapporto oggettivante che strumentalizza gli oggetti fenomenici del mondo e li utilizza senza comprenderne l'essenza: è un rapporto inautentico che può ostacolare la relazione autentica Io-Tu.

La **relazione Io-Tu** è autentica perché l'io si rapporta con un tu in modo vivo e personale, in un incontro che coinvolge in modo totale le persone.

L'incontro vivo tra le persone si attua nel dialogo, in cui si dà il chiamare e il rispondere degli interlocutori. Ogni uomo è libero di rispondere, assumendosi la responsabilità del dialogo, oppure di non rispondere, sottraendosi a essa: in quest'assenza di decisione per Buber risiedono il male e il peccato.

Adamo ed Eva rappresentati da Marc Chagall nella vetrata della Cappella dei francescani, 1976, a Saroubourg in Francia.

Il vertice della relazione Io-Tu è dato dalla relazione tra Io e Dio. Dio è l'Io assoluto, senza il quale non sarebbero possibili le altre relazioni costitutive della persona umana e del mondo. In quanto Io, Dio è **persona assoluta** che entra in relazione con le altre persone, rivolgendo la parola all'uomo, interpellandolo con il coinvolgimento della responsabilità della **risposta**, che non può però essere diretta, perché l'uomo non ha un dialogo immediato con Dio, ma deve passare attraverso il dialogo con il mondo.

L'uomo può sottrarsi al dialogo con Dio e non rispondere alla sua parola: in questo modo perde il suo riferimento assoluto e riduce il Tu di Dio a un qualsiasi oggetto d'esperienza, a un «esso» che nasconde l'assoluto dietro la sua opacità. Questo processo è chiamato da Buber «*l'eclissi di Dio*» e ha per conseguenza il più totale disorientamento dell'uomo: da questa crisi si può uscire solo ripristinando un'autentica relazione con Dio, fondata sul **dialogo** tra le persone che fanno parte della **comunità dei credenti**.

Hans Jonas: il concetto di Dio dopo Auschwitz

Hans Jonas (1903-1993) nacque e studiò in Germania con Husserl, Heidegger e Bultmann prima di andare esule in Inghilterra, in Palestina e infine negli Stati Uniti. Storico dello gnosticismo antico, si è occupato di etica e di bioetica, disciplina cui ha fornito un testo fondamentale nel 1979, *Il principio responsabilità. Un'etica per la civiltà tecnologica*.

Nel 1984 ha pubblicato un breve saggio dal titolo *Il concetto di Dio dopo Auschwitz*, che costituisce uno degli esempi più originali e profondi della letteratura sulla *Shoah*. In questo testo Jonas si interroga su come vada pensato Dio dopo l'esperienza tragica dello sterminio degli ebrei. Egli definisce l'olocausto «*il paradosso dei paradossi*» perché fu il popolo eletto «*e non un altro ad affrontare il destino dell'annientamento totale con il falso pretesto della razza: il più mostruoso capovolgimento dell'elezione in maledizione*».

L'approccio al tema è filosofico-teologico e parte dall'analisi degli attributi che tradizionalmente vengono assegnati al concetto di Dio: l'onnipotenza, la bontà e la comprensibilità; attributi che la filosofia ha sempre cercato di mantenere saldi, pur dovendo spiegare l'esistenza del **male nel mondo**.

Una prima soluzione è stata quella dello **gnosticismo**, che spiega l'esistenza del male ponendo due principi opposti, entrambi di origine divina, in lotta tra loro: il principio del bene e quello del male. Una seconda soluzione è quella di origine **platonica**, secondo la quale il male è non-essere, mancanza di bene. Entrambe queste soluzioni non danno ragione della tragedia di Auschwitz, in cui si è realizzata la ribellione dell'uomo contro Dio.

L'ingresso del campo di concentramento di Auschwitz in Polonia. La scritta che accoglie i prigionieri recita "Il lavoro rende liberi".

Se si vuole salvare il concetto di Dio e, con esso, la stessa possibilità della fede, occorre riconsiderare gli attributi di Dio, chiedendosi quali vadano conservati e quali eliminati: dopo Auschwitz, simbolo del male assoluto nel mondo, l'attributo dell'onnipotenza di Dio deve essere abbandonato. Dio non è intervenuto a impedire l'olocausto *«non perché non volle, ma perché non fu in condizione di farlo»* e ciò perché, nella creazione del mondo e della storia, Dio si è liberamente **autolimitato**, si è alienato nel mondo, facendosi coinvolgere nel destino delle creature e prendendosi cura delle loro sofferenze. Solo in questo modo, rinunciando alla propria potenza e all'intervento nella storia, Dio ha potuto dare spazio alla **libertà dell'uomo**.

Jonas è consapevole che la rinuncia all'attributo dell'onnipotenza contrasta con la visione biblica di Dio, considerato dall'ebraismo signore del mondo e della storia, ma questo è il prezzo da pagare se si vogliono conservare e valorizzare gli altri due attributi: la bontà e la comprensibilità.

Alla fine dell'opuscolo Jonas è costretto ad ammettere che ogni teodicea, cioè ogni tentativo di rispondere alle domande sul male nel mondo, è soltanto un *«balbettio di fronte al mistero divino»*.

LABORATORIO FILOSOFICO

1 Intellettuali ebrei e cultura tedesca

Imposta una ricerca finalizzata a precisare il contributo degli intellettuali ebrei, poeti, scrittori, filosofi, musicisti e scienziati alla cultura tedesca. Pur costituendo una minoranza sempre assai modesta demograficamente (ancora limitata, nel gennaio 1933, allo 0,8% dei circa 65 milioni di abitanti del Reich), gli israeliti dell'area tedesca hanno dato un apporto notevole allo sviluppo della vita culturale e scientifica della Germania.

Puoi condurre la ricerca partendo dalle informazioni reperibili in molti siti Internet e nel saggio di Amos Elon, *Requiem tedesco. La storia degli ebrei in Germania 1743-1933*, Mondadori, Milano 2005. Scegli la disciplina che ti interessa di più e mostra i contributi a essa apportati dagli ebrei tedeschi.

2 Redenzione e filosofia secondo Adorno

Proponiamo alla tua riflessione l'ultimo aforisma scritto da Theodor Wiesengrund Adorno in *Minima moralia. Meditazioni sulla vita offesa* (1951). In questo testo il filosofo tedesco, di origine ebraica ma non religioso, affronta il tema del rapporto tra redenzione e filosofia, approdando a un esito totalmente diverso rispetto a quello di Rosenzweig.

Per finire. *La filosofia, quale solo potrebbe giustificarsi al cospetto della disperazione, è il tentativo di considerare tutte le cose come si presenterebbero dal punto di vista della redenzione. La conoscenza non ha altra luce che non sia quella che emana dalla redenzione sul mondo: tutto il resto si esaurisce nella ricostruzione a posteriori e fa parte della tecnica. Si tratta di stabilire prospettive in cui il mondo si dissesti, si estranei, riveli le sue fratture e le sue crepe, come apparirà un giorno, deformato e manchevole, nella luce messianica. Ottenere queste prospettive senza arbitrio e violenza, dal semplice contatto con gli oggetti, questo, e questo soltanto, è il compito del pensiero. È la cosa più semplice di tutte, poiché lo stato attuale invoca irresistibilmente questa conoscenza, anzi, perché la perfetta negatività, non appena fissata in volto, si converte nella cifra del suo opposto. Ma è anche l'assolutamente impossibile, perché presuppone un punto di vista sottratto, sia pure di un soffio, al cerchio magico dell'esistenza, mentre ogni possibile conoscenza, non soltanto dev'essere prima strappata a ciò che è per riuscire vincolante, ma, appunto per ciò, è colpita dalla stessa deformazione e manchevolezza a cui si propone di sfuggire. Il pensiero che respinge più appassionatamente il proprio condizionamento per amore dell'incondizionato, cade tanto più inconsapevolmente, e quindi più fatalmente, in balia del mondo. Anche la propria impossibilità esso deve comprendere per amore della possibilità. Ma rispetto all'esigenza che così gli si pone, la stessa questione della realtà o irrealtà della redenzione diventa pressoché indifferente.*

▶ TH. W. ADORNO, *Minima moralia. Meditazioni sulla vita offesa*

■ Analizza l'argomentazione di Adorno e prova a rispondere alle seguenti domande:

– Quale idea di filosofia è sottesa a questo aforisma?

– Che cosa si intende per redenzione?

– Quale differenza vi è tra conoscenza e tecnica?

– Che cosa rivela la luce messianica che si stende sul mondo?

– Quale esito ha per Adorno la contrapposizione dialettica tra condizionato e incondizionato?

– Perché il punto di vista della redenzione risulta essere "assolutamente impossibile" per il pensiero?

II La ricerca filosofica contemporanea

1. Il Sessantotto e la filosofia

Il Sessantotto è a tutti gli effetti considerato l'anno della **contestazione studentesca**, nata prima negli Stati Uniti e poi via via diffusasi in Europa (Germania federale, Francia e Italia). L'Occidente vide sorgere dai movimenti di contestazione giovanili modalità di rivendicazione e contenuti tematici totalmente inediti fino ad allora. Essi contestavano l'organizzazione del sistema scolastico considerato autoritario e non al passo con i tempi. La contestazione assunse successivamente una portata più generale (coinvolgendo anche il mondo degli adulti, la politica, le donne).

Negli **Stati Uniti** la portata politica del movimento fu incentrata su temi e istanze libertarie (contestazione della discriminazione razziale, movimento hippy, teorici della rivoluzione sessuale e femminismo) e soprattutto pacifiste (contro la guerra nel Vietnam).

In **Europa**, giocò un ruolo predominante la cultura marxista, ma anche quella libertaria e non violenta e quella dei movimenti femministi.

La contestazione acquisì quindi una valenza culturale e politica di ampio respiro. Anche nei **Paesi socialisti** il 1968 fu un anno di sconvolgimenti non irrilevanti (la **Primavera di Praga** e la **rivoluzione culturale** in Cina).

I riferimenti filosofici essenziali del movimento sessantottino furono il pensiero di Karl Marx e quello di Sigmund Freud. La Scuola di Francoforte esercitò un influsso determinante soprattutto con l'opera *L'uomo a una dimensione* (1964) di Herbert Marcuse. Da ricordare il rilevante contributo in campo filosofico-culturale di Michel Foucault (1926-1984), che mise in luce la natura oppressiva di istituzioni apparentemente umanitarie (carceri, manicomi ecc.).

1964 Esce *L'uomo a una dimensione* di H. Marcuse. **18 dicembre**: Rivolta all'Università di Berkeley, Usa.

1965 Negli Stati Uniti, prime manifestazioni contro l'intervento nel Vietnam e per i diritti degli afro-americani.

1967 Italia: prime occupazioni studentesche delle università. Grecia: Colpo di stato militare. Bolivia: Viene ucciso *Che Guevara*.

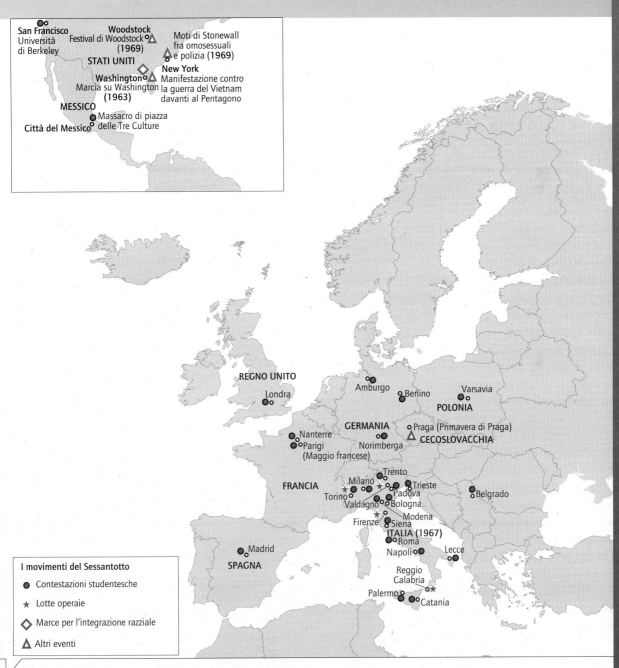

San Francisco
Università
di Berkeley

Woodstock
Festival di Woodstock
(1969)

Moti di Stonewall
fra omosessuali
e polizia (1969)

STATI UNITI

Washington
Marcia su Washington
(1963)

New York
Manifestazione contro
la guerra del Vietnam
davanti al Pentagono

MESSICO

Città del Messico

Massacro di piazza
delle Tre Culture

REGNO UNITO

Londra

Amburgo

Berlino

Varsavia

POLONIA

GERMANIA

Praga (Primavera di Praga)

CECOSLOVACCHIA

Nanterre
Parigi
(Maggio francese)

Norimberga

Trento

Milano

Trieste

FRANCIA

Torino

Valdagno

Padova

Bologna

Belgrado

Modena

Firenze

Siena

ITALIA (1967)
Roma

Madrid

Napoli

Lecce

SPAGNA

Reggio
Calabria

Palermo

Catania

I movimenti del Sessantotto

● Contestazioni studentesche

★ Lotte operaie

◇ Marce per l'integrazione razziale

△ Altri eventi

1968 **Italia**: violenti scontri tra studenti e polizia nell'Università di Roma a Valle Giulia. Dopo questo episodio le occupazioni studentesche investono tutte le città, nelle università e nei licei. Scontri a Valdagno (Vicenza) fra polizia e operai della Marzotto. La Corte Costituzionale stabilisce che l'adulterio della donna (e del correo) non è più reato. **Francia**: violente dimostrazioni studentesche a Nanterre e a Parigi. Sciolto il parlamento francese, indette nuove elezioni con la vittoria dei gollisti. Agitazioni studentesche anche in Gran Bretagna, in Messico (oltre 300 morti) e in Spagna. **Germania**: ferito il leader degli studenti Rudi Dutschke. **USA**: occupata la Columbia University. Il 4 luglio viene assassinato Martin Luther King. **Cecoslovacchia**: intervento militare sovietico per mettere fine alla cosiddetta Primavera di Praga, esperimento politico di «socialismo dal volto umano» condotto da Alexander Dubcek.

2. La globalizzazione

Nel 1989 il crollo del comunismo in Urss e nei Paesi aderenti al patto di Varsavia ha posto fine al bipolarismo economico e politico, consentendo al capitalismo gravitante su New York di assumere dimensioni globali. Con il termine **globalizzazione** si intende la diffusione delle stesse leggi di mercato a livello planetario. Questo fenomeno ha condotto a diverse conseguenze: innanzitutto la presenza degli stessi prodotti e marchi in tutto il mondo. In secondo luogo si assiste, da un lato, a un **flusso migratorio** di uomini e donne che dai Paesi economicamente arretrati si spingono verso i Paesi occidentali alla ricerca di migliori condizioni di vita e, dall'altro, si è consolidata la tendenza delle **multinazionali** a decentrare le loro produzioni, spostandole in Paesi del terzo mondo dove la manodopera viene sottopagata, lavora senza tutele sindacali e sanitarie e dove le leggi sull'impatto ambientale non vengono fatte rispettare.

La globalizzazione non ha quindi solo dei risvolti economici: mette in gioco questioni legate all'impatto ambientale, ma anche questioni etiche dovute all'accentuarsi della **sperequazione tra continenti**. È infatti sempre più evidente lo sfruttamento compiuto da parte del Nord a spese del Sud del pianeta povero, ma paradossalmente, in molti casi, ricco di risorse naturali.

La questione si allarga infine a problemi culturali e ideologici, in quanto i **valori** e lo **stile di vita** americani stanno permeando tutte le società del pianeta. Ciò ha determinato fortissime tensioni tra l'Occidente e le società che sentono il bisogno di salvaguardare la propria identità culturale. Gli attriti tra mondo musulmano e occidentale, statunitense in particolare, hanno fomentato attentati terroristici degli uni e attacchi militari degli altri.

Diversi pensatori e pensatrici hanno affrontato le tematiche poste dalla globalizzazione: dalla giornalista canadese Naomi Klein, con l'ormai celebre *No logo* (2001), all'economista americano Jhon Rifkin, al premio Nobel indiano per l'economia Amartya Sen.

Anche la filosofia affronta i temi della giusti dell'eguaglianza, dell'ambiente, della rinnov violenza attraverso la riflessione di numeros pensatori, tra cui possiamo ricordare John R Hans Jonas, Jürgen Habermas, Peter Singer.

Principali aree di conflitto e di instabilità nel mondo (2003)

Principali riserve mondiali di petrolio

Principali riserve mondiali di gas naturale

Principali giacimenti di oro e diamanti

Principali giaciment (cobalto, rame, urar manganese, coltan,

Produzione di coca e narcotraffico

Esportazione di mat (caffè, cacao, olio di

1989 Crollo del muro di Berlino e dissoluzione dei regimi comunisti in Ungheria, Cecoslovacchia, Bulgaria, Romania. Viene repressa nel sangue la protesta degli studenti cinesi contro il regime in piazza Tien An Men a Pechino. Fine del regime dell'apartheid in Sudafrica.

Agosto 1990 L'Urss diventa una repubblica presidenziale. Riunificazione della Germania. Prima Guerra del Golfo tra Usa e Iraq.

Giugno 1990 Inizia la guerra in Yugoslavia.

Zurigo · Helsinki

Amsterdam
Randstad Holland · Oslo
Bruxelles (Ue) · Stoccolma
Londra · Copenaghen
Lussemburgo · Berlino
(Ue) · Francoforte
Strasburgo · Vienna
(Ue) · Parigi · Milano
Madrid
Ginevra · Mo

CECENIA
KURDISTAN · Hong Kong · Shangai
AFGHANISTAN · Tokyo
IRAQ · KASHMIR
ALGERIA · LIBIA · MEDIO ORIENTE
Delhi
SENEGAL · SUDAN
SIERRA
LEONE · SOMALIA
LIBERIA · COSTA
D'AVORIO · NIGERIA · Singapore · FILIPPINE
CONGO · UGANDA
R.D.CONGO · RUANDA
BURUNDI
ANGOLA
BOTSWANA
Johannesburg
REPUBBLICA
SUDAFRICA · Sydney

> Città globali, che esercitano
il proprio potere politico
e finanziario su tutto il mondo

Sedi del potere pubblico e privato

Principali sedi di Borse valori

Risorse idriche contese

1993 Accordo di pace tra palestinesi e israeliani a Oslo.

1 gennaio 2001 In 12 Stati europei circola l'euro, moneta unica.

11 settembre 2001 Attentato alle Torri Gemelle di New York.

23 marzo 2001 Seconda guerra del Golfo tra Usa e Iraq.

Michel Foucault e lo strutturalismo francese

1. Lo strutturalismo francese

Il termine **strutturalismo** definisce un'area di studi sorta nella seconda metà del Novecento in Francia nel campo delle scienze umane e della filosofia. Questa linea di ricerca, pur essendosi sviluppata parallelamente in altri Paesi europei e negli Stati Uniti, rimane fondamentalmente legata alla città di Parigi e alle sue prestigiose istituzioni culturali.

Uno dei tratti caratteristici dello strutturalismo è il tentativo di far dialogare tra loro differenti **scienze dell'uomo**, ed è sul terreno di una di queste discipline, la linguistica, che il movimento si è sviluppato a partire dall'opera di Ferdinand de Saussure (1857-1913). Le sue lezioni, pubblicate nel 1916 con il titolo *Corso di linguistica generale*, hanno aperto la via a vari settori degli studi linguistici e, attraverso questi, hanno offerto nuovi strumenti alle discipline dell'uomo, compresa la psicoanalisi. Lo strutturalismo non è nato come una corrente unitaria, ma si è formato piuttosto come un **metodo di lavoro** adottato da studiosi di diverse discipline per diventare poi anche un insieme di dottrine filosofiche ed epistemologiche.

Il primato della struttura sul soggetto

Secondo lo strutturalismo, per studiare qualsiasi fenomeno sociale e culturale, è necessario non tanto riferirsi all'azione consapevole e libera degli individui, quanto piuttosto alle **relazioni costanti** (le strutture) che intercorrono tra gli oggetti che di volta in volta sono analizzati. La struttura serve dunque a spiegare i fenomeni che percepiamo offrendo un modello della loro **organizzazione**.

Individuare le relazioni strutturali tra gli oggetti significò porre l'accento sullo **studio sincronico** dei fenomeni più che su quello diacronico, ossia sulle relazioni sussistenti all'interno di un certo sistema o contesto, piuttosto che sul loro sviluppo lungo l'asse del tempo.

Linguistica

La linguistica è la disciplina che ha come obiettivo lo studio scientifico del linguaggio e delle lingue storicamente esistenti come fenomeni tipicamente umani. Fu nel Rinascimento che si verificò, grazie allo sviluppo della filologia, la presa di coscienza della dimensione storica e sociale del linguaggio. Nel XVIII secolo si scoprì la parentela esistente tra sanscrito, latino e greco, da cui trasse origine la **grammatica comparativa**, volta a studiare lo sviluppo delle lingue e le loro parentele.
All'inizio del Novecento la linguistica fu investita da una rivoluzione metodologica a opera di Ferdinand de Saussure e poi del circolo di Praga, a partire da cui la lingua fu considerata un **sistema funzionale** da studiare secondo una prospettiva sincronica.
Un altro importante sviluppo degli studi di linguistica è rappresentato dall'opera di Noam Chomsky (1928) e dalla sua **grammatica trasformazionale** (o generativismo), che consiste nell'analisi dei meccanismi attraverso i quali si producono tutte le proposizioni possibili in un linguaggio. Gli studi di linguistica si sono dimostrati importanti per la riflessione filosofica in quanto hanno introdotto il tema del legame tra la lingua e il pensiero, e quindi la riflessione sui codici di interpretazione della realtà.

L'abbandono della nozione di sostanza

Significò, inoltre, abbandonare qualsiasi riferimento alla nozione di sostanza, concetto che indica qualcosa di autonomo e autosussistente, per fissare l'attenzione sulla **relazione** come insieme di rapporti, dove il primato è assegnato alla relazione piuttosto che ai termini presenti in essa. Conseguenza fondamentale di quest'impostazione è il rifiuto dell'umanesimo: l'io, quale soggetto libero, non è più il centro del processo conoscitivo perché, al contrario, anch'egli è attraversato da strutture (il linguaggio, la storia, l'economia, la psiche) che ne determinano il volto. Comprendere l'uomo significa individuare le leggi, i principi che lo governano. Scrive Foucault: *«Dal momento in cui ci si è accorti che ogni conoscenza umana, ogni esistenza umana [...] è presa all'interno di strutture, cioè all'interno di un insieme formale di elementi obbedienti a relazioni che sono descrivibili da chiunque, l'uomo cessa, per così dire, di essere il soggetto di se stesso».*

1.1 La linguistica di Ferdinand de Saussure

Ferdinand de Saussure (1857-1913), linguista svizzero, insegnò all'Università di Parigi e poi a quella di Ginevra, dove ebbe la cattedra di sanscrito e lingue indoeuropee e, dal 1906, quella di linguistica generale. L'opera a cui deve la sua fama è il *Corso di linguistica generale* edito nel 1916, opera non autografa, ma redatta dagli allievi a partire dalla trascrizione delle sue lezioni.

◗ LE SCIENZE DELL'UOMO

Nel corso del Novecento, intorno alla filosofia e in connessione con molti dei suoi metodi e dei suoi temi, si sono sviluppate diverse discipline scientifiche che hanno posto l'uomo al centro dei loro interessi, studiandolo da molteplici angolazioni. Sono le cosiddette scienze dell'uomo, che comprendono:
– la **psicologia** che, a fianco degli aspetti clinici, si è costruita un proprio statuto epistemologico, mutuando anche dalla filosofia metodi e principi (per esempio ha tratto importanti strumenti di ricerca dalla fenomenologia husserliana);
– la **sociologia** che, nata come disciplina filosofica con Comte nella metà dell'Ottocento, si è progressivamente distaccata da questa matrice;
– l'**antropologia** che ha assunto una dimensione importante nel panorama delle scienze umane nella seconda metà del Novecento, quando gli studi specialistici sulle popolazioni cosiddette «primitive» hanno dato luogo a opere divenute classiche;
– la **pedagogia** che, da disciplina filosofica di antica tradizione, si è sviluppata in modo indipendente nel corso del Novecento in relazione alla psicologia e alle altre scienze dell'uomo;
– le **discipline della comunicazione**, che hanno assunto un'importanza crescente a mano a mano che la società si è sviluppata seguendo la rapidissima evoluzione dei media e dell'elettronica.

Nel XX secolo è così emerso il problema del rapporto tra filosofia e scienze umane, dal momento che queste discipline affrontano temi tradizionalmente trattati dalla filosofia. Esse, inoltre, hanno mutuato dalla filosofia metodi, principi, idee-guida e hanno a loro volta influenzato la ricerca filosofica, offrendo diversi terreni d'incontro e scambio su singoli argomenti.

In questo contesto hanno assunto un'importanza crescente alcune grandi istituzioni culturali parigine: le università, innanzitutto, ma anche grandi strutture di ricerca e formazione come il *College de France* e l'*École des Haute Études*, dove hanno lavorato alcuni tra i grandi maestri delle discipline filosofiche e delle scienze dell'uomo come Foucault, Lévi-Strauss, Althusser.

Soprattutto nei decenni successivi alla Seconda guerra mondiale, Parigi ha assunto un ruolo centrale, insieme ad alcune università inglesi e americane. Caratteristica del clima culturale parigino è stata l'unità del linguaggio filosofico che ha consentito una comunicazione trasversale e la nascita di un movimento come lo strutturalismo, che ha attraversato tutti gli ambiti del sapere, «contaminandoli» anche con alcune discipline scientifiche, tra cui la biologia e la chimica.

Il punto di partenza di de Saussure è la distinzione, all'interno del linguaggio, tra «*langue*» e «*parole*»: il primo termine indica la dimensione sociale del linguaggio, ossia l'insieme di regole che determinano le possibili composizioni tra i segni linguistici, la «*parole*» è la dimensione individuale che utilizza la lingua a scopo comunicativo. La linguistica dovrà occuparsi solo della prima sfera in quanto essa costituisce un **sistema di segni** che può essere studiato oggettivamente; la sfera della «*parole*» sarà invece oggetto delle scienze psicofisiologiche.

La distinzione tra significante e significato

Nell'analisi del linguaggio, de Saussure distingue, per ogni termine, il **significante**, cioè il segno o suono che utilizziamo per comunicare, e il **significato**, cioè il contenuto del messaggio o concetto. Nel linguaggio i significanti entrano in rapporto con i significati e costituiscono la lingua come insieme di regole, di termini e di convenzioni comuni che non hanno un legame necessario né sono il frutto di una scelta individuale, ma sono uniti da un legame arbitrario. Da questo legame dipendono poi le modificazioni di una lingua nel tempo, sempre secondo precise regole logiche, foniche e acustiche. La linguistica si occupa allora di studiare la lingua in quanto sistema, ossia come insieme di **regole** e **relazioni tra termini**.

La lingua come sistema strutturato

De Saussure è il primo tra i linguisti a riconoscere nella lingua una precisa **organizzazione strutturale** e a mettere a punto un metodo per individuarne e descriverne le strutture. Se la lingua è un sistema, l'approccio più appropriato sarà quello **sincronico** (in opposizione a quello **diacronico**) volto ad analizzare l'insieme di regole utilizzate da una comunità a prescindere dalla loro evoluzione storica. Potremmo pensare al sistema lingua come a una scacchiera in cui, per comprendere la funzione e il ruolo di ogni singolo elemento, non possiamo considerarlo in sé, ma solo in relazione agli altri pezzi che si muovono all'interno dello stesso gioco. Questo vale anche per la linguistica: ogni segno linguistico, composto da un significante e un significato, non ha valore in sé, quasi fosse autonomo o di proprietà dell'individuo che parla, ma si comprende nell'orizzonte di una comunità di parlanti, nella dimensione sociale. Non è l'individuo a creare il linguaggio, semmai è vero il contrario: è l'uomo a essere parlato dal linguaggio, ossia a essere forgiato dalle strutture linguistiche.

La nozione di **struttura** (dal latino *struere*, "costruire a strati"), introdotta per questa via nelle scienze dell'uomo, rimanda come abbiamo visto a una costruzione caratterizzata da un insieme complesso di elementi. Nell'interpretazione di de Saussure la struttura è un sistema di regole e relazioni sincroniche, che congiungono un complesso di segni consentendo di comprendere il meccanismo di una lingua.

A partire dalla sua formulazione in linguistica, il concetto di **struttura** venne impiegato anche da altre discipline e inteso come quell'insieme di **relazioni sistematiche** e **costanti**, dunque oggettivamente descrivibili, che intercorre tra determinati fenomeni socio-culturali.

1.2 L'antropologia strutturale di Claude Lévi-Strauss

L'antropologo francese Claude Lévi-Strauss (1908), di formazione filosofica, studiò a fondo la Scuola antropologica statunitense. Insegnò sociologia all'Università di San Paolo e fu professore di Antropologia sociale al *Collège de France* e, nel 1973, Accademico di Francia. Le sue opere fondamentali sono *Le strutture elementari della parentela* (1949), *Tristi Tropici* (1955), *Il totemismo oggi* e *Il pensiero selvaggio* (1962).

Una posizione
antistoricista

Lévi-Strauss applicò la nozione di struttura alle sue ricerche in campo antropologico sostenendo che anche i fatti culturali e sociali, come quelli linguistici, possono essere letti solo all'interno di un sistema di relazioni e regole diffuse in tutte le società, una sorta di inconscio che attraversa ogni comunità determinando i singoli aspetti di ciascuna cultura. Un esempio di queste strutture è rappresentato dal **tabù dell'incesto**, un **tabù universale**, che spinge ogni gruppo umano a entrare in relazione con altri gruppi (esogamia).

Queste strutture, che costituiscono una sorta di a priori, determinano con alcune varianti specifiche i legami sociali presenti in ogni società.

La ricerca delle strutture invarianti

Lévi-Strauss è andato quindi alla ricerca di invarianti e di **schemi formali universali** applicabili a qualsiasi cultura, cercando di dare alle scienze dell'uomo un adeguato statuto epistemologico, al riparo dalle critiche di infondatezza cui sono soggette nozioni come quelle di soggetto e coscienza. Secondo Lévi-Strauss la storia è determinata da una serie di variazioni contingenti all'interno di strutture che restano costanti e non è dunque possibile parlare di evoluzione o di progresso storico: queste due concezioni sono mere illusioni della cultura occidentale etnocentrica che si ritiene l'evoluzione di culture passate e meno sviluppate; di qui il carattere antistoricistico del pensiero di Lévi-Strauss.

Compito dell'antropologo è quello di studiare i sistemi umani come insiemi di individui in comunicazione tra loro attraverso modalità sia verbali − la lingua propriamente detta − sia non verbali, che funzionano come sistemi simbolici: i tabù alimentari, sessuali, i sistemi totemici che costituiscono le categorie universali per comprendere lo spirito umano. Lévi-Strauss ha applicato tale metodo di indagine soprattutto allo studio dei sistemi di parentela e all'analisi dei miti e delle maschere rituali. L'obiettivo di Lévi-Strauss è quindi la determinazione della **logica immutabile** e costante che orienta i fatti mentali e socio-culturali «*di tutti gli uomini e di tutti i tempi*», i quali, nella loro specificità individuale, sono modalità secondarie e varianti accidentali dell'unica struttura (▶ Antologia, brano 1, *Etnologia e struttura*).

Lo strutturalismo si allontana in questo modo dall'umanesimo, anche quello coevo di matrice sartriana, e da ogni forma di storicismo, che a diversi livelli riconoscono al soggetto uno statuto autonomo e attivo.

In numerose discipline, tra cui la psicologia e la psicoanalisi, è stato utilizzato il metodo strutturalista; è questo il caso dello psichiatra e psicoanalista **Jacques Lacan**, uno degli intellettuali più controversi del secondo Novecento. Un altro intellettuale francese da collocare all'interno del pensiero strutturalista è il filosofo **Louis Althusser**, che ha prodotto una critica sistematica del marxismo umanistico.

1.3 Lo strutturalismo psicoanalitico di Jacques Lacan

Lo psicoanalista francese Jacques Lacan (1901-1981), dopo aver studiato medicina e psichiatria, si dedicò allo studio e alla pratica della psicoanalisi divenendo molto critico nei confronti della sua versione ufficiale. Per questo motivo fondò nel 1964 la EFP (*École Française de Psychanalyse*), una società di ricerche e studi analitici che mirava a rifondare la psicoanalisi attraverso un «*ritorno a Freud*». Lacan fu spesso al centro di accese polemiche per il suo atteggiamento di avversione nei confronti di qualsiasi forma di sapere rigidamente strutturata all'interno degli ambienti ufficali e delle istituzioni universitarie. Il suo spirito critico si riflette anche nello stile della scrittura: antisistematico, spesso al limite della leggibilità. Il suo pensiero (lezioni, seminari, conferenze) è contenuto negli *Scritti* e nella raccolta dei seminari tenuti tra il 1953 e il 1979, tuttora in via di pubblicazione.

Il ritorno a Freud

Il «*ritorno a Freud*» consiste nel recuperare e rimettere al centro della pratica analitica il concetto di decentramento del soggetto, teso a sgretolare la prospettiva egologica e logocentrica del pensiero occidentale a partire dalla consapevolezza che «*l'io non è padrone in casa propria*». Collegandosi al pensiero strutturalista, e soprattutto alla riflessione sul linguaggio di de Saussure, Lacan sostiene che l'*Altro, «il padrone*» che parla dentro di noi, è l'inconscio strutturato come il linguaggio: un linguaggio che non può essere penetrato riportandolo a quello della coscienza, ma che deve invece essere "auscultato" dalla psicoanalisi. Il rapporto tra inconscio e coscienza è per Lacan paragonabile a quello tra *langue* e *parole*, ossia tra il piano dei significanti, attraverso i quali ci esprimiamo seguendo le convenzioni della nostra cultura, e il piano profondo dei significati che sfuggono al nostro controllo. Il piano dei significati inconsci non funziona secondo le leggi logiche e temporali del discorso cosciente, ma si struttura comunque come un linguaggio che lascia delle tracce, che trapela e insieme turba il discorso cosciente.

Il primato dell'inconscio

L'inconscio che parla («*ça parle*», «*l'Es parla*») fuoriesce dunque attraverso i residui delle rimozioni operate, nei lapsus, nei sogni, nelle metafore e metonimie che utilizziamo: «*L'inconscio [...] è una catena di significanti che da qualche parte si ripete e insiste per interferire nei tagli offertigli dal discorso effettivo e dalla cogitazione che informa*». La pratica psicoanalitica lacaniana verterà allora non tanto su *ciò* che viene detto, ma su *come* lo si dice: non basterà produrre una serie di interpretazioni concettuali per ricomporre secondo un senso il discorso dell'inconscio, ma si dovrà essere capaci di mettersi in ascolto di quel discorso dell'Altro che si attua secondo regole e tempi propri.

Dal momento che l'uomo non è padrone in casa propria, l'inconscio costituisce per Lacan il luogo dove l'io deve necessariamente tornare per scoprire la matrice profonda del proprio essere e del proprio desiderio. Questo ritorno non è però finalizzato a conferire all'io un nuovo potere o a conquistare territori non ancora sotto il suo controllo, ma è teso a ritrovare quel luogo originario da cui ognuno di noi proviene, a partire dalla consapevolezza che «*non sono, là dove sono il trastullo del mio pensiero; penso a ciò che sono, là dove non penso di pensare*».

1.4 Lo strutturalismo marxista di Louis Althusser

Il filosofo francese Louis Althusser (1918-1990), dopo aver combattuto nella Seconda guerra mondiale ed essere stato internato in un lager tedesco, si dedicò agli studi filosofici e poi all'insegnamento presso la Scuola Normale Superiore di Parigi. Nel 1948 aderì al Partito comunista e richiamò l'attenzione degli studiosi con la pubblicazione, nel 1965, del volume *Per Marx*, una raccolta di saggi, e di *Leggere il Capitale*, opera scritta in collaborazione con alcuni suoi allievi. Negli anni Settanta, dopo una grave crisi depressiva, Althusser interruppe la sua attività intellettuale e nel 1980, dopo un grave attacco di follia che lo portò a uccidere la moglie Hélène, venne internato in un ospedale psichiatrico.

Il punto di partenza della riflessione del filosofo è la domanda sull'assenza in Francia di una vera speculazione teorica marxista: è dunque urgente non solo recuperare la filosofia marxista, ma anche portarla a compimento laddove ne sono state gettate solo «*le pietre angolari*». Il progetto (che si richiama con evidenza a Lacan) è quello del «*ritorno a Marx*», dove ritorno significa recupero del pensiero del Marx maturo, esposto nelle opere successive al 1845 (*Tesi su Feuerbach* e *L'ideologia tedesca*). Superando la linea che collegava il giovane Marx alla dialettica hegeliana, la quale operava secondo una visione finalistica e lineare della storia, dunque secondo un'interpretazione umanistica della società, Althusser sottolineò il ruolo fondamentale che nella dialettica degli eventi gioca non tanto il soggetto umano quanto l'azione cieca della **struttura**. Solo questa può davvero spiegare l'organizzazione dei rapporti sociali, di produzione e della stessa realtà umana. Si vede qui l'influenza tanto del pensiero di Freud quanto dello strutturalismo di de Saussure: gli eventi storici possiedono, secondo Althusser, le medesime caratteristiche del sistema inconscio e linguistico che determinano l'essere umano. L'umanesimo è pertanto da rifiutare e deve essere sottoposto all'esame della critica scientifico-razionale, in quanto «ideologia»: esso infatti considera l'uomo come realtà universale e afferma la centralità della coscienza laddove, invece, la storia è complessa, articolata e costituita da vari livelli, ognuno dei quali presenta logiche proprie e piani diversi che devono essere rigorosamente definiti. Ideologia è dunque anche la prospettiva storicista che vede la storia come un divenire continuo, lineare, orientato verso un fine ultimo a cui l'umanità tende come culmine del proprio sviluppo.

L'antiumanesimo teorico di Althusser diventa quindi il punto di partenza per produrre un'analisi scientifica della società e delle sue forze: «*La struttura dei rapporti di produzione determina dei luoghi e delle funzioni che sono occupati e assunti dagli agenti di produzione, i quali sono solo degli occupanti di questi luoghi, nella misura in cui sono i 'portatori' di queste funzioni* [...] *I veri 'soggetti' non sono dunque le evidenze del 'dato' dell'antropologia ingenua, gli 'individui concreti', gli 'uomini reali', bensì la definizione e la distribuzione di questi posti e di queste funzioni. Quindi i veri 'soggetti' che definiscono e distribuiscono sono i rapporti di produzione (e i rapporti sociali e ideologici)*». Per comprendere scientificamente la storia, non bisogna quindi ricorrere alle nozioni ideologiche di «*soggetto, uomo, libertà, fine, progresso*» ma cogliere solo, come ha fatto Marx, le strutture e i rapporti sociali, quindi il motore della storia stessa, ovvero la lotta delle classi.

2. Michel Foucault

Tra i filosofi francesi del secondo Novecento attivi nell'ambito dello strutturalismo, Michel Foucault (1926-1984) si caratterizza per l'attenzione dedicata alla storia, che affronta dopo aver abbandonato la prospettiva storicista. Foucault è stato professore al *Collège de France*, titolare della cattedra di Storia dei sistemi di pensiero. Parallelamente all'insegnamento universitario, ha svolto un'ampia attività pubblicistica che ha fatto di lui una delle figure più note nel panorama della filosofia europea. Le sue opere più importanti sono *Storia della follia nell'età classica* (1961), *Nascita della clinica* (1963), *Le parole e le cose* (1966), *Archeologia del sapere* (1969), *Sorvegliare e punire* (1975), *Storia della sessualità* (1976), *Microfisica del potere* (1977).

All'inizio della sua ricerca Foucault ripercorre la storia della psicopatologia e della medicina clinica per scoprirne l'origine e per capire in che modo la *«follia»* è divenuta un oggetto di studio scientifico. Il filosofo giunge alla conclusione che le fasi storiche attraversate da queste discipline non sono l'esito di una progettualità umana, e neppure di un processo lineare e continuo. Esse dipendono piuttosto da degli **a priori storici**, da sistemi di idee che condizionano tanto i discorsi scientifici quanto i soggetti che li espongono. Questi a priori rappresentano dunque quelle **strutture**, quell'insieme di regole all'interno delle quali si sviluppano i saperi di ciascuna epoca. Questa è anche la prospettiva a partire dalla quale bisogna comprendere l'uomo. L'esperienza umana non è qualcosa di autosussistente, ma è frutto di determinate strutture, di specifici sistemi di rapporti (linguistici, economici, psichici, sociali, culturali) che ne definiscono i tratti.

Foucault si allontana profondamente da tutte le posizioni che hanno fatto del soggetto e della coscienza il centro della storia e il luogo in cui cercare il senso dell'esistenza affermando, al contrario, la necessità di **decentrare il soggetto**, ossia di comprenderlo a partire dalla molteplicità di relazioni e strutture dalle quali egli è prodotto. Foucault abbandona dunque l'idea umanistica secondo la quale l'uomo, come soggetto, è il signore della storia: l'idea rinascimentale della centralità dell'uomo viene respinta e insieme a essa anche la visione storicista della storia come svolgimento coerente e progressivo teso alla realizzazione dei progetti umani. La storia, infatti, è piuttosto costituita da strati, livelli, interruzioni, fratture spesso contraddittorie che non lasciano scorgere alcuna teleologia interna.

2.1 La storia della follia

Il predominio del soggetto razionale cartesiano

Nelle sue opere Foucault studia come si sia formata nella cultura occidentale quell'immagine umanista e storicista dell'uomo per cui questi si è autorappresentato come fondamento del divenire storico e conoscitivo. Nella *Storia della follia* quest'immagine è analizzata attraverso la particolare angolazione della malattia mentale, presa in esame in due epoche particolari: nella fase rinascimentale, in cui l'uomo si sente parte integrante dell'universo e nell'età classica (Seicento e Settecento) in cui la follia viene rimossa e definita come elemento patologico dal soggetto cartesiano, identificato con la pura mente razionale.

La cultura occidentale, per costruire l'immagine dell'uomo razionale signore della natura, ha dovuto ridurre al silenzio, rimuovere (il termine appartiene alla tradizione psicoanalitica) la devianza mentale e fisica, concependola esclusivamente come malattia. Ecco che tutti coloro che si sono allontanati dalle norme della ragione − libertini, poveri, profanatori, omosessuali − vengono accomunati ai folli. La ragione dunque, come tratto peculiare dell'uomo, avrebbe definito i suoi tratti e il suo ruolo proprio allontanando la follia, rimuovendola (▶ *Antologia*, brano 2, *L'esclusione della follia dall'orizzonte della ragione*). Secondo Foucault, allora, la follia può dirci qualcosa di profondo sulla realtà dell'uomo: essa può mostrarsi come una *«prodigiosa riserva di senso»*.

La fine della metafisica

Questa visione dell'uomo e della storia collocano Foucault a fianco dei cosiddetti *«maestri del sospetto»* (Freud, Marx, Nietzsche), ossia di coloro che hanno determinato la crisi della concezione rassicurante dell'uomo padrone della propria esistenza. Dopo la morte di Dio proclamata da Nietzsche non poteva non essere dichiarata anche la *«morte dell'uomo»*, di quell'uomo inteso come il soggetto di ogni metafisica. Se le verità non sono eterne, ma dipendono dalle strutture che le hanno prodotte, dalle relazioni tra i diversi elementi in gioco, allora il compito del filosofo non potrà più consistere nella ricerca di un sapere definitivo, ma nell'individuazione delle regole con cui ogni sistema ha preso forma.

Le regole dei giochi della storia

Le strutture individuate da questo tipo di analisi della storia fanno emergere le regole del gioco, o degli innumerevoli giochi, che si succedono e si compenetrano sul terreno dell'esperienza. E così per capire l'uomo quale lo conosciamo, l'uomo scienziato, razionale e calcolatore, dobbiamo andare alla ricerca di come e perché quel particolare oggetto si è formato. Quello che troveremo non potrà però dirci nulla sul senso della storia o sul rapporto tra l'uomo e il trascendente: l'uomo agisce in un universo di parole, di significanti che rimandano ad altri significanti, da cui è infine costituito e condizionato relativamente al suo agire.

Ciò che l'uomo moderno intende per follia nasconde quindi in sé, secondo la lettura di Foucault, una grande ricchezza in grado di illuminare il meccanismo di costituzione della natura umana, ricordando che quando si parla di natura umana lo si fa in un senso particolare, perché l'**uomo** non è qualcosa che si dà solamente nella sua oggettiva esistenza materiale, come la natura, ma è anche il prodotto del suo stesso rappresentarsi: è un **prodotto storicamente determinato.**

La filosofia si pone quindi l'obiettivo di mettere in luce ciò che è nascosto nelle pieghe della razionalità impostasi storicamente, dove mettere in luce significa indagare *«genealogicamente»* quali siano stati i meccanismi della sua formazione: significa dunque capire che essa nasce da una rimozione, quella del suo Altro, ossia la follia. La rimozione comporta dei rischi per l'uomo, come per esempio l'imporsi dell'idea di progresso, che nasce da una sistematica rimozione di tutto ciò che non può conciliarsi con essa e conduce così a sviluppare una dimensione unilaterale dell'uomo, insistendo esclusivamente su alcuni aspetti della sua personalità (la competitività, la prestazione, la razionalità), e lasciando inaridire gli altri.

2.2 Filosofia della storia e archeologia del sapere

Coerentemente con il movimento strutturalista, Foucault non concepisce la storia né come percorso oggettivo e ricostruibile in termini lineari e progressivi – come sostengono gli storicisti – né come prodotto della consapevole e libera attività umana, posizione che lo pone in contrasto con il contemporaneo movimento esistenzialista.

Le analisi storiche condotte nei suoi saggi mettono in luce dinamiche indipendenti dalla creatività e dalla personalità dell'uomo; in particolare mettono in evidenza che i processi storici non sono lineari, continui, ma sono percorsi da *«linee*

Rimozione

In Freud il termine rimozione indica qualsiasi aspetto della vita cosciente che venga dimenticato a livello conscio, mentre rimane vivo e attivo nell'inconscio. Il rimosso continua a operare a livello inconscio, determinando una serie di conseguenze della cui origine il soggetto cosciente è inconsapevole. Le formazioni dell'inconscio possono essere innocue come il sogno, divertenti o imbarazzanti come i lapsus e gli atti mancati o penose per il soggetto come le fobie, le nevrosi e le psicosi.

di frattura», da interruzioni e discontinuità enigmatiche. L'azione cosciente dell'uomo, così come possiamo osservarla dai documenti delle diverse epoche storiche, si mostra agli occhi del filosofo assai poco libera. Essa deriva da precise strutture storiche che dominano per un certo tempo, per poi cedere il passo ad altre strutture, perché tra esse si è instaurata una linea di frattura, quella che Foucault definisce **frattura epistemologica**.

L'espressione **archeologia del sapere**, oltre a essere il titolo di un'opera di Foucault, è anche la definizione di un metodo di indagine che si serve dei dati storici come reperti archeologici che vanno scoperti e portati in superficie. Questi dati sono spesso dimenticati o volutamente nascosti o ancora rimossi per poter affermare quell'idea di progresso lineare che essi metterebbero, al contrario, in crisi. Dimenticare questi dati è d'altronde coerente con la volontà di fare dell'uomo la fonte di ogni divenire, operazione che necessita la rimozione di tutti gli elementi di disordine e di estraneità.

Il rapporto tra le parole e le cose

Un esempio di analisi svolta secondo il metodo dell'archeologia del sapere è lo studio del modo in cui gli uomini hanno inteso il rapporto tra le parole e le cose. La **cultura rinascimentale** è incentrata su una categoria chiave, quella di **somiglianza**: «*il volto è l'emulo del cielo; come l'intelletto dell'uomo riflette imperfettamente la saggezza di Dio, così i due occhi con la loro luminosità limitata riflettono la grande illuminazione diffusa, nel cielo, dal sole e dalla luna...*». Per i rinascimentali anche le parole corrispondono direttamente alle cose: esse hanno la stessa realtà di quel che significano, il rapporto tra il segno e il significato non costituisce un problema.

La frattura tra le parole e le cose

Tra **Settecento** e **Ottocento**, si insinua una **frattura** tra le parole e le cose, nasce un sistema di segni indipendenti. Il personaggio che Foucault sceglie per illustrare questo cambiamento è Don Chisciotte il quale, nelle sue avventure, vuole verificare se le parole scritte nei libri cavallereschi trovino una corrispondenza nelle cose.

Questa fase storica di cambiamento è rappresentata in modo egregio dalle *Regulae* cartesiane, a partire dalle quali al mondo prescientifico, fatto di simpatie e somiglianze, si sostituisce il **mondo dell'ordine**, nel quale una cosa è davvero conosciuta quando si è capaci di stabilire rapporti tra la sua rappresentazione e quella delle altre cose. Si tratta della costruzione della *mathesis universalis* quale organizzazione del mondo secondo rapporti matematici e misurabili. Si rompe in questo modo anche il rapporto tra significante e significato che diventa ora tutto interno alla conoscenza.

L'impossibilità di cogliere il significato

Gli uomini non sono coscienti di operare sulla base di **strutture epistemologiche** e trovano invece naturale che vi sia un certo rapporto tra le parole e le cose. Essi ritengono inoltre di essere liberi di agire nel contesto in cui sono situati. La realtà di cui si è coscienti nasconde però forze inconsce, e sono proprio queste a determinare sia le strutture epistemologiche sia le fratture che si instaurano in un preciso momento. È possibile per il filosofo tracciare una mappa delle strutture inconsce che forgiano il movimento storico?

L'archeologia del sapere

La filosofia è per Foucault un andare indietro alla ricerca delle radici del sapere dell'uomo, perché è attraverso la sua coscienza che l'uomo ha creato una rappresentazione di se stesso nella realtà, si è interpretato come signore della natura, in un movimento storico volto al progresso. È di questa coscienza che è necessario rendere ragione. Si tratta di riportare alla luce un sapere nascosto e una coscienza formatasi storicamente: per questa ragione Foucault parla del suo lavoro come di un'**archeologia del sapere**.

MAPPA CONCETTUALE

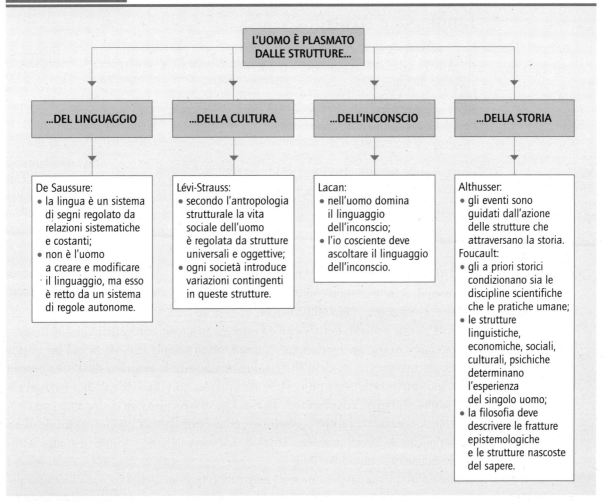

L'UOMO È PLASMATO DALLE STRUTTURE...

...DEL LINGUAGGIO

De Saussure:
- la lingua è un sistema di segni regolato da relazioni sistematiche e costanti;
- non è l'uomo a creare e modificare il linguaggio, ma esso è retto da un sistema di regole autonome.

...DELLA CULTURA

Lévi-Strauss:
- secondo l'antropologia strutturale la vita sociale dell'uomo è regolata da strutture universali e oggettive;
- ogni società introduce variazioni contingenti in queste strutture.

...DELL'INCONSCIO

Lacan:
- nell'uomo domina il linguaggio dell'inconscio;
- l'io cosciente deve ascoltare il linguaggio dell'inconscio.

...DELLA STORIA

Althusser:
- gli eventi sono guidati dall'azione delle strutture che attraversano la storia.

Foucault:
- gli a priori storici condizionano sia le discipline scientifiche che le pratiche umane;
- le strutture linguistiche, economiche, sociali, culturali, psichiche determinano l'esperienza del singolo uomo;
- la filosofia deve descrivere le fratture epistemologiche e le strutture nascoste del sapere.

ESERCIZI DI RIEPILOGO

La linguistica
1. Spiega la differenza, introdotta da de Saussure, tra *langue* e *parole*. Qual è l'oggetto di studio della linguistica?
2. Definisci sinteticamente il significato dei termini *significante* e *significato* e chiarisci qual è il rapporto tra loro.
3. Dai una breve definizione del termine *struttura*.

L'antropologia
4. Da che cosa è regolata, secondo Lévi-Strauss, la vita delle società umane?
5. Che posto assegna Lévi-Strauss all'azione del singolo individuo nel corso della storia?
6. Con quali argomenti Lévi-Strauss critica le nozioni di *progresso* e di *evoluzione storica*?

Michel Foucault
7. Quale metodo bisogna usare, secondo Foucault, per affrontare lo studio dell'uomo? Bisogna partire dalle caratteristiche del soggetto e dalla coscienza individuale? Rispondi motivando la tua tesi.
8. Per quale motivo, secondo Foucault, nel XVIII secolo si è sentito il bisogno di equiparare ogni forma di devianza alla follia? Quale risultato si è ottenuto? Quali rischi sono contenuti in questa operazione?
9. Esponi la concezione della storia di Foucault chiarendo il significato dell'espressione «*frattura epistemologica*».
10. Quale funzione attribuisce Foucault alla ricerca filosofica? Rispondi spiegando il significato dell'espressione «*archeologia del sapere*».

❶ Claude Lévi-Strauss
Etnologia e struttura

QUESTIONE ▶ Nei suoi studi antropologici Claude Lévi-Strauss è andato alla ricerca dell'identificazione di strutture invarianti, capaci di rendere conto della dinamica profonda dell'organizzazione di una certa cultura.

TESI ▶ In questo brano, tratto da *Antropologia strutturale*, uno dei suoi saggi metodologici, al centro dell'attenzione è la nozione di «*struttura sociale*».

Che cosa bisogna intendere per struttura sociale? In che cosa gli studi che si riferiscono ad essa sono diversi da tutte le descrizioni, analisi e teorie che si occupano dei fenomeni sociali, intesi in senso largo, e che si confondono con l'oggetto stesso dell'antropologia?

Definizione e problemi di metodo

5   Il principio fondamentale è che il concetto di struttura sociale non si riferisca alla realtà empirica, ma ai modelli costruiti in base ad essa. Risulta quindi chiara la differenza fra due concetti tanto vicini da essere stati spesso confusi, quelli cioè di *struttura sociale* e di *relazioni sociali*. Le *relazioni sociali* sono la materia prima impiegata per la costruzione dei modelli che rendono manifesta la *struttura sociale*. In nessun

10   caso, quindi, quest'ultima può essere identificata con l'insieme delle relazioni sociali osservabili in una data società. Le ricerche di struttura non rivendicano una sfera propria, tra i fatti di società; costituiscono piuttosto un metodo suscettibile di essere applicato a diversi problemi etnologici, e assomigliano a forme di analisi strutturale in uso in campi differenti.

15   Si tratta allora di sapere in che cosa consistano quei modelli che sono l'oggetto peculiare delle analisi strutturali. Il problema non è etnologico, ma epistemologico, poiché le definizioni che seguiranno prescindono dalla materia prima delle nostre ricerche. Pensiamo infatti che, per meritare il nome di struttura, i modelli debbano soddisfare esclusivamente a quattro condizioni.

20   In primo luogo, una struttura presenta il carattere di un sistema. Essa consiste in elementi tali che una qualsiasi modificazione di uno di essi comporti una modificazione di tutti gli altri.

In secondo luogo, ogni modello appartiene a un gruppo di trasformazioni ognuna delle quali corrisponde a un modello della stessa famiglia, in modo che l'insieme di

25   tali trasformazioni costituiscano un gruppo di modelli.

In terzo luogo, le proprietà indicate qui sopra permettono di prevedere come reagirà il modello, in caso di modificazione di uno dei suoi elementi.

Infine, il modello deve essere costruito in modo tale che il suo funzionamento possa spiegare tutti i fatti osservati.

30   a) *Osservazione ed esperimento*. Questi due livelli saranno sempre distinti. L'osservazione dei fatti, da un lato, e, dall'altro, l'elaborazione dei metodi che consentono di utilizzarli per costruire modelli, non si confondono mai con l'esperimento attraverso i modelli stessi. [...]

b) *Coscienza e inconscio*. I modelli possono essere consci o inconsci, secondo il livel-

lo in cui funzionano. Boas[1], a cui spetta il merito di questa distinzione, ha mostrato 35
che un gruppo di fenomeni si presta all'analisi strutturale tanto meglio o quanto meno la società dispone di un modello cosciente per interpretarlo o giustificarlo.

▶ C. Lévi-Strauss, *Antropologia strutturale*

ESERCIZI

Rispondi alle seguenti domande, eventualmente con opportune citazioni:
- Che differenza pone Lévi-Strauss tra «*struttura sociale*» e «*relazioni sociali*»?
- Che cos'è un «*problema epistemologico*»?
- Che cosa indica il termine *modello*?

---

2 Michel Foucault
L'esclusione della follia dall'orizzonte della ragione

QUESTIONE ▶ Nella *Storia della follia nell'età classica* Foucault ricostruisce la fenomenologia della follia e la sua progressiva esclusione dalla società umana, fino alla sua criminalizzazione e repressione nell'istituzione del manicomio. Dopo l'Età medioevale, in cui il folle era comunque ammesso ai margini della comunità, l'Età classica darà l'avvio al processo di segregazione della follia.

TESI ▶ Nel brano presentato Foucault analizza il gesto di esclusione della follia dall'orizzonte della ragione attraverso le parole di Cartesio. Il dubbio, che Cartesio vorrebbe totale, in realtà non contempla la possibilità della follia, la quale è fin dall'inizio esclusa dai rischi in cui può cadere il soggetto pensante.

L'età classica ridurrà al silenzio, con uno strano colpo di forza, la Follia, le cui voci erano appena state liberate dalla *Renaissance*, ma la cui violenza era stata già dominata.
Nel cammino del dubbio, Descartes incontra la follia accanto al sogno e a tutte le forme d'errore. Questa possibilità di essere folle non rischia di privarlo del suo corpo, 5
così come il mondo esterno può dissimularsi nell'errore, o la coscienza addormentarsi nel sogno? «Come potrei negare che queste mani e questo corpo mi appartengono; se non forse paragonandomi a certi insensati il cui cervello è talmente confuso e offuscato dai neri vapori della bile che essi affermano costantemente di essere dei re mentre sono poverissimi, di esser vestiti di porpora e d'oro mentre sono tutti 10
nudi, o si immaginano d'essere delle brocche o di avere un corpo di vetro?». Ma Descartes non evita lo scoglio della follia nello stesso modo in cui aggira l'eventualità del sogno o dell'errore. In realtà, per quanto siano ingannatori i sensi non possono alterare che «le cose molto poco sensibili e molto lontane»; la forza delle loro illusioni lascia sempre un residuo di verità, «il fatto d'esser qui, vicino al fuoco, in vesta- 15
glia». Quanto al sogno esso può, come l'immaginazione dei pittori, rappresentare «sirene o satiri con figure bizzarre e straordinarie»; ma non può né creare, né comporre da solo quelle cose «più semplici e più universali», la cui disposizione rende pos-

---

1. Franz Boas (1858-1942) è un antropologo e linguista di origini tedesche trasferitosi negli Stati Uniti, pioniere degli studi antropologici in questo Paese.

20   sibili le immagini fantastiche: «A questo genere di cose appartiene la natura corporale in generale e la sua estensione». Queste sono così poco fittizie da assicurare ai sogni la loro verosimiglianza: inevitabili indizi di una verità che il sogno non giunge a compromettere. Né il sogno popolato di immagini, né la chiara coscienza che i sensi si ingannano possono portare il dubbio fino al punto estremo della sua universalità; ammettiamo pure che gli occhi ci deludano, «supponiamo ora di essere addor-

25   mentati: la verità non scivolerà via per intero nella notte».

Per la follia, è tutt'altra cosa; se i suoi pericoli non compromettono né il cammino né l'assunzione della verità, ciò non deriva dal fatto che una certa cosa, perfino nel pensiero di un folle, non può essere falsa; ma dal fatto che *io* che penso non posso essere folle. Quando io credo di avere un corpo, sono sicuro di possedere una verità più

30   solida di colui che si immagina di avere un corpo di vetro? Certamente, perché «essi sono dei folli, e io non sarei meno stravagante di loro se mi regolassi sul loro esempio». Non è il permanere di una verità che garantisce il pensiero contro la follia, come gli permetteva di liberarsi da un errore o di emergere da un sogno; è un'impossibilità di essere folle, essenziale non all'oggetto del pensiero, ma al soggetto pensan-

35   te. Si può supporre di sognare e d'identificarsi col soggetto che sogna per trovare «qualche ragione per dubitare»: la verità appare ancora, come condizione della possibilità del sogno. Non si può, in compenso, supporre, neppure col pensiero, di essere folle, perché la follia è proprio l'impossibilità del pensiero: «Non sarei meno stravagante di loro...».

40   Nell'economia del dubbio c'è uno squilibrio fondamentale tra follia da una parte, sogno ed errore dall'altra. La loro situazione è diversa in rapporto alla verità e a colui che la cerca; sogni e illusioni sono superati nella struttura stessa della verità; ma la follia è esclusa dal soggetto che dubita. Come ben presto sarà escluso che egli non pensi e che non esista. [...]

45   Ora, Descartes ha acquistato questa certezza e la conserva solidamente: la follia non può più riguardarlo. Sarebbe una stravaganza il supporre d'essere stravagante; come esperienza di pensiero la follia si implica da sola e conseguentemente si esclude dal progetto. Così il rischio della follia è scomparso dall'esercizio stesso della Ragione. Quest'ultima è ridotta a pieno possesso di se stessa, in cui non si può incontrare

50   altra insidia che l'errore, altri pericoli che l'illusione. Il dubbio di Descartes scioglie gli incanti dei sensi, attraversa i paesaggi del sogno, guidato sempre dalla luce delle cose vere; ma egli scaccia la follia in nome di colui che dubita, e che non può più sragionare come non può non pensare o non essere.

La problematica della follia – quella di Montaigne – è con ciò stesso modificata. In

55   modo quasi impercettibile, indubbiamente, ma decisivo. Eccola posta in una regione di esclusione, dalla quale non sarà liberata che in parte nella *Fenomenologia dello Spirito*. La Non Ragione del XVI secolo formava una sorta di rischio aperto le cui minacce potevano, sempre almeno di diritto, compromettere i rapporti della soggettività e della verità. Il procedere del dubbio cartesiano sembra testimoniare che nel

60   XVII secolo il pericolo si trova scongiurato e che la follia viene posta fuori dal dominio di pertinenza nel quale il soggetto detiene i suoi diritti alla verità; quel dominio che per il pensiero classico era la ragione stessa. Ormai la follia è esiliata. Se l'*uomo* può sempre essere folle, il *pensiero*, come esercizio della sovranità da parte di un soggetto che si accinge a percepire il vero, non può essere insensato. [...]

Abbiamo visto con quale decisione Descartes aggirava nel cammino del dubbio la 65
possibilità d'essere insensato; mentre tutte le altre forme d'errore e d'illusione cir-
condavano una regione della certezza ma d'altra parte liberavano una forma della
verità, la follia era esclusa, poiché non lasciava nessuna traccia, nessuna cicatrice sulla superficie del pensiero. Nel regime del dubbio e nel suo movimento verso la verità, la follia non aveva alcuna efficacia. È ora tempo di chiedersi perché, e se De- 70
scartes ha aggirato il problema nella misura in cui era insormontabile, o se invece
questo rifiuto della follia come strumento del dubbio non ha senso sul piano della
storia della cultura, e non tradisca una nuova posizione della follia nel mondo classico. Sembra che se la follia non interviene nell'economia del dubbio, ciò derivi dal
fatto che essa è a un tempo sempre presente e sempre esclusa nel proposito di du- 75
bitare e nella volontà che l'anima fin dall'inizio. Tutto il cammino che va dal progetto iniziale della ragione fino ai primi fondamenti della scienza costeggia le spon-
de di una follia dalla quale si salva incessantemente con un partito preso etico che
non è altro che la volontà risoluta di mantenersi all'erta, il proposito di occuparsi
«soltanto della ricerca della verità». C'è una perpetua tentazione da parte del sonno, 80
e di abbandono alle chimere, che minaccia la ragione e che viene scongiurata dalla
decisione, sempre ripresa, di aprire gli occhi sul vero: «Una certa pigrizia mi trascina insensibilmente nell'andamento della vita ordinaria. E come uno schiavo che
nel sonno gioisca di una libertà immaginaria, quando comincia a sospettare che la
sua libertà non è che un sogno, teme d'essere risvegliato... così io temo di svegliar- 85
mi da questo assopimento». Nel cammino del dubbio si può subito scartare la follia,
poiché il dubbio, nella misura stessa in cui è metodico, è avvolto in questa volontà
di risveglio che è, a ogni istante, distacco volontario dai compiacimenti della follia.
Proprio come il pensiero che dubita implica il pensiero e colui che pensa, la *volontà*
di dubitare ha già escluso gli incantesimi involontari della sragione, e la possibilità 90
nietzschiana del filosofo pazzo. Molto prima del *cogito*, tra ragione e sragione esiste
un'implicazione molto arcaica della volontà e della scelta. La ragione classica non incontra l'etica al limite della sua verità, e sotto le forme delle leggi morali, l'etica, come scelta contro la sragione, è presente fin dall'origine in ogni pensiero concertato;
e la sua superficie, indefinitamente prolungata lungo tutta la riflessione, indica la 95
traiettoria di una libertà che è l'iniziativa stessa della ragione. [...]

▶ M. FOUCAULT, *Storia della follia nell'età classica*

ESERCIZI

Rispondi alle seguenti domande, eventualmente con opportune citazioni:
■ In che senso Foucault scrive che «*la verità appare ancora, come condizione della possibilità del sogno*»?
■ Perché Foucault afferma che la decisione di rimuovere la follia è una scelta etica?

Che cos'è lo strutturalismo?

Definire lo strutturalismo come orientamento del pensiero – soprattutto francese, ma anche americano – in campi lontani tra loro come la linguistica, la filosofia, la psicoanalisi, l'antropologia, è cosa molto difficile perché ciascun ricercatore si è mosso in modo autonomo. Il termine non è tuttavia né privo di significato né inutile. A segnare per noi la via è in questo brano uno dei padri delle scienze dell'uomo del Novecento, lo psicologo Jean Piaget.

Jean Piaget[1], *Lo strutturalismo*

1. *Definizioni.* Spesso si è detto che è difficile caratterizzare lo strutturalismo, sia perché ha rivestito forme troppo svariate per presentare un denominatore comune, sia perché «le strutture» invocate hanno acquisito significati sempre più differenti. Confrontando i diversi sensi che lo strutturalismo ha assunto nelle scienze contemporanee e nelle discussioni correnti, purtroppo sempre più di moda, sembra però possibile tentare una sintesi. [...]

In prima approssimazione, una struttura è un sistema di trasformazioni che comporta delle leggi in quanto sistema (in opposizione alle proprietà degli elementi) e che si conserva o si arricchisce grazie al gioco stesso delle sue trasformazioni, senza che queste conducano fuori dalle sue frontiere o facciano appello a elementi esterni. In breve, una struttura comprende così questi tre caratteri: totalità, trasformazioni e autoregolazione. In seconda approssimazione – e tenendo presente che può trattarsi sia di una fase molto posteriore, sia di una fase immediatamente successiva alla scoperta della struttura – questa struttura deve poter dar luogo a una formalizzazione. [...]

2. *La totalità.* Il carattere di totalità proprio delle strutture è ovvio, giacché l'unica opposizione sulla quale tutti gli strutturalisti sono d'accordo [...] è quella fra le strutture e gli aggregati, composti a partire da elementi indipendenti dal tutto. Una struttura è sì formata di elementi, ma questi sono subordinati a leggi che caratterizzano il sistema come tale; e tali leggi, dette di composizione, non si riducono ad associazioni cumulative, ma conferiscono al tutto, in quanto tale, proprietà di insieme distinte da quelle degli elementi. [...]

3. *Le trasformazioni.* Se ciò che è proprio alle totalità strutturate dipende dalle loro leggi di composizione, esse sono quindi strutturanti per natura: questa costante dualità o, per essere più precisi, bipolarità di proprietà, che consiste nell'essere sempre e simultaneamente strutturanti e strutturate, spiega il successo di tale concetto, che, come quello di «ordine» in Cournot (caso particolare, del resto, delle strutture matematiche attuali), è intelligibile proprio nella misura in cui è messo in pratica. Ora, un'attività strutturante può consistere solo di un sistema di trasformazioni. [...]

4. *L'autoregolazione.* Il terzo carattere fondamentale delle strutture consiste nel fatto che esse regolano se stesse, autoregolazione che determina la loro conservazione e una certa chiusura. Cominciamo da queste due risultanti. Esse significano che le trasformazioni inerenti a una struttura non conducono fuori delle sue frontiere, ma generano solo elementi che appartengono sempre alla struttura e che conservano le sue leggi. Così, addizionando o sottraendo l'uno all'altro o l'uno dall'altro due numeri interi qualsiasi, otteniamo sempre altri numeri interi, i quali verificano le leggi del «gruppo additivo» di questi numeri. È in questo senso che la struttura si chiude in sé, ma questa chiusura non significa affatto che la struttura considerata non possa entrare a titolo di sottostruttura in una struttura più ampia. Solamente, questa modifica delle frontiere generali non abolisce le prime: non c'è annessione, bensì confederazione, e le leggi della sottostruttura non sono alterate ma conservate, cosicché il mutamento intervenuto costituisce un arricchimento.

Questi caratteri di conservazione [...] presuppongono quindi un'autoregolazione delle strutture, ed è certo questa proprietà essenziale a determinare l'importanza della nozione e le speranze che essa suscita in tutti i campi, poiché, quando si giunge a ridurre un certo campo di conoscenze a una struttura autoregolatrice, si ha l'impressione di entrare in possesso del motore intimo del sistema.

RISPONDI ALLE SEGUENTI DOMANDE

- Quali sono, secondo Piaget, le tre caratteristiche fondamentali che individuano una *struttura*?
- Per quale motivo la nozione di struttura esercita una forte attrazione tra gli studiosi di diverse discipline?

---

1. Jean Piaget (1896-1980) è lo studioso che ha maggiormente contribuito a modificare l'immagine del fanciullo e dell'educazione nel XX secolo, dimostrando la differenza qualitativa tra il pensiero infantile e quello adulto e l'esistenza di fasi differenziate dello sviluppo cognitivo. Piaget può essere considerato tra i padri fondatori della moderna psicologia cognitiva. Tra le sue opere più importanti ricordiamo *Il linguaggio e il pensiero del fanciullo* (1923), *Giudizio e ragionamento nel bambino* (1924), *La rappresentazione del mondo nel fanciullo* (1926), *La causalità fisica nel bambino* (1927), *Il giudizio morale nel fanciullo* (1932).

1. La linguistica di de Saussure

Ferdinand de Saussure con la sua opera ha voluto dare fondamento scientifico alla linguistica. Secondo il linguista, il metodo comparativo (che metteva a confronto le differenti lingue seguendo un asse temporale) ha ostacolato questa fondazione scientifica in quanto non si occupava a sufficienza di che cosa fosse il segno linguistico.

■ Valendoti anche di quanto studiato con l'insegnante di Italiano, illustra il significato delle coppie di termini significante-significato, *langue-parole*, riferendolo all'interpretazione della lingua come sistema.

■ Spiega perché la riflessione di de Saussure sulla lingua è stata di ispirazione per la corrente di pensiero strutturalista.

■ Il rapporto significante/significato è stato affrontato anche a livello artistico, per esempio dal pittore belga René Magritte. Per approfondire questo aspetto vai al Percorso per immagini *La realtà conosciuta e l'altro*, alla voce *Lo smascheramento del reale*.

2. Antropologia

Nel corso del Novecento l'antropologia, nata nel secolo precedente, ha sviluppato tecniche e metodi specifici relativi al proprio oggetto di studi ed è divenuta una delle discipline più importanti per la comprensione dell'uomo. In questi studi l'antropologo Lévi-Strauss ha rivestito un ruolo importante, e le sue idee hanno fatto sorgere numerose discussioni che sono ancora aperte. Il campo dell'antropologia è distinto da quello della filosofia, ma il fatto che Lévi-Strauss cerchi di identificare delle **strutture invarianti** lo riporta nell'alveo generale dello strutturalismo e quindi delle tematiche filosofiche generali. Di questo complesso intreccio tra filosofia e antropologia (come per altre scienze umane) si è discusso a lungo nella seconda metà del Novecento.

■ Nella storia della filosofia il termine antropologia è stato utilizzato per indicare l'indagine specifica sull'uomo. Il rinnovamento dell'antropologia a opera di Lévi-Strauss è collegato alla riflessione sul metodo della linguistica strutturalista. Approfondisci, mediante una ricerca su Internet, la riflessione di Lévi-Strauss, analizzando, per esempio, lo studio sulle maschere dei Salish e dei Kuakiutl, indiani dell'America Nord-Occidentale, in particolare le loro maschere rituali. Illustra a questo punto il legame tra il metodo della linguistica strutturalista e quello utilizzato da Lévi-Strauss, e spiega quale funzione abbia nel suo pensiero la nozione di struttura.

3. Foucault e l'archeologia del sapere

Foucault ha studiato a fondo le dinamiche storiche che hanno portato all'instaurazione della società contemporanea e della sua cultura, come abbiamo visto a proposito della *Storia della follia*. Secondo il filosofo francese per comprendere i fenomeni storici e culturali è necessario indagare genealogicamente i meccanismi e le regole della loro produzione e non rifarsi, invece, a un fantomatico soggetto libero e padrone della sua esistenza.

■ Ti proponiamo di fare una ricerca interdisciplinare che metta a confronto documenti iconografici, letterari, medici e storici sul tema della follia. Per documentare quanto sostenuto da Foucault puoi confrontare materiali risalenti all'epoca medioevale con materiali appartenenti ai secoli XVIII-XIX.

■ Se sei interessato al tema puoi compiere una ricerca anche sulla rappresentazione della follia nel XX e XXI secolo, a partire dalle riflessioni dello psichiatra italiano Franco Basaglia (1924-1980), che propose una riforma dell'assistenza manicomiale.

La filosofia analitica anglo-americana

1. Linguaggio e filosofia

Linguaggio e verità

Con l'espressione **filosofia analitica** si intende un orientamento di ricerca diffuso soprattutto nei Paesi di cultura anglosassone, che ha come centro dei propri interessi l'uso del linguaggio. Quest'espressione non indica dunque propriamente una scuola, ma un complesso di indirizzi anche molto eterogenei tra loro (ciascuno con i propri metodi e i propri campi di interessi), accomunati però da un atteggiamento diffidente (se non ostile) verso le grandi costruzioni metafisiche e le pretese universalistiche dei sistemi della cosiddetta filosofia "continentale". I filosofi analitici ritengono più proficuo esaminare concretamente questioni circoscritte, a partire dalla loro formulazione linguistica, sulla base della convinzione che il linguaggio non sia un semplice veicolo espressivo (in sé neutro) per manifestare il pensiero, ma costituisca, nella sua struttura, la via d'accesso alla realtà e alla sua conoscenza, una forma che determina il suo contenuto, cioè la verità. Ciò significa che il modo in cui i termini e le proposizioni sono impiegati e organizzati nel discorso ha un ruolo essenziale non solo per l'efficacia della comunicazione dei contenuti, ma anche per la determinazione di ciò che può essere considerato vero sia sul piano gnoseologico (ciò che è oggetto di conoscenza) sia sul piano ontologico (ciò che ammettiamo come reale).

Il nuovo ruolo della filosofia

A partire da queste premesse la filosofia cessa di presentarsi come pura speculazione teorica su questioni già codificate (gli «*eterni problemi*» della filosofia) per diventare uno strumento di chiarificazione mentale che decide in via preliminare sulla sensatezza e risolvibilità dei problemi stessi. La via per raggiungere questo obiettivo è l'analisi del linguaggio, punto sul quale vi sono state, fin dagli esordi, due differenti posizioni:

■ quella che ricorre a un **modello logico-ideale** di linguaggio che, per la struttura formale astratta e per la purezza da ogni ambiguità ed equivocità, risulta normativo per i linguaggi ordinari;

■ quella secondo cui l'analisi va indirizzata al reale funzionamento empirico dei **linguaggi ordinari**, di cui sono da valorizzare la ricchezza espressiva e la duttilità funzionale.

I diversi volti della filosofia analitica

Da quanto detto si può intuire la complessità di una corretta ricostruzione storiografica del movimento analitico: se infatti, generalmente, si concorda nel riconoscerne in George Edward Moore (▶ *Pragmatismo e realismo*, p. 182) e in Bertrand Russell (▶ **Volume 3A**, *Scienza e logica*, p. 400) i padri fondatori, nel corso degli anni

Venti le cose si complicarono poiché le esigenze dell'analisi furono fatte proprie dal Circolo di Vienna e dal neoempirismo (▶ *Ludwig Wittgenstein*, p. 122; *Il Circolo di Vienna*, p. 143).

Solo con gli anni Trenta si delineò in modo netto la corrente del **linguaggio comune**, con la nascita di riviste proprie ("Mind" e "Analysis") e centri riconosciuti di insegnamento (le Università di Oxford e Cambridge). Le contaminazioni tra i due schieramenti continuarono però a essere frequenti, favorite dal comune interesse per le scienze e la logica.

Bisogna ricordare infine, ancora una volta, la figura di Ludwig Wittgenstein, che per molti aspetti ha costituito il crinale spartiacque tra i due orientamenti, anche se molti filosofi analisti hanno negato una dipendenza diretta dalle sue dottrine, ammettendone solo una parziale influenza.

2. Il movimento analitico anglosassone

▶▶

2.1 Alfred Jules Ayer

Alfred Jules Ayer (1910-1989) studiò a Eton e Oxford dove iniziò la carriera accademica. Professore di filosofia e logica all'Università di Londra e al New College di Oxford, è stato il filosofo che ha fatto da ponte tra le tematiche del filone analitico e quelle più propriamente neopositivistiche. Di queste ultime egli fu divulgatore in un saggio del 1939, *Linguaggio, verità e logica* (▶ Antologia, brano 1, *Metafisica e senso comune*), dove riprese il motivo antimetafisico di Schlick e Carnap: in base al principio di verificazione egli respinse dalla sfera del sensato − negandone quindi ogni valore conoscitivo − qualunque proposizione che non avesse un contenuto di stretta **valenza empirica**, riducendo in tal modo il lavoro filosofico a **logica** e **metodologia della scienza**. Di quest'ultima mostrò peraltro di avere una visione piuttosto angusta, dal momento che non ne prendeva in considerazione la concreta prassi di ricerca sperimentale, ma la riduceva a una forma particolare di linguaggio, dotato di una specifica struttura logica.

Sulla stessa linea, egli qualificò le proposizione etiche come mere espressioni dell'emotività e del sentimento, destituendole di ogni funzione prescrittiva e normativa.

 Principio di verificazione

Il principio di verificazione è il criterio fondamentale utilizzato, in chiave antimetafisica, dai neopositivisti per stabilire la significanza o meno di un enunciato: solo se quanto affermato può essere verificato empiricamente, almeno in linea di principio, allora è significante e quindi ha valore conoscitivo. Per i neopositivisti solo le proposizioni della scienza hanno questo carattere, che manca a quelle della metafisica: tale criterio serve dunque a stabilire la demarcazione tra le due discipline.

In un secondo tempo, sotto l'influenza delle critiche ricevute anche dall'interno dello stesso movimento neopositivistico, dove il principio di verificazione veniva rivisto e riformulato in termini più tolleranti e aderenti all'effettivo funzionamento del lavoro scientifico, Ayer si accostò all'analisi del linguaggio ordinario con una specifica attenzione per il suo uso nei particolari contesti.

2.2 Gilbert Ryle: l'analisi del linguaggio ordinario

Tra le personalità di maggior spicco del movimento analitico vi è quella di Gilbert Ryle (1900-1976), che studiò a Oxford dove insegnò dal 1945 al 1968. Nel 1947 succedette a Moore nella direzione della prestigiosa rivista "Mind", che diresse per molti anni. Di vasta cultura, formatosi sugli autori classici sia antichi (Platone, Aristotele) che moderni (Husserl, Bolzano, Meinong), egli orientò già negli anni Trenta il suo lavoro verso il linguaggio ordinario, al cui interno la filosofia deve collocarsi per scoprire i cosiddetti **errori categoriali**.

Il linguaggio svolge determinate operazioni funzionali che vengono attuate e regolate in base a specifici schemi concettuali: gli errori categoriali si verificano quando certi termini vengono fraintesi nella loro valenza semantica e vengono attribuiti a categorie logiche cui sono estranei.

L'analisi delle espressioni fuorvianti

Oltre agli errori categoriali Ryle ha esaminato anche le «*espressioni sistematicamente fuorvianti*», quelle cioè che sono costruite in modo tale da indurre all'errore sia chi le impiega sia chi le recepisce. Tra esse si possono individuare:

■ quelle **quasi-tautologiche**, che rafforzano il significato di quanto asserito senza aggiungere nessuna nuova informazione: per esempio, "vero" non aggiunge nulla all'espressione "piove", per cui tra il dire "piove" ed "è vero che piove" vi è quasi sinonimia;

■ quelle **quasi-platoniche**, che si riferiscono a eventi o entità individuali anche se sembra che si riferiscano a realtà astratte e ideali − per esempio, "virtù" − o entità negative − per esempio, "non puntualità";

■ quelle **quasi-descrittive**, che sembrano avere una funzione di denotazione ma in realtà ne hanno solo una predicativa: per esempio se dico ora "l'attuale re di Francia".

L'analisi smaschera i falsi problemi della metafisica

L'analisi linguistica, quindi, dissolve entità che sono credute reali mentre sono il risultato illusorio di un'applicazione scorretta di categorie a concetti privi di relazione tra loro. Ryle, più che a esibire la struttura logica del reale (come nell'atomismo logico), ha sempre finalizzato il suo lavoro a emendare il discorso (e quindi il ragionamento) da abusi e disordine, in modo da conferirgli maggior chiarezza concettuale e rigore argomentativo. Egli intendeva denunciare gli errori che stanno alla base di molti interrogativi metafisici, mostrati dall'analisi come domande prive di senso e falsi problemi.

Un esempio

> *È lo stesso errore che commetterebbe un bambino il quale, dopo aver assistito alla parata dei battaglioni, batterie, squadroni, ecc., di un reggimento, restasse in attesa di veder passare anche il reggimento: come se questo fosse un altro pezzo da aggiungersi a quelli già visti.*
>
> ▶ G. RYLE, *Lo spirito come comportamento*   ▶ Antologia, brano 2

Il rapporto tra mente e corpo

Nella sua opera più famosa, intitolata *Lo spirito come comportamento* (1949), Ryle ha classificato tra i falsi problemi quello di origine cartesiana del rapporto tra mente e corpo: da un punto di vista metafisico la questione appare oscura (sembra esserci uno spettro − la mente, l'anima − racchiuso nel corpo-macchina), mentre essa è semplicemente originata da un errore categoriale. Nel corso del Seicento si è cercato di comprendere l'attività della mente secondo il modello meccanicistico impiegato per spiegare i fenomeni dell'universo fisico: a tal fine si è costruito un sistema di categorie e di schemi mediante i quali i tre processi psichici fondamentali (il volere, il pensare, il sentire) vengono descritti come atti riferiti a un'entità interna, distinta dal corpo. Tali atti, per un verso sono accessibili solo al soggetto mediante l'introspezione, per l'altro si manifestano all'esterno secondo lo schema di determinismo causale applicato agli oggetti materiali del mondo esterno: la volontà è la causa delle azioni, le sensazioni dei dati sensibili, l'intelletto delle operazioni mentali.

Questa confusione nasce nel momento in cui si attribuiscono i fatti della mente (i suoi contenuti, le sue funzioni) a una categoria che non è loro appropriata, presentandoli «*come appartenenti a un tipo logico (o semantico) diverso da quello cui essi invece appartengono*». Mediante l'esame delle espressioni del linguaggio quotidiano, Ryle mostra come i discorsi sulla mente non debbano essere intesi come riferiti a un oggetto specifico ed eterogeneo rispetto al corpo, ma come disposizioni o forme di comportamento: si tratta dunque di tornare alla concezione antropologica unitaria di Aristotele per cui mente e corpo sono due dimensioni dell'attività di uno stesso soggetto che, per un verso si mostra capace di disporre secondo un ordine logico la propria esperienza del mondo e, per l'altro, di agire con concreta consequenzialità. Ciò significa che «*in diversi contesti linguistici è affatto lecito dire che esistono menti e dire che esistono corpi. Non vi sono espresse due diverse specie di 'esistenza'...*[ma] *vi sono espressi due diversi sensi o modi di 'esistere'*».

Sotto questo aspetto la filosofia svolge una funzione eminentemente negativa in quanto serve a smascherare gli errori categoriali: a tal fine il suo strumento è costituito da argomentazioni, specialmente da quel tipo che è la riduzione per assurdo. L'analisi linguistica svolge tuttavia anche un compito positivo, quello di costruire, a partire dallo studio degli enunciati in cui compaiono certi concetti, una «*cartografia logica*» di questi ultimi, che ne metta in luce le reciproche relazioni, con l'obiettivo di definire l'ambito del loro uso corretto. Ancora una volta la filosofia può portare chiarezza al pensiero definendone le regole.

2.3 Peter Frederick Strawson: le due metafisiche

Peter Frederick Strawson (1919) studiò a Oxford presso il St. John's College, dove dal 1948 tenne corsi di filosofia. Rispetto agli altri analisti, si è dedicato con maggior determinazione alla ricerca dei presupposti metafisici che sono a monte delle concezioni del linguaggio e ha inteso soprattutto difendere la logica del linguaggio ordinario rispetto a quella dei linguaggi formalizzati. Nell'*Introduzione alla teoria logica* (1952) egli sostiene che i linguaggi formalizzati possono elaborare le loro leggi solo a partire da quelle praticate dal linguaggio ordinario, presentandole come un caso particolare del più vasto ambito normativo che disciplina l'uso del linguaggio nei suoi molteplici campi d'impiego. Per questo motivo Strawson afferma che le regole del linguaggio ordinario costituiscono la «*logica filosofica*», nella misura in cui l'obiettivo della filosofia è quello di svolgere una ricognizione della nostra esperienza e dei modi con cui essa si esprime.

Metafisica descrittiva

Nel pensiero di Strawson si tratta di una modalità d'analisi filosofica tesa non a stabilire come si deve pensare, ma a esaminare (e quindi descrivere) gli schemi concettuali (le strutture spazio-temporali in cui si collocano ordinatamente gli enti particolari) entro cui realmente noi pensiamo, quindi «*la struttura effettiva del nostro pensiero sul mondo*».

Questo progetto si risolve nell'analisi del linguaggio ordinario, così come viene impiegato nei concreti contesti comunicativi, cercando di individuare al suo interno tutte le implicazioni sia ontologiche che categoriali.

La metafisica descrittiva

In *Individui. Saggio di metafisica descrittiva* (1959), la sua opera più importante, Strawson, richiamandosi esplicitamente a Kant, sviluppa una metafisica descrittiva che non ha la pretesa di sostituire o smentire il senso comune prescrivendo regole per conoscere e porsi in modo corretto verso la realtà, come facevano le metafisiche tradizionali chiamate «*correttive*» (Cartesio, Leibniz, Berkeley), ma ha unicamente lo scopo di esporre come la realtà viene pensata quando ne parliamo nel linguaggio comune. Si tratta dunque di individuare gli **schemi concettuali** che, come condizioni preliminari di ogni comunicazione linguistica, sono utilizzati nella nostra attività di **costruzione degli oggetti** dell'esperienza: questo compito può essere svolto attraverso lo studio delle modalità logiche con le quali le espressioni linguistiche designano enti particolari o individui.

LE DUE METAFISICHE

> *La metafisica è stata spesso correttiva, e meno spesso descrittiva. La metafisica descrittiva si accontenta di descrivere l'effettiva struttura del nostro pensiero sul mondo, la metafisica correttiva si interessa di produrre una struttura migliore.*
>
> ▶ P.F. STRAWSON, *Individui. Saggio di metafisica descrittiva*   ▶ Antologia, brano 3

Gli individui come elementi metafisici fondamentali

Strawson sostiene così, con Aristotele, che i corpi materiali e gli individui sono gli elementi metafisici e logici fondamentali, primitivi e irriducibili, poiché possono essere identificati senza far riferimento a ulteriori categorie: ciò significa che noi riconosciamo solo gli oggetti osservabili e che l'identità con se stessi è il presupposto della comunicazione.

L'analisi filosofica, in sostanza, non scopre ma presuppone quelle strutture del pensiero e del linguaggio che poi mette in atto ed esercita, poiché esse sono sottese a ogni processo mentale: se dunque assumiamo il linguaggio ordinario per procedere a descrivere la realtà, dobbiamo essere consapevoli che il nostro obiettivo trova un limite invalicabile nel materiale linguistico stesso, in quanto prodotto storico e perciò soggetto a condizioni determinate che lo costituiscono.

2.4 John Wisdom: la funzione chiarificatrice della filosofia

Figura rilevante del movimento analitico è quella di John Arthur Terence Dibben Wisdom (1904-1993). Allievo di Wittgenstein, si laureò nel 1934 a Cambridge e dal 1952 ne fu uno dei più illustri professori, occupando la cattedra che era stata del suo maestro. Tra le numerosissime opere citiamo: *Interpretazioni e analisi* (1931), *Costruzioni logiche* (in "Mind" 1931), *Dio e il Diavolo* (in "Mind" 1935), *Paradosso e scoperta* (1965), *Problemi della mente e della materia* (1934).

Il suo pensiero si è evoluto in due fasi distinte. Nella prima, sotto l'influsso dell'atomismo di Russell, egli ritenne che, per evitare entità non necessarie, la filosofia debba operare la riduzione degli oggetti a relazioni primarie: egli introdusse perciò la nozione di «*costruzione logica*» in base alla quale un'entità complessa è il risultato di entità più semplici che la compongono, se le asserzioni sulla prima sono traducibili in asserzioni sulle seconde. Questa procedura tende a evitare la concezione degli oggetti come «*aggregati di dati sensoriali*» e, nel contempo, mira a ridurre tutti i dati dell'esperienza a entità «*ontologicamente prioritarie*», rimanendo sul piano del linguaggio: se infatti certe asserzioni sono traducibili in altre, ciò significa che si può parlare di oggetti mediante un linguaggio che si riferisce ad altri oggetti, che ne rappresentano gli elementi più semplici e originari.

Il ruolo fecondo dei paradossi e della metafisica

Se nel primo periodo la filosofia appare come analisi di costruzioni logiche, in quello successivo, sotto l'influsso del "secondo Wittgenstein", egli la intese come **indagine chiarificatrice** sulla natura delle nostre domande sul mondo e sui motivi che ci spingono a dare determinate risposte alle questioni, scegliendo una posizione speculativa piuttosto che un'altra. Poiché la filosofia non risolve problemi, ma fa emergere le motivazioni profonde che orientano le nostre risposte a questi ultimi, essa svolge un ruolo simile a quello della psicoanalisi. Essa dunque non prescrive norme per il pensiero e il comportamento, ma semplicemente esplicita e chiarisce fatti: ciò appare particolarmente evidente nel caso dei paradossi in cui cadono sia il pensiero comune sia quello scientifico. Essi certo sono dovuti alla confusione tra i diversi usi del linguaggio, ma con ciò non devono essere censurati e respinti come patologici, bensì accolti come occasioni per accrescere la nostra consapevolezza. In questo senso Wisdom si mostra ben disposto verso la metafisica, la quale, con le questioni che suscita ma che non può risolvere, può condurci indirettamente a riflettere sulle nostre strutture intellettuali e a porci problemi che, in quanto suscettibili (questa volta sì!) di soluzione, siano proficui e fecondi per la crescita del nostro conoscere.

2.5 John Langshaw Austin: la teoria degli atti linguistici

Tra i filosofi analisti un posto di particolare rilevanza, per l'acume e la ricchezza della sua indagine, va assegnato a John Langshaw Austin (1911-1960), che fu docente di filosofia morale a Oxford dal 1952 fino alla prematura scomparsa.

Anche per lui la filosofia ha il compito di chiarire, mediante l'analisi, i concetti del linguaggio ordinario nella convinzione che le distinzioni in esso contenute abbiano una profonda motivazione.

L'analisi del linguaggio comune per risolvere i problemi filosofici

I problemi filosofici, secondo Austin, non vanno semplicemente dissolti come forme patologiche del pensiero, ma hanno una loro validità e quindi vanno risolti con l'analisi dei molteplici usi del linguaggio comune. Nel saggio *Una giustificazione per le scuse* (1957) egli afferma che il **linguaggio comune** «*ci trasmette l'esperienza e l'acume di molte generazioni di uomini*» e dunque vi si trovano sedimentate distinzioni e articolazioni concettuali molto più elaborate e complesse, quindi più adeguate, di quelle che qualsiasi filosofo potrebbe costruire con il suo lavoro individuale. Il linguaggio comune, tuttavia, non va assolutizzato e assunto acriticamente giacché contiene anche «*superstizioni, errori e fantasie*» che vanno eliminati: può dunque essere il punto di partenza, ma sicuramente non il punto d'arrivo della ricerca filosofica, che deve spiegare le modalità in cui opera.

Enunciati constatativi
ed enunciati performativi

Austin ha orientato la sua ricerca soprattutto nel campo dell'etica e del linguaggio in essa utilizzato, tuttavia la sua fama è legata all'indagine svolta in *Come fare cose con le parole* (postumo) relativa agli atti linguistici (o «*espressioni operative*») che ha destato molto interesse e ha avuto notevoli sviluppi.

Austin distingue tra **enunciati constatativi** ed **enunciati performativi** per combattere la cosiddetta «*fallacia descrittivistica*», cioè quell'atteggiamento per cui si considera come funzione primaria delle proposizioni il descrivere fatti ed eventi, riducendo a questa anche le proposizioni dotate di una diversa funzione.

Gli enunciati constatativi descrivono o riferiscono fatti e quindi possono essere veri o falsi (Austin si dimostra sostenitore della dottrina della verità come corrispondenza), mentre gli enunciati performativi, pur avendo spesso la stessa forma grammaticale, eseguono o causano azioni, creano situazioni nuove o modificano la realtà esistente. Tali sono le proposizioni che esprimono un ordine, un desiderio, una promessa ecc.: poiché non dichiarano nulla, esse non sono né vere né false, ma debbono essere valutate in termini di "felicità" o "infelicità", a seconda che l'obiettivo pragmatico che è loro intrinseco venga o meno raggiunto, o l'operazione in cui esse consistono sia portata o meno a compimento nel rispetto delle regole sociali e della convenienza di persone e circostanze. Poiché questi fattori rendono impossibile l'identificazione di una medesima struttura formale per tutte le espressioni performative, Austin sviluppò la tesi generale che ogni proposizione (anche le constatative), in quanto proferita in uno specifico contesto comunicativo-linguistico e come componente del comportamento umano, è dotata di un significato e di una «*forza pragmatica*».

Due diversi tipi
di enunciati

L'enunciato constatativo ha, sotto il nome di asserzione *così caro ai filosofi, la proprietà di essere vero o falso. Al contrario l'enunciato performativo non può mai essere né l'una né l'altra cosa: ha la sua propria specifica funzione; serve ad effettuare un'azione.*

▶ J.L. Austin, *La distinzione tra le proposizioni constatative e performative*   ▶ Antologia, brano 4

Su questa base egli viene a distinguere nell'atto linguistico tre aspetti, che corrispondono ad altrettanti tipi di espressioni:

■ quello **locutivo**, per cui si usano certe parole e le si ordinano secondo certe regole grammaticali. Locuzioni sono dunque atti linguistici che consistono nel produrre dei nomi relativi a un lessico determinato, organizzati secondo precise strutture grammaticali e dotati di significato. Le locuzioni hanno solo una funzione descrittiva: per esempio "Giovanni studia".

■ quello **illocutivo**, per cui il parlante agisce in un certo modo manifestando le proprie intenzioni. Illocuzioni sono allora atti in cui si produce qualcosa nell'atto stesso del dire, per esempio una richiesta, una proibizione o un comando come "Giovanni, studia!".

Atti linguistici

Nella teoria di Austin, con atti linguistici si intende l'uso che un parlante fa del linguaggio ordinario come di una vera e propria azione (sia pure di genere particolare) svolta in un determinato contesto di comunicazione sociale: dunque il linguaggio non è un sistema di segni finalizzato alla descrizione o alla denotazione, ma una forma di comportamento (perciò costituito da «atti»), di prassi.

■ quello **perlocutivo**, cioè il risultato o gli effetti che il parlante raggiunge o tenta di raggiungere con il suo atto linguistico. Perlocuzioni pertanto sono atti che producono mediante il dire: ciò che si produce (un'esortazione, una persuasione, un inganno, un avvertimento) non coincide però con la cosa che si dice, per esempio se dico "Ti avverto Giovanni: devi studiare per superare l'esame", ottengo il risultato voluto solo se colui a cui parlo è allarmato dalle mie parole.

In quanto costituiscono il performativo vero e proprio, Austin ha concentrato la sua attenzione sull'aspetto illocutivo cercando di fornire di queste proposizioni una classificazione completa, che però con il tempo è parsa insoddisfacente e quindi è stata abbandonata.

2.6 Richard Mervyn Hare: l'universalità degli enunciati morali

Più specifico è il campo d'indagine di Richard Mervyn Hare (1919-2002), uno dei due maggiori esponenti della Scuola di Oxford, che insegnò al Balliol College **filosofia morale** e si occupò esclusivamente di etica.

Nella sua prima opera, *Il linguaggio della morale* (1952), egli si mostra erede del secondo Wittgenstein e di Austin, intendendo la filosofia morale come analisi del suo linguaggio specifico. Diversamente dai neopositivisti e da Ayer, egli ritiene che, per evitare l'intuizionismo (Moore) e il relativismo (Russell), si debba riconoscere al discorso morale una piena significanza e razionalità che lo rende atto a svolgere la sua funzione peculiare, quella prescrittiva, che ha nell'imperativo il suo corrispondente tipo di discorso. Hare analizza i termini "buono", "giusto", "dovere" e conclude (contro il naturalismo) che gli enunciati morali in cui essi compaiono esprimono una valutazione che vuole, come in Kant, essere universale: egli riconosce che questi termini hanno un significato emotivo, ma ciò vuol dire che, proprio grazie a questo elemento, essi «*spingono a fare*».

L'**universalità** degli enunciati morali è implicita nell'espressione di queste valutazioni poiché sarebbe contraddittorio restringerle alla sfera personale: l'universalità implica poi logicamente l'imperatività, giacché non può esserci valutazione senza il richiamo all'impegno per la realizzazione di questo valore, dal momento che lo si ritiene valido per ognuno. In questo senso, le espressioni morali sono delle prescrizioni in quanto mirano alla guida del comportamento e all'orientamento della decisione. Secondo Hare il **prescrittivismo** dell'etica non corre il rischio di scivolare nel dogmatismo nella misura in cui la ragione, seguendo il metodo ipotetico-deduttivo, individua come ipotesi certi principi e poi li verifica nella pratica, cioè mostra ciò che consegue sul piano del comportamento una volta assunto un certo principio.

Quest'ultimo tema è ulteriormente sviluppato in *Libertà e ragione* (1963), dove Hare si sforza di mostrare, contro <u>emotivisti</u> e <u>naturalisti</u>, che privilegiano un termine a scapito dell'altro, la conciliabilità dei due termini. La soluzione delle questioni morali, da un lato è un'attività soggetta a regole precise e a opportune modalità argomentative, dall'altro implica la scelta tra principi etici che, come non possono essere derivati logicamente dai fatti, così non possono pretendere a una giustificazione ultima della loro validità e conoscibilità.

Il rischio del relativismo è però scongiurato da un'impostazione utilitaristica in base alla quale le norme, lungi dall'essere intuite, devono essere formulate e giudicate con il criterio del **vantaggio sociale** che ne consegue: l'impegno della

L'universalità degli enunciati morali

Un'etica fondata sul vantaggio sociale

Emotivisti/ naturalisti

Gli emotivisti sostengono la teoria secondo la quale le proposizioni etiche (e in generale quelle valutative) non hanno altra funzione o capacità se non quella di esprimere, comunicare o produrre emozioni (quindi non trasmettono informazioni vere o false), che sono le vere motivazioni del nostro agire. I naturalisti affermano invece che ogni atto etico trova le sue radici non in norme o ordinamenti razionali ma in tendenze e fattori (descrivibili nel nostro linguaggio) appartenenti alla natura umana.

ragione a trovare prescrizioni universalizzabili obbliga a prendere in considerazione senza pregiudiziali le preferenze di tutte le persone interessate.

Nelle opere degli anni Ottanta e Novanta, a partire dal saggio *Il pensiero morale* (1981), Hare riprende l'analisi del tema della natura dell'argomentazione morale. In quest'ottica egli approfondisce il rapporto tra la filosofia utilitaristica e l'etica kantiana, mostrando come queste due concezioni della morale, pur derivando da premesse teoretiche diverse, finiscano per concordare sull'esigenza di universalità degli enunciati dell'etica.

3. La filosofia analitica negli Stati Uniti

La filosofia analitica ha trovato negli Stati Uniti un terreno di coltura assai favorevole, incrociandosi con altre correnti sia autoctone (come il pragmatismo) sia di provenienza "continentale". Di particolare rilevanza è stato l'incontro critico con le tematiche del neopositivismo logico, da cui ha preso vita un interessante e fecondo dibattito epistemologico che ha contribuito sì al dissolvimento di questo programma, ma ha prodotto anche nuove prospettive nel campo della riflessione sulla scienza, sui suoi metodi, sulla portata del suo sapere. I filosofi analisti hanno infatti respinto la visione dogmatica del modello neopositivista, sottoponendo ad accurato esame quel fondamento empirico che avrebbe dovuto costituire la garanzia della sua validità.

3.1 Willard Van Orman Quine: il relativismo ontologico

Figura eminente dell'indirizzo analitico americano è quella di Willard Van Orman Quine (1908-2000), che ha studiato ad Harvard, dove in seguito è stato professore.

Nel suo pensiero confluiscono tematiche diverse (logiche, neopositivistiche, pragmatistiche, comportamentistiche) che egli ha assimilato nel corso della sua formazione (ha studiato con Whitehead e ha lavorato, tra gli altri, con Carnap e Tarsky) ed elaborato in una forma originale e di ampio respiro teoretico. La sua prima opera rilevante, *Da un punto di vista logico* (1953), contiene una raccolta di articoli in cui prende posizione nei confronti di alcuni capisaldi della dottrina neopositivistica. In *Su ciò che vi è* (1948) Quine difende il **compito euristico** della **logica** che, lungi dall'essere una mera tecnica discorsiva, deve saper condurre il ragionamento a discriminare gli enunciati veri da quelli falsi: quale struttura generale delle singole scienze, essa è dunque impegnata non solo sul fronte della comunicazione, dove le tocca di controllare e riformare il linguaggio naturale, per lo più impreciso ed equivoco, ma anche su quello dell'ontologia, dal momento che rientra nella sua sfera di competenza stabilire i rapporti corretti tra discorso e realtà.

L'esistenza delle classi di oggetti

In polemica con la teoria delle descrizioni di Russell, Quine sostiene che l'assunzione dell'**esistenza** di determinate **classi di oggetti** è implicita nella scelta di una certa teoria logica. Se infatti l'impiego di termini o di predicati non comporta necessariamente che a essi corrispondano oggetti realmente esistenti (noi usiamo nomi come "chimera" o "ippogrifo" per indicare enti puramente fantasiosi, e diciamo "uomo" senza esigere di riferirci a un universale reale come "umanità"), non si può dire altrettanto dell'impiego dei **quantificatori**, cioè delle variabili logiche come "ogni" e "qualche": qui l'impegno ontologico è evidente dal momento che non avrebbe senso affermare qualcosa (una qualità) di "qualche" o "ogni" oggetto appartenente a una classe se non ammettendone l'esistenza. Se affermiamo che "alcuni cani sono bianchi", implicitamente affermiamo che esiste qualcosa che è cane e che è bianco. Ciò su cui Quine insiste è l'esclusione delle essenze care alla tradizione metafisica (se esistono i "cani", esiste la "caninità"), che si viene inevitabilmente a riabbracciare nel momento in cui si ammette una qualche autonomia del significato dall'uso dei termini nel concreto comportamento linguistico dei soggetti umani che comunicano tra loro.

La critica delle essenze e il pluralismo ontologico

Come i significati devono essere banditi dall'ontologia, così l'esistenza dei nomi non implica alcun impegno ontologico. Ogni teoria logica esige solo che si ammetta l'esistenza di quelle entità cui è necessario rinviare affinché risulti giustificata la verità delle sue proposizioni, mentre tutte le altre possono essere eliminate con un moderno **rasoio di Ockham**. Nell'esempio proposto da Quine, la verità della proposizione "alcuni cani sono bianchi" risulta tale solo nella misura in cui i suoi termini sono riferibili all'esistenza di determinate entità (i cani), ma non di altre (gli universali come la "caninità", o le qualità come la "bianchezza") che pertanto sono del tutto superflue. Questa teoria comporta naturalmente l'ammissione di un **pluralismo ontologico**: si sceglie (ancora secondo l'indicazione di Ockham) la propria ontologia con lo stesso **criterio di economicità** (cioè la necessità di trovare un accordo e una sistemazione adeguata per le proprie esperienze) con cui si sceglie una teoria scientifica. Ciò conduce a un atteggiamento relativistico (o a una relatività ontologica) dal momento che gli oggetti sono scelti non in modo assoluto, ma in riferimento al linguaggio che decidiamo di adottare.

La critica ai presupposti del neopositivismo

Nell'articolo *Due dogmi dell'empirismo* (1951) Quine attacca direttamente i due pilastri teorici del neopositivismo. Il primo concerne la distinzione netta tra **analitico** e **sintetico**. Secondo i neopositivisti le proposizioni analitiche (le tautologie) sono sempre vere in quanto il predicato dice lo stesso contenuto del soggetto, mentre le proposizioni sintetiche (empiriche) possono essere vere o false a seconda della loro relazione con i dati dell'esperienza. Quine dimostra l'insostenibilità di questa tesi, facendo rilevare l'insufficienza di una considerazione puramente analitica del significato dei termini per determinare la verità.

Il problema vero è, agli occhi di Quine, quello del **significato**, considerato come se fosse un'entità autonoma rispetto ai termini cui è associato e identificato, troppo sbrigativamente, con il riferimento. Esso, invece, non può essere impiegato in modo neutro, ma secondo un **criterio pragmatico**: solo l'uso e gli scopi della comunicazione possono stabilire il significato delle proposizioni.

La critica del principio di verificazione

Sulla stessa linea si pone anche la critica al secondo "dogma", quello del **riduzionismo**, ossia la tesi secondo la quale ogni proposizione è riducibile a un enunciato semplice la cui significatività è data dal rapporto con un'esperienza sensibile immediata, il confronto con la quale consente di stabilirne il valore di verità.

Il problema è dunque questo: dato che, secondo i neoempiristi, l'unità minima di significato è la singola proposizione, è possibile che essa, presa a se stante, venga accertata empiricamente come vera o falsa? Quine non lo crede, per il semplice motivo che non è possibile considerare una proposizione singolarmente, ma bisogna considerarla all'interno dell'insieme del linguaggio di appartenenza: dal momento che quest'ultimo è un sistema unico e coerentemente strutturato (non una mera somma di proposizioni irrelate), non può essere scomposto in «*enunciati atomici*» che esprimono altrettanti singoli «*fatti*».

La concezione olistica

Il confronto con l'esperienza non può dunque avvenire al livello della singola proposizione, ma a quello del linguaggio nel suo complesso, dal momento che non esiste una corrispondenza tra singoli fatti e singoli enunciati, ma "fatti" e "oggetti" sono, nella misura in cui sono nominati e significati in rapporto al sistema linguistico generale che li individua. Quine sposa a questo proposito la prospettiva teorica che, all'inizio del secolo, era stata formulata dall'epistemologo francese Paul Duhem (1861-1916) e ripresa in ambito neopositivistico da Otto Neurath, il cosiddetto **olismo** (dal greco *ólos*, "tutto"), secondo la quale il sapere, come il linguaggio in cui si esprime, è un tutto coerente e ordinato in un sistema: come dunque un esperimento verifica o falsifica una teoria generale e non una singola ipotesi (▶ *Karl Popper e l'epistemologia post-popperiana*, p. 332), così noi controlliamo attraverso l'esperienza non una singola proposizione, ma un intero sistema di conoscenze.

Se le proposizioni logico-matematiche non sono eterogenee rispetto a quelle empiriche, ma entrambe hanno una base comune nell'esperienza e nel linguaggio, allora quando si tratta di modificare un sistema teorico non dobbiamo lasciarci guidare da un fuorviante e in definitiva inesistente criterio logico di falsificabilità, ma esclusivamente da criteri pratici. È quindi per eleganza o economia che scegliamo di rivedere alcuni enunciati e non altri, per non intaccare (se non il meno possibile) la stabilità complessiva del nostro sistema di conoscenze: e ciò perché in fondo la **scienza** è uno **strumento** che deve rispondere a **esigenze pratiche**, di previsione e di azione sulla realtà.

La critica al mentalismo

I temi teorici di questi primi saggi vengono ripresi in *Parola e oggetto* (1960), in particolare la critica al concetto di significato come entità autonoma presente nella mente dei parlanti. Questa critica viene formulata dal punto di vista della teoria psicologica del comportamentismo, secondo la quale il **linguaggio** è una **forma di com-**

Comportamentismo

Con questo termine (o **behaviorismo** dall'inglese *behavior*, "comportamento") si indica una corrente della psicologia moderna di matrice positivistica e biologistica che considera il comportamento esterno ed empiricamente rilevabile degli individui (animali o uomini) l'unico oggetto scientifico possibile. Per comportamento si intende il complesso delle reazioni (ghiandolari e muscolari) dell'organismo agli stimoli ambientali, a cui sono riducibili gli oggetti della psicologia tradizionale – sentimenti, motivazioni ecc. – nonché le attività superiori come il linguaggio e l'intelligenza. Queste reazioni, secondo i comportamentisti, sono misurabili e verificabili intersoggettivamente; essi ricorrono infatti sistematicamente alla quantificazione delle variabili osservate, impiegando anche i metodi statistici. Da questo punto di vista il comportamentismo intende opporsi a ogni forma di interiorismo, coscienzialismo o mentalismo che si sottrarrebbero a uno studio sperimentale per adottare il metodo introspettivo, giudicato sterile. Nato all'inizio del XX secolo con J.B. Watson, il comportamentismo si è sviluppato (in particolare in ambiente anglosassone) fino agli anni Sessanta giovandosi dei contributi interessanti di vari studiosi, tra cui B.F. Skinner che ha studiato i processi di apprendimento, mostrando lo stretto rapporto tra la forza di un comportamento e l'intensità e la frequenza di uno stimolo di rinforzo.

portamento, quindi osservabile ed empiricamente descrivibile: da questa prospettiva è decisivo stabilire quali siano gli stimoli sensoriali a cui gli individui rispondono verbalmente, dal momento che due espressioni potranno essere considerate come aventi lo stesso significato solo se potranno essere riferite agli stessi stimoli. Accogliendo questa teoria, Quine rifiuta l'impostazione mentalista tradizionale secondo cui la comunicazione avviene nella misura in cui i parlanti scambiano, attraverso determinati segni linguistici, le stesse idee, che ovviamente rinviano agli stessi oggetti, cui sono associate mediante un codice che hanno appreso. Se ciò fosse vero la traduzione consisterebbe nella semplice sostituzione di un certo sistema di segni con un altro, mentre il contenuto resterebbe invariato.

Ogni linguaggio
crea il suo mondo

Ogni linguaggio, come determina un certo modo di categorizzare il mondo (è una teoria sul mondo) fungendo da elemento mediatore tra questo e i significati che gli attribuiamo, così determina anche la sua ontologia (cioè determina letteralmente «ciò che vi è», crea la sua realtà): i **significati** non sono dunque che un **prodotto**, un derivato di questi **sistemi culturali** e linguistici, ciascuno dei quali, in quanto risponde a pratiche e comportamenti comunicativi che si svolgono in situazioni diverse, è eterogeneo e irriducibile all'altro. Di conseguenza la traduzione da uno all'altro deve ritenersi impossibile (almeno nel senso di un'esatta corrispondenza semantica), mentre ci si deve accontentare (secondo il cosiddetto «*principio di carità*») della conservazione della maggior parte possibile delle affermazioni vere come condizione di intendimento tra i comunicanti, che può essere stabilito dall'osservazione dei reciproci comportamenti.

Queste posizioni relativistiche conducono Quine a riportare il concetto di verità alle sue matrici teoriche e linguistico-culturali: sotto questo aspetto, egli ritiene che certamente la scienza, per il suo rigore, sia oggi l'unica attività intellettuale in grado di dirci qualcosa di valido sulla realtà. Quanto alla filosofia, essa non ha un ambito e un oggetto proprio, ma deve porsi in continuità con la scienza, presentandosi come riflessione su di questa: essa è «*epistemologia*», però non nel senso che debba fornire alla scienza le procedure metodologiche da seguire o il fondamento metafisico che giustifichi la validità delle sue conclusioni. Quine afferma che si tratta di un'«*epistemologia naturalizzata*», nella misura in cui deve perseguire la descrizione, dall'interno, del processo che conduce dallo stimolo sensoriale elementare alle teorie più elaborate. Per assolvere a questo compito essa prende in considerazione un fenomeno naturale specifico, lo scienziato, e osserva come questi rielabori le informazioni ricevute dall'esterno fino a pervenire a una descrizione esplicativa complessa della realtà quali sono appunto le teorie scientifiche.

La filosofia
come riflessione
sulla razionalità
scientifica

La filosofia
come scienza
della natura

L'«*epistemologia naturalizzata*» è allora una parte della psicologia empirica che, da un punto di vista comportamentistico, studia il processo con cui si forma e si struttura quella particolare tipologia di formulazione linguistica (e quindi di rapporto con la realtà) che chiamiamo conoscenza scientifica. L'unica specificità che Quine è disposto a riconoscere alla filosofia è quella relativa all'ampiezza delle sue domande rispetto a quelle che si pongono le singole discipline, circoscritte in precisi ambiti settoriali: essa, dunque, può porre legittimamente il problema ontologico (quali tipi di enti possiamo ammettere che esistono?) e quello predicativo (quali domande siamo autorizzati a porre?), mentre sono del tutto escluse, in quanto destituite di significatività, le tradizionali domande della metafisica.

3.2 Nelson Goodman: il costruttivismo

Il nominalismo
costruttivo

Un altro esponente di spicco dell'indirizzo analitico negli Stati Uniti è Nelson Good-man (1906-1998) che è stato docente presso le Università della Pennsylvania e di Harvard e si è interessato d'arte dirigendo alcune gallerie. Con Quine egli condivide la critica al neopositivismo in nome di un empirismo più coerente e depurato dai suoi "dogmi", nonché la messa in pratica del "rasoio" di Ockham al fine di eliminare, seguendo rigorosamente il principio di economia, tutte le entità astratte. Insieme con il collega, nel 1947, egli scrive l'importante saggio *Verso un nominalismo costruttivo* che è il manifesto di un nominalismo metodologico cui rimarrà sempre fedele e che costituirà uno dei caratteri essenziali del suo pensiero. In questo saggio rifiuta di ammettere come reali i significati, le relazioni, le classi, i predicati generali per riconoscere come entità soltanto gli **individui**, indicando la somma e la sovrapposizione quali uniche relazioni tra loro.

Il relativismo ontologico

Nel 1951 Goodman pubblica la sua opera fondamentale, *La struttura dell'apparenza*, in cui formula la prospettiva del «relativismo ontologico» in un senso eminentemente costruttivistico: qui egli polemizza (pur riconoscendone gli indubbi meriti) con Rudolf Carnap che, ne *La costruzione logica del mondo*, aveva rintracciato nei dati empirici elementari una base sicura e, in quanto extralogica, indiscutibile per l'edificazione dell'intero edificio della conoscenza. A questa posizione Goodman obietta che non esistono dati empirici neutri, che cioè non siano già saturi di teoria, dal momento che «*tutta la percezione è penetrata dalla selezione e dalla classificazione, che a loro volta si sono determinate attraverso un complesso di eredità, abitudini, preferenze, predisposizioni e pregiudizi*» (G. Hellmann, *Introduzione* a *La struttura dell'apparenza*). Ciò significa che, in mancanza di un indubbio e oggettivo fondamento fattuale, è possibile procedere, in modo del tutto convenzionale, alla messa a punto di diversi e compossibili sistemi costruzionali, ciascuno dei quali disegna, da un'angolatura particolare, una mappa dell'esperienza. Di conseguenza, ciascuno di questi sistemi non fornisce una copia fedele della realtà, ma più semplicemente uno schema che, sulla base dei suoi caratteri specifici, ci consente di chiarire e ordinare, semplificando e sintetizzando, la nostra esperienza del mondo.

Le rappresentazioni
convenzionali del mondo

Da queste posizioni Goodman giunge a una tesi insieme antirealista e relativistica: poiché sono i nostri sistemi simbolici a determinare, come strutture e condizioni di riferimento, ciò che è (anch'egli, come Quine, è sostenitore di un olismo linguistico o, meglio, simbolico), dobbiamo stare attenti a non confondere «*le caratteristiche del discorso con le caratteristiche dell'oggetto del discorso*». Sicuramente la mappa deve avere una certa corrispondenza strutturale con la realtà, ma questa corrispondenza non è univoca, bensì plurima, relativa ai vari percorsi che in essa vogliamo seguire: perciò «*ci sono moltissime descrizioni diverse del mondo che sono ugualmente vere*» anche se, in quanto tutte fondate su base convenzionale, tutte compatibili e senza che alcuna possa avanzare pretese di esclusività. «*Il nostro orizzonte è costituito dai modi di descrivere tutto ciò che viene descritto. Il nostro universo consiste, per così dire, di questi modi piutto-*

Costruttivismo

Il termine allude a un progetto filosofico avviato da Bertrand Russell e realizzato da Rudolf Carnap secondo il quale l'intero campo dell'esperienza e del sapere è oggetto di un processo di ricostruzione finalizzata alla produzione di una loro immagine chiara e razionalmente rigorosa. Ciò può essere ottenuto partendo da elementi semplici (oggetti, dati) per comporli secondo precise regole linguistiche e logico-formali fino al raggiungimento di un sistema che, essendo integralmente interpretato, risulta significativo in ogni sua parte.

sto che di un mondo o di mondi.» Il punto è che, dal momento che «*i fatti [...] sono qualcosa di chiaramente artificiale*» (cioè gli oggetti sono dei prodotti della nostra attività costruttrice che, mentre organizza l'esperienza, ce li presenta e ce li fa apprendere), tra descrizione e realtà vi è sempre uno scarto e mai una piena identità: vi sono pertanto molteplici modi di essere del mondo tutti relativi ai modi di vederlo e rappresentarlo, senza che nessuno di essi possa vantare di riprodurlo fedelmente «*così come esso è*».

Il carattere attivo della sensazione

Per Goodman non c'è quindi una sola verità (neppure, come per Quine, quella scientifica) ma tante «*versioni*» del mondo che si impongono «*in occasione e per scopi differenti, in molti modi diversi*»: questo significa essere antiassolutista e pluralista. Egli rinuncia a vecchie certezze, «*alla percezione priva di concettualizzazione, al puro dato, all'assoluta immediatezza, all'occhio innocente*», perché sa che tutto questo è illusorio, che la conoscenza non è una rielaborazione di un materiale grezzo ricevuto dai sensi, ma che ricezione e interpretazione «*sono del tutto interdipendenti*» giacché l'occhio quando percepisce «*seleziona, respinge, organizza, discrimina, associa, classifica, analizza, costruisce. Non tanto rispecchia, quanto raccoglie ed elabora*».

La teoria dei simboli

Il costruzionismo di Goodman prevede che tutte le versioni vere del mondo siano reali: anche quelle delle arti giacché queste ultime «*devono essere prese in considerazione non meno seriamente delle scienze in quanto modalità di scoperta, di creazione, di ampliamento della conoscenza nel senso largo di progresso del comprendere*». Alla conoscenza estetica, trattata in modo sistematico in *I linguaggi dell'arte* (1968), è associata una teoria dei simboli: secondo Goodman va respinta la distinzione tra forma e contenuto, perché i simboli non si limitano a denotare o descrivere gli oggetti che esistono in modo precostituito, ma svolgono una funzione metaforica nella misura in cui li formano, li portano alla luce, producono e presentano fatti. Ciò significa che i simboli (quindi le immagini, le finzioni, le metafore) hanno a che fare con mondi reali (che pertanto non sussistono al di fuori del processo che li ha prodotti), e che artisti e scienziati svolgono lo stesso lavoro di costruzione simbolico-concettuale ereditando, disfacendo e rifacendo, replicando mondi reali per poi rimaneggiarli «*in modi importanti e a volte anche oscuri ma alla fine riconoscibili – cioè proprio ri-conoscibili*».

La funzione cognitiva dell'arte

Da questo punto di vista Goodman polemizza con i neopositivisti (ma anche con Quine) che hanno imposto la «*dispotica dicotomia*» tra la finalità cognitiva (riservata alla scienza) e quella emotiva (propria dell'arte), o l'altra tra fine pratico (del conoscere scientifico) o puramente edonistico (della rappresentazione artistica): non solo arte e scienza sono entrambe ricerche disinteressate, ma poi «*non è affatto chiaro se un quadro o una poesia forniscano maggior piacere di una dimostrazione matematica*». Nella misura in cui i simboli vengono usati per finalità cognitive, scienza e arte forniscono esperienze dal carattere essenzialmente cognitivo, fino al punto che si può concludere che nella seconda «*le emozioni funzionano cognitivamente*».

3.3 Hilary Putnam: il realismo interno

Nel dibattito filosofico americano la posizione di Hilary Putnam (1926) è del tutto particolare: egli infatti è partito dall'area in cui si intersecavano le correnti di neopositivismo, pragmatismo e filosofia analitica per approdare infine, a partire dal 1975, a una particolare impostazione teoretica che si dichiara debitrice verso il pensiero di Kant e di Goodman.

Putnam, che ha studiato alle Università della Pennsylvania e della California, passando poi a insegnare ad Harvard, si è interrogato riguardo alla possibilità di ammettere o meno l'esistenza degli **oggetti** e del **mondo esterno**, indipendentemente dalle **teorie** che li descrivono e li spiegano; si è inoltre interrogato sul valore che si deve attribuire a queste ultime, cercando di stabilire il rapporto tra esse e la realtà.

Il realismo dal volto umano

Putnam ha scelto di chiamare «*realismo interno*», o «*realismo dal volto umano*», la posizione elaborata dopo il 1975, nel tentativo di conciliare le esigenze della scienza (la funzione delle teorie è quella di descrivere il mondo esterno) con quelle del senso comune (il mondo esterno esiste in modo effettivo e autonomo). Questo approdo, elaborato in opere come *Verità ed etica* (1978), *Ragione, verità e storia* (1981), *La sfida del realismo* (1987), *Realismo dal volto umano* (1990), si è attuato in corrispondenza con una netta presa di distanza dalla filosofia analitica – giudicata sterile e vuota di contenuto – e un accostamento al pragmatismo in nome di un modo di filosofare aperto, non monolitico e univoco ma pluralistico, teso soprattutto al superamento di vecchie distinzioni come quella tra sfera dei valori conoscitivi e sfera dei valori etici.

La «terza via» di Putnam

Il realismo di Putnam si presenta come una «*terza via*» intermedia e conciliatrice tra la concezione della verità come copia e quella relativistica che considera soggettivi tutti i sistemi di pensiero, comprese le teorie scientifiche.

Putnam, infatti, rifiuta l'idea di un fondamento ontologico della realtà indipendente dalla nostra attività teorica, ma ritiene che la realtà sia il frutto di una costruzione dalla quale si possono ricavare anche i criteri di valutazione del vero. In termini kantiani, il mondo (i fatti) esiste per noi e «*chiedersi di quali oggetti consista il mondo ha senso soltanto all'interno di una data teoria e descrizione*»: ciò significa che «*gli oggetti non esistono indipendentemente dagli schemi concettuali, ma siamo noi che scomponiamo il mondo nei vari oggetti quando introduciamo i nostri schemi di descrizione: poiché sia gli oggetti sia i segni sono entrambi interni rispetto allo schema di descrizione, è possibile dire quale segno corrisponde a quale oggetto*».

In questa prospettiva la verità cessa di essere concepita come corrispondenza della teoria con la realtà, per diventare «*una specie di accettabilità razionale (idealizzata)*»: in base a questa teoria noi possiamo considerare vera quella descrizione che si presenta a priori connessa logicamente e armoniosamente con il sistema globale del nostro sapere, con la struttura concettuale del nostro apparato teorico.

Il primato dell'etica

Ispirandosi ancora a Kant, alla sua dottrina del primato della ragion pratica (anteriorità del bene sul vero), Putnam sostiene che è possibile cogliere una sorta di radice comune tra conoscenza ed etica, infatti:

LA RADICE COMUNE DI SCIENZA ED ETICA

Qualsiasi scelta di uno schema concettuale presuppone valori e [...] la scelta di uno schema per descrivere le normali relazioni interpersonali e i fatti sociali implica, tra le altre cose, valori morali. Non si può scegliere uno schema che non fa altro che "copiare" i fatti, perché nessuno schema concettuale è una mera "copia del mondo".

La nozione stessa di verità dipende per il suo contenuto dai nostri criteri di accettabilità razionale, e questi a loro volta presuppongono i nostri valori e poggiano su di essi.

Per dirla schematicamente e in breve, sostengo che la teoria della verità presuppone una teoria della razionalità che, a sua volta, presuppone la nostra teoria del bene.

H. PUTNAM, *Il pragmatismo: una questione aperta*

La storicità dei valori

La **scelta** tra valori risulta ineludibile e sta alla base di ogni nostra affermazione, anche la più banale e quotidiana, dal momento che essa viene sempre espressa all'interno di un preciso contesto culturale che, con i suoi schemi sociali e linguistici, determina tutte le nozioni e i fatti che noi utilizziamo. Naturalmente per Putnam non esiste una tavola di valori definitivamente data, statica e assoluta; egli ritiene che i valori evolvano proporzionalmente alla naturale tensione dell'uomo verso la realizzazione di una condizione di vita migliore, di *«una concezione più razionale della razionalità, o una concezione migliore della moralità»*. Tale prospettiva risulta possibile prevalentemente su un piano sociale, a patto che si determinino quelle condizioni di **dialogo** e **confronto intersoggettivo** che sono la necessaria premessa per ogni aspirazione al progresso civile e culturale: ciò significa, in definitiva, rafforzamento della **democrazia** e del **pluralismo**.

MAPPA CONCETTUALE

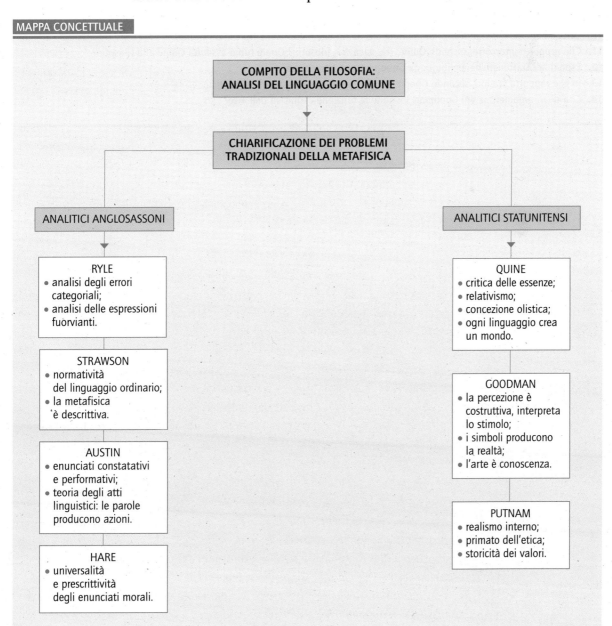

Il movimento analitico anglosassone

1. Dai una breve definizione dell'espressione "filosofia analitica" indicandone le radici culturali.
2. Per quale motivo, secondo Ryle, la filosofia deve analizzare il linguaggio ordinario?
3. Che cosa intende Ryle per «*errori categoriali*»? Rispondi portando come esempio la questione del rapporto mente/corpo.
4. Che cosa intende Strawson con l'espressione «*metafisica descrittiva*»?
5. Esponi sinteticamente la teoria degli atti linguistici di Austin, chiarendo la differenza tra enunciati constatativi ed enunciati performativi.
6. Quali caratteristiche hanno, secondo Hare, gli enunciati morali?
7. Qual è, secondo Hare, il criterio seguito dalla ragione per giudicare il valore di una norma morale?

La filosofia analitica negli Stati Uniti

8. Quale posizione assume Quine riguardo al rapporto tra un termine e il significato a esso correlato?
9. In che cosa consiste il pluralismo ontologico di Quine?
10. Spiega l'origine e il significato del termine *olismo*. In che modo viene ripreso da Quine?
11. Che rapporto intercorre, secondo Quine, tra scienza e filosofia? Quale ruolo assegna Quine alla filosofia?
12. Esponi le caratteristiche attribuite da Goodman alla percezione.
13. In che rapporto stanno, secondo Goodman, gli oggetti reali e i sistemi simbolici?
14. Con quali argomentazioni Goodman sostiene la funzione cognitiva dell'arte?

1 Alfred Jules Ayer
Metafisica e senso comune

QUESTIONE ▶ Scritte in età matura, queste pagine, tratte da *La polemica contro la metafisica e il rapporto con il senso comune*, dimostrano la sostanziale fedeltà di Ayer alle posizioni giovanili di *Linguaggio, verità e logica*. Qui la critica è rivolta soprattutto alle posizioni più recenti, quelle dei filosofi analisti del senso comune ma anche di Popper, che riabilitano la metafisica in nome della produzione di idee che essa fornirebbe.
TESI ▶ La polemica di Ayer è condotta sul fondamento di un concetto di verità a base essenzialmente empirica quale è concretamente realizzato dalla scienza sperimentale.

È diventata una moda, di recente, affermare in difesa della metafisica che, sebbene essa non ci procuri conoscenza, nel senso di stabilire proposizioni vere, può tuttavia procurarci penetrazioni apprezzabili. Non è comunque molto facile da vedere che cosa tali penetrazioni possano essere, o perché siano apprezzabili se non sono esprimibili come verità. Ciò che si intende, forse, è ch'è illuminante essere messi in grado di considerare il mondo in una maniera radicalmente diversa da quella a cui siamo abituati, ed io sono d'accordo su ciò, ammesso che si possa mostrare esistente la maniera alternativa di considerare il mondo. Ma questa è una riserva ampia e non conosco un sistema metafisico in cui sia adeguatamente soddisfatta. Anche stando così le cose, non ne deriva che la fatica di coloro che hanno costruito tali sistemi sia stata interamente sprecata per niente. A mio modo di vedere, il servizio principale che ci rendono è di indurci a considerare criticamente lo sfondo teoretico delle operazioni della scienza e del senso comune. Sono sollevati problemi ardui circa la relazione di soggetto e predicato, o il funzionamento dei termini generali, o lo stato delle entità astratte, o il significato della necessità, o la divisibilità infinita dell'estensione spaziale e temporale, o il dualismo di mente e materia, od a proposito della nostra giustificazione per attribuire esperienze alle altre persone o per credere nell'esistenza degli oggetti esterni. Eccetto il raro caso in cui il problema ha una sua portata scientifica, la soluzione di questi enigmi aumenta la nostra capacità di controllare il nostro ambiente, o di predire il corso futuro degli eventi, ma c'è un senso in cui essa può accrescere la nostra comprensione del mondo, aprendoci gli occhi sulle implicazioni teoriche dei modi in cui noi lo descriviamo. Io non ho alcuna ricetta sovrana per risolvere o dissolvere gli enigmi filosofici ma in alcuni casi, almeno, penso che la soluzione può prendere la forma 'metafisica' di mostrare che qualche classe di entità è eliminabile, o che il carattere di qualche concetto, o serie di concetti, è stato inteso erroneamente, o che qualche concetto potrebbe, con vantaggio, venire definito più rigorosamente o modificato in qualche maniera.

Il fatto che si possano sollevare problemi esterni ci induce anche a tollerare asserzioni metafisiche come quella che siamo noi a introdurre il tempo nel mondo. L'implicazione è che in realtà è condizionata dal nostro metodo di descriverla e che sta a noi decidere quale metodo impiegare, cosicché in un certo senso noi non scopriamo propriamente, ma determiniamo come il mondo è. Anche qui, tuttavia, se dobbiamo parlare di metodi alternativi di descrizione, dobbiamo accertarci che esistano, ed è arduo vedere come ci potrebbe essere una descrizione intelligibile del mondo che non includesse la categoria di tempo. Non va inoltre dimenticato che quando parliamo di noi stessi come facenti questo o quello, stiamo già operando all'interno di un sistema concettuale. Poiché, che cosa siamo noi, se non corpi fisici che occupano una posizione nello spazio e nel tempo? Ma, fino a che stiamo operando

40 entro un sistema concettuale, siamo legati ai suoi criteri di realtà; e allora dire che introduciamo il tempo nel mondo è dire che capitò niente prima della comparsa sulla terra di esseri umani, il che è completamente falso, proprio com'è completamente falso, se uno sta operando entro un sistema che pone la condizione degli oggetti fisici, dire che questi non esistono quando non sono percepiti.[1]

45 Ciò che il metafisico gradirebbe fare è di assumere una posizione al di fuori di un sistema concettuale,[2] ma ciò non è possibile. Il massimo ch'egli può sperare di ottenere è qualche modificazione del prevalente orientamento generale; trovare un modo, per esempio, di eliminare i termini singolari o forse anche escogitare di rappresentare se stesso e le cose attorno a sé come costruzioni logiche a partire dalle loro

50 apparenze. Ma se tale avventura dev'essere comprensibile, e sia pur soltanto di interesse teorico, essa deve avere almeno una corrispondenza grossolana con il modo in cui le cose sono ordinariamente concepite. Così, se un filosofo vuole riuscire non soltanto a coinvolgerci in enigmi logici o semantici o epistemologici, ma nel cambiare o nell'affinare la nostra visione del mondo, egli non può lasciare troppo dietro

55 di sé il senso comune.

Questo non significa, tuttavia, ch'egli debba vincolarsi strettamente alle sue dande.[3] L'insistenza sul fatto che il linguaggio ordinario è perfettamente a posto[4] è stata un correttivo assai utile ai voli più sregolati della speculazione metafisica, ma, se presa troppo letteralmente, può portare al nostro lasciar andare cose che potreb-

60 bero essere poste in questione e al mobilitarci in difesa di ciò che non bisognerebbe difendere.[5] È certo meglio ordinare le pietre miliari lungo la strada principale, dell'uso ordinario che parlare con grande entusiasmo della Nullità[6] o dell'Essenza dell'Uomo; ma sarebbe un errore rinunciare alle specie più ricche d'immaginazione dell'esplorazione concettuale, puramente a causa del maggior rischio di per-

65 dersi. In filosofia niente dovrebbe essere assolutamente sacrosanto: neppure il senso comune.

▶ A.J. Ayer, *La polemica contro la metafisica e il rapporto con il senso comune*

---

1. Ayer si riferisce probabilmente ad autori come Berkeley e Bradley che in effetti hanno sostenuto concezioni analoghe a quelle qui presentate. Si direbbe quindi che egli identifichi la metafisica in generale con quella propria dei filosofi idealisti.
2. Infatti la metafisica vuole essere conoscenza assoluta e perciò anche conoscenza dell'Assoluto.
3. Ayer allude alla nota espressione di Kant in *Risposta alla domanda: che cos'è l'Illuminismo?*, dove le dande (cioè le briglie o bretelle impiegate per sostenere e guidare i bambini che devono imparare a camminare) sono sinonimo di dogmatismo e mancanza d'autonomia.
4. Cioè dotato di una sua logica e quindi in grado di assolvere alle funzioni comunicative per cui viene impiegato.
5. Ayer difende il fine neoempiristico di fissare un modello ideale di linguaggio logicamente perfetto come criterio e misura cui i linguaggi ordinari dovrebbero adeguarsi.
6. In *Linguaggio, verità e logica* Ayer aveva polemizzato contro l'errore della metafisica che trasforma in entità reali termini dotati solo di una funzione grammaticale o logica, per esempio la copula "è" o la negazione: «In generale, postulare entità reali inesistenti deriva dalla superstizione [...] che a ogni parola o locuzione in grado di essere soggetto grammaticale di un enunciato debba necessariamente corrispondere in qualche luogo una entità reale. E siccome per molte di queste entità nel mondo empirico non si dà nessun luogo, per domiciliarle si invoca uno speciale mondo non-empirico».

Rispondi alle seguenti domande, eventualmente con opportune citazioni:

■ Qual è per Ayer il principale servizio reso dalle costruzioni dei metafisici?

■ Quali precauzioni bisogna adottare, secondo Ayer, nell'utilizzare come parametro il linguaggio ordinario?

■ «*In filosofia niente dovrebbe essere assolutamente sacrosanto: neppure il senso comune*». Commenta questa'affermazione di Ayer, inserendola nel contesto del suo pensiero.

🔢 Gilbert Ryle
L'assurdità del dualismo cartesiano corpo/mente

QUESTIONE ▶ Nel suo libro più noto, *Lo spirito come comportamento* (1949), Ryle ci offre l'esempio più chiaro di procedura analitica tesa a dissolvere uno dei più noti e duraturi errori categoriali, quello chiamato «*dogma dello Spettro nella Macchina*».

TESI ▶ In questo brano Ryle, attraverso una minuziosa analisi, mostra come la tradizionale idea del dualismo mente/corpo derivi da un errore categoriale, che consiste nell'applicare un concetto a un tipo logico cui non appartiene.

Questa in breve la dottrina officiale,[1] che con deliberata insolenza battezzerò «dogma dello Spettro nella Macchina». Spero di provarne la totale insussistenza, che proviene non già dalla presenza di certi errori particolari, ma dal fatto che la dottrina tutta è un unico grande sbaglio di categoria, che chiameremo errore categoriale. Essa presenta i fatti della vita mentale come appartenenti a un tipo o categoria (o   5 classe di tipi o categorie) logico (o semantico) diverso da quello cui essi invece appartengono. Il dogma è dunque un mito filosofico. Nel tentativo di far saltare tale mito molti vorranno vedere la negazione di certe note caratteristiche della vita mentale; e la protesta che si tratta invece soltanto di rettificare la logica dei rispettivi concetti sarà presa per mero sotterfugio. Mostriamo in una serie di esempi il significa-   10 to dell'espressione «errore categoriale».

Un forestiero visita per la prima volta una città universitaria. Gli vengono mostrate biblioteche, aule, musei, laboratori, uffici, alloggi. Allora egli protesta di aver viste, sì, tutte quelle cose, ma non ancora l'Università, il luogo ove lavorano i membri dell'Università. In un caso come questo, bisognerà spiegare che l'Università non è   15 un qualche istituto aggiunto a quanto egli ha visto, ma il modo in cui quanto egli ha visto è organizzato: null'altro rimane da vedere e da capire. L'errore stava nell'ingegno assunto che fosse corretto parlare di tutti quegli istituti e dell'Università, co-

---

1. Nelle pagine precedenti Ryle l'aveva così presentata: «secondo la dottrina officiale [così chiamata in quanto tanto comune sia tra specialisti che profani], che dobbiamo soprattutto a Descartes, ogni essere umano [...] ha – alcuni preferiscono dire è – sia un corpo che una mente. I due pezzi, comunemente, sono incollati; ma può darsi che dopo la morte del corpo le menti continuino a funzionare. I corpi umani stanno nello spazio, come tali soggetti alle leggi meccaniche che vi governano ogni corpo. Osservatori esterni possono controllarne processi e stati [...] Le menti, invece, non stanno nello spazio, sicché le loro operazioni non sono soggette alle leggi meccaniche. Di quello che si svolge in una mente le altre nulla possono dire, si tratta di roba privata [...] La biforcazione in due vite e due mondi è di solito espressa col dire che cose ed eventi del mondo fisico, compreso il corpo, sono esterni, mentre le opere della mente sono interne».

me se questa fosse un membro aggiuntivo nella classe di quelli. Egli metteva l'Università nella stessa categoria cui appartengono i suoi vari istituti. Qui una serie spaziale è vista come membro da aggiungersi ai membri della serie stessa.

È lo stesso errore che commetterebbe un bambino il quale, dopo aver assistito alla parata dei battaglioni, batterie, squadroni, ecc., di un reggimento, restasse in attesa di veder passare anche il reggimento: come se questo fosse un altro pezzo da aggiungersi a quelli già visti. [...] Qui una serie temporale è vista come membro da aggiungersi ai membri della serie stessa. Un altro esempio. Un profano assiste ad una partita di calcio, e impara a distinguere avanti, mediani, terzini e portieri. Protesta di aver visto chi para e chi tira a rete, chi attacca e chi difende, ma nessuno incaricato di esercitare il gioco con «classe». [...] Certo mostrar classe non è la stessa cosa che tirare a rete o parare; ma non è una terza cosa tale da permetterci per esempio di dire che un portiere prima para e poi mostra classe, o che un avanti può scegliere fra mostrar classe e tirare a rete (e se mostra classe nel fare qualcos'altro, siamo daccapo al punto che lo sta facendo qualcos'altro). Qui la maniera in cui certe operazioni visibili sono compiute è vista come operazione visibile aggiuntiva, da cercarsi accanto alle altre.

I tre errori categoriali illustrati hanno in comune la provenienza: si tratta in ogni caso di incapacità ad usare certi concetti (Università, reggimento, classe sportiva) e con ciò i termini linguistici rispettivi. Gli errori categoriali d'importanza teorica sono quelli compiuti da persone perfettamente in grado di applicare concetti, almeno a situazioni a loro familiari, e tuttavia pronte ad assegnarli a tipi logici cui non appartengono quando si mettono a pensare in astratto. [...]

[...] Il mio compito critico è dimostrare che alla sorgente della teoria delle due vite c'è una famiglia di errori categoriali radicali. Anticipo qui l'argomento da cui deriva l'idea della persona umana come spettro ascoso in una macchina. In base al fatto che il pensare, il sentire e l'agire intenzionale non possono ovviamente venir ridotti al gergo della fisica, della chimica e della fisiologia si pretende di costruire per essi un duplicato di quel gergo. La complessa e unitaria organizzazione del corpo umano spinge a postularne per la mente una altrettale, anche se di diversa sostanza e struttura. Siccome poi il corpo, come ogni altro pezzo di materia, è agitato da cause ed effetti, così deve esserlo la mente; anche se (grazie al cielo) non si tratta di cause ed effetti meccanici.

▶ G. Ryle, *Lo spirito come comportamento*

ESERCIZI

Rispondi alle seguenti domande, eventualmente con opportune citazioni:
- Come definisce Ryle gli «*errori categoriali*»?
- Quali esempi riporta Ryle per spiegare la nascita del «*dogma dello Spettro nella Macchina*»?
- Quale linguaggio viene usato in filosofia per parlare della vita della mente? Per quale motivo? Ryle è d'accordo? Riporta la sua posizione.

3 Peter Frederick Strawson
Metafisica descrittiva e metafisica correttiva

QUESTIONE ▶ Il saggio di Strawson *Individui. Saggio di metafisica descrittiva* è espressione del nuovo atteggiamento assunto dalla filosofia analitica nei confronti della metafisica: dopo gli ostracismi neoempiristi, ci si rapporta a essa con spirito di maggiore apertura e disponibilità critica.
TESI ▶ La distinzione che l'autore propone non solo non vuole fissare alcun criterio di esclusione, ma anzi giunge a mostrare le interconnessioni correnti tra le due tipologie di metafisica e anche i contributi di arricchimento che quella correttiva può recare alla descrittiva.

La metafisica è stata spesso correttiva, e meno spesso descrittiva. La metafisica descrittiva si accontenta di descrivere l'effettiva struttura del nostro pensiero sul mondo, la metafisica correttiva si interessa di produrre una struttura migliore.[1] Le produzioni della metafisica correttiva rimangono sempre interessanti, e non solo in quanto episodi chiave nella storia del pensiero. A causa della loro articolazione e dell'intensità della loro visione parziale le migliori tra esse sono allo stesso tempo ammirevoli da un punto di vista intrinseco e di durevole utilità filosofica. Quest'ultimo merito, però, può essere loro attribuito solo perché esiste un altro genere di metafisica che non ha bisogno di alcuna giustificazione oltre quella dell'indagine in generale. La metafisica correttiva è al servizio della metafisica descrittiva. Forse nessun metafisico realmente esistito è stato mai completamente, tanto nelle intenzioni che nei risultati, l'una cosa o l'altra. Possiamo tuttavia fare delle distinzioni approssimative: Descartes, Leibniz, Berkeley sono correttivi, Aristotele e Kant descrittivi. Hume, lo spirito ironico della filosofia, è più difficile da situare. Egli appare ora sotto un aspetto, ora sotto un altro.

L'idea della metafisica descrittiva è passibile di considerazioni scettiche. In che senso essa dovrebbe differire da quella che è chiamata analisi filosofica, o logica, o concettuale? Non ne differisce nella natura delle intenzioni, ma solo per l'ambito e la generalità. Nel tentativo di rilevare le caratteristiche più generali della nostra struttura concettuale, essa può dare per scontato molto meno di quanto faccia una ricerca concettuale più limitata e parziale. Ne deriva anche una certa differenza di metodo. Fino a un certo punto, la fiducia in un accurato esame dell'uso effettivo delle parole è in filosofia la strada migliore, anzi l'unica sicura. Ma le discriminazioni che possiamo fare e le connessioni che possiamo stabilire in questo modo non hanno un'ampiezza e una generalità sufficienti per rispondere completamente all'esigenza metafisica di comprensione. Quando infatti ci chiediamo come usiamo questa o quella espressione, le nostre risposte, per quanto rivelatrici a un certo livello, sono portate ad assumere, e non a mettere in luce, quegli elementi strutturali generali che il metafisico vuole siano rivelati. La struttura che egli cerca non si manifesta in modo semplice sulla superficie del linguaggio, ma rimane immersa.[2] Il metafisico deve

5

10

15

20

25

30

1. In sostanza, la prima ci mostra come effettivamente pensiamo sulla base delle condizioni che rendono sensata la realtà cui ci rapportiamo, la seconda prescrive regole e norme che, mentre tolgono valore all'esperienza comune, indicano come dovremmo pensare.
2. Secondo Strawson dunque l'analisi del linguaggio ha un limite intrinseco: se l'obiettivo è giungere a cogliere mediante essa «*gli elementi strutturali generali*» del pensiero e della realtà, bisogna prendere atto che questi ultimi sono già "immersi" nel lin-

abbandonare la sua unica guida sicura quando questa non può portarlo tanto lontano quanto egli desidera.

La metafisica ha una storia lunga e illustre, e di conseguenza è poco verosimile che vi siano nuove verità da scoprire nella metafisica descrittiva. Tuttavia, ciò non signi-
35 fica che il compito di quest'ultimo sia stato, o possa essere, adempiuto una volta per tutte. Esso deve essere affrontato sempre di nuovo. Se non vi sono nuove verità da scoprire, ve ne sono di vecchie da riscoprire. Infatti, benché l'argomento centrale della metafisica descrittiva non cambi, il linguaggio critico e analitico della filosofia muta continuamente. Certe relazioni permanenti sono descritte in un lin-
40 guaggio non permanente, che riflette tanto il clima di pensiero dell'epoca quanto lo stile personale di pensiero del singolo filosofo.[3] Nessun filosofo comprende i suoi predecessori, finché non ha ripensato il loro pensiero in termini a lui contemporanei,[4] ed è caratteristico dei filosofi maggiori, come Kant e Aristotele, che essi paghino questo sforzo di ripensamento più di tutti gli altri.

▶ P.F. STRAWSON, *Individui. Saggio di metafisica descrittiva*

ESERCIZI

Rispondi alle seguenti domande, eventualmente con opportune citazioni:
- **Come definisce Ryle gli «*errori categoriali*»?**
- **Quali esempi riporta Ryle per spiegare la nascita del «*dogma dello Spettro nella Macchina*»?**
- **Quale linguaggio viene usato in filosofia per parlare della vita della mente? Per quale motivo? Ryle è d'accordo? Riporta la sua posizione.**

---

guaggio e lo formano come suoi elementi costitutivi. In altri termini, il linguaggio non è un fattore estraneo a ciò che vuole esprimere, ma vi è legato al punto che non si può descrivere la realtà e il modo di pensarla se non attraverso un preciso apparato linguistico. Con ciò l'analisi non fa che presupporre ciò che invece mira a scoprire e spiegare.

3. Non esiste per Strawson un linguaggio ideale o una forma logica assoluta: l'analisi tratta invece un materiale in continua evoluzione, frutto della storia e della società che lo ha plasmato nel momento in cui lo ha usato per i propri fini comunicativi. Non è possibile separare le verità dai modi con cui sono state espresse: se il linguaggio subisce un'evoluzione, anche le prime devono essere riformulate per poter essere ricomprese e rese attuali.

4. Come la storia va sempre riscritta per evidenziare risvolti e significati che rispondono alle esigenze del presente, così è anche per i sistemi e le costruzioni della filosofia: ciò che è stato pensato e detto in passato va di nuovo detto e pensato nel presente. Ciò non significa arresto o inaridimento della ricerca: i termini nuovi con cui l'antico è reinterpretato e riformulato possono mettere al riparo dal relativismo o dallo scetticismo nella misura in cui il contenuto di verità, in sé rimasto identico, assume sensi diversi in rapporto alle diverse forme linguistiche con cui è espresso. È vero che «tutto è già stato detto», ma non nello stesso modo: perciò il pensiero ha ancora da svolgere un lungo e inesauribile compito per comprendere quanto già concepito prima di noi.

4 John Langshaw Austin
Proposizioni constatative e performative

QUESTIONE ▸ Nel saggio *La distinzione tra le proposizioni constatative e performative*, originariamente scritto in francese, Austin propone una distinzione che, accolta in modo favorevole, sarà approfondita e sviluppata per la fecondità delle sue implicazioni.

TESI ▸ Queste pagine, scritte in modo estremamente piano e prive di ogni terminologia tecnica, costituiscono tuttavia solo un primo abbozzo della teoria degli «*atti linguistici*» che l'autore elaborerà in modo più completo in *Come fare cose con le parole* (1962, postumo).

Ci si può fare benissimo un'idea dell'enunciato performativo, termine questo, lo so bene, che non esiste nella lingua italiana come, del resto, in nessun'altra. Questa idea è stata introdotta per fare da contrasto con quella di enunciato dichiarativo, o meglio, come lo chiamerò, di enunciato constatativo. Ed ecco subito quello che voglio mettere in questione. Questa antitesi performativo-constatativo.   5

L'enunciato constatativo ha, sotto il nome di *asserzione* così caro ai filosofi, la proprietà di essere vero o falso. Al contrario l'enunciato performativo non può mai essere né l'una né l'altra cosa: ha la sua propria specifica funzione; serve ad effettuare un'azione. Formulare un tale enunciato (*to issue such an utterance*) è effettuare l'azione, azione che, forse, non si potrebbe compiere, almeno con una tale precisione, in nessun altro modo. Eccone degli esempi: 10

Battezzo questa nave «Libertà».

Mi scuso.

Vi auguro il benvenuto.

Vi consiglio di farlo.   15

Enunciati di tal genere sono abbastanza frequenti. Li si trova, per esempio, dovunque nelle clausole di uno strumento legale, clausole che si chiamano in inglese operative [cioè, le clausole nelle quali si effettua l'azione legale, in opposizione al preambolo che espone le circostanze della transazione]. Evidentemente molte di esse non sono senza interesse per i filosofi. Dire «prometto di...», formulare, come si dice, questo enunciato performativo, è l'atto medesimo di fare la promessa; atto, lo si vede, abbastanza non misterioso. E si crede di vedere subito che un tale enunciato non può essere vero o falso; non può esserlo, dico, perché può benissimo implicare che altre proposizioni siano vere o siano false, cosa che, se non vado errato, è tutt'altra cosa. Tuttavia l'enunciato performativo non è esente da ogni critica. Lo si può criticare benissimo ma in una dimensione completamente diversa da quella del vero e del falso. Bisogna che il performativo venga reso pubblico in una situazione che sia appropriata in ogni rispetto all'atto in questione. Se l'autore non è nelle condizioni richieste per agire (e di tali condizioni ce n'è una quantità), allora il suo enunciato sarà, come noi lo chiamiamo in generale, «infelice» («*unhappy*»).   20, 25, 30

Innanzitutto il nostro performativo, come ogni altro rito o cerimonia, può essere «nullo e senza effetto», come dicono gli uomini di legge. Se per esempio l'autore non si trova nella posizione di effettuare un tale atto o se l'oggetto nei confronti del quale pretende di effettuarlo non è appropriato a subirlo, allora non riesce, formulando unicamente il suo enunciato, a compiere l'atto preteso. Il bigamo non ha così   35 che la forma di un secondo matrimonio, senza diventare marito per una seconda volta. Io non posso battezzare una nave se non sono la persona autorizzata a battezzarla. Non riuscirò a battezzare dei pinguini, creature poco suscettibili di questa impresa.

40 In secondo luogo l'enunciato performativo, anche se non è nullo, può essere «infelice» in un altro modo, cioè se lo si formula *senza sincerità*. Se dico «prometto di...» senza avere la minima intenzione di compiere questa azione promessa, forse anche senza credere che sia in mio potere compierla, la promessa è vuota. Essa viene fatta, sicuro, tuttavia c'è una «infelicità» (*unhappines*). Si è abusato della formula.

45 Supponiamo ora che il nostro atto sia stato effettuato. Tutto si è svolto normalmente ed anche, se volete, sinceramente. In questo caso l'enunciato performativo ha l'abitudine di «prendere effetto». Con ciò non vogliamo dire che tale o tale avvenimento futuro è o sarà prodotto come effetto di questo atto come causa. Vogliamo dire piuttosto che in conseguenza del compimento di questo atto o tale avvenimento
50 futuro, se accade, sarà in *regola* e che tale o tale altro avvenimento, se accade, non sarà in regola. Se ho detto «Io prometto» non sarò in regola se manco alla mia parola; se ho detto «vi auguro il benvenuto» non sarò in regola se mi metto a trattarvi come un nemico o un intruso. È così che diciamo, anche quando il performativo ha preso effetto, che esiste sempre una terza specie di infelicità che chiamiamo «rottu-
55 ra di impegno» (*breach of commitment*). Si può notare d'altra parte che gli impegni possono essere più o meno vaghi o che possono legarci in modi molto diversi.

▶ J.L. Austin, *La distinzione tra le proposizioni constatative e performative*

ESERCIZI

Rispondi alle seguenti domande, eventualmente con opportune citazioni:
- Definisci brevemente l'enunciato performativo e l'enunciato constatativo.
- Porta alcuni esempi di enunciati performativi.
- Quando un enunciato performativo è *unhappy*? Rispondi riportando qualche esempio.

La svolta linguistica

Introducendo nel 1967 un'antologia di testi della tradizione analitica, Richard Rorty, uno dei maggiori filosofi contemporanei, coglie l'occasione per fare un bilancio dei suoi risultati, mettendone in evidenza meriti e limiti, aspetti fecondi e contraddizioni interne.
In ogni caso "la svolta linguistica" non solo c'è stata (e con essa quindi bisogna confrontarsi), ma ha rappresentato inequivocabilmente una tappa fondamentale per la ricerca filosofica, anche se per Rorty è oramai da lasciarsi alle spalle per procedere verso prospettive nuove.

Richard Rorty[1], *La svolta linguistica*

[...] la domanda cruciale diventa: 'i filosofi si sono mai accordati su principi, rispettando i quali possono inferire da fatti circa la pratica linguistica alla dissoluzione di un dato problema filosofico?'. La risposta a questa domanda deve essere negativa, se con 'dissoluzione di un problema filosofico' si intende la dimostrazione che 'non c'è alcun problema', *tout court*, che riguardi, per esempio, la percezione, il libero arbitrio, il mondo esterno. [...] La risposta è affermativa se si intende invece la dimostrazione che una formulazione particolare di un dato problema coinvolge l'uso di un'espressione linguistica che è sufficientemente inusuale da giustificare che si richieda al filosofo che ha offerto quella formulazione di riaffermare il suo problema in termini diversi. [...]

Ammesso che 'devianza' non è, di per sé, una critica all'uso che un filosofo fa del linguaggio, e ammesso che una domanda che a prima vista appare stupida (del genere 'come sappiamo che proviamo dolore?' o 'un'attività piacevole è desiderabile?') potrebbe essere reinterpretata in modo interessante e fecondo, insistere sul fatto che la devianza o l'apparente stupidità siano riconosciute per quel che sono è della massima importanza. Ammettendo, con Wittgenstein, che qualsiasi espressione ha un senso se noi gliene diamo uno (e, più in generale, che qualsiasi uso di qualsiasi espressione può essere reso non deviante e non stupido creando, per così dire, un gioco linguistico all'interno del quale esso trovi la sua patria), dovremmo però ancora chiedere al filosofo che si allontana dalla pratica linguistica ordinaria di dare effettivamente una spiegazione del perché egli usi parole ordinarie in modi inusuali, o di chiarire le regole

del nuovo gioco linguistico a cui ci vuole far giocare (e per fare questo dovrà servirsi, naturalmente, di usi di linguaggio ordinari e giochi linguistici già familiari). Se può farlo, buon per lui. Starà a noi decidere se accettare, ora che capiamo cosa sta facendo, le premesse che generano il suo problema e vedere se sia interessante giocare al suo gioco linguistico. L'esperienza dimostra che spesso non può farlo, e che persino se riesce a farlo, le premesse che generano i suoi problemi, una volta reinterpretate, appaiono dubbie o false, e il nuovo gioco privo di interesse.

Adottare questa nozione ristretta di funzione della filosofia linguistica ci aiuta a vedere perché [...] i filosofi che hanno effettuato la svolta linguistica restano convinti del valore della loro scelta. Infatti, nonostante i loro dubbi programmi metafilosofici, autori come Russell, Carnap, Wittgenstein, Ryle, Austin, e molti altri sono riusciti a costringere coloro che vorrebbero proporre i problemi tradizionali ad ammettere che tali problemi non possono più essere avanzati nelle formulazioni tradizionali. Questi autori, a dire il vero, non sono riusciti a ottenere quel che speravano. Non hanno fornito dimostrazioni irrefutabili, definitive, della mancanza di significato o della confusione concettuale o dell'abuso linguistico da parte dei filosofi che criticavano. Ma ciò non ha importanza. [...] Data la natura della materia, il dibattito filosofico è cosiffatto che il massimo che si possa sperare è di trasferire l'onere della prova sul proprio avversario. Negli ultimi trent'anni la filosofia linguistica è riuscita a mettere sulla difensiva l'intera tradizione filosofica, da Parmenide a Descartes, da Hume a Bradley a Whitehead. Ed è riuscita a farlo attraverso un esame approfondito dei modi in cui i filosofi tradizionali hanno usato il linguaggio nella formulazione dei loro problemi. Tale risultato è sufficiente a inserire questo periodo tra le grandi epoche della storia della filosofia.

RISPONDI ALLE SEGUENTI DOMANDE

■ Quale obiettivo si pongono i filosofi analitici nei confronti dei tradizionali problemi filosofici?
■ Quale strumento di analisi utilizzano i filosofi analitici?
■ Perché, secondo Rorty, l'epoca della filosofia linguistica è da annoverarsi tra «*le grandi epoche della storia della filosofia*»?

---

1. Richard Rorty è nato a New York nel 1931, ha studiato a Yale con Carnap e Hempel. Ha insegnato a Princeton e all'Università della Virginia. Filosofo di formazione analitica, ha progressivamente preso le distanze da quell'impostazione, criticandone le pretese di verità e avvicinandosi alle posizioni dell'ermeneutica europea, formulate da Gadamer e Derrida (pp. 313-322).

1. Ayer e Hare: etiche a confronto

Per i filosofi analitici la filosofia è innanzitutto analisi del linguaggio e strumento di chiarificazione mentale. Ayer e Hare, nel contesto delle loro ricerche filosofiche, si sono occupati anche di questioni etiche. Si prendano le due seguenti tesi:
– per Ayer le proposizioni etiche sono soltanto espressione dell'emotività e non hanno alcuna possibile base normativa;
– per Hare la razionalità umana ha invece precise regole che le consentono di enunciare criteri come quello dell'utile.

■ Alla luce di queste concezioni si esamini un caso, opportunamente scelto tra quanti ne propone la cronaca, e si mostri come la diversità di questi approcci al tema può dar luogo a una discussione in cui l'analisi del linguaggio svolge un ruolo importante. Il lavoro consiste nella stesura di un dialogo tra due persone che seguono l'una la filosofia di Ayer, l'altra quella di Hare.

2. Ryle: le espressioni sistematicamente fuorvianti

Alla luce della filosofia di Ryle si esaminino le due espressioni e proposizioni già richiamate nel testo: «l'attuale re di Francia»; «è vero che piove». Che cosa mostra l'analisi linguistica?

■ Per svolgere al meglio l'esercizio:
– si enuncino con chiarezza tutti i concetti che sono implicati nella costruzione di queste frasi e le esperienze a cui rimandano, nonché le condizioni sulla cui base esse sono (o non sono) dotate di senso;
– si scelgano altre frasi che hanno le stesse caratteristiche.
Poiché quest'ultimo compito si rivelerà molto difficile, perché le espressioni prescelte avranno alcune differenze (almeno implicite), si svolga

una nuova analisi linguistica con l'obiettivo di porle in luce.

3. Strawson, Wisdom, Austin: linguaggio e realtà

■ Si prendano in esame le seguenti tesi dal punto di vista di Strawson, Wisdom e Austin:
– la verità è la corrispondenza tra asserzione e fatto;
– il linguaggio consente la fondazione di un'ontologia;
– riguardo ai due seguenti modi di rovesciare l'inchiostro, intenzionalmente e non intenzionalmente, non è mai possibile costruire degli enunciati constatativi.

4. Arte e conoscenza

Secondo il filosofo statunitense Goodman, le arti *«devono essere prese in considerazione non meno seriamente delle scienze in quanto modalità di scoperta, di creazione, di ampliamento della conoscenza nel senso largo di progresso del comprendere».*

■ Ti proponiamo di svolgere una ricerca, con l'aiuto dell'insegnante di Storia dell'arte, per scoprire se questa posizione è stata condivisa da qualche artista.
Commenta poi l'affermazione di Goodman argomentando la tua tesi.
Se non sei d'accordo esponi quali sono, secondo te, le differenze tra conoscenza scientifica e rappresentazione artistica.
Se sei d'accordo esponi quale tipo di ampliamento della tua conoscenza della realtà hai raggiunto attraverso la fruizione di un'opera d'arte (un dipinto, una fotografia, un film, un brano musicale, una poesia, una scultura ecc.).

■ Per approfondire questo tema vai al **Percorso per immagini** *La realtà conosciuta e l'altro*, alla voce *La realtà sfuggente e menzognera*.

Hans Georg Gadamer e l'ermeneutica

1. L'ermeneutica filosofica

Nella filosofia greca con la parola *hermeneutiké téchne*, "ermeneutica", si indicava l'arte dell'interpretazione. Il termine fu utilizzato da Platone per indicare il ruolo di interpreti svolto dai poeti nei confronti dei messaggi degli dèi e di coloro che spiegano gli oracoli; Aristotele lo utilizza invece in riferimento all'espressione linguistica, che interpreta il pensiero in quanto lo esprime all'esterno. Nel Medioevo l'importanza delle tecniche di interpretazione si intensificò in relazione ai problemi di esegesi posti dai testi sacri dell'ebraismo e del cristianesimo, il Vecchio e il Nuovo Testamento, testi dei quali si volevano mettere in luce i diversi sensi, allegorici, simbolici, figurali, celati dal significato letterale.

La nascita dell'ermeneutica filosofica nel XIX secolo

La generalizzazione dell'atteggiamento ermeneutico, che da tecnica esegetica delle Scritture diventa arte interpretativa di qualsiasi testo trasmessoci dalla tradizione, si realizzò con il filosofo e teologo tedesco Daniel Schleiermacher (1768-1834).

Secondo Schleiermacher l'interpretazione di un testo non è legata alla necessità di svelare il contenuto nascosto di origine divina, ma dipende dalla distanza linguistica, storica e culturale che separa l'interprete dal testo e che rende il testo stesso non immediatamente comprensibile. In base a questo assunto vengono identificate una serie di interrelazioni, che diverranno costitutive del modo di procedere dell'ermeneutica:

■ all'interno di ogni opera le singole parti si comprendono in base alla **totalità dell'opera**, e viceversa;

■ la singola opera si comprende in riferimento alla **produzione globale** dell'autore, e viceversa;

■ l'autore si comprende nella relazione con la sua **epoca**, e viceversa.

L'ermeneutica come metodo delle scienze dello spirito

Queste tematiche vennero riprese, tra Otto e Novecento, dal filosofo tedesco Wilhelm Dilthey (▶ **Volume 3A**, *Storicismo e neokantismo*, p. 377), che fece propria la distinzione proposta dallo storicismo tedesco tra **scienze della natura** e **scienze dello spirito**. Le prime procedono per spiegazioni, riconducendo i fatti particolari alle leggi generali; le seconde sono volte a **comprendere** i fatti individuali attraverso la corrispondenza tra l'oggetto conosciuto e gli atti del conoscere, appartenenti entrambi al mondo umano. In Dilthey l'ermeneutica diventa quindi il metodo specifico delle scienze dello spirito.

L'ermeneutica ontologica di Heidegger

Martin Heidegger (1889-1976) sottrae l'ermeneutica dal terreno metodologico dello storicismo e la indirizza verso l'autocomprensione dell'esistenza, preliminare all'interrogazione sul senso dell'essere. In *Essere e tempo* (1927) la comprensione e l'interpretazione diventano dimensioni costitutive dell'esistenza dell'uomo il quale, «*gettato*» nel mondo, è sempre situato in una determinata condizione storica caratterizzata da un determinato linguaggio, che lo precede e dal quale dipende la sua pre-comprensione del mondo. Dopo la svolta ontologica degli anni Trenta, in cui ogni esperienza possibile si dà solo attraverso il linguaggio, l'ermeneutica heideggeriana accentua la sua apertura verso le questioni più generali dell'interrogazione ontologica sul senso dell'essere, soprattutto quando si applica al linguaggio rivelativo dell'arte e della poesia.

La funzione universale dell'ermeneutica in Gadamer

La ripresa di questa prospettiva, che si configura come una vera **ontologia ermeneutica**, è opera di uno dei primi allievi di Heidegger, Hans Georg Gadamer (1900-2002). La comprensione del senso, per Gadamer, passa attraverso la cosiddetta «*fusione degli orizzonti*», cioè il dialogo che si realizza tra l'orizzonte storico-culturale dell'interprete e la tradizione legata all'opera e trasmessa per mezzo del linguaggio; queste due dimensioni interagiscono tra loro e si fondono dando vita a sempre nuovi orizzonti di senso. Gadamer giunge così a stabilire una coincidenza tra essere e linguaggio («*l'essere che può venir compreso è linguaggio*») e ad attribuire all'ermeneutica una funzione universale.

Le tesi di Gadamer hanno esercitato una grande influenza sulla cultura filosofica del secondo Novecento e hanno contribuito a definire una sorta di terreno comune filosofico – una *koiné* ermeneutica – che, pur sviluppandosi lungo percorsi differenziati, è riconducibile ai medesimi convincimenti di fondo.

Oltre all'ontologia ermeneutica, troviamo un legame con le tematiche ermeneutiche nella riflessione teologica, per esempio nella dottrina della demitizzazione di Rudolf Bultmann (▶ *Teologia, neoscolastica e personalismo*, p. 380); negli studi di Luigi Pareyson sul rapporto tra verità e interpretazione; in quelli di Paul Ricoeur, volti a svelare i sensi nascosti che si prestano a interpretazioni equivoche; nelle tesi radicali sulla decostruzione della scrittura sostenute dal francese Jacques Deridda.

2. Hans Georg Gadamer

2.1 *Verità e metodo*

Gadamer pubblica la sua opera fondamentale – *Verità e metodo* – nel 1960, nella piena maturità della sua esperienza filosofica, all'età di sessant'anni. Formatosi presso

Comprensione

La comprensione è la forma di conoscenza caratteristica delle scienze storico-sociali. Essa, a differenza della spiegazione causale che caratterizza le scienze della natura, implica sempre un coinvolgimento del soggetto nel processo di conoscenza. Riprendendo le tesi sostenute da Heidegger, Gadamer sostiene che la comprensione rappresenta il particolare modo di aprirsi dell'e-sistenza umana al suo essere nel mondo e nella storia. Il processo della comprensione è per Gadamer un processo circolare, nel senso che il risultato della comprensione è già in qualche modo contenuto nel «pregiudizio» dell'interprete che ha avviato quel processo: in tal modo i pregiudizi, lungi dall'inficiare la comprensione, svolgono la funzione positiva di delimitare l'orizzonte del nostro essere finito.

l'Università di Marburgo alle lezioni dei neokantiani, resta in seguito affascinato dalle lezioni di Heidegger, di cui diventa il principale continuatore. Prima della pubblicazione di *Verità e metodo* Gadamer si era dedicato a studi di storia della filosofia, approfondendo in particolare Platone ed Hegel, autori con i quali si confronterà sempre in modo produttivo; rimane comunque determinante l'influenza di Heidegger, soprattutto per quanto riguarda il tema dell'ermeneutica filosofica, che presuppone una concezione dell'uomo come «*gettato*» in un mondo nel quale non ha scelto di entrare e da cui non può uscire. Esistere in questo mondo, costituito da eventi, testi, linguaggi, significa per Gadamer porsi il problema dell'interpretazione del loro senso all'interno del «*circolo ermeneutico*», cioè del loro reciproco presupporsi e condizionarsi.

Il primato della cosa sul soggetto

La filosofia di Gadamer si basa su due presupposti teorici: l'ontologia della finitezza e il rifiuto del soggettivismo moderno.

■ **L'ontologia della finitezza** riguarda l'esistere e il comprendere dell'uomo. La nozione di finitezza umana deriva da Heidegger e dalla sua analisi dell'uomo «*gettato-nel-mondo*». Gadamer reinterpreta la gettatezza heideggeriana aggiungendovi la dimensione della storicità: l'uomo «*è nella storia e può essere radicalmente compreso nel suo essere stesso soltanto attraverso il concetto di storicità*». Questo significa che l'uomo non è «*padrone del tempo e del futuro*», perché la sua coscienza è sempre storicamente determinata e tale da escludere ogni forma di sapere assoluto.

■ Il **rifiuto del soggettivismo moderno** ha le sue radici nell'ammirazione per la filosofia greca e nell'influenza del secondo Heidegger. Da questi autori Gadamer trae la tesi del primato della cosa sul soggetto, primato che vale per l'arte, per la storia, per il linguaggio. Tutte queste realtà non sono poste dall'uomo, ma sono eventi dai quali l'uomo è "preso" in una partecipazione in cui il suo comprendere è completamente subordinato a ciò che va compreso.

L'ermeneutica non è un metodo

In numerose presentazioni della sua opera Gadamer ha ripetuto che *Verità e metodo* «*è un libro filosofico e non vuole affatto essere una metodologia delle scienze dell'interpretazione*», intendendo dire con ciò che il suo scopo non è quello di determinare delle regole tecniche utili alle scienze dello spirito; al contrario, ciò che egli intende fare è mettere in luce i modi in cui si realizzano concretamente le operazioni interpretative. Scrive Gadamer: «*La nostra ricerca, per esprimerci kantianamente, si domanda come sia possibile il comprendere*». Il paragone con Kant è significativo: l'autore della *Critica della ragion pura* si chiese infatti **come** sia possibile conoscere (e non **se** sia possibile la scienza); analogamente Gadamer non dubita che la compren-

---

LA VITA *di Hans Georg Gadamer*

Hans Georg Gadamer nacque nel 1900 a Marburgo, nella cui università si formò sotto la guida del neokantiano Paul Natorp. Conobbe sia Edmund Husserl sia Martin Heidegger, di cui condivise l'impostazione teorica fondamentale, soprattutto sui temi della filosofia ermeneutica. Studioso di filosofia greca, ottenne la libera docenza con uno studio sul *Filebo* di Platone. Dopo aver insegnato a Marburgo e a Kiel, nel 1939 fu chiamato a Lipsia,

università di cui fu rettore dal 1945 al 1947, durante l'occupazione sovietica. Dal 1949 occupò a Heidelberg la cattedra di filosofia che era stata di Karl Jaspers. Negli anni successivi svolse una vasta attività seminariale in Europa e in America. È morto ultracentenario nel 2002.
Tra le opere principali ricordiamo: *Verità e metodo* (1960), *La dialettica di Hegel* (1971), *Verità e metodo 2* (1972), *Studi platonici*, (ed. it. 2 voll., 1983-1984).

sione sia possibile, ma si interroga su quali siano le strutture trascendentali che la rendono possibile.

Ricollegandosi a *Essere e tempo*, dove Heidegger definisce il comprendere l'esistenziale fondamentale dell'Esserci in quanto essere-nel-mondo, Gadamer afferma che «*il comprendere non è uno dei possibili atteggiamenti del soggetto, ma il modo d'essere dell'esistenza stessa come tale. In questo senso è stato qui adoperato il termine ermeneutica. Esso indica il movimento fondamentale dell'esistenza, che la costituisce nella sua finitezza e nella sua storicità, e che abbraccia così tutto l'insieme della sua esperienza del mondo*».

L'esperienza di verità e di senso che si realizza nel comprendere si colloca al di fuori della conoscenza scientifica e non è riducibile al metodo su cui, da Galileo e Cartesio, si fonda la pretesa di oggettività della scienza moderna. Già nel titolo della sua opera, Gadamer non nasconde un intento polemico verso la conoscenza scientifica, che non intende respingere, ma di cui vuole indicare i limiti, opponendosi alle pretese di «*universale dominio della metodologia scientifica moderna*». Tali limiti sono evidenti quando dal mondo della natura si passa alla comprensione del mondo umano e delle sue esperienze più significative nell'ambito dell'arte, della filosofia, della storia, del diritto ecc.

2.2 L'arte è conoscenza

La prima sezione di *Verità e metodo* è dedicata all'arte, che è una tipica esperienza extrametodica e un campo esemplare del procedimento interpretativo.

● I CLASSICI DELLA FILOSOFIA

Verità e metodo

Il rapporto tra l'essere e il linguaggio

Verità e metodo. Lineamenti di un'ermeneutica filosofica è la principale opera di Hans Georg Gadamer, pubblicata a Tübingen nel 1960. L'autore prende le mosse dalle teorie di Heidegger sul rapporto tra essere e linguaggio e si prefigge lo scopo di fondare un'ermeneutica che non sia solamente una tecnica dell'interpretazione, ma una filosofia capace di raggiungere l'esperienza della verità. In questa prospettiva, Gadamer critica la nozione di verità oggettiva conseguibile attraverso il rispetto delle regole del metodo; contro l'idea di verità basata sul metodo scientifico, condivisa da gran parte della filosofia moderna da Descartes in poi, Gadamer sostiene che la comprensione della verità si dischiude nell'esperienza estetica, nella ricerca storica e nell'interpretazione del linguaggio. Gadamer, riprendendo gli esiti dell'ermeneutica heideggeriana, intende mostrare la centralità del processo dell'interpretazione sia in ambito estetico – l'opera d'arte comporta sempre un'esecuzione e un'interpretazione –, sia in ambito storico, perché la conoscenza storica implica che ogni giudizio formulato sui fatti storici si inscriva all'interno di una tradizione interpretativa.

Il carattere ontologico dell'arte

Attraverso un continuo confronto con le posizioni delle grandi filosofie della modernità, Gadamer polemizza con le estetiche soggettiviste, a partire da quella kantiana, e arriva a mostrare il carattere ontologico dell'arte, vista come «*esperienza che modifica colui che la fa*». Misurandosi con lo storicismo, Gadamer sottolinea come la storicità sia un carattere costitutivo dell'esistenza umana, per cui la comprensione della storia chiama sempre in causa lo storico, con i suoi pregiudizi e le sue precomprensioni, in una fusione di orizzonti che stabilisce un'interazione permanente tra l'interprete e ciò che viene interpretato. Nell'analisi del linguaggio Gadamer, seguendo il maestro Heidegger, afferma che «*l'essere che può venir compreso è il linguaggio*». Dall'identità tra essere e linguaggio deriva un preciso significato ontologico dell'ermeneutica, che si presenta come l'unica filosofia in grado di esperire concretamente la verità della comprensione dell'essere, attraverso l'interpretazione del linguaggio.

L'approccio al problema dell'arte parte da una critica alla «*coscienza estetica moderna*», che si è formata a partire dalla filosofia di Immanuel Kant, responsabile di aver fondato il concetto di bello sul sentimento del gusto e di aver così avviato quel processo di «*soggettivizzazione dell'estetica*» al termine del quale l'arte ha perduto ogni valore veritativo rispetto all'esistenza.

Riscoprire il valore veritativo dell'arte significa farla uscire dalla dimensione effimera della coscienza estetica soggettiva e riconoscerle un autentico valore conoscitivo. La tesi che l'arte è conoscenza è presente già in Hegel, ma è soprattutto in Heidegger – laddove dice che «*l'arte è la messa in opera della verità*» – che Gadamer trova il fondamento ontologico dell'attività estetica.

Il gioco come metafora dell'arte

Come indagare l'essere dell'opera d'arte? Il filo conduttore dell'analisi è il concetto di gioco, che Gadamer mette in parallelo con il modo di essere dell'arte. Questi sono, schematicamente, i punti fondamentali sintetizzati da Giovanni Fornero:

■ *Il primato del gioco sui giocatori trova la sua controparte estetica nel primato dell'opera d'arte rispetto ai suoi autori e fruitori, in quanto essa, una volta prodotta, vive di vita propria e acquista una sua autonoma realtà e consistenza, che trascende la soggettività dei giocatori.*

■ *Il concetto del gioco come «autorappresentazione» trova la sua controparte estetica nel fatto che l'arte è un gioco che, come tutti i giochi, realizza o manifesta se medesimo nel processo stesso del gioco (della produzione e dell'interpretazione-fruizione).*

■ *Che il gioco abbia il suo pieno compimento nello spettatore trova la sua controparte estetica nel fatto che* «la rappresentazione dell'arte è essenzialmente costituita da questo suo rivolgersi a qualcuno, anche quando di fatto non c'è nessuno che stia solo a guardare o ad ascoltare».

■ *Che il gioco sia forma, ossia* «un tutto significativo, che come tale può essere ripetutamente rappresentato» *trova la sua controparte estetica nel fatto che l'opera d'arte è un gioco che può essere indefinitamente giocato da una molteplicità inesauribile di giocatori, esecutori e fruitori.* (N. Abbagnano, G. Fornero, *Storia della filosofia*, IV/1).

L'analogia con il gioco conferma che l'arte è una forma extrametodica di verità, un'esperienza conoscitiva in cui l'essere si automanifesta a se medesimo, un evento di cui l'artista, l'interprete e il fruitore non sono i creatori, ma i partecipanti.

2.3 La critica allo storicismo e la svolta ermeneutica

La conclusione cui perviene Gadamer in seguito all'analisi dell'opera d'arte è che «*l'estetica deve risolversi nell'ermeneutica*», ossia che il processo di comprensione attuato nell'esperienza estetica costituisce la base di un'ermeneutica generale, estendibile in primo luogo al sapere storico. La seconda parte di *Verità e metodo*, il cui titolo è "Il problema della verità e le scienze dello spirito", mette a tema la possibilità della verità nella **conoscenza storica** (▶ Antologia, brano 1, *La storicità della comprensione come principio ermeneutico*).

L'analisi inizia con la critica dello storicismo colpevole, a detta di Gadamer, di aver assunto come modello metodologico quello delle scienze naturali basato sulla spiegazione causale, nell'illusione di raggiungere in tal modo l'obiettivo dell'oggettività. Il perseguimento di questo progetto ha comportato l'eliminazione della dimensione storica del soggetto storiografico, come se fosse possibile prescindere da essa. Gadamer, forte delle conclusioni cui era pervenuto Heidegger in relazione al circolo ermeneutico e al tema della pre-comprensione, concorda con il maestro sul fatto che il problema non è quello di uscire dal circolo, ma quello di starci dentro, prendendo coscienza dei propri preconcetti e pregiudizi e mettendoli alla prova nel lavoro di comprensione e interpretazione.

IL COMPITO ERMENEUTICO E LA CONSAPEVOLEZZA DEI PREGIUDIZI

Il compito ermeneutico, in virtù della sua stessa essenza, assume la fisionomia di un problema obiettivo e come tale anche sempre si determina. In tal modo, l'impresa ermeneutica si trova ad avere un terreno solido sotto i piedi. Chi vuole comprendere, non potrà fin dall'inizio abbandonarsi alla casualità delle proprie presupposizioni, ma dovrà mettersi, con la maggiore coerenza e ostinazione possibile, in ascolto dell'opinione del testo, fino al punto che questa si faccia intendere in modo inequivocabile e ogni comprensione solo presunta venga eliminata. Chi vuol comprendere un testo deve essere pronto a lasciarsi dire qualcosa da esso. Perciò una coscienza ermeneuticamente educata deve essere preliminarmente sensibile all'alterità del testo. Tale sensibilità non presuppone né un'obiettiva «neutralità» né un oblio di se stessi, ma implica una precisa presa di coscienza delle proprie presupposizioni e dei propri pregiudizi. Bisogna esser consapevoli delle proprie prevenzioni perché il testo si presenti nella sua alterità e abbia concretamente la possibilità di far valere il suo contenuto di verità nei confronti delle presupposizioni dell'interprete.

H.G. Gadamer, *Verità e metodo*

La dinamica tra l'interprete e il testo

Nell'impatto tra l'interprete e il testo si attiva una dinamica complessa in cui i **pregiudizi** vengono messi alla prova per vedere quali sono più adeguati e quali meno, quali veri e quali falsi: in tutti i casi i pregiudizi non sono un impedimento alla comprensione del testo, ma costituiscono l'unica via di accesso attraverso cui l'interprete può passare per accostarsi al senso che custodisce.

Il rapporto con la tradizione

Oltre ai pregiudizi, Gadamer riabilita la **tradizione**, ricevendo numerose critiche di conservatorismo. La tradizione, per Gadamer, è un atto della ragione con cui si accetta liberamente il passato e lo si rinnova riappropriandosene: nessun uomo, del resto, può liberarsi da ogni legame con esso. Si tratta piuttosto di avere con il passato un rapporto fecondo, che nella tradizione ha il suo momento costitutivo. Il compito della storiografia è quello di conservare il passato, in opposizione alla forza distruttiva del tempo, e la comprensione storica deve inserirsi nel processo in cui passato e presente si sintetizzano.

Il rapporto con la tradizione viene analizzato da Gadamer attraverso quattro concetti basilari dell'ermeneutica storica:

■ la «*lontananza temporale*» tra testo e interprete;

■ la «*storia degli effetti*», ossia la catena delle interpretazioni passate che influenzano la precomprensione dell'interprete;

■ la «*coscienza della determinazione storica*» che modifica la coscienza, ma di cui la coscienza è consapevole;

■ la «*fusione degli orizzonti*», che unifica l'orizzonte del presente dell'interprete con quello storico passato in un solo «*cerchio che abbraccia e comprende tutto ciò che è visibile da un certo punto*».

Questi concetti propongono quindi un metodo per affrontare la lontananza tra l'interprete e l'interpretato: «*Ogni incontro con il dato storico* [...] *sperimenta la tensione tra il testo da interpretare e il presente dell'interprete. Il compito dell'ermeneutica consiste nel non lasciare che questa tensione venga coperta e obliata in un malaccorto atto di livellamento dei due momenti, ma venga invece consapevolmente esplicitata*».

2.4 Ermeneutica e linguaggio

Lo studio del linguaggio, che è al centro della terza sezione di *Verità e metodo*, è centrato sulla nozione di linguaggio come medium che unisce tutti gli interlocutori, interpreti e interpretati, rendendo possibile la «*fusione degli orizzonti*». Attraverso il linguaggio si attua la comprensione della verità che è custodita nei documenti linguistici – soprattutto nei testi scritti –, la cui interpretazione avviene quando il linguaggio del testo e quello dell'interprete si fondono in un linguaggio comune, poiché nell'atto ermeneutico l'interprete esprime nel proprio linguaggio il senso del testo che ha compreso.

Il mondo-linguaggio

Generalizzando questa tesi, Gadamer definisce l'intera esperienza dell'uomo nel mondo sotto il segno della linguisticità, nel senso che la socializzazione degli uomini passa necessariamente attraverso la formazione di **comunità linguistiche**, nelle quali il **linguaggio** diventa la **totalità** che contiene in sé io e mondo: «*Non solo il mondo è mondo soltanto in quanto si esprime nel linguaggio; il linguaggio, a sua volta, ha esistenza solo in quanto in esso si rappresenta il mondo*». Il mondo è dunque attingibile per l'uomo sempre e solo secondo una particolare visione: «*il mondo non è qualcosa di diverso dalle visioni entro le quali si presenta*» (▸ Antologia, brano 2, *L'aspetto universale dell'ermeneutica*).

La coincidenza di essere e linguaggio

La conclusione dello studio sulla linguisticità è riassunta nella frase: «*L'essere che può venir compreso è linguaggio*», il cui senso è che «*tutto l'essere, in quanto può essere compreso, si identifica con il linguaggio*», come interpreta il filosofo Gianni Vattimo, secondo il quale questa identificazione non è data una volta per sempre, ma è continuamente riproposta in forme nuove nella mediazione linguistica: «*Se io e mondo sono sempre totalmente mediati nell'unità del linguaggio, il movimento dell'uno non è mai scindibile da quello dell'altro; non può esservi un punto di arrivo rappresentato da un'appropriazione ultima, giacché questa è già sempre avvenuta e, insieme, avviene ancora sempre continuamente*» (G. Vattimo, *Introduzione a Verità e metodo*).

Le riflessioni finali di *Verità e metodo* affermano quindi il valore universale dell'ermeneutica, concepita come un'ontologia centrata sul linguaggio come modo di darsi dell'essere in generale. A sostegno della tesi secondo la quale il linguaggio è «*l'orizzonte di una ontologia ermeneutica*», in un capoverso del capitolo conclusivo di *Verità e metodo* Gadamer scrive:

IL SIGNIFICATO ONTOLOGICO DEL LINGUAGGIO

Il modo di essere speculativo del linguaggio rivela così il suo universale significato ontologico. Ciò che viene ad espressione nel linguaggio è qualcosa d'altro dalla parola stessa. Ma la parola è parola solo in virtù di ciò che in essa si esprime. Esiste nel suo proprio essere sensibile solo per scomparire in ciò che è detto. A sua volta, ciò che viene ad espressione in essa non è qualcosa che esista prima separatamente, ma solo nella parola riceve la propria sostanziale determinatezza.

↪ H.G. GADAMER, *Verità e metodo*

3. L'ermeneutica francese

3.1 Paul Ricoeur

L'attività filosofica di Ricoeur si dispiega, a partire dagli anni Cinquanta del Novecento, attorno a interessi speculativi che spaziano in una vasta area comprendente l'ermeneutica, la linguistica, la teologia, la psicoanalisi, facendo del filosofo francese una delle presenze intellettuali più vivaci e stimolanti nel dibattito culturale novecentesco.

Il pensiero di Ricoeur non è riconducibile a un sistema organico di dottrine, quanto piuttosto a una **pratica filosofica** rivolta a interpretare alcune grandi teorie della filosofia moderna per coglierne i significati profondi.

Freud, Marx e Nietzsche: la scuola del sospetto

Un esempio di questa prospettiva di ricerca è costituito dall'opera del 1965, intitolata *Dell'interpretazione. Saggio su Freud*. In quest'opera Ricoeur esamina, oltre al pensiero di Freud anche quello di Marx e di Nietzsche. Questi tre autori sono accomunati da un **atteggiamento critico** che li rende pensatori della «*scuola del sospetto*», in quanto hanno avuto il merito di sottoporre al dubbio non solo il mondo oggettivo dei fatti, ma anche quello soggettivo della coscienza, sulla cui certezza la filosofia moderna aveva costruito il suo edificio teorico, da Cartesio in poi. «*Il filosofo educato alla scuola di Cartesio − scrive Ricoeur − sa che le cose sono dubbie, che non sono come appaiono; ma non dubita che la coscienza non sia così come appare a se stessa; in essa senso e coscienza del senso coincidono; di questo, dopo Marx, Nietzsche e Freud, noi dubitiamo. Dopo il dubbio sulla cosa, è la volta del dubbio sulla coscienza*».

L'ermeneutica come demistificazione della falsa coscienza

I maestri del sospetto, Marx, Nietzsche e Freud, ci insegnano a sospettare che ciò che la coscienza ci mostra come vero, vero non sia, perché la coscienza immediata mistifica le realtà. Bisogna andare oltre la coscienza immediata e costituire una **scienza mediata**, capace di individuare il senso autentico del reale, nascosto alla coscienza. L'**analisi ermeneutica** è appunto questa scienza che propone varie strategie di demistificazione della falsa coscienza. I maestri del sospetto hanno mostrato diverse modalità di attuazione di questa operazione: Marx scopre che al di sotto delle ideologie stanno i rapporti di classe; Nietzsche indica che al fondo dell'agire umano si trova la volontà di potenza; Freud individua il senso delle dinamiche psichiche nelle pulsioni dell'inconscio.

LA VITA *di Paul Ricoeur*

Nato a Valence nel 1913, Paul Ricoeur si formò negli anni Trenta sotto l'influsso della fenomenologia di Husserl, del pensiero esistenzialistico di Jaspers e di Heidegger e delle riflessioni sulla fede cristiana di Gabriel Marcel. Fatto prigioniero dai tedeschi durante la Seconda guerra mondiale, ritornò in patria nel 1945, andando a insegnare a Strasburgo e a Parigi. È stato varie volte docente ospite di università americane e collaboratore della rivista "Esprit" diretta da Mounier.

Le sue opere più significative sono: *Finitudine e colpa* (1960), *Il conflitto delle interpretazioni* (1969), *Metafora viva* (1975), *Tempo e racconto*, 3 voll. (1983-1985).

L'ermeneutica
restauratrice

Dopo aver sviluppato ampiamente l'ermeneutica demistificatrice, Ricoeur si impegna nel delineare anche un'ermeneutica restauratrice, da lui individuata nel pensiero di quei filosofi che hanno saputo rintracciare i **simboli** in cui si esprimono i significati primari dell'esistenza umana. L'opera che sviluppa questo programma è *Il conflitto delle interpretazioni*, del 1969, in cui il lavoro ermeneutico viene concentrato sulla connessione tra simbolo e interpretazione. Ricoeur scrive: «*Chiamo simbolo ogni struttura di significazione in cui un senso diretto, primario, letterale, designa per sovrappiù un altro senso indiretto, secondario, figurato, che può essere appreso soltanto attraverso il primo. [...] L'interpretazione è il lavoro mentale che consiste nel decifrare il senso nascosto nel senso apparente, nel dispiegare i livelli di significazione impliciti nella significazione letterale*».

La posizione di Ricoeur si differenza da quella dell'ermeneutica di Heidegger e di Gadamer, in cui l'accentuazione dell'ontologia della comprensione finisce per interrompere il dialogo ermeneutico con le scienze umane. A questo proposito Ricoeur scrive che «*tra verità e metodo secondo me bisogna cercare un cammino perché la filosofia è sempre morta tutte le volte che ha interrotto il suo dialogo con le scienze. [...] Il problema del filosofo è forse di lasciare il piano epistemologico per raggiungere il piano ontologico, ma poi di ritornarvi*».

Dal soggetto al mondo

L'universo simbolico su cui opera l'ermeneutica è racchiuso nel linguaggio, nel mondo mitico, nelle metafore di cui si alimentano i racconti, nelle forme dell'esperienza religiosa e della cultura in generale. Su questi temi si concentrano i tre volumi intitolati *Tempo e racconto*, scritti negli anni Ottanta, una ricerca di dimensioni enciclopediche, centrata sulle forme del racconto con lo scopo di evidenziare le relazioni che intercorrono tra quelle forme, l'esistenza e la temporalità.

Lo scopo finale del lavoro d'interpretazione è quello di cogliere il senso del progetto esistenziale di quell'essere finito che è l'uomo. In questa ricerca la riflessione di Ricoeur ha spostato negli ultimi anni il proprio centro: mentre prima predominava l'interesse verso l'essere del soggetto (tale era l'atteggiamento che guidava la critica alla coscienza), successivamente ha assunto rilievo crescente un'indagine di tipo ontologico, rivolta in prevalenza all'interrogazione sull'**essere del mondo** e sulla sua **dimensione sacrale**, in cui l'escatologia si presenta come la fase conclusiva della ricerca ermeneutica.

3.2 Jacques Derrida

La critica
al logocentrismo
e al fonocentrismo

La produzione matura di Jacques Derrida, scritta in una prosa affascinante ma di difficile lettura, critica la tradizione filosofica occidentale attraverso la pratica del **decostruzionismo**. Con questo termine Derrida si riferisce a una particolare strategia di lettura del testo filosofico che tende a smontarne – decostruirne, appunto – le strutture argomentative, spostando l'analisi dai contenuti di verità alle **forme della scrittura**, caratterizzate da una sedimentazione di significati accumulatisi e stratificatisi nel tempo. In questo modo Derrida intende smantellare il presunto "logocentrismo" e "fonocentrismo" della filosofia occidentale, ossia quella concezione che pone al centro del filosofare il *lógos*, cioè il pensiero razionale, e la coscienza del singolo individuo che coglie al proprio interno la verità e la pronuncia (dal greco *phoné*,

Grammatologia

Termine usato da Derrida per indicare una forma del sapere connessa con la scrittura. La grammatologia pone la differenza tra la scrittura stessa e la parola orale, attraverso l'analisi dei modi della comunicazione. Derrida non vuole stabilire gerarchie tra la parola orale e quella scritta, ma intende, dal confronto del-le loro peculiarità, mettere in evidenza in che cosa differiscono dal punto di vista grammatologico. La scrittura ha tre caratteri che l'o-ralità non possiede: la temporalità, la sequenzialità e la discorsi-vità. L'esame di queste tre caratteristiche della scrittura conduce Derrida ad affermare che l'essere si dà nella scrittura come trac-cia, più come assenza che come presenza.

"voce"). Per Derrida, invece, il dato originario cui bisogna rifarsi è la scrittura che, smontata nelle sue componenti costitutive, mostra tutte le ripetizioni, le ambiguità, le differenze tra significante e significato che la caratterizzano. Ne consegue che il senso autentico del testo non è mai compiutamente attingibile, perché si offre sola-mente nella forma allusiva della **traccia** e del **rinvio**, nei molteplici significati fatti emergere dalle **interpretazioni**.

Derrida perviene per questa via a porre in primo piano la questione della meta-fisica, mostrando quanto sia illusorio ogni tentativo di afferrare il senso dell'essere nella sua totalità, come ha preteso di fare la filosofia occidentale attraverso le varie *«metafisiche della presenza»*, da Platone in avanti.

La grammatologia

Molti pensatori contemporanei hanno cercato di criticare la metafisica e di fuo-riuscire da essa: così hanno fatto Nietzsche, Freud e Heidegger, ma – a detta di Der-rida – hanno fallito l'obiettivo, perché il loro linguaggio è rimasto prigioniero di quel lessico e di quella logica che volevano contestare.

Alla critica filosofica della metafisica Derrida sostituisce la grammatologia, la scienza della scrittura capace di cogliere l'essere come "differenza", ossia come non coincidenza con la semplice presenza, ma piuttosto come rapporto di differenza del-l'essere e del nulla rispetto al divenire. Applicata alla scrittura, la nozione di diffe-renza serve per evidenziare come i segni scritti siano diversi nello spazio e nel tem-po rispetto alla parola parlata e siano passibili di molteplici e a volte contradditto-rie interpretazioni, a dimostrazione che la verità non è univoca, ma si crea solo nel gioco delle differenti letture e decostruzioni del testo. Questo criterio differenzian-te, riferito in particolare alla scrittura filosofica, mostra che tra questa e la tradizio-ne si gioca un rapporto che è ora di continuità ora di discontinuità.

La denuncia di questo rapporto ambivalente è compito della strategia decostru-zionista. Essa opera invertendo il processo con il quale è stato costruito il testo, lo smonta pezzo per pezzo mettendo in mostra la differenza tra il segno scritto e ciò di cui il segno ha preso il posto (la parola parlata): ciò consente a Derrida di rove-sciare le gerarchie contenute nei testi della metafisica della presenza e, in ultima istanza, di mostrare come l'essere non si dà mai come tale in nessun testo perché è irriducibile a qualsiasi identificazione.

LA VITA *di Jacques Derrida*

Jacques Derrida è nato ad Algeri nel 1930 da una famiglia francese di origine ebraica. Formatosi sui testi di Husserl, di Heidegger, di Nietzsche e di Freud, si è laureato alla Scuola Normale Superiore di Parigi nel 1954 con una tesi su Husserl. Ha insegnato in varie università europee e statunitensi, divenendo una delle figure intellettuali più stimolanti e provocatorie della seconda metà del Novecento. Tra le sue opere segnaliamo *Della Grammatologia*, *La scrittura e la differenza*, entrambe uscite nel 1967, *La disseminazione* (1972), *Donare il tempo* (1991).

MAPPA CONCETTUALE

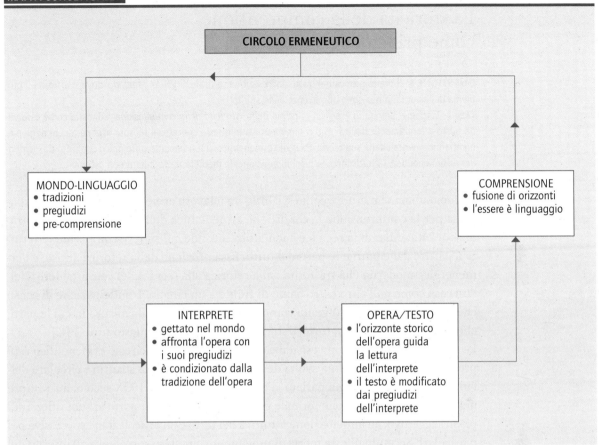

CIRCOLO ERMENEUTICO

MONDO-LINGUAGGIO
- tradizioni
- pregiudizi
- pre-comprensione

COMPRENSIONE
- fusione di orizzonti
- l'essere è linguaggio

INTERPRETE
- gettato nel mondo
- affronta l'opera con i suoi pregiudizi
- è condizionato dalla tradizione dell'opera

OPERA/TESTO
- l'orizzonte storico dell'opera guida la lettura dell'interprete
- il testo è modificato dai pregiudizi dell'interprete

ESERCIZI DI RIEPILOGO

Hans Georg Gadamer
1. Qual è il significato della parola ermeneutica nella filosofia antica?
2. Quale cambiamento introduce Schleiermacher nell'uso della parola ermeneutica?
3. Perché la nozione heideggeriana di uomo come «*essere finito e gettato nel mondo*» è importante per comprendere il pensiero di Gadamer?
4. Quali sono i due presupposti teorici sui quali si fonda la riflessione di Gadamer?
5. Spiega il concetto di *circolo ermeneutico* e, in base ad esso, motiva la critica mossa da Gadamer al metodo scientifico.
6. Quali critiche muove Gadamer allo storicismo? Quale metodo conoscitivo propone in alternativa?
7. Che cosa intende Gadamer con l'espressione «*fusione di orizzonti*»? I pregiudizi costituiscono per il filosofo un ostacolo alla comprensione della verità?
8. Esponi la concezione gadameriana dell'opera d'arte e chiarisci in che senso, secondo il filosofo, l'esperienza estetica è paragonabile al gioco.
9. Riassumi la concezione gadameriana di linguaggio mettendone in luce le affinità con la posizione di Heidegger.

L'ermeneutica francese
10. Qual è, per Ricoeur, il compito dell'ermeneutica?
11. Qual è, per Ricoeur, l'importanza dei simboli?
12. Che cosa significa la parola *decostruzionismo* nell'ambito della riflessione di Derrida?
13. Dai una sintetica definizione di *grammatologia*, un termine introdotto da Derrida per definire una nuova scienza.

1 Hans Georg Gadamer
La storicità della comprensione come principio ermeneutico

QUESTIONE ▶ Il brano proposto è tratto dalla sezione centrale di *Verità e metodo*, dove si affronta il problema della verità in relazione alle scienze dello spirito.

TESI ▶ Gadamer prende in esame il principio della «*storicità della comprensione*» e mostra come esso vada posto a fondamento della filosofia ermeneutica. In questo contesto il filosofo espone alcuni degli elementi fondamentali della sua teoria: il circolo ermeneutico, il fondamento ontologico conferito da Heidegger all'ermeneutica, la tradizione, la precomprensione, la medietà tra familiarità ed estraneità.

Ci domandiamo anzitutto: come si configura il lavoro ermeneutico? Che conseguenze ha per la comprensione la condizione ermeneutica dell'appartenenza a una tradizione? Ricordiamo la regola ermeneutica secondo cui si deve comprendere il tutto a partire dalle parti e le parti dal tutto. Essa proviene dalla retorica antica, e l'er-
5   meneutica moderna l'ha trasferita dalla retorica alla tecnica del comprendere. Nell'un caso come nell'altro ci troviamo di fronte a un circolo. L'anticipazione di senso che abbraccia la totalità diventa comprensione esplicita nella misura in cui le parti, che sono determinate dal tutto, determinano a loro volta questo tutto.[1] [...]
La descrizione e fondazione esistenziale heideggeriana del circolo ermeneutico rap-
10   presenta, rispetto a ciò, una svolta decisiva. È vero che della struttura circolare dell'interpretazione aveva già parlato la teoria ermeneutica del XIX secolo, ma sempre nel quadro di una relazione formale tra parti e tutto e in rapporto ai suoi riflessi sul piano soggettivo, all'anticipazione intuitiva del tutto e all'articolazione successiva nei particolari. Secondo questa teoria, il movimento circolare si svolgeva all'interno del
15   testo, e finiva con il raggiungimento della piena comprensione. Coerentemente con questa prospettiva, la teoria ermeneutica culminava nella dottrina schleiermacheriana di un atto divinatorio mediante il quale l'interprete si traspone totalmente nell'autore e risolve tutto ciò che di estraneo e di incomprensibile il testo dapprima presentava. Per Heidegger, invece, il circolo è caratterizzato dal fatto che la compren-
20   sione del testo è permanentemente determinata dal movimento anticipante della precomprensione. Il circolo di parti e tutto non si risolve dissolvendosi nella comprensione raggiunta, ma piuttosto proprio in tale comprensione si realizza nel modo più pieno.[2]
Il circolo non ha dunque un carattere formale, non è né soggettivo né oggettivo, ma
25   caratterizza la comprensione come un'interazione del movimento della trasmissione

---

1. Nel configurare il lavoro ermeneutico Gadamer evidenzia il movimento circolare della comprensione del testo. Il senso delle proposizioni particolari viene interpretato in base al senso globale che si ipotizza abbia il testo. A sua volta il senso globale ipotizzato viene messo continuamente alla prova dalle interpretazioni parziali e può essere da queste confermato, oppure smentito. È stato osservato dallo storico della filosofia Dario Antiseri che questo procedimento ermeneutico richiama il metodo per prova ed errore presente nell'epistemologia di Karl Popper.
2. Il merito che Gadamer riconosce a Heidegger è di aver dato un fondamento ontologico all'ermeneutica, ossia di aver mostrato che la comprensione non è una tecnica interpretativa, ma è una struttura costitutiva dell'esistenza dell'uomo, attraverso cui egli esprime il suo aver-da-essere, la sua progettualità. La teoria ermeneutica del XIX secolo che viene citata è quella di Schleiermacher, il cui difetto è indicato nella trasposizione totale dell'interprete nella mente dell'autore. Per Gadamer l'annullamento dell'interazione tra mondo dell'interprete e dell'interpretato porta a un fraintendimento dell'intero processo ermeneutico.

storica e del movimento dell'interprete. L'anticipazione di senso che guida la nostra comprensione di un testo non è un atto della soggettività, ma si determina in base alla comunanza che ci lega alla tradizione. Questa comunanza, però, nel nostro rapporto con la tradizione è in continuo atto di farsi. Non è semplicemente un presupposto già sempre dato; siamo noi che la istituiamo in quanto comprendiamo, in quanto partecipiamo attivamente al sussistere e allo svolgersi della tradizione e in tal modo la portiamo noi stessi avanti. Il circolo della comprensione non è dunque affatto un circolo «metodico», ma indica una struttura ontologica della comprensione.

Il senso di questo circolo che sta alla base di ogni comprensione ha però un'ulteriore conseguenza ermeneutica, che io chiamerei il «presupposto della perfezione». È chiaro che anche questo è un presupposto formale che guida ogni comprensione. Esso dice che è comprensibile solo ciò che costituisce veramente una compiuta unità di senso. Quando leggiamo un testo, noi operiamo sempre questa anticipazione della perfezione, e solo quando questo presupposto si rivela inadeguato, cioè quando il testo non si lascia capire, dubitiamo della trasmissione attraverso cui il testo ci è giunto e cerchiamo di escogitare un mezzo per migliorarla. Le regole che si pongono in opera in un tale accertamento critico del testo possono ora esser lasciate da parte, giacché ciò che importa è anche qui che la loro corretta applicazione non è distinguibile dalla comprensione del contenuto del testo stesso.[3]

Il presupposto della perfezione, che guida ogni comprendere, si rivela dunque esso stesso come contenutisticamente determinato. Non viene solo presupposta una immanente unità di senso che fornisce una guida al lettore; la comprensione del lettore è anche sempre guidata da trascendenti aspettative di senso che nascono dal rapporto con la verità del contenuto del testo. Come il destinatario di una lettera capisce le notizie che riceve e inizialmente vede le cose con gli occhi del corrispondente, cioè assume per vero ciò che questi scrive – e non bada invece specificamente a capire, poniamo, le particolari opinioni dell'autore della lettera – così in generale noi comprendiamo anche testi trasmessici dalla tradizione scritta sulla base di aspettative di senso che derivano dal nostro precedente rapporto con le cose che sono in questione. E come crediamo alle notizie che ci dà un corrispondente perché p.es. sappiamo che era presente ai fatti o comunque perché, per qualche altra ragione, ne sa più di noi, così siamo fondamentalmente aperti alla possibilità che un testo scritto che ci viene trasmesso ne sappia più di quanto non voglia ammettere la nostra precostituita opinione sulle cose. Solo quando fallisce il tentativo di assumere per vero ciò ch'è scritto ci si pone nell'atteggiamento «di capire» – psicologicamente o storicamente – il testo come opinione di altri. Il presupposto della perfezione non ha dunque solo un aspetto formale, per cui si suppone che un testo dica pienamente una certa opinione, ma implica anche che ciò che il testo dice sia la piena verità. Si conferma anche qui che comprendere significa anzitutto comprendersi sulla cosa, e solo in secondo luogo significa capire e distinguere le opinioni altrui in quanto

30

35

40

45

50

55

60

65

---

3. L'anticipazione di senso che guida la nostra comprensione si attua all'interno della tradizione di cui facciamo parte. Gadamer rivaluta l'importanza della tradizione, da lui intesa come un atto libero della ragione che si riappropria del passato e lo rinnova nell'atto in cui essa orienta l'operazione del comprendere. Come viene detto nei capoversi successivi, l'appartenenza alla tradizione fa sì che tra l'interprete e il testo da interpretare vi siano elementi comuni che lo rendono "familiare" e contribuiscono a compensare l'estraneità che il testo ha comunque, essendo "altro" rispetto al mondo dell'interprete.

tali. La prima fra tutte le condizioni ermeneutiche rimane dunque la precomprensione, che si radica nell'aver da fare con la medesima questione. Su questa base si determina quello che diventa realizzabile come senso unitario, quindi anche l'applicazione del presupposto della perfezione.

70 Il senso dell'appartenenza, cioè il momento della tradizione, si concreta così, nel rapporto storico-ermeneutico, nella forma del comune possesso di determinati pregiudizi fondamentali e costitutivi. L'ermeneutica deve muovere dal fatto che colui che si pone a interpretare ha un legame con la cosa che è oggetto di trasmissione storica e ha o acquista un rapporto con la tradizione che in tale trasmissione si esprime.

75 D'altra parte, la coscienza ermeneutica sa che non vi può essere, nei confronti dell'oggetto, un legame immediatamente valido e indiscusso, come quello che si realizza all'interno di una tradizione non interrotta e sempre accettata. In realtà, si verifica invece una polarità di familiarità ed estraneità, ed è su di essa che si fonda il compito dell'ermeneutica; ma tale polarità non va intesa, come voleva Schleiermacher, come quella che si apre tra le diverse individualità psicologicamente intese, ma

80 in senso veramente ermeneutico, cioè in riferimento a qualcosa di detto: il linguaggio in cui la tradizione ci parla, la parola che essa ci rivolge. Anche qui sussiste una polarità. La posizione tra familiarità ed estraneità, che il contenuto della trasmissione storica ha per noi, è il medio tra l'oggettività del dato storiografico e l'appartenenza a una tradizione. *Questa medietà è l'autentico luogo dell'ermeneutica.*

85 Da questa posizione media che l'ermeneutica deve assumere consegue che il suo compito non è quello di elaborare il modo di procedere del comprendere, ma piuttosto di chiarire le condizioni entro le quali il comprendere si verifica. E queste condizioni non sono riconducibili tutte nell'ambito di un «procedimento» o di un metodo, come regole che si possano o no applicare nel concreto processo della com-

90 prensione; esse sono invece necessariamente qualcosa di dato. I pregiudizi e le tendenze che occupano la coscienza dell'interprete non sono qualcosa di cui egli possa liberamente disporre. Egli non è in grado, di per sé, di separare preliminarmente i pregiudizi produttivi che rendono positivamente possibile la comprensione da quelli che invece la intralciano e portano al fraintendimento.[4]

95

▶ H.G. Gadamer, *Verità e metodo*

ESERCIZI

Rispondi alle seguenti domande, eventualmente con opportune citazioni:

■ In che senso, secondo Gadamer, il circolo ermeneutico non è un circolo metodico? Rispondi mettendo a confronto la concezione dell'ermeneutica di Schleiermacher con quella di Heidegger.

■ Che cosa significa «*presupposto della perfezione*»?

■ Perché, secondo Gadamer, il momento della tradizione è fondamentale?

■ Qual è la condizione necessaria per dare avvio a un atto ermeneutico? Qual è il compito dell'ermeneutica?

---

4. L'ermeneutica filosofica deve «chiarire le condizioni entro le quali il comprendere si verifica». In questo senso essa ha una funzione trascendentale: i pregiudizi e le pre-comprensioni che accompagnano ogni atto interpretativo sono come degli "a priori" ineliminabili. Lungi dal costituire degli impedimenti a un'impossibile interpretazione oggettiva, i pregiudizi vanno accettati con consapevolezza, vagliandone il valore veritativo.

2 Hans Georg Gadamer
L'aspetto universale dell'ermeneutica

QUESTIONE ▶ Il testo riporta le considerazioni conclusive di *Verità e metodo*. Gadamer afferma la centralità e l'universalità del linguaggio all'interno dell'esperienza ermeneutica, che mette in luce come la comprensione linguistica definisca in generale ogni rapporto dell'uomo con il mondo; un rapporto che è un incontro tra due realtà in continuo movimento e che si influenzano reciprocamente.

TESI ▶ Nel brano in lettura l'ermeneutica finisce con l'avere un esito ontologico e con il costituire l'aspetto universale della filosofia.

Il linguaggio è un mezzo in cui io e mondo si congiungono, o meglio si presentano nella loro originaria congenerità: è questa l'idea che ha guidato la nostra riflessione.[1] Abbiamo anche messo in luce come questo mezzo speculativo del linguaggio si presenti come un accadere finito in contrasto con la mediazione dialettica del concetto. In tutti i casi analizzati, sia nel linguaggio del dialogo come in quello della poe- 5 sia e anche in quello dell'interpretazione, ci è apparsa la struttura speculativa del linguaggio, che consiste nel non essere un riflesso di qualcosa di fissato, ma un venire all'espressione in cui si annuncia una totalità di senso. Proprio per questa via ci siamo trovati vicini alla dialettica antica, perché anch'essa non teorizzava un'attività metodica del soggetto, ma un agire della cosa stessa rispetto al quale il soggetto è 10 piuttosto passivo. Questo agire della cosa stessa è l'autentico movimento speculativo, che afferra e trasporta il soggetto parlante. Abbiamo studiato il suo riflesso soggettivo nel parlare. Ora ci risulta chiaro che questo agire della cosa stessa, questo venire ad espressione del senso, indica una struttura ontologica universale, cioè la struttura fondamentale di tutto ciò che in generale può essere oggetto del comprendere. 15 *L'essere che può venir compreso è linguaggio.* Il fenomeno ermeneutico riflette per così dire la sua propria universalità sulla struttura stessa del compreso, qualificandola in senso universale come linguaggio e qualificando il proprio rapporto all'ente come interpretazione. Così, non parliamo solo di un linguaggio dell'arte, ma anche di un linguaggio della natura, o più in generale di un linguaggio che le cose stesse 20 parlano.[2]

Abbiamo già sopra rilevato il particolare intreccio di conoscenza naturale e filologia che accompagna il sorgere della scienza moderna. Qui arriviamo, in un certo senso, a vederne il fondamento. Ciò che può essere compreso è linguaggio. Ciò significa che esso è fatto in modo che di per sé si presenta alla comprensione. Anche da 25 questo punto di vista si conferma la struttura speculativa del linguaggio. Venire ad espressione nel linguaggio non significa acquistare una seconda esistenza. Il modo in cui qualcosa si presenta appartiene invece al suo essere proprio. In tutto ciò che è linguaggio, si incontra dunque una unità speculativa; c'è una differenza tra un essere e un presentarsi, che tuttavia non è una vera differenza. 30

---

1. Il linguaggio è mezzo non nel senso di strumento, ma in quello di medium, ossia di luogo di incontro tra l'io e il mondo.
2. A proposito dell'affermazione che «L'essere che può venir compreso è linguaggio», Gadamer ha precisato che essa non va intesa in un senso metafisico, come se il linguaggio coincidesse con la totalità dell'essere. L'orizzonte del comprendere è sempre un orizzonte finito, perché l'essere ci viene incontro nei modi, sempre finiti, della linguisticità e della sua comprensione.

Il modo di essere speculativo del linguaggio rivela così il suo universale significato ontologico. Ciò che viene ad espressione nel linguaggio è qualcosa d'altro della parola stessa. Ma la parola è parola solo in virtù di ciò che in essa si esprime. Esiste nel suo proprio essere sensibile solo per scomparire in ciò che è detto. A sua volta,

35   ciò che viene ad espressione in essa non è qualcosa che esiste prima separatamente, ma solo nella parola riceve la propria sostanziale determinatezza.[3]

Ci risulta ora chiaro che ciò che avevamo di mira nella critica della coscienza estetica e della coscienza storica, con cui abbiamo iniziato la nostra analisi dell'esperienza ermeneutica, era questo movimento speculativo. L'essere dell'opera d'arte, abbia-

40   mo visto, non è un in-sé, che si distingua dalla sua esecuzione o dalla contingenza del suo modo di presentarsi; solo in virtù di una tematizzazione secondaria dei due aspetti si giunge a questa «differenziazione estetica». Parimenti, ciò che si offre alla nostra conoscenza storica come proveniente dalla tradizione o come tradizione, cioè sul piano storico o su quello filologico, il significato di un avvenimento o il senso di

45   un testo, non è un oggetto in sé fissato, che si tratti di accertare: anche la coscienza storica implica in realtà una mediazione di passato e presente. Essendosi riconosciuto il linguaggio come mezzo universale di questa mediazione, il nostro problema si è allargato dai suoi elementi di partenza, la critica della coscienza estetica e della coscienza storica e il concetto di ermeneutica da mettere al loro posto, a un piano

50   universale. Il linguaggio e quindi la comprensione sono caratteri che definiscono in generale e fondamentalmente ogni rapporto dell'uomo col mondo. L'ermeneutica, come abbiamo visto, è in questo senso un aspetto universale della filosofia, e non solo la base metodologica delle cosiddette scienze dello spirito.

▶ H.G. GADAMER, *Verità e metodo*

ESERCIZI

Rispondi alle seguenti domande, eventualmente con opportune citazioni:

■ Come definisce Gadamer il linguaggio?

■ In che senso Gadamer dice che «*l'essere che può venir compreso è linguaggio*»? Ci sono forme non linguistiche dell'essere?

---

3. Il rapporto tra la parola e ciò che essa dice è segnato da un lato da una differenza, quella tra l'"espressione" e il suo "significato", dall'altro lato, però, questa differenza scompare, perché da un punto di vista ontologico l'"essere" e "ciò che si mostra e può venir compreso" sono la stessa realtà.

1. L'ontologia ermeneutica

Nel brano proposto il filosofo Gianni Vattimo esamina gli elementi costituivi dell'ontologia ermeneutica, ricostruendo il percorso storico che la sottende (da Dilthey a Heidegger a Gadamer) ed evidenziandone le implicazione sia nei riguardi della critica alla scienza, sia in relazione alla natura del pensiero nell'epoca della metafisica.

Gianni Vattimo[1], *Le avventure della differenza. Che cosa significa pensare dopo Nietzsche e Heidegger*

Al circolo ermeneutico, in questa sua schematica formulazione, si possono riportare i tre elementi costitutivi di quella che chiamiamo, con termine di origine gadameriana, l'ontologia ermeneutica: il rifiuto dell'"oggettività" come ideale della conoscenza storica (cioè il rifiuto del modello metodico delle scienze positive); la generalizzazione del modello ermeneutico a tutta la conoscenza, storica e non; la linguisticità dell'essere. [...]

Non possiamo qui, neanche sommariamente, ripercorrere le tappe attraverso cui, in *Verità e metodo*, Gadamer costruisce questo schema. Osserviamo solo che il primo momento è chiaramente una ripresa dell'eredità diltheyana, mediata dallo Heidegger di *Sein und Zeit* (il già ricordato paragrafo 32); il secondo momento, che generalizza il carattere ermeneutico a ogni tipo di conoscenza, implicitamente anche a quella scientifica, rovesciando il culto positivistico dell'oggettività, è una diretta conseguenza della «radicalizzazione» heideggeriana di Dilthey, nel senso che, mentre Dilthey era rimasto al di qua di una esplicita teorizzazione della positività del circolo ermeneutico, Heidegger vi giunge, con vastissime conseguenze di tipo ontologico: ad esempio, l'affermazione centrale della *Lettera sull'umanismo*, secondo cui, nel progetto gettato che l'esserci è, chi getta è

l'essere stesso. Una volta riconosciuto che la conoscenza storica non si può intendere e spiegare sulla base dello schema dell'opposizione soggetto-oggetto, che era già un risultato diltheyano, il discorso non si ferma: si pongono invece, inevitabilmente, due problemi: come e perché la storiografia è arrivata ad assumere come valido questo modello; e, più ampiamente, se e fino a che punto il modello soggetto-oggetto, con la relativa canonizzazione dell'oggettività, valga in generale anche solo nell'ambito delle cosiddette scienze della natura. Nel riflettere su questi problemi, il pensiero mette in luce che un rapporto soggetto-oggetto del tipo di quello su cui si fonda il modello positivistico della conoscenza non si dà. È il discorso che Heidegger conduce nel paragrafo 44 di *Sein und Zeit*: alla base di ogni possibile conformità della proposizione alla cosa, e di ogni «validità oggettiva» della conoscenza dei fatti (che è la concezione metafisica della verità, incarnatasi da ultimo, con uno sviluppo coerente, nell'ideale scientifico-positivo del metodo), sta un'«apertura» più originaria che, per prima, rende possibile qualunque conformità o difformità, e a questa apertura appartengono originariamente il conoscente e il conosciuto. Anche la conoscenza scientifica è interpretazione in quanto articolazione del compreso; questa articolazione può anche essere guidata, come accade nella scienza moderna, dal criterio generale della conformità, e da specifici modi di verificarla; ma l'affermarsi di questi specifici modi dell'articolazione-interpretazione è un «evento» che concerne la più originaria apertura dell'essere, e il darsi-celarsi che costituisce la sua epocalità.

RISPONDI ALLE SEGUENTI DOMANDE

■ Quali sono i tre elementi costitutivi dell'ontologia ermeneutica? In che rapporto stanno con il circolo ermeneutico?
■ Quale critica muove l'ermeneutica al modello conoscitivo soggetto-oggetto caratteristico del pensiero scientifico?

---

1. Gianni Vattimo (1936), allievo di Pareyson e di Gadamer all'Università di Heidelberg, insegna Filosofia teoretica all'Università di Torino ed è uno dei maggiori rappresentanti dell'ermeneutica contemporanea. Tra le sue opere maggiori ricordiamo: *Essere storia e linguaggio in Heidegger* (1963), *Poesia e ontologia* (1968), *Il soggetto e la maschera. Nietzsche e il problema della liberazione* (1974), *Il pensiero debole* (1983, con P.A. Rovatti), *La società trasparente* (1989), *Etica dell'interpretazione* (1990); ha inoltre curato la traduzione italiana di *Verità e metodo* di Gadamer.

2. L'urbanizzazione della provincia

Il filosofo tedesco Jürgen Habermas riconosce a Gadamer il merito di aver attenuato le posizioni radicali di Heidegger e di aver contribuito ad aprire l'ermeneutica al dibattito con altre tradizioni di pensiero, quali la filosofia analitica, l'epistemologia post-empirista e le scienze sociali.

Jürgen Habermas[2], *L'urbanizzazione della provincia heideggeriana*, in "aut-aut", 217-218

Il gettare ponti contraddistingue in generale mentalità e stile di pensiero di questo studioso: «*Distinguendum*, certo, ma ancor di più: si deve vedere assieme». Questa massima è uscita dalla bocca di Gadamer ma, sempre con formulazione gadameriana, dovrebbe significare: bisogna superare, superare non solo la distanza tra discipline che si sono allontanate tra loro, ma soprattutto la distanza temporale che separa i postumi dai testi tramandati, poi la distanza tra linguaggi diversi, che sfida l'arte dell'interprete, e infine la distanza prodotta dalla violenza del pensiero radicale. Heidegger è stato un pensatore radicale, che ha aperto un abisso tutto intorno a lui. Ora, a mio avviso, il grande contributo filosofico di Gadamer consiste nell'aver colmato questo abisso. L'immagine del ponte suggerisce sicuramente false connotazioni, suscita l'impressione che qualcuno, tentando di avvicinarsi a un luogo inaccessibile, fornisca un ausilio pedagogico. Ma non la penso così. Direi quindi piuttosto che *Gadamer urbanizza la provincia heideggeriana*. [...]

Questa concezione è molto contrastante con la dispotica distruzione, operata da Heidegger, del pensiero occidentale, con il disegno che svaluta la storia della filosofia da Platone a Tommaso fino a Descartes e Hegel, considerandola come un dramma del crescente e progressivo oblio dell'essere. Si può immaginare un contrasto più forte di quello tra il distacco, di tipo mistico-ontologico, da qualsiasi forma articolata della tradizione e il tentativo di Gadamer di rinnovare in concetti fondamentali come «cultura», «senso comune», «giudizio», «gusto», ecc., l'umanesimo da Platone al Rinascimento, da Vico alla filosofia morale scozzese, fino alle scienze dello spirito del XIX secolo? Un umanesimo che è scaturito dal contesto dell'esperienza civile e che, quando è stato minacciato, è stato sempre messo in pericolo da qualcosa che aveva a che fare con la distruzione dell'urbanità. [...]

L'autore di *Verità e metodo*, come indica il poscritto alla terza edizione, ha sempre chiamato a riflettere su di una precisa circostanza. Gadamer ha sempre richiamato l'attenzione sul fatto che l'ermeneutica filosofica non potrebbe essere ridotta a epistemologia, al fatto che il fenomeno del comprendere caratterizza i rapporti tra gli uomini in una forma di vita costituita comunicativamente *prima* di ogni scienza. In realtà però la storia degli effetti del suo libro ha lasciato dietro di sé profonde tracce nella teoria delle scienze e nelle scienze sociali e dello spirito. Il dibattito suscitato da questo libro non ha tanto relativizzato le scienze riconducendole all'abito dell'esperienza filosofica e artistica, ma ha piuttosto rivelato la dimensione ermeneutica *all'interno* delle scienze, soprattutto all'interno delle scienze sociali e di quelle della natura. Negli ultimi anni, sotto l'impulso della traduzione inglese di *Verità e metodo*, favorita dai numerosi soggiorni dell'autore come ospite presso università americane, l'ermeneutica filosofica ha inciso efficacemente sul dibattito anglosassone. Il suo influsso non si è limitato alle *Divinity Schools*, ma si è connesso a impulsi che sono stati liberati dal movimento di contestazione. Sono state individuate affinità con l'analisi linguistica dell'ultimo Wittgenstein; con l'epistemologia postempirista di Thomas Kuhn; l'ermeneutica è confluita inoltre nelle impostazioni fenomenologiche, interazionistiche ed etnometodologiche della sociologia comprendente. Questo influsso non rende però assolutamente conto dell'intendimento polemico insito nel titolo *Verità e metodo*; esso indica invece che l'ermeneutica ha contribuito proprio all'autochiarimento del pensiero metodico, alla liberalizzazione della comprensione scientifica e persino alla differenziazione della prassi della ricerca.

RISPONDI ALLE SEGUENTI DOMANDE

- Qual è, secondo Habermas, il merito dell'ermeneutica di Gadamer rispetto a quella di Heidegger?
- Quale impatto sul pensiero scientifico ha avuto, secondo Habermas, la traduzione in inglese di *Verità e metodo*?

---

2. Jürgen Habermas (1929), filosofo e sociologo tedesco. Per una trattazione di questo autore vedi il capitolo, *Antonio Gramsci e il marxismo occidentale del XX secolo* (▶ p. 241 ss.).

1. Il circolo ermeneutico

Per comprendere il fondamento della riflessione ermeneutica di Gadamer è necessario avere ben presente il concetto di circolo ermeneutico trattato da Heidegger in *Essere e tempo*, perché è su questa base che la filosofia ermeneutica si è sviluppata nella seconda metà del Novecento.

■ A questo proposito ti proponiamo di costruire una mappa concettuale che distingua:
– le analisi fatte da Heidegger in *Essere e tempo*;
– i problemi portati alla luce da queste analisi.

■ La tua mappa dovrà essere costruita in modo che i problemi emergano singolarmente, così da distinguere con chiarezza le questioni che saranno riprese dall'ermeneutica novecentesca.

2. Gadamer: finitezza umana e storicità

Abbiamo sostenuto che Gadamer tratta l'ontologia della finitezza in continuità con il pensiero di Heidegger e che alle sue analisi aggiunge la nozione di storicità.

■ Per approfondire questo punto rispondi alle seguenti domande:
– quali conseguenze ha, in rapporto ai concetti di verità e di sapere, l'osservazione che l'uomo «è *nella storia e può essere radicalmente compreso nel suo essere stesso soltanto attraverso il concetto di storicità*»?
– come devono essere intese le nozioni di finitezza e di storicità nel quadro della filosofia ermeneutica? In che cosa questi concetti si differenziano dagli analoghi concetti presenti nella riflessione di Hegel o di Kierkegaard?

3. Gadamer e il gioco

In *Verità e metodo* Gadamer studia la nozione di gioco mettendola in relazione con quella di opera d'arte, nel contesto dei problemi sollevati dalla filosofia del linguaggio. Non è la prima volta che, in ambito filosofico, questa nozione viene posta al centro dell'attenzione, e c'è almeno un precedente per quanto riguarda il rapporto tra il gioco e la bellezza: l'estetica del filosofo tedesco Friedrich Schiller (1759-1805).

■ **Confronta le nozioni di gioco e di bellezza in Schiller e in Gadamer, citando le opere di riferimento e illustrando i più importanti concetti attraverso esempi.**
Se trovi l'argomento interessante, puoi approfondirlo attraverso la lettura del saggio *Homo ludens*, un testo del Novecento breve e brillante, scritto dallo storico della cultura Johann Huizinga.

4. I maestri del sospetto

Nel saggio *Dell'interpretazione. Saggio su Freud* Ricoeur presenta Freud, Marx e Nietzsche come maestri di un'«*ermeneutica del sospetto*», secondo la quale la coscienza è sempre anche falsa coscienza e richiede un lavoro di interpretazione per decifrarne i significati nascosti.

■ **Chiarisci quale senso assume la nozione di «*falsa coscienza*» nel pensiero di Freud, in quello di Marx e in quello di Nietzsche.**

5. Derrida e la mistica ebraica

Scrive Habermas ne *Il discorso filosofico della modernità* che «*Derrida resta vicino alla mistica ebraica. [...] La concezione grammatologica derridiana di una scrittura originaria le cui tracce suscitano tante interpretazioni quanto più divengono inconoscibili, rinnova il concetto mistico della rivelazione*».

■ **Sottoponi a verifica la fondatezza di questa ipotesi interpretativa, alla luce delle concezioni della *Thora* presenti nella tradizione cabalistica. Al riguardo puoi consultare il classico studio di Gershom Scholem, *La Kabbalah e il suo simbolismo*.**

Karl Raimund Popper e l'epistemologia post-popperiana

1. La teoria della conoscenza di Popper

▶▶

Nella filosofia di Karl Raimund Popper (1902-1994) esiste un nucleo originario, costituito dalla teoria della conoscenza e dai problemi che essa studia a proposito della verità, della validità e della giustificazione del sapere. Popper affronta queste problematiche con un approccio rigorosamente logico, volto a indagare il problema del **valore della conoscenza**, distinguendolo dalle questioni sulla sua origine, che riguardano la psicologia della conoscenza e non la logica.

Una volta individuato come terreno di indagine quello della logica della conoscenza, Popper ritiene che il modo migliore per procedere sia quello di analizzare la **conoscenza scientifica**, ritenuta il genere più importante di conoscenza e «*il problema centrale di ogni teoria della conoscenza*».

L'aver privilegiato questo ambito non portò però Popper a restringere la sua analisi a una particolare disciplina, escludendone altre. Egli afferma infatti che il suo «*interesse non si rivolge soltanto alla teoria della conoscenza scientifica, bensì alla teoria del-*

LA VITA *di Karl Raimund Popper*

Karl Raimund Popper nacque nei pressi di Vienna nel 1902 da una ricca e colta famiglia borghese. Fino al 1918 frequentò il ginnasio, poi ottenne un diploma per insegnare nelle scuole primarie. Nel 1928 conseguì la laurea in filosofia con una tesi sulla metodologia della psicologia del pensiero. Negli stessi anni entrò in contatto con i principali intellettuali viennesi di quel tempo: in particolare i filosofi del Circolo di Vienna Moritz Schlick e Hans Hahn, lo storico dell'arte Gomperz e il filosofo e scienziato Michael Polanyi. Nei primi anni Trenta Popper si dedicò agli studi di epistemologia, pubblicando il suo primo capolavoro, la *Logica della ricerca scientifica* (1934).

Il deteriorarsi del clima politico in Austria indusse Popper ad accettare l'invito a trasferirsi nel 1937 in Nuova Zelanda, dove rimase fino al 1946. Rientrato in Europa, ottenne un incarico di lettore alla *London School of Economics*; in seguito, nel 1949, ebbe la cattedra di Logica e metodo scientifico all'Università di Londra. Fu nominato membro della Royal Society e gli fu conferito il titolo di baronetto (1965). Popper visse nella campagna londinese sino alla morte, avvenuta nel 1994.

Le opere principali di Popper sono: *Logica della ricerca scientifica* (1934, riveduta e ampliata nell'edizione inglese del 1959), lo scritto fondamentale sulle tesi epistemologiche del filosofo viennese. Seguono: *Miseria dello storicismo* (1944-1945), *La società aperta e i suoi nemici* (1945), *Congetture e confutazioni* (1963), *Conoscenza oggettiva. Un punto di vista evoluzionistico* (1972), *La ricerca non ha fine: autobiografia intellettuale* (1974), *L'io e il suo cervello* (in collaborazione con Johnn C. Eccles, 1977), *I due problemi fondamentali della conoscenza* (1979), *Poscritto alla logica della scoperta scientifica* (1982-1983), *La conoscenza e il problema corpo-mente* (1994).

la conoscenza in generale». I settori nei quali l'indagine popperiana si è applicata in modo sistematico sono fondamentalmente due: quello della filosofia della scienza e quello della filosofia politica che affronteremo in questo capitolo.

1.1 L'epistemologia: la nascita del razionalismo critico

La filosofia di Popper è una forma di **razionalismo critico**, sia che affronti problemi epistemologici, sia che indaghi questioni di teoria politica. Inizieremo la nostra esposizione dalla filosofia della scienza che costituisce il nucleo originario della riflessione popperiana per ragioni sia cronologiche che sistematiche.

Popper stesso ha più volte scritto che il suo interesse verso lo studio della teoria della conoscenza, in particolare la conoscenza scientifica assunta come punto di osservazione privilegiato, data a partire dall'anno 1919, quando si chiese per la prima volta se esistono e quali sono i criteri per determinare la scientificità di una teoria.

IL PROBLEMA
DI POPPER

Il mio lavoro nel campo della filosofia della scienza [è iniziato] *a partire dall'autunno 1919, allorché per la prima volta affrontai questo problema:* «quando dovrebbe considerarsi scientifica una teoria?», *ovvero* «esiste un criterio per determinare il carattere o lo stato scientifico di una teoria?». *Il problema che allora mi preoccupava non era né* «quando una teoria è vera?» *né* «quando una teoria è accettabile?». *Il mio problema era diverso.* Desideravo stabilire una distinzione fra scienza e pseudoscienza, *pur sapendo bene che la scienza spesso sbaglia e che la pseudoscienza può talora, per caso, trovare la verità.*

Naturalmente, conoscevo la risposta che si dava il più delle volte al mio problema: la scienza si differenzia dalla pseudoscienza − o dalla «metafisica» − per il suo metodo empirico, *che è essenzialmente* induttivo, *procedendo dall'osservazione o dall'esperimento. Tuttavia questa risposta non mi soddisfaceva.*

K.R. POPPER, *Congetture e confutazioni*

Distinguere la scienza
dalla pseudoscienza

Nella tradizione della filosofia empirista la risposta agli interrogativi di Popper era stata data da tempo e veniva indicata nelle procedure codificate dal metodo induttivo-sperimentale. Una teoria era scientifica se veniva ricavata per via d'induzione dall'osservazione dei fatti e se poi trovava conferma sperimentale attraverso la verificazione dei suoi asserti. Quelle conoscenze che non si attenevano a queste procedure di osservazione fattuale, induzione e verificazione, non soddisfacevano alle condizioni per essere ritenute scientifiche: tali erano le convinzioni magiche, religiose, etiche, estetiche e metafisiche. Negli anni Venti del XX secolo, prima Wittgenstein nel *Tractatus* poi i filosofi del Circolo di Vienna avevano codificato questa teoria ponendovi alla base il principio di verificazione (▶ p. 145), con la duplice valenza di criterio di significanza degli enunciati scientifici e criterio di demarcazione.

La critica del metodo
induttivo-sperimentale

Popper si dichiara insoddisfatto del tipo di risposta basata sull'induzione e sul metodo empirico (▶ **Antologia**, brano 1, *La critica alla teoria dell'induzione di Hume*).

Dalla sua autobiografia apprendiamo che la maturazione della posizione critica prende l'avvio dal confronto tra il diverso statuto epistemologico di quattro teorie, che lo avevano interessato per ragioni diverse negli anni immediatamente successivi alla Prima guerra mondiale. «*Dopo il crollo dell'impero austriaco, in Austria c'era stata una rivoluzione: circolavano ovunque slogans e idee rivoluzionarie, come pure teorie nuove e spesso avventate. Fra quelle che suscitarono il mio interesse, la teoria della relatività di Einstein fu indubbiamente, di gran lunga, la più importante. Le altre tre furono: la teoria marxista della storia, la psicoanalisi di Freud e la cosiddetta "psicologia individuale" di Alfred Adler*».

Quattro discipline a confronto

Che cosa differenzia la teoria della relatività dalle altre? Popper osserva che le teorie di Marx, Freud e Adler trovano continuamente conferme, mentre la teoria di Einstein contiene predizioni e ipotesi che possono essere smentite dall'esperienza: «*Ora, la cosa che impressiona in un caso come questo è il rischio implicito in una previsione del genere. Se l'osservazione mostra che l'effetto previsto è del tutto assente, allora la teoria risulta semplicemente confutata. Essa è* incompatibile con certi possibili risultati dell'osservazione – di fatto, con i risultati che tutti si sarebbero aspettati prima di Einstein. Si tratta di una situazione completamente differente da quella prima descritta, in cui emergeva che le teorie in questione erano compatibili con i più disparati comportamenti umani, cosicché era praticamente impossibile descrivere un qualsiasi comportamento che non potesse essere assunto quale verifica di tali teorie*».

1.2 Il falsificazionismo

Da queste considerazioni critiche sul diverso statuto scientifico delle teorie prese in esame Popper arriva a concludere:

■ che il principio di verificazione non può valere come criterio di demarcazione tra scienza e pseudoscienza;

■ che è necessario formulare un altro criterio di demarcazione in sostituzione della verificazione, chiamato **principio di falsificabilità**: «*Il criterio dello stato scientifico di una teoria è la sua falsificabilità, confutabilità, o controllabilità*».

IL PRINCIPIO DI FALSIFICABILITÀ

Queste considerazioni mi condussero, nell'inverno 1919-20, alle conclusioni che posso ora riformulare nel modo seguente.

1) È facile ottenere delle conferme, o verifiche, per quasi ogni teoria – se quel che cerchiamo sono appunto delle conferme.

2) Le conferme dovrebbero valere solo se sono il risultato di previsioni rischiose; vale a dire, nel caso che, non essendo illuminati dalla teoria in questione, ci saremmo dovuti aspettare un evento incompatibile con essa – un evento che avrebbe confutato la teoria.

3) Ogni teoria scientifica «valida» è una proibizione: essa preclude l'accadimento di certe cose.

Quante più cose preclude, tanto migliore essa risulta.

4) Una teoria che non può essere confutata da alcun evento concepibile, non è scientifica. L'inconfutabilità di una teoria non è (come spesso si crede) un pregio, bensì un difetto.

5) Ogni controllo genuino di una teoria è un tentativo di falsificarla, o di confutarla. La controllabilità coincide con la falsificabilità; vi sono tuttavia dei gradi di controllabilità: alcune teorie sono controllabili, o esposte alla confutazione, più di altre; esse, per così dire, corrono rischi maggiori.

6) *I dati di conferma non dovrebbero contare* se non quando siano il risultato di un controllo genuino della teoria; *e ciò significa che quest'ultimo può essere presentato come un tentativo serio, benché fallito, di falsificare la teoria. In simili casi parlo ora di «dati corroboranti».*

7) *Alcune teorie genuinamente controllabili, dopo che si sono rivelate false, continuano ad essere sostenute dai loro fautori − per esempio con l'introduzione,* ad hoc, *di qualche assunzione ausiliare, o con la reinterpretazione* ad hoc *della teoria, in modo da sottrarla alla confutazione. Una procedura del genere è sempre possibile, ma essa può salvare la teoria dalla confutazione solo al prezzo di distruggere, o almeno pregiudicare, il suo stato scientifico. Ho descritto in seguito una tale operazione di salvataggio come una «mossa» o «stratagemma convenzionalistico».*

Si può riassumere tutto questo dicendo che il criterio dello stato scientifico di una teoria è la sua falsificabilità, confutabilità, o controllabilità.

▶ K.R. POPPER, *Congetture e confutazioni*

La differenza tra scientificità e significanza

Il principio di falsificabilità è criterio di demarcazione, ma non di significanza. Questa posizione di Popper è chiaramente in contrasto con le tesi del Circolo di Vienna, che aveva fatto del principio di verificazione il criterio di significanza degli enunciati scientifici. Al contrario dei neopositivisti Popper pensa che le teorie inconfutabili non sono per ciò stesso né false né prive di significato; esse sono *«al di fuori della scienza empirica»*. Molte **metafisiche antiche** offrono esempi di teorie non scientifiche, che comunque sono dotate di **senso** e utili alle scienze, in quanto capaci di suggerire ipotesi empiricamente controllabili (è il caso delle dottrine naturalistiche dei presocratici o dell'atomismo).

○ I CLASSICI DELLA FILOSOFIA — Logica della scoperta scientifica

La critica al neopositivismo

Karl Popper pubblicò nel 1934 a Vienna la sua opera più significativa di epistemologia con il titolo di *Logica della ricerca scientifica*. Giunto alla settima edizione, il saggio fu ampliato e ripubblicato in lingua inglese a Londra, nel 1959, con il titolo di *Logica della scoperta scientifica*. Il contenuto del libro, scritto in polemica con le tesi epistemologiche del neopositivismo del Circolo di Vienna, sviluppa una concezione congetturale-deduttiva della conoscenza scientifica, fondata sul principio di falsificabilità. L'argomentazione popperiana si incentra su due problemi: quello dell'induzione e quello della demarcazione.

Il problema dell'induzione

Sull'induzione, riprendendo le tesi di Hume, Popper nega che si possano inferire asserzioni universali da asserzioni singolari: ne consegue che non si possono verificare induttivamente asserzioni generali e che, quindi, il metodo induttivo non è idoneo a giustificare teorie scientifiche.

Il problema della demarcazione

Il problema della demarcazione riguarda l'individuazione del criterio con cui distinguere gli enunciati scientifici da quelli non scientifici; sulla base della critica all'induzione Popper rifiuta il principio di verificazione (che per i neopositivisti era sia criterio di demarcazione sia criterio di significanza) e pone come criterio di demarcazione tra scienza e non scienza il **principio di falsificabilità**, secondo cui è scientifica una teoria che può essere falsificata, non è scientifica una teoria non controllabile empiricamente (e quindi non falsificabile).

Fondato su questi presupposti, il metodo scientifico, secondo Popper, è ipotetico-deduttivo, nel senso che non va dall'esperienza alla teoria, ma va dall'ipotesi teorica generale al suo controllo empirico.

La scienza è una conoscenza fallibile che procede per congetture e confutazioni, in una continua ricerca della verità, destinata a non avere mai fine.

Critico è Popper verso la psicoanalisi, di cui nega la scientificità perché incontrollabile e inconfutabile, e verso il marxismo, che giudica, nella forma del materialismo storico, una teoria scientifica errata, perché falsificata dal corso della storia.

Popper propone di accettare come empirica o scientifica una teoria che possa essere controllata dall'esperienza; precisa però che controllare una teoria non significa più verificarla (operazione logicamente impossibile, come si vedrà in seguito), ma significa sottoporla a controlli empirici per vedere se è passibile di confutazione o no. La confutabilità significa che le osservazioni e gli esperimenti hanno una funzione di controllo; non servono tanto a confermare, quanto piuttosto a trovare i punti deboli di una teoria scientifica. La storia della scienza è costituita da un gran numero di teorie – scientifiche – che nel corso del tempo sono state confutate e sostituite da altre, temporaneamente non ancora falsificate di fatto, ma falsificabili in linea di principio.

1.3 La critica dell'induzione

Il principio d'induzione è quel principio logico sulla base del quale si pretende di inferire asserzioni universali da asserzioni singolari. Esso era già stato oggetto di critica nel Settecento da parte di David Hume. Popper riprende e sviluppa la critica humeana attraverso una confutazione di tipo logico, dimostrando che «*le teorie scientifiche non sono mai verificabili empiricamente*» poiché, essendo ogni teoria composta da asserzioni generali riferite a tutti i casi, non è mai possibile una verifica conclusiva, che valga per la totalità, mentre è sempre possibile che un'osservazione particolare possa smentire la teoria.

Ho cominciato a interessarmi del problema dell'induzione nel 1923. Benché questo problema sia assai strettamente connesso a quello della demarcazione, non mi resi compiutamente conto di questo rapporto per circa cinque anni. Mi accostai al problema dell'induzione attraverso Hume. Hume, pensai, aveva perfettamente ragione di ritenere che l'induzione non può essere giustificata logicamente.
Egli sosteneva che non può esservi alcun argomento logico valido che ci consenta di stabilire «che quei casi dei quali non abbiamo avuto nessuna esperienza somigliano a quelli dei quali l'abbiamo avuta». Di conseguenza, «anche dopo aver osservato il frequente o costante congiungimento degli oggetti, noi non abbiamo nessuna ragione di trarne un'inferenza riguardante un oggetto che è al di là di quelli di cui abbiamo esperienza». [...] In altre parole, il tentativo di giustificare la pratica dell'induzione con un appello all'esperienza conduce necessariamente a un regresso all'infinito. Pertanto, possiamo affermare che le teorie non possono mai essere inferite da asserzioni osservative, o venire giustificate razionalmente mediante esse.
La critica humiana dell'inferenza induttiva mi parve chiara e decisiva. Ma non mi soddisfaceva per nulla la sua spiegazione psicologica dell'induzione in termini di abitudine.

K.R. POPPER, *Congetture e confutazioni*

▶ Antologia, brano 1

È questa la condizione di asimmetria che distingue la verificabilità dalla falsificabilità, per cui la forma logica delle asserzioni universali rende una teoria scientifica non verificabile ma soltanto falsificabile. Le asserzioni universali *«non possono mai essere derivate da asserzioni singolari, ma possono venire contraddette da asserzioni singolari».* Per mostrare che non si possono inferire asserzioni universali da asserzioni singolari, Popper ha formulato un esempio divenuto celebre: *«per quanto numerosi siano i casi di cigni bianchi che possiamo aver osservato; ciò non giustifica la conclusione che tutti i cigni siano bianchi».*

Queste formulazioni stanno a indicare che:

■ *«è logicamente inammissibile l'inferenza da asserzioni singolari, verificate empiricamente, a teorie»*;
■ è logicamente ammissibile passare dalla verità di asserzioni singolari alla falsificazione di asserzioni universali.

Queste ultime due tesi sono un'esplicita confutazione del metodo induttivo che non può, per questo motivo, garantire la scientificità della conoscenza.

La dottrina dell'asimmetria mostra che, sul piano logico, l'induzione è un mito ingiustificabile. Essa non è però inammissibile solo sul piano logico, ma anche da un punto di vista operativo non corrisponde al modo specifico di procedere della ricerca scientifica.

Popper sostiene che la scienza non parte dall'osservazione dei fatti per risalire induttivamente alla formulazione di teorie. La scienza parte sempre da **problemi**, sia pratici sia teorici, cui cerca di dare soluzione procedendo per tentativi ed errori: *«La scienza o comincia con teorie, con pregiudizi, superstizioni, miti: o piuttosto comincia con la sfida e con l'abbattimento di un mito: comincia cioè quando alcune nostre aspettazioni sono state disilluse».*

I passaggi descritti in questa teoria della scoperta scientifica vedono, all'inizio, delle aspettative deluse, da cui in un secondo momento sorge il problema, che non è rilevato a partire dalle osservazioni e dagli esperimenti. Popper spiega che il modo di formulare il problema è sempre condizionato da pregiudizi e superstizioni, concordando su questo punto con le tesi dell'ermeneutica di Heidegger e di Gadamer.

La formulazione del problema è già una teoria: solo dopo che la teoria è stata ipotizzata noi la utilizziamo per selezionare, orientare e interpretare le osservazioni dei fatti. La teoria precede sempre l'osservazione empirica.

1.4 *Congetture e confutazioni*

Per le caratteristiche individuate, le teorie scientifiche non sono sistemi concettuali strutturati, certi e sperimentalmente confermati; esse sono, al contrario, delle anticipazioni azzardate – congetture, come Popper le chiama – che ipotizziamo per cercare di risolvere problemi.

Nella logica della scoperta Popper compie due operazioni che sovvertono il modello metodologico della scienza moderna, così come era stato definito, a partire da Bacone e da Galileo: egli nega validità al metodo induttivo e pone l'attività teorica, con l'ineliminabile carattere ipotetico, prima del momento osservativo.

Così Popper sintetizza i passaggi che ha teorizzato: *«Tutta la mia concezione del metodo scientifico si può riassumere dicendo che esso consiste in questi tre passi:*
1) *inciampiamo in qualche problema;*

Il metodo induttivo non può garantire la scientificità della conoscenza

La teoria precede l'osservazione

2) *tentiamo di risolverlo, ad esempio proponendo una qualche nuova teoria;*
3) *impariamo dai nostri sbagli, specialmente da quelli che ci sono resi presenti nella discussione critica dei nostri tentativi di risoluzione. O, per dirla in tre parole: problemi-teorie-critiche».*

LA SCIENZA NON PARTE DALL'OSSERVAZIONE, MA DA PROBLEMI

La convinzione che la scienza proceda dall'osservazione alla teoria è ancora così ampiamente e fermamente sostenuta che la mia negazione di questo fatto è accolta spesso con incredulità. Si è persino sospettato che fossi insincero, che negassi ciò di cui nessuna persona sensata può dubitare. Tuttavia, la credenza che possiamo partire da delle pure osservazioni, senza niente di simile a una teoria, è davvero assurda. [...]
Venticinque anni or sono, cercai di far capire questo punto a un gruppo di studenti di fisica, a Vienna, incominciando una lezione con le seguenti istruzioni: "prendete carta e matita; osservate attentamente e registrate quel che avete osservato!". Essi chiesero, naturalmente, che cosa volevo che osservassero. È chiaro che il precetto: "osservate!" è assurdo. E non è neppure idiomatico, se l'oggetto del verbo transitivo non può considerarsi sottinteso. L'osservazione è sempre selettiva. Essa ha bisogno di un oggetto determinato, di uno scopo preciso, di un punto di vista, di un problema. E la descrizione che ne segue presuppone un linguaggio descrittivo, con termini che designano proprietà; presuppone la similarità e la classificazione, che a loro volta presuppongono interessi, punti di vista e problemi.

▶ K.R. POPPER, *Congetture e confutazioni*

Il metodo ipotetico-deduttivo

Il metodo scientifico proposto da Popper, in opposizione a quello induttivo-sperimentale, è di tipo ipotetico-deduttivo. Le teorie sono ipotesi, congetture, che utilizziamo per tentare di risolvere problemi; esse delineano il quadro teorico all'interno del quale strutturiamo le strategie di ricerca: in questo senso sono ipotesi generali da cui inferiamo, per via deduttiva, la spiegazione dei fatti particolari.

Queste **congetture** vengono sottoposte a controlli, per esplicitare le conseguenze contenute nelle premesse date, e a numerosi tentativi di **confutazione**. Quando una congettura viene confutata si dovrà formulare una nuova congettura, e così via in un processo di ricerca che non avrà mai fine.

Popper riconosce che, così concepite, le teorie scientifiche hanno una funzione strumentale per la conoscenza, ma nega che siano solo strumenti: se da un lato è impossibile dimostrare che sono vere, dall'altro esse sono comunque gli enunciati di cui la scienza si serve nella sua ricerca di una descrizione vera del mondo.

La ricerca della verità

Popper sostiene che la scienza non è *epistéme*, sapere certo e provato, ma è *dóxa*, ossia conoscenza fallibile e congetturale; non indulge tuttavia nel relativismo o nello scetticismo, perché lo scopo della scienza resta la ricerca della verità e le teorie scientifiche possono essere vere, anche se non possono essere dimostrate vere.

Dietro questa convinzione c'è l'accettazione della concezione della verità come corrispondenza ai fatti: l'unica che sembra sostenibile a Popper, perché è una teoria realista: «*Il realista vuole avere sia una teoria sia la realtà o i fatti che sono diversi dalla teoria intorno a questi fatti, e che egli può in un modo o in un altro confrontare con i fatti, per trovare se corrisponde o meno ad essi*».

LA VERITÀ COME
CORRISPONDENZA
AI FATTI

*Lo status della verità intesa in senso oggettivo, come corrispondenza ai fatti,
con il suo ruolo di principio regolativo, può paragonarsi a quello di una cima montuosa,
normalmente avvolta fra le nuvole. Uno scalatore può, non solo avere difficoltà
a raggiungerla, ma anche non accorgersene quando vi giunge, poiché può non riuscire
a distinguere, nelle nuvole, fra la vetta principale e un picco secondario. Questo tuttavia
non mette in discussione l'esistenza oggettiva della vetta; e se lo scalatore dice "dubito
di aver raggiunto la vera vetta", egli riconosce, implicitamente, l'esistenza oggettiva
di questa. L'idea stessa di errore, o di dubbio (nella semplice accezione usuale) comporta
il concetto di una verità oggettiva, che possiamo essere incapaci di raggiungere.
Per quanto sia impossibile allo scalatore accertarsi se ha raggiunto la vetta, gli sarà spesso
facile rendersi conto se non l'ha raggiunta (o non ancora); per esempio, allorché è respinto
da una parete che lo sovrasta. Analogamente, vi sono dei casi in cui siamo del tutto certi
di non aver raggiunto la verità. Così, mentre la coerenza non è di per sé un criterio
di verità, semplicemente perché anche i sistemi dimostrabilmente coerenti possono risultare
di fatto falsi, l'incoerenza sancisce la falsità: se abbiamo fortuna, possiamo quindi scoprire
la falsità di alcune teorie.*

▶ K.R. POPPER, *Congetture e confutazioni*

Si è detto che le teorie scientifiche possono essere vere, anche se non possono essere dimostrate vere. Come si può allora discernere tra varie teorie quella migliore?

Popper affida questo compito al metodo della **discussione critica**, definito come «*lo strumento principale per promuovere la nostra conoscenza nel mondo dei fatti*». La discussione critica mette le teorie in competizione, confronta l'efficacia dei controlli empirici, ci permette di valutare l'approssimazione maggiore o minore di una teoria alla verità. Popper chiama «corroborazione *un conciso resoconto valutativo dello stato della discussione critica di una teoria*». Ogni teoria raggiunge nel corso del tempo gradi diversi di corroborazione, in relazione ai controlli cui è stata sottoposta.

1.5 La teoria dei tre mondi

La metafora dello scalatore, che non sa se è arrivato in vetta anche se è certo che la vetta ci sia, rappresenta con efficacia il problema dell'oggettività della conoscenza. Popper, in una raccolta di saggi del 1972, intitolata *Conoscenza oggettiva. Un punto di vista evoluzionistico*, affronta il tema della differenza tra **conoscenza oggettiva** e **conoscenza soggettiva**. La distinzione tra una conoscenza oggettiva, che ha per oggetto le teorie scientifiche, le opere d'arte, le produzioni intellettuali, e una conoscenza soggettiva, che ha per oggetto le esperienze e le conoscenze private, viene articolata all'interno di una teoria generale sulla realtà, nota come «*teoria dei tre mondi*».

■ Il **Mondo 1** è il mondo degli **oggetti fisici** e degli **stati fisici**: comprende tutti i contenuti che entrano a far parte della nostra esperienza (dagli oggetti della vita quotidiana agli elementi dell'universo). Di tali oggetti materiali si occupano le scienze sperimentali: la fisica, la chimica, la biologia.

■ Il **Mondo 2** è il mondo degli **stati di coscienza** e degli **stati mentali**: comprende tutte le nostre esperienze soggettive, psicologiche, affettive, pulsionali, sia coscienti che incoscienti.

■ Il **Mondo 3** è il mondo dei **contenuti oggettivi del pensiero**: sono i prodotti della mente umana, dalle teorie scientifiche alle opere d'arte, dai sistemi dei valori etici alle istituzioni politico-sociali, a tutti gli altri prodotti dell'attività intellettuale dell'uomo. Le costruzioni oggettive della mente possono essere vere o false a seconda della corrispondenza o meno con i fatti.

I tre mondi interagiscono
tra loro e sono reali

Teorie scientifiche, pseudoscientifiche, metafisiche, religiose appartengono tutte al Mondo 3: occorre valutare con il metodo corretto se sono controllabili empiricamente e quale sia l'esito di questo controllo (le teorie possono essere confermate o confutate). Questa ricostruzione razionale si applica sia al processo scientifico in generale, sia al suo sviluppo storico in modo da mettere a confronto le procedure seguite dagli scienziati con i principi dell'epistemologia critica.

Popper ritiene che tutti e tre i mondi siano reali, compreso il Mondo 3, perché è reale tutto ciò che può esercitare un'azione causale sulle cose e interagire con esse. Le teorie scientifiche o le ideologie politiche hanno una grande influenza sugli oggetti empirici o sui fatti della vita, quindi sono sicuramente reali.

I tre mondi sono correlati tra loro e interagiscono a due a due: il Mondo 2, quello delle esperienze soggettive e personali, interagisce sia con il Mondo 1 sia con il Mondo 3; questi ultimi due possono interagire solamente con la mediazione del Mondo 2.

CONOSCENZA
SOGGETTIVA
E OGGETTIVA

La mia prima tesi implica l'esistenza di due differenti sensi del concetto di conoscenza o di pensiero:

1) conoscenza o pensiero in senso soggettivo, consistente in uno stato della mente o della coscienza o in una disposizione a comportarsi o a reagire in certi modi;

2) conoscenza o pensiero in senso oggettivo, consistente in problemi, teorie ed argomentazioni in quanto tali. La conoscenza in questo senso oggettivo è totalmente indipendente dall'affermazione o pretesa di conoscere avanzata da chicchessia; come anche essa è indipendente dall'opinione, dalla disposizione ad assentire, ad affermare o ad agire di qualsivoglia individuo. La conoscenza in senso oggettivo è conoscenza senza un conoscente: essa è conoscenza senza soggetto conoscente. Del pensiero inteso nel senso oggettivo Frege scrisse: «Io intendo con pensiero non l'atto soggettivo del pensare, ma il suo contenuto oggettivo...» [...].

La mia prima tesi è che l'epistemologia tradizionale, col suo concentrarsi sul secondo mondo, o sulla conoscenza in senso soggettivo, è irrilevante per lo studio della conoscenza scientifica. La mia seconda tesi è che ciò che è rilevante per l'epistemologia è lo studio dei problemi scientifici e delle situazioni problematiche, delle congetture scientifiche (espressione che io uso semplicemente per le ipotesi o le teorie scientifiche), delle discussioni scientifiche, delle argomentazioni critiche, e del ruolo giocato dall'evidenza delle prove nelle argomentazioni; e perciò delle riviste e dei libri scientifici, e degli esperimenti e della loro valutazione nelle argomentazioni scientifiche. Per dirla in breve, la mia seconda tesi asserisce che lo studio di un terzo mondo di conoscenza oggettiva largamente autonomo è di importanza decisiva per l'epistemologia. [...]

Ma io ho una terza tesi. Ed è questa. Una epistemologia oggettivista che studia il terzo mondo può gettare una luce immensa sul secondo mondo, quello della coscienza soggettiva, specialmente sui processi di pensiero degli scienziati; ma non è vera l'affermazione reciproca.

→ K.R. POPPER, *Conoscenza oggettiva*

La centralità
del linguaggio

La conoscenza oggettiva riguarda il Mondo 3, quella soggettiva il Mondo 2, entrambe si riferiscono al Mondo 1. Popper con questa teoria rovescia la tradizionale concezione, di origine empirista, secondo la quale la conoscenza oggettiva del mondo deriva dall'esperienza soggettiva. Ribaltando queste tesi egli afferma che *«quasi tutta la nostra conoscenza soggettiva (conoscenza del secondo mondo) dipende dal terzo mondo, cioè da teorie (almeno virtualmente) linguisticamente formulate»*.

È evidente da questa citazione l'importanza del linguaggio: *«il nostro parlare, il nostro scrivere – dice Popper – crea un terzo regno, costituito dai prodotti della nostra attività spirituale»*. Solo il linguaggio rende possibile la comunicazione delle esperienze individuali e quindi la loro oggettivazione all'interno del dibattito pubblico e solo in questo modo ci può essere il confronto e la critica delle idee che è il fondamento di ogni conoscenza e della convivenza democratica degli uomini.

1.6 La filosofia politica

Il rapporto
tra totalitarismo
e democrazia

La filosofia politica non solo è parte integrante del pensiero di Popper ma, dopo essere stata sottovaluta per decenni a vantaggio dell'epistemologia, alla fine del Novecento ha avuto una significativa rivalutazione che ha portato a considerare il suo autore uno dei massimi esponenti contemporanei del **pensiero liberal-democratico**.

Popper stesso ha posto un nesso molto stretto tra la sua teoria della conoscenza – il razionalismo critico – e la filosofia della politica, che ruota intorno al nucleo problematico del rapporto tra totalitarismo e democrazia.

Questo tema ha innanzi tutto un'origine biografica, in quanto, come Popper ci racconta, le esperienze politiche giovanili, legate con l'iniziale adesione al socialismo, influenzarono le riflessioni epistemologiche, e l'interesse per lo statuto scientifico delle teorie, a sua volta, favorì l'atteggiamento critico verso le dottrine politiche di Marx. Secondo Popper si può stabilire una sorta di corrispondenza, da una parte, tra il dogmatismo conoscitivo e il totalitarismo politico, e, dall'altra, tra il razionalismo critico e la società democratica.

La critica dello storicismo

Nel saggio del 1937 *Che cos'è la dialettica?* Popper critica la dialettica da un punto di vista metodologico, negando che essa abbia un fondamento scientifico e che quindi possa essere assunta come logica delle scienze sociali.

Nella *Miseria dello storicismo* (1944-1945), la questione metodologica è riproposta attraverso la difesa dell'unità del metodo scientifico nelle scienze naturali e in quelle sociali. I due obiettivi polemici del saggio sono lo storicismo e l'olismo.

Non è possibile
prevedere lo sviluppo
storico

Per storicismo Popper intende le concezioni totalizzanti della storia, di indirizzo idealistico (Hegel), materialistico (Marx) e positivistico, che pensano di poter individuare nella storia una direzione necessaria e prevedibile e di poterne conoscere le leggi generali che ne determinano lo sviluppo. Dottrine siffatte non sono presenti soltanto nell'Età moderna, ma *«sono tra le più antiche del mondo e furono sostenute da Platone e, prima di lui, da Eraclito e da Esiodo»*.

L'errore epistemologico dello storicismo risiede nell'aver confuso le leggi con le tendenze e nel credere che le tendenze (asserzioni storiche singolari) abbiano il valore determinante delle leggi generali. Questo fraintendimento è alla base dell'illusoria convinzione che sia possibile prevedere lo sviluppo storico: in realtà, per Popper, le previsioni degli storicisti sono solo profezie e la storia in sé non ha un senso, eccetto quello che le diamo noi.

LA CONFUTAZIONE LOGICA DELLO STORICISMO

1) *Il corso della storia umana è fortemente influenzato dal sorgere della conoscenza umana. (La verità di questa premessa deve essere ammessa anche da coloro che nelle nostre idee, comprese quelle scientifiche, altro non vedono se non il sottoprodotto di sviluppi materiali di questo o quel genere).*
2) *Noi non possiamo predire, mediante metodi razionali o scientifici, lo sviluppo futuro della conoscenza scientifica [...].*
3) *Perciò non possiamo predire il corso futuro della storia umana.*
4) *Ciò significa che dobbiamo escludere la possibilità di una storia teorica; cioè di una scienza sociale storica che corrisponda alla* fisica teorica. *Non vi può essere alcuna teoria scientifica dello sviluppo storico che possa servire da base per la previsione storica.*
5) *Lo scopo fondamentale dello storicismo [...] è quindi infondato. E lo storicismo crolla.*

→ K.R. POPPER, *Miseria dello storicismo*

La critica dell'olismo

Con il termine olismo (dal greco *ólos*, "tutto", "intero") Popper si riferisce a quel tipo di approccio allo studio della società considerata «*come un tutto unico*» da «*studiare nella totalità degli attributi e aspetti*». L'olismo pretende quindi di conoscere la totalità della società e, soprattutto, di poterne progettare una rifondazione complessiva. La critica all'olismo ha una base metodologica (la mente umana non può conoscere la totalità del reale, ma può solo avanzare congetture confutabili su aspetti parziali di esso) e tende a dimostrare che una concezione siffatta porta a due gravi conseguenze pratiche:

■ sul piano della tecnologia sociale conduce a **visioni utopiche** irrealizzabili;
■ sul piano del sistema politico si risolve nel **totalitarismo**.

1.7 *La società aperta e i suoi nemici*

Il testo di filosofia politica più noto di Popper è *La società aperta e i suoi nemici*, opera pubblicata nel 1945 in due volumi, il primo sottotitolato *Platone totalitario*, il secondo *Hegel e Marx, falsi profeti*. Nell'insieme è sia una **teoria della democrazia** sia una difesa dai suoi nemici.

Il titolo riprende un'espressione («*società aperta*») usata dal filosofo Henri Bergson, pur con un significato dissimile. Popper ne riprende la formulazione all'interno di una contrapposizione tra «*società chiusa*» e «*società aperta*»:

■ la **società chiusa** nasce da un atteggiamento mitico-irrazionale, è organizzata in forma collettivista, è retta da norme rigide imposte da un'autorità e politicamente corrisponde a un regime illiberale;
■ al contrario, la **società aperta** nasce da un atteggiamento razionale di fronte al mondo, tende a difendere la libertà degli individui, che con la discussione possono criticare e modificare le norme di comportamento esistenti e assume le forme politiche della democrazia.

**Il carattere dinamico
e razionale
della democrazia**

Per Popper il carattere peculiare della democrazia non dipende tanto dal sogget-to politico che detiene la sovranità (il popolo, che potrebbe anche scegliere demo-craticamente la dittatura), quanto dal **meccanismo di controllo** istituzionale che de-ve impedire ogni degenerazione totalitaria. La vecchia domanda: «Chi deve gover-nare?» va sostituita con la nuova: «Come possiamo organizzare le istituzioni politi-che in modo da impedire che i governanti cattivi o incompetenti facciano troppo danno?». «*Si vive in democrazia* – scrive ancora Popper – *quando esistono istituzioni che permettono di rovesciare il governo senza ricorrere alla violenza*». Alla base di que-sta visione della società democratica c'è una fede nella ragione, anche nella ragione degli altri, che implica imparzialità, tolleranza, giustizia e libertà.

**IL PRINCIPIO
DELLA LEADERSHIP**

Ma se guardiamo alla teoria politica da un angolo visuale diverso, ci rendiamo ben presto conto che, lungi dall'aver risolto qualche problema fondamentale, noi lo abbiamo semplicemente aggirato, presumendo che sia fondamentale la domanda: «Chi deve governare?». [...] dobbiamo chiederci se il pensiero politico non debba fin dal principio prospettarsi la possibilità di un governo cattivo; se non debba cioè di norma aspettarsi di avere i leader peggiori e soltanto sperare di avere i migliori. Ma ciò ci porta a un nuovo approccio al problema della politica, perché ci costringe a sostituire alla vecchia domanda: Chi deve governare?, *la nuova domanda:* Come possiamo organizzare le istituzioni politiche in modo da impedire che i governanti cattivi o incompetenti facciano troppo danno?

K.R. POPPER, *La società aperta e i suoi nemici*   ▶ *Antologia, brano 2*

**Platone, pensatore
totalitario**

I nemici della «società aperta» sono i pensatori totalitari. Popper ne ricostruisce la storia a partire dal mondo greco. Già in Eraclito e nella ferrea legge del destino che governa tutte le umane vicende egli vede operante lo storicismo illiberale. Il massi-mo esponente di questa posizione è riconosciuto però in Platone, il cui Stato ideale – espressione della reazione aristocratica alla nuova società dell'Atene di Pericle – presenta tutti i caratteri del regime totalitario e antidemocratico. La repubblica pla-tonica è uno stato pietrificato in cui è impossibile qualsiasi mutamento socio-politi-co, in cui il potere dei filosofi-re è incondizionato e in cui la rigida divisione in clas-si impedisce ogni dinamica sociale (▶ *Percorso, Il Platone "totalitario" nell'interpreta-zione di Karl Popper*, p. 396).

Dopo la critica a Platone totalitario, in Età moderna Popper passa a esaminare il pensiero politico di Hegel e di Marx.

**L'infondatezza
della dialettica hegeliana**

L'accusa rivolta a Hegel è quella di aver fondato il suo pensiero politico su pre-supposti, a suo dire, inaccettabili: l'idea che lo Stato sia tutto e l'individuo nulla, la convinzione che la legge della dialettica determini il processo della storia, la tesi del-l'identità tra reale e razionale che porta a giustificare qualsiasi ordine sociale esisten-te. Per queste ragioni Hegel è all'origine dei movimenti totalitari moderni.

Marx, falso profeta

Su Marx Popper esprime un giudizio più articolato: ne apprezza il valore intellet-tuale e riconosce l'importanza delle novità metodologiche introdotte nello studio dei problemi socio-politici: «*Credo che sia assolutamente corretto sostenere che il marxi-smo è, fondamentalmente, un metodo. [...] Chiunque intenda giudicare il Marxismo de-ve metterlo alla prova e [...] chiedersi se è un metodo fecondo o sterile cioè se è o non è capace di favorire il compito della scienza*».

Del marxismo Popper condivide la critica al liberismo radicale e all'inumano sfruttamento delle classi subalterne; ne respinge però la **componente utopica**, poiché la ritiene priva di qualsiasi fondamento scientifico. Marx è accusato di essere un falso profeta, per aver sostenuto che il comunismo si realizzerà necessariamente, grazie alle leggi del determinismo economico. Le previsioni economiche e politiche di Marx si sono rivelate sbagliate, ma l'atteggiamento utopistico-profetico è stato all'origine dell'ideologia totalitaria che ha ispirato i regimi comunisti del XX secolo. Il marxismo è «*uno dei tanti errori che abbiamo commesso nella perenne e pericolosa lotta per costruire un mondo migliore e più libero*».

La strategia del riformismo gradualista

In opposizione alle ideologie rivoluzionarie Popper sostiene la superiorità del **riformismo gradualista**, che altro non è se non l'applicazione del metodo scientifico in politica, in quanto procede per via sperimentale, introducendo rettifiche parziali, correggendo gli immancabili errori e salvaguardando sempre il principio democratico.

La teoria della democrazia resta uno degli apporti più significativi di Popper al pensiero politico contemporaneo. In una pagina particolarmente pregnante sono indicati i sette punti che caratterizzano il regime democratico. Il primo di questi punti è quello relativo alla limitazione dei poteri e al cambiamento della leadership: «*La democrazia non può compiutamente caratterizzarsi solo come governo della maggioranza, benché l'istituzione delle elezioni generali sia della massima importanza. Infatti una maggioranza può governare in maniera tirannica. [...] In una democrazia, i poteri dei governanti devono essere limitati ed il criterio di una democrazia è questo: in una democrazia i governanti – cioè il governo – possono essere licenziati dai governati senza spargimenti di sangue. Quindi se gli uomini al potere non salvaguardano quelle istituzioni che assicurano alla minoranza la possibilità di lavorare per un cambiamento pacifico, il loro governo è una tirannia*» (▶ Antologia, brano 2, *In difesa della democrazia*). Con questo principio Popper traccia una linea di demarcazione tra la democrazia e la dittatura. Ne deriva, infatti, una classificazione dicotomica tra la forma di governo democratica – che possiede le istituzioni capaci di garantire l'alternanza pacifica dei governanti – e la forma di governo totalitaria, che non possiede quelle istituzioni. Popper pone un unico limite: la costituzione democratica deve escludere i mutamenti che mettono in pericolo la democrazia stessa.

2. L'epistemologia post-popperiana

Il dibattito filosofico-scientifico che si apre tra gli allievi e i seguaci di Popper negli ultimi decenni del Novecento caratterizza in modo determinante tutta la riflessione epistemologica contemporanea. Due tesi popperiane sono in particolare al centro dell'approfondimento teorico e dei tentativi di revisione:

■ il **falsificazionismo** come soluzione al problema della demarcazione tra scienza e pseudoscienza;

■ la **rivalutazione della metafisica**, le cui asserzioni per Popper hanno significato e che può avere influenza sullo sviluppo del sapere scientifico.

Come si può notare sono questioni diverse da quelle che avevano opposto Popper ai neopositivisti del Circolo di Vienna negli anni Trenta-Quaranta: quel dibattito era centrato sulla contrapposizione tra verificazionismo e falsificazionismo ora la tematica è più ampia e più complessa.

2.1 Thomas S. Kuhn: la teoria delle rivoluzioni scientifiche

Ad avviare la discussione è l'americano Thomas S. Kuhn (1922-1996) che pubblica negli anni Sessanta *La struttura delle rivoluzioni scientifiche*. L'approccio di Kuhn all'epistemologia è diverso da quello di Popper, con cui conduce un vivace confronto di opinioni. La differenza risiede nel fatto che, oltre a una riflessione di tipo teorico, il pensatore americano introduce un'attenzione particolare allo studio dello **sviluppo storico della scienza**: aspetto che Popper, secondo Kuhn, aveva analizzato in maniera insufficiente.

In conformità a questa prospettiva di ricerca, Kuhn assume un atteggiamento critico nei confronti dei due principi sui quali l'epistemologia contemporanea aveva fondato l'idea stessa di scientificità: il principio di verificazione, secondo i neopositivisti, e il principio di falsificazione, secondo Popper. Pur riconoscendo i meriti di queste filosofie e i debiti che con esse ha contratto, Kuhn considera verificazione e falsificazione come due facce della stessa medaglia, poiché entrambe si collocano all'interno del campo della ricerca intesa astrattamente, senza che venga tenuto in conto il reale processo storico che produce la crescita della scienza.

Come nascono le teorie scientifiche

La nascita di una teoria scientifica, per Kuhn, non dipende né dal procedimento di verificazione che ne conferma la validità (come dicevano i neopositivisti), né da un processo di falsificazione (come sosteneva Popper). Le nuove teorie scientifiche nascono dalla sostituzione di un vecchio paradigma con uno nuovo, dove per paradigma si deve intendere quelle «*conquiste scientifiche universalmente riconosciute, le quali, per un certo periodo, forniscono un modello di problemi e soluzioni accettabili a coloro che praticano un certo campo di ricerca*».

I PARADIGMI DELLA RICERCA SCIENTIFICA

Con la scelta di questo termine [paradigma] ho voluto far presente il fatto che alcuni esempi di prassi scientifica riconosciuti come validi − esempi che comprendono globalmente leggi, teorie, applicazioni e strumenti − forniscono modelli che danno origine a particolari tradizioni di ricerca scientifica con una loro coerenza. Queste sono le tradizioni che lo storico descrive con etichette quali «astronomia tolemaica»

LA VITA *di Thomas S. Kuhn*

Thomas S. Kuhn è nato a Cincinnati, nell'Ohio, nel 1922. Ha studiato fisica teorica all'Università di Harvard, laureandosi nel 1947. Nel corso della sua carriera accademica ha insegnato Storia e Filosofia della scienza all'Università di Berkeley, all'Università di Princeton e, dal 1983, al Massachusetts Institute of Technology. È morto nel 1996.

Le sue opere maggiori sono: *La rivoluzione copernicana. L'astronomia planetaria nello sviluppo del pensiero occidentale* (1957), *La struttura delle rivoluzioni scientifiche* (1962), *La tensione essenziale. Cambiamenti e continuità nella scienza* (1977), *Alle origini della fisica contemporanea. La teoria del corpo nero e la discontinuità quantica* (1978).

(o «copernicana»), «dinamica aristotelica» (o «newtoniana»), «ottica corpuscolare» (o «ottica ondulatoria»), e così via. [...] Una delle cose che una comunità scientifica acquista con un paradigma è un criterio per scegliere i problemi che, nel tempo in cui si accetta un paradigma, sono solubili. In larga misura questi sono gli unici problemi che la comunità ammetterà come scientifici e che i suoi membri saranno incoraggiati ad affrontare. Altri problemi, compresi alcuni che erano stati usuali in periodi anteriori, vengono respinti come metafisici, come appartenenti ad un'altra disciplina, o talvolta semplicemente come troppo problematici per meritare che si sciupi del tempo attorno ad essi.

↳ ▶ T.S. Kuhn, *La struttura delle rivoluzioni scientifiche*

Ricerca normale e ricerca straordinaria

Lo sviluppo della scienza, secondo questa teoria, non avviene per accumulazione di conoscenze, ma per sostituzione di teorie, secondo un modello «*rivoluzionario*». Scrive Kuhn che le rivoluzioni scientifiche sono «*quegli episodi di sviluppo non cumulativi, nei quali un vecchio paradigma è sostituito, completamente o in parte, da uno nuovo incompatibile con quello*». Quando si afferma un nuovo paradigma «*gli scienziati non possono non vedere in maniera diversa il mondo in cui sono impegnate le loro ricerche*».

Per mostrare il carattere rivoluzionario di un mutamento di paradigmi Kuhn fa l'esempio della diversa interpretazione del fenomeno dell'oscillazione data all'interno del paradigma della fisica aristotelica e di quella galileiana: «*Aristotele e Galileo, guardando pietre oscillanti, videro il primo una caduta vincolata, il secondo un pendolo*».

La teoria dei paradigmi ha un'importante conseguenza: la storia della scienza vede il succedersi di fasi conservative dei paradigmi accettati, in cui si ha una «*ricerca normale*» (in queste fasi non si cerca tanto di falsificare i paradigmi, quanto di difenderli) e di fasi di «*ricerca straordinaria*» in cui, a fronte di una serie di problemi che il vecchio paradigma non riesce più a risolvere, si realizza una rivoluzione che introduce un nuovo paradigma. Per Kuhn l'accettazione di un nuovo paradigma avviene attraverso una sorta di «*conversione*» che scaturisce dalle ragioni più diverse, non sempre razionali, ma anche estetiche, pratiche, etiche, prodotte dalle dinamiche che attraversano la comunità scientifica.

2.2 Imre Lakatos e la metodologia dei programmi di ricerca

Imre Lakatos (1922-1974) è filosofo di origine ungherese, costretto per ragioni politiche a fuggire dal suo Paese e a rifugiarsi prima a Vienna e poi a Londra, dove segue le lezioni di Popper. La proposta teorica di Lakatos tiene conto sia della teoria

LA VITA di Imre Lakatos

Imre Lakatos nacque a Budapest nel 1922 da famiglia ebrea. Studiò matematica, fisica e filosofia a Budapest e a Mosca. Come membro del Partito comunista ungherese partecipò alla resistenza contro l'occupazione nazista del suo Paese. Dopo la guerra ebbe un ruolo di rilievo nel Ministero dell'Educazione fino al 1950, quando fu accusato di revisionismo, processato e imprigionato dal 1950 al 1953 dal regime comunista.

Fuggito in Occidente dopo la rivolta ungherese del 1956, si trasferì in Inghilterra dove entrò in contatto con Popper e iniziò la sua carriera accademica a Londra. Qui morì nel 1974.
Le opere maggiori sono: *La metodologia dei programmi di ricerca. Scritti filosofici I* e *Matematica, scienza ed epistemologia. Scritti filosofici II* entrambe pubblicate postume nel 1978.

popperiana del falsificazionismo, sia della critica che ne ha fatto Kuhn, e si propone come un superamento di entrambe quelle prospettive, di cui intende mettere in rilievo i limiti.

Il falsificazionismo sofisticato

Il falsificazionismo di Popper è giudicato *«ingenuo»*, poiché la concreta prassi scientifica non è guidata dalla logica della falsificazione di teorie per mezzo di asserzioni empiriche. A questo falsificazionismo ingenuo Lakatos contrappone un **falsificazionismo sofisticato**, in cui la ricerca dipende dalla competizione di *«programmi di ricerca»*.

«Il falsificazionismo sofisticato – scrive Lakatos – *differisce dal falsificazionismo ingenuo sia per quanto riguarda le sue regole di accettazione (o «criterio di demarcazione») sia per quanto riguarda le regole di falsificazione o eliminazione. Per il falsificazionismo ingenuo qualunque teoria che possa essere interpretabile come sperimentalmente falsificabile è «accettabile» o «scientifica». Per il falsificazionismo sofisticato una teoria è «accettabile» o «scientifica» solo se ha un maggiore contenuto empirico corroborato rispetto alla teoria precedente (o rivale), cioè soltanto se porta alla scoperta di fatti nuovi».*

La critica all'irrazionalismo di Kuhn

La critica a Kuhn è rivolta contro il rischio di irrazionalismo implicito nella tesi delle rivoluzioni scientifiche. Secondo questa teoria, infatti, la razionalità scientifica funziona solamente nell'ambito della *«ricerca normale»*, in cui si cerca di consolidare i paradigmi; quando si passa alla fase della *«ricerca straordinaria»* la razionalità non è più necessaria se, come afferma Kuhn, l'accettazione di un nuovo paradigma avviene attraverso un processo di *«conversione»* che esula dalle procedure razionali della scienza e porta a escludere l'operatività di criteri razionali proprio nelle fasi decisive in cui avviene una rivoluzione scientifica. *«Se Kuhn ha ragione* – scrive Lakatos – *allora non c'è nessuna demarcazione esplicita tra scienza e pseudoscienza, nessuna distinzione fra progresso scientifico e decadenza intellettuale».* In altri termini, le rivoluzioni scientifiche di Kuhn non sono rovesciamenti irrazionali di paradigmi, ma sostituzione di un programma di ricerca con un altro, ritenuto più efficace, sempre sulla base di criteri razionali.

La competizione tra programmi di ricerca

I programmi di ricerca costituiscono, nella visione di Lakatos, i quadri teorici generali di riferimento che orientano l'indagine degli scienziati in una determinata situazione o in un preciso momento. Essi hanno, nell'epistemologia di Lakatos, la stessa funzione metodologica che hanno i paradigmi nella teoria di Kuhn. La storia della scienza va quindi interpretata come una successione di programmi di ricerca che entrano periodicamente in competizione tra loro, in ragione del fatto che un programma ha ormai finito di esercitare la sua capacità di predire o spiegare fatti empirici; a quel punto un nuovo programma di ricerca, dotato di maggior capacità esplicativa, finisce per prevalere sul precedente.

LA SUCCESSIONE DEI PROGRAMMI DI RICERCA

Un programma di ricerca si dice che è progressivo *fintanto che la sua crescita teorica anticipa la sua crescita empirica, cioè fintanto che continua a predire fatti nuovi con qualche successo («slittamento-di-problema-progressivo»); è in stagnazione se la sua crescita teorica resta indietro rispetto alla sua crescita empirica, cioè fintanto che dà solo spiegazioni post-hoc di scoperte casuali o di fatti anticipati da un programma rivale o in questo scoperti («slittamento-di-problema-regressivo»). Se un programma di ricerca spiega progressivamente più di quanto faccia un programma rivale, lo «supera» e il programma rivale può essere eliminato o, si preferisce, «messo da parte».*

▶ I. Lakatos, *La storia della scienza e le sue ricostruzioni razionali*   ▶ Antologia, brano 3

La scienza è la capacità di prevedere fatti nuovi

La validità di un programma di ricerca è legata alla sua relazione con i fatti: in questa capacità della teoria di prevedere con esattezza ciò che accadrà risiede la demarcazione tra la scienza, che ha capacità previsionale, e la pseudoscienza, che non ha questa capacità: «*In un programma di ricerca progressivo la teoria conduce alla scoperta di fatti nuovi finora sconosciuti. Nei programmi di ricerca regressivi, invece, le teorie vengono inventate solo al fine di accogliere i fatti noti*». Per Lakatos, come per Popper, esempi di teorie regressive sono lo storicismo di Hegel e di Marx e la psicoanalisi di Freud: programmi di ricerca capaci di spiegare a posteriori qualsiasi fatto, ma incapaci di fare correttamente previsioni di eventi.

2.3 Paul K. Feyerabend: l'anarchismo metodologico

Popper, Kuhn e Lakatos hanno proposto, nella seconda metà del XX secolo, tre teorie diverse sul metodo con cui procede la scienza nelle sue scoperte:
■ per Popper il metodo scientifico è quello delle congetture e confutazioni, in cui le ipotesi teoriche sono sottoposte a controllo empirico al fine di falsificarle;
■ secondo Kuhn la scienza si sviluppa alternando fasi di normalità a fasi di ricerca straordinaria in cui avvengono le rivoluzioni scientifiche, con la messa in crisi dei paradigmi consolidati e la loro sostituzione con nuovi sistemi concettuali di riferimento;
■ secondo Lakatos il progresso della scienza è dovuto alla competizione di programmi di ricerca, risolta a vantaggio dei programmi progressivi in ragione della loro maggior capacità esplicativo-previsionale.

Come si vede la diversità di proposte epistemologiche è marcata, ma in tutte queste visioni vi è un punto fondamentale in comune, ossia il convincimento che il sapere scientifico, quale che sia il modo del suo progredire, è un sapere razionale e razionalmente controllabile, in virtù del fatto che obbedisce a precise e determinate regole metodologiche.

A mettere invece in discussione la base razionale della scienza e la sua fondazione nelle regole del metodo è Paul K. Feyerabend (1924-1994).

Il pluralismo metodologico

La tesi centrale di Feyerabend è racchiusa in una battuta paradossale e volutamente provocatoria, che sintetizza l'anarchismo metodologico da lui propugnato: «*l'unico principio che non inibisce il progresso è: qualsiasi cosa può andar bene*».

Il significato di questa frase va inteso nel senso che: «*L'idea di un metodo che contenga principi fermi, immutabili e assolutamente vincolanti come guida nell'attività scientifica si imbatte in difficoltà considerevoli quando viene messa a confronto con i risulta-*

LA VITA di Paul K. Feyerabend

Paul K. Feyerabend nacque a Vienna nel 1924. Dopo aver combattuto durante la Seconda guerra mondiale nell'esercito tedesco, rimanendo ferito, studiò fisica e filosofia laureandosi nel 1951. Continuò gli studi a Londra, alla *London School of Economics*, dove si era trasferito per seguire i corsi di Popper, prima di recarsi negli Stati Uniti, dove fu professore a Berkeley dal 1962.

Successivamente si spostò in Europa, insegnando al Politecnico di Zurigo. Qui è morto nel 1994.
Le sue opere maggiori sono: *Contro il metodo. Abbozzo di una teoria anarchica della conoscenza* (1970), *La scienza in una società libera* (1978), *Dialogo sul metodo* (1991), *Ammazzando il tempo. Un'autobiografia* (postumo, 1995).

ti della ricerca storica. Troviamo infatti che non c'è una singola norma, per quanto plausibile e per quanto saldamente radicata nell'epistemologia, che non sia stata violata in qualche circostanza» (▶ Antologia, brano 4, *L'anarchismo metodologico*).

Il percorso teorico delineato da Feyerabend conduce a un pluralismo metodologico radicale, a un relativismo assoluto che lui stesso chiama ora anarchismo ora dadaismo. Feyerabend rifiuta non solo ogni irrigidimento che voglia costringere il lavoro degli scienziati entro regole imposte da principi metodologici generali, ma respinge anche ogni possibile distinzione tra scienza e pseudoscienza, sostenendo che «*la separazione di scienza e non scienza è non soltanto artificiale ma anche dannosa per il progresso della conoscenza*».

SCIENZA E SOCIETÀ
LIBERA

Non abbiamo perciò alcuna ragione per mantenere separato per sempre il programma di ricerca Scienza dal programma di ricerca Società libera e per isolare corrispondentemente le competenze. Un'interazione fra la scienza e le idee di una società libera o l'esercizio di un'influenza delle seconde sulla prima (in altri termini, una democratizzazione della scienza) è non solo necessario ma urgente – senza di esso non si potrebbero realizzare sino in fondo le idee della libertà –; nelle scienze non c'è nulla che lo vieti (tranne forse il desiderio degli scienziati di essere ben pagati, ma per il resto di essere lasciati in pace); molti sviluppi scientifici ebbero luogo perché si imposero interazioni esattamente dello stesso tipo (si pensi solo ai mutamenti di scienza, religione e società per opera delle nuove idee metafisiche del Cinquecento e del Seicento); inoltre una scienza indipendente ha smesso di esistere già da molto tempo ed è stata sostituita dal business scienza, che è alimentato dal denaro dei contribuenti e che rafforza le tendenze totalitarie della società sotto la copertura di un liberalismo di facciata.

▶ P.K. FEYERABEND, *La scienza in una società libera*

**Democrazia e
molteplicità dei saperi**

La conclusione dell'itinerario filosofico di Feyerabend porta oltre le tematiche specifiche dell'epistemologia. Egli non è più disposto a riconoscere alla scienza una sorta di primato conoscitivo sulle altre forme di attività umana, tale da conferire agli scienziati un ruolo di guida nella società tecnologica contemporanea. Contro questa pretesa, che secondo Feyerabend non ha giustificazioni, il filosofo auspica che i cittadini comuni si riapproprino delle decisioni fondamentali della vita, non delegandole a esperti o specialisti. «*Gli uomini intelligenti* – egli scrive – *non si lasciano limitare da norme, regole, metodo, neppure da metodi «razionali», ma sono opportunisti, ossia utilizzano quei mezzi mentali e materiali che, all'interno di una determinata situazione, si rivelano i più idonei al raggiungimento del proprio fine. [...] Opportunismo significa che i principi devono essere introdotti e discussi di caso in caso, in connessione con la soluzione dei problemi concreti (scientifici, etici, politici ecc.) e non possono essere separati dal processo storico (dalla ricerca concreta, dall'azione politica concreta ecc.)*».

Come si vede da queste ultime frasi l'anarchismo metodologico «*ha importanti conseguenze politiche*», ponendo le basi per una forma molto avanzata di democrazia partecipativa e libertaria.

3. Gaston Bachelard: scienza e immaginazione

3.1 Una riflessione epistemologica

Benché di poco anteriore a Karl Popper, affronteremo in questa sede il pensiero del filosofo francese Gaston Bachelard (1884-1962), poiché rientra in quel processo di riflessione critica sul pensiero scientifico cui è dedicato questo capitolo. Pensatore un po' isolato ai suoi tempi, i suoi risultati hanno progressivamente esteso il proprio raggio d'influenza.

Bachelard occupò un posto particolare nel quadro della discussione epistemologica della prima metà del Novecento sulle tesi del neopositivismo.

Mutamenti scientifici e ricerca filosofica

Il punto di partenza della sua riflessione è costituito dal riconoscimento dei profondi mutamenti intervenuti nella scienza contemporanea, al punto da imporre una riflessione filosofica del tutto nuova rispetto ai sistemi edificati su quella del passato. Rispetto all'orientamento generale del Circolo di Vienna, egli non ritiene però che il suo compito sia quello di individuare un criterio rigido e definitivo che, mentre fissa in modo astrattamente universale e assoluto i canoni della scientificità, sia nello stesso tempo in grado di stabilire la linea di demarcazione tra scienza e metafisica: piuttosto, secondo un'indicazione già avanzata da Poincaré (▶ Volume 3A, *Scienza e logica*, p. 400), l'attenzione deve essere posta sullo sviluppo e sugli esiti reali delle scienze, sul rigore concettuale e sperimentale delle loro effettive procedure di ricerca.

L'epistemologia psicologico-genetica

Ciò implica che mentre per i neopositivisti la preoccupazione fondamentale era di tipo linguistico-formale (si doveva essenzialmente mirare alla determinazione della struttura logica delle teorie scientifiche quale loro fattore intrinsecamente qualificante), per Bachelard il compito dell'epistemologia deve essere di tipo **psicologico-genetico**, nella misura in cui essa deve studiare la ricerca scientifica per come è messa in atto, sia a livello teorico che pratico, dagli scienziati, cogliendo «*l'autentica*

LA VITA *di Gaston Bachelard*

Nato a Bar-sur-Aube nel 1884, Gaston Bachelard si laureò prima in matematica e poi in filosofia. Insegnò questa disciplina all'Università di Digione e, dal 1940, alla Sorbona di Parigi dove morì nel 1962.
Autore al suo tempo poco noto e quasi isolato nel mondo culturale francese, esercitò in seguito una notevole influenza, a partire dagli anni Sessanta, nel clima dello strutturalismo e dei dibattiti epistemologici seguiti alla crisi delle filosofie esistenzialiste e neopositiviste. La sua vasta produzione può essere divisa in due grandi sezioni: quella delle opere epistemologiche e quella delle opere sull'immaginario. Della prima fanno parte: *Saggio sulla conoscenza*

approssimata (1928), *Il valore induttivo della relatività* (1929), *L'intuizione dell'istante* (1932), *Il nuovo spirito scientifico* (1934), *La dialettica della durata* (1936), *La formazione dello spirito scientifico* (1938), *La filosofia del non* (1940), *Il razionalismo applicato* (1949), *L'attività razionalista della fisica contemporanea* (1951), *Il materialismo razionale* (1953), *L'impegno razionalista* (postumo 1973). Opere sull'immaginario: *Psicanalisi del fuoco* (1938), *L'acqua e i sogni* (1942), *L'aria e i sogni* (1943), *La terra e le* rêveries *della volontà* (1948), *La terra e la* rêverie *del riposo* (1948), *La poetica della* rêverie (1961), *La fiamma di una candela* (1961).

psicologia dello spirito scientifico» e la relativa genesi all'interno della loro concreta attività.

La dinamica reale è resa evidente dalla **storia della scienza**, il cui ruolo interpretativo assume una rilevanza determinante per mostrare come essa si venga via via configurando nei vari momenti attraversati fino all'età presente: la sua lezione fondamentale riguarda la funzione innovatrice assunta dalla **matematica** e dalla sua applicazione in rapporto alla razionalizzazione dell'esperienza, funzione che oggi risulta assolutamente preponderante nell'elaborazione delle più avanzate teorie (dalla relatività alla meccanica quantistica).

Il ruolo creativo della matematica nella conoscenza scientifica

Questa valutazione è valida a livello strumentale in quanto si riconosce che la matematica è «*l'asse della scoperta*», il mezzo «*che crea la scienza fisica contemporanea come il microscopio crea la microbiologia*», ma non induce Bachelard ad abbracciare il programma logicista dei neopositivisti e i loro tentativi di costruzioni assiomatiche: la fisica matematica, infatti, rifiuta il vuoto formalismo mentre, al contrario, «*le matematiche della nuova fisica sono come nutrite della loro applicazione all'esperienza*».

È un fatto che le teorie matematiche odierne si presentano sotto una veste rigorosamente formalizzata: essa però non ha il valore di una chiarificazione della loro struttura interna (l'evidenziazione delle ipotesi, il collegamento tra le loro proposizioni ecc.) come volevano i neopositivisti, ma solo quello di operare una semplificazione e una sistematizzazione dei risultati conseguiti. Ciò non significa accettare l'opinione di coloro che riducono la matematica a linguaggio, a mezzo d'espressione, ma valorizzarla nella sua funzione nuova e rivoluzionaria, quella di essere «*vettore dal razionale al reale*», funzione che le consente di trattare gli oggetti razionali delle teorie e gli strumenti per le procedure sperimentali come realtà dotate di qualità scientifica.

La critica alla teoria della conoscenza immediata

Per questo motivo Bachelard ha condotto una costante polemica contro ogni impostazione epistemologica che faccia appello a conoscenze immediate: essa non trova solo espressione nell'intuizionismo cartesiano, ma, ai nostri giorni, nella fenomenologia di Husserl, nel bergsonismo, nelle filosofie della vita e, cosa più importante, nell'empirismo neopositivistico con la sua pretesa di attingere a dati sensibili originari, non ulteriormente analizzabili sui quali erigere, per induzione e con adeguati strumenti logico-formali, le successive elaborazioni teoriche.

In realtà, la scienza attuale procede in modo diametralmente opposto mostrandoci come «*ogni dato deve essere ritrovato come un risultato*» di un processo di **costruzione**: essa non parte dall'esperienza comune, descrivibile con il linguaggio quotidiano, ma anzi esige una rottura con la conoscenza empirica e con i dati immediati della mera osservazione, giacché «*ogni esperienza* [in senso scientifico] *nuova nasce malgrado l'esperienza immediata*».

La scienza prende avvio dalla costruzione teorica

La scienza non procede dal concreto all'astratto, dai fatti alle teorie, dall'oggettivo al teorico ma, al contrario, essa incomincia con l'ideare, il costruire **strutture teoriche**, sistemi matematici e assiomatici e, successivamente, nello sforzo di conseguire la necessaria verifica, si progettano di conseguenza gli **esperimenti**: è dunque all'interno delle strutture teoriche che si collocano i fatti, così come è attraverso gli esperimenti che essi vengono colti, ricevendo un senso probante e anche un preciso spessore ontologico. Ciò significa che «*il mondo è la nostra verifica*», vale a dire che ciò che chiamiamo realtà è il risultato finale di un **processo costruttivo**, dello sforzo costante con cui la conoscenza scientifica cerca di verificarsi e così facendo oggettivizza, in modo sempre più preciso, i propri elaborati teorici (▶ Antologia, brano 5, *Il carattere costruttivo della scienza*).

L'attività di costruzione non si riferisce però solo al piano teorico: nella misura in cui questo esige una necessaria verifica, essa rinvia anche a quegli strumenti tecnici e a quei luoghi (i laboratori) in cui può attuarsi. Questo apparato strumentale, dunque, non solo è a sua volta un'oggettivazione della teoria (gli strumenti infatti non sono meri utensili, ma sono costruiti sotto le sue precise direttive, sono quindi «*teoremi reificati*»), ma, data la sua funzione mediatrice tra matematica ed esperienza, esso consente di trasformare gli oggetti da contenuti di pensiero a entità reali e, in quanto fabbricati, tangibili.

Questa è la conoscenza scientifica: un processo dinamico in cui si intrecciano il momento specificamente teorico-astratto e quello di verifica, concretamente identificabile con la pratica sperimentale: ma come la teoria rende possibile l'esperienza strumentale, così quest'ultima rende possibile la determinazione di oggetti e in definitiva della stessa realtà, per cui si può dire che quello della scienza non è un realismo ingenuo che pensa di cogliere la realtà sostanziale, ma è il realismo «*di una produzione tecnica dei fenomeni scientifici razionalmente organizzati*». Tutto ciò significa che:

■ soggetto e oggetto nella ricerca scientifica non sono separabili – e con ciò Bachelard liquida come sterili e unilaterali tutte le tradizionali contrapposizioni filosofiche tra Idealismo e realismo, empirismo e convenzionalismo, Positivismo e formalismo ecc.;
■ la conoscenza scientifica è intrinsecamente approssimata, mai assoluta e sempre provvisoria, costantemente attenta a trarre utili lezioni dai propri errori (che certo non possono mai essere del tutto eliminati) la cui correzione costituisce un indispensabile strumento di rettifica e quindi, con acquisizioni conoscitive più vicine alla verità, di progresso.

Questo tema, oltre ad accreditare un'immagine della scienza come sviluppo sempre aperto, evidenzia anche l'importanza di affrontare lo studio della «*psicologia dei metodi della scoperta e della verifica*»: essa infatti ci mostra, all'interno di precise realtà sociali, quali fattori soggettivi impediscano o alterino l'autentico «*spirito scientifico*» e il suo procedere rigorosamente razionale. A tal fine Bachelard introduce la categoria di «*ostacolo epistemologico*»: questa nozione comprende un'ampia varietà di fattori (istinti, abitudini, moti affettivi, inerzia culturale, tradizione scientifica del passato, ideologie filosofiche ecc.) tutti presenti nel fondo del nostro spirito. La loro rimozione può essere attuata con una sorta di psicoanalisi (dalle valenze sia metodologiche e pedagogiche sia filosofiche ed epistemologiche) che conduca all'«*emendazione dell'intelletto*» da tutto ciò che è estraneo al campo della scienza (una «*catarsi intellettuale e affettiva*»), una vera e propria riforma della mente che, mentre porta alla luce gli elementi extrascientifici che essa inconsapevolmente utilizza e da cui è condizionata, deve consentire l'afflusso di idee nuove, di passare a una nuova fase conoscitiva.

Il carattere costruttivo e dinamico della conoscenza scientifica

Gli ostacoli psicologici alla ricerca scientifica

3.2 Lo strutturalismo epistemologico

Il riconoscimento della preminenza del momento teorico-astratto consente a Bachelard di delineare una prospettiva epistemologica di tipo strutturalistico: nella misura in cui «*si conosce contro una conoscenza anteriore, distruggendo delle conoscenze mal fatte, sormontando ciò che, nello spirito stesso, fa da ostacolo alla spiritualizzazione*», ogni momento di sviluppo della conoscenza scientifica è caratterizzato dall'affermarsi di un sistema teorico che costituisce un'espressione più avanzata della razionalità sperimentale.

La storia della scienza ci mostra dunque con tutta evidenza il susseguirsi di una pluralità di sistemi teorici, eterogenei e irriducibili l'uno all'altro, lungo una linea di irreversibilità conoscitiva di un razionalismo che si attesta su livelli sempre più avanzati: l'epistemologia che recepisce proficuamente questa lezione deve essere a sua volta pluralista, cioè non deve dissimulare o sminuire, ma evidenziare questa diversità, esaltando il diverso grado e forma di razionalità che in esse si è manifestato attraverso una rottura con il passato non più componibile in unità.

La fecondità euristica della negazione

Per questo motivo Bachelard riconosce alla negazione una funzione di fecondità euristica fondamentale entro il processo conoscitivo, non solo sotto il profilo storico (sempre nuovi sistemi e teorie si sono imposti contro il vecchio e oggi, infatti, sono emerse geometrie non-euclidee, una meccanica non-newtoniana, logiche non-aristoteliche ecc.) ma soprattutto sotto quello della concreta attività di ricerca che può procedere non per accumulo e sintesi, ma per fratture e salti di qualità.

La **visione discontinuista** della scienza mette in crisi certe ideologie, tra cui quella neopositivista, che considerano la ragione e la scienza entità unitariamente omogenee: in effetti non esiste la scienza ma varie scienze, ciascuna dotata di un proprio statuto epistemologico specifico e di una propria razionalità definita in rapporto ai rispettivi ambiti applicativi e d'esperienza, ai propri metodi, procedure e risultati. Il pluralismo dunque deve farsi valere non solo sul piano delle teorie ma della stessa ragione, ormai decentrata in molteplici campi regionali.

3.3 Il ruolo della filosofia

L'insistenza sullo stretto rapporto tra scienza e razionalità non si conclude però con l'annullamento del ruolo della filosofia, con lo stemperamento di questa nella mera riflessione logica e metodologica: Bachelard, in effetti, ha sostenuto la connessione della filosofia con la scienza, sia mostrando la funzione stimolatrice di questa su quella, sia evidenziando la «*permanenza di prospettive filosofiche negli sviluppi della scienza*».

Sicuramente molte filosofie costituiscono altrettanti ostacoli epistemologici di cui sbarazzarsi, così come lo sono molti termini tradizionali di questa disciplina: ciò deve condurre a un suo rinnovamento che la ponga all'altezza delle problematiche e delle elaborazioni concettuali della scienza attuale: «*Il filosofo deve prendere coscienza dei nuovi caratteri della nuova scienza*», aprirsi alle sue problematiche, conoscere le radicali trasformazioni prodottesi nella sua struttura teorica e di qui partire per una radicale revisione delle proprie concezioni.

Il necessario rinnovamento della filosofia

Anche la filosofia, dunque, deve essere una «*filosofia del non*», che rompe con il passato, con la pretesa metafisica di cogliere principi assoluti alla luce dei quali giudicare la conoscenza scientifica e valutare i suoi risultati all'interno di sistemi onnicomprensivi: oggi i tradizionali problemi filosofici (realtà/pensiero, teoria/prassi, concreto/astratto, essere/conoscenza ecc., ma anche il porre il problema della conoscenza in termini di individualità singola) appaiono obsoleti alla luce dei più recenti sviluppi della scienza e dell'epistemologia. E poiché l'ordine dell'attività scientifica oggi è caratterizzato da una pluralità di scienze ciascuna autonoma rispetto alle altre, altrettanto deve essere per la filosofia: il suo obiettivo non può essere quello dell'unità sistematica, ma quello di essere aperta ai processi intellettuali sollevati dalle scienze nel loro procedere concreto, nel loro stadio attuale di crescita, di seguirli e di partecipare con perfetta adesione alla loro produzione di conoscenze. Solo in questo modo essa si può riconciliare con la scienza, diventare «concordataria», nella misura in cui si colloca «*nella regione stessa dove lavora la scienza contemporanea*».

3.4 L'immaginazione

L'attenzione di Bachelard per una conoscenza in costante atteggiamento di rettifica, la sua preoccupazione di preservarla da ogni intrusione di fattori estrinseci (del senso comune o della sfera dell'affettività), il richiamo alla vigilanza contro il condizionamento da parte di fattori inconsci presenti nel fondo dello spirito umano, la stessa lucida consapevolezza dei contorni specifici dell'attività razionalistica della scienza, lo hanno reso man mano più sensibile a un altro tipo di attività cui l'uomo ha «*diritto*» e a cui deve dedicarsi in piena libertà come componente essenziale e irrinunciabile del suo essere: quello dell'immaginazione. Produrre immagini è un'**esperienza intima** che ciascun individuo svolge in modo solitario (al contrario della ricerca scientifica che si svolge in modo sociale), vivendo in un mondo popolato di figure fantastiche: questo mondo è soprattutto quello del sogno dove la creatività, le pulsioni e la nostra componente irrazionale possono ricevere vita e trovare libera espressione.

La creazione di immagini: una dimensione fondamentale dello spirito umano

Si tratta di riconoscere che lo spirito umano si muove su due piani distinti di produttività:
– quella costruttiva della **scienza**, che trasforma razionalmente e tecnicamente la natura;
– quella creativa della **fantasia** che, sollecitata dalle cose, trasforma in immagini (o anche in espressioni poetiche e musicali) i nostri moti affettivi e pulsionali.

Bachelard riconosce che i due mondi, quello della razionalità e quello onirico-immaginativo, sono del tutto eterogenei e vanno tenuti ben distinti: e se ciò significa da un lato non consentire l'infiltrazione del secondo nel primo, dall'altro implica il totale riconoscimento dell'autonomia dell'immaginazione e della legittimità al pieno svolgimento dei suoi processi (▶ Antologia, brano 6, La *rêverie*).

Bachelard li ha esplorati con una metodologia del tutto altra rispetto a quella adottata per la conoscenza scientifica, nella consapevolezza che, pur nella radicale diversità e inconfondibilità, si tratta anche in questo caso di una modalità essenziale, altrettanto positiva e indispensabile, per conoscere la realtà del nostro mondo, per cogliere e situare «*le cose nella loro verità pratica profonda*». Il folto gruppo di opere dedicate a questo campo tematico testimonia della sua acuta sensibilità per la complessità dell'animo umano, nonché della sua volontà di scandagliarlo in ogni suo ambito con raro coraggio intellettuale.

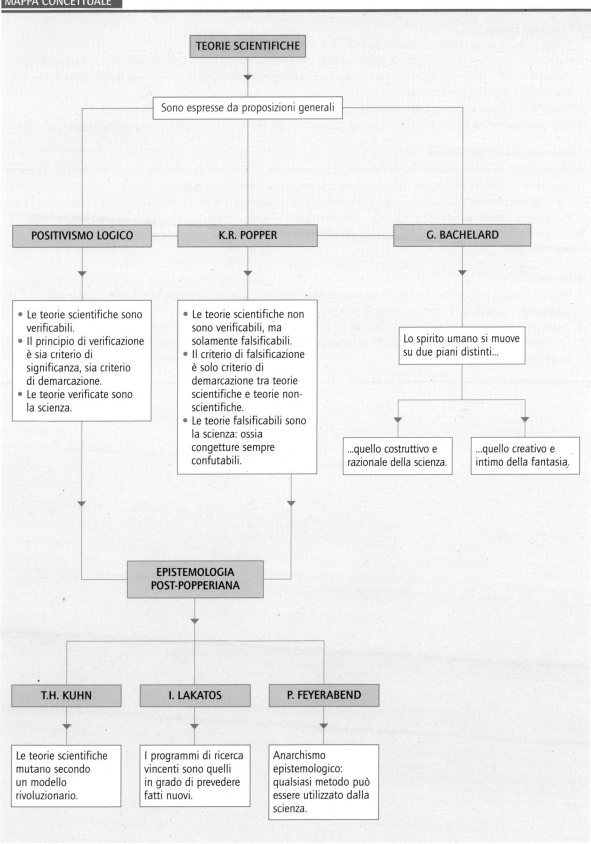

ESERCIZI DI RIEPILOGO

Karl Raimund Popper

1. Spiega in quale senso la filosofia di Popper è una forma di razionalismo critico.

2. In che cosa consiste, secondo Popper, il problema della demarcazione e quale soluzione trova nella sua epistemologia?

3. Popper critica il metodo induttivo e gli contrappone il metodo ipotetico-deduttivo: spiega i caratteri di quest'ultimo e le ragioni della critica all'induttivismo.

4. Spiega il significato della teoria dei tre mondi e, in particolare, chiarisci come interagiscono tra loro.

5. Il pensiero politico di Popper include una critica radicale allo storicismo: indica i termini fondamentali di questa critica.

L'epistemologia post-popperiana

6. Thomas Kuhn ha posto al centro del suo pensiero epistemologico il concetto di *paradigma*: spiega il significato di questo concetto e la funzione che assume nel processo di sviluppo della conoscenza scientifica.

7. Imre Lakatos perviene alla nozione di «*programma di ricerca*» attraverso una critica all'epistemologia di Popper e di Kuhn. Riassumi i termini di questa critica e spiega quale funzione ha il «*programma di ricerca*» nello sviluppo della scienza.

8. Con quali argomenti Feyerabend critica l'idea che la ricerca scientifica debba basarsi su un rigoroso fondamento metodologico?

Gaston Bachelard

9. Indica attraverso quali tappe procede, secondo Bachelard, la ricerca scientifica nel costruire il proprio sistema di conoscenze e precisa quali caratteri di fondo essa presenta.

10. Quale ruolo deve assumere la filosofia, secondo Bachelard, in relazione ai recenti sviluppi della scienza?

11. Che cosa significa il termine *rêverie*? Quale ruolo assume questa dimensione dello spirito umano nella riflessione di Bachelard?

1 Karl Raimund Popper
La critica alla teoria dell'induzione di Hume

QUESTIONE ▶ Il saggio di Popper *Congetture e confutazioni* riprende il testo di un corso di lezioni tenuto a Cambridge nel 1953. In esso viene fatta un'esposizione rigorosa, semplice e chiara delle idee fondamentali della filosofia popperiana. Come Popper dichiara all'inizio dell'esposizione, il problema che sta all'origine della sua ricerca filosofico-epistemologica è quello di trovare un criterio che ci permetta di distinguere tra asserzioni che appartengono alle scienze empiriche e asserzioni non scientifiche.

TESI ▶ Il brano riportato verte sulla questione fondamentale della critica dell'induzione, considerata un criterio inadeguato per la fondazione delle leggi scientifiche, cui viene contrapposto il metodo delle congetture e confutazioni.

Mi accostai al problema dell'induzione attraverso Hume. Hume, pensai, aveva perfettamente ragione di ritenere che l'induzione non può essere giustificata logicamente. Egli sosteneva che non può esservi alcun argomento logico valido che ci consenta di stabilire «*che quei casi dei quali non abbiamo avuto nessuna esperienza somiglino a quelli dei quali l'abbiamo avuta*». Di conseguenza, «*anche dopo aver osservato il* 5 *frequente o costante congiungimento degli oggetti, noi non abbiamo nessuna ragione di trarne un'inferenza riguardante un oggetto che è al di là di quelli di cui abbiamo esperienza*». Infatti, «*se si rispondesse che abbiamo esperienza*» – esperienza che ci insegna che certi oggetti costantemente connessi con certi altri oggetti continuano ad esserlo – allora, afferma Hume, «*ripeterei la mia domanda: come dai casi passati, di cui ab-* 10 *biamo avuto esperienza, passiamo a una conclusione che va al di là di essi?*». In altre parole, il tentativo di giustificare la pratica dell'induzione con un appello all'esperienza conduce necessariamente a un *regresso all'infinito*. Pertanto, possiamo affermare che le teorie non possono mai essere inferite da asserzioni osservative, o venire giustificate razionalmente mediante esse. 15

La critica humiana dell'inferenza induttiva mi parve chiara e decisiva. Ma non mi soddisfaceva per nulla la sua spiegazione psicologica dell'induzione in termini di abitudine[1].

Si è notato spesso che questa spiegazione humiana non è molto soddisfacente dal punto di vista filosofico. Comunque, essa è senza dubbio concepita come teoria *psi-* 20 *cologica* piuttosto che filosofica; essa tenta infatti di dare una spiegazione causale di un fatto psicologico – *il fatto che crediamo in leggi*, in asserzioni affermanti delle regolarità o connessioni costanti di eventi – con l'affermare che questo fatto è dovuto, cioè è costantemente connesso, all'abitudine. Ma questa riformulazione della teoria di Hume è ancora insoddisfacente; infatti, ciò che ho ora denominato un «fatto 25 psicologico», può anch'esso venir descritto come abitudine – l'abitudine di credere in leggi o in regolarità; e non è sorprendente, né molto illuminante, udire che una tale abitudine deve essere spiegata come dovuta, o connessa, a un'abitudine, sia pure diversa. Solo se ricordiamo che la parola «abitudine» è usata da Hume, come

---

1. Secondo Hume l'abitudine è la disposizione, prodotta dalla ripetizione di un atto, a rinnovare l'atto stesso, senza che intervenga il ragionamento; su di essa si fondano l'associazione delle idee particolari e la relazione causale. Popper, che pure condivide la critica humeana all'induzione, rifiuta la «spiegazione psicologica dell'induzione in termini di abitudine», perché introduce il pericolo dell'irrazionalismo nella conoscenza scientifica.

30 nella lingua comune, non soltanto per *descrivere* un comportamento regolare, ma piuttosto per *teorizzare intorno alla sua origine,* attribuita alla frequente ripetizione, possiamo riformulare la sua teoria psicologica in maniera più soddisfacente. Siamo allora in grado di affermare che, come avviene per altre abitudini, *la nostra abitudine di credere in leggi è il prodotto della frequente ripetizione –* della ripetuta osservazio-
35 ne che le cose di una certa specie sono costantemente congiunte a cose di un'altra specie.

Come si è osservato, questa teoria genetico-psicologica appare assimilata nel linguaggio ordinario, e difficilmente, pertanto, può essere rivoluzionaria, come riteneva Hume. Si tratta senza dubbio di una teoria psicologica assai popolare, appartenente al
40 senso comune, si potrebbe dire. Ma nonostante la mia simpatia tanto per il senso comune che per Hume, mi convinsi che questa teoria era sbagliata; e che era in realtà confutabile sul piano puramente logico. [...]

La psicologia humiana, che è poi quella popolare, sbagliava, ritenevo, su almeno tre punti differenti: *a)* il risultato tipico della ripetizione; *b)* la genesi delle abitudi-
45 ni; e soprattutto *c)* il carattere di quelle esperienze o modi di comportamento che possono ricondursi alla «credenza in una legge» o alla «aspettazione di una successione regolare di eventi».

a) Il risultato tipico della ripetizione – per esempio della ripetizione di un passaggio difficile a pianoforte – è che i movimenti richiedenti dapprima attenzione, ven-
50 gono poi eseguiti senza attenzione. Potremmo dire che il processo risulta radicalmente abbreviato, e cessa di essere consapevole: diviene «fisiologico». Un tale processo, lungi dal determinare l'aspettazione consapevole di una successione regolare, o la credenza in una legge, può anzi prendere l'avvio da una credenza consapevole, e quindi eliminarla rendendola superflua. Nell'imparare ad andare in bicicletta, pos-
55 siamo partire con la convinzione che riusciremo a non cadere se sterziamo nella direzione in cui temiamo di cadere, e questa convinzione può essere utile nel guidare i nostri movimenti. Dopo un conveniente allenamento possiamo scordare la regola; in ogni caso, non ne abbiamo più bisogno. D'altro canto, anche se è vero che la ripetizione può creare aspettazioni non consapevoli, queste ultime diventano poi con-
60 sapevoli solo se qualcosa va male: possiamo non aver udito il ticchettio dell'orologio, ma sentire ora che si è fermato.

b) Le abitudini, generalmente, non *traggono origine* dalla ripetizione. L'abitudine stessa di camminare, di parlare, o di mangiare a certe ore, *ha inizio* prima che la ripetizione possa svolgervi una qualsiasi parte. Possiamo dire, se vogliamo, che que-
65 ste possono denominarsi «abitudini» solo dopo che la ripetizione vi ha svolto il suo tipico ruolo; ma non dobbiamo dire che le pratiche in questione furono il risultato di numerose ripetizioni.

c) La credenza in una legge non si identifica con il comportamento che tradisce l'aspettazione di una successione di eventi, che non pare conforme a legge; tuttavia,
70 le due cose sono sufficientemente connesse da poter essere trattate insieme. Forse, in casi eccezionali, le due cose possono risultare da una semplice ripetizione di impressioni sensoriali, come nel caso dell'orologio che si ferma. Ero disposto a concedere quest'ultimo fatto, ma negavo che usualmente, e nella maggioranza dei casi di un qualche interesse, esse potessero essere spiegate in questo modo. Come ammet-
75 te lo stesso Hume, anche una singola osservazione rilevante può bastare a creare una

credenza o un'aspettazione – fatto, questo, che egli cerca di spiegare riconducendolo a un'abitudine induttiva, acquisita in seguito a un ampio numero di lunghe sequenze ripetitive sperimentate in un periodo anteriore della vita. [...]

Avendo confutato la concezione logica dell'induzione, Hume si trovò di fronte a questo problema: come acquisiamo effettivamente la nostra conoscenza, come fatto psicologico, se l'induzione è un processo logicamente non valido e razionalmente ingiustificabile? Si danno due risposte possibili: 1) acquisiamo la nostra conoscenza mediante un procedimento non induttivo; questa risposta avrebbe consentito a Hume di conservare una forma di razionalismo;

2) acquisiamo la nostra conoscenza mediante la ripetizione e l'induzione, e pertanto, attraverso un procedimento logicamente non valido e razionalmente ingiustificabile, così che tutto ciò che sembra conoscenza è soltanto una specie di credenza, basata sull'abitudine. Questa risposta implicherebbe che anche la conoscenza scientifica è irrazionale, cosicché il razionalismo diviene assurdo, e deve essere abbandonato.[2] [...]

Non discuterò qui gli antichi tentativi, oggi nuovamente di moda, di evitare la difficoltà asserendo che, per quanto l'induzione non sia, naturalmente, valida dal punto di vista logico, se per «logica» intendiamo la «logica deduttiva», essa tuttavia non è irrazionale secondo i propri criteri, come si può vedere nel fatto che ogni persona ragionevole se ne serve *in pratica:* fu proprio un grande merito di Hume avere spezzato questa acritica identificazione di questioni di fatto – *quid facti?* – e questioni di giustificazione o validità – *quid juris?*

Non sembra che Hume abbia mai preso seriamente in considerazione la prima alternativa. Avendo abbandonato la teoria logica dell'induzione per ripetizione, venne a un compromesso con il senso comune, consentendo remissivamente la reintroduzione dell'induzione per ripetizione nella forma di teoria psicologica. Io proposi di rovesciare questa teoria humiana. Invece di spiegare la nostra propensione ad aspettarci delle regolarità come conseguenza della ripetizione, ho suggerito di spiegare la ripetizione – per-noi come risultato della nostra propensione ad aspettarci delle regolarità e a ricercarle.

Sono stato così indotto, da considerazioni puramente logiche, a sostituire la teoria psicologica dell'induzione con la seguente dottrina. Senza attendere, passivamente, che le ripetizioni imprimano in noi, o ci impongano, delle regolarità, noi cerchiamo attivamente di imporre delle regolarità al mondo. Cerchiamo di scoprire in esso delle similarità, e di interpretarlo nei termini di leggi da noi inventate. Senza attendere le premesse, saltiamo alle conclusioni. Queste, in seguito, potranno dover essere sostituite, se l'osservazione mostra che sono errate.

Si trattava di una teoria del metodo per prova ed errore, per *congetture* e *confutazioni.* Essa permetteva di comprendere perché i nostri tentativi di imporre al mondo delle interpretazioni precedevano logicamente l'osservazione delle similarità. Poiché dietro questo procedimento vi erano delle ragioni logiche, pensai che esso vales-

---

2. Il confronto fra le due risposte possibili alla domanda «come acquisiamo effettivamente la nostra conoscenza?» evidenzia la differenza tra Popper e Hume. Secondo l'epistemologia popperiana è possibile salvare la razionalità della scienza dimostrando che «acquisiamo la nostra conoscenza mediante un procedimento *non* induttivo» (prima risposta); la posizione di Hume («acquisiamo la nostra conoscenza mediante la ripetizione e l'induzione») porta allo scetticismo.

se anche nel campo della scienza; che le teorie scientifiche, quindi, non erano sintesi di osservazioni, bensì invenzioni – congetture audacemente avanzate per prova, da eliminarsi se contrastanti con le osservazioni. Queste osservazioni, poi, rara-
120 mente erano accidentali, bensì, generalmente, venivano intraprese con la precisa intenzione di controllare una teoria, ottenendo, possibilmente, una confutazione decisiva.

▶ K.R. POPPER, *Congetture e confutazioni*

ESERCIZI

Rispondi alle seguenti domande, eventualmente con opportune citazioni:
- Che cosa sostiene la «*teoria psicologica dell'induzione*» di Hume?
- Quali critiche muove Popper alla teoria dell'abitudine di Hume?
- In che modo Popper rovescia la teoria humeana dell'induzione per ripetizione?
- Che cosa sono le *congetture*? E le *confutazioni*?

---

2 Karl Raimund Popper
In difesa della democrazia

QUESTIONE ▶ Nell'opera *La società aperta e i suoi nemici*, scritta negli anni Quaranta del XX secolo in difesa della democrazia e contro i totalitarismi, Popper sviluppa una moderna teoria della democrazia, documentata dai brani riportati di seguito.

TESI ▶ Nel primo brano (rr. 1-35) Popper si interroga su quale possa essere il miglior regime politico e risponde che è tale quello in cui un sistema di freni e contrappesi tra i poteri garantisce il ricambio democratico dei governanti. La contestazione di Popper, inserita all'interno della polemica contro il totalitarismo platonico, assume come bersaglio la teoria della sovranità incontrollata, che porta a legittimare l'esercizio assoluto del potere, indipendentemente dai risultati buoni o cattivi raggiunti da quel governo. Questo tipo di regime, dove non è possibile un ricambio pacifico di classe dirigente, si identifica con una forma di tirannide o di dittatura. Nel secondo brano (rr. 36-68) viene data una definizione di democrazia, articolata in sette punti, che tracciano «*una linea di demarcazione*» fra la democrazia e la dittatura. Popper si preoccupa anche di difendere la democrazia dalle tendenze antidemocratiche che la minacciano. Su questo punto egli ritiene siano legittimi e doverosi quegli interventi che prevedono l'uso della forza, se questo è l'unico mezzo per difendere la democrazia.

Il principio della leadership

È evidente che, una volta formulata la domanda: «Chi deve governare?», non si possono evitare risposte di questo genere: «i migliori» o «i più sapienti» o «il governante nato» o «colui che padroneggia l'arte di governo» (oppure, forse, «La Volontà Generale» o «La Razza Superiore» o «I Lavoratori dell'Industria» o «Il Popolo»). Ma una
5 risposta siffatta, per quanto convincente possa sembrare – infatti, chi potrebbe difendere il governo del «peggiore» o del «più grande stolto» o dello «schiavo nato»? – è, come cercherò di dimostrare, assolutamente sterile. Prima di tutto, tale risposta è destinata a persuaderci che sono stati risolti alcuni fondamentali problemi di teoria politica. Ma se guardiamo alla teoria politica da un angolo visuale diverso, ci ren-
10 diamo ben presto conto che, lungi dall'aver risolto qualche problema fondamenta-

le, noi lo abbiamo semplicemente aggirato, presumendo che sia fondamentale la domanda: «Chi deve governare?». Infatti, anche coloro che condividono questo atteggiamento di Platone ammettono che i dirigenti politici non sono sempre sufficientemente "buoni" o "saggi" (non dobbiamo troppo preoccuparci del preciso significato di questi termini) e che non è affatto facile ottenere un governo sulla cui bontà e saggezza si possa senz'altro contare. Ammesso ciò, dobbiamo chiederci se il pensiero politico non debba fin dal principio prospettarsi la possibilità di un governo cattivo; se non debba cioè di norma aspettarsi di avere i leader peggiori e soltanto sperare di avere i migliori. Ma ciò ci porta a un nuovo approccio al problema della politica, perché ci costringe a sostituire alla vecchia domanda: *Chi deve governare?*, la nuova domanda: *Come possiamo organizzare le istituzioni politiche in modo da impedire che i governanti cattivi o incompetenti facciano troppo danno?*

Coloro che credono che la vecchia domanda sia fondamentale, presuppongono tacitamente che il potere politico è «essenzialmente» incontrollato. Essi presuppongono che qualcuno detiene il potere – o un individuo o un corpo collettivo come una classe – e presuppongono inoltre che colui che ha il potere può, quasi quasi, fare ciò che vuole, specialmente che può rafforzare il proprio potere e quindi renderlo sempre più prossimo ad un potere illimitato e incontrollato. Essi presuppongono che il potere politico sia, per essenza, sovrano. Se si parte da questo presupposto, allora, evidentemente, la domanda : «Chi deve essere il sovrano?» è la sola domanda importante alla quale si deve rispondere. [...] La mia convinzione è che ogni teoria della sovranità trascura di affrontare una più fondamentale questione – la questione, cioè, di sapere se noi dobbiamo sforzarci di realizzare il controllo istituzionale dei governanti bilanciando i loro poteri mediante la contrapposizione di altri poteri. Questa *teoria dei freni e dei contrappesi* può almeno pretendere un'attenta considerazione.[1]

I caratteri della democrazia

1. La democrazia non può compiutamente caratterizzarsi solo come governo della maggioranza, benché l'istituzione delle elezioni generali sia della massima importanza. Infatti una maggioranza può governare in maniera tirannica. (La maggioranza di coloro che hanno una statura inferiore a 6 piedi può decidere che sia la minoranza di coloro che hanno statura superiore a 6 piedi a pagare tutte le tasse). In una democrazia, i poteri dei governanti devono essere limitati ed il criterio di una democrazia è questo: in una democrazia i governanti – cioè il governo – possono essere licenziati dai governati senza spargimenti di sangue. Quindi se gli uomini al potere non salvaguardano quelle istituzioni che assicurano alla minoranza la possibilità di lavorare per un cambiamento pacifico, il loro governo è una tirannia.

2. Dobbiamo distinguere soltanto fra due forme di governo, cioè quello che possiede istituzioni di questo genere e tutti gli altri; vale a dire fra democrazia e tirannide.

3. Una costituzione democratica consistente deve escludere soltanto un tipo di cambiamento nel sistema legale, cioè quel tipo di cambiamento che può mettere in pericolo il suo carattere democratico.

---

1. La teoria dei freni e contrappesi serve a definire i caratteri di quei regimi politici in cui la contrapposizione dei poteri garantisce il controllo dei governi e il ricambio della leadership.

4. In una democrazia, l'integrale protezione delle minoranze non deve estendersi a coloro che violano la legge e specialmente a coloro che incitano gli altri al rovesciamento violento della democrazia.

5. Una linea politica volta all'instaurazione di istituzioni intese alla salvaguardia della democrazia deve sempre operare in base al presupposto che ci possono essere tendenze anti-democratiche latenti sia fra i governati che fra i governanti.

6. Se la democrazia è distrutta, tutti i diritti sono distrutti, anche se fossero mantenuti certi vantaggi economici goduti dai governati, essi lo sarebbero solo sulla base della rassegnazione.

7. La democrazia offre un prezioso campo di battaglia per qualsiasi riforma ragionevole dato che essa permette l'attuazione di riforme senza violenza. Ma se la preservazione della democrazia non diventa la preoccupazione preminente in ogni battaglia particolare condotta su questo campo di battaglia, le tendenze anti-democratiche latenti che sono sempre presenti possono provocare il crollo della democrazia. Se la comprensione di questi principi non è ancora sufficientemente sviluppata, bisogna promuoverla. La linea politica opposta può riuscire fatale; essa può comportare la perdita della battaglia più importante, che è la battaglia per la stessa democrazia.

▶ K.R. POPPER, *La società aperta e i suoi nemici*

ESERCIZI

Rispondi alle seguenti domande, eventualmente con opportune citazioni:
- Che cosa indica la «*teoria dei freni e dei contrappesi*»?
- Che cosa distingue la *democrazia* dalla *tirannide* secondo Popper?
- Sulla base di quale teoria Popper sostiene che «*se la democrazia è distrutta, tutti i diritti sono distrutti*»?

---

❸ Imre Lakatos
I programmi di ricerca

QUESTIONE ▶ Imre Lakatos prende le mosse dalla filosofia popperiana e ne sviluppa in modo originale le tesi, proponendo una sua concezione della ricerca scientifica che tende a superare il contrasto tra Popper e Kuhn, che aveva diviso nel corso degli anni Sessanta il dibattito epistemologico anglosassone.
TESI ▶ Il brano riportato, tratto da *La storia della scienza e le sue ricostruzioni razionali*, chiarisce le ragioni della critica al falsificazionismo e mostra che la metodologia dei programmi di ricerca offre una spiegazione più convincente di come avviene il progresso della scienza.

La metodologia dei programmi di ricerca presenta un'immagine molto diversa del gioco della scienza da quella offerta dal falsificazionista metodologico. La miglior mossa d'apertura non è un'ipotesi falsificabile (e quindi non contraddittoria), ma un programma di ricerca. La semplice «falsificazione» (nel senso di Popper) non deve implicare rifiuto. Le semplici «falsificazioni» (cioè le anomalie) vanno raccolte, ma non c'è bisogno di lavorarvi sopra. I grandi esperimenti cruciali negativi di Popper scompaiono; «esperimento cruciale» è un titolo onorifico, che può essere ovviamente conferito a certe anomalie, ma soltanto *molto tempo dopo l'evento,* solo quando un programma è stato sconfitto da un altro.[1] Secondo Popper un esperimento cruciale è descritto da un asserto-base accettato che è incoerente con una teoria; secondo la metodologia dei programmi di ricerca scientifici nessun asserto-base accettato autorizza *da solo* lo scienziato a rifiutare una teoria. Tale conflitto può presentare un problema (maggiore o minore) ma in nessun caso una «vittoria». La natura può gridare il suo *No,* ma l'ingegnosità umana può sempre gridare più forte. Con sufficiente ingegnosità e un po' di fortuna qualsiasi teoria può essere difesa «in modo progressivo» per lungo tempo anche se è falsa. Lo schema popperiano di «congetture e confutazioni», cioè lo schema di prova-per-ipotesi seguita da errore-mostrato-dall'esperimento, deve essere abbandonato: nessun esperimento è cruciale (eccetto, forse, psicologicamente) nel momento – o addirittura prima – in cui è eseguito. [...] 10 15

Un programma di ricerca si dice che è *progressivo* fintanto che la sua crescita teorica anticipa la sua crescita empirica, cioè fintanto che continua a predire fatti nuovi con qualche successo («*slittamento-di-problema-progressivo*»); è *in stagnazione* se la sua crescita teorica resta indietro rispetto alla sua crescita empirica, cioè fintanto che dà solo spiegazioni *post-hoc* di scoperte casuali o di fatti anticipati da un programma rivale o in questo scoperti («*slittamento-di-problema-regressivo*»). Se un programma di ricerca spiega progressivamente più di quanto faccia un programma rivale, lo «supera» e il programma rivale può essere eliminato o, se si preferisce, «messo da parte».[2] 20 25

(*Entro* un programma di ricerca una teoria può essere eliminata solo da una teoria migliore, cioè da una teoria che ha un eccesso di contenuto empirico rispetto alle teorie che la precedono, alcune delle quali vengono di conseguenza confermate. E per questa sostituzione di una teoria da parte di un'altra migliore non è nemmeno necessario che la prima teoria venga «falsificata» nel senso di Popper. Così il progresso è segnato da esempi che verificano il contenuto in eccedenza, piuttosto che da esempi falsificanti; la «falsificazione» empirica e il «rifiuto» reale diventano indipendenti. Prima che una teoria sia stata modificata, non possiamo sapere mai come era stata «confutata», e alcune delle modificazioni più interessanti sono motivate dalla «euristica positiva» del programma di ricerca e non dalle anomalie. Questa differenza da sola ha importanti conseguenze e porta a una ricostruzione razionale del mutamento scientifico molto diversa da quella di Popper). 30 35 40

È molto difficile decidere, specialmente dato che non si può esigere progresso a ogni singolo passo, quando un programma di ricerca è degenerato senza speranza o quando uno dei due programmi rivali ha raggiunto un vantaggio decisivo sull'altro. In

---

1. Nel contrapporre il suo falsificazionismo sofisticato a quello ingenuo di Popper, Lakatos scrive che «nessun esperimento, resoconto sperimentale, asserto osservativo o ben corroborata ipotesi falsificante di basso livello possono da soli portare alla falsificazione. Non c'è falsificazione se prima non emerge una teoria migliore. [...] La falsificazione non è una semplice relazione tra teoria e base empirica, ma una relazione multipla fra teorie in competizione, fra l'originaria base empirica e la base empirica che risulta dalla competizione». Il concetto di competizione è centrale nella concezione di Lakatos, che utilizza spesso metafore guerresche per descrivere il modello conflittuale di sviluppo della scienza, in cui si scontrano i programmi di ricerca in una lotta che ha per obiettivo la conquista del dominio delle sfere della conoscenza.

2. La lotta tra due programmi di ricerca è ovviamente un processo di lunga durata in cui è razionale lavorare a ciascuno dei due (o, se si può, a entrambi). L'ultimo schema diventa importante per esempio quando uno dei programmi rivali è vago e i suoi oppositori desiderano svilupparlo in una forma più precisa per mostrarne la debolezza. Newton elaborò la teoria cartesiana dei vortici per mostrare che era incompatibile con le leggi di Keplero. [Nota di Lakatos]

questa metodologia, come nel convenzionalismo di Duhem, non può esservi una ra-
45 zionalità di tipo meccanico. *Né la dimostrazione di incoerenza da parte del logico né il
verdetto di un'anomalia da parte dello scienziato sperimentale può sconfiggere un programma di ricerca in un soffio.* Si può essere «consapevoli» solo dopo l'evento.

▶ I. LAKATOS, *La storia della scienza e le sue ricostruzioni razionali*

| ESERCIZI |

Rispondi alle seguenti domande, eventualmente con opportune citazioni:
■ Quali sono le critiche di Lakatos al falsificazionismo?
■ Per quali ragioni la metodologia dei programmi di ricerca offre, secondo Lakatos, una spiegazione
più convincente di come avviene il progresso della scienza?
■ Che cosa significa che «*né la dimostrazione di incoerenza da parte del logico né il verdetto di un'a-
nomalia da parte dello scienziato sperimentale può sconfiggere un programma di ricerca in un soffio*»?

---

4 Paul K. Feyerabend
L'anarchismo metodologico

QUESTIONE ▶ Riportiamo l'inizio dell'*Introduzione* a *Contro il metodo* in cui Feyerabend presenta la sua
visione della scienza, basata sulla convinzione che non esiste alcun metodo scientifico, alcun sistema di
regole a cui ci si debba uniformare nel condurre la ricerca.
TESI ▶ Il discorso epistemologico di Feyerabend ha sì come punti polemici di riferimento i filosofi della
scienza del Novecento – Popper, Kuhn e Lakatos – ma rimanda a una visione che trascende le problematiche scientifiche per coinvolgere la concezione generale della società, in una lettura e in un'interpretazione
fortemente critiche del sistema culturale e politico dominante nella società contemporanea.

Il saggio che segue è scritto nella convinzione che *l'anarchismo*, pur non essendo forse la filosofia *politica* più attraente, è senza dubbio un'eccellente medicina per *l'epistemologia* e per *la filosofia della scienza*.
Non è difficile trovarne la ragione.
5   «La storia in generale, la storia delle rivoluzioni in particolare, è sempre più ricca di
contenuto, più varia, più multilaterale, più viva, più "astuta"» di quanto possano immaginare anche il migliore storico e il miglior metodologo.[1] La storia è ricca di «casi e congiunture e curiose giustapposizioni di eventi»[2] e ci dimostra la «complessità
del mutamento umano e il carattere impredicibile delle conseguenze ultime di ogni
10 dato atto o decisione di esseri umani».[3] Dobbiamo credere veramente che le regole
ingenue e semplicistiche che i metodologi prendono come loro guida possano ren-

---

1. «La storia in generale, la storia delle rivoluzioni in particolare, è sempre più ricca di contenuto. Più varia, più multilaterale,
più astuta, di quanto immaginino i migliori partiti, le più coscienti avanguardie delle classi più avanzate», V.I. Lenin, *L'estremismo, malattia infantile del comunismo*, in *Opere scelte*, Editori Riuniti, Roma 1970, p. 1445. Lenin si rivolge ai partiti e alle avanguardie rivoluzionarie, non agli scienziati e ai metodologi, ma la lezione rimane la stessa [cfr. nota n. 8 di Feyerabend].
2. Herbert Butterfield, *The Interpretation of History*, New York 1965, p. 66 [nota di Feyerabend].
3. *Ibidem*, p. 21 [nota di Feyerabend].

dere ragione di un tale «labirinto di interazioni»?[4] E non è chiaro che può *partecipare* con successo a un processo di questo genere solo un opportunista senza scrupoli[5] che non sia legato ad alcuna particolare filosofia e che adotti in ogni caso il procedimento che gli sembra il più opportuno nella particolare circostanza?

È questa in effetti la conclusione a cui sono pervenuti osservatori intelligenti e profondi. «Di qui [da questo carattere del processo storico] discendono due importantissime conclusioni pratiche», scrive Lenin[6] alcune righe dopo il passo che abbiamo appena citato: «la prima è che la classe rivoluzionaria [cioè la classe che vuole o cambiare una parte della società, quale può essere la scienza, o la società nel suo complesso], per adempiere al suo compito, deve sapersi rendere padrona di *tutte* le forme o di tutti i lati, senza la minima eccezione, dell'attività sociale [dev'essere in grado di capire, e di applicare, non soltanto una metodologia particolare, ma qualsiasi metodologia, e qualsiasi variazione riesca a immaginarne] ...; la seconda è che la classe rivoluzionaria dev'essere pronta alla sostituzione più rapida ed inattesa di una forma con l'altra». «Le condizioni esterne», scrive Einstein[7], «che per lui (per lo scienziato) sono date dai fatti dell'esperienza, non gli permettono di accettare condizioni troppo restrittive nella costruzione del suo mondo concettuale, in base all'autorità di un sistema epistemologico. È inevitabile, quindi, che appaia all'epistemologo sistematico come una specie di opportunista senza scrupoli...». Un mezzo complesso, comprendente sviluppi sorprendenti e imprevisti, richiede procedimenti complessi e presenta difficoltà insuperabili a un'analisi la quale operi sulla base di regole che siano state costituite in anticipo e senza tener conto delle condizioni sempre mutevoli della storia.

È possibile, ovviamente, semplificare il mezzo in cui uno scienziato lavora semplificandone i protagonisti. La storia della scienza, in definitiva, non consta solo di fatti e di conclusioni tratte da fatti. Essa contiene anche idee, interpretazioni di fatti, problemi creati da interpretazioni contrastanti, errori e così via. Se esaminiamo le cose più a fondo, troviamo addirittura che la scienza non conosce «meri fatti», ma che i «fatti» che entrano nella nostra conoscenza sono già visti in un certo modo e sono perciò essenzialmente ideazionali[8]. Così stando le cose, la storia della scienza sarà altrettanto complessa, caotica, piena di errori e divertente quanto le idee che con-

---

4. Cfr. G.W.F. Hegel, Filosofia della storia: «Ma ciò che l'esperienza e la storia insegnano è che popoli e governi non hanno appreso mai nulla dalla storia, né hanno mai agito secondo dottrine che fossero ricavabili da essa. Ogni epoca presenta circostanze così particolari, costituisce una situazione così individuale, che vi si deve decidere e vi si può decidere solo partendo da essa». «Intelligente e penetrante»; «Molto intelligente!»; «NB» scrive Lenin nelle sue note marginali a questo passo [nota di Feyerabend].

5. «Opportunista senza scrupoli» è, alla luce delle citazioni di Lenin riprese all'inizio del brano, chi fa proprie le tesi antimetodologiche secondo cui è impossibile ingabbiare entro gli schemi fissi di una sola teoria la ricchezza della vita e della storia. Sia dal punto di vista della ricerca scientifica, sia da quello della storia socio-politica la prassi è irriducibile alla teoria.

6. Lenin, *Opere scelte*, cit., pp. 1145-1146. Vediamo qui chiaramente come poche sostituzioni siano sufficienti a trasformare una lezione politica in una lezione *metodologica*. La cosa non è affatto sorprendente. Tanto la metodologia quanto la politica sono mezzi per la transizione da una fase storica a un'altra. L'unica differenza consiste nel fatto che le metodologie standard trascurano il fatto che la storia produce costantemente elementi nuovi. Vediamo come anche un individuo che, come Lenin, non si lascia intimidire da limitazioni tradizionali e il cui pensiero non è legato all'ideologia di una professione, possa dare consigli utili a chiunque, filosofi della scienza compresi [nota di Feyerabend].

7. Albert Einstein, *Albert Einstein, scienziato e filosofo*, a cura di P.A. Schillp, tr. it. Boringhieri, Torino 1958, pp. 629-630 [nota di Feyerabend].

8. Non esistono fatti oggettivi, ma sempre fatti interpretati all'interno di teorie e di visioni pregiudiziali. Questa tesi vede Feyerabend concordare non solo con Popper, ma con tutta una tradizione di pensiero che va da Goethe a Nietzsche e alle posizioni dell'ermeneutica.

tiene, e queste idee a loro volta saranno altrettanto complesse, caotiche, piene di errori e divertenti quanto la mente di coloro che le inventarono. Inversamente, un po' di lavaggio del cervello avrà l'effetto di rendere la storia della scienza più opaca, più semplice, più uniforme, più «obiettiva» e più facilmente accessibile a un trattamento che si fondi su regole rigide e immutabili.

L'istruzione scientifica quale la conosciamo oggi ha precisamente questo scopo. Essa semplifica la «scienza» semplificandone i partecipanti: prima di tutto si definisce un settore di ricerca. Questo settore viene separato dal resto della storia (si separa per esempio la fisica dalla metafisica e dalla teologia) e riceve una «logica» propria. Una preparazione approfondita in tale «logica» condiziona quindi coloro che lavorano nel settore; essa rende *le loro azioni* più uniformi e congela gran parte del *processo storico*. Accade così che «fatti» stabili emergano e persistano nonostante le vicissitudini della storia. Una parte essenziale della formazione scolastica che fa emergere tali fatti consiste nel tentativo di inibire intuizioni che potrebbero condurre a confondere i confini fra un settore e l'altro. La religione di un individuo, per esempio, o la sua metafisica, o il suo senso dell'umorismo (il suo senso dell'umorismo *naturale* e non quella sorta di comicità acquisita e quasi sempre sgradevole che si trova in talune professioni specializzate) non devono avere la minima connessione con la sua attività scientifica. La sua immaginazione viene repressa, e anche il suo linguaggio cessa di essere un linguaggio personale. Questo atteggiamento si riflette poi nuovamente nella natura di «fatti» scientifici che sono sperimentati come indipendenti da opinioni e convinzioni e dallo sfondo culturale.

È possibile in questo modo creare una tradizione che venga mantenuta in vita dell'osservanza di norme rigorose e che entro certi limiti ottenga anche risultati importanti. Ma è desiderabile sostenere una tale tradizione a esclusione di qualsiasi altra cosa? Dovremmo trasferire ad essa i diritti esclusivi di occuparsi della conoscenza, così da escludere immediatamente qualsiasi risultato sia stato ottenuto con altri metodi? È questa la domanda che intendo esaminare in questo saggio. E la mia risposta a tale domanda sarà un fermo NO.[9]

▶ P.K. Feyerabend, *Contro il metodo*

ESERCIZI

Rispondi alle seguenti domande, eventualmente con opportune citazioni:
- In che senso è utilizzato nel brano il termine *logica*?
- Come operano la *ricerca* e l'*istruzione* in campo scientifico secondo la descrizione di Feyerabend?
- È desiderabile sostenere una tradizione a esclusione di qualsiasi altra?

---

9. L'ufficializzazione del sapere scientifico (e del sapere in generale) avviene innanzi tutto attraverso la nascita delle istituzioni scientifiche; al loro interno poi si formano i settori specialistici, contraddistinti da logiche e linguaggi propri. Ciascuno di questi ambiti settoriali tende a darsi norme rigorose per distinguersi dagli altri e imporre al proprio interno regole d'azione comuni. Tutto questo caratterizza la crescente specializzazione del sapere della scienza moderna; ma questo processo per Feyerabend non è un obiettivo desiderabile per due ragioni: dal punto di vista epistemologico la rigidità metodologica pone vincoli inaccettabili all'esplorazione del mondo misterioso della natura, dal punto di vista politico limita la libertà dell'uomo.

5 Gaston Bachelard
Il carattere costruttivo della scienza

QUESTIONE ▶ Queste pagine sono tratte dall'*Introduzione* all'opera del 1934, *Il nuovo spirito scientifico*, in cui Bachelard per la prima volta presenta in modo compiuto i risultati delle sue ricerche. Esse delineano già in forma matura i tratti e i temi salienti, poi ripresi e sviluppati nei lavori successivi, della sua epistemologia. Sul piano della scrittura dobbiamo notare che allo stile rigoroso e asciutto dei primi due brani presentati, segue quello più morbido, suadente e per certi aspetti barocco del secondo (*La rêverie*). Bachelard è dunque un maestro anche sul piano dell'uso della scrittura, che sa far aderire strettamente all'oggetto trattato per rappresentarlo nel modo più appropriato, per consentire al lettore di entrare nel modo più efficace al suo interno cogliendone le più intime sfumature. Pur trattando questioni anche molto specialistiche, egli non è dunque un autore accademico (almeno in senso stretto), ma uno studioso che parla al più ampio pubblico delle persone colte per condurle entro sfere di realtà in apparenza note eppure ancora in gran parte sconosciute, per invitarle a pensare e soprattutto a proseguire l'indagine.

TESI ▶ Nel primo brano (rr. 1-52) è evidenziata con insistenza la natura essenzialmente razionalistica della scienza moderna: contro l'induttivismo sostenuto da una lunga e autorevole tradizione, essa va «*dal razionale al reale*» (e non viceversa), lasciandosi alle spalle ogni intuizionismo e affidamento all'immediatezza. Malgrado sia stato accusato di idealismo, Bachelard è in realtà un realista, anche se insegna a trovare la realtà all'interno degli schemi astratti della scienza, alla fine del suo processo investigativo. Nel secondo brano (rr. 53-95) emerge questo ulteriore aspetto, vale a dire la natura costruttiva e progettuale della scienza in quanto è scienza sperimentale, quindi strettamente collegata alla tecnica: la ragione, pertanto, non è ragione meramente teorica, ma operativa, termini non più posti in antitesi ma in intima relazionalità.

Ogni nuova esperienza nasce malgrado l'esperienza immediata

D'altronde, sembra possibile rendersi subito ragione della base dualistica di ogni filosofia scientifica: per il fatto stesso che la filosofia della scienza è una filosofia che si applica, essa non può conservare né la purezza né l'unità d'una filosofia speculativa. Qualunque sia il punto di partenza dell'attività scientifica, tale attività non può convincere in pieno se non a patto di lasciare l'ambito di base: se essa sperimenta, si deve ragionare; se essa ragiona, si deve sperimentare. Ogni applicazione è trascendenza. Nel procedimento scientifico più semplice è possibile cogliere una dualità, una specie di polarizzazione epistemologica, che tende a classificare la fenomenologia nella doppia rubrica del pittoresco e del comprensibile: in altre parole sotto la doppia etichetta del realismo e del razionalismo. [...] Tuttavia ci sembra nettissimo il significato del vettore epistemologico. Esso va sicuramente dal razionale al reale e niente affatto, inversamente, dalla realtà al generale, come professavano tutti i filosofi, da Aristotele a Bacone. In altri termini, l'applicazione del pensiero scientifico ci sembra essenzialmente realizzante [...] il realizzarsi del razionale o, più generalmente, il realizzarsi del matematico. [...] Se si fa troppo presto a condannare il realismo matematico, è perché si resta sedotti dalla magnifica estensione dell'epistemologia formale, ossia da una specie di funzionamento a vuoto delle nozioni matematiche. Ma [...] nell'attività matematica vi è qualcosa in più di una semplice organizzazione formale di schemi, e ogni idea pura implica un'applicazione psicologica, un esempio che funge da realtà. Ci si accorge, meditando sul lavoro matematico, che esso proviene sempre dall'estensione di una conoscenza presa sul reale e che, nelle matematiche stesse, la realtà si manifesta nella sua funzione essenziale: far pensare. In forma più o meno netta, in funzioni più o meno mescolate, un realismo matematico viene presto o tardi a dare consistenza al pensiero, a dargli una

5

10

15

20

25 permanenza psicologica, a sdoppiare insomma l'attività spirituale, rendendo manifesto, anche qui come dappertutto, il dualismo del soggettivo e dell'oggettivo. [Il realizzarsi del razionale nell'esperienza fisica] corrisponde a un realismo tecnico [che] ci sembra uno dei caratteri distintivi dello spirito scientifico contemporaneo. [...] Si tratta, infatti, di un realismo di seconda posizione, di un realismo che reagisce con-

30 tro la realtà usuale, in polemica con l'immediato, un realismo fatto di ragione realizzata, di ragione sperimentata. Il reale che corrisponde a esso non è respinto nel campo della cosa in sé inconoscibile. [...] Mentre la cosa in sé è un *noumeno* per esclusione di valori fenomenici, ci sembra proprio che il reale scientifico sia fatto di una struttura noumenale propria a indicare gli assi della sperimentazione. L'esperienza

35 scientifica è in tal modo una ragione confermata. Questo nuovo aspetto filosofico della scienza prepara un ritorno del normativo nell'esperienza: la necessità dell'esperimento essendo compresa dalla teoria prima di essere scoperta dall'osservazione, è compito del fisico purificare il fenomeno tanto da ritrovare il *noumeno* organico. Il ragionamento per costruzione [...] Fa la sua comparsa nella fisica matematica

40 e nella fisica sperimentale. Tutta la teoria dell'ipotesi di lavoro ci sembra destinata a una rapida decadenza. Tale ipotesi deve considerarsi reale come l'esperienza, nella misura in cui è collegata a questa. Essa è realizzata. È passato il tempo delle ipotesi sconnesse e mobili, com'è passato il tempo delle esperienze isolate e curiose. Ormai l'ipotesi è sintesi. [...] Ora, il pensiero scientifico autentico è metafisicamente in-

45 duttivo; [...] esso legge nel semplice il complesso, enuncia la legge a proposito del fatto, la regola a proposito dell'esempio. [...] Metteremo in evidenza una specie di generalizzazione polemica che fa passare la ragione dal perché al perché no. Accanto all'analogia faremo posto alla paralogia e dimostreremo che all'antica filosofia del "come se" succede, nella filosofia scientifica, la filosofia del "perché no". Come

50 dice Nietzsche, tutto ciò che è decisivo non nasce che suo malgrado. [...] Ogni nuova verità nasce malgrado l'evidenza; ogni nuova esperienza nasce malgrado l'esperienza immediata.

Il carattere polemico della conoscenza scientifica

Un'esperienza non può essere un'esperienza ben fatta se non è completa, il che si verifica soltanto nel caso di un'esperienza preceduta da un progetto studiato bene, a

55 partire da una teoria compiuta. In ultima analisi le condizioni sperimentali sono condizioni di sperimentazione. [...] Gli insegnamenti della realtà non valgono se non in quanto suggeriscono realizzazioni razionali. Così, appena si mediti l'azione scientifica, ci si accorge che il realismo e il razionalismo si scambiano senza fine i loro consigli. Isolatamente né l'uno né l'altro bastano a costituire la prova scientifica [...]

60 Vi è in ciò una ragione di novità metodologica che dovremo mettere in risalto: i rapporti tra la teoria e l'esperienza sono così stretti che nessun metodo, sia sperimentale sia razionale, può essere sicuro di conservare il proprio valore. [...] L'epistemologo deve perciò situarsi proprio all'incrocio delle strade, tra il realismo e il razionalismo. Qui può cogliere il nuovo dinamismo di queste filosofie contrarie, il doppio

65 movimento mediante il quale la scienza semplifica il reale e complica il razionale. Viene allora ad accorciarsi il tragitto che va dalla realtà spiegata al pensiero applicato. In questo breve tragitto bisogna appunto sviluppare tutta la pedagogia della prova, pedagogia che... è la sola pedagogia possibile dello spirito scientifico. [...] La

verità scientifica è invero una predizione, o meglio, una predicazione. Chiamiamo gli spiriti alla convergenza, annunciando la nuova scientifica, trasmettendo a un tempo un pensiero e un'esperienza, collegando il pensiero all'esperienza in una verifica: il mondo scientifico è perciò la nostra verifica. Al di là del soggetto, al di là dell'oggetto immediato, esso si fonda sul progetto. La meditazione dell'oggetto attraverso il soggetto assume sempre, nel pensiero scientifico, la forma del progetto. [...] L'oggettività non può essere staccata dai caratteri sociali della prova. Non è possibile pervenire all'oggettività se non a patto di esporre in modo discorsivo e particolareggiato un metodo di oggettivazione. [...] Già l'osservazione ha bisogno di un corpo di precauzioni che conducono a riflettere prima di guardare, e che riformano, almeno, la prima visione, in modo che non è mai la prima osservazione a essere quella buona. L'osservazione scientifica è sempre un'osservazione polemica; essa conferma, oppure smentisce una tesi anteriore, uno schema preliminare, un piano d'osservazione; essa mostra dimostrando; essa dispone gerarchicamente le apparenze; trascende l'immediato; essa ricostruisce il reale dopo aver ricostruito i propri schemi. Naturalmente, il carattere polemico della conoscenza diventa ancora più netto non appena si passi dall'osservazione all'esperimento. Occorre allora che il fenomeno sia smistato, filtrato, purificato, colato nello stampo degli strumenti, prodotto sul piano degli strumenti. Ora, gli strumenti non sono che teorie materializzate. Ne vengono fuori fenomeni che portano in ogni parte il marchio teorico. [...] [Si tratta] d'un movimento alternato che, dopo talune rettifiche dei progetti, tende sempre a una realizzazione effettiva del *noumeno*. Perciò la vera fenomenologia scientifica è dunque, essenzialmente, una fenomenotecnica; la quale rafforza tutto quanto traspare dietro ciò che appare. Essa si istruisce mediante ciò che costruisce. [...] Dopo aver formato, nei primi sforzi dello spirito scientifico, una ragione a immagine del mondo, l'attività spirituale della scienza moderna si applica a costruire un mondo a immagine della ragione.

70

75

80

85

90

95

▶ G. Bachelard, *Il nuovo spirito scientifico*

ESERCIZI

Rispondi alle seguenti domande, eventualmente con opportune citazioni:

■ Per quale motivo, secondo Bachelard, la filosofia della scienza ha una base dualistica?

■ Di quali due aspetti deve tener conto?

■ Come procede il cammino della scienza secondo Bachelard? Che cosa intende con l'espressione «*realismo tecnico*»?

■ Che rapporto esiste, secondo Bachelard, tra *realismo* e *razionalismo*?

■ Perché Bachelard definisce *polemico* il carattere della conoscenza scientifica?

---

6 Gaston Bachelard
La *rêverie*

QUESTIONE ▶ *La poetica della* rêverie, al contrario de *Il nuovo spirito scientifico*, è un libro della vecchiaia (scritto nel 1960, due anni prima della morte). A una prima lettura si potrebbe scorgere in queste pagine una tentazione di evadere dalla realtà per trovare un rassicurante approdo in un mondo puramente immaginato. Senza negare questo aspetto, vale la pena di evidenziare lo sforzo analitico di Bachelard che, dopo la ragione scientifica, sonda qui le profondità di un'altra dimensione del nostro spirito.

TESI ▶ Nel primo testo (rr. 1-34) egli si sforza di mostrarci, con un approccio fenomenologico, l'essenza della *rêverie*: essa è collegata allo stato di «riposo», all'abbandono che fa emergere un altro mondo, quello degli abissi interiori, che è in fondo molto più concreto – perché più nostro – di quello esterno, non a caso chiamato «non-io». Lungo questa linea di ricerca Bachelard mostra, nella seconda lettura (rr. 35-62), la condizione indispensabile e allo stesso tempo l'effetto prodotto dalla *rêverie*: la tranquillità, intesa più che come uno stato psicologico, come una vera e propria condizione ontologica, un modo d'essere dello spirito che si oppone a quello esteriore e quotidiano del vivere tra le cose (solo illusoriamente concreto). A questo livello l'individuo trova se stesso (la sua solitudine) e la capacità di contemplare, come modalità di conoscere qualitativamente più autentica.

La *rêverie* come custode dello psichismo umano

Invece di cercare il sogno nella *rêverie*, si dovrebbe cercare la *rêverie* nel sogno. Vi sono isole di tranquillità in mezzo alle più profonde angosce. [...] Come dire che il sognatore, nella notte del sonno ritrova gli splendori del giorno. È cosciente della bellezza del mondo e la bellezza del mondo fantasticato gli restituisce per un istante la
5 sua coscienza. Così la *rêverie* illustra un riposo dell'essere, la *rêverie* illustra un benessere. Il sognatore e la sua *rêverie* entrano anima e corpo nella sostanza della felicità. [...] Così è tutto un universo che contribuisce alla nostra felicità quando la *rêverie* invade il nostro riposo. A chi vuole sognare, bisogna dire: cominciate ad essere felici. Allora la *rêverie* percorre il suo vero destino: diviene *rêverie* poetica: tutto attraverso
10 di lei, in lei diventa bello. Se il sognatore ne possedesse la "tecnica", con la sua *rêverie* farebbe un poema. E questo poema sarebbe grandioso dal momento che il mondo fantasticato è di per sé grandioso. I metafisici parlano spesso di una "apertura al mondo". Ma ascoltandoli bene, sembra che abbiano soltanto da tirare una tenda per trovarsi di colpo in faccia al mondo. Quante esperienze di metafisica concreta potremmo
15 avere se prestassimo maggiore attenzione alla *rêverie* poetica. Aprirsi al Mondo oggettivo, entrare nel Mondo oggettivo, costituire un mondo che riteniamo oggettivo, sono grandi aspirazioni che non possono essere descritte dalla psicologia positiva. Ma questo procedere per costruire attraverso mille revisioni un mondo stabile ci fanno dimenticare lo splendore delle prime aperture. La *rêverie* poetica ci offre il mon-
20 do dei mondi. La *rêverie* poetica è una *rêverie* cosmica. Essa offre l'apertura a un mondo, a mondi belli. Dà all'io un non-io che è il bene dell'io, il proprio non-io. È questo non-io che affascina l'io del sognatore e di cui i poeti sanno farci partecipi. Per il mio io sognatore, è questo mio non-io che mi dà la possibilità di vivere la sicurezza di essere al mondo. Di fronte al mondo reale, si può scoprire in se stessi l'essere del pen-
25 siero. Così si è catapultati nel mondo, affidati all'inumanità del mondo, alla negatività del mondo, il mondo diventa in questo modo il nulla dell'umano. Le esigenze della nostra funzione del reale ci costringono ad adeguarci alla realtà, a formarci come una realtà, a fabbricare opere che sono della realtà. Ma la *rêverie*, nella sua stessa essenza, non ci libera forse dalla funzione del reale? Quando la si considera nella sua sem-
30 plicità, ci si rende subito conto che essa è la testimonianza di una funzione dell'irreale, funzione normale, funzione utile, che custodisce lo psichismo umano al di fuori di tutte le brutalità di un non-io ostile, di un non-io estraneo. [...] Attraverso l'immaginazione, grazie alle sottigliezze della funzione dell'irreale, ritorniamo nel mondo della sicurezza, il mondo dell'essere fiducioso, il mondo proprio della *rêverie*.

L'immediatezza dell'immagine cosmica

Quando colui che coltiva *rêveries* ha eliminato ogni "preoccupazione" che assilla la vita di ogni giorno, quando si è liberato dall'ansia che gli è trasmessa dalle ansie altrui, quando è veramente l'autore della propria solitudine, quando può contemplare senza contare le ore dell'universo, sente un essere che si apre in lui. Egli si apre al mondo e il mondo si apre a lui. Non si vede il mondo se non si sogna ciò che si vede. In una *rêverie* solitaria che amplifica la solitudine di colui che fantastica, si uniscono due profondità e si ripercuotono come una eco dalle profondità dell'essere del mondo alle profondità dell'essere di colui che fantastica. Il tempo è sospeso senza ieri né domani. Il tempo è inghiottito nella duplice profondità di colui che fantastica. Il mondo è così maestoso che non accade più nulla. Il mondo riposa nella sua tranquillità. Colui che fantastica è tranquillo davanti a un'Acqua tranquilla. La *rêverie* non può essere approfondita se non sognando di fronte a un mondo tranquillo. La Tranquillità è l'essere stesso sia del mondo che di colui che lo sogna. La filosofia nella sua *rêverie* di *rêveries* conosce un'ontologia della tranquillità. La tranquillità è il legame che unisce il Mondo a chi lo sogna, il sognatore e il suo Mondo. In questa pace si stabilisce una psicologia delle maiuscole. Le parole di chi sogna divengono nomi del Mondo. Acquisiscono il diritto alle maiuscole. Allora il mondo è grande e l'uomo che lo sogna è un Grande. [...] Cosa diventa l'immagine percepita quando l'immaginazione assume l'immagine per farne il segno di un mondo? Nella *rêverie* del poeta, il mondo è immaginato, direttamente immaginato. Si giunge in ciò a uno dei paradossi dell'immaginazione: mentre i pensatori che ricostruiscono il mondo ripercorrono un lungo cammino di riflessioni, l'immagine cosmica è immediata. Ci dà il tutto prima delle parti. Nella sua esuberanza crede di dirci tutto del Tutto. Ritiene l'universo come uno dei suoi caratteri. Una sola immagine invade tutto l'universo. Diffonde in tutto l'universo la felicità che proviamo di abitare il mondo stesso di questa immagine. [...] Attraverso l'apertura del mondo fornita da un'immagine, il sognatore di mondo abita il mondo che gli si offre. Da un'immagine isolata può nascere un universo.

▶ G. BACHELARD, *La poetica della rêverie*

ESERCIZI

Rispondi alle seguenti domande, eventualmente con opportune citazioni:

■ Quali caratteristiche attribuisce Bachelard alla *rêverie*? Qual è l'importante funzione che il filosofo le attribuisce?

■ Che differenza scorge Bachelard tra una conoscenza raggiunta per via razionale e l'immagine sognata dal poeta? Quali sfere della realtà si colgono in questi due modi?

1. La conoscenza non è *epistéme*, ma *dóxa*

Il testo che presentiamo pone l'interrogativo da cui muove la ricerca di Popper intorno alla teoria della conoscenza («Che cosa posso conoscere?»), e illustra il tipo di risposta offerta: una teoria che concepisce la conoscenza come una ricerca senza fine che rifiuta il dogmatismo e l'autoritarismo e considera la verità non come una certezza posseduta, ma come un obiettivo a cui tendere con gli strumenti fallibili della ragione. Conoscenza come dóxa, sapere opinabile, ben diverso da quello incontrovertibile dell'epistéme. Quel sapere sempre accompagnato dalla coscienza del proprio limite che accomuna il fallibilismo di Popper al sapere di non sapere di Socrate e di altri grandi filosofi di quella tradizione.

Luigi Lentini[1], *Fallibilismo e razionalismo critico*

La ricerca di Popper vuole essere un tentativo di sondare l'enigma della conoscenza in generale, un contributo a dare una risposta al problema: «Che cosa posso conoscere?», «Posso conoscere?», «Posso conoscere qualcosa con certezza?».

Per Popper sono possibili tre tipi di risposta a tale problema. Egli scrive: «Nella teoria della conoscenza possiamo, essenzialmente, distinguere tre punti di vista. 1) Un punto di vista ottimistico: noi siamo in grado di conoscere il mondo. 2) Un punto di vista pessimistico: agli uomini è negata la conoscenza. È il punto di vista che oggi viene solitamente designato come scetticismo. 3) Il terzo punto di vista è quello della scepsi (da *skeptomai*, "mettere alla prova, riflettere, ricercare") nel senso originario della Media Accademia. È anche il punto di vista del presocratico Senofane: non possediamo nessun criterio di verità, nessun sapere certo; eppure possiamo ricercare e col tempo possiamo, ricercando, trovare il meglio. Stando a questa forma di scepsi è dunque possibile un progresso del sapere». Di questi, qual è il punto di vista condiviso da Popper?

L'idea di fondo di Popper è che la conoscenza umana non è *epistéme*, sapere certo, ma *doxa*, sapere congetturale, che noi siamo cercatori non possessori della verità. È questa la tesi del fallibilismo, e «il fallibilismo non è nient'altro che il non-sapere socratico». Egli perciò si dichiara discepolo di Socrate e si colloca all'interno di una tradizione filosofica che comprende tra gli altri Nicola Cusano, Erasmo, Montaigne e da ultimo Peirce. Popper ritiene che l'antica intuizione di Socrate, secondo cui «la saggezza consiste nella presa di coscienza dei propri limiti, nella consapevolezza di questi limiti – e specialmente nella consapevolezza della propria ignoranza», lungi dall'essere un paradosso sia invece un'idea estremamente importante e feconda. La sua teoria della conoscenza può perciò essere considerata come il tentativo di rielaborare quella antica intuizione e di argomentare razionalmente a favore di essa per mostrare che «il fallibilismo di Socrate continua ad essere dalla parte della ragione». Ciò è per Popper della massima importanza non solo perché il fallibilismo annulla la fede dogmatica nell'autorità della scienza come di qualsiasi altra forma di sapere, ma anche, e forse soprattutto, perché il fallibilismo con la sua carica di antidogmatismo e di antiautoritarismo, diventando un bene intellettuale comune, può costituire la base di una società veramente libera e tollerante.

Coerentemente con la sua tesi secondo cui la conoscenza umana è congetturale e fallibile, e noi siamo cercatori non possessori della verità, Popper considera la sua teoria della conoscenza non come la soluzione definitiva del problema della conoscenza ma solo come un tentativo, anch'esso congetturale, di affrontare tale problema; come una teoria, quindi, a favore della quale si può argomentare razionalmente ma che non può pretendere di essere vera. Non solo sono congetturali le teorie di cui è costituita la conoscenza, ma è congetturale anche la teoria della conoscenza. Come le teorie, insomma, anche la meta-teoria è congetturale e aperta alla critica. Popper traccia così un'immagine della ricerca come compito senza fine, e un'immagine dell'uomo come Sisifo, un Sisifo però che nell'incessante lotta con i problemi può essere felice.

RISPONDI ALLE SEGUENTI DOMANDE

- Che cosa indicano i termini *epistéme* e *dóxa*? Quali erano i termini del problema nella filosofia greca?
- Che cosa significa «*conoscenza congetturale*»? Quali sono i caratteri del *fallibilismo*?

---

1. Luigi Lentini è professore associato presso l'Università degli studi di Venezia, dove insegna Epistemologia ed Epistemologia ed etica della scienza. Si è occupato di Popper e dei filosofi della scienza post-popperiani.

2. Democrazia e ragione

Il testo prende in esame due aspetti importanti del pensiero politico di Popper. Da un lato affronta il problema di come i democratici devono comportarsi di fronte ai nemici della democrazia e si chiede: hanno essi il diritto di usare la forza per difenderla dagli attacchi violenti dei suoi nemici? A questa domanda Popper risponde di sì.
Il secondo aspetto riguarda il nesso tra epistemologia e politica. Nel brano è riportata una citazione di Antiseri che mostra il parallelismo tra le argomentazioni popperiane riguardanti la metodologia scientifica e quelle rivolte alle questioni sullo Stato e sul governo.

Giovanni Fornero[2], *Storicismo, totalitarismo e democrazia*

La preoccupazione per le sorti della democrazia conduce Popper a discutere sia il paradosso della libertà illimitata sia il paradosso della tolleranza illimitata. A proposito del primo, egli ritiene che le istituzioni di una società aperta non possono lasciare liberi i prepotenti di schiavizzare i mansueti. A proposito del secondo, asserisce che se noi estendiamo l'illimitata tolleranza anche a coloro che sono intolleranti, ossia se non siamo disposti a proteggere una società tollerante contro l'attacco degli intolleranti, «allora i tolleranti saranno distrutti, e la tolleranza con essi». Con queste formulazioni, prosegue Popper, non si intende dire che si debbano *sempre* sopprimere le manifestazioni delle filosofie intolleranti. Infatti, finché possiamo combatterle con argomentazioni razionali e farle tenere sotto controllo dall'opinione pubblica, la soppressione è certamente la meno saggia delle decisioni. Ciò non toglie che dobbiamo proclamare il *diritto* di sopprimerle, se necessario, anche con la forza, qualora esse, ripudiando ogni argomentazione, ricorrano all'uso «dei pugni o delle pistole». In altre parole, risulta umanamente legittimo, anzi doverosamente democratico, non tollerare gli intolleranti e considerare l'incitamento all'intolleranza un crimine analogo all'assassinio, al ratto o al ripristino del commercio degli schiavi.

A questo punto, dovrebbe risultare chiaro in che senso, secondo Popper, le istituzioni democratiche siano l'a-nalogo, in campo sociale, delle regole metodologiche della scienza: «Difatti, come nella scienza si cerca di risolvere problemi, altrettanto si fa nella politica. Come nella scienza la soluzione dei problemi necessita di creatività, di ipotesi nuove da sottoporre a critica, così nella democrazia occorrono di continuo soluzioni alternative da vagliare e da scartare se non portano ai risultati desiderati. Come nella scienza l'importante non è da dove venga fuori una teoria, ma che questa teoria sia controllabile, così nella democrazia quel che conta non è chi deve governare, ma *come* (con quali strumenti istituzionali) controllare i governanti. Come nella ricerca il dogmatico è l'illuso possessore di una verità definitiva che si pone fuori della *polis* degli scienziati e non produce più scienza: così in politica l'utopista è l'illuso possessore di una verità definitiva su di una presunta società perfetta. Ma, e questo è il punto più importante, come nella scienza ogni teoria (piccola o grande che sia) può mutare e le teorie saranno considerate scientifiche purché siano state rispettate le regole del metodo scientifico; così nella politica possono mutare maggioranze e minoranze, ogni legge può venir proposta o abrogata o perfezionata, e possono mutare alleanze e programmi, ma il mutamento sarà democratico solo a patto che si siano rispettate le regole della democrazia. Senza metodo non vi è scienza; senza istituzioni democratiche non vi è democrazia» (D. Antiseri, *La demarcazione tra «società aperta» e «società chiusa»*). In conclusione, agli occhi di Popper, razionalità scientifica e democrazia finiscono per fare tutt'uno. Infatti, ai persuasi che oggi «una qualche forma di totalitarismo è inevitabile» egli ribatte: «La loro affermazione che la democrazia non è destinata a durare per sempre equivale, in realtà, all'affermazione che la ragione umana non è destinata a durare per sempre, poiché solo la democrazia fornisce una struttura istituzionale che permette… l'uso della ragione in campo politico».

RISPONDI ALLE SEGUENTI DOMANDE

- Quali sono i caratteri della democrazia nel senso in cui il termine è utilizzato in questo testo?
- Perché la razionalità scientifica e la democrazia secondo Popper *«finiscono per fare tutt'uno»*?

---

2. Giovanni Fornero è nato nel 1950. Allievo di Nicola Abbagnano, è coautore insieme al maestro e continuatore dell'ampia *Storia della Filosofia* della Utet. Ha scritto vari manuali di filosofia per le scuole e ha aggiornato e ampliato il *Dizionario di filosofia* di Abbagnano.

3. Il progresso scientifico

Il brano storiografico di Pagnini su Lakatos che proponiamo discute del significato che il progresso scientifico ha nella concezione epistemologica del teorico dei «programmi di ricerca». La tesi che viene proposta si sintetizza nel rifiuto di una visione lineare del progresso e nella delineazione di un «processo complicato», caratterizzato da molti passaggi storicamente connotati, che fanno dire all'autore del brano che, per Lakatos, la storia della scienza ha una razionalità intrinseca che «si articola in momenti che ricordano da vicino quelli scanditi dalla dialettica hegeliana».

Alessandro Pagnini[3], *La complessa razionalità della storia della scienza secondo Lakatos*

Nella teoria di Lakatos il progresso non è un processo lineare che riguarda due unità in competizione, bensì un processo complicato che richiede la proliferazione di più teorie allo stesso tempo; e si può dire che un'istanza negativa rispetto a una teoria confuti quella teoria soltanto *dopo* esser stata spiegata in modo soddisfacente da un'altra teoria. Comunque di progresso si tratta, e di «progresso razionale» se un programma di successo è più progressivo dei precedenti in base a certi parametri metodologici prefissati. Ma, siccome il programma di ricerca è una unità «storica», comprensiva di tutta una serie di sviluppi e di aggiustamenti, la valutazione non potrà che essere retroattiva. Soltanto volgendoci indietro possiamo dire perché, in base a certi criteri, un programma di ricerca è stato progressivo o degenerativo. Per quanto concerne il futuro, poche sono le indicazioni ricavabili dalla metodologia di Lakatos: dovremmo essere modesti nelle speranze che coltiviamo per i nostri progetti, poiché alla fine potrebbe essere un programma rivale a vincere la competizione. Ma, anche nel caso che un programma incorra in una fase sfortunata, non dobbiamo ritenere peccaminosa una certa testardaggine nel seguitare a perseguirlo. Le parole d'ordine della metodologia di Lakatos sono la proliferazione di teorie, la clemenza nel valutare e l'onestà nel «registrare i risultati». Esse sono pure e semplici raccomandazioni connesse a presunti valori scientifici, che, tra l'altro, Lakatos ritiene a loro volta valutabili in un confronto «meta-metodologico», che ci dirà quale metodologia si attaglia di più ai casi reali e storici della scienza; anche se questi, per Lakatos, devono essere «ricostruiti razionalmente», con l'imposizione di norme razionali privilegiate, e dunque in un curioso circolo in cui, se la storia trionfa, non è quella che gli storici della scienza e lo stesso Kuhn hanno sempre raccomandato, ma una storia «logica», postuma, illuminata dagli approdi successivi della scienza.

La metodologia dei programmi di ricerca di Lakatos conserva molto della *received view:* la separazione tra contesto della scoperta e contesto della giustificazione, il carattere sostanzialmente linguistico delle teorie (per Lakatos gli esemplari di tipo kuhniano, data la loro natura di modelli e di pratiche, non avevano alcuna funzione), l'ottimismo progressistico. Con la nuova filosofia della scienza condivide invece un'impostazione storicistica; ma nell'interpretazione di Lakatos la storia, a differenza di quella circostanziata ed «esterna» di Kuhn, si articola in momenti che ricordano da vicino quelli scanditi dalla dialettica hegeliana. Per Lakatos la storia della scienza ha una razionalità intrinseca che però si coglie filosoficamente solo a giochi fatti, quando possiamo comprendere l'oggettività delle nostre credenze attuali ricostruendo la strada compiuta per arrivarvi.

RISPONDI ALLE SEGUENTI DOMANDE

■ Perché il progresso scientifico non è un processo lineare, ma richiede la competizione di più teorie contemporaneamente?

■ In che senso nell'interpretazione di Lakatos la storia «*si articola in momenti che ricordano da vicino quelli scanditi dalla dialettica hegeliana*»?

---

3. Alessandro Pagnini si è laureato in Storia della Filosofia con Paolo Rossi. Attualmente insegna Storia della Filosofia contemporanea all'Università di Firenze. È dal 1986 direttore del Centro Fiorentino di Storia e Filosofia della Scienza. È collaboratore di varie riviste e del dossier domenicale de "Il Sole 24 Ore". È Fellow del Pittsburgh Center for Philosophy of Science.

4. La scienza non può essere considerata un'impresa rigorosamente razionale

Il brano che segue, tratto dalla Storia della filosofia della scienza *di David Oldroyd puntualizza la tesi centrale dell'epistemologia di Feyerabend, secondo cui «la scienza non può essere considerata un'impresa rigorosamente razionale». Ciò sarebbe attestato dal progresso della scienza, che mostra come un nuovo metodo o una nuova teoria appaiano irrazionali ai sostenitori delle vecchie concezioni scientifiche. L'esempio di Galileo chiarisce in che senso Feyerabend sostenga che l'affermazione di una nuova teoria scientifica dipenda non solo dalla sua razionalità, ma anche dalle strategie retoriche messe in atto per divulgarla.*

David Oldroyd[4], *Storia della filosofia della scienza*

Feyerabend comincia *Contro il metodo* dicendoci di essere impegnato in un'impresa «anarchica». Egli vuol sostenere – contro Popper e i popperiani (o addirittura, senza dubbio, contro Lakatos) – che non esiste alcun metodo privilegiato di ricerca scientifica che, se seguito, possa garantire il successo nell'acquisizione di conoscenza. Ci sono innumerevoli metodi *diversi*, e val la pena di provarli tutti. [...] Feyerabend riconosce che l'anarchismo può non essere una filosofia politica molto attraente ma è, a suo giudizio, «una eccellente medicina per l'*epistemologia* e per la *filosofia della scienza*». In accordo con tale atteggiamento, egli descrive se stesso come un dadaista, preferendo questo termine ad «anarchico» giacché riconosce-di-non-avere (o vorrebbe farci credere di non avere) la serietà di intenti di un vero anarchico.

Notando quindi che, secondo le sue stesse prescrizioni, Feyerabend non dev'essere preso sul serio, qual è l'«argomento» che troviamo in *Contro il metodo*? Innanzitutto, ovviamente, Feyerabend ritiene che la scienza non abbia alcun metodo speciale proprio che ne faccia una forma di attività privilegiata, degna di stima in quanto produttiva di conoscenza vera. A suo modo di vedere, in effetti, la scienza non può essere considerata un'impresa rigorosamente razionale; quando si produce un progresso teorico importante, infatti, le nuove idee, giudicate sulla base dei canoni di pensiero della posizione teorica precedente, sono spesso "irrazionali". Così il progresso nella scienza può dipendere da persone che ragionano in modo controintuitivo, ossia in disaccordo con norme di pensiero praticate in precedenza. [...]

In effetti l'argomentazione di Feyerabend dipende in gran parte dallo studio storico del caso di Galileo, cosicché sarà opportuno che esaminiamo in modo un po' dettagliato che cosa egli abbia da dire in proposito. La fisica e la cosmologia aristoteliche erano radicate nel «senso comune». Non percepiamo alcun movimento della Terra: perciò essa è in quiete. Supporre diversamente è assurdo: irrazionale. Ma che la Terra *si muova* era ciò di cui Galileo voleva persuadere i suoi lettori. Di conseguenza, secondo Feyerabend, Galileo dovette far ricorso nei suoi scritti alla «propaganda» e a «trucchi psicologici». Per esempio, Feyerabend cita il passo seguente dal *Dialogo sopra i due massimi sistemi del mondo* di Galileo:

> *Salviati.* Figuratevi ora d'esser in una nave, e d'aver fissato l'occhio alla punta dell'antenna: credete voi che, perché la nave si muovesse anco velocissimamente, vi bisognasse muover l'occhio per mantener la vista sempre alla punta dell'antenna e seguitare il suo moto?
> *Simplicio.* Son sicuro che non bisognerebbe far mutazion nessuna, e che non solo la vista, ma quando io v'avessi drizzato la mira d'un archibuso, mai per qualsivoglia moto della nave non mi bisognerebbe muoverla un pelo per mantenervela aggiustata.
> *Salviati.* E questo avviene perché il moto che conferisce la nave all'antenna, lo conferisce anche a voi e al vostro occhio, sì che non vi convien muoverlo punto per rimirar la cima dell'antenna; ed in conseguenza ella vi apparisce immobile.

Mediante vari ragionamenti illustrativi di questo genere (che io personalmente non descriverei come «trucchi psicologici» o «propaganda»), Galileo riuscì a persuadere i suoi lettori della possibilità del moto della Terra e del fatto che la caduta di un sasso dalla cima al piede di una torre è una prova *a favore* del moto della Terra, piuttosto che una prova del contrario.

RISPONDI ALLE SEGUENTI DOMANDE

- **Perché Feyerabend si definisce un *dadaista*? Dopo aver ricercato il significato originario di questo termine, spiega in quale senso esso può essere riferito al filosofo austriaco.**
- **Perché il caso di Galileo è assunto da Feyerabend come esempio emblematico della sua tesi sul carattere non rigorosamente razionale della scienza?**

---

4. David Oldroyd insegna filosofia presso la School of History and Philosophy of Science dell'Università del New South Wales di Sydney. È autore di studi su Darwin e della *Storia della filosofia della scienza*, edita in Italia da il Saggiatore, da cui è tratto il presente brano.

5. Il rapporto tra storia e filosofia della scienza

La pagina di Ludovico Geymonat inquadra il pensiero di Bachelard nel contesto dell'epistemologia novecentesca, dominata dalle posizioni neopositiviste, verso le quali il filosofo francese dissente su punti fondamentali. In particolare vengono prese in esame due tesi bachelardiane: la prima, secondo cui la scienza va studiata storicamente attraverso l'esame della sua genesi psicologica; la seconda, secondo cui il compito dell'epistemologo è quello di indagare non sull'idea astratta di scienza, ma sulla scienza reale considerata nella sua effettiva dinamicità.

Ludovico Geymonat[5], *La tesi di Bachelard secondo cui la scienza va studiata storicamente*

Come è noto, una delle preoccupazioni centrali dei neopositivisti è stata la ricerca di sicuri criteri, capaci di farci distinguere nettamente le teorie scientifiche dai discorsi non scientifici; criteri che, a loro parere, non possono venire formulati se non in riferimento ad una teoria rigorosamente formalizzata, esposta cioè con metodo assiomatico sì da poterne esplicitare senza ombra di dubbio tutte le ipotesi e tutte le implicazioni. Il confronto con le teorie via via elaborate dalla fisica, nel suo effettivo sviluppo storico, costituirebbe – secondo questo punto di vista – un compito in certo senso successivo, trattandosi di decidere se tali teorie possano dirsi (e fino a che punto) autenticamente scientifiche, in quanto rispondano o no al modello di rigorosa scientificità scaturito dall'analisi or ora accennata. Pressoché antitetico è invece il punto di vista di Bachelard, il quale è così perentorio nel condannare qualsiasi appello a criteri aprioristici, da giungere a sostenere che non è la ragione ad ammaestrare la scienza, ma questa ad ammaestrare quella: «Insomma la scienza istruisce la ragione. La ragione deve obbedire alla scienza, alla scienza più evoluta, alla scienza che si evolve».

Ne segue che soltanto lo sviluppo storico effettivo della scienza sarà in grado di indicarci che cosa è stata e che cosa è l'autentica conoscenza scientifica, ponendoci così nella condizione di impostare seriamente l'indagine epistemologica. «L'epistemologo non deve lavorare che su dati storici davvero salienti. La sua disciplina si consacra a fatti che la scienza ha veramente incontrati, a pensieri che hanno effettivamente preoccupato gli scienziati e soprattutto le scuole. Per l'epistemolo-

go, un'idea valida è un'idea che ha avuto dell'influenza». La tesi bachelardiana, secondo cui la scienza va studiata storicamente attraverso l'esame della sua genesi psicologica, trova qui il suo completamento: la storia delle scienze costituisce uno strumento essenziale per l'epistemologo perché essa ed essa sola ci dice che cosa è stata e che cosa è oggi la scienza. In altre parole: l'unico autentico oggetto dell'indagine epistemologica è, non l'idea astratta di scienza, ma la scienza reale così come si è venuta effettivamente costituendo nella storia dell'umanità. E poiché la storia ci insegna che la scienza ha attraversato fasi diverse, il compito dell'epistemologo sarà di analizzare che cosa è veramente accaduto nel passaggio da una fase all'altra, nonché i riflessi che questo trapasso ha avuto sulla stessa nozione di scientificità.

Occorre subito dire che, se la proposta bachelardiana di incentrare lo studio della scienza sulla sua genesi psicologica anziché sulla sua struttura logica ci lascia notevolmente perplessi, non possiamo invece che condividere la tesi secondo cui il filosofo deve indirizzare la propria indagine non sull'idea astratta di scienza, ma sulla scienza reale considerata nella sua effettiva dinamicità. Uno dei risultati cui tale indagine ci conduce è, secondo Bachelard, la constatazione di differenze specifiche esistenti tra una scienza e l'altra, onde sarebbe illusorio parlare di scienza in generale come se fosse sempre stata un fenomeno unitario, mentre la realtà storica pone innanzi a noi una molteplicità di scienze, fornite di caratteristiche loro proprie, ben diverse dall'una all'altra. «Ciò che ci ha a prima vista colpiti – egli scrive – è che l'unità della scienza, così spesso addotta, non corrispondeva mai ad uno stato permanente e che di conseguenza era molto spesso pericoloso postulare una epistemologia unitaria». È facile riscontrare anche qui una posizione orientata in senso anti-neopositivistico, sia per la contrapposizione delle scienze effettive – nella loro individualità storica – all'idea di scienza determinata attraverso una definizione rigorosa ma astratta, sia per l'implicita polemica contro il programma carnapiano di unificazione delle scienze.

RISPONDI ALLE SEGUENTI DOMANDE

- Qual è la diversità di impostazione tra i neopositivisti e Bachelard intorno al problema dello studio delle teorie scientifiche?
- Quale differenza c'è tra l'idea astratta di scienza e la scienza reale considerata nella sua effettiva dinamicità?

---

5. Per le notizie biografiche su questo autore vedi p. 155.

1. Popper e la psicoanalisi

Tra le discipline che sin dagli anni giovanili destarono l'interesse di Popper vi fu anche la psicoanalisi. Al termine del suo percorso di ricerca Popper enuncia un principio di demarcazione che gli consente di dire che la teoria della relatività di Einstein e la teoria psicoanalitica hanno statuti epistemologici del tutto diversi, e addirittura l'una è scienza, l'altra no.

■ Ti chiediamo di illustrare le ragioni che portarono il giovane Popper a sostenere questa tesi anche mediante l'esemplificazione di singoli elementi delle teorie einsteiniane e freudiane poste direttamente a confronto dal punto di vista del loro statuto epistemologico.

2. Terminologia filosofica

Per ciascuno dei seguenti termini, utilizzati da Popper con un significato ben definito nel contesto della sua teoria epistemologica, dà una definizione, illustrandola con un esempio opportunamente analizzato:
– congetture;
– confutazioni;
– stratagemma convenzionalistico;
– significanza;
– induzione;
– potere esplicativo.

3. Governanti cattivi o incompetenti

Popper si pone questa domanda: «*Come possiamo organizzare le istituzioni politiche in modo da impedire che i governanti cattivi o incompetenti facciano troppo danno?*»

■ Dai diverse risposte a questa domanda, assumendo di volta in volta le posizioni di Popper e di altri filosofi studiati nel corso dell'anno.

4. La critica all'irrazionalismo

Lakatos, nelle sue polemiche con Popper e Kuhn, è impegnato a difendere la razionalità della scienza dai rischi di derive irrazionalistiche.

■ Prova a classificare le grandi correnti filosofiche del Novecento, sulla base della posizione che assumono nei riguardi della razionalità scientifica.

5. Bachelard e Rousseau

Scrive Bachelard (▶ p. 371): «*Il tempo è sospeso senza ieri né domani. Il tempo è inghiottito nella duplice profondità di colui che fantastica. Il mondo è così maestoso che non accade più nulla. Il mondo riposa nella sua tranquillità. Colui che fantastica è tranquillo davanti a un'Acqua tranquilla. La* rêverie *non può essere approfondita se non sognando di fronte a un mondo tranquillo. La Tranquillità è l'essere stesso sia del mondo che di colui che lo sogna. La filosofia nella sua* rêverie *di* rêveries *conosce un'ontologia della tranquillità. La tranquillità è il legame che unisce il Mondo a chi lo sogna, il sognatore e il suo Mondo. In questa pace si stabilisce una psicologia delle maiuscole. Le parole di chi sogna divengono nomi del Mondo. Acquisiscono il diritto alle maiuscole. Allora il mondo è grande e l'uomo che lo sogna è un Grande.*»

■ La sua non è la prima riflessione sulla *rêverie* della storia della filosofia francese: già Rousseau pone la *rêverie* in primo piano tra le forme filosofiche del pensare e del vivere, ma da una diversa angolazione. Fai una ricerca sulla posizione di Rousseau e scrivi un breve testo di analisi delle differenti posizioni dei due filosofi. Porta poi esemplificazioni tratte dalla tua esperienza o dal mondo della letteratura e delle arti (cinema compreso).

Teologia, neoscolastica e personalismo

1. La svolta antropologica della teologia novecentesca

▶▶

La maggior parte del pensiero teologico cristiano del XX secolo si presenta con caratteristiche peculiari, che lo differenziano dall'impostazione tradizionale dei secoli precedenti e che si esprimono attraverso un profondo **rinnovamento metodologico e contenutistico**. Le novità riguardano sia la **teologia evangelica**, o protestante, sia la **teologia cattolica**, e si concretizzano in una **svolta antropologica**, che ha assunto l'interesse per l'uomo come motivo centrale della speculazione teologica, differenziandola dall'approccio cosmocentrico proprio dei greci e da quello teocentrico dominante nell'Età medioevale. Per riprendere la terminologia di Kuhn, si potrebbe dire che i principali indirizzi della teologia del XX secolo rientrano sotto lo stesso "paradigma" o "modello interpretativo generale", caratterizzato da un accentuato interesse per l'uomo, inteso come punto di partenza e d'arrivo della ricerca teologica.

Mettere l'uomo al centro della riflessione teologica significa, come è stato detto, che «*la nuova teologia è un discorso fatto a) all'uomo; b) sull'uomo; c) a misura dell'uomo, ossia secondo le sue istanze, la sua mentalità, il suo linguaggio, alla luce della Rivelazione divina. In questo senso si dice che in teologia c'è stata una svolta antropologica*» (B. Mondin, *La nuova teologia cattolica. Da Karl Rahner a Urs von Balthasar*).

L'apertura alla storia e alle altre religioni

L'antropocentrismo teologico ha comportato una serie di conseguenze rilevanti nel modo di affrontare e analizzare il rapporto uomo-Dio nella contemporaneità: in primo luogo va sottolineata l'attenzione posta rispetto alle situazioni storiche, sociali, economiche e culturali che condizionano la coscienza religiosa degli uomini e che molto spesso ne impediscono una libera e autentica realizzazione. In secondo luogo, la teologia ha abbandonato le modalità espressive tradizionali, di origine platonica, aristotelica o tomista, per assumere quelle delle filosofie moderne: fenomenologia, esistenzialismo, marxismo, neopositivismo, o delle scienze umane: psicoanalisi, antropologia, sociologia.

L'apertura ai problemi del mondo contemporaneo ha condotto talora la teologia cristiana in una situazione contraddittoria: da un lato la pratica del **dialogo ecumenico** ha prodotto un avvicinamento con le altre confessioni religiose e una sorta di globalizzazione del discorso religioso; dall'altro lato il rischio della perdita di identità cristiana ha portato a ridefinire con chiarezza la **specificità** irriducibile del **cristianesimo** rispetto alla altre confessioni.

Affrontiamo ora i contributi più significativi del XX secolo, iniziando da quelli offerti dai teologi evangelici, cui spetta storicamente il merito di aver iniziato il processo di rinnovamento della teologia.

2. Il rinnovamento della teologia evangelica

2.1 La teologia dialettica di Karl Barth

Karl Barth (1886-1968) è l'iniziatore del rinnovamento della teologia evangelica. La sua proposta di una teologia dialettica si contrappone alle posizioni della teologia liberale, dominanti nella cultura protestante da oltre un secolo. La teologia liberale perseguiva l'obiettivo di raggiungere un accordo tra il cristianesimo e la cultura laica, utilizzando il metodo storico-critico per interpretare i dati della Rivelazione e renderli compatibili con la mentalità scientifica moderna. A giudizio di Barth, quest'impostazione, oltre a rendere la teologia organicamente legata al mondo borghese e alla sua ideologia, comportava il rischio di perdere il senso autentico della Rivelazione cristiana.

Nel 1919 Barth pubblica il commento all'*Epistola ai Romani*, che costituisce il manifesto programmatico della teologia dialettica, al cui centro sta la definizione di Dio come «il totalmente altro» dall'uomo. Attraverso questa definizione Barth intende sottolineare l'infinita distanza tra uomo e Dio e l'assoluta trascendenza di Dio, inconoscibile per l'uomo, a meno che non si riveli di sua iniziativa.

L'ASSOLUTA ALTERITÀ DI DIO

Dio è il Dio sconosciuto. Come tale egli dà a tutti la vita, il fiato e ogni cosa. Perciò la sua potenza non è né una forza naturale né una forza dell'anima, né alcuna delle più alte o altissime forze che noi conosciamo o che potremmo conoscere, né la suprema di esse, né la loro somma, né la loro fonte, ma la crisi di tutte le forze, il totalmente Altro. [...]
Alla domanda come noi arriviamo a conoscere Dio per mezzo del nostro pensiero e del nostro linguaggio, dobbiamo dare la risposta che da soli non possiamo mai raggiungerlo e conoscerlo. Questo accade solo quando la grazia della rivelazione di Dio raggiunge noi e gli strumenti del nostro pensare e parlare, e adotta noi e loro, perdona, salva e protegge noi e loro.

→ K. BARTH, *Epistola ai Romani*

Solo la fede ci fa conoscere Dio

La fede, centro assoluto dell'esperienza religiosa, non ha alcuna relazione con la ragione, le cui pretese di conoscere Dio sono da respingere. A questo proposito Barth rifiuta l'argomentazione tomista dell'analogia dell'essere, che nella teologia cattolica fondava il processo conoscitivo di risalita dall'esperienza del mondo alla parziale conoscenza di Dio; all'analogia dell'essere egli contrappone l'**analogia della fede**, che traccia un percorso opposto, dall'alto in basso, in cui solo partendo dalla fede, dono di Dio, si può comprendere la verità del cristianesimo.

Se ogni speculazione razionale su Dio è «*colpevole di arroganza religiosa*», la teologia può essere discorso su Dio solamente lasciando che Dio parli nell'unico modo che ci è noto: «*Gesù Cristo... è l'unica parola di Dio che noi dobbiamo ascoltare*». Il nucleo fondamentale dell'insegnamento di Cristo è nella croce, che è nello stesso tempo il

No di Dio al mondo e all'uomo e il Sì del suo progetto salvifico: «*La potenza di Dio per la salvezza è qualche cosa di così nuovo, inaudito e inatteso in questo mondo, che essa può presentarsi, essere percepita e accettata, soltanto come contraddizione*». La teologia è dialettica proprio perché coglie questa contraddizione: il totalmente Altro dicendo No al mondo ne rivela la nullità, dicendo Sì al mondo lo assume nella prospettiva della salvezza escatologica.

2.2 La correlazione tra ragione e fede in Paul Tillich

Paul Tillich (1886-1965) appartiene come Barth al movimento riformatore della teologia evangelica. Cappellano militare dell'esercito tedesco durante la Prima guerra mondiale, da quell'esperienza tragica matura la consapevolezza della crisi delle filosofie ottimiste dell'Ottocento e la convinzione che il concetto tradizionale di Dio non ha più senso per l'uomo moderno, ai cui problemi e alle cui aspettative la teologia deve dare risposte adeguate, ripensando metodi e contenuti della sua riflessione.

Diversamente da Barth, che aveva parlato dell'Alterità di Dio rispetto all'uomo, Tillich stabilisce un rapporto di correlazione tra la condizione umana e quella divina. L'uomo, sperimentando la propria miseria e finitezza, si pone il «*problema ultimo*» sul senso dell'esistenza, cui solo la fede nella parola di Dio può dare risposta: «*Le risposte contenute nella rivelazione* – egli scrive – *acquistano significato solamente se sono messe in connessione con le questioni che riguardano la totalità della nostra esistenza*». Non c'è perciò opposizione tra l'uomo, la sua cultura, la sua filosofia e la fede: essa è sì dono di Dio, ma, in quanto risposta a una domanda, richiede che l'uomo si interroghi. La domanda dell'uomo dunque, benché non sia la causa della risposta salvifica di Dio, ne costituisce però la condizione.

Il **principio di correlazione** ha una duplice valenza. In un primo senso riguarda la correlazione tra la **ragione** e la **rivelazione**: «*la ragione è il presupposto della fede, e la fede è il compimento della ragione. Non c'è nessun conflitto tra la natura della fede e la natura della ragione; esse si compenetrano*»; in un secondo significato, la correlazione riguarda la **filosofia** e la **teologia**, che sono sì indipendenti, perché la prima è guidata dalla ragione e la seconda si basa sulla rivelazione, ma sono anche **interdipendenti**, perché le domande della filosofia circa l'essere e l'esistenza, che restano irrisolte sul piano umano, rimandano alle risposte della teologia, le sole adeguate perché rivelate da Dio.

2.3 La demitizzazione della fede in Rudolf Bultmann

Rudolf Bultmann (1884-1976) è un altro esponente di spicco della teologia evangelica, che polarizza la sua riflessione sul problema del rapporto tra **fede cristiana** e **mondo moderno**, spostando il centro della sua analisi teologica sul significato dei Vangeli, in cui è custodita la Parola salvifica di Dio.

L'applicazione del metodo ermeneutico, mutuata da Heidegger, porta Bultmann a interpretare le Scritture sulla base del principio della demitizzazione del messaggio evangelico. Per **mito** egli intende «*la descrizione del trascendente sotto veste mondana, delle cose divine come se si trattasse di cose umane*»; per **demitizzazione** quel procedimento ermeneutico che riscopre il «*significato più profondo della rivelazione che sta celato sotto le concezioni mitologiche*».

Poiché l'uomo moderno non si riconosce più nell'immagine mitica del mondo, come è quella proposta dai Vangeli, intrinsecamente legata all'annuncio della salvezza, si pone un'alternativa: o si demitizza il messaggio salvifico, o il rifiuto del mito comporta anche il rifiuto del messaggio cristiano; ma in che cosa consiste «*il significato più profondo della rivelazione*»? Bultmann risponde:

STORIA
ED ESCATOLOGIA
NELLA MORTE
DI CRISTO

Ora, lo specifico della fede cristiana *è che essa in un determinato evento storico, che in quanto tale è oggettivamente costatabile, vede l'azione di Dio in un senso tutto particolare, come la rivelazione di Dio che chiama ogni uomo alla fede; quell'evento storico è l'apparizione di Gesù Cristo. Il carattere paradossale di quest'affermazione trova la sua espressione più pregnante nella formula giovannea: «la Parola si è fatta carne».*
Questo paradosso è evidentemente di tipo diverso da quello contenuto nell'affermazione secondo cui l'azione di Dio sempre e dappertutto è indirettamente identica con l'avvenimento mondano. Il senso dell'evento-Cristo è infatti l'evento escatologico, nel quale Dio ha posto fine al mondo e alla sua storia. Questo paradosso è dunque l'affermazione che un evento storico è a un tempo l'evento escatologico.

R. BULTMANN, *Credere e comprendere*

Il senso del cristianesimo è la rivelazione di Dio in **Gesù Cristo**: un avvenimento storico, avvenuto in un certo luogo e in un certo tempo, che però assume un **significato escatologico** perché proietta gli effetti di un'azione passata nel futuro, interpella l'esistenza personale di ciascuno, «*diventa presente nella predicazione (nel* kerygma*), che da quell'evento trae la sua origine, e senza la quale esso non sarebbe ciò che è. Questo significa che la stessa predicazione è evento escatologico. In essa, nel suo carattere di appello, l'evento Gesù Cristo si fa di volta in volta presente, come evento che mi tocca puntualmente nella mia esistenza*».

2.4 Il cristianesimo non religioso di Dietrich Bonhoeffer

La figura di Dietrich Bonhoeffer (1906-1945), pastore della Chiesa luterana, antinazista, impiccato in un lager poco prima della fine della Seconda guerra mondiale, è un esempio di ammirabile rigore intellettuale e coerenza morale.

La teologia di Bonhoeffer è originata dalla constatazione che l'uomo moderno:

UN MONDO
SENZA DIO

[...] ha imparato ad affrontare qualsiasi problema anche importante senza far ricorso all'ipotesi dell'esistenza e dell'intervento di Dio. [...] È ormai evidente che tutto può andare avanti benissimo anche senza Dio e non meno bene di prima. Come nel campo della scienza, così anche in quello delle cose umane in generale, quello che noi chiamiamo Dio resta sempre più confinato fuori della vita, sta perdendo sempre più terreno. [...] L'unico modo di essere onesti è riconoscere che dobbiamo vivere nel mondo etsi Deus non daretur, *come se Dio non esistesse.*

D. BONHOEFFER, *Resistenza e resa: Lettere dal carcere*

Non convince Bonhoeffer nemmeno la tesi che, se la scienza ha pervaso l'ambito della vita pratica dell'uomo, alla teologia restano da affrontare le questioni ultime sul senso dell'esistenza; scrive a questo proposito:

LE QUESTIONI
ULTIME DELL'UOMO

L'apologetica cristiana è scesa in campo contro questa sicurezza di sé, in varie guise.
Si tenta di convincere il mondo, diventato adulto, che non potrebbe vivere senza il tutore
"Dio". Pur avendo capitolato in tutte le questioni mondane, rimangono sempre
le cosiddette "questioni ultime": la morte, la colpa, cui "Dio" solo può dare risposta
e per le quali c'è ancora bisogno di Dio, della chiesa e del parroco. Noi viviamo, insomma,
di queste cosiddette questioni ultime dell'uomo. E se un giorno non dovessero più essere
ritenute tali, se dovessero anch'esse trovare una risposta "senza Dio"?

▶ D. BONHOEFFER, *Resistenza e resa: Lettere dal carcere*

In questa situazione, il problema che secondo Bonhoeffer deve affrontare il teologo non è tanto quello di demitizzare il messaggio cristiano, ma di prendere atto che gli stessi concetti religiosi del cristianesimo – Cristo, la croce, la resurrezione, la salvezza – si stanno svuotando progressivamente di senso.

Nel mondo «*diventato adulto*» quale ruolo può continuare ad avere il cristianesimo? Per Bonhoeffer il cristianesimo può avere un ruolo a una sola condizione: che si neghi come religione per affermarsi come **esperienza di fede**. Si tratta di eliminare dai concetti cristiani ciò che è religione e «*vivere davanti a Dio e con Dio, senza Dio*», ossia vivere il Dio della fede senza il Dio della religione. Il Dio della religione è onnipotente e onnisciente, il Dio della fede è Gesù Cristo morto in croce, debole e impotente, che chiama l'uomo ad assumersi la responsabilità di vivere nel mondo, restando fedele al mondo e ponendosi da uomo davanti a Dio, come ha fatto Gesù Cristo.

3. La teologia cattolica

▶▶

3.1 L'antropocentrismo teologico di Karl Rahner

Karl Rahner (1904-1984) è considerato una delle personalità di maggior rilievo del pensiero cattolico del Novecento. Gesuita e allievo di Heidegger a Friburgo, Rahner si è impegnato a reinterpretare il nucleo dottrinale del pensiero di san Tommaso alla luce delle acquisizioni della filosofia moderna, in particolare dell'esistenzialismo, partendo quindi dalla condizione esistenziale dell'uomo. Nel testo citato di seguito Rahner fissa chiaramente gli obiettivi della sua teologia, mettendo in luce i contrasti della sua posizione con quella dei protestanti:

L'UOMO È APERTO
ALLA RIVELAZIONE

Il tema che ci proponiamo ha un duplice compito. Da una parte si deve dimostrare
la possibilità che ha Dio di rivelarsi in modo che la sua rivelazione sia qualcosa di più
della semplice oggettivazione dell'aspirazione religiosa dell'uomo. Ciò presuppone
che l'uomo, nonostante una certa sua «illimitatezza», non possa con le sue forze cogliere
e raggiungere la verità assoluta e totale. Dall'altra parte si deve condurre questa prova

in modo da chiarire fino a che punto l'uomo sia interiormente aperto ad accogliere tale rivelazione, e da spiegare come, qualora questa si verifichi, egli la possa e la debba accogliere, senza poterne prevedere il contenuto. Anche allora essa non deve apparire il correlativo dialettico dell'uomo, che resta imprigionato nella sua finitezza. Intendiamo, perciò, dimostrare come l'apertura positiva a un'eventuale rivelazione di Dio, e quindi alla teologia, faccia parte della costituzione essenziale dell'uomo senza che per questo il contenuto della rivelazione diventi un correlativo oggettivo, determinabile solo alla luce di tale apertura. In questo modo si deve anche dimostrare che la rivelazione può essere realmente ascoltata e accolta o rigettata in maniera non puramente formale.

→ K. RAHNER, *Uditori della parola*

Dopo le critiche rivolte dalla filosofia moderna alla metafisica, Rahner ritiene che **l'approccio antropologico** sia l'unico possibile per la teologia. Egli osserva che, se l'uomo è – come ha detto Heidegger – l'unico ente che si pone la domanda sul senso dell'essere, proprio in grazia di quest'apertura l'uomo è spirito ed è in grado di accogliere la rivelazione di Dio.

«*L'essenza dell'uomo* – scrive – *è l'assoluta apertura all'essere in genere; in una parola l'uomo è spirito. Questa è la prima proposizione dell'antropologia metafisica*». Ne deriva che egli vive «*in una continua tensione verso l'Assoluto, in un'apertura a Dio che è strutturale al suo modo di essere*».

L'uomo è l'ente-in-attesa-di-Dio

In questo senso Rahner chiama l'uomo l'ente-in-attesa-di-Dio: «*L'uomo è l'ente che, amando liberamente, si trova di fronte al Dio di una possibile rivelazione*». Dove può avvenire l'evento di questa rivelazione? Poiché l'uomo è un essere storico, la rivelazione di Dio all'uomo può darsi solo nella storia. La rivelazione, da possibile, diventa reale con il cristianesimo. Nell'esaminare quale sia la peculiarità del messaggio cristiano, Rahner sottolinea il ruolo centrale della grazia nella comunicazione tra l'uomo e Dio. L'argomentazione muove dall'affermazione che la grazia è «*una realtà che viene da Dio in un rapporto dialogicamente libero ed è quindi indebita e soprannaturale. Ma per me* – aggiunge Rahner – *la grazia è contemporaneamente una realtà che è data sempre e dappertutto nel centro più intimo dell'esistenza umana*».

Grazia, rivelazione e salvezza

Da ciò Rahner conclude che se la grazia è un «*esistenziale soprannaturale*» dato a tutti gli uomini e quindi universale, e se da ciò deriva che anche la rivelazione e la salvezza sono universali, allora grazia, rivelazione e salvezza sono presenti in tutti gli uomini, nei credenti e nei non credenti, in chi si è aperto alla rivelazione di Dio e in chi l'ha rifiutata. La visione finale della teologia di Rahner, espressa nella dottrina, molto discussa, dei «*cristiani anonimi*», si chiude con quest'ottimismo salvifico rivolto a tutti gli uomini.

3.2 L'estetica teologica di Hans Urs von Balthasar

Hans Urs von Balthasar (1905-1988), nato in Svizzera e formatosi nella Compagnia di Gesù, fu autore di una vasta produzione teologica, tra cui spicca *Gloria. La percezione della forma*, la sua opera maggiore, nella quale utilizza un approccio estetico al problema di Dio.

Per von Balthasar è necessario che la teologia, per mantenere un rapporto fecondo con il mondo, con la cultura e con la scienza, si rinnovi continuamente. Dopo aver analizzato le proposte teologiche più innovative del XX secolo, von Balthasar propone un progetto teologico che renda più accessibile la rivelazione di Dio all'uomo moderno. A partire da un'**estetica teologica**, von Balthasar mostra come nella rivelazione Dio si manifesti nello splendore della sua gloria, e renda evidente il suo amore per il mondo attraverso Cristo. Il concetto di **bellezza**, cioè un'intuizione estetica e non la conoscenza razionale, diventa lo strumento più adeguato per rendere credibile il messaggio cristiano. In *Gloria* si legge: «*Nella figura luminosa del bello, l'essere dell'ente diviene visibile come in nessun'altra parte; e per questo un elemento estetico deve essere presente in ogni conoscenza e tendenza spirituale*». I due concetti fondamentali per comprendere il bello sono quelli di forma (*species*) e di luce (*lumen*). Il bello, scrive Balthasar parlando della bellezza in generale:

LA FORMA
È L'APPARIZIONE
DEL MISTERO
INVISIBILE

[...] *è in primo luogo una* forma *e la luce non cade su questa forma dall'alto o dall'esterno, ma irrompe dal suo intimo.* Species *e* lumen *sono nella bellezza una sola cosa, almeno se la* species *porta a buon diritto e realmente il suo nome (che non sta a indicare una forma qualsiasi, ma la forma che si irradia e suscita diletto). La forma visibile non "rinvia" soltanto a un mistero invisibile della profondità, ma ne è l'apparizione, lo rivela proprio mentre nello stesso tempo lo nasconde e lo vela. Essa, come forma della natura e dell'arte, ha un esterno che appare e una profondità interiore, ma è impossibile separare nella forma l'esterno e l'interiorità. Il contenuto non giace dietro la forma, ma in essa. Chi non riesce a vedere e a leggere la forma, non può cogliere nemmeno il contenuto. A colui al quale la forma non dà luce, rimarrà invisibile anche la luce del contenuto.*

→ H.U. von Balthasar, *Gloria. La percezione della forma*

La manifestazione di Dio possiede in modo perfetto la forma estetica e la luce; essa si fa gloriosa nel Cristo crocifisso che risplende di luce propria nell'unione tra bellezza e amore: «*il divino si manifesta come amore*, agape, *e, in quanto tale, come gloria, splendore*».

4. Correnti teologiche del secondo Novecento

▶▶

4.1 La teologia della morte di Dio

Tra le correnti teologiche del secondo Novecento ha assunto una posizione radicale la **teologia della morte di Dio**, sviluppatasi negli Stati Uniti grazie all'apporto di vari pensatori, il più noto dei quali è Paul van Buren.

Le argomentazioni di questa corrente si articolano a partire dal concetto di **secolarizzazione**, intesa come «*la liberazione dell'uomo dal controllo religioso e metafisico sulla mente*» e fanno propria la tesi della filosofia analitica anglosassone sul carattere non-conoscitivo delle proposizioni inverificabili, arrivando alla conclusione che le asserzioni teologiche sono tecnicamente prive di senso. Da questa posizione consegue che tutte le dottrine del cristianesimo non sono conoscenze riferibili a Dio e alla dimensione trascendente, ma vanno interpretate come aspirazioni, emozioni, atteggiamenti dell'uomo, che assume Cristo come modello della sua tensione verso la libertà. Basandosi su questa visione, van Buren afferma che il testo evangelico non ha un senso metafisico o conoscitivo, ma possiede un significato etico ed empirico-pragmatico, completamente secolarizzato, che viene messo in evidenza dall'analisi linguistica.

4.2 La teologia della speranza

In Europa la corrente teologica più sensibile alle istanze politiche è stata la **teologia della speranza**, i cui maggiori esponenti sono, in ambiente evangelico, Jürgen Moltmann (1926) e Wolfhart Pannenberg , e in ambiente cattolico Johannes Metz. Sensibili ad alcune tesi del marxismo, soprattutto nella versione utopica datane da Ernst Bloch, i teologi della speranza fanno del problema del futuro, dell'elemento escatologico, il «*tramite della fede cristiana*», ciò che riassume tutta la predicazione della fede. Se ogni affermazione sul futuro è fondata sulla persona di Gesù Cristo, allora il senso del cristianesimo sta nella speranza che le sue promesse si realizzino. La speranza escatologica anticipa, nell'attesa del Regno di Dio, le realtà ultime e impegna gli uomini nel presente a trasformare il mondo conformemente a quella speranza. «*Coloro che sperano in Cristo* – scrive Moltmann – *non possono sopportare la realtà così com'è, ma soffrono nel dovervi sottostare e si mettono a contraddirla. Pace con Dio significa conflitto col mondo*». Muovendo dalle stesse premesse di Moltmann, il cattolico Metz perviene a formulare una «*teologia politica*», intesa «*come il tentativo di formulare il messaggio escatologico alla luce delle condizioni richieste dalla nostra società attuale*» (*Sulla teologia del mondo*).

4.3 La nuova teologia francese

I cenni che abbiamo dato finora hanno riguardato la teologia di area tedesca, ma un contributo importante al rinnovamento della teologia cattolica è venuto dalla Francia, a opera di quel movimento, assai differenziato al proprio interno, che fu chiamato *nouvelle théologie*. Ciò che accomuna i pensatori di questo movimento è la critica verso l'immobilismo dottrinario della Chiesa di Roma, cui contrappongono l'apertura verso le correnti del **pensiero contemporaneo**, la sensibilità per le **problematiche sociali** e, in campo strettamente teologico, l'abbandono della teologia dogmatica per la teologia biblica, attenta allo studio delle fonti scritturali e patristiche del cristianesimo. Maggiori esponenti di questo movimento sono i domenicani Chenu (1895-1990) e Congar (1904-1995) e i gesuiti De Lubac (1896-1991), Daniéluo (1905-1974) e Teilhard de Chardin (1881-1955). Tutti questi teologi furono oggetto di critiche e censure da parte dell'autorità ecclesiastica cattolica, prima della stagione del Concilio Ecumenico Vaticano II, alla cui elaborazione dottrinale diedero un contributo decisivo.

4.4 La teologia della liberazione

Grande rilievo nel panorama novecentesco ha assunto anche la **teologia della liberazione**, un movimento teologico ed ecclesiale, sviluppatosi nell'**America Latina** sullo stimolo del Concilio Vaticano II, che rivendica la peculiarità della situazione storico-sociale delle popolazioni sudamericane e ripensa il messaggio cristiano a partire da questo punto.

Gustavo Gutierrez (Lima 1928), uno dei fondatori del movimento, sviluppa il suo pensiero contrapponendo la situazione religiosa dell'Europa e del Nord America a quella dell'America Latina. Egli osserva che il problema per la Chiesa, nel mondo occidentale, è come parlare di Dio a uomini che hanno perduto la fede, mentre nel mondo sudamericano il problema è come parlare di Dio a masse disumanizzate dallo **sfruttamento economico** e dall'**emarginazione culturale**. In tale contesto il messaggio salvifico del cristianesimo deve farsi innanzi tutto messaggio di liberazione dalle condizioni di povertà e di degrado in cui vivono questi popoli.

Per analizzare le cause dello sfruttamento e della povertà i teologi della liberazione – oltre a Gutierrez, si possono ricordare i nomi del francescano Leonardo Boff e del teologo protestante Assman – si servono delle categorie economiche e sociali del **pensiero marxista**, reinterpretate all'interno di una visione teologica che pone un nesso inscindibile tra la salvezza cristiana trascendente e la liberazione storica dalla povertà.

I riferimenti al marxismo indussero la Chiesa cattolica a intervenire con un "ammonimento" rivolto agli esponenti della teologia della liberazione. Tale intervento della Congregazione della Dottrina della Fede, fatto nel 1983, ebbe l'effetto di attenuare le posizioni rivoluzionarie e anticapitalistiche del movimento, ma non ha ridotto al silenzio un'esperienza teologica ed ecclesiale che ha saputo denunciare lo stato di oppressione cui miliardi di uomini sono sottoposti nel mondo.

5. Neoscolastica e neotomismo

Con il termine neoscolastica si intende designare un movimento di rinnovamento della filosofia scolastica, iniziato nel corso del XIX secolo e proseguito nel XX. Poiché, all'interno di questo movimento, l'indirizzo di pensiero più importante è quello che si richiama alla filosofia di san Tommaso, la dizione più appropriata della corrente è considerata quella di **neotomismo**. Ciò non esclude che nella neoscolastica compaiano anche posizioni riferite alla tradizione agostiniana e francescana, non immediatamente riconducibili al tomismo stesso. Il clima culturale legato al movimento ha inoltre favorito un ritorno di interesse per gli studi storici di filosofia medioevale, condotti da studiosi di impostazione teoretica affine alla linea tomista.

5.1 Le origini storiche del movimento

Sul piano storico, le origini del movimento neoscolastico vanno ricercate nel Settecento, allorché in alcuni ambienti ecclesiastici si ebbe una reazione tradizionalista contro le aperture che vari pensatori cattolici avevano manifestato verso il pensiero moderno.

In difesa dei fondamenti metafisici della Scolastica si schierarono il domenicano Goudin, gli italiano Grassi e Bozzetti, operanti a Piacenza, il canonico napoletano Sanseverino e i teologi della Compagnia di Gesù, a partire dalla sua ricostituzione nel 1814, attraverso la rivista dell'ordine "La Civiltà cattolica" (fondata nel 1849). Analogo crescente interesse per la filosofia tomista si registra in Francia, Spagna e Germania.

Il ritorno alla filosofia di san Tommaso

Il momento fondamentale per la nascita del neotomismo è la pubblicazione, il 4 agosto del 1879, dell'enciclica di papa Leone XIII, *Aeterni Patris*. In essa il pontefice esortava a ritornare allo studio di san Tommaso, ad arricchire il patrimonio dottrinale del tomismo con gli aggiornamenti necessari, senza però tradirne l'indiscusso nucleo di verità.

La filosofia scolastica doveva costituire la base della formazione intellettuale del clero e fare da guida nell'apostolato e nella ricerca scientifico-filosofica. All'uscita dell'enciclica fece seguito l'avvio di una nuova edizione di tutte le opere dell'Aquinate. Altri importanti centri del movimento neotomista furono l'Università di Friburgo in Svizzera e l'Università di Lovanio in Bercio, dove operò il cardinale Mercier, una delle principali figure del neotomismo e fondatore dell'Istituto Superiore di Filosofia. In Italia il principale centro di studi a indirizzo tomista divenne l'Università Cattolica di Milano, sorta nel 1921.

5.2 I presupposti teoretici

Dal punto di vista teoretico, la filosofia neotomista si caratterizza per la ripresa di alcune tesi fondamentali del pensiero di san Tommaso, ripensate con lo scopo di proporre una visione della realtà di stampo realistico-metafisico, in opposizione agli indirizzi della filosofia moderna, fautori di un'interpretazione empirista, criticista e idealista.

La **prima tesi** è quella della «*teoria dell'astrazione*», che intende risolvere il problema della conoscenza, respingendo sia il sensismo lockiano sia l'apriorismo kantiano. Ai neotomisti non convincono le soluzioni proposte da Rosmini e Gioberti, che avevano cercato un punto d'intesa tra la tradizione cattolica e il pensiero moderno. La funzione dell'astrazione consente all'anima intellettiva di astrarre dalle cose sensibili la loro essenza, assicurando la distinzione tra il soggetto conoscente (l'anima) e l'oggetto conosciuto, e garantendo la capacità universalizzante della conoscenza umana.

Gli strumenti del pensiero tomista al servizio della modernità

La **seconda tesi**, derivata dalla prima, è quella dell'«*analogia dell'essere*». In base a questo principio i tomisti tengono distinto l'essere infinito di Dio dall'essere finito del mondo, ma fondano la possibilità di una parziale conoscenza di Dio (le vie per dimostrarne l'esistenza) a partire dall'esperienza mondana, in virtù della relazione analogica tra i due piani dell'essere.

Terza tesi, collegata anch'essa con la teoria dell'astrazione, è la dottrina dell'«*anima intesa come forma sostanziale del corpo*». Si tratta della ripresa della psicologia di san Tommaso che aveva proposto una soluzione a due gravi problemi del pensiero cristiano: quello di come si uniscano l'anima e il corpo e quello di come garantire la salvezza eterna.

La dottrina dell'anima «*forma sostanziale del corpo*» si fonda sulla **quarta tesi** caratteristica del neotomismo, ripresa da Aristotele e san Tommaso: la «*dottrina ilemorfica*» che concepisce ogni sostanza individua composta da materia e forma. La preoccupazione dei neotomisti è quella di dimostrare che l'ilemorfismo non è necessariamente legato alla fisica antica ma che, al contrario, si può accordare con le scoperte della fisica moderna. Infatti, se è vero che alla base del mondo naturale vi è il processo del mutamento, di cui la fisica cerca di scoprire le leggi, è altrettanto vero che vi è una differenza sostanziale tra il piano fenomenico dell'indagine scientifica e quello ontologico della conoscenza filosofica, che indaga la natura stessa dell'essere che muta.

Quinta caratteristica del neotomismo è la «*dottrina dell'atto e della potenza*». Per poter spiegare i mutamenti sostanziali la filosofia aristotelico-tomista associa alla nozione di materia quella di potenza, e alla nozione di forma quella di atto; sicché ogni mutamento, in quanto passaggio dalla potenza all'atto, è assunzione da parte della materia di una nuova forma.

Una nuova stagione di studi

Il contributo del movimento neoscolastico alla filosofia contemporanea non si riduce solamente alle riproposizioni e alle reinterpretazioni della tradizione teoretica tomista, ma si estende agli studi di storia della filosofia cristiana medioevale, alcuni dei quali hanno contribuito ad aprire nuove e fondamentali linee interpretative di quel patrimonio di pensiero. Basti ricordare il tedesco Martin Grabmann, autore di un'importante opera sulla *Storia del metodo scolastico*, e il francese Étienne Gilson, grande studioso di sant'Agostino, Dante, san Tommaso, san Bonaventura, Duns Scoto e delle fonti scolastiche della filosofia di Cartesio.

5.3 Jacques Maritain

Il pensiero di Jacques Maritain è una delle massime espressioni del neotomismo novecentesco. Nella rigorosa fedeltà ai principi tomisti esso affronta una serie di problemi nodali del dibattito filosofico contemporaneo, che variano dalla metafisica alla gnoseologia, dall'estetica alla morale, alla politica. L'intento del filosofo francese è di mostrare come le soluzioni tomiste a questi problemi, lungi dall'essere anacronistiche e avulse dalla ricerca contemporanea, sono risolutive delle antinomie cui perviene la filosofia della modernità.

Il problema gnoseologico-metafisico

La prima questione affrontata da Maritain è quella gnoseologico-metafisica, centrata sul rapporto fra intelligenza e realtà. Questo rapporto, nella tradizione filosofica francese, era stato risolto dall'impostazione cartesiana, che secondo Maritain è una forma di razionalismo astratto, perché assegna alla ragione il compito di conoscere un mondo di pure essenze, avulse dalla realtà. La difesa della **ragione concreta**, capace di attingere alla conoscenza delle essenze, è necessaria, perché le essenze sono il centro della realtà. Per Maritain la realtà concreta è insieme essenza ed esistenza: l'essenza ha il proprio fondamento e valore nell'esistenza e ne costituisce il principio di intelligibilità.

In *Distinguere per unire o i gradi del sapere* Maritain definisce il proprio pensiero una forma di **realismo critico**, fondato sul principio dell'evidenza dell'essere alla coscienza. «*Poiché l'intelligenza* – egli scrive – *si dirige dapprima non a se stessa né a me, ma all'essere, la prima evidenza (prima nell'ordine di natura, non nell'ordine cronologico in cui spesso ciò che è prima in sé è soltanto implicito), l'evidenza di per sé prima, per l'intelligenza, è quella del principio di identità scoperto nell'apprensione intellettuale dell'essere o del reale*».

Gradi della realtà e gradi del sapere

L'indagine filosofica sul reale, dopo aver colto l'unità dell'essere, deve passare a esaminare i diversi ambiti della realtà, cui corrispondono i diversi gradi del sapere. Maritain delinea una complessa mappa della conoscenza, all'interno della quale distingue molte discipline, strutturate secondo un ordine gerarchico che ha al vertice la metafisica, «*la scienza regolatrice per eccellenza*». Lo schema dei gradi del sapere include le scienze sperimentali, la matematica, la filosofia della natura, la metafisica (scienza dell'essere come tale), la teologia naturale (conoscenza di Dio attraverso il principio dell'analogia dell'essere), la teologia rivelata e, infine, la mistica (conoscenza dell'essenza stessa di Dio).

I problemi etico-politici

Una particolare attenzione Maritain ha dedicato alla riflessione nell'ambito della filosofia pratica. Il suo approccio alle questioni etiche è rigorosamente tomista e prevede la subordinazione della morale alla teologia. È pur vero, ammette Maritain, che vi è un complesso di principi morali naturali, deducibili dalla ragione umana senza la necessità di ricorrere alla rivelazione, ma è indubbio che essi siano parziali e inadeguati per dare risposta autentica alle domande di senso che provengono da un soggetto umano. L'agire dell'uomo non si esaurisce nell'orizzonte mondano, ma ha per fine il soprannaturale che solo la rivelazione e la grazia possono manifestare.

La tematica che ha dato maggior notorietà a Maritain è stata quella trattata nei suoi saggi di argomento politico-sociale. *Umanesimo integrale*, in particolare, ha esercitato un'influenza rilevante nel mondo cattolico e sui partiti politici di ispirazione cristiana, a partire dalla fine degli anni Trenta del Novecento. Maritain sviluppa una critica alla modernità, che egli vede dominata, a partire dal Rinascimento e dalla Riforma protestante, da un umanesimo antropocentrico che ha assolutizzato il valore dell'uomo. Il fallimento di questa concezione è evidenziato dalla crisi sia della

---

LA VITA *di Jacques Maritain*

Jacques Maritain nacque a Parigi nel 1882 da una famiglia di religione protestante e si convertì al cattolicesimo nel 1906, a seguito di diverse influenze intellettuali che vanno dalla frequentazione delle lezioni di Bergson alla lettura delle opere di Péguy e di Bloy. Negli anni precedenti la Prima guerra mondiale si segnalò come acuto studioso di san Tommaso e come protagonista della rinascita degli studi tomisti in Francia; nel 1914 iniziò l'insegnamento all'Istituto cattolico di Parigi, dove rimase fino al 1940. Durante l'occupazione tedesca della Francia rifiutò la cattedra al Collège de France, offertagli dal governo di Vichy. Nel 1945 il generale De Gaulle lo nominò ambasciatore presso il Vaticano. Trasferitosi nel 1948 all'Università americana di Princeton, ritornò in Francia nel 1961, entrando successivamente nell'ordine dei Piccoli Fratelli di Gesù. Morì a Tolosa nel 1973.

Le sue opere più importanti sono: *Distinguere per unire o i gradi del sapere* (1932), *Umanesimo integrale* (1936), *L'uomo e lo Stato* (1951), *L'intuizione creativa nell'arte e nella poesia* (1953), *Il contadino della Garonna* (1966).

società borghese (retta dai principi del liberalismo individualistico), sia della società comunista (fondata su una visione atea ed economicocentrica dell'uomo).

Il compito della società futura

La proposta alternativa di Maritain fa riferimento a un **umanesimo integrale** che rispetti pienamente tutte le dimensioni dell'uomo, da quelle proprie dell'ordine temporale a quelle dell'ordine spirituale. Nel tempo presente, Maritain addita «*l'ideale storico di una nuova cristianità*» in cui la società futura è chiamata a realizzare nella storia gli ideali del pluralismo politico, economico e giuridico, della democrazia, della libertà, della giustizia e della tolleranza, la ricerca del bene comune e il rispetto della persona.

PERSONA E SOCIETÀ

La persona umana ha una dignità assoluta perché è in una relazione diretta con l'assoluto nel quale solo può trovare il suo pieno compimento; sua patria spirituale è tutto l'universo dei beni aventi valore assoluto, che riflettono in qualche modo un Assoluto superiore al mondo e che la attraggono a lui. [...]

La persona è un tutto, ma non un tutto chiuso; è un tutto aperto, non un piccolo dio senza porte né finestre come la monade di Leibniz, o un idolo che non vede, non intende e non parla. Essa tende per natura alla vita sociale e alla comunione. Così è non soltanto a causa dei bisogni e delle indigenze della natura umana – in ragione dei quali ciascuno necessita degli altri per la propria vita materiale, intellettuale e morale – ma anche a causa della radicale generosità iscritta nell'essere stesso della persona, a causa di quella attitudine alle comunicazioni dell'intelligenza e dell'amore, propria dello spirito, che esige di mettersi in relazione con altre persone. [...]

Così la società si forma come cosa che la natura esige, e (poiché questa è la natura umana) come un'opera compiuta da un lavoro di ragione e di volontà e liberamente consentita. L'uomo è un animale politico, cioè la persona umana richiede la vita politica, la vita in società, non soltanto familiare, ma anche civile. E la civitas *merita questo nome, in quanto è una società di persone umane.*

→ J. MARITAIN, *I diritti dell'uomo e la legge naturale*

Il valore dell'esperienza estetica

La trattazione del tema dell'arte vede Maritain impegnato, anche in questo ambito, a rivalutare l'estetica tomista, contro le teorie moderne sull'arte. Egli riprende le tesi della Scolastica medioevale sull'arte – intesa aristotelicamente come attività poietica – e la intende come una virtù intellettuale che presiede alla produzione di oggetti e di opere (nella terminologia latino-medievale l'arte è *recta ratio factibilium*). In questa visione, l'opera d'arte nasce dall'incontro dell'attività dell'artista (con le sue abilità tecniche) con il valore della bellezza, che è una proprietà trascendentale dell'essere. La bellezza artistica è *splendor formae*, splendore della forma che conferisce un valore puramente spirituale alla materia sensibile.

Nell'esperienza estetica si incontrano il carattere intellettuale della bellezza, che è oggetto di intelligenza, e la presenza della sensibilità: questo avviene per mezzo dell'intuizione sensibile, la quale coglie immediatamente il bello, senza la mediazione razionale dell'astrazione concettuale. «*Lo splendore stesso o la luce della forma che brilla nell'oggetto bello non è presentato allo spirito da un concetto o da un'idea, ma proprio dall'oggetto sensibile colto intuitivamente e nel quale passa, come attraverso una causa strumentale, questa luce d'una forma*».

6.

Il personalismo

▶▶

6.1 Personalismo comunitario e personalismo esistenzialistico

Con il termine personalismo si intende designare, in senso generale, una filosofia che considera la persona come principio ontologico fondamentale. Nell'Età contemporanea il nome di personalismo compare per la prima volta nel 1897 nell'opera del filosofo americano G.H. Howison (1834-1916) che, in polemica con l'idealismo monastico di Royce, sostenne una concezione della realtà spirituale fondata sul pluralismo delle persone.

La persona come principio della volontà libera

Successivamente, fu il pensatore francese Charles Renouvier (1815-1903) a usare nel 1903 il termine «personalismo» per designare la propria filosofia, in antitesi con l'Idealismo tedesco e il Positivismo francese. Renouvier si richiama a Cartesio e alla tradizione spiritualistica, utilizzando temi cristiani e gnostici, per indicare, quale centro della sua filosofia, la «persona» intesa come principio della volontà libera.

L'influenza di Renouvier investe molti pensatori nell'ambiente francese: Boutroux, Bergson e il gruppo della *Philosophie de l'Esprit* che, con Lavelle, Le Senne e Marcel, è sensibile all'esigenza di dare una consistenza personalistica alla nozione dell'essere e del valore e di costituire nella persona un punto di passaggio obbligato per quello che Marcel chiama «*l'approccio al mistero ontologico*».

Il carattere socialitario della rivista "Esprit"

In molti di questi autori l'esigenza personalistica viene fatta rientrare all'interno di tematiche spiritualistiche o esistenzialistiche; chi, invece, propone il personalismo come il cardine di una visione generale della filosofia è Emmanuel Mounier e il movimento che s'accentra attorno alla rivista "Esprit" (fondata nel 1932). Con Mounier il personalismo acquista una dimensione comunitaria che intende superare i limiti dell'individualismo liberale e del collettivismo marxista, in nome di una concezione che colloca la persona al centro di un sistema di relazioni sociali di solidarietà con gli altri.

Il movimento che fa capo alla rivista "Esprit" ha chiari accenti socialitari e cristiani e combatte ogni forma di alienazione: non solo quella denunciata da Marx, legata allo sfruttamento del lavoro, ma anche l'alienazione della persona nel collettivismo, nel determinismo storico, nell'egoismo vitale. L'aspetto comunitario di questa corrente del personalismo si ritrova, oltre che in Mounier, in altri filosofi dello stesso periodo come Maurice Blondel, Max Scheler e Gabriel Marcel.

Il personalismo esistenzialistico

Accanto al personalismo comunitario, si manifesta nel Novecento il **personalismo esistenzialistico** di ispirazione cristiana, che ha in Pascal e in Kierkegaard i punti di riferimento fondamentali. Molti filosofi si ritrovano sui temi fondamentali dell'esistenzialismo, basti citare i nomi di Nikolaj A. Berdjaev, Gabriel Marcel, Karl Barth, e Luigi Pareyson. In Pareyson, in particolare, il personalismo acquista una connotazione spiccatamente ontologica, fondata sull'essenziale apertura della persona all'essere, inteso come libertà originaria che non presuppone nulla prima di sé.

6.2 Emmanuel Mounier

Maggior esponente del personalismo francese del Novecento, Mounier elaborò le proprie tesi filosofiche attraverso la sintesi di tre correnti di pensiero: lo spiritualismo cristiano, il marxismo e l'esistenzialismo. Lo spiritualismo cristiano, con venature moderniste, fu mutuato attraverso il suo maestro J. Chevalier, da Pascal, Charles Péguy, Henry Bergson, Claude Blondel; il marxismo venne interpretato da un punto di vista umanistico che respingeva le implicazioni materialistiche e totalitarie; l'esistenzialismo fu accolto soprattutto nelle versioni religiose offerte da Barth, Berdjaev e Marcel.

Una sintesi tra marxismo e spiritualismo

La filosofia di Mounier ruota attorno al principio della centralità assoluta della persona, irriducibile a qualsiasi schema che ne limiti la libertà e la creatività. Per questo motivo, le visioni dell'Idealismo, del materialismo e dello stesso esistenzialismo appaiono a Mounier astratte e negatrici del valore della persona, perché tutte tendono a limitarne le potenzialità, vincolandola all'interno di sistemi e strutture condizionanti.

Mounier cerca di arrivare a formulare una sintesi conciliativa tra le esigenze espresse dal marxismo, che ha colto correttamente la natura storicamente determinata della condizione umana, e le esigenze dello spiritualismo, che assegna all'uomo il destino di trascendere la dimensione storica dell'esistenza.

La persona come punto d'incontro di trascendenza, natura e inconscio

Nell'analizzare la natura della persona Mounier individua il punto d'incontro dei tre aspetti della realtà: la trascendenza, la natura e l'inconscio.

La **trascendenza** è il **movimento ascendente** della persona verso il soprannaturale. L'esigenza della trascendenza nasce dalla presa di coscienza dei limiti della condizione umana e dei pericoli di alienazione insiti nel reale. Di fronte a queste insufficienze, la persona scopre in sé la trascendenza: la scopre attraverso un movimento di superamento di se stessa che le consente di cogliere, nella profondità del suo essere, Dio.

La **natura** è la dimensione in cui avviene il **movimento orizzontale** della persona, che si realizza attraverso il rapporto con la corporeità. Da un lato la natura si presenta come ostacolo e limite per la persona, dall'altro è l'ambito in cui l'uomo è chiamato a realizzare la sua missione terrena, personalizzando e umanizzando la materia.

Infine l'**inconscio**, terzo ordine della realtà personale, è la dimensione verso cui si attua il **movimento discendente** verso quell'io segreto che sentiamo pulsare in noi e che non possiamo ignorare. L'inconscio non va dimenticato, ma valorizzato come

---

LA VITA *di Emmanuel Mounier*

Emmanuel Mounier nacque a Grenoble nel 1905, studiò filosofia prima nella sua città natale poi a Parigi, subendo l'influenza di Henri Bergson e di Charles Péguy, uno scrittore che dalle posizioni socialiste approdò a un cristianesimo con coloriture mistiche. Nel corso degli anni Trenta Mounier si segnalò come uno degli esponenti del cattolicesimo d'avanguardia francese. Nel 1932 fondò la rivista "Esprit", che divenne l'organo del movimento personalista di ispirazione comunitaria, critico tanto verso il capitalismo quanto verso il comunismo reale. Arrestato per due anni sotto il regime di Vichy, dopo la liberazione della Francia riprese l'attività editoriale e pubblicistica, interrotta bruscamente dalla morte avvenuta nel 1950. Le opere maggiori sono: *Rivoluzione personalista e comunitaria* (1936), *L'avventura cristiana* (1945), *Che cos'è il personalismo?* (1946), *Il personalismo* (1949).

elemento fondamentale della totalità della persona; se lo si ignora e non lo si controlla con la volontà, esso si vendica e può invadere la struttura della coscienza sconvolgendone gli equilibri.

L'impegno verso gli altri è un dovere morale

La vita personale non è ripiegamento su di sé, ma «*movimento verso e con altri*», «*verso e sul*» mondo materiale. Nasce così la comunità personalistica che è «*persona di persone*». L'impegno nel mondo diventa un dovere morale, finalizzato alla realizzazione di una vita personale più piena, totalmente libera e aperta alla presenza stessa di Dio. Nella visione cristiana della storia, Mounier concepisce l'incarnazione di Gesù Cristo come la rivalutazione del mondo corporeo, in cui l'uomo è chiamato a realizzare la sua aspirazione divina.

Il personalismo, pur animato da una componente religiosa che porta a trascendere la storia, mantiene una carica contestativa verso l'ordine socio-economico esistente. Secondo Mounier il capitalismo costituisce un ostacolo per il movimento di liberazione dell'uomo. Si tratta di superare il modo di produzione capitalistico, senza però cadere nella "tirannide" del collettivismo comunista. Il filosofo francese indica quale ideale politico per il quale vale la pena di lottare una forma di **socialismo democratico**, non classista, capace di coniugare in sé la libertà e la giustizia.

CHE COS'È IL PERSONALISMO?

Il procedere essenziale di un mondo di persone non è la percezione isolata di sé (cogito) *né la cura egocentrica di sé, ma la comunicazione delle coscienze; meglio: la comunicazione delle esistenze, l'esistenza insieme con altri; bisognerebbe scrivere la co-esistenza. La persona non si appone al noi, che la fonda e la nutre, ma al pronome impersonale irresponsabile e tirannico. Non solo non si definisce mediante l'incomunicabilità e il ripiegamento, ma di tutte le realtà dell'universo è la sola che sia propriamente comunicabile, che sia* verso altri *e anche* in altri, *verso il mondo e nel mondo, prima di essere* in sé. [...]
Il personalismo può sembrare inafferrabile a chi vi cerchi un sistema, mentre è prospettiva, metodo, esigenza.
Come prospettiva, all'idealismo e al materialismo astratti contrappone un realismo spirituale, sforzo continuo per ritrovare l'unità che queste due prospettive scindono; il destino dell'uomo vi è coinvolto secondo tutte le sue dimensioni: materiale, interiore, trascendente; l'appello alla pienezza personale, punta e strumento della storia universale, in esso non è separato dall'appello della umanità come tutto, e nessun problema in esso è pensato senza questo doppio riferimento; la storia dell'uomo gli si presenta come una concorrenza drammatica fra questi diversi punti di vista, la crisi perpetua di una dialettica crescente di unificazione e di perfezione. Questo ottimismo tragico si oppone tanto all'ottimismo ingenuo della borghesia in fase ascendente quanto all'irrazionalismo scettico della borghesia decadente. [...]
Lo stesso personalista cristiano, pur mirando a qualcosa che supera la storia, può avanzare in quel senso solo nella storia, e per determinare i propri mezzi deve interrogarne le possibilità. Qualunque sia quindi la nostra filosofia ultima, l'intelligenza dell'azione non si risveglia che partendo da un impegnarsi nella catena dell'avvenimento, e la regola dell'azione si costituisce nell'incontro di una filosofia dell'uomo e di un'analisi diretta delle congiunture storiche, che comandano in ultima istanza il possibile e il reale.

→ E. MOUNIER, *Che cos'è il personalismo?*

MAPPA CONCETTUALE

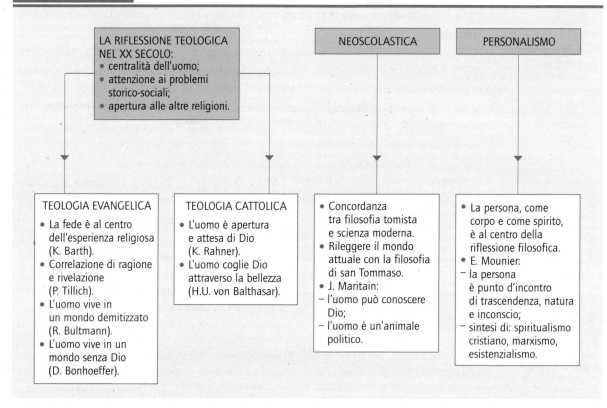

LA RIFLESSIONE TEOLOGICA NEL XX SECOLO:
- centralità dell'uomo;
- attenzione ai problemi storico-sociali;
- apertura alle altre religioni.

NEOSCOLASTICA

PERSONALISMO

TEOLOGIA EVANGELICA
- La fede è al centro dell'esperienza religiosa (K. Barth).
- Correlazione di ragione e rivelazione (P. Tillich).
- L'uomo vive in un mondo demitizzato (R. Bultmann).
- L'uomo vive in un mondo senza Dio (D. Bonhoeffer).

TEOLOGIA CATTOLICA
- L'uomo è apertura e attesa di Dio (K. Rahner).
- L'uomo coglie Dio attraverso la bellezza (H.U. von Balthasar).

- Concordanza tra filosofia tomista e scienza moderna.
- Rileggere il mondo attuale con la filosofia di san Tommaso.
- J. Maritain:
  - l'uomo può conoscere Dio;
  - l'uomo è un'animale politico.

- La persona, come corpo e come spirito, è al centro della riflessione filosofica.
- E. Mounier:
  - la persona è punto d'incontro di trascendenza, natura e inconscio;
  - sintesi di: spiritualismo cristiano, marxismo, esistenzialismo.

ESERCIZI DI RIEPILOGO

La svolta antropologica della teologia novecentesca
1. Quale cambiamento ha interessato la teologia del Novecento, differenziandola dalla tradizione precedente?
2. Quale tema si trova al centro delle diverse forme della teologia novecentesca?
3. Come è possibile, secondo Karl Barth, conoscere Dio?
4. Che cosa significa teologia dialettica? In che cosa si differenzia rispetto alla teologia evangelica del secolo precedente?
5. Esponi il principio di correlazione tra uomo e Dio proposto da Paul Tillich.
6. Definisci brevemente i termini di *mito* e *demitizzazione*, come intesi da Rudolf Bultmann, e chiarisci perché, secondo il teologo, è necessario demitizzare il messaggio cristiano.
7. Che cosa significano le espressioni «*Dio della fede*» e «*Dio della religione*» nel pensiero di Bonhoeffer?
8. Spiega la dottrina dei «*cristiani anonimi*» di Karl Rahner.

Neoscolastica e neotomismo
9. In quale epoca e per quale motivo rinacque l'interesse per la filosofia scolastica?
10. Quali tesi furono riprese del pensiero di san Tommaso? A quale fine?
11. Quale contributo filosofico è legato al movimento della neoscolastica?
12. Definisci sinteticamente il realismo critico di Jacques Maritain.
13. Esponi i temi trattati in *Umanesimo integrale*.
14. A quali valori fa riferimento l'umanesimo integrale di Jacques Maritain?

Il personalismo
15. Quali istanze filosofiche cerca di conciliare il personalismo di Emmanuel Mounier?
16. Esponi brevemente la concezione di persona quale emerge dalla riflessione di Mounier.
17. Qual è, secondo Mounier, il dovere morale di ogni persona?
18. Che importanza hanno gli altri nella concezione filosofica di Mounier?

1. La svolta antropologica della teologia novecentesca

Il carattere peculiare del rinnovamento della teologia cristiana del XX secolo è costituito da una **svolta antropologica**, che ha assunto l'interesse per l'uomo come motivo centrale della speculazione teologica, differenziandola dall'approccio cosmocentrico proprio dei greci e da quello teocentrico dominante nell'Età medioevale.

■ Costruisci un confronto tra le visioni cosmocentriche, teocentriche e antropocentriche della teologia, indicando le posizioni (ed eventualmente citazioni testuali) di pensatori greci, medioevali e contemporanei che sono riconducibili a quelle concezioni.

🔘 Vai al sito nella sezione **Filosofia della religione**, Percorsi, *Esperienze di filosofia: Dio e il divino in Spinoza, Schleiermacher, Nietzsche e Barth*.

2. Il Dio sconosciuto

La nozione di «Dio sconosciuto» – *Deus absconditus* –, centrale nella teologia di Karl Barth, è presente all'interno di una lunga tradizione di pensiero teologico, a iniziare da Dionigi l'Areopagita ai mistici medioevali, da Lutero a Pascal e a molti riferimenti letterari, poetici e artistici.

■ Ricostruisci la storia e il significato di questa nozione, avvalendoti di dizionari filosofico-teologici o compiendo una ricerca su internet. Cerca di rintracciare il *Deus absconditus* non solo nei teologi, ma anche in espressioni artistiche (per esempio, Caravaggio) e in opere poetiche.

3. Mito e demitizzazione

I rapporti tra mito, religione e filosofia hanno origini antichissime e si possono considerare costitutivi della nascita della filosofia stessa. Già Aristotele, in *Metafisica* I, 3, stabilisce in maniera evidente questi rapporti. La nozione di demitizzazione, proposta da Rudolf Bultmann, fa riferimento in forma moderna al tema della relazione tra fede e ragione, in un orizzonte culturale che non si riconosce più nelle categorie del pensiero mitico.

■ Sulla base delle tue conoscenze filosofiche, antropologiche e teologiche (che puoi ampliare per l'occasione), prova a individuare i caratteri propri del pensiero mitico e a spiegare per quali ragioni, secondo Bultmann, il messaggio cristiano deve essere demitizzato, se non si vuole che venga abbandonato da parte dell'uomo moderno.

4. Esistenzialismo e teologia

L'influenza del pensiero esistenzialista in generale, e della filosofia di Martin Heidegger in particolare, è assai rilevante su molte correnti della teologia novecentesca, evangelica e cattolica.

■ Per analizzare questa influenza prova a compiere due operazioni:
– individua nei filosofi esistenzialisti che hai studiato, da Kierkegaard a Heidegger, quali temi e quali nozioni hanno, o possono assumere, una rilevanza teologica;
– precisa come quegli stessi temi o nozioni sono stati ripresi e rielaborati dai teologi novecenteschi che si sono richiamati a quella tradizione, a partire da Karl Rahner.

5. La nozione di persona

Il personalismo moderno ha posto il concetto di persona a fondamento della propria visione del mondo, dando a esso di volta in volta valenze esistenzialistiche, sociali e religiose.

■ Esamina i diversi significati che il termine persona assume nel pensiero di Maritain e di Mounier.

■ Nella tradizione cristiana il concetto di persona ha una rilevanza centrale, essendo stato usato per definire non solo l'essere umano, ma anche la Trinità divina. Ricostruisci la storia teologica di questo termine, chiarendo quale relazione vi sia tra persona umana e persona divina.

■ Il concetto di persona è presente non solo in filosofia e in teologia, ma anche nel diritto, nelle scienze umane e nel linguaggio teatrale. Avvalendoti di dizionari specialistici, ricerca i significati precisi del termine «persona» in questi diversi ambiti e metti in evidenza le intersezioni semantiche che vi possono essere.

Il Platone "totalitario" nell'interpretazione di Karl Popper

La legge della decadenza dell'umanità

Il filosofo Karl Popper (1902-1994) nel primo volume de *La società aperta e i suoi nemici* si propone di compiere un'analisi e una critica della «*tendenza totalitaria della filosofia politica di Platone*». Poiché Platone − come altri autori quali Hegel e Marx − fonda la sua teoria politica su una precisa filosofia della storia, l'indagine di Popper è centrata sull'individuazione dei presupposti storicistici del pensiero politico platonico.

Popper sostiene che Platone, nel suo storicismo, fu influenzato sia da Esiodo sia, soprattutto, da Eraclito; questo perché, come accadde a Eraclito, così anche Platone «*soffrì terribilmente nella situazione di insicurezza e di instabilità politica del suo tempo*». È il tempo della lunga guerra del Peloponneso che si concluse quando Platone aveva ventiquattro anni, lasciandogli un senso di smarrimento per la degenerazione delle istituzioni che ne era seguita. Da questa esperienza storica il filosofo ateniese trasse la conclusione che le vicende umane sono sottoposte a una legge generale dello sviluppo storico secondo cui «*ogni mutamento sociale è corruzione o decadenza o degenerazione*».

Questa legge storica è, per Platone, parte di una legge cosmica che assegna a tutte le cose in divenire un destino di decadenza. Afferma Popper:

Platone inquadrava la storia umana in un contesto cosmico; e credeva che la sua fosse un'età di profonda depravazione − forse la più profonda che si potesse raggiungere − e che l'intero periodo storico precedente fosse caratterizzato da una inerente tendenza al decadimento, una tendenza condivisa dallo sviluppo sia storico che cosmico.

▶ K. POPPER, *La società aperta e i suoi nemici*

Tuttavia, aggiunge Popper:

Non mi sembra di poter decidere con sicurezza se egli condividesse o meno anche la convinzione che questa tendenza deve necessariamente finire una volta che sia stato raggiunto il punto di estrema depravazione. [...] Egli era certamente convinto che ci è possibile, mediante uno sforzo umano, o meglio sovrumano, aprire un varco attraverso la fatale tendenza storica o porre fine al processo di decadimento.

▶ K. POPPER, *La società aperta e i suoi nemici*

Platone riteneva che la legge del destino storico, la legge di decadenza «*poteva essere infranta dalla volontà morale dell'uomo, sostenuta dalla forza della ragione umana*». L'obiettivo è allora quello di arrestare il processo di degenerazione, che è razziale, morale e politico insieme, e lo si può raggiungere «*mediante l'instaurazione di uno Stato che è indenne dai mali di tutti gli altri Stati, perché non degenera, perché non cam-*

bia. Lo Stato che è indenne dal male del cambiamento e della corruzione è lo Stato migliore di tutti, lo Stato perfetto. È lo Stato dell'Età dell'Oro che non conosceva cambiamento alcuno. È lo Stato pietrificato».

Il programma politico totalitario

Il carattere totalitario[1] del programma politico di Platone dipende, secondo Popper, per un verso, come abbiamo visto, dalla legge della decadenza dell'umanità; per un altro verso dai principi metafisici della sua filosofia, che Popper analizza dettagliatamente. Egli sostiene che la teoria delle Idee, oltre a costituire il fondamento ontologico del pensiero di Platone, ha una funzione metodologica importantissima, in quanto rende possibile sia la conoscenza scientifica della verità, sia la conoscenza opinabile del mondo in divenire: in tal modo è possibile costruire una scienza politica che si occupa dei problemi della società in mutamento.

L'interpretazione della storia si regge su una teoria del cambiamento, senza la quale non si potrebbe dar ragione della decadenza della società. Popper porta due citazioni a sostegno di questa tesi, un passo della *Repubblica*, 545, in cui si dice che «*ogni costituzione si trasforma per causa di quel medesimo elemento che detiene il potere, quando in esso stesso sorge discordia*»; e un testo analogo delle *Leggi*, 683 A, che dice «*Cade un regno, per Zeus, o cade mai un governo per causa d'altri che non siano quelli stessi che li posseggono?*». Il commento popperiano è che la scoperta di «*questa legge sociologica, insieme con l'osservazione che gli interessi economici sono le più verosimili cause di disunione, è la chiave platonica di interpretazione della storia. Ma c'è di più. Essa è anche la chiave della sua analisi delle condizioni necessarie per l'instaurazione dell'equilibrio politico, cioè per arrestare il cambiamento politico*».

La teoria delle Idee ha quindi anche la funzione di consentire di formulare un progetto sociale alternativo, che arresti il cambiamento, ipotizzando «*uno Stato ottimo*», che assomigli così intimamente all'Idea di uno Stato che non può decadere.

Come osserva Antiseri, riassumendo l'argomentazione di Popper, Platone è persuaso che le condizioni che rendono ottimo lo Stato fossero presenti nello Stato dei tempi remoti. Platone delinea il suo stato perfetto mediante una descrizione idealizzata delle antiche aristocrazie tribali di Creta e Sparta, forme di governo bloccate, pietrificate, relitti di una forma ancora più antica.

Leonida, re di Sparta (busto del V secolo a.C., Grecia), cadde in battaglia alle Termopili combattendo contro i persiani. I valori aristocratici e la stabilità della società spartana costituivano per Platone un modello cui ispirarsi nell'elaborazione dello Stato ideale.

1. Per totalitarismo si intende un regime politico in cui il potere è concentrato nelle mani di un gruppo dominate che assume il controllo di tutti gli aspetti della vita dello Stato e dell'esistenza dei cittadini, imponendo sia con la propaganda che con la violenza la propria esclusiva ideologia. Esempi di totalitarismo furono i regimi fascisti e nazisti in Italia e Germania e lo stalinismo in Urss.

Lo Stato perfetto di Platone

Lo Stato perfetto di Platone è uno Stato schiavista, fondato su distinzioni di classe molto rigide. Si tratta di uno Stato di casta, dove il problema della lotta di classe viene risolto non attraverso l'abolizione delle classi, «*ma conferendo alla classe dirigente una superiorità che non può essere contestata*». Nello Stato ottimo di Platone, come è noto, esistono tre classi: i custodi, i loro ausiliari armati o guerrieri e la classe lavoratrice. E poiché unicamente la classe dirigente ha il potere politico – compreso il potere di far sì che il numero del gregge non diventi così grande da diventare pericoloso – allora il problema della stabilità dello Stato «*si riduce al problema della preservazione dell'unità interna della classe dominante*». Unità interna che si otterrà soprattutto eliminando gli interessi economici che portano alla disunione: da qui, per la classe dirigente, il comunismo dei beni, delle donne, dei figli. Ecco, dunque, asserisce Popper, che il comunismo della casta dirigente della città ottima di Platone è una conseguenza della legge del cambiamento: «*esso è una condizione necessaria della stabilità politica che è la sua fondamentale caratteristica*».

L'educazione della classe dirigente

La classe dirigente dello Stato perfetto si sentirà ancora più unita se si accentuerà il divario tra governanti e governati. La pressione di questi ultimi sui primi consoliderà l'unione tra i governanti. Da qui il fondamentale principio per cui: «*Qualsiasi interferenza o cambiamento da una classe all'altra è un grave crimine contro la città e può essere legittimamente denunciato come la più vile perversità*» (*Rep.*, 434 b-c). Lo Stato di Platone è, pertanto, uno Stato diviso in classi, dove l'educazione della classe dirigente è anch'essa funzionale alla stabilità dello Stato. I membri della classe dirigente debbono essere educati nella ginnastica e nella musica («*coloro che praticano la ginnastica risultano troppo selvatici, quelli che praticano la pura musica diventano troppo molli... Noi però sosteniamo che i guardiani debbono avere tutte e due queste nature... [Perciò] direi che un dio ha dato agli uomini due arti, la musica e la ginnastica*», *Rep.*, 410 d-e). Né troppo molli né troppo selvatici, i membri della classe dirigente vanno addestrati, per Platone, come una classe di guerrieri di professione, pronti a battersi contro tutti coloro che dovessero minacciare lo Stato dall'interno o dall'esterno. Per questo occorre «*condurre i fanciulli anche alla guerra, a cavallo, perché la potessero osservare e, se non c'è pericolo, spingerli vicino, e far loro gustare il sangue, come ai cani*» (*Rep.*, 537 a; e 466 e; 467 e).

La musica, arte improntata alla regolarità dei rapporti matematici, costituiva per Platone un buon mezzo per educare gli animi alla misura e alla moderazione.
Alexandre de la Borde, Ninfe o Muse suonano la lira al cospetto di Apollo, 1813-24, incisione da originale greco, Collezione di Ms. Le Comte de Lamberg, Parigi.

Popper commenta: «*La descrizione di uno scrittore moderno, che definisce l'educazione totalitaria contemporanea come una forma intensificata e continua di mobilitazione, si accorda perfettamente con l'intero sistema educativo di Platone*».

Nella Repubblica *platonica, le regole e la disciplina della ginnastica permettono ai membri della classe dirigente di dominare la parte istintiva della propria natura mediante l'uso della volontà e della ragione.*
Corsa di atleti, *rilievo di un cippo funerario, arte della Magna Grecia, VI secolo a.C., Sicilia.*

In opposizione allo «Stato ottimo» vi sono gli Stati storicamente realizzati, al cui esame è dedicato il libro VIII della *Repubblica*, in particolare i capitoli da 543 A a 562 A, in cui Platone analizza le forme politiche dello stato timocratico, di quello oligarchico e di quello democratico. Popper sottolinea quanto sia impressionante la descrizione della democrazia per i caratteri negativi attribuiti all'uomo democratico:

Egli usa l'invettiva, identificando la libertà con l'arbitrio e la licenza, e l'eguaglianza di fronte alla legge con il disordine. I democratici sono descritti come depravati e gretti, come insolenti, sfrenati e sfrontati, come feroci e terribili animali da preda, come esseri pronti a soddisfare ogni capriccio, capaci di vivere soltanto per il piacere e per desideri superflui e immondi.

▶ K. Popper, *La società aperta e i suoi nemici*

Secondo Popper, i principi filosofici di Platone, derivati dalla teoria delle Idee e da quella sulla struttura dell'anima e applicati alla concezione della società, portano a definire i caratteri fondamentali del programma politico totalitario di Platone, che il filosofo austriaco riassume in cinque punti:

1. La rigida divisione delle classi; cioè la classe dirigente formata dai pastori e dai cani da guardia dev'essere nettamente separata dall'armento umano.
2. L'identificazione della sorte dello Stato con quella della sua classe dirigente; l'interesse esclusivo per questa classe e per la sua unità; e, in funzione di questa unità, le rigide norme per allevare ed educare questa classe e il rigido controllo e la collettivizzazione degli interessi dei suoi membri.
3. La classe dirigente ha il monopolio di certe cose, come l'addestramento e le virtù militari e il diritto di portare armi e di ricevere un'educazione completa, ma è esclusa da qualsiasi partecipazione alle attività economiche e, in particolare, dal guadagno del denaro.

Manifesto della Rivoluzione culturale del gennaio 1967 a Shanghai. Nella Cina comunista di Mao Tse-Tung, con la Rivoluzione culturale (1966-1969), volta a contrastare l'eccessiva burocratizzazione e l'imborghesimento dei dirigenti di partito e degli intellettuali, si giunse a una forma di radicalismo che portò alla soppressione di qualsiasi libertà creativa e di espressione individuali.

4. Ci deve essere una censura di tutte le attività intellettuali della classe dirigente e una continua propaganda diretta a modellare e a unificarne le menti. Ogni innovazione nell'educazione, nella legislazione e nella religione deve essere evitata o soppressa.
5. Lo Stato deve essere autosufficiente. Esso deve tendere all'autarchia economica, perché altrimenti i reggitori o verrebbero a dipendere dai commercianti o dovrebbero essi stessi diventare commercianti. La prima di queste alternative minerebbe il loro potere, la seconda la loro unità e la stabilità dello Stato.

▶ K. Popper, *La società aperta e i suoi nemici*

La giustizia platonica

Il programma che Popper ha esposto è chiaramente, a suo giudizio, un programma che «*lungi dall'essere moralmente superiore al totalitarismo, è fondamentalmente identico ad esso*». Non dobbiamo lasciarci fuorviare dal fascino delle dottrine platoniche sul Bene, sulla Sapienza, sulla Verità e sulla Bellezza e dall'alto grado della loro moralità. Per Popper le teorie politiche di Platone «*sono puramente totalitarie e antiumanitarie*». Un esempio è dato dall'idea di giustizia. Popper si chiede che cosa intendesse Platone per giustizia e risponde:

Affermo che nella Repubblica *egli usò il termine "giusto" come sinonimo di "ciò che è nell'interesse dello Stato ottimo". E che cos'è nell'interesse di questo Stato ottimo? Bloccare ogni cambiamento mediante il mantenimento di una rigida divisione di classi e di un governo di classe.*

▶ K. Popper, *La società aperta e i suoi nemici*

Se questa interpretazione è esatta, allora – aggiunge Popper – «*dobbiamo dire che la rivendicazione platonica della giustizia pone il suo programma politico al livello del totalitarismo; e dobbiamo concludere che dobbiamo guardarci dal pericolo di lasciarci impressionare da mere formule*». Tre citazione dalla Repubblica servono a Popper per confermare la sua interpretazione che l'idea di giustizia riguarda esclusivamente lo Stato:

Secondo me, la giustizia consiste in quel principio che fin dall'inizio, quando fondavamo lo Stato, ponemmo di dover rispettare costantemente: in esso, o in qualche suo particolare aspetto. Ora, se rammenti, abbiamo posto e più volte ripetuto che ciascun individuo deve attendere a una sola attività nell'organismo statale, quella per cui la natura l'abbia meglio dotato. [...] E d'altra parte dicevamo che la giustizia consiste nell'esplicare i propri compiti senza attendere a troppe faccende. [...]

Quando, però, uno che per natura è artigiano o un altro che per natura è uomo d'affari e che poi si eleva per ricchezza o per numero di seguaci o per vigore o per qualche altro simile motivo, tenta di assumere l'aspetto del guerriero; o un guerriero quello di consigliere o guardiano, anche se non ne ha i requisiti; e costoro si scambiano gli strumenti e gli uffici; o quando la stessa persona intraprende tutte queste cose insieme, allora, io credo, anche tu penserai che questo loro scambiarsi di posto e questo attendere a troppe cose sia una rovina per lo Stato.

[...] Possiamo dire così: se le classi degli uomini d'affari, degli ausiliari, dei guardiani si occupano soltanto della propria attività, quando ciascuna di esse esplica il compito suo entro lo Stato, questo fatto, contrariamente al caso di prima, non sarà la giustizia e non renderà giusto lo Stato?

▶ Platone, *Repubblica*, 433a, 434a-b, 434c-d

Un brahmino prega nel Tempio di Ramanathaswami, nel Tamil Nadu in India. Il sistema delle caste indiane, dove a ogni individuo, fin dalla nascita, è assegnato un posto prestabilito nell'assetto della società, sembra incarnare il sogno platonico di una società stabile e ordinata. Questa visione è agli antipodi di quella dei regimi democratici, dove si cercano di promuovere la differenza e le abilità individuali.

Popper osserva polemicamente che ad Atene, ai tempi di Platone, «giustizia» aveva sostanzialmente lo stesso significato che al concetto attribuiamo noi oggi: uguaglianza dei cittadini davanti alla legge. Scrive al riguardo:

Noi intendiamo per giustizia un certo genere di equità nel trattamento degli individui, mentre Platone considera la giustizia non come un rapporto tra individui, ma come una proprietà dello Stato tutt'intero, basata su un rapporto fra le sue classi. Lo Stato è giusto se è sano e forte, unito e stabile.

▶ K. POPPER, *La società aperta e i suoi nemici*

Gli «errori» di Platone

Il comandante Goering passa in rivista un reparto della Luftwaffe, nella Berlino del 1938. L'ideologia nazista riuscì nell'intento di neutralizzare la personalità dei singoli individui, portando un'intera nazione a commettere orrendi crimini in nome dell'obbedienza all'autorità militare.

Popper, attraverso una campionatura di brani della *Repubblica* e delle *Leggi*, passa in rassegna una serie di posizioni platoniche sulla politica che attestano il carattere totalitario, antilibertario, antiegualitario e antidemocratico del suo pensiero. Il totalitarismo platonico afferma che lo Stato è tutto, l'individuo è niente: «*mai un uomo* – scrive Popper – *dimostrò una più radicale ostilità nei confronti dell'individuo*».
Nelle *Leggi*, 942 A-B è detto: «*La cosa più importante è che mai nessuno sia senza un capo, né uomo né donna, né l'anima di alcuno per abitudine abbia costume, né quando fa sul serio, né quando per gioco, di agire da sé e isolatamente, ma, totalmente in guerra e totalmente in pace si viva, sempre gli occhi al comandante e lo si segua*».

L'individuo autonomo è considerato un male, in quanto Platone identifica l'individualismo con l'egoismo, preoccupandosi soltanto della collettività perché «*la giustizia, per lui, non è altro che la sanità, l'unità e la stabilità del corpo collettivo*».
Importante, in questo discorso, è il tema della selezione della classe dirigente. Chi deve governare? Platone risponde che devono governate i migliori e che a tale scopo lo Stato deve selezionarli e formarli. Qui Popper contrappone Socrate a Platone: Socrate considera «saggio» colui che sa di non sapere; Platone rovescia radicalmente questa prospettiva:

Il suo amante della verità non è più il modesto ricercatore, ma un orgoglioso possessore della verità. Da esperto dialettico, egli è capace di intuizione intellettuale, cioè di vedere (e di comunicare con) le eterne, celesti Forme o Idee. Posto in alto, al di sopra di tutti gli uomini comuni, egli è come un dio, sia nella sua sapienza sia nel suo potere. Il filosofo ideale di Platone è prossimo sia all'onniscienza che all'onnipotenza. Egli è il Filosofo-Re. È impossibile, io credo, concepire un contrasto più radicale di quello esistente fra l'ideale socratico e l'ideale platonico del filosofo. È il contrasto tra due mondi: il mondo di un modesto, ragionevole individualista e quello di un totalitario semidio.

▶ K. POPPER, *La società aperta e i suoi nemici*

Si tenga conto che per Popper l'obiettivo fondamentale della teoria politica di Platone è quello di bloccare il mutamento sociale. Il mezzo più idoneo per conseguire questo obiettivo pare essere quello di selezionare i governanti avviandoli agli studi filosofici superiori – e con ciò alla visione dialettica dell'essenza del Bene – non prima che abbiano raggiunto i cinquant'anni.

Un altro punto in cui si evidenzia la distanza tra Socrate e Platone è la legittimazione della menzogna fatta da Platone, qualora sia nell'interesse dello Stato. Popper osserva che, per un verso Platone definisce veri filosofi quelli che «*amano contemplare la verità*», ma, prosegue Popper:

Non è del tutto sincero quando fa questa dichiarazione. Egli non crede veramente in essa, perché apertamente dichiara in altri passi che uno dei privilegi sommi del sovrano è quello di fare largo ricorso alle menzogne e all'inganno. «Se c'è qualcuno che ha diritto di dire il falso – si legge in Repubblica 379 B – questi sono i governanti, per ingannare nemici o concittadini nell'interesse dello Stato». Ancora una volta troviamo che l'appello al principio dell'utilità collettiva è la considerazione etica suprema. La moralità totalitaria annulla ogni altra cosa, anche la definizione, l'idea, del filosofo.

▶ K. POPPER, *La società aperta e i suoi nemici*

I testi che abbiamo riportato documentano sufficientemente la posizione critica di Popper nei confronti del pensiero politico di Platone. Certo più volte Popper manifestò la sua grande ammirazione per Platone, arrivando a dire: «*La mia opinione che Platone sia stato il più grande di tutti filosofi non è per nulla mutata*». Ma non muta nemmeno l'idea che questo grande pensatore abbia commesso in filosofia politica grandi errori. Errori che portano Popper, nella conclusione della sua analisi, a formulare un giudizio negativo sul filosofo greco dicendo che «*la lezione che noi dobbiamo apprendere da Platone è esattamente l'opposto di quanto egli vorrebbe insegnarci*».

Egli fu spinto a combattere il libero pensiero e il perseguimento della verità; fu indotto a difendere la menzogna, i miracoli politici, la superstizione dei tabù; la soppressione della verità e, alla fine, la violenza brutale. [...] Nonostante il proprio odio per la tirannide, fu spinto a vedere nel tiranno un possibile aiuto e a difendere le più tiranniche misure. [...]

La lezione che noi [...] dovremmo apprendere da Platone è esattamente l'opposto di quanto egli vorrebbe insegnarci. È una lezione che non deve essere dimenticata. Per quanto eccellente fosse la sua diagnosi sociologica, lo sviluppo stesso di Platone dimostra che la terapia che raccomandava è peggiore del male che tentava di combattere. Arrestare il cambiamento politico non costituisce un rimedio e non può portare la felicità. Noi non possiamo mai più tornare alla presunta ingenuità e bellezza della società chiusa. Il nostro sogno del cielo non può essere realizzato sulla terra [...].

Cominciando con la soppressione della ragione e della verità, dobbiamo finire con la più brutale e violenta distruzione di tutto ciò che è umano. Non c'è possibilità di ritorno a un armonioso stato di natura. Se torniamo indietro, dobbiamo percorrere tutt'intera la strada – dobbiamo tornare allo stato ferino [...]. Ma se vogliamo restare umani, ebbene, allora, c'è una strada sola da percorrere: la via che porta alla società aperta. Noi dobbiamo procedere verso l'ignoto, l'incertezza e l'insicurezza, usando quel po' di ragione che abbiamo per realizzare nella migliore maniera possibile entrambi questi fini: la sicurezza e la libertà.

▶ K. POPPER, *La società aperta e i suoi nemici*

LABORATORIO FILOSOFICO

1 L'esperienza politica di Platone

Attraverso opportune citazioni della *Settima lettera* di Platone e riferimenti alla storia greca del V secolo a.C. prova a motivare il giudizio di Popper, secondo cui Platone «*soffrì terribilmente nella situazione di insicurezza e di instabilità politica del suo tempo*». Spiega poi quale esito teorico-politico, secondo Popper, sarebbe derivato in Platone da questo stato d'animo di sofferenza.

2 La decadenza storica

Popper scrive che «*Platone inquadrava la storia umana in un contesto cosmico; e credeva che la sua fosse un'età di profonda depravazione – forse la più profonda che si potesse raggiungere – e che l'intero periodo storico precedente fosse caratterizzato da una inerente tendenza al decadimento, una tendenza condivisa dallo sviluppo sia storico che cosmico*».

• Indica quali origini culturali avevano queste convinzioni pessimistiche di Platone e spiega se, per il filosofo greco, il processo di decadenza è ineluttabile, oppure se esiste per gli uomini la possibilità di modificarne il corso.

• Hai incontrato nei tuoi studi sul senso della storia altre posizioni pessimistiche paragonabili a quella qui attribuita a Platone?

3 La teoria della giustizia

Ricostruisci i termini generali della teoria della giustizia che Popper attribuisce a Platone e confrontali con le principali teorie della giustizia elaborate dai filosofi moderni e contemporanei da te studiati.

4 La società aperta

Popper contrappone la sua concezione di «*società aperta*» alla visione «*totalitaria*» del sistema politico teorizzato da Platone.

• Spiega in che cosa consiste la società aperta, qual è l'origine di questa nozione e mostra, facendo una ricerca con l'aiuto dell'insegnante di Storia, i rapporti tra il «*totalitarismo*» platonico e i totalitarismi moderni.

III Temi
della ricerca filosofica contemporanea

La filosofia e le altre scienze

La filosofia del XXI secolo è per lo più universitaria; è una disciplina che affianca le altre nel contesto delle strutture di studio e di ricerca istituzionali, pubbliche o private. La ricerca indipendente, che ha avuto nel passato figure importanti – dai grandi filosofi del Seicento (come Cartesio, Spinoza) ai grandi pensatori dell'Ottocento e del Novecento (Marx, Nietzsche, Freud, Croce, Sartre e così via) – ha oggi ceduto il posto alle figure istituzionali dei filosofi-professori, situazione che non ha eguali nella storia della filosofia, se non forse nel Medioevo.

In gran parte la filosofia del XXI secolo è una disciplina che pone a se stessa i propri obiettivi e i propri temi; essa deve però anche rispondere alle sfide che provengono dall'evoluzione della scienza e della tecnologia, dalle trasformazioni politiche e sociali, dalle sfide del tempo: non è una novità, è accaduto in ogni epoca della storia della filosofia.

Il dibattito filosofico attuale

In quest'ultima sezione tratteremo di problemi emergenti, di questioni filosofiche sollevate di recente che costituiscono l'oggetto di ricerche in atto al momento in cui scriviamo. Ne offriamo una selezione che riteniamo significativa. Il nostro obiettivo non è infatti quello di proporre un atlante concettuale della filosofia agli inizi del XXI secolo, ma quello di indicare piste di lavoro che diano il senso di un *work in progress*, della stretta attualità della ricerca e anche dell'urgenza delle questioni sul tappeto: vi possono essere pochi dubbi in merito a questa urgenza, su temi come la bioetica o l'etica ambientale, in un mondo in cui le biotecnologie possono modificare le strutture di base della vita, o su temi come l'Intelligenza artificiale, in un mondo in cui l'uso del computer e delle nuove tecnologie elettroniche sta penetrando in ogni settore. Abbiamo selezionato sette percorsi tematici:

- Teorie etiche contemporanee;
- Filosofia e politica: giustizia, libertà, eguaglianza;
- Filosofia e guerra: il problema della guerra giusta;
- Il pensiero della differenza;
- Bioetica;
- Etica ambientale;
- Intelligenza artificiale.

Sono molti gli strumenti utili per seguire il dibattito filosofico attuale: in Italia di ricerca filosofica si occupano settimanalmente i più importanti quotidiani

---

○ 2001 20 luglio – manifestazione degli "antiglobal" a Genova in occasione del G8. Negli incidenti muore Carlo Giuliani, un manifestante, colpito da un colpo di pistola di un carabiniere, i feriti sono circa 200.

11 settembre – due aerei guidati da terroristi di al-Qaeda abbattono le Twin Towers a New York, mentre un terzo aereo si schianta sul Pentagono a Washington.

○ 2002 24 gennaio – incontro interreligioso per la pace ad Assisi. Con Giovanni Paolo II sono presenti i rappresentanti di 12 religioni mondiali.

○ 2003 20 marzo – scatta l'operazione "Iraqui Freedom". Parte il primo attacco della forze della coalizione anti-Saddam contro Baghdad. Il 1°maggio Bush dichiara la fine della guerra in Iraq.

("la Repubblica" nei Dossier e nelle pagine culturali, il "Corriere della Sera", "Il Sole 24 Ore" nell'edizione domenicale) e una rassegna stampa è disponibile su internet nel sito "Swif" (www.swif.it); i siti di ricerca filosofica sono moltissimi, per lo più in inglese, ed è anche ampia l'offerta di riviste specializzate, che trattano temi filosofici per un pubblico di non specialisti (in Italia, per esempio, le riviste "Micromega" e "Diogene − Filosofare oggi" e, periodicamente, molte altre). Il fatto che l'offerta di informazione sulla ricerca filosofica sia così ampia dipende da un crescente interesse per questa disciplina da parte di un pubblico non specialista. Moltissime persone si interrogano infatti su questioni di senso e di valore, senza per questo far parte degli addetti ai lavori.

La filosofia nella vita quotidiana e in azienda

In numerosi campi stanno nascendo o si stanno consolidando diversi tipi di esperienze filosofiche e di fruizione della filosofia. Alcuni decenni fa, negli Stati Uniti, sono nate forme di attività filosofica rivolte ai bambini e oggi nelle scuole di molti Paesi, tra cui l'Italia, le esperienze della *Philosophy for Children* sono consolidate; da due decenni, partendo da esperienze tedesche, si va affermando il cosiddetto *counseling* filosofico, un particolare utilizzo della filosofia intesa come "filosofia per tutti", nello spirito antico del filosofare come strumento per il benessere della persona tanto nella vita privata che in quella aziendale. L'elenco potrebbe continuare e comprendere le moltissime forme di "lavoro filosofico" offerte da Internet: i gruppi di discussione, i blog e così via. La filosofia non ha quindi rifiutato le sfide del tempo, non si è arroccata entro i confini di un sapere tradizionale.

Se alcuni dei contributi filosofici di primo piano non sono proposti da filosofi di professione, ma da ricercatori in discipline diverse, dobbiamo ricordare che questo è sempre accaduto, e l'elenco di grandi filosofi per i quali la filosofia non è stata il "mestiere" della loro vita è lungo: nel solo Seicento tra i maggiori rappresentanti di questa categoria incontriamo politici di professione, medici, artigiani nel settore ottico, diplomatici ecc. Non deve quindi meravigliare che oggi vi siano ingegneri informatici, medici, neurofisiologi, fisici, tra coloro che offrono contributi alla disciplina filosofica.

2004 17 gennaio – a Parigi 10/20 000 persone, soprattutto donne velate, manifestano nelle strade contro il progetto di legge sulla laicità, che proibisce i simboli religiosi nelle scuole.

11 marzo – attentati a Madrid. L'esplosione di tre bombe su altrettanti treni di pendolari causa 191 morti.

21 aprile – rivoluzionario esperimento di fecondazione. Nei laboratori dell'Università di Tokyo nasce la prima topolina concepita senza padre, per partenogenesi.

8 ottobre – premio Nobel per la pace all'ecologista keniana Wangari Maathai, per il suo impegno nella lotta per la salvaguardia dell'ambiente e la difesa dei diritti umani.

2005 31 marzo – morte di Terri Schiavo a Miami negli Stati Uniti. La vicenda apre un vasto dibattito internazionale sull'accanimento terapeutico.

19 aprile – elezione del nuovo papa Joseph Ratzinger, che assume il nome di Benedetto XVI.

7 luglio – sanguinoso attacco terroristico a Londra. Come per Madrid gli attentati sono rivendicati da al-Qaeda.

Teorie etiche contemporanee

1. La rinascita della filosofia pratica

Il dibattito filosofico odierno è sempre più impegnato nell'indagine sui problemi dell'**agire umano** (individuale, sociale, politico) e della forma di razionalità che gli è propria. Dopo la crisi del modello epistemologico di derivazione neopositivista, che riconosceva nelle scienze empiriche l'unica forma di conoscenza valida, e il declino del divisionismo, che distingueva tra fatto (oggetto della scienza) e valore (criterio e motivazione irrazionale dell'agire), si può parlare di una sorta di riabilitazione della filosofia pratica, a motivo delle competenze che essa sembra in grado di offrire.

1.1 La ripresa dei paradigmi teorici di Aristotele e Kant

Il dibattito attuale, al di là dei contenuti tematici specifici, investe alcune questioni di fondo di grande rilevanza e si è svolto sulla base di due paradigmi di sapere pratico contrapposti, ma tuttavia accomunati dall'esigenza di sottrarre la prassi all'irrazionalità del decisionismo e dell'arbitrarismo, che si rifanno rispettivamente ad Aristotele e a Kant.

Tra le questioni messe a tema troviamo l'idea stessa di razionalità, per cui si cercano una pluralità di modelli conoscitivi, diversi e irriducibili tra loro, corrispondenti a una realtà che appare sempre più complessa e polimorfa, e l'autocomprensione della contemporaneità: quali sono i suoi tratti essenziali? Che cosa significa agire per l'uomo contemporaneo? Quali sono le sue modalità in rapporto alle attuali organizzazioni del mondo sociale? Quale sapere e coscienza ne ha?

Il paradigma aristotelico, più attento alla contestualità e al condizionamento dell'agire, è stato fatto proprio da Hannah Arendt, interessata a recuperare la dimensione propriamente politica dell'uomo – la *prâxis* – contro la tirannia del lavoro e della produzione – la *póiesis*, e da Hans George Gadamer, la cui ermeneutica recupera la saggezza aristotelica nella misura in cui vede l'uomo impegnato a interpretare il mondo in cui deve vivere e agire.

Il paradigma kantiano, indirizzato alla scoperta dei principi universali, ha ricevuto da più parti una particolare attenzione e, conseguentemente, anche speciali sviluppi ed elaborazioni, che noi prenderemo, almeno parzialmente, in considerazione.

1.2 L'etica del discorso

In un'epoca di globalizzazione, la comunicazione sembra essere la via privilegiata dell'interazione e del relazionarsi di una pluralità di soggetti umani nello stesso tempo uguali e diversi, che attraverso il discorso cercano di comprendersi e di esprimere i propri bisogni. Se è vero che l'uomo realizza la propria libertà nell'azione, è nel discorso che questa trova il proprio presupposto e la propria condizione, nella misura in cui è caratterizzata da un'intenzione dichiarata. Per questo motivo oggi si dedica una speciale attenzione all'«*etica del discorso*» proposta da Jürgen Habermas e Karl Otto Apel.

Questi filosofi hanno individuato nella sfera del linguaggio una fondazione razionale dell'agire, giacché in esso l'uomo manifesta nel modo più pieno la sua natura sociale, che contiene anche aspetti conflittuali i quali devono essere pacificamente ricomposti sul piano del linguaggio.

La comunità ideale di comunicazione

Il discorso contiene un rilevante spessore etico nella misura in cui l'uso del linguaggio presuppone un'intenzionalità comunicativa (ci si vuol far capire), che a sua volta rimanda a una capacità di argomentare in modo sensato. Quest'ultima, tuttavia, non solo richiede l'impiego di strumenti di validità formale (grammaticali e logici), ma anche di strumenti morali, dal momento che chi parla pretende, oltre che di essere compreso, di dire la verità e di farlo in modo corretto: comprensibilità, verità, veridicità e correttezza costituiscono dunque altrettante istanze che, a livello minimo, devono essere soddisfatte in vista della definizione delle condizioni, di forma e di procedura, di un modello di «*situazione comunicativa ideale*» (o «*comunità ideale di comunicazione*»).

Questo modello, in cui tutti i partecipanti si riconoscono e si trattano in modo paritetico, deve essere tenuto presente come principio regolativo, nelle condizioni in cui gli uomini si trovano realmente a svolgere la loro attività discorsiva, se vogliono pervenire a un'intesa che, mentre supera gli inevitabili contrasti, conferisca a essa una dimensione di universalità. Ciò significa che l'etica del discorso si presenta anche come una nuova fondazione della politica, se questa viene giustamente intesa come il campo di determinazione consensuale delle finalità del vivere comune, in cui tutti i membri trovino un reciproco accordo per un'adeguata soddisfazione dei loro interessi e bisogni.

L'ispirazione kantiana di Habermas

A questo punto appare chiaro il riferimento alla filosofia di Kant. Come la sua ragion pratica, anche l'etica del discorso è:

- **deontologica**, essa infatti prescrive doveri verso gli altri, con esclusione, o subordinazione, del fattore della felicità;
- **cognitivista**, in quanto le proposizioni normative hanno un contenuto di verità che è determinabile su un piano razionale, analogo − ma non identico − a quello degli enunciati assertori. L'etica della comunicazione è dunque polemica verso ogni forma di intuizionismo o decisionismo;
- **formalista**, essa non prescrive contenuti ma modalità di comunicazione che han-

Dibattito

no solo un valore formale, in quanto la giustificazione delle norme è fondata sul principio dell'argomentazione razionale quale condizione per ottenere, su un piano di imparzialità, un comune accordo su di esse. Con questa valenza intersoggettiva intrinseca alla comunicazione, Habermas intende correggere, con parziale accoglimento delle critiche di Hegel, il carattere monologico del soggetto kantiano e della sua legge del dovere;

■ **universalistica** in quanto, come conseguenza dei punti precedenti, essa intende valere per tutti gli esseri razionali in quanto tali, prescindendo dalla loro appartenenza a specifiche civiltà o culture.

2. Il tema dei diritti

Un tema etico tra i più dibattuti è quello dei diritti e dei principi su cui deve fondarsi la vita sociale: anch'esso viene affrontato in gran parte sotto l'egida di Kant, di cui vengono ripresi e valorizzati alcuni aspetti.

La teorizzazione dei «diritti» è avvenuta in epoca moderna in chiave giusnaturalistica e razionalistica: la crisi di queste filosofie, perché incapaci di offrire una fondazione dei diritti sulla natura umana o sulla capacità della ragione di crearli o intuirli, ha fatto sorgere una serie di ulteriori interrogativi sulla loro esistenza, sulla loro determinazione e relazione, sulla loro conoscibilità, sulla loro assolutezza o violabilità.

Non trovando un'adeguata risposta nelle filosofie dell'Ottocento e primo Novecento, la filosofia fu indotta ad accantonare la questione e a cercare la fondazione generale dell'etica in altri principi, soprattutto nel principio d'utilità.

I drammi della Seconda guerra mondiale e le battaglie politiche e civili del dopoguerra, legate alla decolonizzazione, alle discriminazioni razziali ecc., hanno fatto maturare l'esigenza di una ripresa del tema dei diritti per trovarne una giustificazione "forte", in grado di imporsi e di consentire la risoluzione di eventuali conflitti.

Diritti e doveri

Il tema dei diritti non è naturalmente scindibile da quello dei doveri: si tratta dunque di riconsiderare, sotto questa specifica angolatura, l'intero problema morale non solo nella dimensione individuale, ma soprattutto in quella intersoggettiva. Ciò è avvenuto sotto il segno di un ritorno a un'impostazione normativa, nel senso che le dottrine che passeremo in rassegna si propongono di stabilire delle norme che devono essere osservate o in considerazione del loro intrinseco valore, che rende le azioni obbligatorie per la realizzazione di un bene, di un giusto ecc. riconosciuto oggettivamente (e allora abbiamo etiche deontologiche o non consequenzialiste) o in considerazione delle loro conseguenze (e queste sono le etiche teleologiche e consequenzialiste).

I diritti non esauriscono l'intero campo della moralità: essi piuttosto sono da un lato la condizione indispensabile per la sua esistenza e il baricentro attorno al quale deve ruotare, dall'altro la garanzia di una sussistenza pacifica e tollerante di un pluralismo di concezioni e comportamenti etici.

2.1 La teoria della giustizia di John Rawls

Il punto di partenza del dibattito odierno non può essere costituito, per l'organicità e completezza dell'elaborazione, che dalla teoria del filosofo statunitense John Rawls (1921) sulla giustizia (▶ p. 423 e p. 428): questa teoria riprende la tradizione del contrattualismo liberale (Locke e Rousseau) e, nel contempo, è anche una teoria normativa in quanto propone un principio che possa essere accettato universalmente come fondamento del vivere comune.

Questo principio è la giustizia: essa deve permeare tutti gli aspetti della vita pubblica per poter costituire una «*società bene ordinata*», che tende cioè a realizzare il benessere di tutti i cittadini (si tratta ovviamente di un modello che funge da idea regolativa per tutte le moderne società democratiche). In essa «*ciascuno accetta, e sa che gli altri accettano, i medesimi principi di giustizia, e le istituzioni sociali fondamentalmente soddisfano, e si sa che soddisfano, questi principi*». Se le istituzioni sono «*un sistema pubblico di regole che definisce uno schema di attività che guida gli uomini ad agire insieme così da produrre una maggiore somma di benefici, e che assegna a ciascuno certe pretese riconosciute a una quota degli utili della cooperazione*», allora la giustizia riguarda le modalità con cui le istituzioni «*distribuiscono i diritti e i doveri fondamentali e determinano la divisione dei vantaggi che derivano dalla cooperazione sociale*». Per questi motivi il principio fondamentale che la giustizia deve incorporare, fino a identificarsi con esso, è l'equità.

La priorità del giusto sul bene

Analogamente, in termini kantiani, quello della giustizia può valere come principio universale in forza della sua formalità: Rawls afferma esplicitamente la priorità del giusto sul bene (sia questo l'utile, il benessere sociale o la felicità dei singoli) e la sua prospettiva etica è normativa nella misura in cui considera la bontà di un'azione in rapporto alla sua conformità con i principi della giustizia.

Secondo Rawls la teoria etica della società ben ordinata si fonda e nello stesso tempo serve a definire una particolare concezione della persona: con Kant essa è dotata di libertà, di uguaglianza con i suoi simili, di natura morale e anche i membri di una società ben ordinata si autopercepiscono con queste caratteristiche. Essi «*sono persone morali nel senso che, raggiunta l'età della ragione, ciascuno di essi possiede e considera gli altri in possesso sia di un senso effettivo di giudizio, sia delle capacità di formarsi una concezione del proprio bene. Sono, in secondo luogo, eguali in quanto si considerano l'un l'altro in possesso di un eguale diritto a determinare e valutare i principi primi della giustizia che devono regolare la struttura di base della società. E, infine, sono liberi nel senso che si considerano autorizzati ad avanzare richieste sul disegno delle loro istituzioni comuni nel nome dei loro fini fondamentali e dei loro interessi di ordine sommo*», interessi che essi possono rivedere permanentemente su base razionale. I membri di una società ben ordinata, in sostanza, sono persone che si auto-determinano. Diritti e doveri sono fatti derivare dalla giustizia e dai suoi pilastri fondativi, la libertà e l'uguaglianza: poiché questi ultimi sono oggetto di una scelta contrattualistica operata in modo razionale, Rawls giustifica per questa via la loro fondazione.

2.2 Robert Nozick: la difesa del singolo

Sullo stesso terreno di Rawls si è mosso anche il filosofo statunitense Robert Nozick, per giungere però a conclusioni diverse e, per molti versi, opposte. Se da un lato essi condividono l'individualismo metodologico, cioè l'attenzione alla singola persona nella sua irriducibilità, e l'uguaglianza morale tra gli individui, Nozick perviene però nella sua opera più nota, *Anarchia, stato e utopia* (1974), a una forma di libertarismo estremo che, mentre tende a ignorare la giustizia come equa distribuzione dei beni, esalta la sfera di autonomia di cui il singolo deve godere.

Nella sua prospettiva, per questo aspetto largamente debitrice della dottrina lockiana, il singolo è detentore per natura di una serie di diritti che nessuno può violare in quanto assolutamente originari, cioè esistenti su un piano prepolitico, pregiuridico e precontrattuale: in tal modo Nozick si limita ad asserire la loro esistenza senza pervenire a una loro dimostrazione.

In particolare il diritto di proprietà (ognuno ha il diritto di possedere ciò che ha acquisito con «titolo valido», cioè senza infrazione dei diritti altrui) rappresenta lo strumento attraverso il quale ciascuno mira a realizzare in piena libertà i propri progetti di vita. Con Kant, Nozick afferma che ciascun essere umano è un fine, e quindi non può essere usato come mezzo, neppure per raggiungere finalità generali o più alte (il bene comune, la giustizia sociale, la solidarietà ecc.): ciò accade quando, per esempio, lo Stato persegue una politica di redistribuzione del reddito per stabilire condizioni di equità o uguaglianza tra i cittadini con aiuti agli svantaggiati (secondo Nozick gli aiuti ai meno fortunati devono avvenire solo su base volontaria, non in modo forzato).

La teoria dello Stato minimo

Poiché, secondo Nozick, l'uguaglianza si può avere solo sul piano dei diritti, lo Stato non deve essere intrusivo nella sfera privata dei singoli limitandosi a svolgere *«funzioni di protezione contro la forza, il furto, la frode, di esecuzione dei contratti e così via»*, lo chiama perciò «Stato minimo». In questa prospettiva c'è incompatibilità tra libertà e giustizia distributiva: quest'ultima viola necessariamente la prima, così come lo Stato si arroga un potere che non gli compete quando si propone come ente esclusivamente autorizzato a distribuire i beni socialmente prodotti. In conclusione, con il suo individualismo e libertarismo estremi, l'etica di Nozick appare assai più vicina a quella di Stirner o del Sartre esistenzialista (anche se mai citati) che a quella di Kant (più volte richiamato) nella misura in cui non riconosce alcun valore o norma che sia superiore all'arbitrio del singolo. Costui deve poter disporre senza vincoli delle risorse e delle capacità personali per raggiungere i propri obiettivi privati.

Dibattito

2.3 Ronald Myles Dworkin: i diritti inviolabili dell'individuo

La questione dei diritti è affrontata dallo statunitense Ronald Myles Dworkin in chiave più giuridica che etica nel suo classico *I diritti presi sul serio* (1977), nel quale questi ultimi, compresi nell'orizzonte più vasto dei valori liberali, sono derivati dal concetto di uguaglianza, cui è dedicata anche l'ultima sua opera *Virtù sovrana*.

Secondo Dworkin l'uguaglianza deve essere correttamente intesa: lo Stato non deve trattare in modo uguale i cittadini – anch'egli è evidentemente ostile alla giustizia distributiva – ma come uguali, cioè con uguale rispetto e considerazione per tutte le loro scelte e concezioni di vita, in modo da garantire il massimo di libertà per tutti, evitando ogni forma di discriminazione.

Questa puntualizzazione risulta particolarmente rilevante alla luce della situazione politica attuale dove le maggioranze democraticamente elette, e quindi i governi che ne sono l'espressione, indicano fini e mezzi da raggiungere collettivamente in nome del benessere generale, e incidono quindi sui modi di vita anche di chi, in minoranza, ha orientamenti e progetti diversi. La tutela della minoranza, così come quella di tutti, può essere realizzata solo in base al riconoscimento di diritti inviolabili di cui gli individui sono detentori in modo assoluto e originario.

L'uguaglianza delle risorse

Ai diritti dunque, fissati talvolta solo implicitamente nelle leggi o nelle carte costituzionali, gli individui possono appellarsi se una decisione, pur presa legittimamente a maggioranza da un governo, dovesse prevaricarli e interferire esteriormente sulle loro scelte. Secondo Dworkin, quindi, i diritti individuali possono anche invalidare provvedimenti tesi al raggiungimento di un utile collettivo, se questo dovesse comportare una loro violazione. A chi gli obietta che il raggiungimento di un obbiettivo collettivo renderebbe tutti uguali sul piano del «benessere», egli contrappone il concetto di «uguaglianza di risorse», giacché, come avviene nell'economia di mercato, solo in tal modo si valorizza la possibilità di scelta dei cittadini, così autenticamente trattati in modo paritario.

3. I nuovi soggetti del diritto

Il problema dei diritti ha assunto nel panorama attuale anche altre configurazioni, tanto che si parla di «nuovi diritti» per soggetti già riconosciuti (per esempio, il diritto di morire dignitosamente, di avere un ambiente naturale sano) e di «nuovi soggetti» che, finora esclusi dalla sfera dei diritti, ne possano godere d'ora in avanti. Quest'ultimo punto sembra il più interessante giacché implica un'estensione del concetto di **soggetto morale** che deve comprendere:

1) gli esseri umani non ancora esistenti, quindi le generazioni future;
2) gli esseri non umani sia senzienti (gli animali) sia non senzienti (le piante);
3) gli esseri inanimati (la natura, i suoi elementi e i suoi ecosistemi).

Il primo punto investe in gran parte le questioni di bioetica, e tra poco vedremo, con riferimento al pensiero di Hans Jonas, una possibile combinazione tra il punto uno e tre.

3.1 I diritti delle generazioni future

Abbiamo appena ricordato il nome di Hans Jonas (1903-1993) a proposito dei diritti estensibili alle generazioni future: il problema appare in tutta la sua concreta urgenza se pensiamo agli squilibri apportati all'ecosistema naturale dagli interventi tecnologici dell'uomo, che mettono a repentaglio la sua stessa sopravvivenza. Jonas propone nel suo lavoro più noto, *Il principio responsabilità. Un'etica per la società tecnologica* (1979), una riflessione che intende rispondere agli interrogativi di un'epoca che vive «*nell'imminenza di una catastrofe universale*», «*in una situazione apocalittica*» dove la prospettiva dell'annientamento, in futuro, di ogni forma di vita è del tutto realistica. Se le dottrine etiche tradizionali erano antropocentriche nella misura in cui potevano fare riferimento alla coscienza o alle intenzioni nel considerare solo la situazione presente, di fronte al profilarsi di effetti terribili e distruttivi determinati dal massiccio impiego della tecnica (nell'industria, negli armamenti ecc.), è necessario adottare un nuovo atteggiamento improntato alla «*responsabilità*» circa le conseguenze dei nostri comportamenti attuali per il futuro dell'umanità e della terra.

Jonas ritiene che in questa valutazione si debba impiegare l'«*euristica della paura*», poiché, nell'incertezza sugli scenari futuri oggi non ancora prevedibili, questo criterio, che considera più affidabile una previsione pessimistica che ottimistica, risulta cautelativo nel consigliare atteggiamenti prudenti e limitativi (o addirittura sospensivi) degli interventi sull'ambiente. La paura quindi, non solo non si oppone alla speranza, ma entrambe sono costitutive della responsabilità.

La riformulazione dell'imperativo kantiano

In prospettiva kantiana, Jonas propone di riformulare l'imperativo categorico nelle seguenti forme:

a) «*agisci in modo che le conseguenze della tua azione siano compatibili con la permanenza di un'autentica vita umana sulla terra*»;
b) «*agisci in modo che le conseguenze della tua azione non distruggano la possibilità futura di tale vita*»;
c) «*non mettere in pericolo le condizioni di sopravvivenza indefinita dell'umanità sulla terra*»;
d) «*includi nella tua scelta attuale l'integrità futura*».

Jonas fonda tale dovere (perché ci dovremmo sacrificare per le generazioni future? perché la vita futura va garantita e non piuttosto sacrificata a quella presente? ecc.) sul piano ontologico secondo uno schema argomentativo così articolato:

1) l'essere non è statico e fisso, ma implica un finalismo che esige di essere attuato (cioè essere e dover essere coincidono);

2) ciò significa che nel momento in cui si dà la vita (e non solo quella umana), questa deve essere conservata, perpetuata, sviluppata;

3) se essere e bene si implicano al punto che la possibilità del primo *«include l'esigenza della sua realtà, diventando così un dover essere»*, ne consegue necessariamente che, data l'idea di uomo, ci dobbiamo impegnare per determinare le condizioni d'esistenza dell'umanità e delle sue concrete manifestazioni, sia attuali che future.

L'equilibrio tra speranza e disperazione

Dunque *«il primo imperativo categorico è che ci sia un'umanità»*: sotto questo aspetto la responsabilità, che trova il suo modello originario nelle cure dei genitori per i piccoli, è un'espressione dell'imperativo categorico, nel senso che questa deve primariamente mirare (secondo un modesto ma irrinunciabile programma minimo) non a realizzare il meglio ma a evitare il peggio, non al perfezionamento ma alla sopravvivenza della umanità.

L'etica della responsabilità di Jonas ha delle evidenti ricadute politiche: egli infatti ha criticato sia il capitalismo (responsabile del saccheggio dell'ambiente per i suoi fini di profitto economico), sia il marxismo (che ha stravolto il mondo con una terribile mistura di tecnica e progresso da un lato, prassi rivoluzionaria e visione utopica dall'altro), sia la Chiesa cattolica (per la sua posizione negativa circa il controllo delle nascite), per auspicare infine l'avvento di un potere forte. Tale potere, anche se autoritario, nella consapevolezza dei *«limiti dello sviluppo»*, deve essere in grado di prendere con decisione e rapidità le misure necessarie per la salvezza dell'umanità e dell'ambiente.

Il suo messaggio vuole essere un appello alla ragione e all'esercizio della libertà (l'uomo è libero in quanto si pone dei fini) perché si tenga una rotta mediana tra i due opposti estremismi del nostro tempo, le filosofie che sostengono l'eccesso di speranza e quelle che evidenziano l'inevitabilità della disperazione.

3.2 I diritti degli animali

Nel dibattito odierno il punto riguardante i diritti degli animali ha assunto una particolare rilevanza, almeno da quando, nel 1975, è comparso il primo importante saggio sull'argomento da parte dell'australiano Peter Singer. Egli ha ripreso un argomento di Jeremy Bentham che invitava a considerare gli animali non per quello che non hanno – la razionalità, il linguaggio e l'autocoscienza come titoli per rientrare nella sfera morale – ma per quello che li accomuna agli umani, sia normali che «marginali» (neonati, cerebrolesi, comatosi ecc.), cioè la capacità di soffrire: ne deriva il dovere di non provocare sofferenza al prossimo, inteso come qualsiasi essere senziente, umano e non.

Un altro autore, Tom Regan, ha posto il problema in chiave giusnaturalistica affermando che gli animali, e più estesamente tutto l'ecosistema, sono dotati di diritti naturali e quindi oggettivi nella misura in cui sono «valori in sé».

Questa nozione serve a definire qualsiasi essere in grado di condurre una vita che, indipendentemente dalle valutazioni altrui e in rapporto al suo esclusivo punto di vista, è capace di ricevere una modificazione in senso migliorativo o peggiorativo: ne consegue che, come tali (cioè in forza di questo elemento oggettivo che inerisce a ogni singolo vivente), gli animali devono essere rispettati in modo assoluto, dal momento che la qualità della loro esistenza è determinata dal trattamento che noi riserviamo loro.

I primi teorici

Oltre a queste due posizioni «animaliste» classiche, se ne sono registrate altre, da quelle che più moderatamente insistono sulla responsabilità dell'uomo, unico vero soggetto morale, verso gli animali, a quelle che rifiutano ogni forma di antropocentrismo residuo, cioè il fare appello alla somiglianza degli animali con gli uomini come fonte del rispetto loro dovuto, per evidenziare la rilevanza e la necessità dell'impiego del criterio della diversità come valore anche nel campo del riconoscimento dei diritti.

Quanto alla determinazione dei diritti degli animali, spesso tradotti anche in provvedimenti legislativi, li si è individuati:

- in quello di non essere fatti soffrire: si pensi all'uso esteso della vivisezione per scopi scientifici, agli allevamenti intensivi o ai maltrattamenti comuni;
- in quello alla vita: i sostenitori radicali di questo diritto insistono sulla non liceità di mangiar carne e abbracciano una scelta vegetariana;
- in quello alla libertà: non si devono togliere gli animali selvaggi dal loro habitat naturale per rinchiuderli negli zoo o impiegarli nei circhi, neppure giustificando questo stato di cattività con l'assicurare loro cibo e riparo.

4. Il rinnovamento dell'utilitarismo

Le teorie scorse finora hanno generalmente assunto, in base alla loro struttura deontologica, un atteggiamento polemico nei confronti dell'utilitarismo, che si presenta ancora oggi come una dottrina largamente diffusa; Rawls, e con lui Nozick e Dworkin, lo accusano di non «*prendere sul serio la distinzione tra le persone*», i loro diritti e la loro libertà sacrificati sull'altare dell'utile.

I motivi del suo successo vanno ricercati nella sua funzionalità alle esigenze delle società industriali, dove la moralità è concepita come calcolo razionale ed economico relativo ai piaceri e ai desideri intesi come bisogni storicamente condizionati, e liberal-democratiche, mirando a una massimizzazione della felicità e minimizzazione del dolore per i singoli individui, considerati nella loro uguaglianza. L'utilitarismo inoltre, nato già nell'Ottocento (con Bentham e Stuart-Mill) come risposta razionale alla crisi delle etiche a base metafisica, si presenta come una proposta interamente laica ed empirica, quindi emancipata da ogni ipoteca religiosa o tradizionale, nonché da ogni scelta ideologica, poiché prescrive di considerare i risultati delle nostre azioni nella misura in cui sono frutto di un calcolo previsionale.

Bene, felicità e piacere coincidono

L'utilitarismo si è mostrato una teoria aperta, sensibile alle critiche e alle istanze avanzate da altre posizioni, in grado di apportare importanti revisioni al proprio interno. Il suo punto di partenza è ancora quello dei padri fondatori, che identifica il bene con la felicità e quest'ultima con il piacere: è chiaro, tuttavia, che questi concetti hanno subito una ridefinizione radicale in rapporto alle nuove situazioni sociali in cui ognuno di noi, nella società dei consumi e del libero mercato, è pienamente sovrano e ha la facoltà di operare scelte molteplici e diversificate sulla base di preferenze personali e di una disponibilità di beni sempre più ampia.

4.1 John C. Harsanyi

L'autore che, negli ultimi decenni, ha maggiormente contribuito a rilanciare la dottrina utilitarista è stato J.C. Harsanyi (1920-2000). Egli ha cercato di sganciarsi da alcuni equivoci delle formulazioni ottocentesche, sostituendo al concetto di piacere (troppo vago e associato a stati emotivi o mentali interni, comunque non uniformi) quello di preferenza, in quanto espressa in una dichiarazione che la rende pubblica, esplicitamente definita e misurabile. Per far sì che le preferenze non siano lasciate all'anarchia soggettiva, senza distinzione per esempio tra quelle egoistiche o altruistiche, tra quelle di una persona affetta da devianze o perversioni psicologiche e quelle di una persona sana ed equilibrata, Harsanyi ha definito una serie di caratteristiche per il loro accoglimento, indicando tra queste la razionalità, la buona base informativa, la non antisocialità.

Le preferenze non antisociali alla base dell'etica

Le preferenze non antisociali, a loro volta, possono essere distinte in personali ed esterne: poiché le prime riguardano i beni e le opportunità di cui l'individuo (e non altri, come avviene per le seconde) può godere, solo esse possono rientrare nel computo delle funzioni di utilità rilevanti e avere la precedenza, giacché non lesive di alcuna sfera personale propria (come accadrebbe invece se fossero quelle esterne a essere prese in considerazione). Da questa prospettiva il neoutilitarismo si presenta come una teoria contrapposta al neocontrattualismo, specialmente sul tema della giustizia: viene infatti respinto il modello di giustizia distributiva per adottare quello di un sistema sociale regolato dal principio dell'efficienza, tale cioè che sia in grado di offrire (secondo l'insegnamento di Bentham) il più ampio benessere possibile al maggior numero possibile di individui.

L'equiprobabilità dei ruoli sociali come garanzia della giustizia

L'utilitarismo di Harsanyi fa appello a un atteggiamento simpatetico nei confronti del prossimo e dell'umanità (ognuno è in grado di mettersi al posto dell'altro) che deve presupporre un sistema sociale in cui i ruoli, che ciascuno potrebbe occupare, sono considerati equiprobabili: ciò significa che nell'ipotesi di una scelta tra modelli sociali differenti o alternativi, si dovrebbe individuare razionalmente quello che, prescindendo da angusti calcoli egoistici (anzi postulando la somiglianza dei criteri di scelta), potrebbe assicurare a tutti, stando la disponibilità di una rete di obbligazioni preliminari, le stesse possibilità di occupare una qualunque posizione sociale:

in tal modo la massimizzazione del benessere individuale e di quello collettivo verrebbero a convergere.

È vero che resta sempre un dualismo tra interesse individuale (oggetto del comportamento economico) e generale (perseguito dall'etica): tuttavia, è pur sempre possibile in questa prospettiva calcolare «*la media delle utilità individuali*» per ottenere il benessere generale (identificato con la vera giustizia). Il raggiungimento di questo obiettivo è subordinato a una precisa condizione: se l'utilitarismo classico e di altri contemporanei è un utilitarismo dell'atto (si devono valutare gli effetti delle singole azioni), Harsanyi insiste sull'importanza delle norme che devono regolare tipi d'azione. Queste vanno dunque considerate nel loro spessore etico (se sono proibite o prescritte) in rapporto al rispetto o meno di certe regole e principi che sono stati stabiliti (e quindi si devono rispettare) proprio per il raggiungimento della massimizzazione delle soddisfazioni generali.

All'interno della scuola utilitarista si trovano anche altre posizioni come quella dell'australiano J.J.C. Smart, che ha ripreso l'utilitarismo dell'atto rimproverando ad Harsanyi una caduta nell'etica deontologica con il suo culto della norma e il conseguente rigorismo, o dell'inglese D. Parfit, secondo il quale l'utilitarismo non si basa esclusivamente su una visione individualistica, evidenziando al contrario l'unità della vita e paragonando la persona a una nazione (dunque sono lecite le limitazioni personali in nome dell'utile comune).

5. Le etiche della crisi

Al di là delle specifiche differenze, è certo che le dottrine fin qui esaminate avanzano le loro proposte etiche nell'orizzonte culturale della tradizione liberale, che ha mostrato tutta la sua validità nel confronto con i regimi totalitari, negli ultimi decenni in rapida dissoluzione. Anche nel mondo occidentale, tuttavia, si sono palesati fenomeni che hanno fatto emergere i limiti del sistema democratico rappresentativo, che si è potuto legittimare solo nei termini della prosperità economica, a fronte di un'integrazione sociale ed etnica labile e precaria, nonché della riduzione del discorso pubblico a semplice mediazione di interessi particolaristici. Questi fatti hanno spinto a metterne in discussione i valori di base, da quelli relativi alla giustizia e alla democrazia a quelli sulla persona e la vita sociale.

5.1 Il comunitarismo

La contestazione più forte al liberalismo è venuta da una corrente di pensiero nata tra gli anni Settanta e gli anni Ottanta, il comunitarismo, che, pur non rompendo con il quadro istituzionale in atto, ha fortemente insistito su valori non individualistici come fondamento della vita comune.

La critica comunitarista al liberalismo si è svolta in particolare attorno a quattro punti, compendiabili nell'unico interrogativo circa la possibilità delle nostre società complesse di basarsi su regole imparziali, quindi valide per tutti in quanto neutre rispetto a qualsiasi sistema di valori; analiticamente possiamo così formulare i quattro nodi problematici:

a) la nozione di sé e il rapporto dell'individuo sia con la società sia con i propri fini: i comunitaristi rilevano che il sé liberale, costituendosi indipendentemente dai fini – cioè prima di sapere che cosa vuole –, è un *«puro essere razionale»* – è per esempio puro attore economico o sociale – privo di determinazioni storiche e culturali, quindi astratto, atomistico;

b) l'idea di *«neutralità»* associata alla giustizia e alle istituzioni, sul presupposto (come abbiamo visto) della priorità del giusto sul bene (neutralità che per i comunitaristi è impossibile e che invece maschera una scelta etica ben precisa);

c) l'idea della centralità dei diritti; il fatto che essi appartengano incondizionatamente agli individui come tali, li svincola da pari obblighi o doveri di appartenenza o contribuzione a una comunità sociale, rendendoli come «atomi»;

d) il valore della tolleranza, che nel liberalismo sembra denotare una certa indifferenza verso l'altro, o un certo indebolimento delle identità come prezzo pagato per i vantaggi della pacifica convivenza e della cooperazione sociale; i comunitaristi evidenziano invece la specificità dei singoli gruppi caratterizzati da un sistema di valori e di credenze che vanno valorizzati e difesi, quindi da un'omogeneità interna che abolisce le eventuali diversità.

5.2 Alasdair MacIntyre

Un'analisi di ampio respiro storico e teoretico del problema morale nell'Età moderna è stata offerta dall'inglese Alasdair MacIntyre nella sua opera *Dopo la virtù* (1981), certamente la più significativa di questa corrente di pensiero. La sua diagnosi radicale e impietosa denuncia lo stato di grave disgregazione in cui versa l'etica contemporanea: come al momento della decadenza dell'Impero romano, anche oggi assistiamo a una profonda crisi di valori, quella già evidenziata da Nietzsche, frutto dell'individualismo illuministico che, pretendendo di emancipare il singolo da ogni autorità, ha fatto della sua coscienza e di una razionalità puramente formale e strumentale il loro unico fondamento.

La crisi dei valori nella società contemporanea

Le conseguenze di questo stato di cose sono l'utilitarismo, in cui il soggetto morale agisce per perseguire il massimo di utilità possibile per sé, e il relativismo, con la compresenza di una molteplicità di valori eterogenei e antagonistici, cui sono legate diverse concezioni relative a una condotta giusta e buona.

Il fatto è che (come è testimoniato dalle dottrine liberali attuali, per esempio quella di Rawls) l'individuo moderno risulta del tutto spersonalizzato, gettato in una società che rappresenta solo *«il luogo di incontro di volontà»* particolari, *«l'arena in cui combattere per il raggiungimento dei propri scopi personali»*, dunque privo di un fondamento oggettivo e di un contesto che conferisca senso univoco a termini come virtù, dovere, bene giustizia ecc. oggi divenuti vuoti.

Mentre la ragione, nell'Età classica e medioevale, era in grado di individuare il fine dell'uomo in base alla sua essenza per renderlo migliore, nell'Età moderna essa è diventata indifferente ed estranea ai valori e quindi non è in grado di guidare l'uomo verso alcuna meta, ma solo di prescrivergli mezzi. L'uomo moderno è dunque un emotivista, nel senso che egli valuta in quale senso dirigere la propria azione non in base a un esame razionale, ma in base a fattori irrazionali (sentimenti, passioni, emozioni) che sono tra loro equivalenti.

Il recupero dell'etica classica

Per questi motivi MacIntyre intende recuperare un punto di vista etico che, mentre si richiama esplicitamente ad Aristotele (ma anche a Hegel e alla sua filosofia dello Spirito Oggettivo), mira a riproporre una *«visione classica dell'uomo»*, che lo considera, come fece anche san Benedetto, nel radicamento nei valori della religione e della comunità.

Questo è l'autentico fondamento della virtù: se questa è *«una qualità umana acquisita il cui possesso ed esercizio tende a consentirci di raggiungere quei valori che sono interni alle pratiche»* quali forme coerenti e complesse *«di attività umana cooperativa socialmente stabilita»*, allora essa consiste nell'agire e nel pensare in modo solidale con l'organizzazione della società, con i suoi valori resi solidi dalla tradizione e quindi tali da poter essere riconosciuti e condivisi da ogni suo membro (MacIntyre pensa alle piccole comunità irlandesi e islandesi, ma anche alle associazioni e alle categorie professionali).

L'etica di comunità

Poiché la comunità trova le sue strutture fondamentali nella parentela e nel casato, ne consegue che in questo contesto *«ogni individuo ha un ruolo e un rango prestabilito entro un sistema ben definito e rigorosamente determinato di ruoli e di ranghi»*: perciò *«in una società del genere un uomo sa chi è perché conosce il proprio ruolo in queste strutture»*, e quindi può sviluppare pienamente e adeguatamente le sue virtù politiche e morali. Indubbiamente oggi la realtà è ben diversa: secondo MacIntyre gli individui sono privi di identità e reciproco riconoscimento, la politica è nient'altro che *«guerra civile proseguita con altri mezzi»* oscillante tra la libertà senza regole dei sistemi liberali e il burocratismo collettivistico di quelli comunisti. Il filosofo non ha certo ricette da proporre: nel suo desolato pessimismo circa la modernità, non gli resta che sperare nella venuta di un nuovo Benedetto che soddisfi il bisogno di comunità con la costruzione di forme locali di essa.

L'approccio olistico di Taylor

Sulla scia di MacIntyre si sono mossi altri autori: tra essi una posizione di rilievo è occupata da Paul Warren Taylor che in diversi scritti ha ripreso la critica hegeliana all'individualismo *«atomistico»* moderno opponendogliene uno *«olistico»*, in quanto il singolo può trovare la sua libertà e la sua stessa struttura costitutiva solo come membro organico di un tutto sociale (l'eticità di Hegel): le *«radici dell'io»* vanno individuate dunque in un terreno di relazioni comunitarie che costituiscono quell'orizzonte di senso da cui derivano, oltre che idee e valori, lo stesso esercizio della razionalità. Più recentemente, in un confronto con Habermas sulla multiculturalità, ha sostenuto che la libertà non dipende dall'estensione di diritti universali o dalla condivisione di norme comuni ma, in base al concetto hegeliano di riconoscimento, dal rispetto delle differenze culturali quale condizione per un dialogo in cui esse si possano fondere (e integrarsi) ma non confondere.

6. Simone Weil

▶▶

L'intreccio di vita e pensiero

Nella figura di Simone Weil ricerca filosofica ed esperienza esistenziale si intrecciano in modo indissolubile: si può anzi dire che abbia voluto aderire integralmente alla condizione storica della società contemporanea, lasciandosi assorbire in modo totale, con un'esposizione in prima persona, dalle sue contraddizioni e dal peso del suo bagaglio di sofferenza e oppressione, al punto che nel suo pensiero e nelle vicende della sua vita si riflettono le inquietudini del Novecento.

Simone Weil nacque a Parigi nel 1909 da una famiglia ebraica benestante. Dopo gli studi liceali, durante i quali manifestò un carattere intransigente e scostante ma anche un'intensa vivacità intellettuale, si iscrisse all'università. Già in quel periodo maturò una forte sensibilità per i problemi sociali che la avvicinò ai gruppi e alle organizzazioni della sinistra rivoluzionaria. Insegnò in vari licei di provincia, suscitando scandalo per i suoi atteggiamenti (l'abbigliamento trasandato, la frequentazione di locali in cui discuteva con sindacalisti e gente del proletariato ecc.) giudicati non conformi al suo ruolo di docente: a Le Puy diede il suo stipendio agli operai in sciopero e ai disoccupati, guidandone la protesta contro le autorità comunali. Nel 1934 si congedò dall'insegnamento e per un anno lavorò alle presse e alla fresa in alcune fabbriche (anche alla Renault), periodo al termine del quale dovette abbandonare a causa del suo fisico debole e della salute precaria.

Nel 1935, durante un viaggio in Portogallo, ebbe una prima esperienza mistica (un'altra nel 1937 ad Assisi e una terza nel 1938 a Solesmes) che segnò una svolta nella sua vita interiore e nel suo pensiero, mentre l'anno dopo partecipò alla Guerra civile spagnola che per un incidente dovette abbandonare. Dopo un periodo trascorso a Marsiglia negli studi (soprattutto di materia religiosa) e nella scrittura, nel 1942 andò prima a New York e poi in Inghilterra dove lavorò per il governo di De Gaulle in esilio. Qui si ammalò e nel 1943 morì nel sanatorio di Ashford.

6.1 L'impegno politico e sociale

Simone Weil è partita da quella verità che è sempre stata alla base di ogni autentica indagine intellettuale, filosofica o religiosa che sia: la contraddittorietà incomponibile dell'essere nel mondo, dell'esistere umano che la filosofia deve portare a piena e lucida consapevolezza. Ciò ha conferito alla sua ricerca un carattere socraticamente aperto e al suo itinerario una fondamentale mancanza di linearità e sistematicità. Pur nella varietà delle sue esperienze (suscitatrici di altrettanti motivi di riflessione) e nella molteplicità dei suoi interessi, il pensiero della Weil appare mosso da un'ispirazione fondamentalmente etica, associata a un'intensa sensibilità sociale, che la porterà a schierarsi sempre dalla parte degli oppressi e degli sfruttati, degli "ultimi" di cui vorrà condividere la condizione materiale. Ciò appare chiaro, come le recenti indagini hanno evidenziato, fin dal suo primo lavoro, la tesi di dottorato su *Scienza e percezione in Descartes* (1930 ma pubblicato solo nel 1960) in cui il rapporto uomo-natura è considerato nella sua interezza e complessità, né totalmente attivo (come nella conoscenza da parte dell'intelletto), né totalmente passivo (come nella percezione sensibile), ma sintesi di più fattori e dell'intervento di più facoltà (essenziale anche l'apporto dell'immaginazione) che trovano il loro baricentro e fondamento nel lavoro, la più costitutiva e caratterizzante delle esperienze umane dal momento che è attraverso esso che l'essere umano si impadronisce del mondo.

Il lavoro alienato

Questo tema viene ripreso quattro anni dopo nelle *Riflessioni sulle cause della libertà e dell'oppressione sociale*, frutto anche delle sue discussioni con i sindacalisti di sinistra e della sua partecipazione al movimento dei disoccupati a Le Puy, dove in quel tempo insegnava. Qui, senza negare quel progresso che ha procurato un sollievo dal bisogno mediante una maggiore disponibilità di beni, ella osserva come nell'attuale organizzazione del lavoro di fabbrica sia del tutto venuta meno la libertà del lavoratore: nella misura in cui ora egli è spogliato della possibilità di intervenire, con la propria inventiva e creatività, sul lavoro stesso, questo perde la sua dimensione propriamente umana. Perciò la categoria di «progresso», se intesa come «*rendimento di produzione*» (e in tal senso secondo la Weil è intesa ancora da Marx), non può essere utilizzata per comprendere la situazione sociale attuale, mentre è indispensabile una rivoluzione filosofica e morale dei valori che ponga al centro del lavoro non la produzione, ma il produttore, l'essere umano.

Solo se si realizzerà tale conversione radicale nei rapporti tra uomo e lavoro manuale, questo non sarà più il luogo dell'oppressione e dell'alienazione (nella fabbrica il corpo è sfinito e «*il pensiero si rattrappisce*», «*le cose fanno la parte degli uomini, e gli uomini quella delle cose; questa è la radice del male*»), ma il mezzo per il libero sviluppo e realizzazione della personalità, costituendo «*per ogni essere umano ciò di cui egli ha il bisogno più essenziale, affinché la sua vita riceva da se stessa un senso e un valore ai suoi occhi*».

Tuttavia, dopo l'esperienza diretta del lavoro in fabbrica e la crisi dei governi del Fronte popolare (senza naturalmente trascurare i presagi dell'imminente catastrofe, in un orizzonte storico dominato dai regimi hitleriano e stalinista), la Weil finì per nutrire un sentimento di cupo pessimismo nei confronti delle possibilità di un cambiamento qualitativo della condizione operaia, se non addirittura di una rivoluzione sociale: troppa la soggezione del proletariato ai meccanismi della produzione, troppa la debolezza dei sindacati e dei partiti socialisti, attenti più al conseguimento di piccole rivendicazioni o di vantaggi politici che a quello di autentici e grandi obiettivi umani e sociali.

6.2 La svolta mistica

In questo contesto, segnato dalla viva convinzione dell'incapacità umana di un'autoredenzione storica e dell'ineliminabilità del male, è possibile comprendere la "svolta mistica" di Simone Weil, l'accentuazione, negli ultimi anni della sua vita, della meditazione religiosa, dell'apertura al trascendente (espresse soprattutto nei *Quaderni* che verranno pubblicati postumi insieme con tanto altro materiale inedito, tra cui un notevole numero di lettere) che la avvicinerà, lei di famiglia ebraica, al cristianesimo, fin quasi alla soglie della conversione al cattolicesimo.

Vi è tuttavia una continuità – ancora una volta di tipo etico – tra i precedenti interessi circa i problemi sociali e del mondo del lavoro e questi più specificamente spirituali, dal momento che «*il cristianesimo è per eccellenza la religione degli schiavi, e gli schiavi non possono non aderirvi, e io con loro*».

La vita è lacerazione

Un noto brano (*Quaderni*, vol. III) esprime adeguatamente il nucleo problematico della Weil, collocato nella cerniera tra il piano storico, in cui si può attuare l'esercizio morale e l'azione politica, e quello trascendente: «*l'uomo è un animale sociale, e il sociale è male. Non possiamo farci niente, e ci è proibito accettarlo se non vogliamo perdere la nostra anima. Pertanto la vita non può essere che lacerazione. Questo mondo è inabitabile. Per questo bisogna fuggire nell'altro. Ma la porta è chiusa. Quanto bisogna bussare prima che si apra! Per entrare veramente, per non restare sulla soglia, bisogna smettere di essere un essere sociale*».

In questo brano emerge un contrasto tra l'accettazione stoica del mondo con il suo ordine dato e la necessità che lo regge e la soluzione ascetica verso una dimensione di alterità qualitativa, verso il divino. La Weil, pur protesa alla ricerca di una risposta di fede e di un approdo alla sfera religiosa, non ha mai inteso dare un senso consolatorio o angustamente confessionale alla questione dell'"altro mondo" come soluzione della contraddittoria negatività di questo. Innanzitutto ella ha avuto ben chiaro che «*non si deve mai cercare una consolazione al dolore. Perché la felicità è al di là dell'ambito del dolore e della consolazione, al di fuori. Essa è percepita con un altro senso [...] [che] si forma per uno spostamento dell'attenzione per mezzo di un apprendistato a cui prendono parte l'anima nella sua interezza e il corpo*».

Il male come elemento costitutivo del mondo

La consapevolezza del male come elemento costitutivo del mondo conferisce alla sua visione mistico-religiosa un carattere tendenzialmente gnostico, che ha portato la Weil ad accentuare la differenza radicale tra il naturale e il divino come due dimensioni del tutto eterogenee e irriducibili, e a trovare una loro corrispondenza in altrettante parti dell'essere umano, una fatta per Dio e il soprannaturale, l'altra no.

Il divino, da un lato, non può essere appannaggio esclusivo di una chiesa e di una confessione religiosa (le grandi e fondamentali verità – la bontà di Dio, la carità verso gli altri ecc. – sono patrimonio comune a tutte le religioni e i culti dal cristianesimo al taoismo, dall'induismo al buddismo zen ecc.), dall'altro bisogna ben distinguere tra religione e fede, intelligenza e amore.

La differenza tra religione e fede

La religione, in quanto sistema di credenze e di pratiche cultuali, è un prodotto sociale trasmesso con l'educazione che può procurare consolazione e senso di protezione ma che, di per sé, è del tutto estranea alla vera fede, anzi ne è un ostacolo giacché quest'ultima è adesione totale a Dio, al di fuori di ogni schema umano e naturale: sotto questo aspetto la fede è intimamente connessa con l'amore, che unicamente è in grado di procurare quell'accesso esclusivo e quel contatto con i misteri divini che coinvolge e trascina tutte le facoltà al di là delle nostre capacità di comprensione («*l'organo in noi col quale vediamo Dio è l'amore*»).

Se dunque i misteri della fede (per esempio la presenza di Cristo nell'ostia) sono ridotti a dei meri fatti naturali da credere o meno, allora ben venga l'ateismo con la sua critica purificatrice: infatti essi «*non sono fatti per essere creduti da tutte le parti dell'anima*» (per esempio dall'intelligenza), non devono «*essere dunque un oggetto di credenza per la parte di me che apprende i fatti*».

Tra fede e intelligenza vi è dunque una netta differenza dal momento che quest'ultima si muove nell'ambito esclusivamente naturale e giudica della verità o falsità dei fatti, afferma e nega: l'intelligenza dunque non può che portare o all'ateismo o alla sottomissione di fede che procede oltre essa (se ne riconosciamo i limiti). Perciò solo l'amore ci può elevare a quelle verità superiori che sono razionalmente inconcepibili: «*tutto ciò che io concepisco* [con l'intelligenza] *come vero è meno vero di quelle cose di cui non posso concepire la verità, ma che amo*».

Il nucleo centrale della meditazione della Weil resta, anche in questo momento di ascesi mistico-religiosa, fondamentalmente etico e legato alla condizione umana: per questo le sue pagine più suggestive e di più alto spessore teoretico sono quelle dedicate ai temi che a esso sono connessi (il dolore, il male, l'amore ecc.), in quanto testimoniano non di una fredda (anche se precisa) analisi intellettuale, ma di un'intensa partecipazione con tutte le fibre del suo essere alla sorte dei propri simili, specie gli "ultimi". E come di questi volle condividere le concrete condizioni di vita, così intese il pensiero come una forma di testimonianza e perciò stesso di comprensione simpatetica della miseria e del destino comuni: ma questo non sarebbe stato possibile senza l'intervento di quell'amore che, come ci apre al soprannaturale, così ci rende liberi dal mondo, con la sua inesorabile logica di oppressione, violenza e sofferenza.

1. Jürgen Habermas
Etica kantiana ed etica del discorso

Il filosofo tedesco Jürgen Habermas espone in questo breve brano i principi che devono regolare l'argomentazione etica, dialogando con altri importanti interpreti dell'etica del discorso.

Nell'etica del discorso il posto dell'imperativo categorico viene preso dal procedimento dell'argomentazione morale. Essa istituisce il principio (D) secondo il quale: possono avere pretesa di validità soltanto quelle norme che potrebbero incontrare il consenso di tutti gli interessati quali partecipanti ad un discorso pratico. Nello stesso tempo l'imperativo categorico viene ridotto ad un principio di universalizzazione (U), che nei discorsi pratici assume il ruolo di una regola dell'argomentazione: nelle norme valide i risultati e le conseguenze secondarie che probabilmente derivano da un'osservanza universale per il soddisfacimento degli interessi di ciascuno devono poter essere accettati senza costrizioni da tutti.

«Universalistica» noi chiamiamo, infine, un'etica la quale sostiene che questo principio morale (o uno simile) non solo esprime le intuizioni di una determinata cultura o di un'epoca determinata, ma vale universalmente. Soltanto una fondazione del principio morale che venga, certo, operata non già richiamandosi ad un *factum* della ragione può infirmare il sospetto di un falso sillogismo etnocentrico. Bisogna poter dimostrare che il nostro principio morale non rispecchia solo i pregiudizi del mitteleuropeo di oggi, adulto, bianco, maschio, borghesemente educato. Di questa difficilissima parte dell'etica non mi occuperò, richiamerò invece alla mente soltanto la tesi che l'etica del discorso formula a questo proposito: chiunque intraprenda sul serio il tentativo di partecipare ad un'argomentazione, aderisce implicitamente a presupposti pragmatici universali che hanno un contenuto normativo; allora il principio morale si può dedurre dal contenuto di questi presupposti argomentativi, purché si sappia che cosa vuol dire giustificare una norma d'azione.

Questo è tutto sui fondamenti assunti deontologici, cognitivistici, formalistici ed universalistici, che tutte le etiche di tipo kantiano [...] sostengono. Tuttavia vorrei chiarire brevemente la procedura del discorso pratico menzionato in (D).

Il punto di vista da cui si possono valutare imparzialmente le questioni morali lo chiamiamo "punto di vista morale" (*moral point of view*). Le etiche formalistiche forniscono una regola che spiega come considerare qualcosa dal punto di vista morale. John Rawls raccomanda, com'è noto, una posizione originale in cui tutti i partecipanti s'incontrano tra di loro, quali paritetiche parti contraenti, per decidere razionalmente, ignorando però lo status sociale da loro in realtà occupato; lo raccomandà come «la situazione di partenza atta a garantire che gli accordi fondamentali in esso conseguiti siano leali».

G.H. Mead raccomanda, invece, un'assunzione ideale di ruoli la quale esige che il soggetto che giudica moralmente si trasferisca nella situazione di tutti coloro che sarebbero toccati dall'esecuzione di un'azione problematica o dall'entrata in vigore di una norma discutibile. La procedura del discorso pratico ha dei vantaggi nei confronti di entrambe queste costruzioni. Nello svolgere le argomentazioni i partecipanti devono muovere dall'idea che, in linea di principio, tutti gli interessati partecipano, in quanto liberi e eguali, ad una ricerca cooperativa della verità, in cui può valere solo la costrizione dell'argomento migliore. Il discorso pratico viene considerato una forma esigente di formazione argomentativa della volontà, che (come la posizione originaria di Rawls), solamente sulla base di presupposti comunicativi universali, deve garantire la giustezza (o la lealtà) di ogni accordo normativo possibile a queste condizioni. Questo ruolo il discorso può svolgerlo in virtù delle supposizioni idealizzanti che i partecipanti devono realmente fare nella loro prassi argomentativa; perciò viene a mancare il carattere fittizio della proposizione originaria, compreso l'accordo sull'ignoranza artificiale. D'altronde, il discorso pratico si può concepire come un processo di intesa che, secondo la sua forma, induce contemporaneamente "tutti" i partecipanti ad assumere idealmente dei ruoli. Esso trasforma, dunque, l'ideale assunzione dei ruoli (in Mead) eseguita da ognuno «singolarmente e *privatamente*», in una manifestazione «pubblica», praticata da tutti, in comune, e in forma intersoggettiva.

▶ J. HABERMAS, *Teoria della morale*

RISPONDI ALLE SEGUENTI DOMANDE

- Da quale principio viene sostituito, secondo Habermas, l'imperativo morale categorico?
- In che modo, secondo Habermas, è possibile superare una posizione etnocentrica?
- Quali regole devono seguire i partecipanti a un'argomentazione morale?

2. John Rawls
Giustizia ed equità

John Rawls espone in questo brano la teoria della giustizia come equità, frutto di una scelta razionale fatta dagli uomini in un'ipotetica situazione di ignoranza rispetto alla posizione che ognuno di essi andrà a occupare nella società. Il principio dell'utile non è sufficiente per creare una società giusta, per la quale è necessario un durevole sentimento di carità.

È mio scopo presentare una concezione della giustizia che generalizza e porta a un più alto livello di astrazione la nota teoria del contratto sociale, quale si trova ad esempio in Locke, Rousseau, Kant. A questo scopo, non dobbiamo pensare che il contratto originario dia luogo a una particolare società o istituisca una particolare forma di governo. L'idea guida è piuttosto quella che i principi di giustizia per la struttura fondamentale della società sono oggetto dell'accordo originario. Questi sono i principi che persone libere e razionali, preoccupate di perseguire i propri interessi, accetterebbero in una posizione iniziale di eguaglianza per definire i termini fondamentali della loro associazione. Questi principi devono regolare tutti gli accordi successivi; essi specificano i tipi di cooperazione sociale che possono essere messi in atto e le forme di governo che possono essere istituite. Chiamerò giustizia come equità questo modo di considerare i principi di giustizia.

Dobbiamo perciò immaginare che coloro che si impegnano nella cooperazione sociale scelgono insieme con un solo atto collettivo i principi che devono assegnare i diritti e doveri fondamentali e determinare la divisione dei benefici sociali. Gli individui devono decidere in anticipo in che modo dirimere le loro pretese conflittuali e devono altresì decidere quale sarà lo statuto che fonda la loro società. Così come ciascuno deve decidere, con una riflessione razionale, che cosa costituisce un bene per lui, vale a dire quell'insieme di fini che è razionale ricercare, allo stesso modo un gruppo di persone deve decidere una volta per tutte ciò che essi considereranno giusto o ingiusto. La scelta che individui razionali farebbero in questa ipotetica situazione di uguale libertà, assumendo per ora che questo problema di scelta ha una soluzione, determina i principi di giustizia.

Dal punto di vista della giustizia come equità la posizione originaria di eguaglianza corrisponde allo stato di natura della teoria tradizionale del contratto sociale. Naturalmente questa posizione originaria non è considerata come uno stato di cose storicamente reale, e meno ancora come una condizione puramente ipotetica, caratterizzata in modo tale da condurre ad una certa concezione della giustizia. Tra le caratteristiche essenziali di questa situazione vi è il fatto che nessuno conosce il suo posto nella società, la sua posizione di classe o il suo status sociale, la parte che il caso gli assegna nella suddivisione delle doti naturali, la sua intelligenza, forza o simili. Assumerò anche che le parti contraenti non sanno nulla delle proprie concezioni del bene e delle proprie particolari propensioni psicologiche. I principi di giustizia vengono scelti sotto un velo di ignoranza. Questo assicura che nella scelta dei principi nessuno viene avvantaggiato o svantaggiato dal caso naturale o dalla contingenza delle circostanze sociali. Poiché ognuno gode di un'identica condizione, e nessuno è in grado di proporre dei principi che favoriscano la sua particolare situazione, i principi di giustizia sono il risultato di un accordo o contrattazione equa. Infatti, date le circostanze della posizione originaria, e cioè la simmetria delle relazioni di ciascuno con gli altri, questa situazione iniziale è equa tra gli individui intesi come persone morali, vale a dire come esseri razionali che hanno fini propri e sono dotati, come assumerò, di un senso di giustizia. Si potrebbe quindi dire che la posizione originaria è il corretto *status quo* iniziale, e perciò gli accordi fondamentali stipulati in essa sono equi. Questo spiega l'appropriatezza del termine «giustizia come equità»; esso porta con sé l'idea che i principi di giustizia sono concordati in una condizione iniziale equa. L'espressione non implica l'identità dei concetti di giustizia e di equità, più di quanto l'espressione «poesia come metafora» significhi che i concetti di poesia e metafora sono i medesimi. [...]

In mancanza di solidi e durevoli sentimenti di carità, un essere razionale non accetterebbe una struttura fondamentale semplicemente perché massimizza la somma algebrica dei vantaggi, senza curarsi degli effetti permanenti che essa avrebbe sui suoi interessi e diritti fondamentali. Sembra quindi che il principio di utilità sia incompatibile con la concezione della cooperazione sociale tra eguali con lo scopo del reciproco vantaggio. Esso sembra inconsistente con l'idea di reciprocità, implicita nella nozione di società bene-ordinata. O meglio, questo è ciò che intendo sostenere.

Affermo invece che le persone nella situazione iniziale sceglierebbero due principi piuttosto differenti: il primo richiede l'eguaglianza nell'assegnazione dei diritti e dei doveri fondamentali, il secondo sostiene che le ineguaglianze economiche e sociali, come quelle della ricchezza e del potere, sono giuste soltanto se producono benefici compensativi per ciascuno, e in particolare per i membri meno avvantaggiati della società. Questi principi escludono la possibilità di giustificare le istituzioni in base al fatto che i sacrifici di alcuni membri sono compensati da un maggiore bene aggregato. Il fatto che alcuni abbiano meno affinché altri prosperino può essere utile, ma non è giusto. Invece i maggiori benefici ottenuti da pochi non costituiscono un'ingiustizia, a condizione che anche la situazione delle persone meno fortunate migliori in questo modo.

▶ J. Rawls, *Una teoria della giustizia*

RISPONDI ALLE SEGUENTI DOMANDE

■ Che cosa intende Rawls con l'espressione «*giustizia come equità*»?

■ Qual è, secondo Rawls, la situazione ideale per determinare i principi di giustizia?

■ Quale ruolo gioca il sentimento di carità nel determinare una struttura sociale giusta?

3. Hans Jonas
Il Prometeo scatenato e il principio della responsabilità

Di fronte alle nuove conquiste della scienza e della tecnica contemporanee, che hanno posto l'uomo in una posizione imparagonabile a quella del passato rispetto alla natura, anche l'etica deve andare incontro a una nuova fondazione dei propri valori.

Il Prometeo irresistibilmente scatenato, al quale la scienza conferisce forze senza precedenti e l'economia imprime un impulso incessante, esige un'etica che mediante auto-restrizioni impedisca alla sua potenza di diventare una sventura per l'uomo. La consapevolezza che le promesse della tecnica moderna si sono trasformate in minaccia, o che questa è indissolubilmente congiunta a quelle, costituisce la tesi da cui prende le mosse questo volume. Essa va al di là della constatazione della minaccia fisica. La sottomissione della natura finalizzata alla felicità umana ha lanciato col suo smisurato successo, che coinvolge ora anche la natura stessa dell'uomo, la più grande sfida che sia mai venuta all'essere umano dal suo stesso agire. Tutto è qui nuovo, dissimile dal passato sia nel genere che nelle dimensioni: ciò che l'uomo è oggi in grado di fare e, nell'irresistibile esercizio di tale facoltà, è costretto a continuare a fare, non ha eguali nell'esperienza passata, alla quale tutta la saggezza tradizionale sul comportamento giusto era improntata. Nessuna etica tradizionale ci ammaestra quindi sulle norme del «bene» e del «male» alle quali vanno subordinate le modalità interamente nuove del potere e delle sue possibili creazioni. La terra vergine della prassi collettiva, in cui ci siamo addentrati con l'alta tecnologia, è per la teoria etica ancora terra di nessuno. In questo vuoto (che è nel contempo anche il vuoto dell'odierno relativismo dei valori) si colloca l'indagine qui presentata. Che cosa può fornirci un criterio? Lo stesso pericolo prefigurato dal pensiero! In questo suo balenarci incontro dal futuro, nella prefigurazione delle sue estensioni planetarie e delle sue durevoli conseguenze sull'uomo, è possibile scoprire alfine i principi etici da cui sono desumibili i nuovi doveri del nuovo potere. Definisco ciò «euristica della paura». Soltanto il previsto stravolgimento dell'uomo ci aiuta a cogliere il concetto di umanità che va preservato da quel pericolo. Sappiamo *ciò* che è in gioco soltanto se sappiamo *che* esso è in gioco. Poiché qui non si tratta soltanto del destino umano, ma anche dell'immagine dell'uomo, non soltanto di sopravvivenza fisica, ma anche di integrità dell'essere, l'etica che ha la funzione di salvaguardarle entrambe dev'essere, al di là della dimensione della prudenza, quella del rispetto (*Ehrfurcht*).

La fondazione di tale etica, non più legata alla sfera direttamente interpersonale del presente, deve estendersi alla metafisica, a partire dalla quale soltanto si potrà porre la questione del perché gli uomini debbano esistere nel mondo, del perché quindi valga l'imperativo incondizionato di assicurare la loro esistenza futura. L'avventura della tecnologia con le sue imprese arrischiate fino all'estremo costringe ad assumersi il rischio di una riflessione spinta all'estremo. Qui si tenterà tale fondazione, in contrasto con la rinuncia positivistico-analitica della filosofia contemporanea. Nell'ambito dell'ontologia verranno risollevate le antiche questioni concernenti il rapporto fra essere e dover essere, causa e scopo, natura e valore, per ancorare all'essere, al di là del soggettivismo dei valori, il nuovo obbligo dell'uomo.

Tuttavia il tema vero e proprio è costituito dalla comparsa stessa di questo nuovo obbligo, sintetizzato nel concetto di *responsabilità*. Pur non essendo certo un fenomeno nuovo in ambito morale, la responsabilità non ha mai avuto un tale oggetto e finora anche la teoria etica se ne è occupata poco. Sia il sapere che il potere erano troppo limitati per includere il futuro più lontano nelle previsioni e addirittura il globo terrestre nella coscienza della propria causalità. Anziché interrogarsi oziosamente sulle remote conseguenze di un destino ignoto, l'etica si è concentrata sulla qualità morale dell'atto momentaneo stesso, nel quale il diritto del prossimo che condivide la nostra sorte ha da essere rispettato. Nel segno della tecnologia, però, l'etica ha a che vedere con le azioni (sia pure non più del soggetto singolo) che hanno una portata causale senza eguali, accompagnate da una conoscenza del futuro che, per quanto incompleta, va egualmente al di là di ogni sapere precedente. A ciò si aggiunge la scala delle conseguenze a lungo termine e spesso della loro irreversibilità. Tutto ciò pone la responsabilità al centro dell'etica, con orizzonti spaziali e temporali corrispondenti appunto a quelli delle azioni. Per questo la teoria della responsabilità, a tutt'oggi una lacuna, costituisce il centro dell'opera.

▸ H. JONAS, *Il principio responsabilità*

RISPONDI ALLE SEGUENTI DOMANDE

■ Da quale tesi prende le mosse il brano di Jonas?
■ Che cosa significa euristica della paura?
■ Quali dimensioni dell'essere umano sono in pericolo secondo Jonas? Perché?
■ Che cosa propone l'etica della responsabilità di Jonas?

Testi

4. Alasdair MacIntyre
La virtù, la vita e il concetto di tradizione

La ricerca della vita buona per l'uomo coincide, secondo MacIntyre, con la vita buona per l'uomo. Tale ricerca deve fare i conti con la concreta situazione storico-sociale in cui ciascuno è inserito, che costituisce il suo obbligato punto di partenza.

In che cosa consiste l'unità di una vita individuale? La risposta è che tale unità è l'unità di una narrazione incarnata in una singola vita. Chiedere: «Che cosa è il bene per me?» significa chiedere come potrei vivere nel modo migliore questa unità e portarla a compimento. Chiedere: «Che cosa è il bene per l'uomo?» significa chiedere che cosa devono avere in comune tutte le risposte alla domanda precedente. Ma ora è importante sottolineare che è la posizione sistematica di queste due domande e il tentativo di dar loro una risposta tanto negli atti quanto nelle parole a fornire alla vita morale la sua unità. L'unità di una vita umana è l'unità di una ricerca narrativa. A volte le ricerche falliscono, vengono frustrate, abbandonate, o si disperdono fra le frustrazioni; e anche le vite umane possono fallire in tutti questi modi. Ma gli unici criteri di riuscita o di fallimento per una vita umana considerate come un tutto sono i criteri di riuscita o di fallimento per una ricerca narrata o da narrarsi. Una ricerca di che?

Occorre richiamare alla mente due caratteristiche fondamentali della concezione medievale della ricerca. La prima è che essa non può neppure incominciare senza una qualche concezione almeno parzialmente determinata del *telos* finale. È necessaria una qualche concezione del bene per l'uomo.

Da dove deve essere ricavata tale concezione? Proprio da quei problemi che ci hanno indotto a tentare di superare la concezione limitata delle virtù che è reperibile nelle pratiche e attraverso di esse. E cercando una concezione *del* bene che ci consenta di ordinare gli altri beni, di estendere la nostra comprensione dello scopo e del significato delle virtù, di capire la funzione dell'integrità e della costanza nella vita, che definiamo inizialmente il genere di vita che rappresenta una ricerca del bene. Ma in secondo luogo è evidente che la concezione medievale della ricerca non è affatto quella dell'andare in cerca di qualcosa che è già caratterizzato adeguatamente, come i minatori vanno in cerca dell'oro o i geologi del petrolio. È nel corso della ricerca, e solo superando ed affrontando i vari mali, pericoli, tentazioni e distrazioni particolari che forniscono a qualsiasi ricerca i suoi episodi e i suoi incidenti, che la meta della ricerca può essere compresa in modo definitivo. Una ricerca è sempre un processo di apprendimento, sia

quanto alla natura del suo soggetto sia nel senso della conoscenza di se stessi.

Perciò le virtù vanno intese come quelle disposizioni che non solo sorreggono le pratiche e ci consentono di raggiungere i valori interni ad esse, ma ci aiutano anche nel genere di ricerca del bene che qui ci interessa permettendoci di superare i mali, i pericoli, le tentazioni e le distrazioni in cui ci imbattiamo, e ci forniscono una conoscenza crescente di noi stessi e del bene.

L'elenco delle virtù comprenderà dunque le virtù necessarie per la conservazione dei tipi di comunità domestiche e politiche in cui uomini e donne possono dedicarsi insieme alla ricerca del bene, e le virtù necessarie per l'indagine filosofica sulla natura di quest'ultimo. Con ciò siamo giunti ad una conclusione provvisoria circa la vita buona per l'uomo: la vita buona per l'uomo è la vita consacrata alla ricerca della vita buona per l'uomo, e le virtù necessarie per tale ricerca sono quelle che ci consentono di capire che cosa ancora e che cos'altro sia la vita buona per l'uomo. Abbiamo così completato la seconda fase della nostra interpretazione delle virtù, ponendole in relazione con la vita buona per l'uomo e non soltanto con le sue pratiche. Ma la nostra indagine richiede una terza fase.

Infatti non sono mai in grado di ricercare il bene o di esercitare le virtù solo in quanto individuo, in parte perché il significato della vita buona varia in concreto a seconda delle circostanze, persino quando una vita umana rappresenta un'unica concezione della vita buona e un unico insieme di virtù. Quella che è una vita buona per un generale ateniese del quinto secolo non è la stessa che sarebbe tale per un monarca medievale o per un contadino del Seicento. Ma non si tratta solo del *fatto* che individui diversi vivono in circostanze sociali diverse: è anche che tutti noi ci accostiamo alle circostanze particolari della nostra vita come portatori di una determinata identità sociale. Io sono il figlio o la figlia di qualcuno, il cugino o lo zio di qualcun altro; sono un cittadino di questa o quella città, un membro di questa o quella gilda o professione [...]. Perciò quello che è bene per me deve essere il bene per chi ricopra questi ruoli. In quanto tale, io eredito dal passato della mia famiglia, della mia città, della mia tribù, della mia nazione, una molteplicità di debiti, di retaggi, di legittimi obblighi ed aspettative.

▶ A. MACINTYRE, *Dopo la virtù*

RISPONDI ALLE SEGUENTI DOMANDE

- In che cosa consiste, secondo MacIntyre, l'unità di una vita individuale?
- Quali sono, per MacIntyre, le virtù fondamentali per la vita degli esseri umani?
- In che cosa consiste il bene per l'individuo e per il genere umano?

Filosofia e politica: giustizia, libertà, eguaglianza

1. Le questioni aperte: il rapporto tra giustizia, libertà ed eguaglianza

▶▶

I principali eventi del XX secolo, dalla ricostruzione successiva alla Prima guerra mondiale alla caduta dei regimi totalitari di destra, dalle lacerazioni del secondo dopoguerra alle inquietudini e ai fermenti degli anni Sessanta (sfociati nelle rivolte del Sessantotto) hanno costituito la base e le condizioni per una ripresa e un ripensamento in profondità di alcuni grandi temi politici. Nella seconda metà del XX secolo nei Paesi occidentali il tema della **giustizia** ha polarizzato l'attenzione non solo dei filosofi, ma anche quella più vasta dell'opinione pubblica. Non c'è dubbio, tuttavia, che il tema della giustizia non può essere affrontato in modo scisso né da quello della **libertà** né da quello dell'**eguaglianza** con cui, almeno nella nostra cultura, forma un tutto articolato e unitario. Nonostante le numerose discussioni, non si è ancora raggiunto un accordo sul rapporto tra queste nozioni e il dibattito è tuttora aperto. Questo aspetto della questione potrà essere adeguatamente affrontato solo dopo aver precisato il significato specifico con cui i singoli termini vengono intesi e concepiti, per cui la loro analisi semantica costituisce un indispensabile lavoro propedeutico.

1.1 Libertà positiva e libertà negativa

Se incominciamo con l'esame della nozione di libertà, osserviamo che il dibattito ruota attorno alla distinzione concettuale tra **libertà negativa** (libertà da qualcosa) e **libertà positiva** (libertà di fare o essere qualcosa).

La prima concerne l'ambito in cui l'individuo può svolgere la sua azione autonomamente – quindi senza interferenze esterne – sulla base di certe condizioni esterne; la seconda evidenzia il ruolo delle istituzioni o della struttura politica, rilevanti per la determinazione dei fini e dei contenuti dell'azione dell'individuo, che ha «*capacità*» di fare determinate cose e di farle autodeterminandosi.

Il primo significato appartiene alla tradizione liberale, il secondo a quella democratica e socialista: ne derivano due modelli alternativi di società e di linee politiche, che hanno costituito il nucleo delle vicende di molti Paesi negli ultimi decenni.

Recentemente si è focalizzata l'attenzione sul nesso tra libertà e azioni cercando di determinare il ruolo dei desideri e dei valori dell'agente (... in che misura sono libero se mi è impedito di fare qualcosa per cui comunque non provo desiderio? Si può dire con gli stoici che si è più liberi quanti meno desideri si hanno?) così come si è cercato di chiarire con maggiore precisione la natura dei vincoli esterni (... sono solo gli impedimenti fisici? Le minacce e le offerte sono irrilevanti? I limiti naturali possono essere considerati come un impedimento alla libertà?).

1.2 Il dibattito sull'eguaglianza

Nella discussione sull'eguaglianza il punto centrale è rappresentato dall'interrogativo circa la sua compatibilità o meno con la libertà, questione che si è presentata in un momento in cui il modello del *welfare state* ("stato del benessere"), cioè quel modello di stato che garantisce a tutti i cittadini un livello minimo di reddito e l'accesso ai servizi ritenuti socialmente indispensabili, è entrato in crisi.

Poiché i sostenitori del *welfare state* possono essere ricondotti alle posizioni dell'utilitarismo, secondo il quale non c'è utile per l'individuo se esso non favorisce anche il maggior bene possibile per tutti, non deve stupire che nel corso del dibattito i vari punti di vista abbiano dovuto confrontarsi con questa teoria.

Si è constatato che tutte le dottrine, pur mantenendo le rispettive contrapposizioni, sono sostenitrici del principio secondo cui eguaglianza e libertà sono compatibili: evidentemente, dunque, il nocciolo del problema concerne la domanda, formulata acutamente dall'economista indiano Amartya Sen (1933), *«eguaglianza di che?»*.

In un primo tempo ha suscitato ampi consensi la proposta di individuare come terreno comune *«l'eguaglianza dal punto di vista umano»*, che si è poi rivelata insufficiente dal momento che implicava l'accordo, per nulla scontato, sui fattori da interpretare come essenziali per l'essere umano.

2.

La teoria della giustizia di Rawls

Come in sede etica, anche in sede politica il punto di riferimento speculativo fondamentale per tutte le discussioni su questi temi è costituito da *Una teoria della giustizia* (1971) di John Rawls (1921-2002), opera di filosofia politica di importanza capitale. Essa si presenta come una procedura (un esperimento mentale sul modello di quelli di Hobbes, Locke e Rousseau) mediante la quale certi principi di giustizia sociale, fondamentali per la struttura di una società ben ordinata, sono giustificati quali risultato di una scelta o di una scoperta (che Rawls chiama *«posizione originaria»* in quanto è una situazione ideale, immaginaria) da parte di soggetti razionali (ma anche liberi, uguali, reciprocamente disinteressati e non invidiosi) che si trovano in uno stato privo di informazioni sulle proprie condizioni future (stato designato con la locuzione *«velo di ignoranza»*), disponendo solo di quelle concernenti *«i fatti generali che riguardano la società umana»*.

Il principio di libertà e il principio di differenza

Nella misura in cui la scelta viene stabilita in un contesto di equità, anche i principi oggetto di scelta saranno equi: per questo motivo la giustizia è intesa come equità, e in questo senso l'obiettivo finale è quello dell'**egualitarismo**, sia pure in senso formale e in versione aggiornata alle condizioni attuali. La giustizia si fonda infatti su due principi fondamentali:

1) «*ogni persona deve avere un egual diritto al più ampio sistema totale di uguali libertà fondamentali compatibile con un simile sistema di libertà per tutti*»;

2) «*le disuguaglianze sociali ed economiche devono essere entrambe strutturate in modo da essere: a) per il più grande beneficio dei meno avvantaggiati [...] e b) collegate a cariche e posizioni aperte a tutti in condizioni di equa eguaglianza di opportunità*».

Come si può notare vi è una precisa disposizione gerarchica tra i principi e le loro parti: si fa infatti valere la «*priorità della libertà*» (1 è prioritario rispetto a 2) e quella dell'«*equa opportunità*» sul «*principio di differenza*»; quest'ultimo a sua volta è prioritario rispetto ai principi di efficienza e utilità. «*Ciò vuol dire, tra l'altro: che non è consentito barattare una diminuzione della libertà per ottenere maggiori vantaggi economici; che una minore libertà deve essere giustificata da un incremento della libertà per tutti; che il principio di differenza è prioritario rispetto a quelli di efficienza e di utilità; che l'ineguaglianza di opportunità deve essere finalizzata all'accrescimento di opportunità per i più svantaggiati, e non può venir giustificata dall'acquisizione di vantaggi economici*» (P. Comanducci, *Teorie etiche contemporanee*).

Il criterio del *maximin*

Secondo Rawls la scelta dei principi di giustizia è fatta in condizioni di incertezza secondo il criterio del «*maximin*» (contrazione dell'espressione «*maximum minimorum*»), cioè secondo la regola per cui, tra due possibili sistemi sociali, è preferibile quello il cui peggior esito possibile risulta comunque migliore del peggior esito possibile dell'altra alternativa. Seguendo quest'impostazione si dovrà realizzare una società ben ordinata, cioè una nazione sovrana, politicamente stabile, con un'economia sviluppata che tende a realizzare il benessere dei propri cittadini.

Le critiche alla teoria di Rawls

La teoria di Rawls è stata oggetto non solo di apprezzamenti ma anche di critiche da varie parti. Le più dure sono giunte da parte dei comunitaristi: tra essi, un rilievo particolare è occupato da Michael Walzer che nel suo lavoro più noto, *Sfere di giustizia* (1983), lo ha rimproverato di essere partito da una visione individualistica della persona soggetto di diritti per giungere alla definizione di principi che possono essere universali esclusivamente in quanto sono astratti. Solo se si presuppone che i singoli, atomisticamente isolati, entrino in conflitto tra loro per l'appropriazione degli stessi diritti, si può intendere la giustizia come fattore disciplinare di questi rapporti. Se invece diamo la priorità alla comunità, e in questa prospettiva consideriamo la persona come membro di un tessuto sociale, possiamo da un lato riconoscere l'equivalenza dei beni da distribuire (anche se certamente il più importante è la stessa appartenenza alla comunità) e dall'altro intendere la giustizia in modo più articolato in quanto retta da principi differenziati e molteplici, in rapporto alla varietà dei beni da distribuire e alle esigenze delle persone che li perseguono. Poiché ciascun bene sociale determina una sua sfera pertinente, Walzer propone una concezione pluralista della giustizia distributiva che, per la molteplicità dei criteri impiegati, giunge a intendere l'eguaglianza in termini non di uniformità ma di complessità. Pluralismo significa anche non dominanza: dunque se nessun bene può vantare una supremazia sugli altri, «*una società giusta è quella in cui il legittimo monopolio di un bene in una sfera non si converte in una dominanza tirannica* [sulle altre sfere]» (S. Veca, *Questioni di giustizia*).

3.

Friedrich August von Hayeck, teorico della Nuova Destra

▶▶

Se Rawls e i comunitaristi individuano un forte collegamento tra la giustizia e la condizione di eguaglianza dei cittadini, la corrente del liberismo, divenuta politicamente assai rilevante a partire dagli anni Ottanta con la crisi del *welfare state*, ha invece insistito sul tema della libertà che, in questa prospettiva, risulterebbe incompatibile con il concetto stesso di «giustizia distributiva». L'autore che per ampiezza di analisi e rigore speculativo (egli è non solo filosofo, ma anche economista) ha costituito il punto di riferimento per quella che viene definita la Nuova Destra, è Friedrich A. von Hayeck (1899-1992).

Già fortemente critico nei confronti delle teorie sullo stato sociale di J.M. Keynes, egli ha centrato la sua riflessione sull'idea di libertà, quale condizione concernente l'individuo. Essa deve essere intesa (secondo l'insegnamento di Locke e Kant) in senso negativo quale assenza di costrizioni e interferenze esterne, quindi come una sfera privata che nessuno può violare, e di conseguenza incompatibile con il perseguimento di fini che siano stati imposti da altri (non importa se democraticamente o meno) e non scelti dal proprio intelletto.

La salvaguardia della libertà individuale

Come nella tradizione liberale classica, per Hayeck la **libertà individuale** va preservata anche (e per certi aspetti soprattutto) nei confronti dello Stato, il quale deve limitarsi a salvaguardarla attraverso la legge, cercando di invaderla il meno possibile. La libertà, come sfera di autonomia personale, si identifica allora con la **proprietà privata** da intendersi estensivamente come piena disponibilità sui propri beni e sulla propria vita: essa trova il suo più valido baluardo difensivo nella legge che, in quanto costituita da norme generali e universali, deve essere distinta dalla legislazione, cioè da quel complesso di disposizioni che servono solo a perseguire fini particolari e a tutelare interessi di parte. Legge e libertà sono talmente solidali che senza la prima inevitabilmente si afferma la tirannide: ciò significa che anche lo Stato e il Governo devono essere sottoposti alla legge, la quale è sempre in funzione della tutela della libertà dei cittadini, mentre dovrebbe essere escluso che essi perseguano propri fini in collisione con i piani di vita che ciascuno progetta di realizzare.

La salvaguardia del libero mercato

Secondo Hayeck il pericolo maggiore di interferenza statale nella società contemporanea è costituito dalle politiche di giustizia sociale e dalle relative misure legislative che, in nome di un riequilibrio delle risorse e dei beni, mirano a favorire le persone meno avvantaggiate al prezzo di modificare la posizione economica e sociale delle altre. Ciò che Hayeck pretende non è l'abolizione dell'assistenza, ma la salvaguardia del **libero mercato**, che non deve subire forzature estrinsecamente correttive: perciò egli è ostile anche al monopolio statale di servizi come quelli postale, scolastico e delle telecomunicazioni, in quanto crea inefficienza e mette in pericolo la libertà di **iniziativa privata**.

La fiducia in questo strumento, fondamento di ogni società evoluta, si basa sulla teoria epistemologica di Hayeck circa i limiti della razionalità umana, e sul rifiuto della concezione della conoscenza in senso totale e perfetto quale presupposto e principio fondativo delle dottrine dell'equilibrio generale e della pianificazione economica centralizzata (da quelle socialiste a quelle in varia misura keynesiane): gli individui in realtà, nel progettare le proprie attività, acquisiscono conoscenze, informazioni ed esperienze che possono mutuamente scambiarsi coordinando le loro azioni e dando vita a un ordine sociale spontaneo (quello che Adam Smith chiamava la «*mano invisibile*») e alle sue regole. Come insegna il meccanismo dei prezzi, in questo ambito trovano immediata armonizzazione (dunque senza l'intervento mediatore dello Stato) le decisioni dei produttori da un lato e i desideri dei consumatori dall'altro: in questa «Grande Società» tutti perseguono i propri scopi liberamente, cioè senza imposizioni. Da queste premesse deriva la condanna della democrazia (intesa come «*governo della maggioranza dotato di potere illimitato*», creatrice di «*nuovi privilegi attraverso coalizioni o interessi organizzati*») e l'auspicio che al governo esercitato con la forza (come risulta dall'etimologia di demo-crazia, "potere del popolo"), si sostituisca quello secondo regole (chiamato perciò «*demarchia*») che assicuri, insieme con la libertà dell'individuo, la libertà dei popoli.

4. Lo sviluppo secondo Amartya Sen

▸▸

Lo sforzo più notevole compiuto per cogliere il nesso tra libertà, eguaglianza e giustizia alla luce delle concrete situazioni socio-economiche contemporanee è stato compiuto da Amartya Sen, non solo filosofo ma anche economista (premio Nobel per l'economia nel 1998). Nella sua riflessione l'analisi economica si configura come una componente di un più vasto quadro morale concernente la condizione umana, che coinvolge anche gli impegni e le scelte sui destini futuri del mondo nell'età della globalizzazione: in questa prospettiva, data anche la sua provenienza (Sen è nato nel Bengala), la sua attenzione si è concentrata fin dai primi lavori sui temi dell'eguaglianza e dello sviluppo.

La nozione di eguaglianza

La nozione di eguaglianza, centrale nel dibattito statunitense tra democratici e liberali (le cui tesi sembrano ridursi alla contrapposizione tra l'essere pro o contro), viene discussa da Sen sulla base di un dato incontrovertibile, e cioè la sostanziale eterogeneità degli esseri umani che sono disuguali sia per caratteristiche personali (sesso, capacità, età ecc.) sia per condizioni esterne di vita (possesso di beni, stato sociale, ambiente ecc.), sia relativamente alla molteplicità di fattori in base ai quali l'eguaglianza può essere valutata. Di conseguenza, la definizione dell'eguaglianza non può essere effettuata se non chiedendosi «eguaglianza di che cosa?», quindi indicando dei precisi parametri di riferimento. Da questa prospettiva la soluzione del problema non può essere trovata se non ponendo al centro della questione la nozione di libertà, intesa come capacità e possibilità degli individui di realizzare i loro piani di vita: solo se una società è in grado di garantire in una qualche misura questa facoltà a tutti gli individui, può essere definita egalitaria. Essa dovrà mirare alla promozione di una qualità complessiva della vita, che realizzi (secondo l'ideale aristotelico di *eudaimonía*) in modo armonico e compiuto tutto l'essere umano: per questo motivo Sen differenzia la propria posizione etica dalle altre che gli appaiono riduttive, come l'utilitarismo (che definisce il benessere in termini angustamente economicistici e di globalità sociale), il libertarismo (in quanto oppone la libertà all'eguaglianza), la teoria di Rawls (che si limita all'equa distribuzione dei beni primari), per collegare (come in *Lo sviluppo è libertà*, 1999) la libertà e l'eguaglianza allo sviluppo.

Libertà e sviluppo

Lo sviluppo deve essere inteso come un processo di espansione delle libertà reali (o sostanziali) di cui le persone possono godere: ciò significa che la crescita delle loro *«capacità reali»* deve essere strettamente connessa con quella economica. Rispetto alla crescita delle capacità la crescita economica deve essere considerata condizione necessaria ma di per sé insufficiente, e non è dunque sinonimo di emancipazione e di civiltà: perciò essa, da un lato non può essere realizzata se non con l'imposizione di regole alla libertà di mercato e un'adeguata strategia di interventi pubblici (per la distribuzione del reddito e la fruizione di servizi essenziali come la sanità e l'istruzione ecc.) tesi all'eliminazione delle disparità e delle condizioni di svantaggio sociale e, dall'altro, con una politica di promozione dei diritti e delle libertà civili (libertà di espressione, di partecipazione ecc.).

Non può sfuggire che la fame, la precarietà economica e il sottosviluppo siano altrettante e paritetiche illibertà che vanno combattute ed eliminate (cioè fattori che limitano o impediscono agli uomini di avere opportunità di vita o di agire razionalmente per perseguire i loro progetti) come le dittature, l'intolleranza, l'autoritarismo, la violenza repressiva: si può constatare infatti come lo sviluppo materiale possa avvenire in modo più celere ed efficace se realizzato in concomitanza con programmi di interventi sociali, culturali e assistenziali che segnino l'incremento del livello generale delle aspettative di vita e di civiltà.

5. Quale fine per l'azione politica?

Le discussioni contemporanee, al di là dei problemi contingenti, non possono tuttavia evitare di affrontare la questione di fondo che la filosofia politica fin dai suoi esordi in Grecia ha posto: per quali finalità è stata stabilita l'associazione politica? Quale posto occupa la dimensione politica nella costituzione propria dell'umano? Quali aspetti del proprio essere l'uomo può realizzare insieme agli altri? Su quali principi si fonda dunque la vita associata? Questi interrogativi appaiono tanto più urgenti quanto più l'Età moderna ha visto eclissarsi la concezione dell'uomo come «*animale politico*» per lasciare il posto a quella di un essere sostanzialmente chiuso nella sua sfera privata, che intrattiene solo in modo secondario e derivato relazioni con i propri simili: da questa considerazione individualistica e, se vogliamo, atomistica della persona hanno avuto origine sia le dottrine dei diritti e delle libertà sia quelle contrattualistiche, che hanno avuto ai nostri giorni una forte ripresa. Non si può negare tuttavia che da più parti (si pensi per esempio alle teorie dei comunitaristi, ▶ *Teorie etiche contemporanee*, p. 416) affiorino segnali di disagio per questi tratti della modernità, che si senta il bisogno di riscoprire anche il **livello politico** (oltre quello personale) della vita, quella dimensione di senso e di valore che la razionalità scientifica aveva voluto escludere dal proprio orizzonte per relegarla nell'ambito del meramente soggettivo.

Le sfide della democrazia

Queste esigenze sono ulteriormente acute da quei segnali di crisi (non solo economica) che percorrono dall'interno le nostre democrazie e che si traducono in altrettanti quesiti cruciali (sui meccanismi decisionali, sui contenuti delle consultazioni elettorali, sulla formazione delle opinioni e del consenso, sui reali centri di potere ecc.) che non possono trovare soddisfazione solo nelle risposte tecniche (pur necessarie), ma che esigono il ritorno ai fondamenti, ai motivi originari della politica. Il dibattito attuale, pur così acceso, poggia ancora su due voci del passato che per la profondità dottrinale e l'ampiezza di respiro teorico costituiscono un punto di riferimento insuperato e imprescindibile per la riflessione su questi temi: quelle di Hannah Arendt e Carl Schmitt.

6. La riflessione di Hannah Arendt

Hannah Arendt (1906-1975) ha incominciato il suo itinerario speculativo con un'opera a metà tra ricerca storica e analisi politica, *Le origini del totalitarismo* (1951), che indaga l'essenza di questo fenomeno (l'intreccio di ideologia e terrore), le sue finalità e i suoi effetti (la trasformazione della natura razionale degli uomini), la sua organizzazione interna e il ruolo del capo supremo. Quest'opera ha tuttavia un significato che va al di là dei risultati concernenti lo specifico fenomeno indagato (il nazismo tedesco) in quanto lascia trapelare una più generale attenzione per la condizione umana nella **società di massa** contemporanea.

Solo tenendo conto della condizione di isolamento in cui l'individuo si trova, e della conseguente caduta nel **conformismo** che ottunde le capacità critiche, si può comprendere l'affermazione della propaganda hitleriana e il consenso da essa ricevuto. Se dunque queste sono le origini, allora il totalitarismo (anche quello di sinistra) non è un episodio chiuso, ma «*un costante pericolo*» per la libertà politica, un rischio degenerativo e una possibilità di caduta cui le società occidentali sono costantemente esposte. Per questo motivo la Arendt, come del resto Horkheimer e Adorno, è stata molto attenta e si è molto preoccupata dei fenomeni di deriva autoritaria o di intolleranza (il maccartismo, il razzismo ecc.) emergenti in un Paese di radicate tradizioni liberali e democratiche come gli Stati Uniti, a riprova del fatto che nessuno può considerarsi immune da questo pericolo e quindi non bisogna mai abbassare la guardia per la tutela della libertà.

6.1 L'agire politico come essenza dell'uomo

Queste conclusioni confluiscono nel capolavoro della Arendt, *Vita activa* (1958), una delle opere più incisive della filosofia politica del Novecento. Qui la pensatrice parte dalla critica alla modernità per giungere a un recupero dell'autentica dimensione politica dell'uomo: se l'attuale «*condizione umana*» (questo il sottotitolo dell'opera) è caratterizzata da una svalutazione dell'agire politico, è necessario che l'uomo si riappropri di questo aspetto fondamentale della sua essenza secondo il modello (indubbiamente in sé non più riproducibile) costituito dalla *pólis* greca prima della contaminazione socratico-platonica. È con questa filosofia, infatti, che si è imposta la supremazia (confermata poi dal pensiero cristiano) del pensiero sull'agire, della vita contemplativa (*bios theoretikós*) su quella attiva e della sua elevazione a unico modo di vita libera. Al contrario il cittadino ateniese o romano privilegiava l'agire politico che, associato al discorso, intrinseco a una vita di rapporti intersoggettivi, appare l'unico degno e propriamente umano.

L'agire politico, nell'orizzonte della società industriale e nell'età del trionfo della tecnica, è stato annullato e sostituito da una gerarchia di valori che rappresenta uno stravolgimento di quella antica: questo nella misura in cui da un lato si stabilisce il predominio della scienza oggettiva della natura e dall'altro il predominio del fare e del lavoro, quali fattori che devono assicurare un conoscere pragmaticamente avalutativo funzionale alla produzione dei mezzi necessari al mero mantenimento fisico. Naturalmente anche il cittadino della *pólis* doveva assicurarsi le condizioni di sopravvivenza, ma considerava il lavoro un tipo inferiore di attività, mentre l'individuo moderno vede la sua vita appiattita nella banalità quotidiana, contratta nella sfera del privato e dell'intimità, privata della dimensione della cittadinanza, che può attuarsi solo nella partecipazione diretta alla gestione degli affari comuni.

Il distacco dalla tradizione filosofica platonico-cristiana

Proprio per marcare il distacco da quella tradizione filosofica che ha privilegiato la teoreticità, la Arendt conduce la sua ricerca in un senso nettamente antimetafisico: come suggerisce il sottotitolo dell'opera, l'oggetto non è la natura ma la «*condizione umana*», giacché l'uomo conduce la sua esistenza sulla base di condizioni indipendenti da lui, in cui è stato posto. L'uomo è perciò un essere condizionato e «*qualunque elemento entri a far parte del mondo umano, per disposizione spontanea o per iniziativa dell'uomo, diviene parte della condizione umana*», proprio quella da cui invece la cultura contemporanea (con gli «*sforzi scientifici*», con i tentativi «*di rendere artificiale anche la vita*») cerca di sfuggire.

Queste condizioni fondamentali, che fanno rientrare l'uomo «*tra i figli della natura*», sono «*vita, natalità e mortalità, mondanità, pluralità e terra*»: ciò significa che gli uomini sono «*soggetti alle condizioni della terra*». Hannah Arendt non propone una riduzione dell'essere umano a queste condizioni, ma non accetta neppure il tentativo di evadere da questa costitutiva modalità ontologica, poiché è la terra che, rendendo possibile la vita all'uomo, gli è madre.

Le tre forme dell'attività umana

Nella misura in cui l'esistenza è determinata dalla natalità, allora l'azione ne è il tratto più elevato in quanto «*capacità di dar luogo a qualcosa di nuovo*». Tuttavia bisogna precisare che la Arendt distingue tre tipi di azione, tutte e tre fondamentali, dal momento che ciascuna corrisponde a una delle condizioni basilari della vita, ma non sullo stesso piano di dignità: il lavoro, l'operare e l'agire.

Il **lavoro** «*corrisponde allo sviluppo biologico del corpo umano*» giacché mediante esso viene prodotto ciò che è necessario al suo mantenimento (e quindi viene consumato) e in generale al rigenerarsi del processo vitale: perciò su questo livello si può trovare solo necessità e non libertà, anzi non si può parlare neppure di vita propriamente umana (e infatti nell'antichità il lavoro e tutto ciò che riguarda la soddisfazione dei bisogni è riservato agli schiavi).

L'**operare** è l'attività «*che corrisponde alla dimensione non-naturale dell'esistenza umana*», il cui frutto è «*un mondo artificiale di cose, nettamente distinto dall'ambiente naturale*». Con lo sviluppo della tecnica, l'uomo costruisce oggetti che non sono destinati a essere consumati, ma a durare per essere utilizzati: attraverso essi non solo il volto della terra è trasformato, ma anche i rapporti sociali, che ora appaiono mediati da cose materiali.

Solo nell'**azione** gli uomini entrano in rapporto immediato tra loro: essa corrisponde alla condizione di pluralità, «*al fatto che gli uomini, non l'Uomo, vivono sulla terra e abitano il mondo*». Poiché dunque «*la pluralità è la legge della terra*», all'agire va riconosciuta una preminenza sulle altre forme d'attività nella misura in cui essa presuppone necessariamente quella molteplicità degli individui, che invece si può ipotizzare assente nel lavoro e nell'operare.

La centralità del dialogo nella vita della *pólis*

Lo sapevano bene i greci che nella *pólis* distinguevano tra lo **spazio privato** della casa, governato dalla necessità e dalle esigenze della produzione dell'indispensabile alla sopravvivenza, e quello **pubblico** in cui gli uomini comunicavano e interagivano, in cui erano protagonisti e perciò liberi. Per questo Aristotele definisce l'uomo «*animale politico*», e per questo, mentre la contemplazione è negazione della politica, il discorso appare intrinsecamente connesso, anzi identico, con l'agire all'interno di una comunità di uomini liberi. La libertà implica l'eguaglianza nel senso che «*noi siamo tutti eguali, cioè umani, ma in modo tale che nessuno è mai identico ad alcun altro che visse, vive o vivrà*»: ciò significa che l'agire politico non è regolato in modo meccanico e ripetitivo, ma è caratterizzato dall'imprevedibilità e dall'originalità, in quanto mira a finalità disinteressate, cioè che promuovono la dignità e l'elevazione dell'umano per se stesso. Perciò la *pólis* era il regno della libertà, la condizione stessa per essere liberi: da essa doveva essere bandita la forza, la violenza per lasciare tutto il campo alla parola «*perché è il linguaggio che fa dell'uomo un essere politico*», che consente agli uomini di entrare in relazione reciproca, decidendo tutto con la persuasione. L'agire politico ha trovato allora la sua massima espressione nella *pólis* democratica dove si è affermato quel «*modo di vivere nel quale solo il discorso aveva senso e nel quale l'attività fondamentale di tutti i cittadini era di parlare tra loro*».

Il trionfo della civiltà del lavoro e dei consumi

Con il tramonto della *pólis* incomincia anche quello dell'ideale di vita attiva, dell'agire politicamente partecipato. Prima Platone riduce la città a una famiglia di proporzioni più ampie e la politica ad amministrazione da parte del filosofo-re, in seguito il cristianesimo sancisce il primato della contemplazione e della fuga dal mondo, infine Cartesio, fondando il conoscere nel soggetto, concentra l'attenzione esclusivamente su ciò che è prodotto dall'uomo: lungo questo processo, tanto inevitabile quanto negativo, si è venuto perdendo il valore dell'agire politico per lasciare il posto al primato di un fare indistinto e che tutto assorbe. Del resto, se tutto ciò che è deve il suo essere all'opera dell'uomo (*homo faber*), è ovvio che si abbia infine il trionfo della moderna civiltà del lavoro. Essa, però, è la condizione perché si attui un'ulteriore ineluttabile regressione, la riduzione del vivere al mero lavoro, a quello stato in cui la vita umana non consiste in altro che nella mera conservazione materiale della vita naturale, attraverso il consumismo esasperato: oggi l'intera società è «*società del lavoro*», organizzazione per il consumo, quindi totalmente inaridita e disumanizzata.

La valenza critica della filosofia

La conclusione della Arendt è tanto spietatamente lucida quanto amara e disincantata: oggi, nella misura in cui lo Stato accentra su di sé il potere decisionale e la politica è semplice macchina amministrativa diretta a regolare i rapporti tra «*impiegati*» appagati di «*adagiarsi in un attonito, tranquillizzato, tipo funzionale di comportamento*», l'agire politico è impossibile come è inutile e vano pensare a una restaurazione della *pólis*: non resta che analizzare e denunciare questo stato di cose, smascherare i falsi miti, prendere coscienza dei sintomi che evidenziano il «*disagio della civiltà*» moderna sempre più segnata dalla volontà di evasione dalla terra, dal rifiuto della condizione umana. Peraltro, in linea con la più pura tradizione filosofica, la Arendt ha fiducia che questo lavoro susciti quell'energia e quel fermento che può portare a riscoprire la volontà di agire politicamente e di essere liberi, in coloro che ancora non sono stati risucchiati dal gorgo della passività e del conformismo e hanno la coscienza vigile.

7. Che cos'è la politica? La riflessione di Carl Schmitt

▶▶

Una prospettiva del tutto diversa è quella del filosofo e giurista Carl Schmitt (1888-1985) che, per molti versi, riprende i punti essenziali della filosofia hobbesiana, trovando il fondamento della politica nella **forza**. Attraverso l'analisi del processo storico con cui lo Stato si costituisce e si trasforma si può cogliere l'autentica natura della sovranità che in esso si incarna. Proprio il concetto di sovranità, decisivo e centrale per comprendere i processi della politica (compresi quelli giuridici), secondo Schmitt è stato rimosso dalle moderne dottrine liberali e democratiche: esse infatti partono da uno stato di pace e di ordine sociale assicurato dal rispetto e dal buon funzionamento delle regole stabilite e così possono sostenere quella concezione di Stato di diritto in cui il sistema delle norme (la Costituzione) è fondato su una norma fondamentale (secondo il principio per cui «*il fondamento per l'efficacia di una norma può essere solo una norma*») e sotto la cui egida si svolge dunque la vita pubblica.

Lo stato di crisi e il suo superamento

Il nucleo essenziale delle filosofie politiche moderne è dunque «*la signoria delle norme*», e non l'esercizio della forza, non il comando che un uomo impone ad altri uomini esigendo obbedienza in cambio di protezione. Ma se si guarda alla storia, il loro presupposto si rivela del tutto astratto e inconsistente, la loro capacità esplicativa limitata: esse, infatti, non possono chiarire lo stato di «*crisi*» e «*sovrano è chi decide sullo stato di eccezione*». Ciò significa che in una condizione di normalità si può comprendere che le norme vengano rispettate e fatte rispettare, ma resta poi da giustificare come esse siano state concretamente prodotte, da dove siano derivate: è nello stato d'eccezione, quando vi è conflittualità tra forze sociali inconciliabili, quando nel caso di guerra vi sono pericoli da fronteggiare che, mentre si dissolve l'ordine precedente, si evidenzia la capacità di colui che dichiara lo stato di eccezione e decide nuove norme per il suo superamento, nuove regole che siano in grado di ristabilire ciò che appare turbato (la sicurezza, la salvezza dello Stato, l'ordine pubblico ecc.).

La sovranità come genesi del diritto

Per questo la teoria di Schmitt si chiama **decisionismo**, in quanto fa dipendere la genesi del diritto non da un atto di autoproduzione, ma da un atto di sovranità (cioè di forza), che decide, con la presa del potere, su chi comanda in nome dell'autoconservazione. Riflettendo su alcuni momenti cruciali della recente storia tedesca (quelli relativi alla crisi della Repubblica di Weimar e della salita al potere di Hitler) egli mostra come questa decisione non possa che essere assoluta, quindi libera da ogni vincolo giuridico: al contrario, è proprio questa decisione che mentre stabilisce l'eccezione (cioè la condizione di emergenza in cui si dichiara che lo Stato è in pericolo, e che le norme vigenti non sono in grado di fronteggiarlo in modo adeguato), fissa anche, insieme alle contromisure necessarie, quelle nuove norme che d'ora in avanti potranno assicurare stabilità e conservazione a quell'ordine (il nuovo assetto costituzionale) che ora appare legalmente istituito. Si può perciò concludere che l'origine di ogni ordinamento giuridico stia in una decisione fondamentale, in una volontà che non solo le dà vita, ma anche la rende efficacemente operante, quindi che la politica (e la forza che le è intrinsecamente connessa) abbia un primato sul diritto, giacché solo da essa si determina, attraverso l'azione del sovrano, la genesi di ogni norma e delle condizioni per cui esse hanno valore.

La distinzione amico/nemico

In questo contesto teorico si può comprendere come Schmitt possa parlare di «*teologia politica*», in quanto tra la sfera religiosa e quella politica esistono precise analogie, che si spiegano anche con il fatto che i concetti della prima sono la matrice di quelli della seconda, rendendo quindi la sovranità assoluta. Egli opera quindi una vera e propria inversione rispetto alla tradizione greca nella determinazione del rapporto tra diritto e potere: mentre la *pólis* è fondata sul diritto (cioè su norme etiche riconosciute e condivise da tutti i membri della comunità politica), la teoria decisionista considera il sovrano (un individuo concreto, particolare) come colui che stabilisce la legge non su un qualunque fondamento di verità, ma su un'assunzione di potere e di comando che si esercita prima e al di fuori di ogni regola e criterio di giustizia (come aveva affermato Hobbes, «*auctoritas, non veritas facit legem*»).

Che cos'è allora la politica? Qual è il suo ambito specifico? In un fondamentale saggio del 1932, *Legalità e legittimità*, Schmitt giunge a cogliere la sua essenza, la sua categoria fondamentale nella distinzione amico/nemico: non solo essa si giustifica in parallelo con altre forme dell'attività umana (in economia vale la distinzione utile/dannoso, in estetica quella bello/brutto, in morale quella buono/cattivo ecc.), ma si mostra idonea a cogliere il tratto fondamentale dell'epoca moderna dove «*tutto è politico*» in quanto non è più lo Stato a detenere il monopolio della politica ma, attraverso il dominio della tecnica, si è attuata la compenetrazione di Stato e società e la realizzazione di uno Stato totale.

Per questo motivo, non solo il politico precede lo Stato, ma questa categoria, riconducendo a sé tutti gli atti e tutti i motivi del vivere associato, definisce un ambito proprio, autonomo dell'agire e determina sia la costituzione stessa dello Stato (inteso come insieme di individui organizzati in senso collaborativo entro un territorio chiuso da essi occupato) sia di ogni altro raggruppamento umano, in quanto è «*l'estremo grado di intensità di un'unione o di una separazione, di un'associazione o di una dissociazione*».

Così **amico** è colui con il quale ci si riconosce, **nemico** è colui che, essendo altro (straniero), ci minaccia (anche solo potenzialmente) e quindi va combattuto: dunque non c'è politica senza conflitto, senza contrapposizione reale, elementi questi tanto costitutivi da indurre a concludere nell'inevitabilità della guerra in quanto mezzo necessario per la soppressione del nemico e per la tutela della propria integrità (fisica, territoriale, economica ecc.).

Il pessimismo antropologico

Ancora con Hobbes, Schmitt fonda queste considerazioni su una visione antropologica nettamente pessimistica: tra gli uomini vige una naturale e radicale inimicizia ed è solo prendendo atto di questa realtà, sulla base di questo presupposto elementare, che la politica è concepibile e indispensabile. Da questo punto di vista egli polemizza con quelle concezioni, derivate dalle teorie liberali e democratiche, sostenitrici di un ideale di umanità universale che porterebbe alla negazione del politico. Schmitt guarda allora con ansia lo scenario di un mondo che si trasforma sempre più in un grande mercato globale dove vi sono solo concorrenti: in esso non si combatterà più, ma si impiegheranno mezzi di coercizione economica (per esempio, le sanzioni previste dalla Società delle Nazioni, gli embargo degli scambi dichiarati contro un Paese che colpiscono l'intera popolazione civile), mezzi pacifici e non-violenti, che in realtà mascherano un potere altrettanto spietato e ostile. Se questo è il destino che ci attende, allora, secondo Schmitt, che parla tenendo presente il trattamento subito dalla Germania a Versailles, meglio la guerra!

L'Età della tecnica
Parallelamente all'analisi del piano internazionale, Schmitt conduce un'indagine sulla crisi attuale dello Stato liberale e democratico, fondato sulla centralità del parlamento: esso è derivato da un lungo processo di secolarizzazione che lo ha privato del suo fondamento teologico con uno spostamento progressivo del centro di riferimento, cioè del perno attorno a cui ruota tutto l'orizzonte della vita culturale della società e all'interno del quale vengono risolte le situazioni conflittuali. Se all'inizio dell'Età moderna il perno della società era quello teologico, gli è poi succeduto, nel XVII secolo, l'epoca del razionalismo, quello metafisico, poi ancora nel XVIII secolo, il periodo illuministico, quello morale-umanitario, e nel XIX secolo, con la rivoluzione industriale, quello economico. Oggi, nel XX secolo, domina nella cultura e nella società il principio della **tecnica**: come in passato, anch'essa si presenta come terreno neutrale per la conciliazione dei motivi di lotta determinatisi all'interno del precedente perno della società, che potrebbero degenerare nella guerra civile. Tuttavia l'obiettivo di neutralizzazione fallisce nella misura in cui la tecnica è solo uno strumento (essa «*può essere rivoluzionaria o reazionaria, può servire alla libertà e all'oppressione*») ed è quindi impotente ad additare soluzioni o fini.

I limiti strutturali dello Stato liberal-democratico
Ne consegue che la società rimane priva di guida, senza un ordine stabile, dove i singoli gruppi sono in lotta per il predominio: è qui, su questo terreno, che si evidenziano i limiti strutturali dello Stato liberal-democratico parlamentare (il cui esempio più eclatante è quello della Repubblica di Weimar), che, essendo un semplice coacervo di interessi particolari di tipo ormai prevalentemente economico, è ridotto a pura **funzione burocratica**, dilaniato dai partiti che, ormai del tutto avulsi dal corpo elettorale, si spartiscono il potere e accumulano privilegi per sé e la propria parte sociale, ma sono poi incapaci di un'azione organica per l'interesse collettivo, come è testimoniato dalle endemiche crisi di governo. Di qui, nell'era della crisi della politica, l'auspicio di Schmitt per l'avvento di uno Stato forte, veramente «*totale*» (che egli crederà realizzato da Hitler), che, superando i limiti del parlamentarismo e ponendosi al di sopra di tutte le parti sociali, assicuri l'ordine e la sicurezza, anche attraverso l'impiego del plebiscito quale strumento per consentire, sulla base di un consenso popolare diretto, al presidente della repubblica (autorità fornita di poteri forti quale quello di sciogliere le Camere e di designare i partiti che possono partecipare alla competizione elettorale) di essere il vero garante della costituzione e degli interessi supremi della nazione.

Testi

1. Friedrich August von Hayeck
La società libera come frutto dell'ordine spontaneo

Il filosofo austriaco von Hayeck, rifacendosi alla smithiana "mano invisibile", cerca di abbattere il pregiudizio secondo il quale l'ordine sociale sarebbe il risultato di azioni consapevoli e progettuali dell'uomo.

Mediante il concetto di «ordine» noi descriviamo uno stato di cose in cui una molteplicità di elementi di vario genere sono in relazione tale, gli uni rispetto agli altri, che si può imparare, dalla conoscenza di qualche particolare, spaziale o temporale dell'intero insieme, a formarsi aspettative corrette sulle altre parti di quell'insieme, o, almeno, aspettative che hanno una buona probabilità di dimostrarsi corrette. [...] Vivendo come membri di una società, e dipendendo per la soddisfazione della maggior parte dei nostri bisogni da qualche forma di cooperazione con gli altri, noi dipendiamo chiaramente, per l'efficace perseguimento dei nostri desideri, dalla corrispondenza tra ciò che effettivamente accadrà e le nostre aspettative circa le azioni altrui – aspettative su cui si fondano i nostri piani. Questa favorevole corrispondenza tra aspettative e intenzioni che determinano le azioni dei diversi individui, è una delle forme in cui l'ordine si manifesta nella vita sociale; e il nostro immediato interesse verterà sul come esso viene a formarsi. La prima risposta a cui quasi inevitabilmente ci conduce il nostro consueto modo antropomorfico di pensare è che esso deve essere il risultato della progettazione intenzionale di una qualche mente pensante. E poiché l'ordine è stato generalmente interpretato come una tale sistemazione deliberatamente attuata da qualcuno, questo concetto è divenuto poco popolare tra la maggior parte dei sostenitori della libertà, mentre ha trovato maggior favore principalmente tra coloro che sostengono delle concezioni autoritarie. Secondo tale fraintendimento l'ordine della società deve basarsi sul comando e sulla obbedienza, ovvero su una struttura gerarchica dell'intera società, in cui le volontà dei superiori, e in ultima istanza di qualche suprema autorità, determinano ciò che ciascuno deve fare. Tuttavia, questa accezione autoritaria del concetto di ordine deriva interamente dalla credenza secondo cui l'ordine può essere creato solo da forze che si trovano all'interno del sistema da ordinare (ovvero «esogenamente»). Essa non si applica a un equilibrio che si forma dall'interno stesso del sistema (ovvero «endogenamente»), come quello che la teoria generale del mercato cerca di spiegare. Un ordine spontaneo di questo genere ha per molti aspetti delle caratteristiche differenti da quelle di un ordine deliberatamente creato. [...] Non sarebbe un'esagerazione dire che la teoria sociale comincia con la – e ha un proprio oggetto solo a causa della – scoperta che esistono strutture ordinate le quali sono il prodotto dell'azione di molti uomini, ma che non sono il risultato di una progettazione umana. Sebbene ci sia stato un tempo in cui gli uomini credevano che ogni linguaggio e ogni codice di costumi fosse stato «inventato» da qualche genio del passato, ora tutti riconoscono che tali strutture sono il risultato di un processo di evoluzione che nessuno ha previsto e progettato. Ma in altri campi molti guardano ancora con sospetto alla pretesa secondo cui i modelli di interazione di molti individui possono mostrare di possedere un ordine che nessuno ha deliberatamente costruito; in particolare, in campo economico molti critici, non comprendendola, ritengono ridicola l'espressione smithiana della «mano invisibile», mediante cui, nel linguaggio del suo tempo, egli descrisse come l'uomo è condotto «a promuovere un fine che non è nelle sue intenzioni». [...] Più importante, comunque, è il rapporto che intercorre tra un ordine spontaneo e il concetto di scopo. Poiché un tale ordine non è stato creato da un ente esterno, l'ordine come tale può anche non avere alcuno scopo, sebbene la sua esistenza possa tornare molto utile agli individui che agiscono al suo interno. Ma, in senso differente, si può ben dire che l'ordine si basa su azioni dei suoi elementi che sono dotate di uno scopo, dove «scopo» vuole, naturalmente, non significare nulla di più se non che le loro azioni tendono ad assicurare il mantenimento o il ripristino di quell'ordine. L'uso della locuzione «dotate di scopo» ... nel nostro senso non implica una coscienza dello scopo da parte degli elementi, ma significa soltanto che gli elementi hanno acquisito regolarità di comportamento che conducono al mantenimento dell'ordine.

▶ F.A. von Hayeck, *Legge, legislazione, libertà*

RISPONDI ALLE SEGUENTI DOMANDE

- Come definisce Hayeck il concetto di *ordine*?
- Quali processi, secondo Hayeck, sono responsabili della creazione di strutture ordinate?
- Che cosa significa, per Hayeck, dire che un comportamento è dotato di uno scopo?

---

2. Friedrich August von Hayeck
La giustizia sociale

In questo brano von Hayeck sottolinea come perseguire un concetto di eguaglianza materiale condurrebbe all'instaurazione di un governo con poteri totalitari, che annullerebbe perciò la libertà degli individui. L'uguaglianza di diritti e di norme di condotta, al contrario, preserva la libertà e la specificità dei cittadini.

I tentativi più comuni di dare significato al concetto di «giustizia sociale» fanno riferimento a considerazioni egualitarie e sostengono che ogni qualvolta ci si allontani da un'uguaglianza di benefici materiali goduti è necessario giustificare queste differenze con un interesse comune riconoscibile. Questo è basato su una falsa analogia con la situazione in cui un ente deve distribuire ricompense; in questo caso, la giustizia richiederebbe che le ricompense venissero determinate da regole riconoscibili e di generale applicabilità. Tuttavia i guadagni in un sistema di mercato, sebbene la gente tenda a considerarli come ricompense, non hanno questa funzione. Il loro scopo [...] è piuttosto quello di indicare agli individui che cosa dovrebbero fare se vogliono mantenere l'ordine sul quale tutti fanno affidamento. I prezzi che devono essere pagati in un'economia di mercato per vari tipi di lavoro o per altri fattori di produzione se si vuole che gli sforzi individuali debbano armonizzarsi, sebbene saranno influenzati dallo sforzo, dalla diligenza, dall'abilità, dal bisogno ecc., non possono conformarsi a nessuno di questi valori. Le considerazioni di giustizia non hanno alcun senso riguardo alla determinazione di una grandezza che non dipende né dalla volontà né dal desiderio di alcuno, ma da circostanze che nessuno conosce nella loro totalità. [...] Anche se la gente non accetterebbe che le proprie remunerazioni dipendessero in parte dal caso, questo è proprio quel che deve avvenire se l'ordine di mercato deve adattarsi prontamente ai cambiamenti di circostanze inevitabili ed imprevedibili e se gli individui devono poter decidere che cosa fare. [...] Il postulato di uguaglianza materiale sarebbe un punto di partenza naturale solo se fosse necessario che le quote dei vari individui o gruppi venissero determinate da una decisione umana deliberata. In una società in cui tutto questo fosse un fatto acquisito, la giustizia richiederebbe che la distribuzione dei mezzi per la soddisfazione dei bisogni umani venisse effettuata secondo un principio uniforme come il merito o il bisogno (o una combinazione di questi), e, se il principio adottato non giustificasse una differenza, che le quote dei vari individui fossero uguali. La richiesta predominante di uguaglianza materiale probabilmente si basa spesso sulla credenza che le ineguaglianze esistenti dipendano dalle decisioni di qualcuno – una credenza che sarebbe totalmente errata in un ordine di mercato puro [«il quale non realizza e non può realizzare una distribuzione corrispondente ad un modello di giustizia materiale»], e che ha egualmente una validità pressoché minima anche in un'economia «mista» altamente interventista come quella attualmente esistente nella maggior parte dei paesi. Questa forma di ordine economico oggi prevalente di fatto deve il suo carattere a misure di governo che miravano a quel che si pensava venisse richiesto dalla «giustizia sociale». [...] Il grande problema è di stabilire se questa nuova richiesta di uguaglianza non sia in conflitto con l'eguaglianza delle norme di condotta che un governo deve far rispettare a tutti in una società libera. [...] Poiché la gente si differenzia per molti attributi che lo stato non può cambiare, per poter assicurare la stessa posizione materiale il governo sarà obbligato a trattare queste persone in maniera molto diversa. Difatti, per assicurare la stessa posizione materiale a persone molto diverse per forza, intelligenza, conoscenze e perseveranza, così come per condizioni ambientali, fisiche e sociali, lo stato dovrà trattare la gente in modo molto diverso per compensare quegli svantaggi e deficienze che non può modificare direttamente. D'altra parte, la rigida uguaglianza di quei benefici, che lo stato può provvedere per tutti porterebbe chiaramente ad una ineguaglianza delle posizioni materiali. [...] Una volta che le ricompense che gli individui possono aspettarsi non sono più un'indicazione adeguata di come dirigere i propri sforzi dove sono più necessari, in quanto esse non corrispondono al valore che i loro servizi hanno per i loro simili ma al merito morale o alla ricompensa che si pensa le persone debbano ottenere, queste ricompense medesime perdono la funzione di guida che hanno nell'ordine di mercato, e devono così essere sostituite dai comandi di un'autorità. [...] Come sta diventando ormai chiaro in campi sempre più vasti della politica assistenziale, un'autorità incaricata di raggiungere risultati particolari deve avere poteri essenzialmente arbitrari, al fine di far fare agli individui ciò che sembra necessario per raggiungere il risultato richiesto. L'uguaglianza totale per i più può soltanto significare l'uguale sottomissione delle grandi masse ad un'élite che controlla i loro affari. Mentre un'uguaglianza di diritti sotto un governo limitato è possibile, ed è anche una condizione di libertà individuale, la pretesa di un'eguaglianza materiale può solo essere soddisfatta da un governo con poteri totalitari».

▶ F.A. von Hayeck, *Legge, legislazione, libertà*

RISPONDI ALLE SEGUENTI DOMANDE

- Per quale motivo, secondo von Hayeck, l'eguaglianza materiale non può essere il fondamento di una società libera?
- A quale risultato conduce una politica statale fortemente interventista?
- Che cosa regola i guadagni in una società di mercato?

3. Amartya Sen
Sviluppo e libertà

L'economista indiano Amartya Sen propone una concezione di sviluppo legata non solo all'aumento del Prodotto nazionale lordo, ma soprattutto alle libertà di cui ogni individuo può godere in una determinata organizzazione sociale, intese come condizioni indispensabili dello sviluppo stesso.

Lo sviluppo può essere visto [...] come un processo di espansione delle libertà godute dagli esseri umani. Questa concezione, che mette al centro le libertà umane, si contrappone ad altre visioni più ristrette dello sviluppo, come quelle che lo identificano con la crescita del prodotto nazionale lordo (PNL) o con l'aumento dei redditi individuali, o con l'industrializzazione, o con il progresso tecnologico, o con la modernizzazione della società. Naturalmente la crescita del PNL e dei redditi individuali può essere un importantissimo mezzo per espandere la libertà di cui godono i membri della società: ma queste libertà dipendono anche da altri fattori, come gli assetti sociali ed economici (per esempio il sistema scolastico o sanitario) o i diritti politici e civili (per esempio la possibilità di partecipare a discussioni o deliberazioni pubbliche). In modo analogo, il progresso industriale e tecnologico e la modernizzazione sociale possono dare un grande contributo all'espansione della libertà umana, ma questa dipende anche da altri fattori. Ora, se quella che lo sviluppo fa avanzare è la libertà, abbiamo una ragione fondamentale per concentrarci sull'obiettivo generale anziché su mezzi particolari o su una scelta di strumenti specifici. Il concepire lo sviluppo come espansione delle libertà sostanziali ci porta a focalizzare l'attenzione su quei fini che rendono importante lo sviluppo stesso, e non su alcuni dei mezzi che – *inter alia* – svolgono in questo processo un ruolo di primo piano. Lo sviluppo richiede che siano eliminate le principali fonti di illibertà: la miseria come la tirannia, l'angustia delle prospettive economiche come la deprivazione sociale sistematica, la disattenzione verso i servizi pubblici come l'intolleranza o l'autoritarismo di uno stato repressivo. Nonostante un aumento senza precedenti dell'opulenza globale, il mondo contemporaneo nega libertà elementari a un numero immenso di esseri umani (e forse addirittura alla maggioranza). Qualche volta la mancanza di libertà sostanziali è direttamente legata alla povertà materiale, che sottrae a molti la libertà di placare la fame, nutrirsi a sufficienza, procurarsi medicine per malattie curabili, vestirsi decentemente, abitare in un alloggio decoroso, avere a disposizione acqua pulita o godere di assistenza sanitaria. In altri casi l'illibertà è strettamente connessa alla mancanza di servizi pubblici e interventi sociali, per esempio l'assenza di programmi epidemiologici, o di una vera e propria organizzazione sanitaria o scolastica, o di istituzioni capaci di mantenere la pace o l'ordine a livello locale. In altri casi ancora, la violazione delle libertà deriva in maniera diretta dal fatto che un regime autoritario nega le libertà politiche e civili, o impone delle limitazioni al diritto di partecipare alla vita sociale, politica ed economica della comunità.

La libertà è fondamentale nel processo di sviluppo per due ragioni distinte: 1. la ragione valutativa: quando si giudica se c'è o non c'è progresso, ci si deve chiedere prima di tutto se vengono promosse le libertà di cui godono gli esseri umani; 2. la ragione dell'efficacia: la conquista dello sviluppo dipende, in tutto e per tutto, dalla libera azione degli esseri umani.

Ho già accennato alla prima motivazione: ci sono considerazioni di valore che portano a mettere al centro la libertà. Quando ci occupiamo della seconda – relativa all'efficacia – dobbiamo invece guardare alle specifiche connessioni empiriche e, in particolare, a quelle che si rinforzano reciprocamente – fra libertà di diversi tipi. È grazie a tali interconnessioni che l'azione libera e sostenibile emerge come motore fondamentale dello sviluppo. L'azione libera non è soltanto di per sé una parte costitutiva dello sviluppo, ma contribuisce anche a rafforzare altri generi di azione libera. Sono le connessioni empiriche [...] a collegare i due aspetti dello «sviluppo come libertà». Le relazioni fra libertà individuale e conquista dello sviluppo sociale vanno al di là del nesso costitutivo, per importante che questo sia. Sulle possibilità effettive degli esseri umani operano vari fattori: le opportunità economiche, le libertà politiche, i poteri sociali e le condizioni abilitanti (come la buona salute, l'istruzione di base e un contesto che incoraggi e coltivi l'iniziativa). Ma, nello stesso tempo, sugli assetti istituzionali che rendono possibili queste condizioni agisce l'esercizio delle libertà individuali, mediato dalla libera partecipazione alle scelte sociali e alla formazione delle decisioni pubbliche che portino le condizioni in questione a progredire.

▶ A. SEN, *Lo sviluppo è libertà*

RISPONDI ALLE SEGUENTI DOMANDE

■ Riporta la concezione di sviluppo sostenuta da Amartya Sen.

■ Quali sono, secondo Sen, le principali fonti di illibertà?

■ Perché, secondo Sen, la libertà è fondamentale nel processo di sviluppo?

4. Hannah Arendt
La vita attiva

In questo brano la pensatrice politica Hannah Arendt introduce il concetto di vita activa, caratterizzato da tre fondamentali forme di attività. La più importante è l'azione, quella che mette gli esseri umani in relazione tra loro in una modalità creativa.

Con il termine *vita activa* propongo di designare tre fondamentali attività umane: l'attività lavorativa, l'operare e l'agire; esse sono fondamentali perché ognuna corrisponde a una delle condizioni di base in cui la vita sulla terra è stata data all'uomo.

L'attività lavorativa corrisponde allo sviluppo biologico del corpo umano, il cui accrescimento spontaneo, metabolismo e decadimento finale sono legati alle necessità prodotte ed alimentate nel processo vitale dalla stessa attività lavorativa. La condizione umana di quest'ultima è la vita stessa.

L'operare è l'attività che corrisponde alla dimensione non-naturale dell'esistenza umana, che non è assorbita nel ciclo vitale sempre ricorrente della specie e che, se si dissolve, non è compensata da esso. Il frutto dell'operare è un mondo «artificiale» di cose, nettamente distinto dall'ambiente naturale. Entro questo mondo è compresa ogni vita individuale, mentre il significato stesso dell'operare sta nel superare e trascendere tali limiti. La condizione umana dell'operare è l'essere-nel-mondo.

L'azione, la sola attività che metta in rapporto diretto gli uomini senza la mediazione di cose materiali, corrisponde alla condizione umana della pluralità, al fatto che gli uomini, e non l'Uomo, vivono sulla terra e abitano il mondo. Anche se tutti gli aspetti della nostra esistenza sono in qualche modo connessi alla politica, questa pluralità è specificamente *la* condizione – non solo la *conditio sine qua non*, ma la *conditio per quam* – di ogni vita politica. Così il linguaggio dei Romani, forse il popolo più dedito all'attività politica che sia mai apparso, impiegava le parole «vivere» ed «essere tra gli uomini» *(inter homines esse)*, e rispettivamente «morire» e «cessare di essere tra gli uomini» *(inter homines esse desinere)* come sinonimi. Ma nella sua forma più elementare, la condizione umana dell'azione è implicita anche nella *Genesi* («Egli li creò maschio e femmina») se accettiamo questa versione della creazione del genere umano e non quella secondo cui Dio originariamente creò solo l'Uomo *(Adam, «lo» e non «li»)*, così che la moltitudine degli esseri umani è il risultato di una moltiplicazione. L'azione sarebbe un lusso superfluo, una capricciosa interferenza con le leggi generali del comportamento, se gli uomini fossero semplicemente illimitate ripetizioni riproducibili dello stesso modello, la cui natura o essenza fosse la stessa per tutti e prevedibile come quella di qualsiasi altra cosa. La pluralità è il presupposto dell'azione umana perché noi siamo tutti uguali, cioè umani, ma in modo tale che nessuno è mai identico ad alcun altro che visse, vive o vivrà.

Tutte e tre le attività e le loro corrispondenti condizioni sono intimamente connesse con le condizioni generali dell'esistenza umana: nascita e morte, natalità e mortalità. L'attività lavorativa assicura non solo la sopravvivenza individuale, ma anche la vita della specie.

L'operare e il suo prodotto, l'«artificio» umano, conferiscono un elemento di permanenza e continuità alla limitatezza della vita mortale e alla labilità del tempo umano.

L'azione, in quanto fonda e conserva gli organismi politici, crea la condizione per il ricordo, cioè la storia. Lavoro, opera ed azione sono anche radicati nella natalità in quanto hanno il compito di fornire e preservare il mondo per i nuovi venuti, che vengono al mondo come stranieri, e di prevederne e valutarne il costante afflusso. Tuttavia, delle tre attività, è l'azione che è in più stretto rapporto con la condizione umana della natalità; il cominciamento inerente alla nascita può farsi riconoscere nel mondo solo perché il nuovo venuto possiede la capacità di dar luogo a qualcosa di nuovo, cioè di agire. Alla luce di questo concetto di iniziativa, un elemento di azione, e perciò di natalità, è intrinseco in tutte le attività umane. Inoltre poiché l'azione è l'attività politica per eccellenza, la natalità, e non la mortalità, può essere la categoria centrale del pensiero politico in quanto si distingue da quello metafisico.

▶ H. ARENDT, *Vita Activa*

RISPONDI ALLE SEGUENTI DOMANDE

- Quali sono le tre fondamentali attività della vita umana identificate da Hannah Arendt?
- Perché il concetto di *natalità* è fondamentale nella visione della Arendt?
- In che modo la Arendt mette in relazione il concetto di *natalità* con il pensiero politico?

---

5. Hannah Arendt
Discorso e azione

In questo brano Hannah Arendt mette in luce lo stretto nesso esistente tra discorso e azione; se infatti l'azione non fosse accompagnata da un discorso, essa equivarrebbe per noi all'agire meccanico di un robot, sarebbe cioè privata dell'attore.

Con la parola e con l'agire ci inseriamo nel mondo umano, e questo inserimento è come una seconda nascita, in cui conformiamo e ci sobbarchiamo la nuda realtà della no-

Testi

stra apparenza fisica originale. Questo inserimento non ci viene imposto dalla necessità, come il lavoro, e non ci è suggerito dall'utilità, come l'operare. Può essere stimolato dalla presenza di altri di cui desideriamo godere la compagnia, ma non ne è mai condizionato. Il suo impulso scaturisce da quel cominciamento che corrisponde alla nostra nascita, e a cui reagiamo iniziando qualcosa di nuovo di nostra iniziativa. Agire, nel senso più generale, significa prendere un'iniziativa, iniziare (come indica la parola greca *archéin*, «incominciare», «condurre», e anche «governare»), mettere in movimento qualcosa (che è il significato originale del latino *agere*). Poiché sono *initium*, nuovi venuti e iniziatori grazie alla nascita, gli uomini prendono l'iniziativa, sono pronti all'azione. [*Initium*] *ergo ut esset, creatus est homo, ante quem nullus fuit* («perché ci fosse un inizio fu creato l'uomo, prima del quale non esisteva nessuno», dice Agostino nella sua filosofia politica). Questo inizio non è come l'inizio del mondo, non è l'inizio di qualcosa ma di qualcuno, che è a sua volta un iniziatore. Con la creazione dell'uomo, il principio del cominciamento entrò nel mondo stesso, e questo, naturalmente, è solo un altro modo di dire che il principio della libertà fu creato quando fu creato l'uomo, ma non prima. [...]

Azione e discorso sono così strettamente connessi perché l'atto primordiale e specificamente umano deve nello stesso tempo contenere la risposta alla domanda posta a ogni nuovo venuto: «Chi sei?». Il rivelarsi del proprio essere è implicito sia nelle parole sia nelle azioni; tuttavia è evidente che l'affinità fra discorso e rivelazione è molto più stretta di quella fra azione e rivelazione, proprio come l'affinità fra azione e cominciamento è molto più stretta di quella fra discorso e cominciamento, sebbene molti, forse la maggior parte degli atti, siano compiuti in forma di discorso. Ad ogni modo, senza essere accompagnata dal discorso, non solo l'azione perderebbe il suo carattere di rivelazione, ma anche il suo soggetto; non uomini che agiscono, ma robot che eseguono realizzerebbero ciò che, umanamente parlando, rimarrebbe incomprensibile. L'azione senza discorso non sarebbe più azione perché non avrebbe più un attore, e l'attore, colui che compie atti, è possibile solo se nello stesso tempo sa pronunciare delle parole. L'azione che egli inizia è rivelata agli uomini dalla parola, e anche se il suo gesto può essere percepito nella sua nuda apparenza fisica senza accompagnamento verbale, acquista rilievo solo nell'espressione verbale mediante la quale egli identifica se stesso come attore, annunciando ciò che fa, che ha fatto o che intende fare.

Nessun'altra attività umana esige il discorso nella stessa misura dell'azione. In tutte le altre attività, il discorso gioca un ruolo subordinato, come mezzo di comunicazione o mero accompagnamento di qualcosa che si potrebbe compiere in silenzio.

▶ H. Arendt, *Vita Activa*

- Quali motivi, secondo la Arendt, spingono l'essere umano ad agire e a parlare?
- Qual è la domanda fondamentale che si pone a ogni nuovo venuto? Che cosa implica la risposta a questa domanda?
- Perché, secondo la Arendt, «*l'azione senza discorso non sarebbe più azione*»?

6. Carl Schmitt
Il concetto di politico, la guerra, la natura umana

In questo brano il filosofo tedesco Carl Schmitt individua nella coppia concettuale amico/nemico la distinzione specifica che permette di rendere conto dell'agire politico.

Si può raggiungere una definizione concettuale del «politico» solo mediante la scoperta e la fissazione delle categorie specificamente politiche. Il «politico» ha infatti i suoi propri criteri che agiscono, in modo peculiare, nei confronti dei diversi settori concreti, relativamente indipendenti, del pensiero e dell'azione umana, in particolare del settore morale, estetico, economico. Il «politico» deve perciò consistere in qualche distinzione di fondo alla quale può essere ricondotto tutto l'agire politico in senso specifico. [...] Il problema è allora se esiste un semplice criterio del «politico «, e dove risiede, una distinzione specifica, anche se non dello stesso tipo delle precedenti distinzioni, anzi indipendente da esse, autonoma e valida di per sé. La specifica distinzione politica alla quale è possibile ricondurre le azioni e i motivi politici è la distinzione di *amico* e *nemico*. Essa offre una definizione concettuale, cioè un criterio, non una definizione esaustiva o una spiegazione del contenuto. Nella misura in cui non è derivabile da altri criteri, essa corrisponde, per la politica, ai criteri relativamente autonomi delle altre contrapposizioni: buono e cattivo per la morale, bello e brutto per l'estetica e così via. In ogni caso essa è autonoma non nel senso che costituisce un nuovo settore concreto particolare, ma nel senso che non è fondata né su una né su alcune delle altre antitesi, né è riconducibile ad esse. [...] Il significato della distinzione di amico e nemico è di indicare l'estremo grado di intensità di un'unione o di una separazione, di un'associazione o di una dissociazione; essa può sussistere teoricamente e praticamente senza che, nello stesso tempo, debbano venire impiegate tutte le altre distinzione morali, estetiche, economiche o di altro tipo. Non c'è bisogno che il nemico politico sia moralmente cattivo, o esteticamente brutto; egli non deve presentarsi come concorrente economico e forse può anche apparire vantaggioso concludere affari con lui. Egli è semplicemente l'altro, lo straniero, e basta alla sua essenza che egli sia esistenzialmente, in un senso particolarmente intensivo, qualcosa d'altro e di straniero, per modo che, nel caso estremo, siano possibili con lui conflitti che non possano venir decisi né attraverso un sistema di norme prestabilite né mediante l'intervento di un terzo «disimpegnato» e perciò «imparziale». [...] I concetti di amico e nemico devono essere presi nel loro significato concreto, esistenziale, non come metafore o simboli; essi non devono essere mescolati o affievoliti da concezioni economiche, morali o di altro tipo, e meno che mai vanno intesi in senso individualistico-privato, come espressione psicologica di sentimenti e tendenze private. Non sono contrapposizioni normative o «puramente spirituali». [...] Nemico è solo un insieme di uomini che combatte almeno virtualmente, cioè in base ad una possibilità reale, e che si contrappone ad un altro raggruppamento umano dello stesso genere. Nemico è solo il nemico pubblico, poiché ciò che si riferisce ad un simile raggruppamento, ed in particolare ad un intero popolo, diventa per ciò stesso pubblico. [...] La contrapposizione politica è la più intensa ed estrema di tutte e ogni altra contrapposizione concreta è tanto più politica quanto più si avvicina al punto estremo, quello del raggruppamento in base ai concetti di amico-nemico [e perciò] tutti i concetti, le espressioni e i termini politici hanno un senso polemico; essi hanno presente una conflittualità concreta, sono legati ad una situazione concreta, la cui conseguenza estrema è il raggruppamento in amico-nemico (che si manifesta nella guerra e nella rivoluzione), e diventano astrazioni vuote e spente se questa situazione viene meno. Termini come Stato, repubblica, società, classe e inoltre: sovranità, Stato di diritto, assolutismo, dittatura, piano, Stato neutrale o totale e così via sono incomprensibili se non si sa chi in concreto deve venir colpito, negato o contrastato attraverso quei termini stessi. [...] Nel concetto di nemico rientra l'eventualità, in termini reali, di una lotta. [...] Come il termine di nemico anche quello di lotta dev'essere qui inteso nel senso di un'originalità assoluta. I concetti di amico, nemico e lotta acquistano il loro significato reale dal fatto che si riferiscono in modo specifico alla possibilità reale dell'uccisione fisica. La guerra consegue dall'ostilità poiché questa è la negazione assoluta di ogni altro essere. La guerra è solo la realizzazione estrema dell'ostilità. Essa non ha bisogno di essere qualcosa di quotidiano o di normale, e neppure di essere vista come qualcosa di ideale o di desiderabile: essa deve però esistere come possibilità reale, perché il concetto di nemico possa mantenere il suo significato. Tutto ciò non vuol però assolutamente dire che l'essenza del «politico « non sia altro che guerra sanguinosa e che ogni

trattativa politica debba essere una battaglia militare [...] La guerra non è dunque scopo e meta o anche solo contenuto della politica, ma ne è il presupposto sempre presente come possibilità reale, che determina in modo particolare il pensiero e l'azione dell'uomo provocando così uno specifico comportamento politico. [...] Infatti solo nella lotta reale si manifesta la conseguenza estrema del raggruppamento politico di amico e nemico. È da questa possibilità estrema che la vita dell'uomo acquista la sua tensione specificamente politica. Un mondo nel quale sia stata definitivamente accantonata e distrutta la possibilità di una lotta di questo genere, un globo terrestre definitivamente pacificato, sarebbe un mondo senza più distinzione fra amico e nemico e di conseguenza un mondo senza politica. [...] Nulla può sottrarsi a questa consequenzialità del «politico». Se l'opposizione pacifista alla guerra fosse tanto forte da poter condurre i pacifisti in guerra contro i non pacifisti, in una «guerra contro la guerra», in tal modo si otterrebbe la dimostrazione che tale opposizione ha realmente forza politica poiché è abbastanza forte da raggruppare gli uomini in amici e nemici. Se la volontà di impedire la guerra è tanto forte da non temere più neppure la guerra stessa, allora essa è diventata un motivo politico, essa cioè conferma la guerra, anche se solo come eventualità estrema, e quindi il senso della guerra. Attualmente questo sembra essere un modo particolarmente promettente di giustificazione della guerra. La guerra si svolge allora nella forma di «ultima guerra dell'umanità». Tali guerre sono necessariamente particolarmente intensive e disumane poiché, superando il «politico», squalificano il nemico anche sotto il profilo morale come sotto tutti gli altri profili e lo trasformano in un mostro disumano che non può essere solo sconfitto ma dev'essere definitivamente distrutto, cioè non deve essere più soltanto il nemico da ricacciare nei suoi confini. Dalla possibilità di tali guerre appare in tutta chiarezza che la guerra come possibilità reale sussiste ancora oggi, il che è importante per la distinzione di amico e nemico e per la comprensione del politico».

Perciò resta valida la constatazione stupefacente e per molti sicuramente inquietante che tutte le teorie politiche in senso proprio presuppongono l'uomo come «cattivo», che cioè lo considerano come un essere estremamente problematico, anzi «pericoloso» e dinamico. [...] Teorici della politica come Machiavelli, Hobbes, spesso anche Fichte, con il loro pessimismo in realtà non fanno altro che presupporre la reale possibilità e concretezza della distinzione di amico e nemico. In Hobbes, un pensatore davvero grande e sistematico, la concezione «pessimistica» dell'uomo, la sua esatta comprensione che proprio la convinzione, presente nelle due parti antagoniste, di essere nel buono, nel giusto e nel vero provoca le ostilità più violente, e alla fine addi-

Testi

rittura il *bellum* di tutti contro tutti, devono essere intese non come parti di una fantasia paurosa e sconvolta [...] ma come i presupposti elementari di un sistema di pensiero specificamente politico. [...] Poiché essi hanno spesso in mente l'esistenzialità concreta di un nemico possibile, questi pensatori politici rivelano spesso un tipo di realismo adatto a intimorire gli uomini bisognosi di sicurezza. Senza voler risolvere il problema delle peculiarità naturali dell'uomo, si può ben dire che gli uomini in generale, almeno finché le cose vanno bene o in modo passabile, amano l'illusione di una pace senza minacce e non tollerano i «pessimisti». Non è perciò difficile agli avversari politici di una teoria politica dichiarare *hors-la-loi* in nome di qualche settore autonomo della realtà, la conoscenza e la descrizione lucida di fenomeni e di verità politiche, indicandola appunto come

non morale, non economica, non scientifica e soprattutto – poiché ciò è quel che più conta politicamente – come una diavoleria che dev'essere combattuta.

▶ C. SCHMITT, *Le categorie del «politico»*

RISPONDI ALLE SEGUENTI DOMANDE

■ A quale distinzione specifica è possibile ricondurre le azioni e i motivi politici?

■ In che senso la distinzione amico/nemico è autonoma?

■ In che modo vanno intesi, secondo Schmitt, i concetti di *amico* e di *nemico*? Rispondi dopo aver riportato la definizione datane dal filosofo.

■ Perché, secondo Schmitt, la guerra è ineliminabile dalla vita politica?

Filosofia e guerra: il problema della guerra giusta

1. Ieri e oggi

Il concetto di "guerra giusta"

La Guerra del Golfo del 1991, cioè la guerra approvata da una risoluzione dell'Onu e condotta da una coalizione internazionale guidata dagli Usa contro l'Iraq di Saddam Hussein, che aveva annesso con violenza l'emirato del Kuwait, nonché l'intervento in Bosnia nel 1995 e in Kosovo nel 1999, quando un gruppo di Stati, alleati nella Nato e senza mandato Onu, mosse guerra alla Serbia per impedire la "pulizia etnica" nei confronti delle minoranze musulmane e albanesi, hanno fatto emergere una concezione nuova della guerra, che si qualificherebbe come "giusta" in quanto motivata e resa necessaria per il ristabilimento del diritto e per la difesa dei diritti umani fondamentali (si tratterebbe dunque di "guerra umanitaria"). A questi episodi, dopo l'attentato alle Torri gemelle di New York dell'11 settembre 2001, ha fatto seguito l'azione militare in Afghanistan contro Osama Bin Laden e l'organizzazione terroristica Al Qaeda, che a loro volta avevano sollevato la "guerra santa" contro gli infedeli occidentali.

1.1 Fondamento giuridico e fondamento etico della guerra

Il problema della guerra giusta e la relativa espressione linguistica non sono tuttavia nuovi: almeno fin dagli esordi dell'Età moderna, per esempio con il teologo e giurista spagnolo Francisco de Vitoria (1483/92-1546), si è infatti riflettuto sulla legittimità della guerra, cioè sul processo che la giustifica. Come ha chiarito Norberto Bobbio (1909), ciò è stato compiuto o riconducendola al suo fondamento, e in tal caso la guerra sarebbe la conseguenza di un principio posto come assoluto: per esempio l'affermazione della supremazia di un popolo o di una civiltà, oppure commisurandola al fine, e quindi come mezzo più adeguato, e perciò anche necessario, per conseguire un risultato positivo e desiderabile. In questo secondo caso, che è anche il più frequente, *«il fine altamente desiderabile alla cui stregua viene giustificata la guerra come mezzo necessario è il ristabilimento del diritto».*

Oggi, nell'impiego dell'espressione "guerra giusta", si oscilla tra il significato giuridico e quello etico (nel mondo islamico − come già in passato anche in quello cristiano − vi è anche un significato religioso, essendo la guerra intrapresa per eseguire un comando divino), dove il significato etico, inteso come difesa di valori umani universali e pregiuridici, risulta essere del tutto nuovo nel panorama concettuale della riflessione filosofica sulla guerra giusta.

Il pensiero classico, medioevale e moderno

Se infatti ripercorriamo brevemente la storia di quest'espressione, la troviamo impiegata nella cultura giuridica e politica romana (per esempio in **Cicerone**, *De officiis*, I, 36) come criterio di valutazione per le modalità dei rapporti tra comunità o popoli stranieri: essa implicava il rispetto di una rigorosa procedura (l'invio al nemico della richiesta di soddisfazione per un certo danno subito, l'attesa di trenta giorni, l'inizio delle operazioni in caso di mancata risposta o risposta negativa) tutta interna alla sfera del diritto che bisognava rispettare per il buon esito della guerra.

Rispetto a questa impostazione **Agostino** (354-430) apporta una modifica essenziale in senso etico, affermando che la guerra è giusta se deve porre rimedio a un'ingiustizia: essa dunque è ispirata da Dio (la cui giustizia è l'unica fonte del diritto) per punire la corruzione dei popoli ed educare i popoli a vivere pacificamente e ordinatamente. Questa via fu proseguita da **Tommaso d'Aquino** (1221-1274) che fissò, quali condizioni per la legittimità della guerra, l'autorità del principe, la giusta causa, la retta intenzione (in sostanza erano "giuste" le guerre dei cristiani contro gli infedeli).

L'Età moderna ha visto il ritorno al fondamento giuridico, rispondente al mutato clima storico dominato dallo Stato moderno accentrato e territorialmente unitario, unico detentore della forza legittima: **Ugo Grozio** (1583-1645), infatti, concentra la sua attenzione sulle procedure del combattimento (quindi su un requisito formale), intendendo per "*iustum bellum*" (in analogia con altri fenomeni, quali il testamento o le nozze) quello deciso dalle massime autorità istituzionali (i sovrani) e condotto secondo determinate ritualità.

La separazione di etica e diritto nel XIX secolo

Il giusnaturalismo di Grozio (e degli altri esponenti di questo indirizzo quali Hobbes e Locke) diventò obsoleto nel diritto internazionale nel corso del XIX secolo (e fino alla Prima guerra mondiale che vide il passaggio definitivo dalla **legittimità** alla **legalità** della guerra) quando si affermò il **giuspositivismo** che, non riconoscendo leggi naturali ma solo quelle effettivamente definite (dunque positive) in un determinato Paese, distinse nettamente la sfera del diritto da quella dell'etica. Così, nella Convenzione dell'Aia del 1907 (e in successivi protocolli), si cercò di porre delle regole per disciplinare la violenza tra i belligeranti (*ius in bello*: limitazione del conflitto ai soli belligeranti, senza interessamento della popolazione civile; sua circoscrizione agli obiettivi militari; esclusione di armi particolarmente micidiali; uso della forza delimitato alle zone di guerra), ma non venne più considerata la questione della legittimità della guerra (*ius ad bellum*). Come osserva ancora Bobbio, in tal modo venne a cadere la distinzione tra guerre giuste e ingiuste, dal momento che la guerra, come espressione della volontà di uno Stato sovrano, è sempre giusta: è pur vero tuttavia che l'applicazione della teoria della guerra totale e la comparsa di armi sempre più potenti (e quindi senza limiti d'impiego) hanno vanificato questo rapporto tra guerra e diritto.

Il primato del diritto internazionale nel XX secolo

L'esigenza di porre fine alle ideologie belliciste ha portato, dopo le due guerre mondiali, alla ricerca di nuovi strumenti teorici, da reperire fondamentalmente nel diritto: così, al fine di bandire la forza armata, sono state fondate la Società delle Nazioni (1920) e l'Onu (1945), nella cui Carta costitutiva l'uso della forza armata è ammesso solo nel caso di legittima difesa e del mantenimento della sicurezza internazionale. In quest'ambito l'espressione "guerra giusta" deve essere intesa in senso eminentemente giuridico: come ha evidenziato il filosofo del diritto austriaco Hans Kelsen, in base al primato del diritto internazionale sugli ordinamenti giuridici dei singoli Stati, essa è ammissibile solo «*come reazione contro la violazione del diritto internazionale*». Ciò significa non che la guerra è ripudiata in modo astratto e assoluto, ma che essa è usata in vista di una gestione non violenta dei conflitti, considerati inevitabili. D'altra parte, è ancora Bobbio a fare quest'acuta osservazione, è certo che attribuire alla guerra il carattere di sanzione, trasformandola in guerra riparatrice, difensiva o punitiva istituisce un'analogia con il diritto del tutto superficiale. Innanzitutto «*la considerazione della guerra come contenuto di regole giuridiche presuppone che la guerra possa essere disciplinata da regole e che queste regole siano di fatto osservabili*», mentre «*la natura della guerra attuale* [...] *è sempre più selvaggia, meno addomesticabile, e i mezzi impiegati sempre meno controllabili*», infatti «*dalla Prima guerra mondiale in poi il tradizionale* ius belli *è caduto pezzo a pezzo, dalla dichiarazione di guerra sino alla distinzione tra popolazione civile e popolazione militare*», così come «*con l'apparizione delle armi termonucleari la guerra è veramente diventata* [...] legibus soluta». Resta inoltre il fatto che le parti esprimono lo stesso giudizio sulla guerra, dunque giusta per entrambe. Ciò significa che «*la guerra di per se stessa non offre nessuna garanzia, come dovrebbe offrire una sanzione, che l'aggressore sia respinto, il torto riparato, il colpevole punito: mentre una procedura giudiziaria deve essere istituita allo scopo di far vincere chi ha ragione, la guerra è di fatto una procedura che permette di aver ragione a chi vince*».

2. La guerra come fenomeno sociale

▶▶

La società contemporanea è intrinsecamente conflittuale

Le osservazioni disincantate e aspre di Bobbio si inseriscono nella riflessione contemporanea (di filosofi, psicologi, sociologi ecc.) sul fenomeno guerra, che si è svolta con intensità dopo la dissoluzione dell'ottimismo positivistico. Se infatti Saint-Simon, Comte e Spencer potevano considerare la guerra come un fenomeno estraneo alle società industriali razionalmente ben organizzate ed evolutivamente progredite, caratterizzate dalla laboriosità e dallo spirito di socialità, e i pensatori marxisti consideravano la guerra come un prodotto del capitalismo, eliminabile con la scomparsa di questa forma economica, le analisi successive hanno evidenziato che la società contemporanea è intrinsecamente conflittuale.

Ciò è stato sostenuto dai due pilastri della sociologia di inizio Novecento, **Max Weber** (1864-1920), che ha visto come carattere essenziale del mondo attuale il «*politeismo dei valori*», per cui la società moderna è conflittuale nella misura in cui è attraversata da antagonismi insanabili che derivano «*dall'inconciliabilità fra le concezioni che si hanno della giustizia, della pace, dell'eguaglianza, ma anche della cultura e della visione del mondo*» e **Georg Simmel** (1858-1918), che ha studiato la lotta come una forma di associazione, per cui ogni rapporto storicamente reale partecipa sia di relazioni sociali che «*agiscono nel senso dell'unità*» sia di relazioni che vanno in senso opposto: ciò significa che il conflitto e l'antagonismo svolgono un ruolo assolutamente positivo e integrante, una funzione connettiva all'interno dei gruppi e di indice di stabilità dei rapporti, per non parlare della loro capacità di realizzare forme superiori di totalità e del loro ruolo nello sviluppo dello Stato moderno.

Due opposti orientamenti rispetto alla guerra

Nel dibattito che si è svolto con un ritmo sempre crescente si sono potute registrare diverse e articolate posizioni che hanno sviluppato le loro analisi spesso in polemica non solo tra loro ma anche contro i **movimenti pacifisti**, che sono cresciuti proporzionalmente all'estendersi del fenomeno guerra. In particolare, si possono distinguere i due principali orientamenti:

- quello di chi considera la guerra un elemento intrinseco e ineliminabile della natura umana, come il sociologo J. Freund per il quale il conflitto è non solo pervasivo di ogni aspetto della società moderna, ma è costitutivo della socialità e della dimensione politica in generale: compito della politica è allora quello di disciplinare la guerra – che quindi non va criminalizzata – attraverso il riconoscimento del nemico con cui bisogna fare la pace;
- quello di chi interpreta la guerra in rapporto a determinate condizioni socio-politiche.

La guerra è uno stato di regressione

Sul versante socio-politico si sono segnalati i contributi di **Karl Mannheim** (1893-1947) e **Pitirim Aleksandrovic Sorokin** (1889-1968). Il primo, pur riconoscendo nell'uomo un istinto combattivo, ha negato che questo debba portare necessariamente alla guerra: che la pace sia una via sempre aperta lo dimostrano, nell'antichità e nell'Età contemporanea, la presenza di società fondamentalmente pacifiche. La guerra sarebbe allora una forma di regressione collettiva generata da uno stato generalizzato di insicurezza che fungerebbe da fattore disgregante: ne consegue la presentazione della guerra come un'insicurezza organizzata.

Più articolata l'analisi di Sorokin che ha studiato il fenomeno sia sotto l'aspetto della violenza rivoluzionaria (in questo caso egli ha notato una caratterizzazione nel senso di una regressione alla disorganizzazione sociale e una primitivizzazione delle manifestazioni comportamentali sia individuali che di gruppo, con fenomeni quali il ritorno al pensiero pre-logico, stati di torpore dei centri superiori della coscienza, smarrimento del senso del limite, rimozione della memoria storica) sia sotto l'aspetto più specifico della guerra quale componente della storia universale.

La guerra è il risultato di una pluralità di fattori

Come sociologo egli ha escluso l'esistenza di una qualche tendenza costante verso la scomparsa o diminuzione della guerra (oggi le guerre sono più distruttive e durature), così come ha ritenuto non valida tutta una serie di teorie riguardanti la funzione della guerra nell'orizzonte della storia occidentale, da quelle lineari (per cui viene smentito empiricamente *«il dogma di una evoluzione necessaria, cieca, che dirige in modo costante il corso del mondo verso un livello superiore e migliore»*) a quelle cicliche.

La conclusione è che non vi è alcuna *«legge di ferro»* né *«uniformità universale»*, ma solo una forma di fluttuazione con un sostanziale ripetersi di alti e bassi, che però non è né prevedibile né meccanico. E se è pur sempre possibile accertare alcune forme di correlazione tra guerra e società, non lo è poi quando si tratta di individuare in modo più preciso fattori e cause, nessuno dei quali (clima, lotta per l'esistenza, razza, regimi politici, fattori economici o demografici ecc.) è in grado di spiegare esaustivamente l'andamento del fenomeno guerra sia per i singoli Paesi sia nel loro insieme. L'unico elemento che permette di collegare tra loro le varie cause è la rottura delle relazioni organizzate tra gli Stati per cui *«tutti i fattori che facilitano questa rottura sono fattori di guerra»*, senza peraltro poter giungere alla specificazione di uno di loro come causa determinante.

3.

Guerra e politica

Su questa linea si sono mossi gli autori più recenti, che hanno preferito ritornare al primato della politica e all'esame puntuale delle singole situazioni, rinunciando ai grandi quadri di filosofia della storia. Maestro di questo tipo di orientamento di ricerca è stato **Raymond Aron** (1905) che, partendo dal pensiero del teorico militare prussiano Karl von Clausewitz (1780-1831) e dalla sua concezione della guerra come prosecuzione della politica con altri mezzi, ha posto al centro del suo interesse il problema delle relazioni internazionali di cui ha cercato di determinare e accertare, a cavallo tra teoria pura e storia, i fattori di influenza e di regolarità. Anche per lui, come per Sorokin, non vi è un solo fattore determinante. Il punto di vista di Aron vuole essere realistico e fare suo quello di Kant secondo cui *«l'umanità deve percorrere la sanguinosa via della guerra per accedere un giorno alla pace»*: ne consegue una dialettica tra pace e guerra entrambe ubbidienti al principio di realtà per cui *«le paci sono fondate sulla potenza (non vi è per esse altro principio), vale a dire il rapporto tra le capacità di agire le une sulle altre delle unità politiche»*. A questo punto la politica si configura come *«attività inglobante»* e la guerra, lungi dall'essere un'attività autonoma, è *«un frammento dell'insieme politico»*.

La creatività dei conflitti

Anche il sociologo tedesco **Ralf Dahrendorf** (1929) ha posto il conflitto (specie sociale) al centro della sua riflessione teorica: è un errore infatti considerarlo una malattia, così come è utopico e irrealistico ritenere possibile una società senza conflitti. È invece indice di salute politica e intellettuale ammettere la presenza dei conflitti nella propria struttura sociale di cui occorre riconoscere la «*costante efficacia creativa*». Ciò significa che se la soppressione dei conflitti ha come conseguenza l'aumento della loro virulenza, l'unica strada percorribile (questo il compito specifico della politica) appare quella della loro «*regolazione istituzionale*» attraverso la definizione di regole e di gruppi conflittuali: solo così, con la regolazione razionale dei conflitti, essi non degenerano in guerra. E se con Kant bisogna vedere nel conflitto il germe creativo di tutta la società e la possibilità della libertà, d'altro lato l'orizzonte politico che Dahrendorf prospetta è quello della creazione di ricchezza e dell'ampliamento dei diritti civili, attraverso il rafforzamento dello Stato di diritto e la creazione di una «*società giuridica internazionale*»: solo così avrà termine la funzione provvidenzialistica assegnata da Kant alla natura (trarre il bene dal male, la pace dalla guerra), dal momento che, con la fondazione, nello stesso tempo possibile e necessaria, di una società civile mondiale con il riconoscimento a tutti dei diritti universali e la creazione di un corpo di leggi internazionali, il mondo sarà riscattato dal male e conquistato alla legalità e alla libertà.

Carl Schmitt: la neutralizzazione del mondo

Il quadro delle posizioni teoriche più significative sul fenomeno guerra non sarebbe tuttavia completo se non si facesse cenno alle dottrine di **Carl Schmitt** (1888-1985), a cui tutti direttamente o indirettamente si sono riferiti e con cui hanno dovuto fare i conti: esse infatti hanno cercato di penetrare nel modo più profondo e complessivo i caratteri del mondo contemporaneo. La società attuale è giunta, attraverso precise fasi intermedie (che Schmitt studia e analizza), a una totale **secolarizzazione** (o neutralizzazione) che ha portato anche a una corrispondente **spoliticizzazione**: con il primo termine si intende la mancanza di poli di riferimento assoluti (culturali, religiosi, politici), con il secondo il venire meno della categoria politica fondamentale costituita dalla coppia amico/nemico (▶ *Filosofia e politica: giustizia, libertà, eguaglianza*, p. 438) per lasciare il posto a un umanesimo cosmopolita generico, che finisce solo per mascherare e spostare continuamente i terreni di lotta (giacché è impossibile eliminare dalla scena storica la contrapposizione degli uomini e degli interessi).

Nella fase massima di questo processo, che si può chiamare nietzscheianamente di "nichilismo", la tecnica, concepita quale «*fattore di unità dei popoli*», diventa l'ambito in cui si ritiene possibile la realizzazione di una neutralità assoluta (essendo uno strumento privo di riferimento a qualsiasi tipo di valore) e di una pace universale. Da questo punto di vista è possibile cogliere i mutamenti di significato della guerra, che è passata dall'anarchismo medioevale (tipico della *Res publica christiana*) al diritto internazionale europeo moderno. Nel corso del XVII secolo gli Stati nazionali hanno dato vita a un insieme di regole che hanno umanizzato la guerra nella misura in cui l'hanno resa "giusta", con la qualità istituzionale che essa deve contenere, cioè le entità politiche si muovono guerra su uno stesso piano, non considerandosi traditori o criminali ma *justi hostes* ("nemici giusti").

La spoliticizzazione della guerra e la sua recrudescenza

Secondo Schmitt il diritto internazionale europeo è stato infranto nel Trattato di pace di Versailles (stipulato nel 1919 fra la Germania e le potenze vincitrici della Prima guerra mondiale), quando il nemico per la prima volta è stato criminalizzato: ciò ha portato successivamente alla guerra di annientamento, quindi a una recrudescenza della guerra corrispondente alla sua spoliticizzazione e mancanza di regolamentazione giuridica. Così ci si deve mestamente chiedere: «*se gli uomini avevano incontrato già tante difficoltà nel distinguere tra nemico giusto e criminale, come potranno non vedere nel nemico ingiusto il peggiore dei criminali?*». Certo è che in questo scenario desolato è utopico proporre un rimedio come la Lega delle Nazioni o l'Onu, giacché questi organismi astrattamente generali dovrebbero abolire la guerra senza averla autenticamente limitata, con il risultato «*di provocare nuovi tipi di guerra, verosimilmente peggiori, ricadute nella guerra civile, e altre specie di guerre di annientamento*».

I valori universali e la necessità morale della guerra

Si è accusato Schmitt di mancare di una *pars construens*: malgrado ciò, di fronte agli eventi odierni, è difficile sfuggire all'impressione di una sua capacità profetica. All'inizio del terzo millennio, inaugurato all'insegna della cifra bellica, si usa il termine "giusto" per definire delle operazioni militari che avrebbero l'obiettivo di difendere i diritti primari e universalmente riconosciuti dell'uomo: la guerra sarebbe dunque una necessità, un bisogno prioritario che va al di là dello stesso principio di sovranità. Così, sia pure con un'accezione più giuridica che etica, Norberto Bobbio definì la Guerra del Golfo del 1991. Di recente un gruppo di intellettuali americani (tra cui il filosofo Michael Walzer) ha sostenuto l'azione del presidente George W. Bush contro Al Qaeda in Afghanistan definendola «moralmente necessaria» sulla base di quattro generalissimi valori, propri degli Usa, ma considerati eredità condivisa con tutta l'umanità:

■ tutte le persone possiedono un'innata dignità umana;

■ ci sono leggi naturali e divine cui tutti i popoli possono accedere;

■ bisogna poter avere – in caso di disaccordo sui valori – un'apertura su altre visioni e un ragionevole argomento nella ricerca della verità;

■ bisogna poter avere libertà di coscienza e di religione, che costituiscono il fondamento per una guerra giusta anche senza l'approvazione di organizzazioni internazionali.

La pace attraverso il diritto

Malgrado alcuni pensatori, come il già citato Walzer, abbiano manifestato una certa sfiducia nella capacità del diritto di parlare di guerra (giacché sarebbe inabile a rendere conto del mondo in cui viviamo), proprio questo sembra essere l'aspetto da privilegiare nell'approccio al problema: infatti, dopo la caduta dei due blocchi, si devono stabilire nuove regole giuridiche (con adeguate sanzioni) per le relazioni internazionali (come aveva insegnato Aron), che riconsiderino il tradizionale principio di sovranità, comprensivo di quello della guerra.

Se quest'ultima adotta un uso della forza privo di regole (come è recentemente avvenuto nel carcere di Guantanamo), allora il diritto appare come una forza ordina-

Dibattito

ta le cui regole hanno come fine la pace: riducendo con il diritto gli spazi occupati dalla guerra, si favorisce automaticamente lo stato di pace. «*La pace attraverso il diritto*» (Kelsen) o «*il pacifismo giuridico*» (Bobbio): questo l'orientamento della riflessione (filosofica, giuridica, politica) attuale, la quale è impegnata soprattutto nell'individuazione dei mezzi idonei per essere attuata (riforma dell'Onu e costituzione di un suo Stato Maggiore, riorganizzazione della Nato, accettazione da parte di tutti i Paesi dello Statuto della corte penale internazionale ecc.) e delle nuove regole che, rifondando le relazioni internazionali, giustifichino l'uso della forza armata sulla base di precisi criteri giuridici. Questa la via per passare «*dalla politica di potenza classica ad uno stato di cittadinanza universale*» (J. Habermas, *L'inclusione dell'altro*).

1. Raymond Aron
L'analisi delle costellazioni diplomatiche

Il breve brano di Aron sottolinea come, per poter affrontare l'analisi del fenomeno bellico, sia necessario partire dallo studio del sistema di relazioni tra Stati. La guerra è infatti parte integrante delle relazioni tra entità politiche.

Prendiamo come punto di partenza la definizione della guerra formulata dal professor Malinowski e ripetuta dal professor Pear, "conflitto armato fra due entità politiche indipendenti, per mezzo di forze militari organizzate e per il perseguimento di una politica tribale o nazionale" [...] Così definita la guerra fa parte integrante delle relazioni fra entità politiche. Queste ultime, nelle varie epoche storiche, conoscono periodi di pace ma i governanti pensano alla guerra come possibilità permanente. La diplomazia e la guerra sono storicamente inseparabili, perché gli uomini di Stato hanno sempre considerato la guerra come risorsa estrema della diplomazia. Se si parte da questa banale constatazione, è ragionevole prendere come oggetto di studio il sistema di relazioni fra Stati. Forse la comprensione di questo sistema non permetterà di determinare le cause per cui la diplomazia è inseparabile dalla guerra, e neppure ciò che bisognerebbe cambiare perché la diplomazia non ricorra alla guerra; ma almeno permetterà di spiegare, le une tramite le altre, le modalità del sistema diplomatico e le modalità della guerra.

Poiché la guerra è l'ultima risposta della diplomazia, l'analisi di una situazione, da parte degli uomini di Stato che prendono le decisioni o dei sociologi che le interpretano, implica innanzitutto la determinazione di tre elementi; qual è il campo diplomatico? Qual è la configurazione delle relazioni di potenza all'interno di questo campo? Qual è il tipo di guerra che più o meno tengono presente i governanti nel valutare l'importanza delle posizioni o delle relazioni? Questi tre elementi uniti costituiscono l'aspetto della politica internazionale che molti uomini di Stato prendono in considerazione, stando almeno a quanto dicono certi specialisti di scienza politica.

▶ R. Aron, *La politica, la guerra, la storia*

RISPONDI ALLE SEGUENTI DOMANDE

- Da quale definizione di guerra prende le mosse la riflessione di Aron?
- Qual è l'oggetto di studio adatto per analizzare il fenomeno guerra?
- Perché il campo diplomatico svolge un ruolo essenziale nello studio delle dinamiche belliche?

2. Raymond Aron
Tensioni, conflitti, violenza, guerra

La riflessione di Aron abbraccia in questo brano i temi dell'imprevedibilità della guerra, che non soggiace mai esclusivamente alle regole di un gioco determinabile a priori, e la valenza dei conflitti all'interno delle collettività e dei rapporti tra Stati.

Si capisce che la teoria dei conflitti porta a una teoria della strategia o del "comportamento agonistico". La teoria dei giochi, dagli sviluppi senz'altro immensi e quasi illimitati, offre ai sociologi come pure ai filosofi motivi di riflessione e promette un rinnovamento o un arricchimento della strategia. La ricostruzione razionale del comportamento umano nei giochi offre nuovi modelli, più vicini alla realtà e più proficui dei modelli della teoria economica. Ma si può dubitare che attualmente i conflitti fra le nazioni si prestino a un trattamento matematico. Quando due entità politiche si affrontano, non vi sono regole del gioco il cui rispetto sia garantito. La posta sembra incerta, giacché gli attori, gli storici o gli spettatori di rado sanno con sicurezza in che cosa essa consista. Le civiltà, che non hanno mai eliminato la violenza bellica, ne hanno ridotto la nocività quando hanno definito con una certa precisione e identificato la posta dei conflitti. Il calcolo razionale delle possibilità, la scelta fra la lotta morale e il compromesso implicano da parte del vincitore la rinuncia alle possibilità estreme create dalla vittoria, e tale rinuncia provoca a sua volta l'accettazione da parte del vinto di talune conseguenze della sconfitta prima dell'esaurimento delle possibilità offerte dal prolungamento della lotta.

La guerra fra entità politiche si colloca a mezza strada fra il gioco e la violenza totale; a volte essa si avvicina più ad un'istituzione regolamentata, a volte al furore elementare. Nelle civiltà superiori sembra si alternino la disciplina e la limitazione delle guerre, da un lato, e lo scatenamento senza freni della violenza dall'altro. Questo scatenamento però non equivale necessariamente a un ritorno alla barbarie primitiva. In questo senso, le cosiddette tribù primitive raramente meritano la qualifica di barbare: le lotte inesorabili sono talora quelle la cui posta è la più umana, in quanto verte non tanto sul cibo o sull'interesse economico, ma sulla potenza e sull'ideologia. Quando Atene e Sparta lottavano per l'egemonia la guerra si estese smisuratamente nel tempo, nei mezzi impiegati, e nelle energie profuse.

La definizione delle guerre nell'ambito dei conflitti dovrebbe non tanto annullare, quanto piuttosto far risaltare l'originalità del fenomeno. La guerra, conflitto che si risolve con la forza, rischia sempre più di spazzare via le norme legali o convenzionali cui normalmente è soggetta. Per lo più, il combattente conosce i mezzi che l'avversario prevede di impiegare nonché le conseguenze della sconfitta. Ma gli usi o le leggi di guerra restano fragili o precari, giacché l'efficacia di un nuovo procedimento può sconvolgere le tradizioni. A volte la scoperta di un'arma nuova, a volte l'entità della posta in gioco inducono i belligeranti a superare i limiti o a violare le "leggi". La guerra si avvicina alla violenza radicalmente asociale, senza peraltro uguagliarla mai, come pure essa non è mai "legalizzata" a titolo pieno e definitivo.[...]

Le guerre non soltanto mettono alle prese Stati già costituiti ma fanno parte del processo in forza del quale gli Stati si costituiscono o si disintegrano. Resta peraltro il fatto che i conflitti definiti guerre hanno la caratteristica di sfuggire di per sé all'integrazione sociale nella misura in cui essi oppongono collettività che si sentono sovrane, padrone della propria volontà e del proprio comportamento, e intendono col ricorso alla forza risolvere i conflitti che le compongono.

I conflitti all'interno di una collettività sono sottoposti alla legge o alle consuetudini giacché il ricorso alla forza fisica è legalmente riservato allo Stato per evitare che vi ricorrano gli individui o i gruppi. Anche ammettendo che, per esempio, negli scioperi, la violenza si manifesti nonostante tutto, o addirittura che l'opinione pubblica consideri normale o ammissibile un certo ricorso alla violenza, quest'ultima resta sempre entro stretti limiti, e se essa li superasse la comunità si dissolverebbe.

Al contrario, l'amplificazione della violenza nelle relazioni fra le collettività tende spesso a rafforzare queste ultime invece che a dissolverle. Nelle società meno complesse, la partenza per la guerra è accompagnata talora da una specie di esaltazione collettiva paragonabile a quella delle feste religiose: la tribù acquisisce la consapevolezza della propria unità e cancella le divisioni e le distinzioni per affrontare come un solo uomo la tribù nemica. Anche nelle società complesse e, stando a quanto si dice, pacifiche, come quelle europee dell'inizio del secolo, questi fenomeni si sono ripetuti. I testimoni oculari ricordano bene l'unanimità francese (o tedesca) nell'agosto 1914.

La guerra in quanto conflitto non implica quindi soltanto la particolarità del ricorso alla violenza organizzata. La guerra è violenza creatrice nella stessa misura in cui è distruttrice dei vincoli sociali. La guerra rafforza la coerenza delle società in contrasto, almeno fino a quando non supera un certo livello di furore o fino a quando la struttura o l'esistenza stessa della collettività non ne costituiscono la posta. Nel 1914 le nazioni sembravano più che mai coerenti e coscienti di sé, mentre nel 1917 le forze disgregatrici avevano preso il sopravvento in tutti i paesi belligeranti. Le guerre imperiali prepa-

rano nuove entità, le guerre nazionali tengono in vita le entità esistenti o aprono la strada al riconoscimento delle nazioni non ancora indipendenti.

▶ R. Aron, *La politica, la guerra, la storia*

RISPONDI ALLE SEGUENTI DOMANDE

■ Perché, secondo Aron, nessun modello teorico è in grado di offrire una spiegazione esaustiva dei motivi e dell'andamento di una guerra?
■ Che ruolo gioca la violenza all'interno di una comunità?
■ Che ruolo gioca la violenza nei rapporti tra Stati o tra clan?

---

3. Norberto Bobbio
Guerra, guerriglia e sommosse

Ciò che contraddistingue una guerra rispetto ad altre forme di risoluzione violenta di un conflitto, secondo Bobbio, è la presenza di un apparato predisposto e addestrato per quello scopo.

Per caratterizzare la guerra come modo di risolvere i conflitti non basta fare riferimento all'uso della forza intesa come violenza lecita e autorizzata (lecita perché autorizzata). La guerra è sempre in primo luogo una forza esercitata collettivamente: come tale viene tradizionalmente distinta dal duello, che mette di fronte due individui singoli, cui peraltro viene assimilata perché come il duello anche la guerra è un esercizio della forza disciplinato da regole e ha lo scopo di risolvere una controversia attraverso la ragione delle armi (non con le armi della ragione). In secondo luogo, perché si possa parlare di guerra occorre che non si tratti di violenza, pur tra gruppi politici indipendenti, sporadica, discontinua, senza rilevanti conseguenze sull'assetto territoriale dei due combattenti: un incidente di frontiera non è una guerra; può essere l'occasione o il pretesto per una guerra, ma se non dà origine ad uno scontro di più vasta portata, nonostante morti o feriti vittime di violenza, non può essere considerato una guerra, mentre un conflitto breve, come la cosiddetta guerra dei sei giorni tra Israele ed Egitto, è una vera e propria guerra nel più pieno senso della parola. Infine la violenza collettiva e non accidentale della guerra presuppone sempre in qualche modo un'organizzazione, un apparato predisposto ed addestrato allo scopo: la presenza di tale apparato, anche se rudimentale, è ciò che distingue la guerriglia (la quale è una specie di guerra) dalla sommossa, pur condotta con le armi.

▶ N. Bobbio, *Teoria generale della politica*

- Che definizione dà Bobbio di guerra?
- Che cosa contraddistingue una guerra da altre forme di conflitto risolte con la violenza?

4. Norberto Bobbio
Pace positiva e pace negativa

In questo brano Bobbio espone le due situazioni in cui guerra e diritto non sono antitetici: si tratta dei casi di guerra come sanzione, cioè usata per il ristabilimento di diritti violati, e della guerra come rivoluzione, laddove con essa si sopprima e sovverta un ordine giuridico ingiusto.

Data la definizione di guerra come violenza organizzata di gruppo che si prolunga per un certo periodo di tempo, che la guerra sia l'antitesi del diritto ne è una conseguenza: il diritto infatti può essere definito come l'ordinamento pacifico di un gruppo e dei rapporti di questo gruppo con tutti gli altri gruppi. Proprio per il rapporto di opposizione fra pace e guerra, qui ripetutamente messo in rilievo, là dove il concetto di diritto è strettamente congiunto con quello di pace, è nello stesso tempo disgiunto da quello di guerra.

Vi sono peraltro due situazioni in cui guerra e diritto non si presentano come termini antitetici. Lo scopo principale del diritto è di stabilire la pace, ma per stabilire la pace occorre in certe circostanze usare una forza per ridurre a ragione coloro che non rispettano le regole: nei rapporti internazionali questa forza è la guerra. Come tale, cioè come strumento per il ristabilimento del diritto violato, la guerra assume valore positivo; assume lo stesso valore positivo della sanzione nel diritto interno, vale a dire dell'atto con cui il titolare del potere sovrano, in quanto detentore del monopolio della forza legittima, ripara ad un torto o punisce un colpevole, ristabilendo l'impero del diritto. La definizione della guerra, in determinate circostanze, come sanzione è stata uno degli elementi costanti della teoria della guerra giusta, secondo cui la guerra può essere sottoposta a due giudizi di valore opposti: negativo, se essa viene condotta in spregio al diritto delle genti, positivo, se essa viene condotta per ristabilire il diritto delle genti violato da uno dei membri della comunità internazionale. Per quanto vari siano stati i criteri in base ai quali siano state distinte le guerre giuste dalle ingiuste, la *communis opinio* si è venuta orientando e consolidando nel riconoscimento della legittimazione di questi tre tipi di guerre, che la riducono al concetto di sanzione:

a) la guerra di difesa; *b*) la guerra di riparazione di un torto; *c*) la guerra punitiva. La seconda situazione in cui guerra e diritto non sono antitetici è esattamente opposta a quella testé presentata: si tratta della guerra intesa non come mezzo per restaurare il diritto stabilito, ma come strumento per instaurare un diritto nuovo, ovvero la guerra come rivoluzione, intendendosi per rivoluzione, nel senso tecnico e giuridico del termine, un insieme di atti coordinati allo scopo di abbattere il vecchio ordinamento giuridico e d'imporne uno nuovo. Chiamo questo modo d'intendere positivamente la guerra " guerra come rivoluzione", perché la guerra così intesa sta ai rapporti internazionali come la rivoluzione sta ai rapporti interni: allo stesso modo che la rivoluzione può essere presentata sotto l'aspetto di guerra civile, la guerra eversiva dell'ordine internazionale può essere presentata sotto l'aspetto della rivoluzione nei rapporti fra Stati. La differenza tra guerra restauratrice e guerra instauratrice sta nel diverso diritto cui l'una e l'altra rispettivamente fanno appello: la prima al diritto positivo (consuetudinario e convenzionale), la seconda al diritto naturale. Guerre rivoluzionarie sono le guerre di liberazione nazionale: quando scoppiarono, nel secolo scorso, in Europa, i loro fautori si richiamarono al diritto naturale di autodeterminazione dei popoli così come la rivoluzione francese si era richiamata al diritto naturale alla libertà degli individui. Ma questa differenza non toglie che la legittimazione della guerra avvenga attraverso il diritto e che attraverso questa legittimazione la guerra assuma un valore positivo e per contrasto la pace, sia in quanto passiva accettazione di un torto subito, sia in quanto mantenimento forzato di un ordine ingiusto, assuma un valore negativo.

▶ N. Bobbio, *Teoria generale della politica*

- Quali sono i tre tipi di guerra catalogabili sotto la specie di "guerra giusta"?
- Perché la rivoluzione è considerata una forma di guerra giusta?
- In quale caso la pace può assumere un valore negativo?

Il pensiero della differenza

1. Il problema dell'uguaglianza tra uomini e donne

▶▶

La Rivoluzione francese e l'origine della riflessione sulla differenza di genere

Che cosa significa essere donne o uomini? Quanto influisce l'appartenenza a un genere nella costruzione della propria identità, della propria vita e nella possibilità di realizzare i propri desideri? La differenza tra i sessi è solo un **fatto biologico** o in essa agiscono **fattori culturali** e **sociali** che determinano ruoli, gerarchie e discriminazioni?

La riflessione sul ruolo e sulla condizione della donna, che ha origine durante la Rivoluzione francese, parte da un interrogativo: quali sono i motivi per cui il mondo maschile e quello femminile sono tenuti da sempre separati, tanto da escludere le donne da quei diritti di cittadinanza che venivano dichiarati universali e da collocarle in una scala gerarchica che le riteneva inferiori e dunque le discriminava?

Nella *Dichiarazione dei diritti* del 1789 la Rivoluzione francese aveva affermato l'universalità dei diritti dell'uomo e del cittadino, attribuendoli però a un soggetto neutro, astratto e universale, rappresentato fisicamente da un uomo.

Le donne non potevano quindi partecipare alla sfera pubblica in quanto destinate per natura alla vita familiare e privata, per la quale si riteneva possedessero virtù specifiche. Il moderno concetto di **cittadinanza** si stava dunque costruendo attraverso la voluta esclusione della donna, quale soggetto trascurabile, all'interno di un progetto concreto di Costituzione, dimenticando con ciò la partecipazione attiva delle donne alla stessa Rivoluzione.

Uguaglianza di diritti

Olympe de Gouges (1748-1793), autrice teatrale che metteva in scena eventi rivoluzionari, pubblicò nel 1791 una *Dichiarazione dei diritti della donna e della cittadina*, dedicata alla regina Maria Antonietta e per questa sua fedeltà alla monarchia fu fatta ghigliottinare nel 1793. La de Gouges assegnava alle donne il diritto di far uso di quella ragione che gli illuministi definivano universale: «*La donna nasce libera e ha gli stessi diritti dell'uomo. [...] La legge deve essere l'espressione della volontà generale; tutte le Cittadine e i Cittadini debbono concorrere personalmente, o per mezzo di loro rappresentanti, alla sua formazione; essa deve essere uguale per tutti; tutte le Cittadine e tutti i Cittadini, essendo uguali ai suoi occhi, devono poter ugualmente accedere a tutte le cariche, posti e impieghi pubblici, secondo le loro capacità e senz'altra distinzione che quella dei loro meriti e dei loro talenti*».

L'elemento più significativo di tale *Dichiarazione* è che, pur ispirandosi esplicitamente a quella del 1789, essa mostra le differenze che tali diritti assumono nel momento in cui vengano declinati anche al femminile. È il caso, per esempio, del valore conferito alla parola della donna, che a quell'epoca non era ritenuta probante come testimonianza nell'ambito dei processi: se alla parola femminile venivano invece riconosciute la stessa libertà e lo stesso valore di quella maschile, allora anche nel caso del riconoscimento dei figli non spettava più esclusivamente al padre il riconoscimento, ma anche la donna poteva indicare chi fosse il padre. La parola conferiva dunque un'inedita voce e un nuovo ruolo sociale alla donna.

Uguaglianza di vita e di educazione: la polemica contro Rousseau

La *Rivendicazione dei diritti della donna*, scritta da **Mary Wollstonecraft** (1759-1797) e pubblicata a Londra nel 1792, è la seconda opera che possiamo considerare all'origine del pensiero femminista. L'autrice, che per la sua vita di donna indipendente e non sposata fu giudicata severamente dalla rigida morale dell'epoca, si proponeva di «*restituire alle donne la loro dignità perduta*» e di dimostrare la necessità di una rivoluzione nei costumi di quella metà del genere umano che, cominciando a cambiare se stessa, sarebbe stata in grado di cambiare il mondo. Non è vero, come si sosteneva prevalentemente a quel tempo, che le donne abbiano una razionalità inferiore o una virtù più fragile: la loro condizione di supposta inferiorità è in realtà frutto di «un'istruzione sbagliata» che ha considerato le donne come caratterizzate esclusivamente dai classici attributi femminili, anziché considerarle semplicemente come individui. Il risultato, secondo Wollstonecraft, è stato quello di congelarle in una condizione di subordinazione imposta dagli uomini, ma molto spesso accettata dalle donne stesse. L'obiettivo polemico è il filosofo Jean Jacques Rousseau, il massimo teorico settecentesco dell'uguaglianza tra gli uomini, secondo il quale la vita delle donne doveva essere interamente consacrata ai ruoli domestici, risultando priva in tal modo di una propria autonomia: la soggettività femminile non ha valore per se stessa, ma solo in relazione alla vita familiare cui deve consacrarsi. Rousseau metteva in relazione la **natura femminile**, con le sue differenze sessuali e corporee, alla definizione morale della donna che, secondo il filosofo, poteva esistere solamente all'interno del giudizio altrui e la cui educazione doveva avere come obiettivo quello di creare un soggetto in grado di piacere all'uomo e di compiacerlo.

La lotta per l'emancipazione politica

Le idee della Wollstonecraft verranno approfondite nel corso dell'Ottocento da **Harriet Taylor** e dal marito **John Stuart Mill** nei saggi *L'emancipazione delle donne* (1851) e *La soggezione delle donne* (1869), dove si afferma la necessità che le donne possano decidere della propria vita senza vincoli e doveri nei riguardi della sessualità e della procreazione. La Taylor dichiarò esplicitamente che quello della famiglia era un carico «*non naturale*» ma imposto, e che andava riconosciuta al sesso femminile la libertà di sottrarsi al destino della procreazione: veniva così sottolineato lo stretto rapporto tra sfera domestica e pubblica, affermando che non ci poteva essere giustizia nel pubblico se c'era ingiustizia nel privato.

Vennero inoltre indicati i mezzi per emancipare le donne dalla loro condizione di asservimento: l'accesso all'**istruzione** anche universitaria, il diritto di praticare tutte le

professioni, la partecipazione paritaria alle strutture politiche con diritto al **voto** e alla **eleggibilità**. È anche da qui che partì l'impegno delle donne – le **suffragette**, le prime donne a lottare per il suffragio veramente universale, cioè comprendente anche le donne – a favore dell'uguaglianza e del diritto di voto, come elementi di un progetto più ampio di rivendicazione di dignità e di autonomia, relativi alla possibilità per una donna di essere individuo e di poter rappresentare e trasmettere valori e beni. Sarà **Elisabeth Cady Stanton**, femminista americana, a stendere una delle più note dichiarazioni dei diritti delle donne – la *Dichiarazione dei sentimenti* in occasione della Convenzione di Seneca Falls, 1848 – in cui si afferma il diritto di voto per le donne come inalienabile e la necessità dell'uguaglianza reale dei diritti rispetto agli uomini.

2. Uguaglianza versus differenza: Virginia Woolf e Simone de Beauvoir

L'Ottocento lascia al secolo che segue molte conquiste legate al diritto al voto, ma la questione della cittadinanza è ancora profondamente irrisolta. In molti Paesi, infatti, le donne votano; ma il voto, da solo, rende cittadine a tutti gli effetti? Cittadinanza significa sì diritto al voto, ma anche all'istruzione, al lavoro, alla pari dignità di trattamento. Il movimento delle donne entra in uno stato di crisi dovuto anche al fatto che i regimi totalitari del Novecento consolidano le pesanti differenze e discriminazioni nei confronti delle donne. È in questo periodo che alcune pensatrici approfondiscono la riflessione non solo sulle conquiste ottenute nel secolo appena concluso, ma anche sul concetto stesso di uguaglianza che viene a intrecciarsi, in nuove sintesi teoriche, con quello di differenza. La battaglia per l'emancipazione femminile è mossa dall'idea dell'uguaglianza tra esseri umani, e quindi dalla necessità che se abbiamo uguali diritti, ciò comporta però, come suo rovescio, l'assunzione da parte delle donne dell'universo maschile con i suoi valori e le sue regole. Nel XX secolo si viene dunque affermando una riflessione che, accanto all'uguaglianza dei diritti, sostiene la positività della differenza femminile. Essere donne non coincide con essere uomini: le donne hanno modalità di esistenza, valori, pensieri, problematiche diverse, che non vanno schiacciate su quelle maschili, ma pensate e affrontate nella loro specificità di genere.

Le due pensatrici che hanno inaugurato uno sguardo nuovo su se stesse e sul mondo femminile sono la scrittrice inglese Virginia Woolf (1882-1941) e la scrittrice francese Simone de Beauvoir (1908-1986).

2.1 La riflessione di Virginia Woolf

Virginia Woolf, nata a Londra nel 1882, nell'opera intitolata *Una stanza tutta per sé* (1929), ripercorre il destino delle donne colte e di classe media, impossibilitate da sempre, per mancanza di denaro, tempo e spazio – dunque di autonomia – a realizzare la propria vocazione personale: una vita indipendente e l'espressione della propria natura creativa; per conseguire questo obiettivo sarebbe necessario avere a disposizione «*una stanza tutta per sé*» e una rendita economica. Scrive la Woolf: «*Perciò riesce così importante, per un patriarca il quale deve conquistare, il quale deve governare, la possibilità di sentire che moltissime persone, la metà della razza umana infatti, sono per diritto di natura inferiori a lui. Anzi deve essere questa una delle fonti principali del suo potere*».

Così la legge del patriarcato esige che le donne conducano una vita di miseria materiale e immateriale, perché se così non fosse potrebbero liberamente esprimere se stesse e le proprie capacità creative, mettendo fortemente in crisi il predominio del patriarca. Per secoli le donne sono state specchi in cui si riflette l'immagine dell'uomo, raddoppiandola. Se la donna comincia a dire la verità questa immagine si rimpicciolisce e l'uomo diviene meno adatto alla vita, viene messo di fronte alla propria miseria. Questa è la vera causa della sudditanza femminile.

La conquista dell'autonomia economica favorisce la differenza

La conquista dell'autonomia economica e la disponibilità di uno spazio fisico sono, secondo l'autrice, solamente il punto di partenza per l'emancipazione da un sistema di tipo patriarcale che ha sempre sottoposto le donne a norme e istituzioni maschili. È quanto viene sottolineato nel saggio *Le tre ghinee* (1938) dove la Woolf propone un percorso teso non tanto a raggiungere l'uguaglianza tra i due sessi, quanto piuttosto a sottolinearne la positiva differenza. Le tre ghinee del titolo, vecchie unità di conio, sono la somma di cui l'autrice dispone per sostenere iniziative contro la guerra imminente. La prima ghinea, secondo la scrittrice, dovrà andare all'istituzione di un **college per ragazze** con la clausola che l'istruzione ivi impartita non sia la mera ripetizione di quella destinata ai ragazzi, che perpetua il ruolo subordinato delle donne, ma sia capace di fondare una cultura «differente» che capovolga i valori maschili i quali, finora, non hanno portato ad altro che a guerre.

La seconda ghinea verrà destinata ad aiutare le ragazze nell'accesso alle **libere professioni**. Anche questa proposta supera la semplice posizione emancipazionista, precisando che le donne non devono fare le stesse cose degli uomini, ma modificare dall'interno le professioni e le organizzazioni maschili, portando in esse il proprio modo di sentire e di essere. Ciò comporta un tipo di organizzazione differente e autonoma rispetto a quella maschile: essa «*non avrà alcun tesoriere onorario, perché non avrà bisogni di fondi. Non avrà alcuna sede, alcun comitato, alcuna segreteria; non convocherà riunioni, non organizzerà convegni. Se un nome dovrà avere, la si potrà chiamare la Società delle Estranee*». Solidarietà dunque nelle cause comuni – libertà, uguaglianza, pace – ma differenza nelle organizzazioni e nei comportamenti.

La terza ghinea verrà destinata all'**associazione pacifista maschile** che lotta contro la guerra e i regimi totalitari. L'obiettivo della pace è infatti comune, ma le donne sceglieranno mezzi, metodi e parole diverse: «*noi, restandocene fuori, faremo degli esperimenti non con strumenti pubblici in pubblico, ma con strumenti privati in privato. E i nostri esperimenti non saranno soltanto critici, ma creativi*». La Woolf in questo modo apre la strada alle riflessioni del femminismo tardo novecentesco, che si allontanerà consapevolmente dalle conquiste liberaldemocratiche dell'Ottocento: l'obiettivo non sarà più, infatti, solamente quello di veder riconosciuti anche per sé i diritti acquisiti dagli uomini, ma quello di declinare quei diritti al femminile, e di individuarne altri, specifici e differenti.

2.2 La riflessione di Simone de Beauvoir

Simone de Beauvoir, scrittrice e filosofa francese nata nel 1908, pubblica nel 1949 un'opera fondamentale per la riflessione femminista, *Il secondo sesso*, nella quale ripercorre la storia della condizione della donna dalla preistoria fino al Novecento. Nella prima parte, *I fatti e i miti*, l'autrice analizza le cause della **subordinazione femminile** all'interno delle costruzioni concettuali create dai miti, dalla biologia, dalla psicoanalisi, dal marxismo; nella seconda parte, *L'esperienza vissuta*, prende in considerazione le fasi cruciali della vita della donna (infanzia, adolescenza, matrimonio, maternità, esperienze lesbiche, vecchiaia) e i vani tentativi di liberazione individuale dalla condizione di inferiorità susseguitisi nella storia. A questi oppone **percorsi di liberazione** che devono essere necessariamente **collettivi**.

La de Beauvoir definisce la donna come «l'Altro» rispetto all'uomo, un'alterità considerata inferiore, in cui il maschile è assunto come l'Uno, la norma, ciò che rende possibile identificare la donna come differenza, come «*secondo sesso*».

Donna non si nasce, lo si diventa

La donna, pur essendo potenzialmente libera di scegliere come l'uomo il proprio destino, si è posta come complice dell'uomo nell'affermare il proprio ruolo di dipendenza, condizionata da secolari pregiudizi e da un'educazione alla subordinazione. La condizione di sudditanza della donna è il risultato non di un dato naturale o biologico, ma di **scelte esistenziali**: mentre l'uomo ha scelto la libertà, ha scelto di trascendere il mondo, la donna si trova, ma spesso anche sceglie, l'immanenza, la perdita di libertà che diviene subordinazione. La donna che viene collocata nel ruolo di oggetto può decidere di liberarsi da questa condizione dissolvendo il mito della femminilità e divenendo soggetto, ovvero accettando quella responsabilità di progettare la propria vita che appartiene a ogni essere libero. Secondo una frase ormai celebre, «*donna non si nasce, lo si diventa*», nel senso che la donna/Altro può decidere di sottrarsi alla sua secolare oppressione, che non è un destino naturale, assumendo in modo autentico la propria libertà e dunque ribellandosi a quella norma che l'ha posta come "schiava" dell'uomo. Uomini e donne devono entrare in rapporto e in comunicazione da una posizione di parità e conciliazione, che non implica la negazione della loro differenza, ma consente anzi il reciproco riconoscersi come «altro» in cui vengono meno valutazioni di ordine gerarchico.

RICONOSCERSI
NELL'ALTERITÀ

Liberare la donna significa rifiutare di chiuderla nei rapporti che ha con l'uomo, ma non negare tali rapporti; se essa si pone per sé continuerà ad esistere anche per lui: riconoscendosi reciprocamente come soggetto ognuno tuttavia rimarrà per l'altro un altro; [...] quando sarà abolita la schiavitù di una metà dell'umanità e tutto il sistema di ipocrisia implicatovi, allora la 'sezione' dell'umanità rivelerà il suo autentico significato e la coppia umana troverà la sua vera forma.

→ S. DE BEAUVOIR, *Il secondo sesso*

3. La problematizzazione della differenza sessuale: il femminismo francese

La riflessione filosofica del Novecento ha concentrato la sua critica su tutte quelle posizioni filosofiche che pongono a loro fondamento un unico soggetto razionale, che si arroga il diritto di giudicare la realtà in modo definitivo e univoco. Questo pensiero *«custode della razionalità»*, come l'ha definito il filosofo tedesco Jürgen Habermas, pone se stesso come criterio universale definendo irrazionale ciò che sfugge al suo dominio.

Friedrich Nietzsche, su questo punto, è stato molto chiaro nell'accusare la filosofia centrata sul Soggetto di essere una *«logica del medesimo»*. Il discorso della razionalità occidentale, chiuso nella ripetizione di se stesso, ha volutamente dimenticato e ignorato le «differenze» nella loro irriducibile pluralità, nella loro deviazione da ciò che era stato fissato come la norma. La filosofia occidentale, attraverso il meccanismo di opposizione che è alla base del giudizio d'identità (o è A o è B, *tertium non datur*), assicurava la continuità di se stessa escludendo ciò che è contrario e differente; la logica afferma l'identico ed elimina l'opposizione. Tutto ciò che si distanzia, si differenzia dalla norma assoluta, diventa relativo, accessorio, inferiore.

Da **Jaques Derrida**, filosofo francese contemporaneo, le filosofe femministe mutueranno lo sforzo della «decostruzione» dell'ordine dominante, definito dallo stesso filosofo «fallogocentrico» con evidente riferimento al carattere maschile della logica occidentale.

Le prime pensatrici a impegnarsi nella difficile sfida di pensare se stesse a partire dalla differenza, e dunque in modo liberatorio, furono **Luce Irigaray** e **Julia Kristeva**, che si sono entrambe misurate sul terreno della psicoanalisi ricorrendo anche agli strumenti della linguistica.

3.1 L'altra donna di Luce Irigaray

La filosofa francese **Luce Irigaray** (1939), nella sua famosa opera *Speculum. L'altra donna* (1974), ha come obiettivi polemici Freud e Platone, il primo accusato di aver ricondotto la sessualità femminile a quella maschile, leggendola sotto il segno della **mancanza** e dell'**assenza** (il trauma della bambina in relazione all'assenza del pene) e, dunque, non nella sua specificità ma nel suo essere una copia imperfetta del modello maschile; il secondo, Platone, è accusato di essere il padre di quella lunga tradizione filosofica che ha visto nella donna il **negativo**, la **passività**, l'assolvimento della funzione di specchio per l'autostima dell'uomo, in quell'eterna opposizione e gerarchia di simboli che, nel mito della caverna, contrapponeva il sapere del padre (la luce fuori della caverna) all'istintività della madre (il buio dell'antro).

La medesima funzione è svolta dallo *speculum*, lo strumento utilizzato dal ginecologo per guardare all'interno dell'organo genitale femminile, che riduce la donna all'unico aspetto visibile dallo specchio (un vuoto): dunque l'uomo, guardando la donna nella sua condizione di "vuoto" e "mancanza", può affermare se stesso come inevitabilmente superiore. La vagina viene considerata come il vuoto, il niente contrapposto al fallo come pieno, attivo. In questo senso il discorso del pensiero maschile viene definito *fal-logo-centrismo* in quanto l'uomo pone al centro se stesso, il proprio fallo, la propria logica binaria dove il femminile occupa sempre il lato negativo.

Nella omologazione del diverso nell'uguale, sia la riflessione filosofica sia quella psicoanalitica hanno sancito l'incapacità di pensare la differenza primaria dell'altro sesso, che è il sesso della madre che ha dato origine alla vita del figlio/a. Di contro all'invidia femminile del pene di matrice freudiana, la Irigaray contrappone un'invidia maschile, fatta di paura e di attrazione verso la potenza materna. La cultura e l'ordine sociale occidentale rispondendo a questi timori maschili hanno estromesso il legame vivente con la madre e la potenza creatrice femminile. A scapito soprattutto dell'umanità femminile che ha perduto la propria originalità e ha interiorizzato le esigenze maschili.

La critica femminista deve dunque assumersi il compito di «decostruire» le discipline e il linguaggio, che non sono mai neutri, ma sempre portatori del discorso fallocentrico. Compito delle donne, individuato soprattutto negli scritti successivi, è quello di costruire un nuovo linguaggio capace di farsi carico della differenza, ma stavolta non secondo la logica dell'opposizione, quanto piuttosto secondo un progetto di mediazione e reciprocità tra i due sessi.

3.2 La ricerca di un linguaggio al femminile: Hélène Cixous e Julia Kristeva

Il discorso di Irigaray si intreccia con quello della studiosa francese **Hélène Cixous** (1938) che aggiungerà al tema della differenza sessuale la riflessione sulla **differenza linguistica** e sulla necessità di elaborare una **scrittura femminile** capace di ignorare la logica binaria del discorso occidentale, quella di derivazione aristotelica che si basa sul principio di contraddizione, e di creare strutture sintattiche e linguistiche femminili, non riducibili alle codificazioni maschili. La logica binaria è quella che fissa coppie concettuali (attività-passività, *lógos-páthos*, giorno-notte ecc.) in cui la donna viene a occupare il polo negativo, dunque inferiore. La Cixous intende proprio scardinare questa logica di contrapposizioni gerarchiche e costruirne una nuova, capace di superare la gabbia logica della tradizione occidentale.

La psicoanalista e linguista **Julia Kristeva** (1941), partendo dalle teorie di Jacques Lacan, opporrà al concetto di ordine simbolico da lui introdotto, che coincide con il linguaggio del padre riconducibile alla tradizione fallocentrica occidentale, l'**ordine semiotico** o **materno** dei segni, proprio della fase pre-edipica e fatto di carezze, cura, legame immediato. È questo, secondo la Kristeva, il legame che va privilegiato, valorizzandolo soprattutto all'interno del rapporto madre-figlia, solitamente negato dalle concettualizzazioni maschili. Questo pensiero offrirà moltissimi spunti di riflessione per lo sviluppo delle successive elaborazioni teoriche in psicoanalisi, linguistica e filosofia.

4.

Il femminismo in Italia

▶▶

In Italia il movimento delle donne, inizialmente legato, tra la fine degli anni Sessanta e l'inizio degli anni Settanta del XX secolo, alle rivendicazioni politiche delle sinistre (il divorzio, l'aborto, le pari opportunità), si intreccia sempre più, nel corso degli anni Ottanta, a una nuova riflessione teorica che si distacca dall'origine politica e produce autonome elaborazioni teoriche.

Nascono, dapprima nelle grandi città, gruppi di donne (la Libreria delle Donne di Milano, il Centro Culturale Virginia Woolf di Roma, la comunità di filosofe Diotima di Verona, la casa editrice La Tartaruga ecc.) che fondano librerie, case editrici, centri di documentazione, biblioteche e che, pur in continuità con una lunga tradizione di lotte femminili, segnano un **salto qualitativo** nella definizione degli **obiettivi**, delle iniziative e delle riflessioni teoriche, legate all'aspetto politico che la differenza reca con sé.

La critica alla società patriarcale

Nel 1966 esce a Milano il *Manifesto programmatico del gruppo Demau* (demistificazione dell'autoritarismo patriarcale): «*Il principale bersaglio politico del Demau è la politica di integrazione della donna nell'attuale società. La polemica è indirizzata specialmente alle numerose associazioni e movimenti femminili che si interessano della donna e della sua emancipazione*». Queste associazioni, si dice, cercano di «*inserire e facilitare l'emancipazione della donna nella società così com'è*» e non mettono in questione la società a partire da sé in quanto donne, ma mettono in questione se medesime in funzione della società, che è una società di tradizione decisionale maschile.

Un importante contributo è offerto da **Carla Lonzi** (1931-1982), legata al gruppo romano di Rivolta Femminile, con il suo *Sputiamo su Hegel* (1970) in cui afferma la necessità di superare l'uguaglianza formale tra uomini e donne come primo passo per ritrovare una propria identità al di là di quel ruolo «secondario» che la cultura ha attribuito alla donna: «*Il porsi della donna non implica una partecipazione al potere maschile, ma una messa in questione del concetto di potere* [...]. *Il mondo dell'uguaglianza è il mondo della sopraffazione legalizzata, dell'unidimensionale; il mondo della differenza è il mondo dove il terrorismo getta le armi e la sopraffazione cede al rispetto della varietà e della molteplicità della vita*».

Per Carla Lonzi, quindi, non ci possono essere libertà e pensiero femminili senza pensare la differenza tra donna e uomo. La Lonzi respinge con forza il programma di uguaglianza tra i sessi, perché esso nasconde di nuovo il tentativo ideologico di asservire le donne al modello maschile.

La cultura occidentale e i filosofi con essa hanno riconosciuto l'atto di trascendenza maschile, negandolo però alle donne. Le donne oggi giudicano apertamente la cultura e la storia che sottintendono la trascendenza maschile e criticano tale trascendenza che nega la propria. Contro tale tentativo di prevaricazione «la donna deve solo porre la sua trascendenza», atto che consente alle singole donne di superare simbolicamente i limiti dell'esperienza personale.

4.1 Luisa Muraro e Adriana Cavarero

Una nuova prospettiva teorica, in dialogo con le riflessioni di Irigaray, è elaborata da due filosofe legate rispettivamente alla Libreria delle Donne di Milano e alla comunità Diotima: Luisa Muraro e Adriana Cavarero. Il punto di partenza non è più la critica alla posizione subordinata della donna, ma la ricerca di quegli aspetti e di quelle **potenzialità femminili** che sono state messe a tacere e che con forza vogliono ritrovare una voce e un luogo di espressione.

Il testo fondamentale che segna l'inizio di questo nuovo indirizzo è un lavoro collettivo, *Non credere di avere dei diritti* (1987), a cura del gruppo milanese della Libreria delle Donne, in cui emerge la personalità di **Luisa Muraro**. La tesi centrale dell'opera è che le donne non devono puntare a quegli obiettivi di uguaglianza con gli uomini che, di fatto, nascondono solamente l'adesione a valori declinati al maschile, ma debbano invece concentrarsi sulla loro **differenza**, unico mezzo di effettiva liberazione, perché solo così le donne potranno emanciparsi da quel sistema che continua a porre l'uomo come l'Uno, la norma, il criterio di valutazione del reale. Fondamentale per questo ribaltamento è la spinta a curare i rapporti con le altre donne, considerandoli «una risorsa insostituibile di forza personale, di originalità mentale, di sicurezza sociale».

A partire da questa considerazione, il percorso di liberazione e affermazione di sé di una donna può avvenire attraverso la pratica dell'**affidamento** in cui questa donna attribuisce autorità e valore a un'altra donna. La pratica dell'affidamento nasce dalle relazioni tra le donne e dalla consapevolezza che le donne non sono uguali tra loro. Nominare la disparità è un primo passo per superare il neutro imposto dalla società (neutro che non è mai neutro, ma che nasconde valori maschili) e affidandosi a una propria simile per affrontare il mondo, una donna attribuisce valore e autorità anche a sé. Nella loro relazione le donne si potenziano nei confronti del mondo.

Con il saggio del 1991, *L'ordine simbolico della madre*, la Muraro approfondisce questa posizione prendendo in considerazione la centralità del rapporto madre-figlia. Le donne legate da un rapporto di affidamento contribuiscono a costruire un ordine simbolico alternativo a quello maschile attraverso una nuova genealogia femminile. La relazione con la madre è la mediazione primaria, luogo originario di radicamento ed enunciazione.

LA DOTE
DELLA MADRE

L'antica relazione con la madre ci dà sul reale un punto di vista duraturo e vero,
vero non secondo la verità-corrispondenza ma secondo la verità metafisica (o logica)
che non separa essere e pensiero e si alimenta dell'interesse scambievole fra l'essere
e il linguaggio. Noi impariamo a parlare dalla madre e questa affermazione definisce
chi è la madre/che cos'è il linguaggio. [...]
Nella società in cui viviamo una donna può pensare che la madre sia muta per le cose
veramente importanti, tirannica e insieme succube al potere. La pratica che dicevo consiste
nel contrattare con la madre l'esistenza simbolica, ed è verificatrice in quanto anche
modifica l'ordine sociale e disordine simbolico esistenti.

➤ L. MURARO, *L'ordine simbolico della madre*

La madre è infatti colei che dà la vita e la lingua, dunque fonte di esistenza non solo materiale ma anche simbolica, a partire da cui ricostruire quel vissuto di reciprocità nel quale ognuna ritrova il rispetto di sé in quanto essere autonomo e differente. Quello che di noi rimane fissato alla madre ci spinge a cercare sostituti materni, secondo una struttura circolare propria della mediazione, prima tra tutte la lingua. La lingua quindi può ricostituire l'ordine simbolico della madre e può diventare un principio ordinatore dell'esperienza e liberatore della mente.

Il pensiero della differenza sessuale

La seconda opera centrale per lo sviluppo teorico del femminismo italiano è *Diotima. Il pensiero della differenza sessuale* (1987) a cura della comunità filosofica Diotima, in cui spicca il saggio di **Adriana Cavarero** *Per una teoria della differenza sessuale*. La filosofa parte da una critica al linguaggio maschile, falsamente neutro e universale, sottolineandone l'intrinseco carattere sessuato. Il discorso filosofico e scientifico ha così nascosto la differenza sessuale che deve invece essere portata alla luce. Compito davvero difficile, questo, che richiede per la donna il farsi soggetto all'interno del linguaggio: «*La donna non ha un linguaggio suo, ma piuttosto utilizza il linguaggio dell'altro. Essa non si autorappresenta* nel *linguaggio, ma accoglie* con *questo le rappresentazioni di lei prodotte dall'uomo. Così la donna parla e pensa, si parla e si pensa, ma non a partire da sé*». Questa situazione è particolarmente evidente nell'elaborazione filosofica, un po' meno negli scritti poetici e narrativi. Unica via d'uscita è quella di rifiutare il **linguaggio monistico maschile**, che ha sempre assimilato la donna come Altro all'Uno maschile, e instaurare un linguaggio basato su una **logica duale**, che non può che porsi nella forma della separatezza come «*un diffidare del pensiero, nei confronti dell'intero castello concettuale della logica dell'uno*».

La genesi culturale del corpo e dell'identità

Posizione importante nello sviluppo più recente del pensiero femminista è quella di **Rosy Braidotti**, docente all'Università di Utrecht e attenta alle tematiche del soggetto e della costruzione dell'identità. Sulla scia di autori francesi come Michel Foucault, Gilles Deleuze e la stessa Luce Irigaray, Braidotti insiste sul carattere non naturale della corporeità ma sulla sua costruzione a livello sociale, culturale e linguistica, sui processi inconsci e desideranti che si intrecciano con il corporeo. Questa è la ragione per cui il corpo non è qualcosa di dato, bensì è qualcosa di mobile, variabile, nomade (è del 1995 il suo *Il sesso nomade* e del 2002 *Nuovi soggetti nomadi*); un corpo che vive sempre più sulla propria pelle l'impatto delle tecnologie, una sorta di entità in parte animale e in parte macchina che abita simultaneamente differenti zone, un *cyborg* quale soggetto umano multistratificato, complesso e internamente differenziato, aperto alle forze, alle passioni e alle trasformazioni che si consolidano all'interno di ciò che tradizionalmente è stato chiamato il «sé individuale», da sempre appannaggio del pensiero antropocentrico.

Concludiamo questa breve rassegna sul pensiero femminista evidenziando come, all'interno delle università, i cosiddetti Women's studies siano ormai affermati e interessino una sempre più ampia gamma di ambiti disciplinari, dalla storia alla sociologia, all'economia (non altrettanto la filosofia); non possiamo d'altronde non rilevare come la presenza delle donne in molti settori della società sia ancora davvero bassa: una riflessione dunque che ha davanti a sé molte sfide.

Testi

1. Virginia Woolf
La società delle estranee

La sudditanza sociale delle donne non deve spingere ad atteggiamenti esclusivamente rivendicativi, essa al contrario può essere contrastata anche trascrivendola in positivo. Le donne hanno una specificità che non può essere ridotta a modelli e valori maschili. In questo brano la Woolf mostra che le donne possono vivere in un altro luogo e con un proprio sistema di valori.

[...] la Società delle Estranee persegue i vostri stessi fini: la libertà, l'uguaglianza, la pace; ma anche che cerca di raggiungerli con i mezzi che un sesso diverso, una tradizione diversa, un'educazione diversa e i diversi valori che derivano da tutte queste diversità hanno messo a nostra disposizione. In generale possiamo dire che la principale differenza tra noi che siamo fuori dalla società e voi che siete dentro la società consiste in questo: che voi utilizzerete i mezzi che la vostra posizione vi offre: leghe, convegni, campagne, grossi nomi e tutte le misure pubbliche che la ricchezza e il potere politico vi mettono a disposizione, mentre noi, restandocene fuori, faremo degli esperimenti non con strumenti pubblici in pubblico, ma con strumenti privati in privato. E i nostri esperimenti non saranno soltanto critici, ma creativi. Per esempio, le estranee faranno a meno delle cerimonie, ma non per un puritano disprezzo della bellezza. Al contrario, uno dei loro scopi sarà di aumentare l'esperienza della bellezza: la bellezza della primavera, dell'estate, dell'autunno; la bellezza dei fiori, delle sete, dei vestiti; la bellezza che riempie non solo ogni prato, ogni bosco, ma ogni bancarella di Oxford Street; i frammenti di bellezza che sono ovunque e aspettano solo che un artista li componga per divenire visibili. Ma faranno a meno della bellezza imposta, irregimentata, ufficiale delle cerimonie in cui un solo sesso prende parte attiva: quelle, per esempio, che traggono ispirazione dalla morte dei re o dalla loro incoronazione. E faranno a meno dei segni di distinzione personale – medaglie, nastrini, distintivi, cappucci, toghe – non per antipatia verso gli ornamenti personali, ma perché tali distinzioni finiscono per costringere, stereotipare, distruggere. Su questo punto, come su tanti altri, abbiamo vicino l'esempio istruttivo degli Stati fascisti: se non esiste un modello di ciò che desideriamo essere, abbiamo però, ed è forse altrettanto prezioso, il modello quotidiano e illuminante di ciò che non desideriamo essere. Con l'esempio che essi ci forniscono del potere ipnotico sulla mente umana di medaglie, simboli, decorazioni, e persino di calamai scolpiti, il nostro scopo deve essere di sottrarci a tale potere.

▶ V. Woolf, *Le tre ghinee*

RISPONDI ALLE SEGUENTI DOMANDE

■ Perché Virginia Woolf definisce le donne «estranee» e a che cosa sarebbero estranee?
■ Che cosa intende per mezzi critici e creativi?
■ A quale potere le donne sarebbero in grado di sottrarsi?

2. Simone de Beauvoir
Essere donna non è un destino

Proponiamo il brano che apre la seconda parte del copioso saggio della de Beauvoir, quello relativo all'esperienza vissuta. La celebre frase dell'incipit sottolinea la costruzione sociale dei sessi, in cui l'essere donna è frutto di forti condizionamenti psicologici, sociali, economici e di obblighi imposti dall'educazione e dalla legge. La libertà femminile si può esprimere non adattandosi a questo sistema, ma facendo di se stesse un progetto.

Donna non si nasce, lo si diventa. Nessun destino biologico, psichico, economico definisce l'aspetto che riveste in seno alla società la femmina dell'uomo; è l'insieme della storia e della civiltà a elaborare quel prodotto intermedio tra il maschio e il castrato che chiamiamo donna. Unicamente la mediazione altrui può assegnare a un individuo la parte di ciò che è *Altro*. In quanto creatura che esiste in sé, il bambino non arriverebbe mai a cogliersi come differenziazione sessuale. Tanto nelle femmine che nei maschi, il corpo è prima di tutto l'irradiarsi d'una soggettività, lo strumento indispensabile per conoscere il mondo: si conosce, si afferra l'universo con gli occhi e con le mani, non con gli organi sessuali. I drammi della nascita, dello svezzamento avvengono nello stesso modo per i due sessi; l'uno e l'altro hanno i medesimi interessi, gli stessi piaceri; dapprima, la fonte delle loro esperienze più gradevoli consiste nel succhiare; poi attraversano una fase anale in cui traggono le soddisfazioni più intense dalle funzioni escretorie, che sono analoghe per tutti e due; pure analogo è lo sviluppo genitale; esplorano il proprio corpo con la stessa indifferente curiosità; dal pene e dalla clitoride nascono uguali, dubbi piaceri; e, in quanto la loro sensibilità già tende a obbiettivarsi, è diretta verso la madre; la carne femminile, dolce, liscia, elastica, suscita nel bambino e nella bambina stimoli sessuali, che si traducono in un desiderio di prendere, di afferrare; è aggressiva la maniera con cui la bambina, come il bambino, abbraccia sua madre, la palpa, l'accarezza; provano la stessa gelosia quando nasce un altro bambino e l'esprimono in modi analoghi: collera, malumore, disturbi urinari; ricorrono agli stessi vezzi per conquistare l'affetto degli adulti. Fino ai dodici anni la giovinetta è robusta quanto i suoi fratelli, e mostra identiche capacità intellettuali; non vi sono zone dove le sia vietato di rivaleggiare con loro. E, se molto prima della pubertà, o qualche volta addirittura dalla primissima infanzia, ci appare sessualmente già differenziata, non dovremo risalire a misteriosi istinti destinati a farne una creatura passiva, civetta e materna, ma dovremo ricordare che l'intervento altrui nella vita infantile è pressoché originario e che fino da principio la sua vocazione le viene imperiosamente imposta.

▶ S. DE BEAUVOIR, *Il secondo sesso*

RISPONDI ALLE SEGUENTI DOMANDE

■ Spiega il significato della celebre formula: «Donna non si nasce, lo si diventa»
■ Quali sono le argomentazioni di Simone de Beauvoir per dimostrare l'uguaglianza tra i due sessi?

3. Luce Irigaray
La differenza sessuale

Secondo Luce Irigaray la questione della differenza sessuale è il problema che la nostra epoca ha da pensare, come solo antidoto possibile alle forme di distruzione contemporanee, ma anche come sola via perseguibile per una rispettosa convivenza tra donne e uomini a partire dalla loro imprescindibile differenza che è prima di tutto la differenza della madre che ci ha concepito.

La differenza sessuale rappresenta uno dei problemi o il problema che la nostra epoca ha da pensare. Ogni epoca – secondo Heidegger – ha una cosa da pensare. Una soltanto. La differenza sessuale, probabilmente, è quella del nostro tempo. La cosa del nostro tempo che, pensata, ci darebbe la "salvezza"?

Ma, che io mi rivolga alla filosofia, alla scienza, alla religione, continuamente questo problema si trova occultato, sottostante, sempre più insistente. Come una problematica che potrebbe dare scacco alle molte forme di distruzione dell'universo, a un nichilismo che non afferma niente altro che il rovesciamento dei valori esistenti, alla proliferazione ripetitiva di tali valori – che si chiamino società dei consumi, circolarità del discorso, malattie più o meno cancerose della nostra epoca, inaffidabilità delle parole, fine della filosofia, disperazione religiosa o regressione alla religiosità, imperialismo scientista o tecnico indifferente all'essere vivente ecc.

La differenza sessuale sarebbe l'orizzonte di mondi di una fecondità ancora non avvenuta. Almeno in Occidente, e senza ridurre la fecondità alla riproduzione dei corpi e della carne. Fecondità di nascita e rigenerazione

per i partner amorosi, ma anche produzione di un'epoca nuova di pensiero, arte, poesia, linguaggio... Creazione di una nuova *poietica*. [...]

Perché abbia luogo l'opera della differenza sessuale occorre, è vero, una rivoluzione di pensiero, e di etica. Tutto è da reinterpretare nelle relazioni tra il soggetto e il discorso, il soggetto e il mondo, il soggetto e il cosmo, il micro e il macrocosmo. Tutto; e per cominciare che il soggetto si è sempre scritto al maschile, benché si pretendesse universale o neutro: *l'uomo*. Ciò non toglie che l'uomo – perlomeno in francese – non è neutro, ma sessuato. [...]

Il nostro tempo, spesso considerato come il manifestarsi della problematica del desiderio, di solito teorizza il desiderio in base a osservazioni di un momento di tensioni, di un tempo della storia, quando invece il desiderio dovrebbe essere pensato come una dinamica i cui schemi cambiano, possono essere descritti al passato, talvolta al presente, mai essere programmati in maniera definitiva per il futuro. La nostra epoca non sembra aver realizzato tutta la riserva dinamica che il desiderio significa, se lo si riferisce all'economia dell'*intervallo*. Se lo si situa nelle attrazioni, tensioni, atti tra *forma* e *materia*, come pure nel *resto* che sussiste dopo ogni creazione e opera, *tra* ciò che è già identificato e ciò che deve ancora esserlo ecc.

Per immaginare una simile economia del desiderio, bisogna reinterpretare ciò che Freud intende per *sublimazione*, e notare che egli non parla di sublimazione della genitalità (salvo che nella riproduzione? Ma se fosse una sublimazione riuscita, Freud non sarebbe così pessimista sull'educazione dei bambini a opera dei genitori), né di sublimazione delle *pulsioni parziali della parte del femminile* ma piuttosto della loro repressione (le bambine parlano più in fretta e più correttamente dei maschietti, hanno un rapporto migliore con il sociale ecc., qualità o attitudini destinate a scomparire senza traccia di creazioni che ne mobilitino l'energia, se non il diventare donna: oggetto di attrazione? – Cfr. *Speculum, l'altra donna*, Feltrinelli, pp. 9-162).

In questa non-sublimazione possibile di se stessa, e a opera sua, la donna tende sempre *verso* senza ritorno a sé come luogo di elaborazione del positivo. In termini di fisica contemporanea, si potrebbe dire che lei sta dalla parte dell'elettrone, con tutto quello che ciò implica per lei, per l'uomo, per il loro incontro. Se non c'è un doppio desiderio, il polo + e il polo – si ripartiscono tra i due sessi, senza che si stabilisca un chiasma o un doppio giro in cui ciascuno possa andare verso l'altro e tornare a sé.

Senza questi + e – nell'uno e nell'altro, sempre lo stesso esercita l'attrazione, l'altro sussiste in movimento ma senza luogo "proprio". Manca il duplice polo di attrazione e sussistenza, che esclude la disintegrazione o il rigetto, l'attrazione e la scomposizione, nel luogo di quella separazione che scandisce l'incontro, gli incontri, e permette la parola, la promessa, l'alleanza.

Per allontanarsi, bisogna poter prendere? O dire? Che, in qualche maniera, è lo stesso. Per prendere, è necessario un luogo-contenente immobile? Un'anima? O una mente? Il lutto per niente è il più difficile. Il lutto per me nell'altro è pressoché impossibile. Mi cerco, come ciò che è stato assimilato. Dovrei ricostituirmi a partire da una disassimilazione... Rinascere a partire da tracce di cultura, di opere già prodotte dall'altro. Cercando quello che c'è – quello che non c'è. Ciò che le ha permesse, che non c'è. Le loro condizioni di possibilità, che non c'è.

La donna dovrebbe ritrovarsi, tra l'altro, attraverso le immagini di lei già depositate nella storia, e le condizioni di produzione dell'opera dell'uomo, e non a partire dalla propria opera, dalla propria genealogia.

Se la donna rappresenta tradizionalmente, e in quanto madre, il *luogo* per l'uomo, il limite significa che lei diventa *cosa*, con eventuali mutazioni da un'epoca storica a un'altra. I suoi contorni sono di cosa. Ma il materno-femminile serve anche da involucro con cui l'uomo limita le sue cose. Il *rapporto tra l'involucro e le cose* costituisce una delle aporie, o l'aporia, dell'aristotelismo e dei sistemi filosofici che ne derivano.

Nelle nostre terminologie, originate da quell'economia di pensiero ma impregnate di uno psicologismo che ignora le proprie fonti, si dirà, per esempio, che la donna-madre è *castratrice*. Il che significa che, non essendo interpretato il suo statuto d'involucro e di cosa(e), ella non è mai separabile dall'opera o dall'atto dell'uomo, in quanto specialmente egli la definisce e pone la propria identità a partire da lei o correlativamente a quella data determinazione di lei. Per poco che ella rimanga viva, continuamente disfa il lavoro di lui, distinguendosi dall'involucro come dalla cosa, creandovi senza posa un intervallo, un gioco, un qualcosa di mosso, di non limitato, che disturba la sua prospettiva, il suo mondo, e i suoi limiti. Ma poiché non le lascia una vita soggettiva e mai è per lei a sua volta luogo e cosa, in una dinamica intersoggettiva, l'uomo non esce da una dialettica schiavo-padrone. Schiavo, in caso, di un Dio al quale attribuisce le qualità di un padrone assoluto. Segretamente, oscuramente, schiavo della potenza del materno-femminile che egli sminuisce o annienta.

▶ L. IRIGARAY, *Etica della differenza sessuale*

RISPONDI ALLE SEGUENTI DOMANDE

■ Che cosa intende Luce Irigaray per «non-sublimazione possibile di se stessa» per una donna?

■ Che cosa implica nella relazione tra sessi l'essere madre di una donna?

■ A quale proposito la Irigaray definisce la dinamica servo-padrone?

Bioetica

1.

Etica e bioetica

▸▸

La bioetica, come ramo particolare e relativamente autonomo della riflessione etica, si è imposta nella sua specificità a partire dagli anni Settanta. Più precisamente essa è una branca dell'etica applicata che concerne i problemi morali e normativi che insorgono nell'ambito della ricerca biologica e dell'esercizio della pratica medica. Lo stesso nome fu coniato in quel periodo dall'oncologo Van Rensselaer Potter (1911-2001) che lo impiegò in un suo saggio del 1970; fu poi adottato l'anno successivo da un istituto di ricerca presso la Georgetown University di Washington per affermarsi definitivamente nel 1978 con la pubblicazione, sempre negli Usa, dell'*Enciclopedia di bioetica*. Questa precisazione cronologica è utile per comprendere il clima culturale in cui questa disciplina è nata e si è sviluppata. Gli anni Settanta furono segnati da profondi mutamenti sociali conseguenti alla crescente urbanizzazione e industrializzazione, al diffuso benessere, all'estensione e rapidità delle comunicazioni, alla mobilità sociale, al pluralismo culturale.

Lo sviluppo scientifico cambia il volto della natura

Lo sviluppo della ricerca scientifica e tecnologica ha comportato un sempre crescente intervento dell'uomo in ambito medico e biologico, e dunque la possibilità di cambiare il volto della natura, o di ciò che si credeva la naturalità della vita umana: si pensi per esempio all'aborto, alle procedure di trapianto d'organi e di fecondazione artificiale. La sempre più ampia capacità dell'uomo di modificare "il naturale corso delle cose" ha fatto sorgere però anche radicali domande circa il potere delle nuove tecnologie e la direzione che il progresso scientifico stava seguendo. Il mondo intellettuale e scientifico si andava interrogando sulla capacità che gli strumenti scientifico-tecnologici avevano di manipolare i meccanismi e i processi naturali con grave rischio per la conservazione della vita e la sopravvivenza della stessa specie umana. Un'altra domanda non tardò ad affacciarsi: il progresso scientifico non nascondeva forse grandi interessi di natura economica? Di qui l'esigenza di riconsiderare il **rapporto uomo-natura** e di individuare alcuni **valori morali fondamentali** alla luce dei quali valutare la liceità e i limiti dell'intervento umano sulla natura stessa.

La fondazione di un'etica scientifica

Secondo Potter, affrontare questo genere di problemi in ottica laica significa lavorare alla fondazione di un'etica scientifica grazie alla quale la biologia sia in grado di coniugare in sé tanto la componente conoscitiva quanto quella assiologica per individuare i fini morali da perseguire, in primo luogo la sopravvivenza dell'uomo e l'incremento della qualità della vita. Potter voleva costruire una sorta di "ponte" tra la cultura scientifica e quella umanistica. Questa visione ha incontrato una forte obiezione nell'idea che la scienza non possa fornire valori ma solamente conoscenze, in quanto essa si muove su un piano eterogeneo rispetto a quello dei valori: la scienza sarebbe quindi esclusivamente descrittiva, mai prescrittiva.

Nonostante ciò, la prospettiva inaugurata dalla bioetica testimonia la necessità di rispondere a interrogativi urgenti sorti in un momento storico particolare e che interessano fortemente il nostro presente. Domande che riguardano la nostra stessa esistenza quotidiana, il nostro essere uomini e donne in un mondo in cui l'intervento sulla natura, in campo medico e biologico, si presenta sempre più invasivo e potente. Di qui l'esigenza di una riflessione che cerchi di far dialogare l'etica tradizionale con le sfide aperte dal nuovo mondo che abbiamo costruito, di far collaborare scienziati ed eticisti per elaborare qualche possibile indicazione sulla liceità del nostro operare.

1.1 Bioetica e cultura cattolica

Anche la cultura cattolica italiana è intervenuta in questo dibattito attraverso la riflessione del Centro di Bioetica dell'Università Cattolica, proponendo una diversa ottica di analisi, sia dal punto di visto storico che teorico. Dal punto di vista storico, il pensiero cattolico è partito dal ruolo rivestito dal Processo di Norimberga (1946) contro i criminali nazisti, soprattutto per quanto concerne gli esperimenti di eugenetica, per mettere a fuoco l'ambito di interesse e dunque i problemi di cui la bioetica dovrebbe occuparsi. Questo fattore storico è strettamente legato con l'aspetto teorico, nel senso che questo evento è all'origine della riflessione sui principi e sui valori contenuti nella *Dichiarazione universale dei diritti dell'uomo* (1948). Inoltre da qui è iniziato il recupero del "giusnaturalismo" come dottrina secondo la quale per definire i diritti dell'uomo è necessario prendere in considerazione la sua stessa struttura ontologica.

L'oggettività dei valori morali

L'ottica con cui è stata impostata l'indagine è sostanzialmente la filosofia di san Tommaso, il che ha portato a giustificare la convinzione che le norme morali, poiché sono intrinsecamente iscritte nella dimensione naturale della creatura, posseggano una innegabile valenza oggettiva e siano perciò immodificabili. Se dunque la natura umana e i valori morali sono eterni, come interpretare e giudicare l'intervento dell'uomo sulla natura? Il Processo di Norimberga costituirebbe allora quel nodo storico a partire dal quale far emergere la questione di fondo che si pone attualmente la bioetica: visto l'illimitato sviluppo del progresso scientifico-tecnologico, la bioetica si chiede «*se tutto quello che è tecnicamente possibile debba anche essere ritenuto eticamente lecito*» (E. Sgreccia, *Manuale di bioetica*). La bioetica avrebbe allora il compito di stabilire i confini che la ricerca scientifica non dovrebbe oltrepassare, dichiarando in maniera incontrovertibile la non liceità di quegli interventi sui meccanismi naturali della vita i quali, se perseguiti, potrebbero condurre a un «*nuovo olocausto tecnologico*».

La bioetica e le questioni legate al senso ultimo della vita

Al di là dell'inevitabile conflitto tra posizioni laiche e cattoliche, di cui tra poco esamineremo ulteriori conseguenze, appare sufficientemente chiaro che il dibattito in corso ha individuato alcune importanti questioni che spostano il dibattito dal terreno dal quale aveva inizialmente preso le mosse. Innanzitutto la bioetica pone questioni sul "senso" della vita, della morte, della sofferenza che, se in precedenza rientravano principalmente nella sfera religiosa, ora diventano oggetto di riflessione filosofica: ciò anche in rapporto alla dimensione pubblica, e per certi aspetti politica, che esse hanno assunto. Ne consegue che ora il confronto avviene a livello paritetico tra il teologo e il filosofo, tanto che il nostro Comitato nazionale di bioetica è composto da membri appartenenti a diverse matrici culturali e a diverse aree professionali (giuristi, filosofi, operatori sanitari). L'eterogeneità del Comitato fa sì che il dibattito sia impostato su basi il più possibile razionali e argomentative quale condizione ineludibile per giungere a conclusioni condivise e che possano costituire anche un'indicazione significativa per il legislatore. È inevitabile però sottolineare le difficoltà che in generale emergono nel confronto tra punto di vista teologico e filosofico, dal momento che i presupposti da cui essi partono si trovano spesso in profondo conflitto.

1.2 Etica deontologica e consequenzialista

Il punto cruciale della questione concerne l'individuazione della specifica novità della bioetica. In altri termini: posto che essa è "etica applicata", di che cosa si occupa in modo specifico? La risposta a questa domanda va cercata tenendo conto di alcune distinzioni fondamentali che sono state messe a punto dalla ricerca etica contemporanea.

La prima concerne quella tra **deontologismo** e **consequenzialismo**. Si chiama deontologica quell'etica che è fondata su principi considerati giusti in senso assoluto e che pertanto devono essere rispettati in sé, senza eccezioni: di conseguenza sono vietate tutte le azioni che li infrangono, indipendentemente dai loro effetti. Un esempio di etica deontologica è quella kantiana per la quale i doveri valgono prima (*ex ante*) delle eventuali conseguenze dell'azione. All'opposto, si definisce consequenzialista l'etica che fa dipendere le sue considerazioni da ciò che il nostro agire determina (*ex post*, da ciò che viene dopo). Poiché il principio basilare di questo secondo tipo di etica è quello della massimizzazione del benessere, essa può dar luogo sia a un esito egoistico, e si parla quindi di egoismo etico, nel senso che l'azione è indirizzata da ciò che procura un vantaggio per l'agente stesso, sia a un esito utilitaristico, nel senso che si persegue ciò che procura «*la maggiore felicità − o beneficio − possibile del maggior numero possibile di persone*», anche a costo di rinunciare al proprio. È questa la prospettiva di Beccaria, Bentham, Stuart Mill.

Sacralità della vita versus qualità della vita

La questione della bioetica deve dunque passare, pur con una serie di ulteriori precisazioni e distinzioni, attraverso questa scelta preliminare di impostazione: da essa infatti derivano, nel dibattito attuale, due prospettive etiche nettamente antitetiche, quella della **sacralità della vita** e quella della **qualità della vita**. L'etica della sacralità della vita è di tipo deontologico: «sacralità della vìta» infatti indica che la vita umana è inviolabile e intangibile al punto che è fatto divieto assoluto di interferire con le sue finalità intrinseche. Malgrado questa posizione etica intenda prescindere da presupposti religiosi, di fatto essa viene a interpretare la posizione dei movimenti confessionali e della Chiesa cattolica.

Sul fronte opposto l'etica della qualità della vita si presenta come un'etica consequenzialista, dal momento che intende il benessere e il rispetto dell'autonomia individuale come i valori essenziali per la determinazione delle scelte morali: non meraviglia pertanto che essa sia adottata da movimenti di ispirazione laica.

Assolutezza e relatività delle norme

Il terreno di confronto/scontro tra le due concezioni è principalmente quello costituito dall'ammissione o meno di divieti assoluti, o dal fatto che i divieti, che naturalmente anche l'etica della qualità della vita contempla, possano ammettere eccezioni in rapporto alla pluralità delle circostanze e al variare delle situazioni. Poiché un documento essenziale dell'etica della sacralità della vita, l'enciclica *Evangelium vitae* (1995), afferma con vigore l'esistenza di alcuni divieti assoluti (di contraccezione, di aborto, di ogni forma di fecondazione assistita, di eutanasia), le due posizioni si rivelano per il momento inconciliabili, nonostante i tentativi di dialogo e di parziali "contaminazioni", e divise sulla questione essenziale della natura delle norme: un dato naturale in quanto infuse nella natura da Dio con la creazione, e quindi immutabili, per l'etica della sacralità della vita, una creazione umana, e quindi discutibili e rivedibili, per l'etica della qualità della vita.

Costruire una morale laica condivisa

Esistono poi altri motivi ed equivoci che rendono più difficile una serena considerazione delle posizioni dell'avversario. Il più noto di essi riguarda i diversi modi di intendere il concetto di relativismo. Secondo i sostenitori della sacralità della vita il non accogliere alcun valore e divieto come immutabile significa cadere inevitabilmente in un soggettivismo morale in cui tutte le scelte possono venire equiparate. I sostenitori della qualità della vita, al contrario, distinguono tra pluralismo e relativismo e sottolineano che l'etica laica, che esige argomentazioni razionali che si inseriscono nell'orizzonte dell'universalità, esclude *ipso facto* qualsiasi esito soggettivistico con conseguente negazione della possibilità di costruire una morale condivisa; l'etica laica vuole infatti proporsi proprio come portatrice di convinzioni condivisibili da tutti gli esseri razionali.

Tecnica e immagine dell'uomo

Altro problema cruciale è quello dell'"immagine dell'uomo" in rapporto allo sviluppo della tecnica: i sostenitori della sacralità della vita fanno riferimento a una natura umana metafisicamente fondata, che la tecnica non deve intaccare se non la vuole stravolgere; i sostenitori della qualità della vita negano che vi sia una natura umana immodificabile, e che anzi sia proprio la tecnica a determinare l'immagine che l'uomo ha di sé. In questo momento storico, contrassegnato dalla rivoluzione informatica e da quella biologica, ciò comporta che l'uomo attraversi una fase di crisi, dal momento che non riesce ancora ad adeguare la propria immagine, per tanti aspetti legata al passato, alle nuove frontiere che gli si aprono davanti. E se l'uomo è disposto ad accettare gli interventi sul mondo fisico e a considerarli positivamente in quanto rispondenti a un progetto, comunque buono, di antropizzazione della realtà, non altrettanto accade per il mondo della vita: qui la progettualità umana sembra debba essere fortemente limitata in nome di un'intangibilità dei segreti della vita che possono essere violati solo al prezzo di effetti nefasti.

1.3 Bioetica e medicina

Dalla riflessione sul rapporto uomo-natura a partire dall'intervento scientifico e tecnologico si apre una terza questione relativa alla concezione della medicina e alla funzione che essa deve ricoprire. La tradizione ippocratica, fatta propria dai fautori della sacralità della vita, si fondava sulla convinzione che la natura fosse in grado di conservarsi e di sanare i propri mali in modo autonomo e autosufficiente e che, di conseguenza, la terapia prestata dalla medicina non fosse che un sostegno cooperativo, un aiuto per stimolare la natura a "fare da sé"; ora le recenti scoperte imporrebbero una radicale revisione di questa concezione, giacché la medicina non solo asseconda, ma è in grado di trasformare la natura per soddisfare le esigenze umane.

La descrizione fin qui fatta dei problemi e delle diverse posizioni in campo ci fa comprendere non solo l'intensità, e talvolta anche l'asprezza, del dibattito in corso, ma anche quanto si sia ancora lontani da soluzioni soddisfacenti o comunque generalmente condivise. Certo è che ormai i temi della bioetica, coinvolgendo un pubblico sempre più ampio, stimolano la ricerca e il dibattito che si svolge anche fuori dagli ambienti specialistici e accademici. Ciò sembra essere una buona premessa per la determinazione di quella normativa condivisa che, mentre è tesa a disciplinare in modo giusto ed equilibrato una materia così complessa, promuove insieme il progresso etico delle nostre società sempre più pluraliste e alle prese con situazioni nuove ed estremamente complesse.

2. Temi della bioetica

Dopo questa panoramica generale, vediamo quali sono gli ambiti tematici della bioetica.

 Innanzitutto il tema dell'**aborto**. Anche in questo caso si sono scontrate due posizioni antitetiche, quelle a esso contrarie e quelle favorevoli. Gli antiabortisti hanno motivato il loro giudizio con l'argomento che il feto, in quanto dotato di un patrimonio cromosomico, è persona fin dalla fecondazione, il che rende l'aborto una forma di omicidio. Gli esponenti del partito abortista negano invece che il feto sia persona, qualifica che è applicabile a un individuo che sia dotato di razionalità potenziale: poiché l'embrione fino a circa quattordici giorni dalla fecondazione può dare origine a due gemelli identici, e poiché la razionalità presuppone la formazione della corteccia cerebrale, il che avviene solo dopo diverse settimane, il feto almeno nelle prime settimane non è persona (o lo è solo in potenza, come sembrano ammettere anche gli antiabortisti che usano – confronta per esempio la *Donum vitae* I, 1 del 1987 – l'espressione «come se fosse una persona») e pertanto l'aborto non può essere classificato come omicidio.

■ Anche la **fecondazione artificiale** (in vitro o in vivo) e la **sperimentazione su embrioni** è tema che implica la questione della qualifica o meno di persona da attribuire al feto: dal momento che alcuni embrioni impiegati nei due processi possono morire, si tratta di decidere se sia lecito o meno procedere con queste pratiche. Coloro che condannano la fecondazione artificiale, muovono anche l'obiezione che essa costituirebbe una forma di eugenetica dal momento che i genitori potrebbero creare figli "perfetti" secondo il loro capriccio. Inoltre, la donazione di gameti estranei alla coppia sarebbe un fattore di disgregazione del rapporto di parentela e dunque della famiglia intesa in senso tradizionale. Dal fronte opposto si risponde evidenziando l'importanza di questi interventi al fine di individuare le cure di gravi malattie e difetti genetici, nonché la maggiore rilevanza dei rapporti sociali rispetto a quelli biologico-naturali per la solidità dei vincoli familiari.

■ Molto controverso è anche il tema dell'**eutanasia**. Il punto di partenza è costituito dal rifiuto del cosiddetto "vitalismo medico", per cui il medico dovrebbe, sempre e comunque, prolungare la vita del paziente, dal momento che essa è in ogni caso migliore della morte, e dal riconoscimento che l'**accanimento terapeutico** è inaccettabile quale forma di inutile crudeltà. Se si accettano questi presupposti rimane da determinare quali sono i confini del diritto della persona, nel caso in cui si trovi a uno stadio terminale della malattia e sia afflitto da intollerabile dolore, di autodeterminare la propria morte con un atto cosciente e deliberato. È il caso della richiesta di suicidio assistito che consiste nell'ottenere i mezzi per togliersi la vita o dell'eutanasia volontaria ossia della richiesta di ricevere la morte da una terza persona, per esempio dal medico stesso.

Tali richieste dovrebbero trovare espressione in un documento scritto, il cosiddetto **testamento biologico**, o *living will*, una dichiarazione attraverso la quale si possono esprimere le proprie volontà in merito a come si vuole essere curati in caso di emergenza medica e di situazione terminale. Per fare questo è prevista una scheda che il cittadino potrà compilare, con dati anagrafici e personali, in cui sono presentate diverse situazioni e opzioni. A monte del problema c'è comunque la sempre più diffusa consapevolezza che non sempre la morte è il peggiore dei mali ossia che la vita è buona finché offre contenuti positivi e che, quando la guarigione non è più possibile, ci si deve prendere cura del paziente per consentirgli, con appositi interventi, una «buona morte», serena e dignitosa (posizione della cosiddetta "medicina palliativa").

A questo punto però le posizioni divergono. Da parte cattolica si afferma che «*l'intangibilità della vita e la dignità della persona non consentono a nessuno, né al medico né al paziente stesso né ai familiari e neppure alla società, di suggerire o accettare scelte di eutanasia o di suicidio assistito*». Questa posizione è motivata evidenziando:

a) la differenza tra "lasciare morire", ossia lasciare che la natura faccia il suo corso, dopo aver tentato di lenire il dolore, e "uccidere" quale atto intenzionale dell'uomo, assolutamente illecito;

b) che il principio dell'autonomia non può avere un valore assoluto;

c) che le richieste di essere "aiutati a morire" non vanno accettate perché esse non costituiscono un'autentica volontà di porre fine all'esistenza, ma nascondono piuttosto una richiesta di vicinanza affettiva e partecipazione simpatetica alla propria condizione;

d) che tra le funzioni svolte dal medico non può mai essere contemplata quella di uccidere;

e) che l'eventuale diffusione dell'eutanasia determinerebbe una "burocratizzazione della morte" e intaccherebbe la necessaria fiducia nel medico da cui si potrebbe sempre temere un intervento letale.

Da parte laica si controargomenta insistendo sull'autonomia dell'individuo, il quale deve sempre essere lasciato libero di disporre di se stesso, e sul valore centrale dei suoi diritti, sulla compatibilità di cure palliative ed eutanasia, sulle modifiche storicamente subite dalla funzione del medico, sulla natura volontaria e pubblica, perciò controllabile, delle richieste di autodeterminazione, sull'insostenibilità della rigida distinzione tra "fare" (dell'uomo) e "lasciar fare" (della natura) grazie alle conoscenze che permettono il controllo umano dei processi naturali di cui l'uomo diventa perciò responsabile.

■ Con la nascita della pecora Dolly (febbraio 1997) si è imposto all'attenzione generale il problema della **clonazione**, cioè la riproduzione di un essere vivente con la tecnica della duplicazione del nucleo di una cellula adulta: naturalmente il timore è che questa pratica possa portare anche alla clonazione umana. Se tutti sono d'accordo nel respingere questa prospettiva come lesiva della dignità dell'essere umano, più problematico appare il fatto che questo processo può essere impiegato, oltre che per fini riproduttivi, anche per scopi terapeutici, cioè per ricreare tessuti e parti del corpo compromesse da gravi malattie degenerative. Per realizzare questo progetto, che potrebbe anche portare a una valida alternativa ai trapianti d'organo, si è intrapreso e intensificato lo studio delle **cellule staminali**, prelevabili da vari tessuti dell'adulto, da feti abortiti e dalla massa interna dell'embrione.

I dubbi non mancano e la discussione si è accesa soprattutto su un punto fondamentale che richiama le questioni 1 e 2 già considerate: poiché la ricerca comporta la distruzione di embrioni umani per il prelievo delle cellule staminali, essa può essere considerata lecita e dunque venire consentita? La risposta dipende ancora dal modo con cui si considera l'embrione, se persona o no. Chi – come i cattolici – lo considera persona, ritiene che qualsiasi intervento su cellule staminali vada considerato un autentico omicidio e quindi debba essere vietato, anche se compiuto per finalità buone come la cura di molte malattie. Una corretta impostazione etica costringe infatti a rifiutare un mezzo illecito, giacché non è giusto compiere il male neppure per conseguire un bene. La visione laica, non considerando persona l'embrione, evidenzia l'importanza di condurre la ricerca senza preclusioni nella considerazione dei benefici terapeutici che ne deriverebbero: a questo punto la ricerca diventerebbe un dovere morale e gli impedimenti a essa un crimine contro persone sofferenti e in attesa di una cura risolutiva.

Testi

1. Peter Singer
La rivoluzione etica

Nel brano riportato il filosofo australiano Peter Singer (1946) paragona la situazione attuale a quella immediatamente precedente la rivoluzione copernicana: siamo cioè in un momento nel quale i vecchi paradigmi non bastano più per affrontare le nuove e più complesse sfide poste dalla realtà.

Quattro secoli fa la nostra concezione del posto dell'uomo nell'universo entrò in crisi. Gli antichi avevano adottato il modello di sistema solare concepito da Tolomeo, secondo il quale la Terra è al centro dell'universo e tutti i corpi celesti ruotano attorno ad essa. Anch'essi, però, si erano resi conto che questo sistema non funzionava molto bene: non permetteva di prevedere con sufficiente precisione la posizione dei pianeti. Supposero allora che i pianeti, mentre si muovevano in grandi orbite circolari attorno alla Terra, disegnassero anche cerchi più piccoli attorno alle loro orbite. In tal modo si riuscì a rattoppare il modello; ma i problemi non finirono e si dovette procedere ad ulteriori aggiustamenti. Questi rappresentarono un ulteriore miglioramento, ma ancora non eliminarono del tutto le difficoltà. Sarebbe stato possibile introdurre qualche altra modificazione del modello geocentrico di base, ma a questo punto Copernico propose un approccio radicalmente nuovo, avanzando l'idea che i pianeti, Terra compresa, ruotassero intorno al Sole. [...]

Al pari della cosmologia antica prima di Copernico, la dottrina tradizionale della sacralità della vita umana è oggi in uno stato di profonda crisi. I suoi difensori, naturalmente, hanno reagito alle difficoltà cercando di chiudere le falle che la loro prospettiva continuava a denunciare. [...]

Il lavoro di aggiustamento della vecchia visione potrebbe continuare, ma è difficile prevedere un futuro lungo e benefico per una visione paradossale, incoerente e basata sulla finzione, com'è diventata l'etica convenzionale della vita e della morte. Le nuove tecniche mediche, le soluzioni di casi giuridici emblematici e i cambiamenti dell'opinione pubblica minacciano continuamente di far crollare l'intero edificio. Io non ho fatto altro che segnalare e mettere a nudo una debolezza che negli ultimi due o tre decenni è diventata evidente. Chiunque sappia riflettere con lucidità sulla gamma delle questioni sollevate in questo libro, si renderà conto che la pratica medica moderna è diventata incompatibile con la credenza nell'uguale valore di ogni vita umana.

È giunto il momento per un'altra rivoluzione copernicana. Sarà, ancora una volta, una ribellione contro un complesso di idee che noi abbiamo ereditato dall'età in cui il mondo intellettuale era dominato da una prospettiva religiosa. [...] La tesi tradizionale, secondo cui ogni vita umana è sacra, semplicemente non ci consente di far fronte alla gamma di questioni che esigono di venir risolte. La prospettiva nuova ci darà un approccio inedito e più promettente.

▶ P. SINGER, *Ripensare la vita*

RISPONDI ALLE SEGUENTI DOMANDE

■ A che cosa paragona Singer l'etica della sacralità della vita?
■ Perché, secondo il filosofo, è necessaria una rivoluzione etica?

2. Eugenio Lecaldano
Il mercato della salute

Il breve brano del filosofo Eugenio Lecaldano (1940) dirige l'attenzione sui controversi rapporti tra salute, Stato e interessi economici, non sempre volti a favorire una consapevole presa in carico della propria condizione.

Possiamo subito molto brevemente argomentare contro le tesi del cosiddetto "liberalismo anarchico", che ritiene che lo Stato debba completamente disinteressarsi della salute dei suoi cittadini che va così affidata al mercato economico. Non vogliamo nemmeno argomentare a difesa della posizione che noi riteniamo più corretta la quale sostiene che invece rientri tra i compiti dello Stato un intervento sociale che corregga le troppo forti differenze nella distribuzione della ricchezza garantendo ai cittadini un minimo di cure. Sostenere questo comporta poi che si disponga di criteri sui limiti e i metodi di questo intervento, ovvero sul come debbano essere distribuite le risorse pubbliche disponibili. Non mi sembra moralmente accettabile la tesi che alcune tecniche e risorse comunque scarse [...] vadano integralmente affidate alla licitazione privata, ovvero che siano in definitiva le capacità pecuniarie dei pazienti e l'interesse economico dei medici a risolvere i dilemmi etici. Vi è qualcosa di stridente con il nostro senso morale nel ritenere che a parità di condizioni possa bastare il denaro per risolvere i casi controversi.[...]

Risulta invece evidente che pure sostenendo che in generale gli esseri umani possano disporre del proprio corpo si può benissimo sottoscrivere l'affermazione che sia doveroso disporne secondo quelli che si ritengono dei principi morali relativi al suo uso. Non necessariamente dunque il principio che afferma la disponibilità autonoma o autodeterminazione del proprio corpo comporta che si debba considerare questa disponibilità come una forma di proprietà.

▶ E. LECALDANO, *Bioetica. Le scelte morali*

RISPONDI ALLE SEGUENTI DOMANDE

- Che ruolo deve svolgere lo Stato nella cura della salute dei cittadini?
- In che senso, secondo Lecaldano, ogni individuo deve disporre del proprio corpo.

3. Movimento italiano per la vita
Chi è il titolare dei diritti dell'uomo?

In questo articolo, redatto dal Movimento italiano per la vita, l'attenzione si sposta sulla questione che deve porsi a fondamento dell'intero sistema dei diritti: riconoscere chi è veramente l'uomo.

Tutta la teoria dei diritti umani diviene evanescente o, addirittura, può trasformarsi in strumento di prepotenza ideologica se non c'è un "chiodo" che la sostiene. I diritti umani hanno bisogno di un titolare per esistere realmente. Chi è il titolare dei diritti dell'uomo? Se non sappiamo con precisione chi è l'uomo, tutto crolla come un castello di carta. Anzi, ci sono delle possibilità peggiori. Basterebbe definire l'uomo come "un essere dotato di ragione, di pelle bianca e magari di razza ariana" per giustificare quelle stesse leggi razziali per impedire le quali cinquant'anni fa fu elaborata la *Dichiarazione universale*. Dunque chi è l'uomo?

La domanda può sembrare banale. In effetti cinquant'anni fa non fu sentita l'esigenza di una definizione. Nel preambolo della *Dichiarazione* si attribuiscono la dignità umana e i "diritti uguali ed inalienabili" che ne discendono [...] a "tutti i membri della famiglia umana"; l'art. 1 si riferisce a tutti gli "esseri umani"; i successivi articoli indicano come titolare dei diritti "ogni individuo". Ma ciò che sembrava scontato [...] nel 1948 è diventato importante col passare degli anni quando sono cominciate le discussioni sull'aborto e soprattutto quelle sulla procreazione artificiale e sulla manipolazione genetica. [...] Si tratta di capire qual è la caratteristica essenziale che fa l'uomo uomo, cioè qualcosa di diverso da ogni altra entità creata, dai minerali, dalle piante e dagli animali. [...] Ai nostri giorni giuristi e politici si affannano a capire chi è l'uomo. Essi debbono soltanto "riconoscerlo". Se pretendessero di decidere essi, per legge, chi è l'uomo, rischierebbero di provocare il più grande degli arbitri, il più cinico razzismo proprio mentre vogliono evitarlo. [...] Il problema della definizione dell'uomo si interseca con quello del diritto alla vita, che è strettamente connesso con la dignità umana [...] il diritto alla vita appare la prima conseguenza della dignità umana, anzi: con essa si identifica e la esprime.

▶ Movimento Italiano per la Vita, a cura di, "Sì alla vita", XX, 1997, n. 10

RISPONDI ALLE SEGUENTI DOMANDE

- Su che cosa deve fondarsi la teoria dei diritti umani?
- Quali nuovi fatti costringono a rimettere in discussione la vecchia idea di uomo?

4. Hugo Tristram Engelhardt Jr
Quale futuro per la bioetica?

Nel brano del medico e filosofo Hugo Tristram Engelhardt (1941) si sottolinea come l'orizzonte della bioetica non possa che essere quello di una riflessione laica e razionale, in grado di far dialogare tra loro gruppi sociali caratterizzati da diversi e conflittuali visioni etiche. La bioetica assumerà allora un linguaggio neutro in grado di fare da ponte tra diverse esperienze.

La storia della bioetica negli ultimi due decenni è stata la storia dello sviluppo di un'etica laica. Inizialmente il centro delle discussioni fu tenuto da individui che operavano nell'ambito di particolari tradizioni religiose. Tuttavia questo centro d'interesse è stato sostituito da analisi che oltrepassano i confini delle singole tradizioni [...]. Di conseguenza, è sorta una specifica tendenza laica che tenta di formulare risposte non sulla base di una particolare tradizione, ma piuttosto in modo da rivolgersi agli individui razionali in quanto tali. La bioetica fa parte di una cultura laica ed è nipotina dell'Illuminismo. Poiché gli anni Ottanta sono stati contrassegnati, in Iran, negli Stati Uniti e altrove, da tentativi di tornare ai valori tradizionali e alle certezze delle fedi religiose, ci si deve chiedere che cosa ciò prefiguri per il futuro della bioetica in questo specifico senso laico. In ogni modo, poiché il mondo non sembra sul punto di abbracciare un'ortodossia particolare [...] la bioetica si svilupperà inevitabilmente come una struttura laica di razionalità in un'era di incertezze. Vale a dire che l'esistenza di discussioni aperte, pacifiche, fra gruppi in disaccordo, come gli atei, i cattolici, gli ebrei, i protestanti, i marxisti, gli eterosessuali e gli omosessuali [...] spingerà inevitabilmente verso un linguaggio comune neutro. La bioetica si sta sviluppando come una lingua franca di un mondo che si interessa dell'assistenza sanitaria ma non possiede una concezione etica comune.

▶ H.T. Engelhardt, *Manuale di bioetica*

RISPONDI ALLE SEGUENTI DOMANDE

- Perché l'autore definisce la bioetica una nipotina dell'Illuminismo?
- Quale sarà, per Engelhardt, il futuro della bioetica?
- In che modo la bioetica potrà far dialogare tra loro tradizioni etiche differenti?

Etica ambientale

1.

Etica e natura nella tradizione filosofica: tre paradigmi possibili

▶▶

Il rapporto tra l'uomo e l'ambiente è stato, in un certo senso, sempre presente nella riflessione scientifica e filosofica, ma è diventato tema centrale del dibattito culturale e politico nel corso del XX secolo, allorché lo sviluppo industriale è parso per la prima volta compromettere l'equilibrio tra uomo e natura e minacciare la stessa esistenza della vita sul pianeta Terra.

Dal punto di vista scientifico l'interesse per le problematiche ambientali è databile a partire dall'Ottocento. Si deve, infatti, al biologo tedesco Ernst H. Haeckel la coniazione, nel 1866, del termine ecologia (dal greco *oikos*, "casa" e *lógos*, "discorso").

L'ecologia, in quanto scienza, si presenta come lo studio dei rapporti che legano tra loro l'uomo, gli altri organismi viventi e l'ambiente in cui vivono.

Altra cosa è l'etica ambientale, che ha per oggetto la relazione morale degli esseri umani con l'ambiente e con i suoi elementi non-umani e che si propone di riconsiderare il sistema di valori con cui la cultura ha, fino a ora, interpretato il rapporto tra l'uomo e l'ambiente naturale.

1.1 Moralità della natura

La tradizione filosofica occidentale, dai greci a oggi, presenta tre possibili soluzioni al problema del rapporto tra sistema dei valori morali e natura. La prima di queste tre formulazioni sostiene la tesi della moralità della natura, ossia afferma che esiste una morale naturale che conferisce una particolare rilevanza alla natura nella determinazione del sistema dei valori etici.

Su questa posizione troviamo attestarsi vari, importanti filosofi. **Aristotele**, per esempio, il quale riconosce che la natura ha un ruolo fondamentale nella fondazione dell'etica. Il suo finalismo eudemonistico − secondo cui il fine dell'agire umano è il raggiungimento della felicità − si basa sulla tesi che, per l'uomo, tendere al bene significa realizzare l'essenza della sua natura (vedi *Etica Nicomachea*, I, 1-2, 1094a-b). Un'impostazione simile si ritrova nella **filosofia stoica**, seconda la quale l'etica deve fondarsi sul principio di seguire la natura: l'agire umano è giusto, e consente di raggiungere la felicità, se è conforme all'ordine razionale e necessario, identificato con la natura divinizzata. Dice **Seneca** (4 ca. a.C.-65 d.C.) che «*su questo punto gli stoici sono tutti concordi, [...] è saggezza il non allontanarsi dalla natura e conformarsi al-*

la sua legge ed al suo esempio. Concludo: la vita è felice, se è consona con la propria na-
tura» (*La vita felice*, 3, 3-4).

In Età moderna, il tema è ripreso da **Jean-Jacques Rousseau** (1712-1778), per il quale a fondamento dell'etica c'è un principio universale innato, grazie al quale gli uomini sanno discriminare il bene dal male. Tale principio è la coscienza: essa non è
un prodotto dell'educazione, perché, in tal caso, varierebbe da situazione a situazione generando un relativismo etico; al contrario, la coscienza ha in sé leggi morali, eterne e universali, che seguono l'ordine della natura.

1.2 Amoralità della natura: Kant

Il paradigma della natura amorale trova la sua compiuta espressione nel criticismo
kantiano. Immanuel Kant (1724-1804) contrappone natura e morale e sostiene che
la prima è estranea e indifferente rispetto alla seconda. Ciò consegue dalla distinzione tra mondo della natura, fenomenico e sottoposto a leggi universali e necessarie,
e mondo umano, fondato sull'assolutezza incondizionata della legge morale e sul postulato della libertà.

In un celebre passo Kant scrive:

LA LEGGE MORALE
DENTRO DI ME

Due cose riempiono l'animo di ammirazione e venerazione sempre nuova e crescente,
quanto più spesso e più a lungo la riflessione si occupa di esse: il cielo stellato sopra di me,
e la legge morale in me. Queste due cose io non ho bisogno di cercarle e semplicemente
supporle come se fossero avvolte nell'oscurità, o fossero nel trascendente, fuori del mio
orizzonte; io le vedo davanti a me e le connetto immediatamente con la coscienza della mia
esistenza. La prima comincia dal posto che io occupo nel mondo sensibile esterno,
ed estende la connessione in cui mi trovo, a una grandezza interminabile, con mondi
e mondi, e sistemi di sistemi; e poi ancora ai tempi illimitati del loro movimento periodico,
del loro principio e della loro durata. La seconda comincia dal mio io indivisibile,
dalla mia personalità, e mi rappresenta in un mondo che ha la vera infinità, ma che
solo l'intelletto può penetrare, e con cui (ma perciò anche in pari tempo con tutti quei
mondi visibili) io mi riconosco in una connessione non, come là, semplicemente accidentale,
ma universale e necessaria. Il primo spettacolo di una quantità innumerevole di mondi
annulla affatto la mia importanza di creatura animale che deve restituire nuovamente al
pianeta (un semplice punto nell'universo) la materia della quale si formò, dopo essere stata
provvista per breve tempo (e non si sa come) della forza vitale. Il secondo, invece, eleva
infinitamente il mio valore, come [valore] di una intelligenza, mediante la mia personalità
in cui la legge morale mi manifesta una vita indipendente dall'animalità e anche dall'intero
mondo sensibile, almeno per quanto si può riferire dalla determinazione conforme a fini
della mia esistenza mediante questa legge: la quale determinazione non è ristretta
alle condizioni e ai limiti di questa vita, ma si estende all'infinito.
→ I. KANT, *Critica della ragion pratica*

1.3 Naturalità della morale

Secondo questa prospettiva la morale acquista una rilevanza naturale perché i principi morali sono fondati sulla natura umana. Nel pensiero anglosassone di imposta-

zione empirista e utilitarista questa tesi è presente in vari autori: tra i più importanti, **David Hume** (1711-1776) e **Charles Darwin** (1809-1882).

Il sistema filosofico-morale di Hume afferma la rilevanza naturale dell'etica. Il filosofo scozzese muove dalla teoria delle passioni, evitando di porre a fondamento della morale presupposti sia metafisici sia razionalistici. La fondazione della morale va ricercata nella struttura originaria della natura umana, individuata nell'insieme dei rapporti che legano le passioni, la volontà e la ragione: sono le passioni a guidare la volontà e la ragione. Secondo Hume il mondo delle passioni ha al suo interno la possibilità di autodisciplinarsi, poiché il dovere di ciascuno coincide con il suo più profondo interesse. All'interno di questo sistema, si afferma con forza la dottrina secondo la quale la morale umana ha il proprio fondamento su un originario sentimento di benevolenza insito nella natura umana.

Anche Darwin sostiene che la morale deve fondarsi sulla natura; ma individua il fondamento non in un sentimento di benevolenza, bensì in un istinto morale, prodotto dall'evoluzione naturale della specie, che muta con il mutare della specie stessa, facendo sì che la morale "coevolva" con la natura.

2. L'etica ambientale contemporanea

Nella discussione filosofica contemporanea il problema centrale è costituito dalla contrapposizione tra le etiche ambientali antropocentriche e quelle ecocentriche (o anti-antropocentriche):

- le **etiche antropocentriche** ritengono che la natura non abbia un valore in sé, ma che valga in quanto può soddisfare i bisogni dell'uomo;
- le **etiche ecocentriche** muovono dal principio secondo cui la natura ha un valore in sé, indipendentemente dall'uomo, che è solo parte della natura.

Le etiche ambientali antropocentriche

L'antropocentrismo etico ha varie formulazioni, che si possono riassumere nel seguente schema.

a) Esistono solo i diritti degli esseri umani a sfruttare la natura per soddisfare i loro bisogni (individualismo antropocentrico).

b) Esistono doveri di protezione e conservazione della natura per responsabilità verso tutti gli esseri umani, anche quelli futuri.

c) Esistono doveri di conservazione della natura per ragioni religiose: essa è dono di Dio e per questo va tutelata.

d) Esistono dei doveri di protezione della natura perché essa è un valore per gli esseri umani. Questo valore può essere simbolico-culturale (la natura come regno della libertà, dell'innocenza, dell'avventura, della sacralità), etico (l'esperienza della natura è formativa per il carattere morale dell'uomo), estetico (il bello naturale è comparabile al bello artistico).

Le etiche ambientali ecocentriche

Queste etiche muovono dall'assunto che la natura ha un valore intrinseco: gli enti e i processi naturali valgono in sé e sono fini in sé, indipendentemente da qualsiasi relazione – economica, psicologica, etica o estetica – con gli uomini.

All'interno di questa impostazione di pensiero si possono distinguere schematicamente tre posizioni.

- La posizione di chi adotta come criterio etico fondamentale la difesa dei viventi-senzienti, in modo che non patiscano sofferenze (la posizione "sensio-centrica" delle etiche animaliste o biocentriche).
- La tesi delle etiche olistiche, secondo cui la totalità della natura è a fondamento dei valori morali. Due sono le ragioni addotte a giustificazione di questa tesi: per alcuni sono ragioni metafisico-teologiche (la sacralità della vita); per altri sono ragioni teleologiche (il valore della vita come fine).
- La tesi sostenuta da Aldo Leopold (1887-1948) nell'*Etica della terra*, secondo cui perseguire il benessere della comunità biotica è una necessità storico-evolutiva.

La posizione "sensio-centrica"

La posizione "sensio-centrica", spiega il docente di Bioetica Sergio Bartolommei, *«ritiene decisiva, da un punto di vista morale, la capacità di provare piacere e dolore. L'argomento a sostegno di questa posizione recita che lo spartiacque tra soggetti degni di considerazione morale e oggetti che ne sono esclusi, o ne possono essere esclusi senza commettere abusi, non è la capacità di parlare, né il possesso della ragione, dell'autocoscienza o di altre competenze cognitive superiori, bensì è soltanto la capacità di sentire, e dunque di provare sofferenza. [...] Essendo la capacità di provare piacere e dolore una capacità distintiva di tutti gli individui senzienti, il cerchio della considerazione morale deve quindi essere esteso, oltre gli uomini e i mammiferi superiori, per comprendere anche tutti gli animali non umani (selvatici e domestici) in grado di "sentire"»* (S. Bartolommei, *Etica e natura*).

L'olismo anti-antropocentrico e la riflessione sulla comunità biotica

L'olismo anti-antropocentrico afferma che debbano essere moralmente tutelate non solo singole entità individuali, secondo un'antica mentalità individualista che non riesce a comprendere la dimensione globale dei processi complessivi della vita; va invece salvaguardata la totalità degli ecosistemi, della biosfera, della Vita in quanto forza spirituale primigenia.

Considerato da molti il padre dell'etica ambientale contemporanea, Aldo Leopold fin dalla prima metà del Novecento sostenne che «l'interdipendenza biotica» di tutti gli esseri, viventi e non viventi, costringerà gli uomini, se vorranno garantirsi la sopravvivenza, a produrre un'evoluzione dei loro sentimenti morali: essi passeranno dal «prendersi cura» degli altri uomini al «prendersi cura» dell'intera «comunità biotica».

«*L'etica della terra* – scrive Leopold – *allarga i confini della comunità per includere animali, suoli, acque, piante: in una parola, la terra. [...] Essa cambia il ruolo di* Homo

Sapiens *da conquistatore della comunità della terra a membro effettivo e cittadino di essa. Ciò implica rispetto per i suoi membri, ma anche per la comunità in quanto tale: una cosa è giusta quando tende a preservare la stabilità, l'integrità e la bellezza della comunità biotica, è sbagliata quando tende altrimenti».*

3. La Deep Ecology

L'espressione Deep Ecology, *«ecologia profonda»*, fu coniata da Arne Naess nel 1973. Successivamente, nel 1984, Naess e George Sessions, formularono una *«proposta di piattaforma ecologica profonda»* che servisse da base programmatica per tutti coloro che si riconoscevano in quel tipo di prospettiva. I punti qualificanti si possono riassumere così:

- qualsiasi forma di vita sulla Terra ha un valore intrinseco, che va mantenuto, e che gli uomini non hanno il diritto di violare se non per soddisfare bisogni "vitali";
- l'attuale interferenza del mondo umano nel mondo non umano è eccessiva per cui è necessaria una diminuzione della popolazione umana;
- il miglioramento delle condizioni di vita nel pianeta richiede un cambiamento nelle politiche attuali che promuova la qualità della vita invece che un alto tenore di vita.

La Deep Ecology intende collocarsi oltre la contrapposizione antropocentrismo/anti-antropocentrismo perché non considera il rapporto uomo-natura da un punto di vista teorico, secondo categorie etiche, ossia utilizzando i concetti di diritti, doveri o responsabilità. Lo scopo degli ecologisti profondi è quello di modificare il modo di vivere dell'uomo in rapporto all'ambiente: questo cambiamento, che dovrebbe interessare nel profondo l'essere umano, deve portare a basare la relazione tra uomo e mondo naturale su fondamenti emozionali e affettivi, piuttosto che su motivi razionali, etici o estetici.

La natura si presenta come una rete di relazioni interdipendenti, di cui l'uomo è uno degli elementi. In questa prospettiva la difesa dell'Io individuale viene a coincidere con la tutela del Sé cosmico, grazie a un sentimento universale pre-etico. Scrive Naess che *«siamo vincolati all'ordine ecosferico come la circonferenza è vincolata a pi greco».*

1. Sergio Bartolommei
L'ecologia profonda

Il pensiero degli ecologisti profondi viene presentato come un radicale mutamento della concezione stessa dell'io e del mondo: da due entità separate, si passa a considerare l'io individuale come parte integrante del Sé cosmico. Tutelare l'ambiente diventerebbe allora la stessa cosa che tutelare se stessi.

L'auto-denominazione di "ecologisti profondi" (o "eco-sofisti") serve loro per prendere le distanze da quanti, pur opponendosi alla tesi dell'indifferenza morale del rapporto uomo-natura, pongono poi la questione dei nuovi rapporti con l'ambiente solo in termini di benessere umano (materiale e non materiale).

Gli ecologisti profondi mettono in discussione, in primo luogo, la legittimità della stessa distinzione tra interessi dell'uomo e interessi del mondo per valorizzare piuttosto il "bene", o "perfezione" dell'eco-sfera come un tutto. A tale scopo ritengono di capitale importanza assumere la nuova raffigurazione del mondo offerta dall'ecologia. Essa rifiuta la tradizionale immagine dell'uomo come ente a parte dalla natura e della natura come mera aggregazione di enti separati; propone al contrario un'immagine dell'uomo come parte della natura, e della natura come "rete" o "campo" di relazioni interdipendenti in base alla quale sono le relazioni a definire forme, identità e caratteri dei loro costituenti.

In secondo luogo gli ecologisti profondi ritengono, sulla base di quanto appena detto, che il conflitto tra coloro che da una parte sostengono il "dispotismo umano" sulla natura o l'uso saggio e razionale delle risorse e coloro che, dall'altra, si battono per preservare la natura dagli interventi umani non è tanto un conflitto etico, quanto di *paradigmi concettuali*, o di *Gestalt*, nella percezione e raffigurazione del mondo. In altre parole, a loro giudizio non è perché si ritiene che la natura sia a disposizione dell'uomo che la concepiamo come "cosa" giustapposta ad un "soggetto" che o la smonta e la rimonta a suo piacere ("dispotismo"), o la tratta con "rispetto" ("amministrazione saggia e responsabile"). È vero esattamente il contrario: poiché concepiamo la natura come qualcosa di altro da noi, ne facciamo quello che vogliamo, oppure ci sforziamo di elaborare norme e principi che riducano le distanze fra uomo e natura e ci vincolino a usarla con prudenza, saggezza, responsabilità ecc. (salvo attuare, in entrambi i casi, una sorta di *colonizzazione della natura* – economica e consapevole nel primo caso, etica e inconscia nel secondo – che confermerebbe l'identità e immutabilità della *Gestalt* di base: l'alterità e diversità io-mondo).

In terzo luogo, e per quanto precede, gli ecologisti profondi ritengono che ciò che conta nella questione dei rapporti uomo-ambiente è proprio un mutamento di *Gestalt*, una ridefinizione dei modi di percepire il mondo e il posto dell'uomo nel mondo. È qui che gli ecologisti profondi incrociano, per così dire, le posizioni di coloro che guardano all'etica *non* come elaborazione di norme o imperativi astratti, ma come *realizzazione della eccellenza* o *perfezione del carattere*. Essi definiscono questo ideale di eccellenza come "realizzazione del Sé" (con la maiuscola), intendendo con "Sé" non l'io individuale-empirico, o la somma degli io individuali-empirici, bensì l'identità universale o cosmica, l'"Assoluto", per cui ogni incremento di perfezione dell'Assoluto è visto come un beneficio anche per l'io, ed ogni violazione della integrità e stabilità del primo come una violazione del secondo – essendo l'io, spinozianamente, solo una parte o diramazione del Sé cosmico.

In quarto e ultimo luogo gli ecologisti profondi misurano il grado di "realizzazione del Sé" in base alla capacità degli esseri umani di ritirarsi dalla Terra come specie dominante, di spogliarsi cioè dei propri panni, di mettersi dal punto di vista del tutto e condividere quanto avviene sia nelle altre forme di vita individuali, sia, più in generale, nei "campi di relazione" biotici. La cosiddetta crisi ambientale nasce, infatti, a loro parere, dal prevalere di una certa *Gestalt* (quella che vede uomo e natura giustapposti o contrapposti) e, correlativamente, dall'imporsi di un modello di uomo "egoico" il cui carattere si è formato tramite processi di identificazione troppo angusti, umano-centrici (con la propria famiglia, il proprio gruppo, la propria nazione). Le patologie ambientali altro non sarebbero che un riflesso delle patologie educative e psicologiche generate da questo "provincialismo gestaltico". L'etica, dal canto suo, intesa come istituzione che fonda la sua stessa esistenza sul presupposto di «centri» di scelta o di attività volizionali (gli io empirici-individuali come agenti liberi e razionali) sarebbe parassitaria rispetto a tale *Gestalt* e avrebbe contribuito alla contrazione dei processi di identificazione, riducendoli agli altri "centri" di attività volizionale. Valorizzando e incrementando *le esperienze concrete* di *confronto* e di *contatto pratico con la natura*, i processi di identificazione possono invece essere intensificati e allargati in modo "trans-personale", sino ad ottenere un tipo di uomo "eroico", con un senso dell'esistenza cioè in virtù del quale tutte le entità dell'universo (individuali o collettive, umane e non umane, organiche e inorganiche) verrebbero percepite come anelli di un'unica, ininterrotta catena. Correlativamente l'etica, come istituzione, si renderebbe superflua, poiché la difesa dell'io (empirico-individuale) coinciderebbe con la tutela del "Sé" (cosmico), e la protezione della natura sarebbe *avvertita* come protezione del "noi"; non vi sarebbe cioè alcun bisogno di esortare qualcuno a "prendersi cura di...", perché ciascuno *sentirebbe* questo compito come

Testi

suo proprio, senza dover subire pressioni o raccomandazioni (morali) di sorta.

▶ S. Bartolommei, *Etica e natura*

■ Qual è l'immagine dell'uomo proposta dai sostenitori della Deep Ecology?

■ Quali mutamenti provoca la nuova considerazione dell'uomo nel rapporto con l'ambiente?

■ Come è possibile, secondo i sostenitori della Deep Ecology, che cambi la posizione dell'uomo nei confronti della natura?

2. Silvana Castiglione
La questione animale tra etica e diritto

Il brano della filosofa Silvana Castiglione mette a fuoco gli snodi essenziali dell'attuale riflessione sui diritti degli animali: in base a che cosa affermiamo che essi sono soggetti di diritti? Quali dei loro diritti vanno tutelati? Da quale punto di vista stabiliamo i loro diritti?

Con l'espressione «questione animale» intendo riferirmi a un argomento che, a partire dal 1975, anno di pubblicazione di *Animal Liberation* di Peter Singer, è entrato con forza e anche con una certa risonanza a occupare un suo spazio nell'ambito del più ampio dibattito sui cosiddetti «nuovi diritti» e «nuovi soggetti». Infatti si tende da un lato ad attribuire diritti nuovi, morali e giuridici, a soggetti già riconosciuti: come ad esempio nel caso del diritto a morire dignitosamente, oppure del diritto a un ambiente naturale non inquinato. Questi diritti vengono rivendicati per quel soggetto morale e giuridico per eccellenza che è l'uomo. Ma dall'altro lato si cerca anche di allargare il concetto di soggetto morale e/o giuridico (o di persona morale e/o giuridica) fino a ricomprendervi esseri o addirittura entità che prima ne erano esclusi: ad esempio *a)* gli esseri umani non ancora esistenti, cioè le generazioni future; *b)* gli esseri non umani animati e senzienti, vale a dire gli animali; *c)* gli esseri animati ma non senzienti, cioè le piante, i vegetali; e infine *d)* gli esseri inanimati, come la terra, il mare, le montagne, il paesaggio, gli ecosistemi e simili. Di solito a questi soggetti nuovi vengono attribuiti i diritti, o una parte dei diritti, che abitualmente sono propri dei soggetti per così dire vecchi, abituali. Ma vi sono anche dei casi in cui nuovi soggetti e nuovi diritti coincidono: si pensi al diritto all'ambiente delle generazioni future, oppure a un più generale diritto a morire senza sofferenza per tutti gli esseri senzienti. Le combinazioni possibili sono numerose e la casistica che si prospetta è molto ampia, tanto più che occorre tener conto di una ulteriore distinzione: a soggetti già riconosciuti come tali (gli esseri umani) possono venire attribuiti diritti nuovi, o dimensioni nuove dei vecchi, nell'ambito di certi loro *status* soggettivi o condizioni di vita che in precedenza non venivano presi in considerazione: è il caso tipico dei cosiddetti «diritti del malato».

Questo breve (e incompleto) schizzo tipologico mi è parso utile per introdurre il tema che verrà svolto nelle pagine seguenti: in che senso gli animali possono venire considerati soggetti morali e giuridici? In che senso, e fino a che punto, si può parlare di diritti degli animali?

Grosso modo si può dire che vi sono due impostazioni principali relativamente al rapporto uomo-animale dal punto di vista etico: l'una basata sulle conseguenze delle azioni in termini di piacere e di pena, l'altra invece incentrata sull'esistenza di diritti e doveri oggettivi. La prima conduce al principio fondamentale secondo cui si deve evitare d'infliggere sofferenza a tutti gli esseri, umani e non umani, che siano in grado di provarla: e quindi anche agli animali, dato che nessuno li pensa più come meri automi, privi della consapevolezza del dolore. È la prospettiva dell'utilitarismo classico (Bentham) e moderno (Singer). È diventata ormai molto nota la frase di Bentham: «L'importante non è chiedersi "sanno essi ragionare?", e neppure "sanno essi parlare?", bensì "sanno essi soffrire"?» Scopo di Bentham era opporsi all'idea dominante secondo cui solo gli esseri dotati di raziocinio e di linguaggio, e quindi di autocoscienza, potevano entrare a qualche titolo nell'universo della morale. Tutti gli altri ne erano esclusi, o, nella migliore delle ipotesi, vi rientravano soltanto in via indiretta. Quest'ultima era stata, ad esempio, la concezione di san Tommaso e di Kant, secondo i quali l'uomo ha sì il dovere di non far soffrire gli animali, ma solo come conseguenza indiretta del dovere che ciascuno ha verso gli altri uomini di non offendere la loro sensibilità mediante spettacoli crudeli, spettacoli che oltre a tutto possono indurire gli animi e spingere le persone a diventare crudeli anche nei confronti dei loro simili. [...]

Oltre alla prospettiva di stampo utilitaristico, e di morale della simpatia, ve n'è un'altra che si contrappone alla prima: è una prospettiva di tipo giusnaturalistico, che postula l'esistenza di diritti naturali degli animali; e poi, in un progressivo allargamento della coscienza ecologica, anche delle piante, e dell'ecosistema in genere. Numerosi autori stanno cercando di elaborare una nozione di «valore in sé», che come tale andrebbe rispettato in maniera assoluta, e che sarebbe posseduto non solo dagli uomini ma anche dagli animali e più in generale da tutti gli esseri viventi, sensibili e non; e, secondo taluni, anche dagli esseri inanimati. Da tale valore in sé o valore intrinseco deriverebbero dei diritti fondamentali (alla vita, al rispetto, alla non sofferenza e così via), naturali e inalienabili.

Uno dei tentativi più interessanti in tale senso, e in maniera specifica con riguardo agli animali, è quello di Tom Regan [docente universitario all'Università Statale della Carolina del Nord]. Secondo Regan possedere valore intrinseco significa essere in grado di condurre una vita che può essere migliore o peggiore per il soggetto stesso che la vive, in modo del tutto indipendente dalle valutazioni altrui. [...]

Limitandoci al problema degli animali, vediamo come i sostenitori della teoria del valore intrinseco affermino che solo così si riesce a difendere a fondo gli animali, senza le ineliminabili limitazioni della prospettiva utilitaristica e simpatetica, basate sulle valutazioni umane, che sono pur sempre soggettive e quindi passibili di errori e di cambiamenti. Il valore intrinseco invece è un elemento oggettivo peculiare di ogni singolo vivente, e costituisce una barriera di fronte alle pretese altrui: è una specie di guscio protettivo attorno a ciascuno che non può venire infranto se non in casi assolutamente eccezionali. In ogni modo, indipendentemente dalle argomentazioni che vengono offerte a supporto delle varie teorie, le conclusioni vanno tutte nel senso di una necessità non più eludibile di estendere la morale ai nostri rapporti con gli animali.

Ma quali sono i diritti che, comunque siano concepiti, si tende ad attribuire agli animali? [...]

In primo luogo il diritto a non essere fatti soffrire: e qui si apre la grossa piaga della vivisezione, o sperimentazione scientifica, come taluni in maniera alquanto eufemistica preferiscono dire. [...]

Il secondo diritto di cui si parla è quello alla vita: e qui i problemi si fanno ancora più complicati. Gli assertori della teoria dei diritti lo sostengono come diritto fondamentale. Per gli aderenti alle posizioni basate sul dovere di non provocare sofferenza, il diritto alla vita degli animali si presenta più complesso da dimostrare, dato che la morte può venire data eutanasicamente. [...] Il punto da sottolineare a proposito del diritto alla vita degli animali è che esso coinvolge il grosso interrogativo sulla liceità del mangiar carne. [...]

Il terzo diritto cui si fa riferimento è quello alla libertà, che coinvolge ovviamente il problema degli zoo e dei circhi. La privazione della libertà inflitta agli animali selvaggi può costituire sofferenza grave? Gli animali selvaggi hanno un interesse per la libertà tale da superare i vantaggi che derivano loro dal trovar cibo e riparo e dall'essere accuditi dall'uomo (posto che ciò avvenga)? In effetti è facile riscontrare che gli animali preferiscono sempre la libertà (a meno che non siano nati già in cattività, nel qual caso il problema del loro reinserimento nello stato naturale può presentarsi drammatico).

▶ S. Castiglione, *La questione animale tra etica e diritto*, in *Teorie etiche contemporanee*

RISPONDI ALLE SEGUENTI DOMANDE

- Sulla base di quali teorie etiche si riconosce agli animali di essere soggetti di diritti?
- Quanti nuovi soggetti sono stati proposti dall'etica contemporanea quali portatori di diritti?
- Quali sono i tre diritti fondamentali riconosciuti agli animali?

Intelligenza artificiale

1. Macchine intelligenti

▶▶

Intelligenza Artificiale è la denominazione di una delle più avvincenti imprese intellettuali degli ultimi cinquant'anni. L'espressione italiana traduce esattamente quella inglese – *Artificial Intelligence* –, la quale fece la sua comparsa ufficiale durante un seminario di studi tenutosi nel 1956 al Dartmouth College di Hannover nel New Hampshire (Usa). In quella occasione si riunirono diversi studiosi, tra i quali Marvin Minsky, Allen Newell, Herbert Simon e John McCarty – quest'ultimo ideatore del suggestivo acronimo AI – che lavoravano allo sviluppo di programmi per i nuovi modelli di calcolatori che sempre più rapidamente venivano prodotti.

Si tenga presente che il forte impulso allo sviluppo di macchine in grado di svolgere velocemente una gran mole di calcolo era legato alla necessità, divenuta impellente all'epoca, di gestire progetti molto complessi quali la produzione, per esempio, di armi atomiche o di missili. Non bisogna inoltre trascurare che il successo ottenuto dai servizi segreti inglesi – la cosiddetta *intelligence* – nel decodificare i codici segreti tedeschi durante la Seconda guerra mondiale, era dovuto anche all'utilizzo di un innovativo calcolatore, capace di eseguire rapidamente numerose operazioni, condizione indispensabile per ottenere informazioni di importanza vitale.

Il convegno del 1956 sanciva di fatto la nascita di una disciplina autonoma, la quale condensava secoli di ricerche e di sogni sia filosofici sia scientifici. L'AI, secondo Minsky, nel giro di pochi decenni sarebbe stata in grado di contraddire quanti andavano sostenendo che

LE MACCHINE
PENSERANNO

nessuna macchina potrà mai avere coscienza o provare ambizione o gelosia, possedere il senso dell'umorismo o avere qualunque altra esperienza mentale. È vero che siamo ancora ben lontani dal sapere costruire macchine che facciano tutte le cose che fanno gli uomini, ma ciò significa solo che abbiamo bisogno di teorie migliori sul funzionamento del pensiero.
▶ M. MINSKY, *La società della mente*, 1.2

All'alba del XXI secolo, l'intelligenza artificiale denota, a grandi linee, due ambiti di ricerca ben distinti e ciò nonostante strettamente cooperanti:
• il primo, di gran lunga il più sviluppato, appartiene al mondo dell'**informatica**;
• il secondo è invece suddiviso in una costellazione di discipline quali la **filosofia del linguaggio**, la **psicologia** e le **neuroscienze**. Detto in altri termini, l'Intelligenza Ar-

tificiale è una disciplina che indaga il funzionamento delle principali facoltà cognitive umane (il linguaggio, il ragionamento, l'abilità a risolvere problemi, il funzionamento dei meccanismi legati alla percezione: visione, riconoscimento vocale, olfatto, tatto ecc.) con lo scopo di riprodurre attraverso programmi per computer le suddette facoltà.

È bene sottolineare i concreti e difficilmente quantificabili interessi economici che si profilano dietro alla ricerca di sistemi intelligenti efficaci, i quali permetterebbero, per esempio, di svolgere ricerche sul web assai più elaborate di quelle rese possibili dagli attuali motori di ricerca, oppure con le parole tratte da un romanzo di cui Minsky è coautore:

IL POTERE DELL'AI

I carri armati e le mine non sono più un'arma d'assalto. Il nuovo gioco si chiama capacità produttiva. Se i nostri avversari avessero una vera AI, potrebbero metterci in ginocchio semplicemente facendo di noi una nazione povera, alla bancarotta.
→ H. HARRISON, M. MINSKY, *L'uomo di Turing*

Il pessimismo o il realismo espresso in forma romanzata da uno dei padri dell'AI sottolinea con forza che un mondo che si sviluppi via via grazie agli strumenti messi a disposizione dall'informatica e dalla robotica cambierà radicalmente aspetto e funzionamento, di conseguenza oltre agli ipotetici vantaggi sarà necessario preventivare gli inevitabili problemi.

2. Le applicazioni dell'AI

▸▸

Da un punto di vista tecnico, lo sviluppo dell'Intelligenza Artificiale ha portato alla realizzazione di programmi che hanno un alto livello di competenza nell'apprendimento e nella soluzione di problemi complessi. Questi programmi sono concepiti come manipolatori di simboli formali, di conseguenza la macchina che opera con essi non è altro che un elaboratore sintattico incapace di cogliere il significato (ovvero la dimensione semantica) dei simboli che manipola. Detto in altri termini, quando utilizziamo un programma di scrittura, la macchina registra nella propria memoria il testo che andiamo componendo, in alcuni casi poi il programma è capace di correggere degli errori di sintassi o di suggerire dei sinonimi, tuttavia è del tutto escluso che programma e macchina possano cogliere il significato di quanto abbiamo scritto.

In generale i sistemi di AI sono formati da una **base di conoscenza** − ciò che raccoglie i dati di un problema − e da un **motore inferenziale** − ciò che sceglie i dati raccolti dalla base ed elabora una soluzione al problema. Tale genere di programmi non sono dunque un semplice insieme di istruzioni paragonabile a quello di una normale calcolatrice numerica o di un programma di videoscrittura, bensì sono un

ambiente nel quale interagiscono la base di conoscenza e il motore inferenziale.
Esempi di programmi simili a quello descritto sono i cosiddetti **sistemi esperti**, realizzati a partire dagli inizi degli anni Settanta del secolo scorso; i primi furono sviluppati in ambito medico, e costituirono l'esempio per innumerevoli altri. La loro funzione è quella di elaborare rapidamente i dati forniti, suggerendo terapie o altro, per esempio, se applicati in ambito geologico, la presenza o meno di un giacimento minerario. Tali sistemi hanno il limite di essere applicabili solo a campi ben determinati e ristretti, tuttavia risultano efficienti nel monitoraggio o nella gestione di informazioni.

Un altro ambito di applicazione di programmi ispirati all'AI è quello dei giochi, in particolare quello degli scacchi. Data l'impossibilità pratica di analizzare tutte le mosse possibili di una partita risulta necessario escogitare **tecniche euristiche** capaci di prendere in considerazione solo le mosse opportune, riducendo sensibilmente i calcoli. Euristico, nel linguaggio informatico, è infatti un genere di software che utilizza una tecnica virtualmente creativa, ovvero non si limita ad analizzare i dati che acquisisce confrontandoli con i dati noti, ma cerca di simularne il comportamento.

L'AI è stata sviluppata anche nel tentativo di ottenere dimostrazioni matematiche, utilizzando come strumento principale la logica classica; ciò ha dato origine alla cosiddetta **programmazione logica**, che ha generato un linguaggio molto interessante quale il *PROLOG* (sigla di Pro*gramming* in logic).

Molto importanti sono anche i cosiddetti programmi di **apprendimento automatico**, utilizzati per analizzare grandi raccolte di dati al fine di operarne una classificazione o una generalizzazione. L'apprendimento automatico è uno dei settori principali dell'AI in quanto è dedicato alla realizzazione di programmi capaci di migliorare le proprie prestazioni sulla base delle esperienze, ossia dei dati che il programma stesso progressivamente raccoglie.

In alternativa ai sistemi di AI fin qui descritti, accenniamo brevemente alle **reti neurali**, le quali, come indica l'aggettivo, traggono ispirazione dalla fisiologia del cervello. La loro architettura è del tutto diversa in quanto si basa su unità interconnesse – i **neuroni artificiali** – che comunicano ed elaborano in **parallelo** i dati che ricevono.

3.

Pensare è calcolare?

Nessuna storia dell'AI può prescindere dalle ricerche del matematico inglese **Alan M. Turing** (1912-1954) e dal suo famoso articolo *Calcolatori e intelligenza* pubblicato nel 1950. Turing all'epoca aveva già prodotto un lavoro fondamentale (*Sui numeri computabili, con un'applicazione al problema della decisione*, 1937) nel quale dimostrava che non può esistere un insieme di regole in grado di risolvere meccanicamente tutti i problemi matematici. Lo strumento principale con il quale compì questa importante dimostrazione era un concetto astratto dal nome molto concreto: **macchina universale**. Questo dispositivo, è bene sottolinearlo, è puramente teorico, ed è composto da un nastro di lunghezza infinita diviso in caselle e da una macchina che si muove lungo di essa un passo alla volta e che ha la capacità di leggere, scrivere o cancellare dei simboli sul nastro medesimo. Ebbene, questo semplice dispositivo, se dotato delle opportune istruzioni, riesce addirittura a caratterizzare ciò che in matematica si intende per **procedura algoritmica** – un esempio molto semplice di algoritmo è l'insieme di passi che si utilizzano abitualmente per eseguire un'addizione o una divisione. Un altro elemento che segnala l'importanza di queste macchine astratte è che in linea di principio tutti i computer che utilizziamo comunemente sono di fatto delle macchine universali di Turing.

Forte di tali risultati, e nel solco di una tradizione inglese che si può fare risalire almeno al filosofo del Seicento Thomas Hobbes, Turing incomincia l'articolo del 1950 chiedendosi: «*Le macchine possono pensare?*».

Se confrontiamo tale questione con le parole di Hobbes:

Addizione e sottrazione

la ragione [...] *non è che il calcolo (cioè l'addizione e la sottrazione) delle conseguenze dei nomi generali su cui c'è accordo per contrassegnare e significare i nostri pensieri;* dico contrassegnare *quando li calcoliamo per noi stessi e significarli, quando dimostriamo o proviamo i nostri calcoli agli altri uomini.*

→ T. Hobbes, *Leviatano*, I, V

Appare evidente come l'idea che ragionare equivalga a fare **calcoli** non fosse nuova nella cultura filosofica.

Ciò che Turing propone, tuttavia, non è tanto una teoria del pensiero, quanto un **gioco dell'imitazione** – comunemente definito **Test di Turing** – che si deve svolgere fra tre individui, A, B e C. Ebbene, immaginiamo che i tre siano separati e che possano comunicare solo attraverso messaggi scritti a macchina; A (sia esso donna o uomo non importa) deve interrogare B e C per indovinare chi dei due sia uomo o donna e mentre B cercherà di aiutarlo, C tenterà di ingannarlo. Ebbene, sostituiamo C con un computer, e chiediamoci cosa succederà: «*L'interrogante sbaglierà altrettanto spesso in questo caso di quando il gioco è effettuato fra un uomo e una donna? Queste domande sostituiscono la nostra domanda originaria "Le macchine possono pensare?"*».

Nel corso dell'articolo il matematico analizza svariate possibili obiezioni alle quali ribatte punto per punto, lasciando chiaramente intendere di ritenere che il pensiero sia a tutti gli effetti un calcolare, o meglio un algoritmo eseguibile da un calcolatore.

4.

Macchine e pensiero

▶▶

Convinzione comune dei padri fondatori dell'AI è che le operazioni che effettuiamo pensando, quindi per mezzo di ciò che definiamo intelligenza, siano in diverso grado riproducibili attraverso calcolatori forniti di un opportuno programma. Tra i diversi studiosi spiccano per la radicalità della loro proposta, oltre a Minsky, Douglas Hofstadter e Robert Schank. Minsky, in particolare, ritiene che una macchina dotata di un opportuno programma deve essere considerata in tutto e per tutto dotata di una mente. A giustificazione di ciò che parrebbe un'evidente iperbole, vi è una forte opzione scientifica e filosofica secondo la quale la mente umana sia di fatto una macchina, sebbene una macchina della quale iniziamo appena a conoscere il funzionamento. Minsky considera il termine macchina tutt'altro che sminuente, giacché è dell'opinione che le macchine raggiungeranno un livello di complessità tale da obbligare a ridefinire il concetto stesso di macchina.

Tuttavia, al contrario di quanto ci si potrebbe aspettare, nonostante la mente sia il prodotto del funzionamento del cervello, ed essendo il cervello costituito da atomi, nessuna teoria fisica sarà mai in grado di spiegare il funzionamento della mente. Infatti, secondo Minsky:

LE LEGGI DEL PENSIERO

[...] *se anche comprendessimo come funziona separatamente ciascuno dei miliardi di neuroni del nostro cervello, questo non ci direbbe come funziona il cervello in quanto agenzia.*
Le «leggi del pensiero» non dipendono solo dalle proprietà delle cellule celebrali, ma anche da come sono connesse. E queste connessioni sono determinate non dalle leggi fondamentali, «generali», della fisica, ma dalla particolare disposizione dei milioni di bit di informazioni contenuti nei geni che abbiamo ereditato. Certo le leggi «generali» valgono per tutte le cose, ma proprio per questo è raro che possano spiegare una qualunque cosa particolare.

→ M. MINSKY, *La società della mente*, 2.2

A questa presa di posizione ribatterà quattro anni dopo, nel 1989, il fisico inglese Roger Penrose:

LA TEORIA FISICA DELLA COSCIENZA

[...] *una volta o l'altra in futuro potrebbe essere sviluppata una teoria valida della coscienza – valida nel senso di essere una teoria fisica coerente e appropriata, in bell'accordo con ogni altro aspetto della comprensione fisica, e tale che le sue predizioni trovassero un riscontro perfetto con le affermazioni degli esseri umani su quando, se e in quale misura essi stessi sembrino essere coscienti.*

→ R. PENROSE, *La mente nuova dell'imperatore*, cap. I

Il dualismo cartesiano

Al di là di quelle che appaiono vere e proprie dichiarazioni di fede, i sostenitori dell'AI hanno un bersaglio filosofico comune, rappresentato da quello che tradizionalmente viene chiamato **dualismo cartesiano**.

Come si ricorderà, Cartesio aveva stabilito esservi una differenza ontologica tra *res extensa* e *res cogitans*, affermando la radicale separazione tra materia e pensiero, salvo poi trovare una seria difficoltà nel giustificare la connessione tra la mente e il corpo. Studiosi come Hofstadter, Daniel Dennet e Minsky si oppongono radicalmente a tale visione sostenendo che accettare il dualismo comporta una serie infinita di assurdità logiche, oltre a screditare il pensiero scientifico: infatti, giacché il pensiero è con ogni evidenza un fenomeno legato alla dimensione materiale dell'essere umano, prima o poi si riusciranno a trovare delle nuove leggi fisiche in grado di spiegarne il funzionamento.

Gli studiosi sopra citati propongono a loro volta un'interpretazione di che cosa sia l'anima:

DAI NEURONI
ALL'ANIMA

[...] la formazione della mente e del carattere continua per anni dopo la nascita [si intende dell'essere umano] e nel corso di questo lungo intervallo di tempo i neuroni assorbono la retroazione dell'ambiente e si automodificano in modo da costruire un insieme di stili. Le lezioni della fanciullezza vengono compresse in configurazioni di scariche inconsce, e quando tutte queste minuscole configurazioni neuroniche apprese agiscono di concerto con le miriadi di piccole configurazioni neuroniche codificate nei geni, un osservatore umano vede emergere un'unica grande configurazione: l'anima di un essere umano.

→ D. HOFSTADTER, D. DENNETT, *L'io della mente*, 23

Il riferimento all'evoluzione e alla fisiologia del cervello suggerisce che da alcuni decenni gli studiosi di AI si siano orientati allo studio dei meccanismi celebrali con l'intento di costruire un'esauriente teoria del funzionamento della mente, un passo ritenuto necessario per realizzare un'efficiente intelligenza artificiale:

GLI AGENTI
DELLA MENTE

Le buone teorie della mente devono abbracciare almeno tre scale temporali diverse: una lenta, per i miliardi di anni in cui il nostro cervello si è evoluto; una rapida, per le settimane e gli anni fuggevoli della nostra infanzia e fanciullezza; e una di media velocità, per i secoli di sviluppo delle nostre idee nel corso della storia. Per fornire una spiegazione della mente si deve illustrare il modo in cui le menti sono costruite usando materia priva di mente, parti che sono molto più piccole e semplici di tutto ciò che potremmo considerare intelligente [...] Ma che cosa potrebbero essere queste particelle più semplici, questi "agenti" di cui è composta la nostra mente?

→ M. MINSKY, *La società della mente*, 1.1

5. Un'obiezione all'AI

Il filosofo John R. Searle, in *Menti, cervelli e programmi* (1980), un articolo tra i più citati nel dibattito pro e contro l'AI, si propone di confutare ciò che a suo dire è il tema dominante dell'AI:

IL CALCOLATORE
È UNA VERA MENTE

Secondo l'AI forte [tale definizione è stata coniata da Searle stesso] [...] il calcolatore non è semplicemente uno strumento per lo studio della mente, ma piuttosto, quando sia programmato opportunamente, è una vera mente; è cioè possibile affermare che i calcolatori, una volta corredati dei programmi giusti, letteralmente capiscono e posseggono altri stati cognitivi.

→ J.R. SEARLE, *Menti, cervelli e programmi*

Per confutare quella che ritiene un'errata valutazione circa la possibilità che una macchina capisca in qualche modo il significato di un discorso o di un testo, Searle elabora il cosiddetto esperimento della **stanza cinese**.

Supponiamo, dice l'autore, che «*io mi trovi chiuso in una stanza con un grande foglio di carta tutto coperto di ideogrammi cinesi*» – l'autore definisce ciò un vero e proprio **esperimento mentale** – e, questo è il nocciolo dell'argomentazione, mi vengano fornite le istruzioni (il programma) in una lingua che conosco, grazie alle quali posso connettere tali simboli con altri che mi sono forniti successivamente; ebbene, se i programmatori che mi forniscono le istruzioni per combinare gli ideogrammi cinesi sono così bravi da permettermi di formare enunciati corretti al punto che un cinese riterrà che essi siano forniti da un parlante in lingua cinese, potremo dire che io (l'autore) ho capito ciò che ho scritto seguendo le regole?

Searle, paragonando il suo ideale operare con simboli all'operare di un computer, dimostra come per avere comprensione di ciò che si fa non è sufficiente essere macchine (o filosofi adeguatamente istruiti) in grado di superare il test di Turing, giacché dalla capacità di manipolare simboli non segue affatto la comprensione del significato di essi.

Una contro obiezione portata da Hofstadter è che l'esempio di Searle semplifichi a tal punto la complessità di ciò che la mente è, e quindi la complessità di un ipotetico programma capace di riprodurla, da risultare fuorviante e inconsistente.

Per concludere possiamo affermare che le ricerche e il dibattito filosofico intorno all'AI sono di fatto due aree distinte: laddove lo sviluppo dell'informatica evolve in scenari sempre più sorprendenti e sempre meno visibili – l'elettronica sta via via inserendosi a tutti i livelli della nostra quotidianità senza essere in alcun modo percepita – il dibattito filosofico sull'AI sembra rinnovare invece temi antichi quanto la filosofia stessa – l'origine del pensiero, l'anima, il dualismo mente corpo – senza riuscire a trovare un teorema capace di porre fine alla discussione.

1. Alan M. Turing
Calcolatori e intelligenza

L'articolo di Turing, dal quale abbiamo estratto i paragrafi iniziali, è una pietra miliare nel dibattito attuale sull'Intelligenza Artificiale. Da esso traspare sia l'entusiasmo e la consapevolezza dell'ampio orizzonte che i calcolatori e i programmi a essi dedicati avevano davanti sia uno spirito scientifico pronto ad accogliere qualsiasi sfida intellettuale. Il matematico Turing sa che concetti quali pensiero o macchina hanno contorni indefiniti, mentre lo scienziato deve e può operare solo con termini dei quali ha un totale controllo. Ecco allora l'esigenza di ridefinire concetti antichi, con la consapevolezza che nuove scoperte scientifiche prima o poi rimetteranno tutto in discussione.

Il gioco dell'imitazione

Mi propongo di considerare la domanda "Le macchine possono pensare?". Si dovrebbe cominciare col definire il significato dei termini "macchina" e "pensare". Le definizioni potrebbero essere formulate in modo da riflettere al massimo grado l'uso normale di queste parole, ma in ciò vi sono dei pericoli. Se il significato delle parole "macchina" e "pensare" è da ricavarsi in base al loro uso comune, è difficile sfuggire alla conclusione che per scoprire il significato e la risposta alla domanda "Le macchine possono pensare?" si debba ricorrere a un'indagine statistica, come può esserlo un sondaggio Gallup. Il che è assurdo. Invece di tentare di dare una definizione del genere, sostituirò quella domanda con un'altra, che è strettamente connessa alla prima ed è espressa con parole relativamente non ambigue.

La nuova forma del problema può essere descritta ricorrendo a un gioco che chiameremo "gioco dell'imitazione". Vi sono tre giocatori: un uomo (A), una donna (B) e un interrogante (C), che può essere dell'uno o dell'altro sesso. L'interrogante sta in una stanza da solo, separato dagli altri due. Scopo del gioco per l'interrogante è quello di determinare quale delle altre due persone sia l'uomo e quale la donna. Egli le conosce tramite le etichette X e Y, e alla fine del gioco dirà "X è A e Y è B", oppure "X è B e Y è A". L'interrogante ha facoltà di porre ad A e a B domande del tipo:

C: X, vuole dirmi per favore quanto sono lunghi i suoi capelli?

Ora, supponendo che X sia A, è A che deve rispondere. Scopo di A nel gioco è quello d'ingannare C e d'indurlo a sbagliare l'identificazione. La sua risposta quindi potrebbe essere:

"Ho i capelli pettinati alla maschietta e le ciocche più lunghe sono circa venti centimetri".

Per evitare che il tono della voce possa aiutare l'interrogante, le risposte dovrebbero essere scritte, o meglio ancora battute a macchina. La soluzione migliore sarebbe quella di collegare le due stanze con una telescrivente. Oppure le domande e le risposte potrebbero essere riportate da un intermediario. Scopo del gioco per il terzo giocatore (B) è quello di aiutare l'interrogante. Probabilmente la strategia migliore per B, cioè per la donna, è di dare risposte veritiere. Essa può aggiungere alle sue risposte frasi del tipo: "Sono io la donna, non dargli ascolto!"; ma ciò non approderà a nulla, dato che anche l'uomo può fare osservazioni analoghe.

Ora chiediamoci: "Che cosa accadrà se in questo gioco una macchina prenderà il posto di A?". L'interrogante sbaglierà altrettanto spesso in questo caso di quando il gioco è effettuato fra un uomo e una donna? Queste domande sostituiscono la nostra domanda originaria "Le macchine possono pensare?".

Critica del nuovo problema

Oltre a chiedere: "Qual è la risposta alla domanda in questa sua nuova formulazione?", si può anche chiedere: "Vale la pena indagare su questo nuovo problema?". Ci occuperemo senz'altro indugio di quest'ultima domanda, interrompendo così un regresso all'infinito.

Il nuovo problema ha il vantaggio di tracciare una linea di demarcazione abbastanza netta tra le capacità fisiche e quelle intellettuali dell'uomo. Nessun ingegnere o chimico sostiene di poter fabbricare un materiale indistinguibile dalla pelle umana. È possibile che prima o poi forse ci si riesca ma anche supponendo che questa invenzione sia già stata fatta, dovrebbe esser chiaro che rivestire una "macchina pensante" di questa carne artificiale non servirebbe granché a renderla più umana. La forma che abbiamo dato al problema riflette questo fatto nella condizione che l'interrogante non deve vedere o toccare i suoi compagni di gioco o udirne la voce. Altri vantaggi del criterio proposto possono essere messi in luce attraverso esempi di domande e risposte. [...]

Il metodo basato su una domanda e risposta sembra essere quello più adatto a consentirci d'introdurre quasi tutti i campi dell'attività umana che desideriamo considerare. Non vogliamo penalizzare la macchina per la sua incapacità di brillare in un concorso di bellezza, né penalizzare l'uomo perché perda una corsa contro un aeroplano. Le condizioni in cui si svolge il nostro gioco rendono non pertinenti questi difetti. I "testimoni", se lo ritengono opportuno, possono gloriarsi quanto vogliono del loro fascino, della loro forza o del loro eroismo, ma l'interrogante non può pretendere dimostrazioni pratiche.

Il gioco può forse essere criticato sulla base del fatto che è troppo nettamente a sfavore della macchina. Se l'uomo dovesse fingere di essere la macchina, farebbe certamente una ben misera figura. Sarebbe tradito immediatamente dalla sua lentezza e imprecisione nell'aritmetica. Non potrebbe darsi che le macchine si comportino in una maniera che non può non essere descritta come pen-

Testi

siero, ma che è molto differente da quanto fa un essere umano? Questa obiezione è molto forte, ma almeno possiamo dire che, se ciò nonostante si può costruire una macchina in grado di giocare soddisfacentemente il gioco dell'imitazione, non c'è bisogno di preoccuparsene.

Si potrebbe obiettare che, giocando al "gioco dell'imitazione", la strategia migliore per la macchina potrebbe forse non essere l'imitazione del comportamento umano. Può anche darsi; ma non credo che si possa dare gran peso a una possibilità del genere. In ogni caso, non è nostra intenzione esaminare qui la teoria di questo gioco, e sarà dato per scontato che la strategia migliore per la macchina sia quella di provare a formulare le risposte che sarebbero date spontaneamente da un essere umano.

▶ A.M. Turing, *Calcolatori e intelligenza*

RISPONDI ALLE SEGUENTI DOMANDE

■ In che modo Turing riformula la domanda «*Le macchine possono pensare*»?
■ In che cosa consiste il «*gioco dell'imitazione*»?
■ Quale metodo si usa nel gioco dell'imitazione?

2. Marvin Minsky
Le persone sono macchine?

Nel breve testo riportato Minsky ribadisce il punto di vista dello scienziato che neppure di fronte a ciò che sembra essere un confine invalicabile – la definizione della mente – si può arrestare, giacché non può esistere per la scienza nulla che in linea di principio non possa essere rinchiuso in una cornice teorica. Accettare che qualcosa debba rimanere misterioso distruggerebbe di colpo l'essenza stessa dello spirito scientifico, facendo risorgere superstizioni e divieti, giacché – sono ancora parole dell'autore – le credenze negli spiriti, nelle anime o nelle essenze «Sono tutte insinuazioni che siamo impotenti a migliorare noi stessi».

Le persone sono macchine?
Molte persone si sentono offese nel sentire la loro mente paragonata a un programma per calcolatore o a una macchina. Abbiamo visto come la semplice abilità di costruire torri può essere composta di parti più piccole. Ma è mai possibile che una mente vera sia fatta di roba così banale?

«È ridicolo» rispondono i più. «Io non mi sento certo come una macchina!».

Ma se non siamo macchine, che cosa ci consente di sapere con tanta sicurezza ciò che si prova a essere una macchina? A questo si potrebbe ribattere: «*Io penso, per-*

ciò so come funziona la mente». Ma questa asserzione presenta una somiglianza piuttosto sospetta con quest'altra: «*Io guido l'automobile, perciò so come funziona il suo motore*». Saper usare qualcosa non è lo stesso che capire come funziona.

«*Ma tutti sanno che le macchine possono operare soltanto in modo meccanico, senza vita*».

Questa obiezione sembra più ragionevole: in effetti una persona *dovrebbe* sentirsi offesa a essere paragonata a una macchina *banale*. Ma a me sembra che «macchina» sia sul punto di diventare una parola superata. Per secoli, parole come «meccanico» ci hanno fatto pensare a dispositivi semplici come carrucole, leve, locomotive e macchine per scrivere. (La locuzione «come un calcolatore» ha ereditato un analogo sapore di inferiorità, suggerisce l'idea di calcoli fatti senza fantasia, a piccoli passi uno dopo l'altro). Dovremmo tuttavia renderci conto che l'èra delle macchine è cominciata da poco e che non abbiamo praticamente alcuna idea di ciò che esse potrebbero diventare. Immaginiamo un visitatore giunto da Marte un miliardo di anni fa che avesse voluto prevedere il destino della vita sulla Terra solo osservando grumi di cellule che non avevano nemmeno imparato a strisciare! Allo stesso modo, sulla base di quanto è dato vedere oggi non si può concepire la varietà di cose che le macchine potrebbero fare in avvenire.

Le nostre prime intuizioni sui calcolatori scaturirono dalle esperienze avute con le macchine degli Anni Quaranta, che contenevano soltanto alcune migliaia di parti. Un cervello umano contiene però miliardi di cellule, ciascuna delle quali, già di per sé complicata, è connessa a molte migliaia di altre cellule. I calcolatori attuali rappresentano un livello di complessità intermedio: hanno già milioni di parti e ormai per le ricerche d'Intelligenza Artificiale si cominciano a costruire calcolatori con miliardi di parti. Eppure, nonostante ciò che sta accadendo, continuiamo a usare le vecchie parole come se nulla fosse cambiato. Dobbiamo adattare i nostri modi di pensare a fenomeni che si svolgono su scale prima inconcepibili. La parola «macchina» è ormai insufficiente.

Ma la retorica non risolverà nulla. Mettiamo da parte questi argomenti e cerchiamo invece di capire che cosa riescono a fare i grandi e sconosciuti meccanismi del cervello. Dopo, sapendo quali macchine meravigliose siamo, avremo maggior rispetto per noi stessi.

▶ M. Minsky, *La società della mente*

RISPONDI ALLE SEGUENTI DOMANDE

■ In che senso va intesa, secondo Minsky, la parola macchina?
■ Perché gli esseri umani non devono offendersi se la loro mente viene paragonata a una macchina? Riporta le argomentazioni di Minsky.

Bibliografia

Le opere

Adorno T.W., *Minima moralia. Meditazioni sulla vita offesa*, Einaudi, Torino 1979.

Arendt H., *Vita Activa*, Bompiani, Milano 1984.

Aron R., *La politica, la guerra, la storia*, Il Mulino, Bologna, 1992.

Austin J. L., *La distinzione tra le proposizioni constatative e performative*, in Grande Antologia Filosofica Marzorati, vol. XVIII, Marzorati, Milano 1954 sgg.

Ayer A., *Linguaggio, verità e logica*, Feltrinelli, Milano 1961.

Ayer A., *La polemica contro la metafisica e il rapporto con il senso comune*, in Grande Antologia Filosofica Marzorati, vol. XVIII, Marzorati, Milano 1954 sgg.

Bachelard G., *Il nuovo spirito scientifico*, Laterza, Bari 1978.

Bachelard G., *La poetica della rêverie*, Dedalo, Bari 1972.

Balthasar H.U. von, *Gloria. La percezione della forma*, Jaca Book, Milano 1971 sgg.

Barth K., *Epistola ai Romani*, Feltrinelli, Milano 1978.

Bartolommei S., *Etica e natura*, Laterza, Roma-Bari, 1995.

Bergson H., *Introduzione alla metafisica*, Laterza, Roma-Bari 1983.

Bergson H., *Materia e memoria*, Laterza, Roma-Bari 1996.

Bobbio N., *Teoria generale della politica*, Einaudi, Torino 1999.

Bonhoeffer D., *Resistenza e resa: Lettere dal carcere*, Edizione Paoline, Cinisello Balsamo 1988.

Buber M., *Il principio dialogico*, Comunità, Milano 1958.

Bultmann R., *Credere e comprendere*, Queriniana, Brescia 1977.

Carnap R., *Il superamento della metafisica mediante l'analisi logica del linguaggio*, in *Il neoempirismo*, UTET, Torino 1969.

Carnap R., *La costruzione logica del mondo*, Fabbri, Milano 1966.

Carnap R., *Sintassi logica del linguaggio*, Silva, Milano 1966.

Castiglione S., *La questione animale tra etica e diritto*, in *Teorie etiche contemporanee*, a cura di C. A. Viano, Bollati Boringhieri, Torino 1999.

Cavarero A., *Per una teoria della differenza sessuale*, in AA.VV. *Diotima, Il pensiero della differenza sessuale*, La Tartaruga, Milano 1987.

Croce B., *Filosofia della pratica*, in *Opere*, Laterza, Roma-Bari (varie ristampe).

Croce B., *Estetica come scienza dell'espressione e linguistica generale*, Laterza, Bari 1941.

Croce B., *Logica come scienza del concetto puro*, Laterza, Bari 1967.

Croce B., *La storia come pensiero e come azione*, in *Saggi filosofici*, IX, Laterza, Bari 1954.

De Beauvoir S., *Il secondo sesso*, Il Saggiatore, Milano 1999.

Dewey J., *Democrazia ed educazione*, La Nuova Italia, Firenze 1949.

Dewey J., *Esperienza e natura*, Mursia, Milano 1973 .

Dewey J., *L'arte come esperienza*, La Nuova Italia, Firenze 1973.

Dewey J., *L'educazione di oggi*, La Nuova Italia, Firenze 1950.

Engelhardt H.T., *Manuale di bioetica*, Il Saggiatore, Milano 1991.

Feyerabend P.K., *La scienza in una società libera*, Feltrinelli, Milano 1982.

Feyerabend P.K. *Contro il metodo*, Feltrinelli, Milano 1979.

Foucault M., *Storia della follia nell'età classica*, trad. it. di F. Ferrucci, Rizzoli, Milano 1980.

Gadamer H.G., *Verità e metodo*, Bompiani, Milano 2000.

Gentile G., *Introduzione alla filosofia*, Treves, Milano 1933.

Goodman N., *La struttura dell'apparenza*, Il Mulino, Bologna 1985.

Gramsci A., *Quaderni del carcere*, Editori Riuniti, Roma 2000.

Habermas J., *Teoria della morale*, Laterza, Roma-Bari 1994.

Habermas J., *Teoria dell'agire comunicativo*, Il Mulino, Bologna 1986.

Habermas J., *Il discorso filosofico della modernità*, Laterza, Roma-Bari 1987.

Habermas J., *L'inclusione dell'altro*, Feltrinelli, Milano 1998.

Habermas J., *L'urbanizzazione della provincia heideggeriana*, in "aut-aut", 217-218.

Hahn H., Neurath O., Carnap R., *La concezione scientifica del mondo*, Laterza, Roma-Bari l979.

Hare R.M., *Libertà e ragione*, in Grande Antologia Filosofica Marzorati, vol XVIII, Marzorati, Milano 1954 sgg.

Hayeck F. A. von, *Legge, legislazione, libertà*, Il Saggiatore, Milano 1989.

Heidegger M., *Lettera sull'umanismo*, Milano, Adelphi, 1995.

Heidegger M., *In cammino verso il linguaggio*, Milano, Mursia 1973.

Heidegger M., *L'epoca dell'immagine del mondo*, in *Sentieri interrotti*, La Nuova Italia, Firenze 1968.

Heidegger M., *Essere e tempo*, Longanesi. Milano 1976.

Heidegger M., *Introduzione alla metafisica*, Mursia, Milano1990.

Heidegger M., *Che cos'è la metafisica?*, La Nuova Italia, Firenze 1969.

Heidegger M., *L'origine dell'opera d'arte*, in *Sentieri interrotti*, La Nuova Italia, Firenze 1979.

Hobbes T., *Leviatano*, Bompiani, Milano, 2001.

Hofstadter D.R.D., Daniel C., *L'io della mente*, Adelphi, Milano 1992.

Horkheimer M., Adorno T.W., *Dialettica dell'Illuminismo*, Einaudi, Torino, 1997.

Husserl. E., *La filosofia come scienza rigorosa*, Laterza, Bari-Roma 1994.

Husserl. E., *Idee per una fenomenologia pura*, Einaudi, Torino 1965.

Husserl. E., *L'idea della fenomenologia*, B. Mondadori, Milano 1995.

Husserl. E., *La crisi delle scienze europee e la fenomenologia trascendentale*, Il Saggiatore, Milano 1987.

Irigaray L., *Etica della differnza sessuale*, Feltrinelli, Milano 1985.

James W., *Pragmatismo*, Il Saggiatore, Milano 1994.

Jaspers K., *Filosofia dell'esistenza*, Bompiani, Milano 1941.

Jaspers K., *Filosofia*, Utet, Torino 1978.

Jonas H., *Il principio responsabilità*, Einaudi, Torino, 1993.

Jonas H., *Il concetto di Dio dopo Auschwitz*, Il Melangolo, Genova 1989.

Kuhn, Th., *La struttura delle rivoluzioni scientifiche*, Einaudi, Torino 1969.

Lakatos I., *La storia della scienza e le sue ricostruzioni razionali* (1971), in AA.VV. *Critica e crescita della conoscenza scientifica*, Feltrinelli, Milano 1980.

Lecaldano E., *Bioetica. Le scelte morali*, Laterza, Bari-Roma 1999.

Levi-Strauss C., *Antropologia strutturale*, trad. it. di P. Caruso, Il Saggiatore, Milano 1966.

Lonzi C., *Sputiamo su Hegel, La donna clitoridea e la donna vaginale, Scritti di rivolta femminile*, Milano 1974.

MacIntyre A., *Dopo la virtù*, Feltrinelli, Milano, 1988.

Marcuse H., *Ragione e rivoluzione*, Il Mulino, Bologna 1965.

Marcuse H., *Eros e civiltà*, Einaudi, Torino 1964.

Marcuse H., *L'uomo a una dimensione*, Einaudi, Torino 1967.

Maritain J., *I diritti dell'uomo e la legge naturale*, Editrice Vita e Pensiero, Milano, 1991.

Maritain J., *Distinguere per unire o i gradi del sapere*, Morcelliana, Brescia 1974

Minsky M., *La società della mente*, Adelphi, Milano 2001.

Moore G.E., *In difesa del senso comune*, in *Saggi filosofici*, Lampugnani Nigri, Milano 1970.

Mounier E., *Che cos'è il personalismo?*, Einaudi, Torino 1975.

Muraro L., *L'ordine simbolico della madre*, Editori Riuniti, Roma 1992.

Penrose R., *La mente nuova dell'imperatore*, Rizzoli, Milano 1992.

Peirce C.S., *Come rendere chiare le nostre idee*, in *Scritti di filosofia*, a cura di J. Callaghan. Trad. di L.M. Leone, Bologna, Cappelli 1978.

Peirce C.S., *Caso, amore e logica*, trad. it. di N. e M. Abbagnano, Taylor, Torino 1956.

Peirce C.S., *Che cos'è il pragmatismo*, in *Scritti di filosofia*, a cura di J. Callaghan, Bologna, Cappelli 1978.

Piaget J., *Lo strutturalismo*, Il Saggiatore, Milano 1968.

Popper K.R., *Congetture e confutazioni*, il Mulino, Bologna 1972.

Popper K.R., *Conoscenza oggettiva*, Armando, Roma 1975.

Popper K.R., *Miseria dello storicismo*, Feltrinelli, Milano 1975.

Popper K.R., *La società aperta e i suoi nemici*, Armando, Roma 1973.

Putnam H., *Il pragmatismo: una questione aperta*, Laterza, Roma-Bari 1992.

Rahner K., *Uditori della parola*, Borla, Roma 1967.

Rawls J., *Una teoria della giustizia*, Feltrinelli, Milano 2002.

Ricoeur P., *Il conflitto delle interpretazioni*, Jaca Book, Milano 1977.

Rorty R., *La svolta linguistica*, Garzanti, Milano 1994.

Rosenzweig F., *La stella della redenzione*, Marietti, Casale Monferrato 1985.

Ryle G., *Lo spirito come comportamento*, in Grande Antologia Filosofica Marzorati, vol XVIII, Marzorati, Milano 1954 sgg.

Santucci A., *Introduzione a Il pensiero di William James*, Loescher, Torino 1967.

Sartre J.-P., *Critica della ragion dialettica*, Il Saggiatore, Milano 1961.

Sartre J.-P., *L'essere e il nulla*, Il Saggiatore, Milano 1965.

Sartre J.-P., *L'esistenzialismo è un umanismo*, Mursia, Milano 1963.

Schmitt C., *Le categorie del «politico»*, il Mulino, Bologna 1990.

Searle J. R., *Mente, cervelli e programmi*, 1980, in Hofstadter, Dennett, *L'io della mente*, Adelphi, Milano 1992.

Sen A., *Lo sviluppo è libertà*, Mondadori, Milano 2000.

Singer P., *Ripensare la vita*, Il Saggiatore, Milano 2000.

Strawson D., *Individui. Saggio di metafisica descrittiva*, Feltrinelli, Milano 1978.

Turing A. M., *Calcolatori e intelligenza*, 1950, in Hofstadter, Dennett, *L'io della mente*, Adelphi, Milano1992.

Veca S. *Questioni di giustizia e altri saggi*, Einaudi, Torino1991.

Weil S., *Quaderni*, voll. 4, Adelphi, Milano 1982 segg.

Wittgenstein L., *Tractatus logico-philosophicus*, Einaudi, Torino 1964.

Wittgenstein L., *Grammatica filosofica*, trad. it. di M. Trinchero, Firenze, La Nuova Italia 1990.

Wittgenstein L., *Pensieri diversi*, Adelphi, Milano 1980. Woolf V., *Una stanza tutta per sé*, Newton Compton, Roma 1992.

Woolf V., *Le tre ghinee*, Feltrinelli, Milano 1980.

La critica

Abbagnano N., *Metafisica ed esistenza*, in *Scritti esistenzialisti*, Utet, Torino 1988.

Abbagnano N., Fornero G., *Storia della filosofia*, IV/1, Utet, Torino 1991.

Anscombe E., *Introduzione* al *Tractatus logico-philosophicus*, Ubaldini, Roma 1966.

Bartolommei S., *Etica e natura*, Laterza, Roma-Bari, 1995.

Biemel W., *Introduzione* a *La crisi delle scienze europee e la fenomenologia trascendentale*, Il Saggiatore, Milano 1961.

Black M., *Manuale per il* Tractatus *di Wittgenstein*, trad. it. di R. Simone, Ubaldini, Roma 1967.

Bonetti P., *Introduzione a Croce*, Laterza, Roma-Bari 1989.

Castiglione S., *La questione animale tra etica e diritto*, in *Teorie etiche contemporanee*, Bollati Boringhieri, Torino 1990.

Comaducci P., *Teorie etiche contemporanee*, a cura di C.A. Viano, Bollati Boringhieri, Torino 1990.

Deleuze G., *Il bergsonismo*, trad. it. di F. Sossi, Feltrinelli, Milano 1983.

Dummett M., *Origini della filosofia analitica*, Einaudi, Torino 2001.

Elon A., *Requiem tedesco. La storia degli ebrei in Germania, 1743-1933*, Mondadori, Milano 2005.

Geymonat L., *Evoluzione e continuità nel pensiero di Schlick*, in "Synthes", 64, 1985.

Geymonat L., *La tesi di Bachelard secondo cui la scienza va studiata storicamente*, in *Scienza e filosofia nella cultura del Novecento*, Pagus, Treviso 1993.

Hellmann G., *Introduzione* a *La struttura dell'apparenza*, Il Mulino, Bologna 1985.

Huizinga J., *Homo ludens*, Einaudi, Torino 1946.

Lentini L., *Fallibilismo e razionalismo critico*, in N. Abbagnano, *Storia della filosofia*, vol. IV, *La filosofia contemporanea*, a cura di G. Fornero, Utet, Torino 1991.

Lo Schiavo A., *Introduzione a Gentile*, Laterza, Roma-Bari 1986.

Mondin B., *La nuova teologia cattolica. Da Karl Rahner a Urs von Balthasar*, Logos, Roma 1978.

Pareyson L., *Karl Jaspers*, Marietti, Casale Monferrato 1983.

Piaget J., *Lo strutturalismo*, trad. it. di A. Bonomi, Il Saggiatore, Milano 1978.

Poma A., *La filosofia ebraica*, in *Storia della filosofia*, vol, VI, a cura di G. Fornero, Utet, Torino 1991.

Ponsetto A., *Max Horkheimer*, Il Mulino, Bologna 1981.

Rahner K., *Uditori della parola*, Borla, Torino 1967.

Restaino F., *Storia dell'estetica moderna*, UTET, Torino 1991. Rorty R., *La svolta linguistica*, Garzanti, Milano 1994.

Rossi P., *L'esistenza e l'essere*, in *Storia della filosofia*, a cura di P. Rossi e C.A. Viano Laterza, Roma-Bari 1999, vol. 6/1.

Rossi-Landi F., *Il linguaggio come lavoro e come mercato*, Bompiani, Milano 1982.

Scholem G.G., *La Kabbalah e il suo simbolismo*, Einaudi, Torino 2001.

Sgreccia E., *Manuale di bioetica*,Vita e pensiero, Milano 1988.

Sonetti P., *Introduzione a Croce*, Laterza, Roma-Bari 1989.

Vattimo G., *Le avventure della differenza. Che cosa significa pensare dopo Nietzsche e Heidegger*, Garzanti, Milano 1980.

Vattimo G., *Introduzione* a *Introduzione alla metafisica*, Mursia, Milano1990.

Vattimo G., *Introduzione* a *Verità e metodo*, Bompiani, Milano 2000.

Veca S., *Questioni di giustizia*, Einaudi, Torino 1991.

Indice della terminologia filosofica

Percorsi per immagini

La guerra nel Novecento, uno scandalo morale

• Reduci indigenti e burocrati approfittatori
• La forma di una carneficina
• L'uso strumentale delle donne a fini propagandistici
• Figli di donna e figli della Patria
• Psicopatologia del potere militare

La realtà conosciuta e l'altro

• Lo smascheramento del reale
• Conflitti prospettici e mondi impossibili
• La realtà sfuggente e menzognera
• Il genio maligno cartesiano: Matrix

Non un solo tempo

• Tempo e memoria
• La transitorietà umana
• Il tempo dell'attesa
• Luoghi del paradosso temporale
• La prospettiva circolare del tempo oltreumano
• L'ambiguità del tempo e la responsabilità umana

La guerra nel Novecento, uno scandalo morale

Le due guerre mondiali, la guerra fredda, le guerre arabo-israeliane, il Vietnam, le guerre del Golfo, gli eccidi in Africa, la pulizia etnica nei Balcani sono i tragici eventi che hanno segnato la storia del Novecento. Una storia quindi di sofferenza, di spargimento di sangue, di ingiustizie.

La Prima e la Seconda guerra mondiale hanno inaugurato la guerra di massa con la sua intrinseca necessità di essere supportata da un sistema produttivo su scala industriale. Le guerre del Novecento sono state, anche e soprattutto, guerre di materiali, di armi sempre più perfezionate e moderne, di sistemi industriali. I bombardamenti a tappeto delle città, che nell'Ottocento sarebbero stati considerati atti di pura barbarie, hanno contraddistinto le guerre del Novecento e hanno legittimato, di fatto, l'eccidio dei civili. La Seconda guerra mondiale, in particolare, ha suscitato drammatici interrogativi che hanno posto sotto scacco la cultura occidentale. Quale nuova identità si pone per l'uomo dopo gli eccidi e gli stermini nazisti? Dopo le due bombe atomiche su Hiroshima e Nagasaki, quale nuova interpretazione dare dei limiti della scienza e di chi avrebbe dovuto fissarli? Quale ruolo avrebbe nuovamente dovuto rivestire la politica nei conflitti internazionali e quale rapporto tra politica, etica e guerra? Era possibile pensare all'esistenza di una guerra giusta? Che cosa intendiamo quando parliamo di giustizia sociale? In che senso l'uomo si deve dire responsabile, nella nuova civiltà tecnologica, delle proprie scelte rispetto al futuro del genere umano?

Nel Novecento cambia radicalmente la fisionomia della guerra che diventa priva di limiti, sia territoriali, perché coinvolge tutte le nazioni europee ed extraeuropee, sia numerici perché, per la prima volta, la guerra non è combattuta solo dagli eserciti nemici che si fronteggiano, ma coinvolge la popolazione civile, sia di mezzi, perché con il gas nervino nella Prima guerra e con la bomba atomica nella Seconda si sperimentano nuovi strumenti di distruzione. Di qui le riflessioni da un lato sulla stessa legittimità della guerra, lo *ius ad bellum*, dall'altro, sulla sua condotta, lo *ius in bello*. Nel primo si analizza la legittimità della guerra nel senso di giustificazione delle sue cause e delle sue motivazioni, per cui la dottrina classica ricorre al concetto di autodifesa; lo *ius in bello*, invece, cerca di rispondere a domande riguardanti i limiti dell'azione di guerra, e stabilisce che i civili rimangano fuori dal combattimento.

La riflessione etica e politica del Novecento ha voluto affrontare queste problematiche a partire dalle domande poste dalla crescita della nuova società industriale-tecnologica e dagli effetti che questa produce sulla vita dei singoli e della collettività, inclusa la concreta possibilità della propria autodistruzione.

Reduci indigenti e burocrati approfittatori

George Grosz (1893-1959), disegnatore
e pittore tedesco, con le sue opere volle
denunciare il militarismo della Germania
prenazista, la borghesia tedesca con la sua
avidità di potere nascosta sotto
una maschera di rispettabilità, l'orrore
della carneficina che si stava consumando
sui campi di battaglia in tutta Europa.
La sconfitta nella Prima guerra mondiale
e il crollo del sistema autoritario dell'Impero,
in Germania, fanno precipitare la borghesia
in una crisi profonda. Gli artisti tedeschi
sono i primi a rifiutare in blocco la cultura
autoritaria e classista che con la guerra
aveva fatto sprofondare le classi meno
abbienti nel baratro della miseria. Gli alti
costi dovuti all'impegno bellico, mentre
arricchiscono i ceti più agiati, distruggono le
classi medie, la cui situazione è sempre più
grave anche per la costante crescita
dell'inflazione. Grosz costituì poi, insieme
a Otto Dix, il gruppo della cosiddetta
Nuova Oggettività ("*Neue Sachlicheit*"),
affermatosi nei primi anni Venti, che
propugnava una riproduzione realistica
e spietata della misera realtà, morale
e sociale, della Germania dopo la Prima
guerra mondiale e della dolorosa condizione
di un'umanità vittima e vinta. Alla sua lotta
politico-sociale Grosz dedica intere serie
di disegni e pitture, i cui titoli sono sempre
emblematici: una serie per esempio
è intitolata *Gott mit uns* (Dio è con noi),
espressione spesso usata nel corso della
storia per giustificare molte azioni militari,
e che qualche anno dopo anche Hitler
avrebbe adottato per le sue truppe. Il brutto,
il volgare, il minaccioso sono i soggetti
preferiti da Grosz perché proprio con questi
tratti si presenta la società e ognuno
in questa rappresentazione può riconoscere
le proprie colpe. In *Giornata grigia* vediamo
un'immagine desolata di una Berlino
del primo dopoguerra colta in una mattinata
grigia. In primo piano un funzionario
statale responsabile delle pensioni per
i mutilati di guerra, il tipico rappresentante
di una burocrazia sfuggente e pedante,
tutta racchiusa nella cartella che porta
sotto il braccio. Un muro di mattoni
e di indifferenza divide il funzionario
dal reduce che dovrebbe ricevere il sussidio.
Dietro l'angolo un "borsaro" nero, regista
occulto dello scenario di squallore
e di miseria umana che contraddistingue
una grigia giornata qualsiasi.

George Grosz, *Giornata grigia*, 1921, olio su tela, Staatsliche Museen, Nationalgalerie, Berlino.

La forma di una carneficina

Guernica è stata la prima città in assoluto ad aver subito un bombardamento aereo. Ciò avvenne la sera del 26 aprile del 1937 a opera dell'aviazione militare tedesca. L'operazione fu decisa dai comandi militari nazisti come esperimento. In quegli anni in Spagna era in corso la guerra civile, con la quale il generale Franco cercava di attuare un colpo di stato per sostituirsi alla legittima monarchia. In questa guerra aveva come alleati italiani e tedeschi. Tuttavia la cittadina di Guernica non era teatro di azioni belliche,

così che la furia distruttrice del primo bombardamento aereo della storia si abbatté sulla popolazione civile uccidendo soprattutto donne e bambini. In quella torbida atmosfera di paura e d'indecisione si aprì a Parigi una grande Esposizione internazionale dedicata come sempre al lavoro, al progresso, alla pace. La Spagna repubblicana vi voleva partecipare con un disegno politico: invocare la solidarietà del mondo libero, dimostrare che il suo progetto era lo sviluppo della democrazia in un

Pablo Picasso, *Guernica*, 1937, tempera su tela, Museo Nacional Centro de Arte Reina Sofia, Madrid.

paese socialmente arretrato, avvertire l'opinione pubblica che il conflitto spagnolo era solo l'inizio di una tragedia che avrebbe coinvolto il mondo intero. Picasso (1881-1973), che già due anni prima si era schierato a fianco della Repubblica, collaborando alla propaganda con due serie di incisioni, sceglie di presentare all'Esposizione un dipinto che risponda alla tragedia di quell'eccidio preannunciante altre tragedie apocalittiche. Obiettivo dell'artista non era tanto suscitare pietà o sdegno, ma mettere di fronte agli occhi del mondo quello che stava accadendo e rispetto a cui bisognava reagire in modo responsabile. «*Il quadro non deve rappresentare o significare, ma sviluppare una forza di suggestione; e la forza non deve scaturire dal soggetto o dal contenuto (che tutti conoscono, è la cronaca del giorno), ma dalla forma. La forma è l'espressione più alta della civiltà occidentale, erede della cultura classica; la crisi della forma è il segno della crisi della civiltà*» (Giulio Carlo Argan). Il posto centrale è occupato dalla figura di un cavallo. L'animale ha un aspetto allucinato a simboleggiare la violenza della furia omicida, la cui irruzione ha sconvolto gli spazi della vita quotidiana della cittadina basca. Nella bocca ha una sagoma che ricorda quella di una bomba. Sopra la testa dell'animale è posto un lampadario con una banalissima lampadina. È questo il primo elemento di contrasto che rende intensamente drammatica la presenza di un cavallo così imbizzarrito in uno spazio che era fatto di affetti semplici e quotidiani. Tutte le figure presenti nel dipinto hanno tratti deformati ad accentuare espressionisticamente la brutalità dell'evento. Sulla sinistra, una donna disperata tiene tra le braccia il figlio morto; la sovrasta l'imponente figura di un toro dai molteplici significati, perché animale simbolo della Spagna ma anche simbolo di forza e brutalità; in basso si nota la testa mutilata di un uomo; poi altre figure dal volto disperato di chi si interroga cercando di capire che cosa stia succedendo. Un'ultima figura sulla destra mostra il terrore di chi ormai soccombe tra case che vanno a fuoco. Il quadro è nei toni del bianco e del nero, anche il colore, che indica la vita e la natura, se n'è andato. È lo stesso rapporto dell'uomo con la vita a essere stato interrotto dalla morte violenta e insensata portata dalla guerra.

L'uso strumentale delle donne a fini propagandistici

La dittatura mussoliniana costituì un tipo particolare di dominio patriarcale sulle donne: politicizzando la differenza tra maschile e femminile a vantaggio degli uomini, definì i diritti delle donne con il solo fine di controllarne la sessualità, il lavoro salariato e la partecipazione sociale. Occorre però precisare che, pur condividendo un'ottica antiemancipazionista, le varie componenti del fascismo ebbero visioni diverse della donna, a seconda che aderissero a un'ottica nazionalistica e conservatrice o a una movimentista e vitalistica. Pur partendo da quella tradizionale visione della donna racchiudibile nel trinomio **sposa-madre-cittadina**, le due visioni divergevano sul ruolo da attribuire al femminile. Nell'interpretazione movimentista e vitalistica del ruolo femminile, più intimamente ispirata all'**etica gentiliana** che vuole l'individuo realizzato nello Stato, il trinomio assume il significato di "cittadina". La "donna nuova" è l'antica romana, la *domina*, capace di sentire insieme "l'amor di famiglia" e "l'amor di patria", cittadina oltre che madre e che non è né romantica, né frivola. Tale tipologia femminile, attraverso la massificazione dello sport anche per le donne, si evolverà fino al modello di donna-soldato della Repubblica Sociale Italiana. Nell'interpretazione fascista conservatrice del ruolo femminile, il trinomio si ispira ancora al modello della donna romana di cui privilegia, però, la restaurazione dell'istituto familiare rispetto alla partecipazione sociale. Il Partito e Mussolini partiranno comunque sempre dalla negazione del concetto liberale di donna moderna, ritenuto materialista, classista e individualista, per definire un nuovo concetto di partecipazione politica che risponda, principalmente, all'organizzazione di un futuro regime di massa. Anche l'intellettualità femminile fascista sosterrà questo modello di partecipazione femminile: nella donna si fondono, infatti, la continuità fascista della funzione materna e quella di salvaguardia della nazione. Il binomio famiglia e patria è ciò che si vuole cementare negli anni di affermazione e stabilizzazione del regime, e che assume quindi come assiomi fondamentali la priorità del compito familiare e materno

La donna italiana, colle sue rinunce e coi suoi sacrifici, marcia insieme ai combattenti, manifesto, 1942.

*I wish I were a man
I'd join the navy,*
manifesto, 1942,
Museo del Risorgimento,
Milano.

e una preparazione femminile
per lo svolgimento dell'attività politica,
che si colloca nel settore dell'assistenza
sociale. I due manifesti che presentiamo
vogliono sottolineare questa duplicità
e "uso" del ruolo della donna:
da una parte la si relega al suo ruolo
tradizionale di sposa e madre e dall'altro
la si esorta al servizio allo Stato richiamando
le sue "doti sociali e assistenziali". Il primo
manifesto illustra bene, in una situazione
di ristrettezze economiche che gravano
in special modo sulle donne, quell'impegno
che viene loro richiesto: la giovane donna,
abbigliata da massaia rurale,
tiene per mano il figlio balilla e porta
al braccio la borsa della spesa
eloquentemente vuota, ma marcia
con dignità a fianco dei combattenti.
Il secondo manifesto si riferisce
alla campagna dell'Ufficio
di Reclutamento della Marina americana
nel 1942, quando gli Stati Uniti
combattevano nel Pacifico.
Ecco allora un perfetto esempio
di slogan sessista d'Oltreoceano:
l'esortazione «sii uomo», con l'implicito
messaggio «non permettere che una donna
sia più uomo di te», vuole far leva
sul machismo degli americani.

Figli di donna e figli della Patria

Käthe Kollwitz (1867-1945), pittrice tedesca, dipinge, incide o modella scene e soggetti tratti dalla vita quotidiana colta nei suoi aspetti meno edificanti, in polemica con le convinzioni accademiche e la morale borghese del tempo. Il suo lavoro, sin dalla fine dell'Ottocento, anticipò di diversi anni sia nei temi sia nello stile il realismo espressionista tedesco. Nel periodo fra le due guerre la produzione della Kollwitz tocca il suo momento culminante con i *Fogli commemorativi* per Karl Liebknecht, il leader, insieme a Rosa Luxemburg, del movimento comunista degli *Spartachisti* e con cicli di incisioni dedicati alle lotte e alle sofferenze dei lavoratori, come *Il corteo dei tessitori* e *Guerra dei contadini*. Come vediamo in queste due riproduzioni, centrale nell'opera dell'artista sarà anche la serie delle madri, eseguita negli anni in cui il regime nazista già faceva presagire la guerra e la tragedia. La Kollwitz perse il suo stesso figlio quattordicenne e questo tragico evento mise la sua arte direttamente in relazione con la morte. I soggetti divengono quindi i bambini, spesso strappati dalla morte dalle mani delle madri. Qui le rappresentazioni prendono una forza artistica di assoluta intensità che si esprime in un grido strozzato che è il grido della stessa rivolta resa muta, perché quel che resta, dopo l'uso strumentale della maternità

Käthe Kollwitz, **Donna con bambino morto**, KL. 72, acquaforte, Kunsthalle, Bremen, Germania.

Käthe Kollwitz, *Guerra alla guerra!*, manifesto, 1924.

a fini bellici, è sempre e solo il dolore di una madre che ha perso il figlio. Non bisogna infine dimenticare la politica eugenetica che il nazionalsocialismo perseguì: era necessario impedire la procreazione da parte delle persone ereditariamente non idonee. La valutazione di non idoneità concerneva la razza, la presenza di turbe psichiche, tare intellettuali, handicap. Alle donne dunque si disse che non la procreazione ma la rigenerazione era divenuta l'obiettivo dello Stato, cosicché l'istinto materno venne considerato umanitarismo sentimentale, alla stessa stregua della carità cristiana e del marxismo. Il sentimento materno, fondato sulla cura, di fatto agiva contro la razza. La politica nazionalsocialista di sterilizzazione, che poi utilizzò anche l'aborto forzato, fu chiamata "prevenzione di vita senza valore" che anticipò quella dell'"annientamento di vita senza valore". I lavori della Kollwitz ci mettono in contatto da una parte con la raffigurazione del purgatorio sulla terra, dall'altra con la dignità dell'oppresso, senza rinunciare all'esplicita denuncia dell'insensatezza del potere. A causa della sua manifesta simpatia per la classe operaia della Repubblica sovietica e soprattutto per il contenuto sempre più antimilitarista dei suoi lavori, dal 1933 alla Kollwitz fu vietata qualunque attività artistica con l'accusa di produrre arte "degenerata". Malgrado la malattia, l'età e le ostilità, la Kollwitz rimase fedele ai suoi ideali progressisti e continuò a lavorare fino alla morte avvenuta il 22 aprile 1945, pochi giorni prima della fine della guerra.

Psicopatologia del potere militare

Il film di Stanley Kubrick, *Il dottor Stranamore*, tratto dal romanzo *Red Alert* di Peter Gorge del 1960, può essere definito un'opera di fantapolitica, genere che, agli inizi degli anni Sessanta, trova un terreno fertile dove attecchire a causa della situazione politica mondiale: il 13 agosto 1961 la Repubblica Democratica Tedesca eleva barriere temporanee tra Berlino Ovest e Berlino Est, barriere che furono in seguito sostituite da un vero e proprio muro. Qualche mese dopo, nel 1962, si sfiorò lo scontro nucleare Usa-Urss per la crisi dei missili a Cuba. L'integrità del mondo è nelle mani di un manipolo di generali psicopatici e alti gradi del governo che minacciano di sganciare la bomba atomica sull'Unione Sovietica. Questo sostiene il film che, concepito in piena guerra fredda, è una geniale satira politica, una requisitoria feroce contro l'ottusità dei potenti che ci governano e una dichiarazione di quanto le speranze nelle capacità di coloro che gestiscono il potere siano mal riposte. Basta fare attenzione ai loro nomi: il generale che dà l'ordine di attaccare si chiama Jack the Ripper, ossia Jack lo Squartatore; il falco del pentagono che è stato svegliato durante un appuntamento galante con la segretaria ha nome Turgidson; il coadiutore sottomesso si chiama Mandrake come il supereroe. In *Stranamore* Kubrick mette a fuoco il problema della bomba intesa come fine del mondo, e lo fa con i toni del surreale e dell'irrisione, puntando il dito contro **la responsabilità razionale dell'uomo e le meccaniche perversioni del potere** che possono portare all'autodistruzione. In una intervista Kubrick dirà: «*Il problema atomico è il solo in cui non c'è la possibilità che qualcuno apprenda qualcosa dall'esperienza. Il giorno che succedesse qualcosa, resterebbe tanto poco del mondo che conosciamo che l'esperienza non servirebbe a nessuno*». E sul perverso desiderio in punto di morte di portarsi con sé tutto il mondo: «*Dato che sempre meno gente trova consolazione nella religione come cuscinetto tra sé e il momento finale, temo che inconsciamente si faccia strada una sorta di perverso conforto all'idea che in caso di conflitto nucleare il mondo morirà con noi. Dio è morto ma la bomba c'è ancora*».

Il dottor Stranamore, ovvero: come imparai a non preoccuparmi e ad amare la bomba di Stanley Kubrick, 1964, Gran Bretagna, (93'), con Peter Sellers, George T. Scott, Peter Bull, Sterling Hayden, Slim Pickens, Keenan Wynn. Nel fotogramma King, il comandante dell'aereo e le bombe.

La realtà conosciuta e l'altro

Uno dei caratteri che hanno contraddistinto la cultura del Novecento è la messa in crisi dei fondamenti dei modelli epistemologici e della *ratio* occidentali. Un processo che ha interessato anche il linguaggio dell'arte, della musica, della pittura, della poesia. Eventi centrali di questa crisi sono state naturalmente le due guerre mondiali, l'avvento della società di massa, i totalitarismi che hanno messo in discussione le tradizionali categorie del pensiero. Che senso hanno avuto tutto quel dolore e quella sofferenza? Qual è la responsabilità dell'uomo relativamente a quegli eventi? Le vicende umane sono ancora inseribili in una storia leggibile in un'ottica di costante progresso e sviluppo?

Il Novecento si interroga in modo radicale su ciò che sembra porsi al di là o discostarsi dalle possibilità della ragione, come fino a quel momento è stata pensata: emerge la questione dell'altro, relativamente a differenti forme possibili di pensiero, di discorso, di civiltà, di logica, di cultura. La filosofia è ancora in grado di indicare il senso della realtà e da qui ricavare indicazioni per l'agire umano? Dopo **Nietzsche** e la sua diagnosi della "malattia storica" della nostra civiltà, arenatasi in una cultura riproduttiva e non più creativa a causa dell'eccessivo legame con il passato, che cosa rimane ancora da pensare? Anche la scienza, che sembra poter offrire il nuovo modello di razionalità, si incammina in un sentiero popolato di dubbi. Lo stesso Einstein riteneva che la scienza non fosse in grado di offrire valori o principi per autoregolarsi, i quali dovevano essere ricercati al di fuori della scienza stessa. Un esempio di quanto il sapere scientifico-tecnologico avesse bisogno di una riflessione esterna per individuare i propri limiti furono le bombe di Hiroshima e Nagasaki.

L'umanità del XX secolo è sempre più consapevole di trovarsi all'interno di crocevia in cui l'interpretazione della realtà risulta sempre più frammentata, caotica, instabile. Le correnti filosofiche del Novecento, il neopositivismo, lo spiritualismo, la fenomenologia, l'esistenzialismo, la riflessione sul linguaggio, il pragmatismo, lo strutturalismo, l'ermeneutica, affronteranno questa crisi da una pluralità di prospettive rendendo la filosofia un'esperienza di pensiero vitale per l'esistenza umana. Ci si potrebbe infatti chiedere se, con lo spezzettamento del campo del sapere e la crisi delle grandi narrazioni metafisiche, la filosofia possa ancora dire qualcosa di indispensabile per l'umanità. Potremmo rispondere a questo interrogativo rintracciando il filo rosso che ha attraversato la filosofia nel suo sviluppo: la sua attitudine critica, la sua instancabile capacità di porre domande e di argomentare in modo rigoroso i passaggi del discorso. Se le sfide poste dal nostro mondo presentano una complessità sempre maggiore, proprio per questo la filosofia diventa irrinunciabile come apertura sempre rinnovata di uno spazio interrogativo e critico.

Lo smascheramento del reale

René Magritte, *Uomo con la bombetta (L'homme au chapeau melon)*, 1964, olio su tela, S. Whiters Swan Collection, New York.

René Magritte (1898-1967), pittore belga, entrò nel 1926 in contatto con André Breton e il surrealismo, movimento che con il manifesto del '24 aveva affermato l'importanza della dimensione del sogno e della scoperta degli angoli più nascosti della psiche umana. Il surrealismo non intendeva negare la realtà, ma trasfigurarla per disorientare, sconcertare, indurre al mistero e all'enigma. I principi basilari di questo disorientamento furono essenzialmente due: gli accostamenti inconsueti e le deformazioni irreali. Con i primi si accostavano oggetti e spazi che non avevano niente in comune, distanti fra loro e appartenenti a contesti diversi, da cui sorgeva una visione di bellezza inedita, assurda, al limite del concepibile quasi, a voler frantumare le nostre certezze; le seconde nascevano dalla metamorfosi in cui corpi, oggetti, forme rivelavano la natura delle cose nella loro trasformazione in qualcos'altro. Anche Magritte rappresenta nelle sue opere una quantità di oggetti familiari che vengono accostati o trasformati al fine di stravolgere l'idea che possediamo di essi o le relazioni in cui solitamente li inseriamo. L'idea era quella di sovvertire il rapporto, istituito dalla nostra coscienza razionale e dagli schemi logici utilizzati normalmente, tra interno/esterno, contenitore/contenuto, oggetto/nome per suggerire più complessi e inattesi rapporti in un'atmosfera di mistero e straniamento. Il pittore cercava di suscitare una sorta di scandalo capace di smascherare quella condizione interiore considerata la sola autentica e l'unica norma in grado di stabilire ciò che è errore, mistificazione. Magritte andava alla ricerca di un nuovo tipo di logica capace di evocare situazioni impossibili, eppure tangibili e familiari, e di sconcertare lo spettatore per spingerlo oltre i binari della logica corrente, in un territorio magico, dove l'evidenza delle cose e la consequenzialità delle nozioni risultassero sovvertite, sconvolte in modo da destare interrogativi. L'obiettivo era lo smascheramento del reale e l'uso della metafora per la rappresentazione del pensiero e l'indagine dei misteri di un universo in perenne ricerca della verità, ma prigioniero delle proprie convinzioni e dei propri codici. Uno dei temi centrali della pittura magrittiana è quello dell'occultamento: uomini il cui viso viene nascosto da oggetti vari, figure facilmente riconoscibili ma di cui non si riesce a capire la collocazione, a indicare che non si può stabilire in modo lineare e dato una volta per tutte il significato di un oggetto, la sua relazione con l'universo umano.

Nel quadro intitolato *Ceci n'est pas une pipe*, opera chiave per comprendere il surrealismo di Magritte, il disegno di una pipa viene smentito dalla scritta sottostante che nega che l'oggetto rappresentato sia una pipa. Il dipinto ci parla del tradimento della realtà, della scissione tra questa e il linguaggio, dell'esistenza di un universo parallelo in cui nulla è ciò che sembra, in cui gli oggetti nascondono significati ambigui, misteriosi, non così facilmente penetrabili dagli schemi fin qui adottati dall'uomo e che si ritenevano essere gli unici capaci di fornire una lettura oggettivamente vera del mondo circostante. Sulla scia di autori come **de Saussure** e **Foucault** (che scrisse un saggio intitolato proprio *Ceci n'est pas une pipe*, in cui analizza i quadri dell'artista), Magritte ci invita a riflettere su quanto i codici, i segni e la loro arbitrarietà influenzino il nostro modo di vedere e di percepire la realtà.

René Magritte,
Ceci n'est pas une pipe (Questa non è una pipa),
1948, olio su tela,
collezione privata,
Ginevra.

Conflitti prospettici e mondi impossibili

Escher (1898-1972), incisore olandese, partito dall'osservazione accurata della realtà, finì per rappresentare nelle sue xilografie diversi elementi accostati e ripetuti all'infinito, giungendo a costruire mondi fantastici e paradossali. La sua cultura è legata al mondo alchemico rinascimentale, le prospettive che crea producono effetti fortemente illusori e figure geometriche impossibili. Il suo riferimento è anche la matematica a cui egli applica la sua grande fantasia. L'autore gioca continuamente con lo spettatore creando sorprese così dissimulate da sembrare naturali. Escher si rifà anche al surrealismo di Magritte, caricandolo però di un certo *imaginaire noir* del Medioevo stregato. Escher ha saputo con geniale intuito rappresentare l'ambiguità del nostro tempo. I suoi ingannevoli paesaggi, le sue prospettive invertite, le architetture da capogiro, le figure grottesche umane e animali, le costruzioni geometriche minuziosamente disegnate, incantano e sconcertano l'uomo moderno affascinato dal surreale e insieme ne soddisfano il bisogno di ordine e di equilibrio. Escher è interessato al rapporto esistente

Maurits Cornelis Escher, *Relatività*, 1953, litografia, National Gallery of Art, Washington D.C.

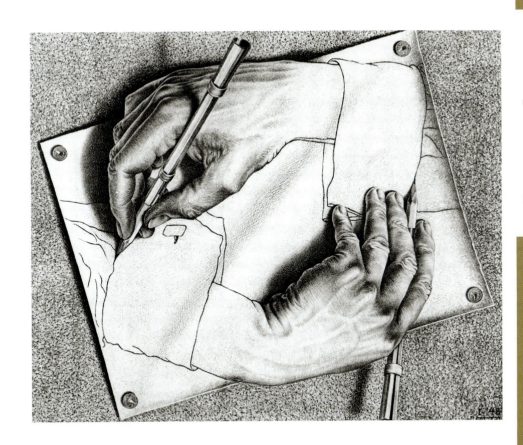

Maurits Cornelis
Escher, *Mani
che disegnano*, 1948,
litografia.

tra le dimensioni. Si è soliti rappresentare forme tridimensionali su superfici che non ne hanno che due. Questo antagonismo crea dei conflitti: l'immagine che ne risulta sembra la proiezione di un oggetto tridimensionale su una superficie piana, ma guardando bene ci si accorge che non è vero: quella figura non potrebbe mai avere un'esistenza spaziale. Escher realizza una serie di litografie in cui si concentra sulla prospettiva e sugli angoli di visione più insoliti, producendo scene in cui l'alto e il basso, l'orientamento degli oggetti a destra o a sinistra dipendono dalla posizione dell'osservatore. È il caso delle opere *Salita e discesa*, *Casa di scale* e *Relatività*, qui riprodotta, nella quale ci vengono proposti tre diversi livelli di applicazione dello stesso paradosso: tre mondi paralleli e separati coesistono all'interno di un edificio in cui sulle pareti,

sul soffitto e sul pavimento si aprono finestre e porte da cui partono scale. Sedici figure umane si muovono nell'ambiente, suddivise in tre gruppi. Ciò che per un gruppo è il soffitto, per un altro gruppo è la parete, e ciò che per un gruppo è una finestra per un altro è un'apertura nel pavimento. Diverse **realtà impossibili condividono un'impossibile convivenza**. La seconda opera, *Mani che disegnano*, raffigura due mani che si disegnano reciprocamente. Altro elemento di contrasto è la tridimensionalità delle mani che si oppone alla bidimensionalità dei polsini della camicia. Escher intende dire che ogni disegno è una forma di illusione: i disegni infatti sembrano basati su premesse vere (le immagini), per mezzo di ragionamenti corretti (la composizione) che tuttavia portano a conclusioni contraddittorie (mondi impossibili).

La realtà sfuggente e menzognera

Thomas, fotografo di moda londinese, crede di scoprire, ingrandendo (*blow up*) una foto scattata per caso in un parco, le tracce di un delitto: il cadavere di un uomo e poco distante una pistola puntata contro di lui. Il giorno seguente, però, il cadavere nel parco non c'è più, e anche nella foto, sottoposta a un ulteriore ingrandimento, Thomas non riesce più a trovare alcuna traccia di quello che aveva visto. Tutto torna come prima e nulla sembra essere accaduto o aver cambiato l'ordine delle cose. Nel parco, alla luce del mattino, un gruppo di studenti si ferma a mimare una partita a tennis senza palle né racchette e Thomas si unisce al gruppo per giocare.

Mentre nei precedenti film del regista Michelangelo Antonioni, *Il grido*, *L'avventura*, *La notte*, *L'eclisse*, *Deserto rosso*, al centro dell'interesse si poneva la riflessione sull'incapacità e impossibilità dei sentimenti, dunque della comunicazione, punto focale di *Blow-up* è la questione del **rapporto individuo-realtà**. I personaggi si muovono da soli o in gruppo in un costante rapporto di asintonia rispetto all'ambiente circostante e agli eventi che accadono. Gli avvenimenti coinvolgono i personaggi solo esternamente, non li mutano né motivano alcuna presa di posizione rispetto a essi. Il cadavere che scompare

come pure la fotografia che fa sparire un'immagine fanno perdere fiducia al protagonista, emblematicamente un fotografo, sia nei poteri del proprio sguardo sia in quelli oggettivi della sua macchina fotografica.

La realtà sembra dunque inafferrabile, ma anche l'immagine è incapace di rappresentarla. La scena della partita a tennis sembra dirci che realtà e irrealtà, o illusione, non si confondono più ma addirittura si identificano. Gioco e illusione sono i due orizzonti che definiscono una realtà ambigua. Il parco, che pare nascondere una verità profonda, in realtà si rivela come assolutamente inconoscibile, provvisorio. Non resta a Thomas che accettare di vivere come vera l'illusione, quella della partita a tennis mimata. Come ha dichiarato lo stesso Antonioni: «*Io non so com'è la realtà. La realtà ci sfugge, mente continuamente. Quando crediamo di averla raggiunta, la situazione è già un'altra. Io diffido sempre di ciò che vedo, di ciò che un'immagine ci mostra, perché "immagino" quello che c'è al di là; e ciò che c'è dietro un'immagine non si sa. Il fotografo di Blow-up, che non è un filosofo, vuol andare a vedere più da vicino. Ma gli succede che, ingrandendolo, l'oggetto stesso si scompone e sparisce. Quindi c'è un momento in cui si afferra la realtà, ma il momento dopo sfugge. Questo è un po' il senso di Blow-up*».

Due fotogrammi tratti da **Blow-up**, di Michelangelo Antonioni, 1966, Gran Bretagna-Italia (110'), con David Hemmings, Sarah Miles, Vanessa Redgrave, Veruschka, Jane Birkin.

Il genio maligno cartesiano: Matrix

Nel XXII secolo una sorta di Grande Fratello orwelliano ha trasformato il mondo in un universo virtuale, simile a quello in cui viviamo noi oggi; in realtà gli uomini sono controllati da Matrix, un sistema computeristico di controllo cerebrale che invia impulsi elettrici al cervello umano, facendogli credere di vivere in un mondo che, ormai, non esiste più da centinaia di anni. Sono le macchine ora a sfruttare gli uomini, coltivando questi, in senso letterale, per trarne l'energia necessaria alla loro sopravvivenza meccanica. All'interno di Matrix le persone vivono senza accorgersi della loro vera condizione; soltanto pochissimi percepiscono una stranezza che non riescono a descrivere. Una di queste persone è Thomas Anderson, conosciuto nella cultura underground come Neo, un hacker. Morpheus, capo della Resistenza contro le macchine, individuerà in lui l'Eletto, colui che grazie alle sue eccezionali doti potrà liberare l'intero genere umano dall'inganno e dallo sfruttamento delle macchine (da notare, per inciso, che questo potere salvifico viene attribuito all'American Middle Class White Man). Il film dei fratelli Wachowski affronta una molteplicità di temi di sapore filosofico mescolandoli con altre suggestioni provenienti dalla letteratura di fantascienza alla Philip Dick e dall'ideologia violenta dei videogame e delle arti marziali. Come riconoscere la verità della realtà e distinguerla da ciò che è solo virtuale? Quanto possiamo fidarci delle nostre percezioni? Non possiamo non riconoscere qui l'allusione a **Cartesio**: Matrix sembra assomigliare a quel genio maligno che potrebbe ingannare sulla realtà e Neo a quell'individuo pensante il cui primo passo

«*Pillola azzurra: fine della storia. Domani ti sveglierai in camera tua e crederai a quello che vorrai. Pillola rossa: resti nel paese delle meraviglie e vedrai quanto è profonda la tana del Bianconiglio. Ti sto offrendo solo la verità, ricordalo. Niente di più*».
Matrix, di Andy e Larry Wachowski, 1999, Usa (136'), con Keanu Reeves, Laurence Fishburne, Carrie-Ann Moss, Hugo Weaving, Joe Pantoliano, Blinda McCory, Julian Arahanga, Marcus Chong.

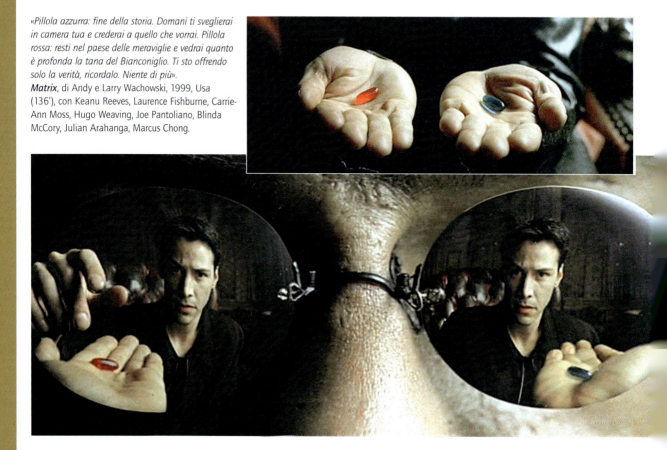

per uscire dal dubbio è quello di prendere consapevolezza di sé, di voler andare alla ricerca della verità. Dirà Morpheus a Neo: «*Matrix è ovunque, è intorno a noi, anche adesso nella stanza in cui siamo. È quello che vedi quando ti affacci alla finestra o quando accendi il televisore. L'avverti quando vai al lavoro, quando vai in chiesa, quando paghi le tasse. È il mondo che ti è stato messo dinanzi agli occhi, per nasconderti la verità*». Neo deve scegliere consapevolmente di voler capire cosa si nasconda sotto quel mondo apparente, deve scegliere di tagliare le catene dell'illusione. E qui l'eco che risuona è il **mito platonico** della caverna: l'uomo-filosofo che riesce a uscire fuori della caverna – Matrix – e a vedere finalmente la vera realtà. All'inizio è abbagliato dalla luce, ma, una volta abituatosi e riconosciuta la verità, torna nella caverna, in Matrix, per liberare gli altri uomini. La scena della scelta della pillola illustra bene il valore di questa difficile decisione: «*...tu sei uno schiavo. Come tutti gli altri sei nato in catene, sei nato in una prigione che non ha sbarre, che non ha mura, che non ha odore, una prigione per la tua mente. Nessuno di noi è in grado purtroppo di descrivere Matrix agli altri. Dovrai scoprire con i tuoi occhi che cos'è. È*

«Matrix è ovunque, è intorno a noi, anche adesso nella stanza in cui siamo».

la tua ultima occasione: se rinunci, non ne avrai altre. Pillola azzurra: fine della storia. Domani ti sveglierai in camera tua e crederai a quello che vorrai. Pillola rossa: resti nel paese delle meraviglie e vedrai quanto è profonda la tana del Bianconiglio. Ti sto offrendo solo la verità, ricordalo. Niente di più».

Tra le pieghe della storia si ritrova anche la **distinzione schopenhaueriana** tra fenomeno e noumeno, tra mondo della rappresentazione, il velo di Maya, e la verità che si cela dietro il fenomeno, una verità dura e crudele: tutto è cieco e irrazionale impulso di vivere e tale volontà non ha altro scopo che riprodurre se stessa. Il mondo virtuale creato da Matrix non è che un crudele gioco illusionistico, atto a nascondere la verità ovvero il dominio e l'istinto di sopravvivenza delle macchine. I singoli uomini non hanno alcun valore se non come mezzi per garantire la continuità della specie delle macchine.

Come liberarsi da questo velo? Attraverso la contemplazione distaccata dei codici e dei linguaggi informatici che costituiscono il mondo virtuale, scorgendo la nullità stessa di questo mondo. Guardando un cucchiaino, Neo affermerà: «*Il cucchiaino non esiste*».

Non un solo tempo

La nozione di *tempo* – che cosa sia e come possa essere misurato – costituisce uno dei problemi più spinosi affrontati dalla filosofia fin dalle sue origini. Nel mondo greco il tempo è rappresentato come ruota del destino in cui eternamente tutti gli esseri rinascono. Nel *Timeo* di **Platone** il tempo viene definito come «*immagine mobile dell'eternità*» che «*procede secondo il numero*». Tale immagine è il cielo, il nostro universo, e il movimento planetario.

Solo con **Aristotele** verranno gettate le basi per una connessione intrinseca fra tempo della natura e tempo dell'anima: egli, nella *Fisica*, afferma che il tempo è numerato e numerabile, cioè misurato e misurabile nel suo incessante movimento e il numerante è l'anima. Il tempo, senza l'anima, non esiste. Nella modernità sarà **Hegel** a riprendere Aristotele affermando che: «*Il tempo è l'essere che mentre è, non è, e mentre non è, è*». Hegel vuole semplicemente dire che nell'attimo esatto in cui il tempo viene percepito/misurato dall'anima (mi accorgo di quanto tempo passa mentre agisco, penso, vivo), esso di fatto non è, cioè non scorre, non procede, e non diviene poiché l'anima interrompe lo scorrere del tempo quando lo numera; invece, quando è l'anima a essere travolta dal tempo, quando l'anima è presa dallo scorrere degli eventi, allora quasi non riesce a percepirlo, a fermarlo, a contare gli attimi che passano. Essa non si accorge di quanto tempo passa, sia passato o passerà. Il tempo ha evidentemente una doppia faccia: esso è soggettivo od oggettivo? È questa la domanda fondamentale a cui la filosofia ha tentato di rispondere senza mai decidersi, una volta per tutte, ad abbracciare l'una o l'altra ipotesi. Con **Agostino** il tempo viene interiorizzato e assume una linearità escatologica. Con la scienza rinascimentale il tempo viene oggettivato e misurato meccanicisticamente. Con **Kant** il tempo è forma pura a priori dell'intuizione empirica: esso, insieme allo spazio, è condizione soggettiva del molteplice sensibile. E tuttavia esso costituisce la base trascendentale dell'oggettività del nostro conoscere. Nel Novecento la concezione scientifica classica del tempo entra in crisi: la freccia del tempo non è reversibile, percorribile all'indietro. Ci si accorge poi che non esiste un tempo unico e universale per tutti gli eventi fisici (da cui la teoria di **Einstein** sulla relatività di spazio-tempo). Chi ha tesaurizzato, in filosofia, questa crisi è stato principalmente **Bergson** con la sua concezione del tempo come "durata". Durata significa fluire inarrestabile e non quantificabile del tempo coscienziale. Anche **Husserl** ha parlato di tempo della coscienza, distinguendolo dal tempo dell'orologio. **Heidegger** ha posto al centro della sua rivisitazione della metafisica il problema del tempo: esso condiziona ontologicamente l'essere dell'uomo, rendendolo un essere finito o "essere per la morte". Il tempo come segno di umana finitudine e incertezza.

Tempo e memoria

Salvador Dalì, *Persistance de la memoire* (*La persistenza della memoria*), 1931, olio su tela, Museum of Modern Art (MoMA), New York.

Come si vede nel dipinto, il tempo permea di sé le cose, come un marchio indelebile. Tuttavia le cose rappresentate sono cose metafisiche, cose mentali, l'in sé del reale e non cose empiriche, tangibili con i sensi. Che cos'è tempo e che cos'è memoria del tempo trascorso, dell'attimo che non è più? Tempo e memoria sono inscindibili. La memoria, ci si è chiesto, è legata all'anima che ricorda – come in **Platone** l'anima ricorda le idee innate –, oppure è legata a modificazioni corporee? Il ricordo è dunque un fatto fisico o un fatto spirituale? È un fatto spirituale secondo **Leibniz**, con il quale fa ingresso nella filosofia l'accostamento tra memoria e inconscio: infatti, la memoria di ciò che è passato persiste dentro di noi in modo inconsapevole. È come un pozzo in cui si raccoglie il passato per essere eventualmente portato a galla in un tempo successivo. Sia **Hegel** che **Schelling** riprenderanno questa tematica, sviluppandola in modo idealistico, contrapponendo l'inconsapevolezza della natura (il biologico) alla consapevolezza

della coscienza (lo spirituale). Secondo **Bergson** esiste una memoria non biologica e incorruttibile, accanto a quella legata al corpo e alle sue modificazioni spazio-temporali. La memoria pura non si caratterizza perciò come un flusso cerebrale che dal presente porta al passato (l'atto del ricordo), ma come attualizzazione del passato *hic et nunc*. Questo vuol dire, in altri termini, che la memoria oltrepassa i limiti temporali imposti dalla numerazione-misurazione positivistica del tempo: quello che *ora* io ricordo è *ora* presente. In *Materia e memoria* Bergson chiarirà questa sua concezione della "memoria pura" come memoria virtuale (una memoria senza tempo), la quale può tuttavia incarnarsi e temporalizzarsi, dando luogo a quello che comunemente si chiama il ricordo. Ricordare per Bergson vuol dire «*rendere presente alla coscienza ciò che è passato*». Sembra un paradosso che il passato sia presente, ma per Bergson è un atto coscienziale che facciamo normalmente quando ricordiamo.

La transitorietà umana

Edvard Munch (1863-1944), *La Morte ai remi*, Museo Munch, Oslo.

In questo quadro di Edvard Munch uno scheletro è tranquillamente seduto su una barca a vela, in compagnia di un vecchio, come due amici usciti in un bella giornata di sole per una gita in mare.

Che cosa mai ha a che fare la morte con il tempo? La morte è nel tempo? La morte ci proietta fuori dal tempo? Il tempo dell'uomo è un tempo mortale? Oppure possiamo aspirare all'eternità?

La declinazione della tematica del tempo è stata fortemente influenzata, in tutto l'arco della storia della filosofia, dal suo strettissimo rapporto con la fine della vita. Ovvero con la concezione e con i tentativi di definizione della natura dell'uomo.

La natura umana è finita; essa cioè è attraversata dalla finitudine e dalla transitorietà degli eventi, dall'immersione in un flusso o divenire temporale che non può essere arrestato nel suo condurci, inevitabilmente, alla morte. Chi nel

Novecento ha trattato la morte legandola ontologicamente alla tematica del tempo è stato **Martin Heidegger**, che ritiene sia la morte a rendere significativa l'esistenza umana. La morte è la possibilità più propria, incondizionata, certa e insuperabile dell'esistenza. Essa è limite di ogni possibilità. Limite oltre il quale l'esistenza non è più.

Essere-per-la-morte tuttavia apre l'intero arco delle possibilità – date all'uomo nell'agire e nel pensare – al di qua del limite. Quindi, l'esistenza umana, nella sua finitudine e temporalità, cioè nella sua storicità, è un'esistenza aperta a qualsivoglia possibilità di realizzazione. Secondo **Jean-Paul Sartre**, in polemica con Heidegger, la finitudine umana, e quindi il suo essere immersa nel tempo, non ha nulla a che fare con la morte. Io sono finito perché devo scegliere, devo – hegelianamente – determinare la mia esistenza, delimitare l'arco delle possibilità che ho di fronte con una e una sola scelta. Cioè io non posso essere contemporaneamente tutto e il contrario di tutto, fare tutto quello che voglio e desidero, debbo limitarmi e limitare l'intero arco di possibilità che la vita mi offre via via.

La morte, invece, toglie ogni possibilità, ogni senso e significato alla mia scelta, al mio Io.

Essa è puro fatto, cioè con essa l'essere umano non può che scegliere la morte o meglio è la morte che sceglie lui.

Le possibilità di scelta sono azzerate.

La pulsione di morte (Thanatos contrapposta a Eros), secondo **Sigmund Freud**, ha invece un significato profondo e originario per la psiche umana.

Essa rappresenta la naturale tensione umana verso uno stato di pace dei sensi, che ricorda il Nirvana di Schopenhauer.

Il tempo dell'attesa

Una donna attende l'arrivo dei convitati, forse i familiari. Casorati dipinge un'attesa solitaria, dimessa, accanto a una tavola spoglia, le ciotole prive di cibo.

Il tempo dell'attesa è il tempo dell'anima. Tempo interrotto dall'anima; tempo che non scorre. Spesso è un tempo fatto di speranza per il futuro; spesso di angoscia. Esso rimanda a due stati psichici antagonisti: speranza/fiducia e angoscia/insensatezza. Rimanda a due opposte concezioni della temporalità e della natura dell'uomo: quella escatologica e quella nichilista. Nel Nuovo Testamento la speranza è un tema centrale della riflessione di Paolo di Tarso. Nella successiva elaborazione della dottrina morale della Chiesa, la speranza è una delle virtù teologali, dopo la fede e prima della carità. Se si ha fede nell'aldilà, in una vita oltre la morte, si ha speranza di salvezza; è perciò che, attraverso opere caritatevoli verso il prossimo ci si prepara, già qui sulla terra, per la grazia divina, che arriverà alla fine dei tempi. Nella modernità, il tema della speranza è stato declinato utopisticamente. Si pensi a **Ernst Bloch**, secondo il quale si può delineare una vera e propria ontologia del "non ancora": la speranza non sorge spontanea nell'animo umano, ma è il risultato di pratiche educative ed edificanti contro l'angoscia e la disperazione per il futuro.

Il tema dell'angoscia è stato significativamente introdotto da **Kierkegaard** con l'opera *Il concetto dell'angoscia* (1844). È lo stato dell'uomo di fronte all'esistenza che procura angoscia: la vita è indeterminata, solo la morte è certa. O si risponde con il suicidio oppure con la fede. Una diversa concezione dell'angoscia, nel Novecento, è proposta dalla psicoanalisi di **Freud**, secondo il quale la psiche reagisce agli impulsi esterni e/o interni con diverse modalità di angoscia, che sono difese naturali attivate dall'inconscio per affrontare ciò che ci attende nell'immediato futuro. Una psicoanalista freudiana, **Melanie Klein**, parla di angoscia complessa addirittura in età infantile. Questo per dire che l'attesa del tempo futuro è qualcosa di originario, profondo e inscindibile dall'umana natura.

Felice Casorati,
(1886-1963), *L'Attesa*,
Coll. Mencio, Torino.

Luoghi del paradosso temporale

Il pittore Lucio Fontana (1899-1968) nel 1947 fondò a Milano il movimento spazialista. L'intento di questo movimento era mostrare che, come in scultura, anche in campo pittorico esiste la tridimensionalità. Gli Spazialisti costruivano sui loro quadri composizioni con chiodi e oggetti vari. Fontana, per far sì che la tela acquisisse profondità, elaborò la sua invenzione più originale e più discussa: cominciò a forare le tele grezze per poi passare ai tagli con una lametta. Queste tele furono intitolate *Concetto Spaziale*, *Attese*, con l'intento di evocare la **quarta dimensione**, il tempo appunto. I suoi buchi e squarci, infatti, suggeriscono il passaggio in un luogo altro, in un'altra dimensione. Proprio come i buchi neri nell'universo, corpi celesti così densi di materia da creare campi gravitazionali di una tale potenza da attirare a sé tutto, anche la luce. In prossimità dei buchi neri anche il tempo subisce un cambiamento.

Lucio Fontana, *Concetto Spaziale*, 1965.

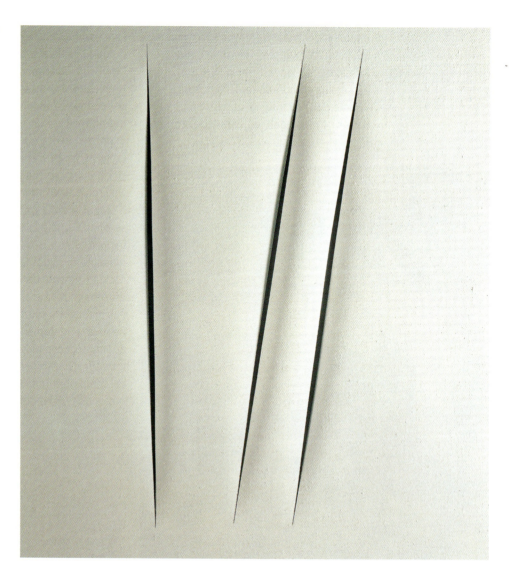

Buco nero al centro
della Galassia Ngc4438,
fotografato dal telescopio
spaziale Hubble
il 24 marzo 1999.

Secondo la teoria della relatività generale il tempo proprio, ossia solidale al sistema di riferimento, rallenta all'aumentare del campo gravitazionale fino ad arrestarsi completamente sull'orizzonte. Quindi, per ipotesi, chi stesse precipitando in un buco nero percepirebbe di impiegarci un tempo finito e vedrebbe l'universo invece evolvere sempre più velocemente; al contrario, un osservatore esterno vedrebbe chi precipita rallentare progressivamente i movimenti fino al totale arresto; quindi per l'osservatore esterno l'attraversamento dell'orizzonte non avverrebbe mai. **Ilya Prigogine** (1917-2003) – chimico e fisico di fama mondiale occupatosi a fondo anche di problemi epistemologici e filosofici – ha sviluppato un modello di spazio-tempo vuoto, senza materia, identificandolo con il concetto di eterno, al fine di rappresentare l'*incipit* dell'universo. Egli ha avuto modo di osservare che il vuoto è instabile. E quindi è instabile l'eterno. Ci si accorge cioè che il vuoto, a un certo punto, subisce una transizione di fase irreversibile (una fluttuazione). L'irreversibilità è data dall'aumento della cosiddetta entropia. L'entropia è una grandezza che indica la degradazione dell'energia di un sistema

fisico. Se aumenta l'entropia, aumenta irreversibilmente la degradazione di quel sistema. L'entropia caratterizza tutti i sistemi fisici – per esempio il sistema fisico di un gas ma anche il sistema fisico dell'universo – rendendo irreversibile la loro evoluzione verso la degradazione. La nascita dell'universo corrisponderebbe perciò a un processo di degradazione irreversibile del vuoto. Ossia la nascita del tempo corrisponderebbe a un processo di degradazione irreversibile dell'eterno. Corrisponde cioè a una sorta di distruzione della continuità dello spazio-tempo. Quello che Prigogine propone è un genere di cosmologia che metta in risalto i processi irreversibili: la direzione della freccia del tempo dall'ordine al disordine. In sostanza, l'idea di Prigogine è questa: nel vuoto instabile (nell'eternità, che è instabile) si possono avere fluttuazioni (transizioni di fase) in cui la materia si concentra in piccole regioni. Quando molta materia si concentra in regioni molto piccole, possono originarsi buchi neri. Dalla radiazione dei buchi neri nasce la materia ordinaria (l'universo attuale). L'idea è che il vuoto diventi realmente materia attraverso la formazione intermedia di buchi neri. Tuttavia, la stabilità della materia così prodotta non è eterna. Così come si è verificata una volta, originando il nostro attuale universo, una qualche fluttuazione potrebbe di nuovo verificarsi in un qualsiasi momento del futuro. E la fine dell'universo attuale sarebbe irreversibile, perché – data l'entropia – è irreversibile la freccia del tempo. Prigogine giunge così a un modo completamente nuovo di intendere la relazione tra il tempo (irreversibilità dei processi di degradazione fisica) e l'eternità (il vuoto). Tempo ed eternità sono reciprocamente connessi: tutto il nostro universo è tempo, è irreversibilità, aumento dell'entropia. Tuttavia, il tempo emerge da una realtà eterna che è il vuoto.

La prospettiva circolare del tempo oltreumano

Il monolito è sulla Terra, la sua presenza darà un impulso all'evoluzione dei primati. Le scimmie scopriranno che un osso può diventare uno strumento d'offesa, creando così il primo utensile. La scimmia che toccherà la lastra assumerà misteriosamente una posizione più eretta. Fotogramma da *2001: Odissea nello spazio* (*2001: A Space Odyssey*) di Stanley Kubrick, 1968, Gran Bretagna / Usa (139′), con Keir Dullea, Gary Lockwood, William Sylvester.

Uscito nel 1968, *2001 Odissea nello spazio*, film di Stanley Kubrick, ha suscitato subito un vivo interesse. Lo spessore e la complessità del film coinvolgono piani squisitamente filosofici. Alle origini dell'uomo, un misterioso monolito compare sulla Terra. La sua presenza attiva l'intelligenza dei primati che comprendono come usare le ossa di animali morti per uccidere altri animali e per contendersi il territorio e le risorse d'acqua. Memorabile il passaggio temporale indicato dal volo di un osso lanciato in aria che diventa un'astronave. Siamo nel 2001. Sulla Luna, in prossimità del cratere Tyco, è stato trovato un monolito la cui esistenza viene tenuta sotto il massimo segreto. Il monolito improvvisamente lancia un segnale indirizzato verso il pianeta Giove. Diciotto mesi dopo l'astronave *Discovery* si dirige verso il pianeta. A bordo si trovano due astronauti, Frank e David, tre ricercatori ibernati e un computer di nuova generazione, *Hal 9000*, in grado di controllare il funzionamento di tutta l'astronave, nonché di dialogare con gli astronauti. L'infallibile computer segnala un guasto in uno degli elementi esterni dell'astronave, ma il pezzo risulta essere funzionante. I due astronauti credono che Hal abbia sbagliato e decidono di disattivarlo. Hal fa allora in modo che il pezzo venga rimesso al suo posto e trancia il tubo dell'ossigeno di Frank, uccidendolo. Quando David, uscito per recuperare il cadavere del compagno, tenta di rientrare, il computer glielo impedisce. L'astronauta distrugge la memoria del computer, apprende il vero scopo della missione (raggiungere Giove per scoprire l'enigma del monolito)

Uno dei fotogrammi finali in cui un feto nella placenta sembra osservare dallo spazio siderale la madre Terra.

e arriva sul pianeta su cui morirà per rinascere a nuova vita. *2001 Odissea nello spazio* esprime il tentativo messo in atto dall'uomo di liberarsi in modo tragico dall'ordinarietà e linearità del tempo dominato dalla tecnica. Ricorda la critica di **Martin Heidegger** alla tecnica come estrema e degenerata espressione della metafisica classica; ma ricorda anche il superuomo di **Friedrich Nietzsche** che, nell'orizzonte siderale, limite da superare attraverso la scoperta dell'enigma del monolito, con le sue sole forze, si spinge "oltre l'uomo" per ritrovarsi e riprendere su di sé la potenza dell'istinto primordiale. L'uomo è continuamente spinto a superare l'ordine naturale dei fenomeni, per recuperare ciò che la scienza moderna ha negato attraverso la sua materialistica e deterministica linearità temporale. Per recuperare una prospettiva circolare e originaria della temporalità.

Dall'osso all'astronave, è l'evoluzione tecnica dell'umanità che l'ha portata nello spazio. Implicito in Kubrick è anche il sospetto che gli uomini, nonostante l'elevato grado di tecnologia e il processo di civilizzazione, non riescano ad affrancarsi dal loro stato di ferinità, che li spinge brutalmente gli uni contro gli altri.

L'ambiguità del tempo e la responsabilità umana

Washington 2054. La Pre-Crime, unità speciale del Dipartimento della Giustizia, è in grado di prevedere gli omicidi prima che questi avvengano grazie a tre veggenti chiamati *Pre-Cog*, tenuti in vita in una sospensione liquida. Le loro premonizioni (percezioni mentali del futuro) vengono trasmesse a un sistema video che permette di rintracciare il tempo, il luogo e, soprattutto, i responsabili delle future uccisioni. Il reparto è comandato da John Anderton. Una delle visioni dei *Pre-Cog* rivela ai monitor un nuovo omicidio: l'autore dello stesso sarà proprio John che, per evitare l'arresto, decide di fuggire, quasi certo di essere vittima di una diabolica macchinazione. Tratto da un racconto di Philip K. Dick (l'autore che ha ispirato, tra gli altri, *Blade Runner*),

Minority Report è ricco di allusioni e spunti filosofici sui pericoli e gli abusi della tecnologia, sulla presunta infallibilità della Giustizia e sulla fine di ogni *privacy*. Esso mette in risalto la pericolosità, per l'uomo, di andare al di là di sé, oltre i limiti imposti dalla propria natura finita e mortale. Si apre tuttavia un'ambiguità in ordine alla comune concezione del tempo e alla comune concezione della percezione che l'essere umano ha del proprio tempo. Autore contemporaneo che ha trattato la questione del tempo mettendone in luce il carattere ambiguo è **Maurice Merleau-Ponty**. Nella sua *Fenomenologia della percezione* (1945) Merleau-Ponty ritiene di poter rintracciare una dimensione originaria dell'esperienza che

L'investigatore John Anderton mentre manipola le immagini scaturite dalle menti dei precognitivi alla ricerca di indizi per trovare la scena del potenziale omicidio. *Minority Report* di Steven Spielberg, 2002, USA, con Tom Cruise, Colin Farrell, Samantha Morton.

sia antecedente a ogni oggettivazione scientifica. Tale esperienza si dischiude attraverso la percezione corporea e in questa dimensione viene a cadere la rigida distinzione cartesiana fra *corpo e mente*, fra soggetto senziente e oggetto sentito, fra *Pre-Cog* (passività, corpo, presente) e realtà (attività, mente, futuro). Il corpo senziente è in unità preriflessiva o antepredicativa con gli oggetti esterni. Questa unità originaria fra soggetto e oggetto, fra corpo e mente, ha le sue radici nell'ambiguità del concetto stesso di tempo: ogni cosa presente, attuale, reale e realizzata in modo determinato, è tale solo in quanto esclude la freccia lineare del tempo. Esclude cioè il passato come passato e il futuro come futuro. La cosa esiste (l'omicidio è realizzato) solo perché esiste per me (per la mia percezione) qui e ora.

Le olosfere con i nomi delle potenziali vittime e dell'omicida. L'interrogativo morale è legato alla condanna inflitta senza che sia stato compiuto il reato.

I Pre-Cog nelle vasche del "santuario".

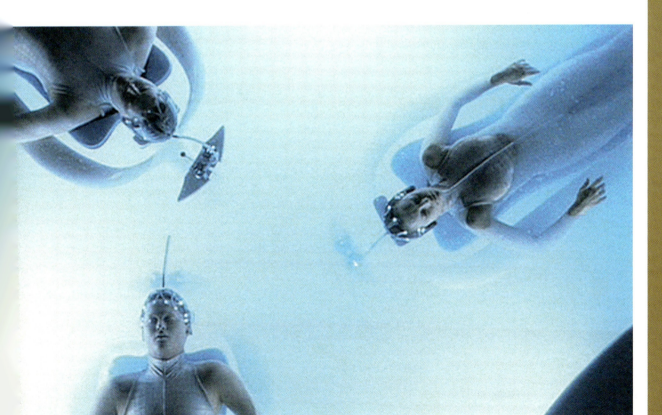

Indice dei nomi